新型权利犯罪与
刑法制裁体系问题研究

—— 彭文华　主编 ——

XINXING QUANLI FANZUI YU
XINGFA ZHICAITIXI WENTI YANJIU

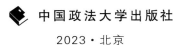
中国政法大学出版社

2023·北京

声　　明　　1. 版权所有，侵权必究。

　　　　　　2. 如有缺页、倒装问题，由出版社负责退换。

图书在版编目（ＣＩＰ）数据

新型权利犯罪与刑法制裁体系问题研究/彭文华主编. —北京：中国政法大学出版社，2023.8
ISBN 978-7-5764-1102-7

Ⅰ.①新… Ⅱ.①彭… Ⅲ.①侵犯人身权利罪－研究－中国 Ⅳ.①D924.344

中国国家版本馆 CIP 数据核字（2023）第 179100 号

出 版 者	中国政法大学出版社
地　　址	北京市海淀区西土城路 25 号
邮寄地址	北京 100088 信箱 8034 分箱　邮编 100088
网　　址	http://www.cuplpress.com（网络实名：中国政法大学出版社）
电　　话	010-58908586(编辑部) 58908334(邮购部)
编辑邮箱	zhengfadch@126.com
承　　印	固安华明印业有限公司
开　　本	720mm×960mm　　1/16
印　　张	30.25
字　　数	520 千字
版　　次	2023 年 8 月第 1 版
印　　次	2023 年 8 月第 1 次印刷
定　　价	139.00 元

目　录

新型权利犯罪问题（一）：
元宇宙中的权利边界与罪刑问题

元宇宙空间犯罪刑法规制的新思路

刘宪权*

摘　要：元宇宙空间具有不同于现实空间和其他虚拟空间的特征。元宇宙技术在发展过程中会带来新的刑事风险。在元宇宙技术初级发展阶段，元宇宙空间可能出现诈骗类、集资类、传销类犯罪以及数据犯罪。在元宇宙技术高级发展阶段，元宇宙空间可能出现侵犯人身权利的犯罪。元宇宙空间犯罪和刑法理论关注的网络犯罪、人工智能犯罪等犯罪类型既有共性也有独特性，值得专门研究而绝对不是"学术遐想"并引发"新一轮学术泡沫"。元宇宙空间犯罪可能对部分法益原有形态和内容、传统犯罪行为方式等造成冲击。对于以元宇宙空间为名义实施的犯罪按照一般犯罪进行认定即可。但对于可能造成理论冲击的元宇宙空间犯罪而言，应在尊重立法原意的前提下适当运用客观解释原理进行相关犯罪的认定。

关键词：元宇宙空间；网络犯罪；法益形态；犯罪行为方式；刑事风险

2021年10月，著名社交网站 Facebook 正式宣布改名为 Meta，其创始人扎克伯格对外宣称元宇宙将是人类社会的下一个新世界。紧随其后，元宇宙概念股、元宇宙产品相继出现，从而将"元宇宙"这一名词推至风口浪尖且成为目前最流行的术语和话题之一。事实上，元宇宙概念最早出现在1992年的科幻小说《雪崩》之中，绝对不能说是一个完全崭新的词汇。但是，发展

---

　* 刘宪权，华东政法大学教授、博导。本文系国家社会科学基金重大项目"网络时代的社会治理与刑法体系的理论创新"（项目编号：20&ZD199）的阶段性研究成果。本文已发表于《比较法研究》2022年第3期。

至今，元宇宙的内涵与外延都发生了一定程度的变化，理论上时至今日还没有一个完全达成共识的准确定义。目前，基本形成一致意见的是，元宇宙是在新兴数字科技的发展下，通过现实拓展技术的支持而产生的与现实世界交互的虚拟空间。作为虚拟与现实的交互空间，元宇宙既有不同于现实世界的特征，也有不同于以往我们所接触的其他虚拟空间的特征。然而，无论如何，元宇宙不可能完全脱离目前的规则世界，元宇宙空间中秩序的治理和行为的规制问题也必将成为未来元宇宙发展过程中不可忽视的重要内容。法律作为现有规则世界中的重要角色，在元宇宙空间中秩序的治理和行为的规制上一定会起到至关重要的作用。与此同时，刑法作为其他部门法的保障法，其应有的作用同样不可缺位。笔者拟从刑法的视角来探讨对元宇宙空间发展的治理，重点关注元宇宙空间犯罪的特点、元宇宙空间犯罪对现有刑法理论可能造成的冲击及刑法规制的路径。

一、不同发展阶段的元宇宙空间犯罪类型

和所有的科学技术发展一样，元宇宙技术的发展并非一蹴而就。应当承认，现阶段对元宇宙技术的探索仍处于初级阶段。随着有关技术的完善与相关制度的建立，对元宇宙技术的探索将发展至更高级的阶段。元宇宙空间所涉及的刑事风险与元宇宙技术的发展息息相关，在不同的发展阶段，元宇宙空间中可能出现不同类型的犯罪。

（一）初级发展阶段的元宇宙空间犯罪

元宇宙技术的初级发展主要是围绕虚拟空间的建构进行的。虽然不断有学者强调，元宇宙空间不同于虚拟空间，但是，不可否认虚拟性是元宇宙空间的特征之一。换言之，在元宇宙空间的初级发展阶段，元宇宙空间尚不能完全实现全真体验时，虚拟性将成为元宇宙空间的主要特征。虚拟性不仅是元宇宙空间给用户带来的直观感受，也是元宇宙空间区别于现实空间的重要体现。正如前述，元宇宙空间本质上拉近了人与人之间的距离，从而使人们社会活动中的一些关系有了改变。作为新兴技术概念，对公众具有明显的吸引力。但是，在初级发展阶段，公众对元宇宙空间这一概念并不具有充分认识，特别是元宇宙空间所依托的人工智能、区块链、云计算、芯片等技术的复杂性又扩大和加深了普通公众与元宇宙空间之间的鸿沟。在此情况下，部分犯罪分子开始利用元宇宙空间这一新兴技术概念实施诈骗类、集资类、传

销类犯罪。例如，目前出现了打着元宇宙旗号的区块链游戏，要求用户将钱兑换成游戏中的虚拟币，涉嫌诈骗类犯罪。众所周知，诈骗类犯罪的基本构造是行为人通过虚构事实、隐瞒真相的方法使他人陷入错误认识进而处分财物。时下元宇宙空间概念尚未得到普及，这必然会给犯罪分子留下实施"虚构事实、隐瞒真相"行为的巨大空间；加之社会上一些人求财心切的心理作祟，相关诈骗行为很容易让这些人因陷入错误认识而无法自拔。这两方面因素的叠加，在元宇宙技术的初级发展阶段很容易导致实施诈骗类犯罪的行为人犯罪目的的实现。此外，在某种程度上，元宇宙空间概念具有一定的投资属性，其本身很容易成为行为人实施集资类犯罪的工具。例如，部分项目以元宇宙空间的名义开展相关理财活动，依据我国现行法律的规定，许多理财活动本质上仍然属于非法集资性质。我国刑法中的集资类犯罪主要是非法吸收公众存款罪和集资诈骗罪，二者的区分是行为人是否具有非法占有目的。绝大部分以元宇宙空间为名的理财项目都并未开展与元宇宙空间有关的业务，涉嫌集资诈骗罪。如果犯罪分子是以传销组织的形式对元宇宙空间进行宣传利用，吸引投资，那么还将同时涉嫌传销类犯罪。

在元宇宙技术的初级发展阶段，元宇宙空间的建构本质上是一个现实空间数字化的过程，需要依赖海量的数据分析技术。无论是元宇宙空间本身，还是元宇宙空间和现实空间的连接载体，事实上都是由数据组成。因而，在此阶段，元宇宙空间的发展可能带来数据犯罪风险。目前，我国刑法对数据犯罪的规制采用的是多元路径体系，即根据数据特性，通过分散在刑法分则不同章节的不同罪名对数据犯罪进行规制。根据广义的数据犯罪概念，[1]数据犯罪既包括传统的计算机犯罪，也涉及财产犯罪、侵犯公民个人信息罪等犯罪。[2]元宇宙空间与数据的关系包括收集数据、存储数据以及利用数据。数据的收集是数据创造价值的源头。为了更快构建元宇宙空间，创造者可能会作出非法获取数据、非法侵入数据库的行为。就目前的刑法体系而言，涉及的罪名包括非法侵入计算机信息系统罪、非法获取计算机信息系统数据罪等。从《刑法》条文的规定来看，计算机信息系统与数据的关系是存储与被

---

〔1〕 广义的数据犯罪概念将数据犯罪理解为一切以数据为对象或工具的犯罪。参见王倩云："人工智能背景下数据安全犯罪的刑法规制思路"，载《法学论坛》2019年第2期。

〔2〕 参见孙宇："涉虚拟货币犯罪的刑事法规制困境及出路"，载《青少年犯罪问题》2021年第5期。

存储，处理与被处理的关系，似乎获取数据必须通过侵入计算机系统。但是，这一传统模式已经发生了变化，如今非法获取数据已经不需要以破坏计算机信息系统为前提，其完全可以在不破坏任何信息系统的前提下得到想要的数据。[1]所以，非法获取数据的行为所侵犯的法益也出现了多元化的情况，例如，非法获取公民个人信息的行为可以构成侵犯公民个人信息罪。数据的存储是保障数据创造的价值的必要途径。元宇宙空间的顺利运行需要大量的数据存储，如果对数据进行破坏，当然会阻碍甚至破坏元宇宙技术的发展且造成较为严重的后果。同时，数据破坏行为也会因类别的不同而涉及不同类型的犯罪。数据的利用决定了数据创造价值的方向与结果。在元宇宙空间中，数据对应着资源，所涉及的利益也是多元的。元宇宙空间的管理者有数据保护的义务，一旦违反相关义务或违反相关规定就有可能构成犯罪。例如，我国《刑法》[2]第253条之一第2款规定："违反国家有关规定，将在履行职责或者提供服务过程中获得的公民个人信息，出售或者提供给他人的，依照前款的规定从重处罚。"同时，如果元宇宙空间管理者具备网络服务提供者的身份，在管理用户信息数据不当，致使用户信息泄露的情况下，可能构成拒不履行信息网络安全管理义务罪。因此，元宇宙空间的发展对于数据有高强度的依赖，而数据的收集、存储以及利用过程都存在一定的刑事风险。

（二）高级发展阶段的元宇宙空间犯罪

在元宇宙技术的高级发展阶段，元宇宙空间不再仅仅追求虚拟空间的构建，而是更加注重和现实空间之间的连接，表现出从虚拟性发展转变为全真性发展的特征。与传统互联网构建的虚拟空间相比，元宇宙空间最大的不同在于多了全真互动这一维度。[3]因而，当元宇宙空间发展到一定阶段时，加强全真性将成为其核心目标。与此同时，元宇宙空间所涉刑事风险也将发生变化，可能出现新类型的侵犯人身权利的犯罪。

在一般情况下，科学技术的发展对侵犯人身权利犯罪的影响甚微。主要原因在于侵犯人身权利的犯罪通常为自然犯，不易受到时空变化和政治体制

---

〔1〕 金山："物联网信息安全与隐私保护研究"，载《计算机光盘软件与应用》2013年第16期。

〔2〕 《刑法》，即《中华人民共和国刑法》，为表述方便，本书中涉及我国法律，直接使用简称，省去"中华人民共和国"字样，全书统一，后不赘述。

〔3〕 参见王峰："元宇宙是否造成了人文断裂"，载《探索与争鸣》2021年第12期。

的影响。[1]但是，元宇宙技术的出现则具有明显的革命性，其试图打破物理空间的限制，构建出现实空间与虚拟空间共存的"孪生体"。其在发展后期当然会影响整个社会生活形态，由此，刑法中自然犯的成立和构造同样也会受到影响。据新闻报道，有女士反映在 VR 虚拟社交平台 Horizon Worlds 上遭遇了"性骚扰"，一位陌生人不断在广场中触摸自己的虚拟角色，让其感到不适。[2]实际上，在网络空间中也时常出现"性骚扰"事件。但是，由于网络空间尚不能实现人身的仿真，因此在脱离人身本体的情况下，侵犯人身权利的传统犯罪无法成立。随着元宇宙空间的不断发展，元宇宙空间的全真性将不断得到提高，尤其是随着元宇宙空间中人身本体五官感受和体验的不断增强。届时虚拟角色的虚拟性下降，全真性上升，人们可以通过元宇宙空间实现自己身体的"复制"。类似于"触摸"虚拟角色的行为也将使被"触摸"者的人身本体具有更为真切的感受。在此情况下，当然会导致某种程度侵犯人身权利犯罪的实际发生。

除此以外，在元宇宙技术的高级发展阶段，存在于元宇宙技术初级发展阶段的刑事风险还将继续存在。但随着元宇宙空间风险防范机制的完善，诈骗类、集资类、传销类等以元宇宙空间为场所实施的犯罪比例将出现一定程度的下降。这些犯罪类型将不再是高级发展阶段下元宇宙空间犯罪的主流。同时，由于元宇宙空间在高级发展阶段仍然依赖数据及其有关技术，数据犯罪将成为元宇宙空间在初级和高级发展阶段的共同刑事风险。

二、元宇宙空间犯罪与现有犯罪类型的比较与区分

早在元宇宙空间概念出现之时，就有人提出元宇宙空间与如今的虚拟空间并无二致，对元宇宙的法学研究是"新一轮的学术泡沫"。[3]为什么要对元宇宙空间犯罪进行专门的研究？元宇宙空间犯罪和现有其他犯罪类型（如网络犯罪）有什么区别？这些问题是我们展开元宇宙空间犯罪讨论之前必须回答的问题。笔者认为，对元宇宙空间犯罪的讨论并不是所谓的"学术遐

[1] 参见陈兴良："法定犯的性质和界定"，载《中外法学》2020 年第 6 期。
[2] 参见 "Horizon Worlds 元宇宙用户曝性骚扰　建立和谐元宇宙秩序"，载 https://baijiahao.baidu.com/s? id=1719841239510015012&wfr=spider&for=pc，访问日期：2022 年 2 月 3 日。
[3] 参见汪焱梁、张学彬："警惕元宇宙法学研究的泡沫化"，载 https://mp.weixin.qq.com/s/sAzhhl_R3Qs3ve4D9scQQA，访问日期：2022 年 2 月 3 日。

想"，更不会是"新一轮的学术泡沫"，这是因为，元宇宙空间犯罪和现有其他犯罪类型有较为明显的区分。笔者将通过比较元宇宙空间犯罪和网络犯罪、人工智能犯罪两类典型的科技犯罪，展现元宇宙空间犯罪的特点。

首先，和网络犯罪相比，元宇宙空间犯罪具有全真性。在网络技术快速发展的同时，网络犯罪也成了刑法理论讨论的重要议题。和传统犯罪相比，网络犯罪在犯罪构成要件要素、社会危害性和犯罪形态上均产生了变异。这些变异的出现导致在网络犯罪的认定过程中出现了诸多障碍。网络犯罪的中后期发展不再局限于以网络为犯罪对象或工具，而是开始出现犯罪的"网络空间化"，使刑法理论出现了网络空间能否直接适用现实空间定罪量刑模式的激烈讨论，如发生在公共场所的寻衅滋事罪能否适用于网络空间等。近年来，关于网络犯罪产业化、中立化、链条化的讨论如火如荼。这些关于网络犯罪变化的讨论实际上源于网络空间的虚拟性。元宇宙空间同样具有区别于现实空间的虚拟性，这就使元宇宙空间犯罪表现出了和网络犯罪相似的特点，例如部分犯罪行为可以突破空间限制等。部分犯罪既可以发生在网络空间，也可以发生在元宇宙空间，例如侮辱、诽谤行为等。

虽然网络犯罪的发展过程也表现出了空间化和现实性加强的特点，但是，这种现实性加强往往并不会使网络犯罪发生"质"的转变。网络空间现实性加强主要是通过增加空间内部的画面感和实用性，例如，完善界面、增加支付应用功能等。元宇宙空间对现实性的加强并不局限于空间内部，而是应用各项技术增强空间与空间外部的连接，打破人工创造空间与现实空间之间的绝对隔阂。这种现实性的加强将逐步达到全真性的程度。例如，一般的网络游戏是通过精美的页面设置使用户获得更高清、更真实的游戏体验。但是，元宇宙空间下的游戏可以通过全真技术实现用户的沉浸式体验。元宇宙空间鼓励用户通过身体参与进行沉浸式的社交，获得互动和情绪体验。元宇宙空间用户因技术嵌入身体，可以感受到具体的场景刺激，并且能通过身体动作作出相应的反馈。在元宇宙空间实现全真性的同时，元宇宙空间犯罪可以利用全真技术实施在网络空间中所不能实施的行为，尤其是需要五官感触配合的犯罪行为，既可以包括侵犯人身权利的犯罪，也可以包括以身体动作为必要的其他犯罪。

由此可见，正是因为元宇宙空间的技术特征赋予了部分元宇宙犯罪全真性的特点，所以我们不能简单地认为元宇宙空间犯罪是"升级版"的网络犯罪，而应当加强对元宇宙空间的特殊性及其对犯罪产生的影响进行专门的研究。

其次，和人工智能犯罪相比，元宇宙空间犯罪在范围和来源上具有特殊性。人工智能犯罪是随着人工智能技术的发展而出现的一类新型犯罪。笔者曾率先提出，人工智能是人类创造了只有人类才可能具有的"智能"，而人的"智能"又包含意识和意志的内容，即辨认和控制自己行为的能力。我们根据人工智能技术发展水平的高低，将人工智能时代划分成普通人工智能、弱人工智能和强人工智能三个不同的时代。正是因为人工智能产品多多少少具有意识和意志，所以人工智能技术会影响、转移甚至改变刑事犯罪的认定和刑事责任的承担。在弱人工智能时代，因弱人工智能产品具有深度学习的能力，其研发者或使用者可能需要承担过失犯罪的责任；强人工智能产品存在主体认定的争议。[1]目前对人工智能犯罪的讨论既有对现实事件的担忧，例如，对智能网联汽车交通肇事刑事责任的研究；也有对未来发展的关注，例如，对智能机器人脱离程序控制自主决定实施危害行为由谁承担刑事责任的探讨。这些关于人工智能犯罪的讨论在一定程度上会对人工智能产业的发展起到引导或警示作用。元宇宙空间犯罪和人工智能犯罪的相似之处在于二者都是新兴技术的"产物"，是刑法理论对未来科技发展有可能带来的刑事风险等重点关注的内容。换言之，完全是因为这些技术的"新颖"，且可能同样引发刑事风险，我们才将二者放在一起进行比较研究。但是，元宇宙空间犯罪和人工智能犯罪无论是在存在范围上抑或是在特殊性来源上均存在区别。

其一，在存在范围上，对于元宇宙技术的发展而言，人工智能技术扮演了重要的角色，但由于元宇宙空间应用的限制，人工智能犯罪的主要类型（如涉智能网联汽车犯罪、涉"达芬奇"手术机器人犯罪等）目前很难出现在元宇宙空间之中。与此同时，元宇宙技术的发展除了人工智能技术外，还需要应用全息技术、交互技术和智能算法等其他科学技术，从而实现极致形态的"虚拟人生"。[2]人工智能技术帮助人类实现了某一领域的突破，例如医疗领域、驾驶领域等。然而，元宇宙技术不仅希望实现在某一个领域的突破，而且还致力于对现实空间局限性的突破，从而实现人类价值全方位的突

---

〔1〕 参见刘宪权："人工智能时代的'内忧''外患'与刑事责任"，载《东方法学》2018年第1期。

〔2〕 参见张昌盛："人工智能、缸中之脑与虚拟人生——对元宇宙问题的跨学科研究"，载《重庆理工大学学报（社会科学）》2021年第12期。

破。因此，人工智能犯罪和元宇宙空间犯罪都完全可能对传统刑法理论提出挑战，区别仅在于二者的范围不同。但是，人工智能犯罪和元宇宙空间犯罪可能存在一定的关联，即人工智能犯罪也可能发生在元宇宙空间之中。

其二，在特殊性来源上，正如前文所述，笔者认为，人工智能犯罪具有特殊性是由于人工智能技术不断深化的人类才具有的"智能"程度，从而导致在弱人工智能时代人工智能产品能够在程序的控制下"自主"地进行分析和决策。而人工智能产品的这一特点使人工智能犯罪在责任分担方面当然会表现出不同于普通犯罪的特点。正因如此，我们在进行涉弱人工智能产品的相关刑事责任认定时应遵循"打折"分配原则，即根据产品的智能等级程度，对各相关主体所应承担的刑事责任按照一定比例进行划分。[1]而在进行涉强人工智能产品的刑事责任认定时，需要考虑行为是否根据程序的设计作出，从而准确认定刑事责任主体。无论是涉弱人工智能产品还是涉强人工智能产品的刑事责任认定，其特殊性产生的源头均为人工智能技术在创造或具有不断深化的人类才具有的"智能"。与人工智能犯罪的特殊性来源于"智能"技术不同的是，元宇宙空间犯罪的特殊性来源则是对现实空间的仿真技术。仿真技术赋予了元宇宙相对独立的空间。对发生在不同空间中相同犯罪行为的解释结论可能不同，例如，对"隔空"猥亵行为的刑法认定就存在争议。[2]就此而言，笔者认为，我们对元宇宙空间犯罪的研究理应集中在仿真技术赋予的特殊性上。

通过比较可知，虽然元宇宙空间犯罪和网络犯罪、人工智能犯罪等新型犯罪类型有相似之处，但是元宇宙空间犯罪也表现出了其独有的特点，包括具有全真性、有特定的空间范围等。这些特点的出现可能对现有刑法理论造成一定程度的冲击，因而对元宇宙空间犯罪有专门研究的必要，而绝对不是所谓"学术遐想"进而带来的"学术泡沫"。

三、元宇宙空间犯罪对传统刑法理论的冲击

元宇宙技术在发展的不同阶段可能存在不同类型的刑事风险。正如网络

---

[1] 参见刘宪权："涉智能网联汽车犯罪的刑法理论与适用"，载《东方法学》2022年第1期。

[2] 参见阮林赟："双层社会背景下隔空猥亵的客观解释"，载《青少年犯罪问题》2020年第6期。

空间不是"法外空间"一样，元宇宙空间也并非"法外之地"。对于元宇宙技术发展所带来的刑事风险，刑法应当设计或采取一定措施予以防范。元宇宙空间犯罪具备不同于上述其他犯罪类型的特点，这些特点可能对现有刑法理论产生冲击，且可能导致刑法对元宇宙空间发生的严重危害社会行为的规制出现"真空地带"甚至产生"危机"。

（一）元宇宙空间犯罪对法益固有形态的冲击

刑法理论中的法益指的是刑法所保护的被犯罪行为所侵害的利益。法益对于刑法立法和司法都有重要的意义。在立法上，法益导向的立法观认为，法益对于启动立法与限制立法均有指导意义。[1]传统理论还认为，法益是我国刑法分则各种具体犯罪的分类标准。在司法上，法益的明确对刑法解释有指引作用，能够帮助正确理解与适用刑法规范。对于元宇宙空间犯罪的认定也离不开对法益的确认。元宇宙空间是虚拟空间与现实空间深度连接的产物，这一特性使元宇宙空间中法益的固有形态发生了改变，从而必然引发刑事责任的确定或犯罪认定上的困惑。

根据法益主体的不同，一般可以将法益分为个人法益和集体法益。[2]个人法益指的是公民个人自身的利益，包括公民的生命法益、财产法益、自由法益等。集体法益也称超个人法益，指的是社会成员共同享有的公共利益，包括国家法益、社会法益等。个人法益和集体法益的区分对于明确与限制刑法的处罚范围有重要作用。同时，个人法益和集体法益在元宇宙空间下将可能发生不同性质的变化。

首先，部分个人法益的形式可能得到延伸。元宇宙技术赋予了人类数字化的身份，拥有数字化身份意味着人类可以在人身本体不参与的情况下，通过数字化角色实现在元宇宙空间的各类活动。如此一来，元宇宙空间的个人利益不再全部需要或高度依赖于实体而存在。而传统的个人法益都是以人身本体为基础而存在的，比如生命法益、身体健康法益不能脱离人体本身。可以说，没有人身本体，不少个人法益都将不复存在。但是，元宇宙空间出现的主要目的之一就是摆脱人身本体限制，实现人身在数字化空间中的拓展。这一拓展是否会使个人法益的形式也得到延伸呢？贝克莱的经典名言"存在

---

〔1〕 参见周光权："转型时期刑法立法的思路与方法"，载《中国社会科学》2016 年第 3 期。

〔2〕 参见张明楷：《法益初论》，中国政法大学出版社 2000 年版，第 241 页。

就是被感知"，从认识层面提出了物质与存在的分离。在元宇宙空间中，数字化角色与人身本体的连接关系是决定个人法益能否得以延伸的关键。个人法益之所以对人身本体有着高度依赖性，根本原因在于诸多个人法益的内容只能通过和人身本体连接的形式而存在。例如，生命法益只有当生命存在才得以存在。如果这种高度依赖性不能在数字化角色上得到体现，或者数字化角色不能体现个人法益的基本内容，那么个人法益不会因为数字化角色的出现而得以延伸。例如，数字化角色不具有生命，那么生命法益不能存在于元宇宙空间之中。但是，部分个人法益的内容完全可能因相关技术的出现而在数字化角色中得到体现，最典型的代表就是感官体验。创作了元宇宙游戏平台的 Roblox 公司曾提出元宇宙空间具有八个特征：身份、朋友、沉浸感、低延迟、多样性、随地、经济和文明。[1]这八个特征成了对元宇宙空间热议的焦点。其中，不少特征已经可以在网络空间中得到体现，但是沉浸感等特征只有通过元宇宙空间的构建技术才可以实现或进一步完善。元宇宙空间可以通过连接在身体不同部位的传感器和 VR 等终端设施，使身体感受到场景刺激，同时身体的动作也可以反馈到场景之中，实现信息交流。[2]笔者认为，当元宇宙空间中的数字化角色能够获得人类的感官体验时，部分个人法益可以在形式上得到延伸，即侵犯个人对应数字化角色的利益可以成为侵犯个人法益的一种形式。例如，前述发生在 VR 虚拟社交平台的隔空"性骚扰"案例，如果元宇宙空间已经实现数字化角色和人体的深度连接，那么对数字化角色的侵犯完全可以在人体上得到反馈，也即人体本身可以感受到数字化角色受到的侵犯。此时，这种侵犯行为达到一定严重程度，完全可能构成强制猥亵、侮辱罪等有关犯罪。

其次，部分集体法益的内容可能得到拓展。除了个人法益，集体法益也是我国刑法保护的重要内容。刑法保护集体法益的必要性在于，通过维持秩序保障人的基本自由。个人自由不能单独存在，其依托于集体法益，集体法益的保护实现了独立个人自由之外的更大的自由。集体法益虽然不是个人法益的简单集合，但是对集体法益的侵害最终将对个人法益产生影响。因此，

---

[1] 参见 Zhilavie："爆红的 Roblox 罗布乐思，带领孩子们走进'元宇宙'"，载 https://www.thepaper.cn/newsDetail_forward_12349573，访问日期：2022 年 2 月 11 日。

[2] 张洪忠、斗维红、任吴炯："元宇宙：具身传播的场景想象"，载《新闻界》2022 年第 1 期。

保护集体法益，可以认为是对个人法益保护前置化的体现。同时，保护集体法益也被认为是应对科技发展和社会风险的有效工具。[1]现代社会面临各式各样的风险，新型社会风险的出现将使集体法益的内容发生相应的变化。例如，针对网络犯罪的出现与发展，刑法增设了帮助信息网络犯罪活动罪、拒不履行信息网络安全管理义务罪等罪名，将网络管理秩序同样作为社会管理秩序进行保护。元宇宙技术及元宇宙空间在发展过程中可能形成特有的规则和秩序架构，这种规则和秩序管控未来可能由专门技术进行管理和规范。但是，如果这种管理机制受到破坏，就将造成对元宇宙空间和现实空间的双重破坏。因此，元宇宙空间的管理秩序与安全也需要得到必要的刑法保护，而这一内容目前并未在刑事法律中得到直接体现。此外，元宇宙空间以区块链、智能合约与链式储存等底层技术为依托，打破了传统的治理模式。[2]这种治理模式如果最终形成弥散式的权力治理模式，将威胁到现实空间的社会管理秩序，需要得到管控。因此，当元宇宙空间深入社会生活，和现实空间形成紧密互动连接之时，以社会管理秩序为代表的集体法益内容需要进一步拓展，从而涵盖元宇宙空间的管理秩序与安全。

（二）元宇宙空间犯罪对犯罪行为方式的冲击

如前所述，元宇宙空间具备区别于现实空间的虚拟性，又同时具备区别于网络等其他虚拟空间的全真性。这些特征将使发生在元宇宙空间的犯罪行为方式上呈现新的变化，并完全可能造成对传统犯罪行为方式认定上的冲击。应该承认，许多犯罪的行为方式在传统刑法理论中已经形成了较为固定的表现形式，但在元宇宙空间下可能呈现新的变化。

一方面，诈骗类的犯罪行为方式可能发生变化。传统刑法理论认为，诈骗是指行为人采用虚构事实、隐瞒真相的方法，使被骗人产生错误认识进而交付财物的行为。对于诈骗行为的成立而言，是否存在错误认识至关重要。一般而言，诈骗行为的错误认识针对的是整体事实或全部事实。[3]但是，笔者认为，对错误认识的判断可能因社会环境的变化和新兴技术的出现而发生改变。例如，随着人工智能机器人开始代替人类处理部分事务，人工智能机

〔1〕 参见王永茜："论集体法益的刑法保护"，载《环球法律评论》2013 年第 4 期。

〔2〕 参见于京东："元宇宙：变化世界中的政治秩序重构与挑战"，载《探索与争鸣》2021 年第 12 期。

〔3〕 参见陈兴良："民事欺诈和刑事欺诈的界分"，载《法治现代化研究》2019 年第 5 期。

器人能否陷入错误认识成了刑法理论讨论的热点。部分学者认为，机器不能"被骗"，只有自然人才能陷入错误认识。[1]这一观点忽略了在不同社会环境中，因人工智能机器人的"智能"不同而导致其承担的社会功能也不同的特点。现代社会的人工智能机器人完全可以成为"被骗者"。[2]因此，在机器实现智能化之后，诈骗行为所引起的错误认识应当包括人工智能机器人的判断错误，例如，ATM 机因行为人输入了正确的账号密码而误以为冒用他人账户转账的行为人是账户的主人，并"自觉自愿"给付行为人钱款的情形，在我国刑事立法、司法中均认定行为人构成信用卡诈骗罪。笔者认为，元宇宙空间的出现将可能再次改变诈骗类犯罪的行为方式。其一，在没有特定清晰指令的情况下，元宇宙空间中的数字化角色可能产生错误认识。前文所述的人工智能机器人"被骗"是基于特定清晰的指令，例如，上述行为人在 ATM 机上冒用他人账户密码进行取款的情形，ATM 机"被骗"是得到了清晰的取款操作指令。但是，在元宇宙空间之中，为了最大限度地扩大数字化角色的活动范围和活动能力，数字化角色可以在算法允许的框架之内选择性地"行动"，而不是按照特定的、完全清晰的指令进行操作。例如，元宇宙空间中数字化角色在购买商品时可以具备一定的自主性，即在一定范围内进行选择，这样才能扩大数字化角色在消费方面的活动范围。此时，数字化角色的"行动"不具有唯一性，但受到算法控制，而对数字化角色的"欺骗"同样也是由算法完成。因此，在元宇宙空间下，对数字化角色实施的诈骗本质上是一种算法对算法的"欺骗"，与传统的诈骗行为方式存在很大不同。其二，在元宇宙空间情形下，对"真实"的理解可能不同于现实空间。众所周知，"欺骗"是对"真实"的篡改或隐瞒，因此，对"真实"的理解当然会影响甚至决定对"欺骗"的认定。诈骗类犯罪行为中的虚构事实和隐瞒真相都是对"真实"情况的掩饰和改变，是区别于其他侵财犯罪行为的重要特征。虽然建构元宇宙空间的目的是尽可能地实现"全真"，但是"全真"和"真实"之间存在差异，元宇宙空间仍然具备不同于现实空间的虚拟性特征，此时真假的判断和现实空间并不完全相同，尤其是数字化角色所认为的"真实"和其

---

〔1〕 参见张明楷："许霆案的刑法学分析"，载《中外法学》2009 年第 1 期。

〔2〕 参见刘宪权："新型支付方式下网络侵财犯罪性质认定的新思路"，载《法学评论》2020 年第 5 期。

对应人的本体所认为的"真实"可能因技术的参与而存在错位。此时是否构成"欺骗"以及"欺骗"的对象都可能发生变化，进而对诈骗类犯罪行为中"骗"的判断产生影响。

另一方面，身体接触类的犯罪行为方式可能发生变化。身体接触类犯罪是指在通常情况下，行为人需要通过和被害人身体接触才能构成的一类犯罪。这里的身体接触一般是指对犯罪实行行为的要求，例如，侵犯人身权利罪中的强奸罪，强制猥亵、侮辱罪，猥亵儿童罪，绑架罪等。应该看到，尽管网络空间实际上不可能实现人与人之间的身体接触，但是，时下在有关网络犯罪的认定中出现了对传统身体接触类犯罪的扩张解释。如最高人民检察院公布的指导性案例认定，在网络环境下，以满足性刺激为目的，虽未直接与被害儿童进行身体接触，但是要求儿童传送裸照的行为，可以被认定为猥亵儿童罪。[1]理论上也有观点认为，网络猥亵相当于线下猥亵，隔空猥亵应当入刑。[2]可见，在虚拟空间中，身体接触类犯罪并非完全没有适用的余地。与其他虚拟空间相比，元宇宙空间具有全真性，其价值体现在和现实世界的嵌合，从而使元宇宙空间始终服务于现实经济社会和治理需要。[3]因此，元宇宙空间不仅能像网络空间一样提供数字化的沟通和交流平台，还需要应用包含触感技术在内的多感官模拟系统，帮助人类在元宇宙空间中感知世界，获得真实的体验。如此一来，新型的接触方式在元宇宙空间得以发生，具体表现为用户可以通过触感技术获得仿真式的接触体验，即形成非直接的身体接触。换言之，接触行为在元宇宙空间中得到了形式上的拓展，这一变化将导致身体接触类的犯罪行为方式将在元宇宙空间中得到进一步的拓展。前述隔空"性骚扰"事件的发生表明元宇宙空间中的新型接触方式完全可能造成对相关法益的侵害，也即新型接触方式同样可以使被害人的性羞耻心受到伤害。[4]值得注意的是，即便元宇宙空间利用触感技术发展出新型接触方式，但是，并非所有身体接触类的犯罪都可以拓展至元宇宙空间。例如，强奸罪不会因为

---

〔1〕 参见最高人民检察院第 43 号指导性案例"骆某猥亵儿童案"。
〔2〕 参见阮林赟："双层社会背景下隔空猥亵的客观解释"，载《青少年犯罪问题》2020 年第 6 期。
〔3〕 参见何哲："虚拟化与元宇宙：人类文明演化的奇点与治理"，载《电子政务》2022 年第 1 期。
〔4〕 参见刘宪权、陆一敏："猥亵儿童罪司法认定疑难问题分析"，载《青少年犯罪问题》2020 年第 4 期。

新型接触方式的出现而出现在元宇宙空间，原因是强奸罪保护的是妇女的特定性权利，对这一特定性权利的侵害，仅通过仿真触感技术似乎暂时无法实现。因此，身体接触类的犯罪是否能因触感技术而发生在元宇宙空间之中，不仅取决于元宇宙空间触感技术的发展程度，尤其是对触感的仿真模拟程度，同时还取决于犯罪所保护的法益是否能通过新型接触方式受到侵害。

四、元宇宙空间犯罪的刑法规制路径

面对元宇宙空间中存在的各类刑事风险，刑法理论应积极研究和思考元宇宙空间犯罪的规制路径。实际上，不同类型的元宇宙空间犯罪具有不同的特征，需要通过有针对性的规制思路分而治之。

首先，以元宇宙空间为名义实施的犯罪按照一般犯罪认定。应当看到，不少元宇宙空间犯罪利用了"元宇宙"这一新兴概念，尤其是在元宇宙技术的初级发展阶段，一系列诈骗类、集资类、传销类的犯罪都属于以元宇宙空间为名义的犯罪。这一类犯罪主要利用的是民众对元宇宙空间不了解和没有认识的客观情况，并没有真正利用到元宇宙空间的关键技术，是一种"伪元宇宙空间"犯罪。2022年2月，中国银保监会发布《关于防范以"元宇宙"名义进行非法集资的风险提示》，其中指出，不法分子利用"元宇宙"名义，编造虚假元宇宙投资项目、打着元宇宙区块链游戏诈骗、恶意炒作元宇宙房地产圈钱、变相从事元宇宙虚拟币非法谋利的行为。这些行为都属于假借元宇宙空间名义实施的犯罪。此类犯罪虽然与元宇宙空间有关，但是现行刑法的相关规定已经足以规制此类行为，刑事立法上无需专门增设新的罪名，刑事司法实践中也仅需按照一般犯罪进行认定即可。理由是：

一方面，元宇宙空间这一概念在此类犯罪中的作用只是犯罪工具。对于以元宇宙空间名义实施的诈骗类、集资类、传销类犯罪而言，元宇宙空间这一概念是帮助犯罪分子获得他人信赖的犯罪工具。在一般情况下，犯罪工具的改变不会或很少会引起对犯罪行为性质认定方面的改变。例如，用刀杀人和用棍杀人在犯罪性质的认定上不存在区分，因为刑法中只有故意杀人罪，而没有"枪支杀人罪"和"棍子杀人罪"。以元宇宙名义诈骗和以其他名目诈骗也不存在犯罪性质认定上的区分。有人可能会认为，在现在的市场形势下，用元宇宙空间这一概念吸引的集资数额或诈骗数额较之于其他集资、诈骗犯罪的数额可能会更多。但是，笔者认为，犯罪数额的多寡并不会影响对该犯罪行为性质的认定，也即我们仍然只需要按照集资诈骗或诈骗罪对行为人的行为定性，并依行为人实际诈骗对应的数额进行处罚。2022年2月最高人民法院对《关于审理非法集资刑事案件具体应用法律若干问题的解释》修改的内容中包括认定"以网络借贷、投资入股、虚拟币交易等方式非法吸收资金的""以委托理财、融资租赁等方式非法吸收资金的""以提供'养老服务'、投资'养老项目'、销售'老年产品'等方式非法吸收资金的"行为，均可以按非法吸收公众存款定性。这一内容实际上体现了集资类犯罪的集资名目不应该也不会影响犯罪的认定，即集资名目的改变不能影响非法吸收公众存款行为性质的认定。以元宇宙空间为名义实施的犯罪也是如此，以元宇宙空间为名义实施的诈骗类、集资类、传销类犯罪在性质上和其他诈骗类、集资类、传销类犯罪无异，对其定性也不应该与传统犯罪的定性有差异。

另一方面，元宇宙空间概念的介入不会改变此类犯罪行为的法益侵害程度。部分犯罪行为由线下搬至线上后，其社会危害性发生了"量变"，例如在网络空间中散布违法犯罪信息。[1]这是由于网络空间为此类信息传播型的犯罪行为提供了线下空间所不具备的传播助力。然而，对于假借元宇宙空间名义实施的犯罪而言，元宇宙空间提供的助力仅仅来自其概念本身，其他概念具备同样性质和同样力度的助力。因此，元宇宙空间概念的介入并没有也不会改变在元宇宙技术初级发展阶段所出现的假借元宇宙空间名义实施的诈骗类、集资类、传销类等犯罪行为对法益的侵害程度，司法实践中不需要进行特别认定，只需要按照一般犯罪进行定罪量刑即可。

虽然对于假借元宇宙空间名义实施的犯罪按照一般犯罪来认定即可，但并不意味着对此类犯罪的研究内容毫无价值和意义。将此类犯罪纳入元宇宙空间犯罪的讨论范围可以帮助认清经过特定包装的诈骗类、集资类、传销类等犯罪的特征和本质，具有强烈的提示性意义。同时，将此类犯罪与对现有刑法理论可能造成冲击的其他元宇宙空间犯罪进行区分，能够实现对元宇宙空间犯罪更加精细化的研究。

其次，适当运用客观解释原理对元宇宙空间犯罪加以认定。笔者认为，如何科学、合理地认定元宇宙空间犯罪，实际上涉及对刑法解释立场的选择。尤其是对于发生在元宇宙技术高级发展阶段的犯罪，往往可能因解释立场选

---

〔1〕 参见刘宪权："网络犯罪的刑法应对新理念"，载《政治与法律》2016年第9期。

择的不同而得到不同的结论。刑法理论中对于刑法解释立场的选择主要存在三种观点：主观解释说、客观解释说和折中说。其中，主观解释说认为，刑法解释应当围绕立法原意进行，即立法者制定法律时的意图。主观解释说恪守立法原意对刑法解释的限制作用，认为刑法条文的规范含义不会随着社会环境的变化而发生改变。客观解释说认为，法律的含义因时代变化而变化，因而对法律的解释也因时代的不同而不同。[1]客观解释说为了使解释结果符合社会环境的发展变化，认可刑法解释可以作出和立法当时不同的解释。折中说认为，刑法解释采用主观解释还是客观解释应当根据具体的情况而定。在折中说内部同时存在不同的观点。例如，有学者提倡"主观的客观解释说"，即在客观解释的适用中贯彻主观解释中"刑法条文之语言原意解释"之要求。[2]也有学者对立法原意作出了宽泛化的理解，认为立法原意只是"对规范目标所进行的整体性描述"，在具体解释过程中不能采用僵化的主观解释。[3]笔者认为，传统的主观解释说难以适应科技发展给社会生活带来的变化，固守传统的主观解释说不利于刑法在科技时代发挥社会保障的基本机能。但是，立法肯定是有原意的，而且立法的原意应该被尊重且不能随便被改变，否则就是对罪刑法定原则的背离。就此而言，主观解释说的内容不应当被全部放弃，主观解释说中所提倡的尊重立法原意的内容应当保留。在立法原意较为清晰的情况下，应当根据立法原意进行刑法解释。然而，"时间并非静止不动者，立法当时，以立法者所预期的方式发生作用者，其后可能发生非立法者所预期，或非其所原意认可的作用"。[4]在许多情况下，立法原意不可探知，立法者也无法预估未来社会的发展变化，此时应当采用有条件的客观解释。在立法没有修订的情况下，立法者不能预估元宇宙空间的快速发展将带来的新型刑事风险。此时，应当根据元宇宙空间发展和犯罪行为的具体情况进行客观解释。但是，这种客观解释是有条件的，并非不受限制或只取决于解释者的主观态度。对元宇宙空间犯罪进行客观解释需要受到刑法规定本身文义的限制，还需要通过其他的论理解释方法，才可能得出合理的解释结论。

---

〔1〕 李希慧：《刑法解释论》，中国人民公安大学出版社 1995 年版，第 78 页。

〔2〕 刘艳红："网络时代刑法客观解释新塑造：'主观的客观解释论'"，载《法律科学（西北政法大学学报）》2017 年第 3 期。

〔3〕 参见王华伟："网络时代的刑法解释论立场"，载《中国法律评论》2020 年第 1 期。

〔4〕 ［德］卡尔·拉伦茨：《法学方法论》，陈爱娥译，商务印书馆 2003 年版，第 225 页。

具体而言，对元宇宙空间犯罪进行客观解释主要包含以下两个方面的内容：

第一，将元宇宙空间中拓展、延伸的法益形式或内容纳入刑法的保护范围。如前所述，元宇宙空间犯罪将可能对法益的固有形态造成冲击，个人法益和集体法益在元宇宙空间中都将发生一定变化。其中，个人法益的形式可能得到延伸，集体法益的内容可能得到拓展。此时，应当将拓展、延伸的法益形式或内容也纳入刑法的保护范围。例如，在数字化角色和人体实现高度连接，人体可以获得数字化角色触感体验的情况下，有必要将人体所对的应数字化角色的性羞耻心等内容纳入刑法的保护范围。再如，在元宇宙技术发展形成特定形态后，应当考虑将元宇宙空间的管理秩序理解为社会管理秩序的组成部分，进而将其纳入刑法的保护范围，否则将使元宇宙空间成为犯罪分子实施相关犯罪行为并变相逃脱刑法制裁的"法外空间"甚至"犯罪温床"。

第二，对部分犯罪行为方式进行扩大解释。刑法中的扩大解释是指在不超过刑法规定"可能的语义"范围内进行扩张化的解释。这里"可能的语义"范围一般是指刑法规定所对应的语义射程。在刑法规定"可能的语义"范围内解释，意味着解释结论和刑法规定没有明显的语义差异。在社会风险增加的情况下，客观解释对社会环境发展变化的判断容易使绝大部分通过客观解释得出的解释结论呈扩张化趋势。因此，不少客观解释结论被质疑有突破罪刑法定原则的嫌疑，即突破了刑法规定"可能的语义"范围。应当承认，在文理解释的限制下，许多犯罪行为方式在现实空间中已经有了达成共识的基本内涵，但随着元宇宙空间的出现，对这些犯罪行为方式的刑法解释不应再固步自封，否则将使元宇宙空间沦为逃避监管的犯罪温床。事实上，不少犯罪行为方式已经在网络时代发生变异，那么在技术更加先进的元宇宙空间中，对犯罪行为方式进行必要的客观解释应当更加符合一般公众所能接受的范畴。例如，在网络时代，隔空猥亵已经被解释为猥亵的一种行为方式。在元宇宙空间中也将出现非直接接触式的猥亵行为。[1]虽然此类猥亵行为与传统理论中的猥亵行为存在差异，但鉴于元宇宙空间利用的触感技术等能够实现人体非直接接触与直接接触等同的感受，应当将此类非直接接触式的猥亵行为解释为刑法中的猥亵行为。

---

〔1〕 参见刘宪权、王哲："元宇宙中的刑事风险及刑法应对"，载《法治研究》2022 年第 2 期。

客观解释的优越性体现于在保障刑法稳定的同时，能够更大程度地发挥刑法保护社会的机能。对于立法者而言，立法对当时尚未出现的刑事风险未作出规定是不可避免的，我们不能就此推出立法者对风险防范的态度。换言之，我们不能因为立法者未肯认制造这种风险的行为可能构成犯罪，就简单认为对于此类新型犯罪的规制不符合立法原意。在立法原意不清的情况下，根据刑法规定客观表现出来的意思进行解释，不仅符合罪刑法定的基本要求，同时也能根据社会环境的变化得到合理的解释结果。如前所述，元宇宙空间不是"法外之地"，不能因为现行刑法条文中没有提及元宇宙空间或相关立法原意不清而让元宇宙空间成为违法犯罪的灰色地带。客观解释本质上只能代表一种解释立场的选择，不能说通过客观解释就能直接得出确切的解释结论。在对元宇宙空间犯罪进行有条件的客观解释时，需要运用各类解释方法才可能得到科学、妥当的解释结论。因此，没有必要在元宇宙空间情形下对客观解释有过多的敌意，一味地认为客观解释结论是恣意、随性的。事实上，在必要的情况下，对元宇宙空间犯罪进行有条件的客观解释不仅符合高科技发展中刑法规制的现实需要，也是刑法条文发挥动态价值的体现。

结　语

不可否认，现阶段理论上对元宇宙空间的热议在一定程度上受到了资本运作和媒体报道的影响，但是元宇宙空间本身表现出的既不同于现实空间、也不同于网络空间的特征，确实带来了新类型的刑事风险。不论元宇宙空间是否最终能够形成人们所希冀的社会形态，其都不应脱离法律规制和相关的管理秩序。元宇宙空间只能突破物理上的部分限制，而不能突破法律的制约，否则将不被社会生活和管理秩序所允许。元宇宙技术的发展在改变社会生活方式的同时，也可能对传统犯罪认定模式造成冲击。这一冲击可能在元宇宙技术的初级发展阶段表现得并不明显，即初级发展阶段所出现的诈骗、集资等犯罪通常只需要按照一般犯罪加以认定。因而理论上很多人会认为无须对元宇宙空间犯罪进行专门研究，甚至反感这一领域的研究。但是，在元宇宙技术的高级发展阶段，通过各类增强现实感的前沿技术，元宇宙空间犯罪可以实现法益形式和内容上的变化以及对犯罪行为方式的拓展。此时，如何规制这一类新型犯罪是刑法理论必须思索和讨论的问题。事实上，面对新型技术的出现和更迭，刑法理论一直没有坐视旁观。例如，人工智能技术的发展推动了对人工智能犯罪的研究，网络技术的发展推动了对网络犯罪的研究。面对人工智能犯罪和网络犯罪的不断变异和升级，刑法理论持续提供应对策略和路径，成为打击人工智能犯罪和网络犯罪的有效武器。可以认为，刑法理论对人工智能犯罪和网络犯罪的深入研究为人工智能生产、应用以及网络维稳等方面作出了重要贡献，保证了人工智能技术和网络技术在给人类社会带来福祉的同时也能保持社会基本的安全与稳定。近年来，大数据、云计算等各类新兴技术的出现也使刑法理论逐步开始正视各类新兴高科技引发的刑事风险变化，并积极探讨刑法应对的方法、策略和路径。例如，对自动驾驶事故刑事责任分配的研究，客观上有助于解决此类事故的司法认定疑难。同理，对于元宇宙空间的发展而言，刑法理论的探讨不是也不应该是"学术泡沫"，必要的刑法理论讨论将有利于元宇宙技术未来的健康发展。这并非对元宇宙空间负面效应的夸大与杞人忧天，而是防患于未然思维的体现。

元宇宙场景应用中的刑法风险与规制

凌萍萍　赵　丹 *

摘　要：当前热议的"元宇宙"话题概念尚未定性，其并非宇宙学范畴，而是借用"宇宙（universe）"来表述此构建下庞大的映射现实的虚拟世界。在元宇宙场景应用中既存在借由虚拟世界的"犯罪土壤"而滋生的可以通过现行刑事立法直接规制的传统犯罪风险，也存在因各类新型尖端技术而产生的刑事立法盲区。通过对元宇宙概念进行溯源解读，将现行元宇宙场景下资本炒作的经济犯罪与元宇宙应用中实际产生的法律问题予以区别，并以技术特性导向为突破口探寻元宇宙产业中所引发的生理性与精神性损害、化身伤害、大规模个人信息与隐私泄露以及身份盗窃等刑法风险以及后续规制路径。

关键词：元宇宙；刑法风险；化身；身份盗窃

前　言

随着信息革命、互联网革命、人工智能革命以及显示技术、区块链技术等"硬技术"的支撑，在未来科技的迅速发育中的新能源、新算力以及新人工智能技术能够促使"元宇宙"产业的全面启动，为真正落地提供现实可能性。这意味着目前对"元宇宙"所提出的法律风险的相关语境探讨并非基于未来法学派超越现有技术的现实发展路径所做出的不切实际的设想以及对资

---

　　* 凌萍萍，1979 年生，女，刑法学博士，南京信息工程大学法政学院副教授、南京信息工程大学气候变化与公共政策研究院研究员。赵丹，1998 年生，女，南京信息工程大学气候变化与公共政策研究院助理研究员。本文为 2020 年江苏省社会科学基金项目《个人信息法律保护体系研究》（20FXD004）阶段性成果。

本市场炒作浪潮的迎合，而是从风险社会的理性立场出发，主张前瞻未发生的犯罪，探求元宇宙所带来的新型犯罪形式以及打击这些犯罪的必要性和可能性，以积极应对的刑法观主动对新型技术的应用场景和惯用效果加以引导和规制，来应对"元宇宙"场景落地对现有法律秩序的挑战。

"元宇宙"概念不是近几年才横空出世的，它所依赖的新型技术也并非完全缺乏现有法律的规制。事实上，在这个数字化、电子化的虚拟世界中尚存在以各种技术为载体而实施的与现行刑法相衔接的，可以概括规制或并入传统刑事犯罪的危害行为，此类危害行为的犯罪本质仍未脱离现行刑法的规制范围，其行为模式多借助区别于传统 web 2.0 互联网所打造的去中心化网络，使得犯罪主体呈现规模扩张，犯罪传播性增强，进而导致更为严重的经济损失、人身危害以及社会动荡。与此同时，除与现行立法相衔接的刑事法律以外，元宇宙虚拟世界中也存在由其自身电子化、数字化的集成技术所可能造成的独有的新型刑法风险，这类尚未被纳入刑事立法范围的元宇宙安全风险为我国刑事立法的研究与预防提出了新的挑战。

一、问题的提出：元宇宙场景下的犯罪风险

元宇宙（Metaverse）在过去是一个模糊词，或称为后设宇宙、形上宇宙、元界、超感空间、虚空间，该概念最早出现于 1992 年作家尼尔·斯蒂芬森笔下的科幻小说《雪崩》。书中描述了一个人们可以通过设备终端与计算机连接，通过人机融合进而摆脱现实世界物理限制的，实现未来持久化和去中心化的三维平行虚拟世界。[1]尼尔·斯蒂芬森笔下的元宇宙是通过个人终端和虚拟现实护目镜访问的 3D 虚拟现实空间。

溯源元宇宙的概念，其实最早来源于文学、艺术作品与电子游戏，[2]如果将元宇宙的本质构建为一个人类所想象的不具有物理限制，且与现实世界相对应的具有可能性的"另一世界"。那么，从历史发展的角度来看，"元宇宙"也并非一个依托新型技术所产生的新兴概念，事实上每个历史时期都存在大量关于"元宇宙"的哲学思考与艺术建构，21 世纪的元宇宙构架更像是

---

〔1〕 ［美］尼尔·斯蒂芬森：《雪崩》，郭泽译，四川科学技术出版社 2009 年版。

〔2〕 龚才春主编：《中国元宇宙白皮书（2022）》，北京信息产业协会、中华国际科学交流基金会 2022 年 5 月 27 日发布。

经典概念的复刻与重生。无论是文艺复兴时期但丁的《神曲》、达·芬奇的《蒙娜丽莎》抑或是巴赫的宗教音乐都内含古典形态的"元宇宙"的本质。复旦大学发布的《元宇宙发展报告》提出，人类从 1.5 万年前的岩洞壁画开始，包括先后在中国出现的甲骨文、形声汉字、戏剧、敦煌壁画等，从广义上讲都是通过不同程度的想象在现实世界之外延伸出另一个虚拟世界，这意味着不论是艺术作品抑或是哲学拷问都在不同历史时期不同程度、不同维度地涉及"元宇宙率"（Metaverse Ratio）[1]。如果说以诗歌、绘画等艺术形式或者以哲学文字为载体所呈现的是"元宇宙"的萌芽阶段，那么随着 20 世纪 60 年代"科幻新浪潮运动"的蓬勃发展，受其影响所兴起的赛博朋克（Cyber Punk）文学运动涌现的诸如威廉·吉布森、尼尔·斯蒂芬森、布鲁斯·斯特林等大量科幻小说作家则使得"元宇宙"的构建由古典艺术形态进入以机器人、生物人、虚拟现实、人工智能等文字构建为依托形态的"反乌托邦"的发展阶段。其中，当代美国科学家希拉里·普特南在 1981 年曾提出一项假说——"缸中之脑"[2]，将人类的脑袋切除且将神经末梢连接在计算机上使其产生一切保持正常的幻觉的思想实验，更是把人脑和计算机的对接纳入了现实世界还是虚拟世界的哲学拷问中。随着赛博朋克文化运动[3]的推进，"Punk"一词逐渐超出其原本局限的音乐风格的语义范畴，被社会学说定义为"反文化"或者"马路上的无政府主义"。而"Cyber Punk"也被称为"使用机器的无政府主义"或者"机器、电脑的叛逆运动"。同时，以 2003 年美国 Linden Lab 公司开发的"第二人生"（Second Life）游戏的风靡作为"逃逸现实空间"的真实写照标志着"元宇宙"的第三阶段——"去中心化"阶段由此展开。目前，元宇宙的发展已经超越了电子游戏的范畴。一方面，随着虚拟现实（Virtual Reality）、增强现实（Augmented Reality），特别是拓展现实（Extended Reality）等依托技术的发展，虚拟游戏空间与现实世界之间的壁垒边界逐渐消融；另一方面，世界性互联网公司、社会学家、法学家、经济学家等纷纷投身于元宇宙的技术构建与制度构建，元宇宙无疑进入了一个蓬勃发展的新时期。

---

〔1〕 腾讯科技联合复旦大学新闻学院，《元宇宙发展报告（2021-2022）》2022 年。

〔2〕 Hilary Putnam, *Reason, Truth and History*, 1981.

〔3〕 Katie Hafner, John Markoff, *Cyberpunk: Outlaws and Hackers*, 1995.

　　元宇宙的术语一经提出，其概念便已经极具多样化，例如，后现实世界、3D 互联网、虚拟世界等，这使它蒙上了一层神秘的面纱。朱嘉明教授将元宇宙概念精准总结为"all in"。事实上，元宇宙通过数字化和虚拟现实技术将所有的物理和虚拟体系包含进目前的元宇宙体系。尽管目前对于元宇宙的概念尚未有明确定论，但诸多理论学说从不同立场、不同维度构建了元宇宙的基本概念。从元宇宙支持者的观点来看，他们对元宇宙的构建多集中在社交、娱乐、教育、展示、金融投资等文化、经济领域，它可以不受传统物理和限制的约束，是"完全交互式现实"。其中，未来学家、Mad scientist Initiative-Army Futures Command 副主任卢克·沙布罗认为元宇宙是一个模糊的、数字混合的现实，具有不可替代和无限的项目和角色，不受传统物理和限制的约束；AMP Creative 体验制作人伊莲娜·皮耶（Elena Piech）将其视为数字世界与物理世界的逐渐融合。一个智能镜头和 BCI 设备是我们能够被信息包围的世界——工作、娱乐、教育的交互式信息。这是互联网的下一次迭代，是生命的；雷丁期货创始人兼 CEO（首席执行官）尼尔·雷丁认为元宇宙是一个无限的空间，人类可以在其中通过多感官刺激做我们在物理空间中所做的一切。当前的技术能够实现元宇宙的这一愿景的一小部分——包括 3D 逼真的沉浸式视觉效果、空间化音频、原始触觉反馈和语音交互、与位置无关的存在的早期形式等。这部分观点多为科技公司或社交媒体提出，以移动互联网市场逐渐趋于饱和、亟待新的方案来将旗下资源进行打包从而开辟新市场，重新洗牌并继续维持其资本巨头地位为目的。与此相对的否定派观点多以反对资本泡沫，忧思元宇宙的安全与隐患以及未来制度构建为出发点。其中，於兴中教授将元宇宙兴起路径总结为从科幻小说的场景中走出，游戏公司将其付诸行动，社交科技巨头"画大饼"。携程联合创始人梁建章表示，"元宇宙的诱惑是非常大的"，元宇宙用低成本创造了各种乐趣，可能会降低人们对真实世界探索的欲望，并带来人口风险和科技停滞。埃隆·马斯克也对元宇宙持怀疑态度，他认为目前关于元宇宙的讨论是非常不成熟、缺乏理智的。在对元宇宙发展持怀疑态度的专家、学者的观点中，元宇宙概念的再度"复兴"是一个资本炒作的热点，从目前仅有的现行技术而言，元宇宙至少需要数十年才能真正落地，且元宇宙的制度体系构建是一个庞大且未可知的状态。

　　综合来说，无论是出于何种立场、何种学说观念，元宇宙场景应用都为人类社会摆脱传统现实世界物质性，进一步实现数字化转型展示了新的可能路径，其概念构成并非特指某种单一的技术或者应用，而是依托区块链、IPFS〔1〕、5G、Web3.0、NFT（Non-fungible Token）〔2〕等多种新型技术通过概念具化来实现跨越物理现实，进行经济增值，实现社交系统、生产系统与经济系统虚实共生的去中心化的三维化互联网，虽然去中心化是其本质内核，但它并非脱离现实世界的"乌托邦"。由此可知，元宇宙社会的制度构建受制于其去中心化本质注定具有宏观性与抽象性，其规则制定不可能做到严密、周全。此外，元宇宙所带来的刑事风险并不局限于虚拟现实，其不仅具有基于增强现实、虚拟现实、混合现实技术的所构造的三维生态空间所带来的具有特殊性的虚拟空间的刑事犯罪风险，同时还存在与现实世界的交互混同所带来的物理现实维度的既存风险与未知新型刑事犯罪风险。

随着 Twinity、Entropia Universe、Fregger 等虚拟世界注册用户的快速增长，作为拥有大量技术支撑的元宇宙场景有望通过虚拟与现实的融合将互联网带入现实生活，实现全新体验品质的"Second Life"。这意味着，科技型企业将率先在元宇宙的虚拟空间中探索其未知可能性，而近几年围绕元宇宙的资本运营对于过往所有新型技术而言也是史无前例的。

值得注意的是，由于移动互联网的流量红利逐渐消耗殆尽，不少互联网公司试图将"元宇宙"概念重新包装，以 3D 作为"噱头"将用户迁移至虚拟世界来激发新的经济增长点，在起着决定性推动作用的国内外大型风险投资公司与互联网公司的资本推动下，国内外催生出了大量势头强劲的元宇宙概念股，使得元宇宙的发展规划逐渐背离了原始的技术先行发展路径。随着近几年的火热炒作，"元宇宙"概念被加工、包装成为犯罪行为道具的势头和风险日益严重，并呈现出严重化和泛滥性趋势，以"元宇宙"为话题热点所引发的非法集资、非法吸收公共存款、诈骗等犯罪行为更是层出不穷。根据中国银保监会 2022 年 2 月 18 日的网站消息，处置非法集资部级联席会议办公室发布《关于防范以"元宇宙"名义进行非法集资的风险提示》来看，诸多犯罪分子将元宇宙概念带入经济市场，以非法谋取不正当利益为犯罪目的，

---

〔1〕 IPFS，或称为星际文件系统，是 Juan Benet 在 2014 年设计的互联网新协议，其设计目标是实现数据的永久存储、清除网络上的重复数据，并获取存储在网络中节点上的数据地址。

〔2〕 NFT 是区块链的一个条目，而区块链是一种去中心化数字账本技术。其自身所具备的不可替代的特性，意味着它具有独一无二的特性。

利用资本炒作、网络钓鱼等行为手段吸收资金，引发经济类违法犯罪活动。某些不法分子利用大众对元宇宙概念和技术基础的知识盲区，以及对元宇宙浪潮的从众性，借由元宇宙区块链游戏来捆绑宣传、虚假宣传快速发财致富，诱骗、组织没有元宇宙技术经验的人员，以刷网络广告等手段作为噱头来收敛会费或者兑换游戏装备等进行诈骗。又或者通过编造元宇宙游戏、元宇宙房地产等元宇宙投资项目，宣称高额收益来借机吸收公众资金。此外，打着知识付费旗号针对元宇宙进行课程培训卖书、卖课"割韭菜"的新型诈骗、传销陷阱也屡见不鲜。

就元宇宙现下的发展场景来分析，这些犯罪现象无疑是缺乏技术导向的，仅仅把"元宇宙"概念作为一种牟取非法利益的手段，将"元宇宙"概念视为犯罪工具，从而逐渐背离了以技术支持为核心的元宇宙落地的合理发展路径。上述犯罪行为尚且无法被称为"元宇宙犯罪"，充其量只能算作是涉及"元宇宙"概念元素的原始的传统犯罪，故而不能将其归结为元宇宙社会引发的刑事风险。事实上，元宇宙的真正落地不是复制现实，而是着眼于未来的超越现实世界，本文所探讨的元宇宙社会引发的刑事风险，是将元宇宙作为一个类比互联网的独立的虚拟空间，此时的元宇宙社会是作为区别于现实物理世界的犯罪空间，冲击着我国目前现有的刑事理论以及刑事立法、刑事司法。故而针对上述元宇宙场景下的犯罪现象分析，其本质上意味着无论是互联网企业还是资本市场都亟待"去泡沫化"的回归理性，将加大经济类犯罪打击力度、惩治借由"元宇宙"概念包装来实施的犯罪与预防元宇宙的刑事风险的双重结合来为元宇宙社会的真正落地保驾护航，来引导元宇宙的发展路径回归到技术加速变革趋向。

新冠疫情期间，随着各类技术的不断涌现与进步以及现实需求的日渐扩大，实现元宇宙这一构想逐渐发展成为一种现实可能，并再次引起广泛关注，在元宇宙这片"应许之地"的场景中，用户可以聚集在一起进行社交、学习、娱乐、工作。其落地不仅需要综合技术的应用、多学科技术的融合，同时也是跨行业的融合。"元宇宙"需要通过形成其自身独有的特定构造、规则来打造深度可持久化、去中心化的三维世界。元宇宙时代的到来，不仅是科技命题亦是法律维度需要研究的课题，更是下一个互联网时代的总称。

琼·拉多夫提出"元宇宙"构造的七个层面：体验（Experience）、发现（Discovery）、创作者经济（Creator-Economy）、空间计算（Spatial Computing）、

去中心化（Decentralization）、人机互动（Human-computerInteraction）、基础设施（Infrastructure）。这种总结方式更侧重于打造创造、社交、娱乐等一体的虚拟平台。朱嘉明教授将元宇宙特性总结为三大根本特征：[1]一是技术集大成，元宇宙的技术不仅吸纳、承载现有的新型技术，图灵机和冯·诺伊曼构架本身也被容纳在元宇宙的基因里；二是展现一种新的经济制度，元宇宙的经济制度是一种排除资本主义操控、消除垄断与不平等贫富差距的新型公平的经济制度。从这一特性可知，目前多数元宇宙"噱头"更像是上文所描述的资本炒作，而非元宇宙场景的良性应用；三是人类生存模式的改变，元宇宙的虚拟世界和现实物理世界将会存在明显差异，此时的虚拟世界将会是自然人、虚拟人、机器人三者共融共生的生态环境。

由此可见，在元宇宙的构建中，人类的生存模式、生存格局、生存内涵都会发生天翻地覆的变化。人类将因元宇宙而拥有两个家："把传统留在传统的地方，把美好带到未来的地方。"[2]其中，技术集大成作为元宇宙的依托特性，在各种应用技术成熟之后，虚拟空间或许可能会坍塌成为另一个维度的"现实"。这个"现实"追求的理想愿景意味着元宇宙中所有事件都是实时同步发生的，并且是具有持久的影响力的，而与之伴随的刑法风险不仅种类纷繁甚至会永久伴随，无法消除。笔者大致将元宇宙场景应用所具备的可以推测预知并实现事前规制的刑法风险分为两类：一类是作为独立犯罪空间——"元宇宙"虚拟世界中流通的危害行为所可能带来的刑法风险，这类风险中部分可以纳入现行刑事立法保护又或者随着认知的不断深入而对刑事立法及时补位，予以规制，同时绝大部分元宇宙风险需要通过元宇宙的制度构建来实现自我规制；[3]另一类则是依托技术将元宇宙虚拟世界的产品、场景等通过复制带入现实世界，其中对人类现实层面生活所带来的实质性的物理损害，这部分就明确需要刑事立法予以规制、保护。

---

〔1〕 朱嘉明："元宇宙的商业前景、技术路径和治理规则"，载微信公众号"数字资产研究CIDA"2022年1月23日。

〔2〕 根据朱嘉明《元宇宙与碳中和》新书发布会题为《元宇宙探索呼唤理性——避免元宇宙成为"其兴也勃焉，其亡也乎焉"》的发言总结。

〔3〕 Alok R. Chaturvedi, Daniel R. Dolk and Paul Louis Drnevich, *Design Principles for Virtual Worlds*, 2011.

二、元宇宙场景下 VR/AR 等底层技术设备所引发的刑事风险及其刑法规制

元宇宙应用中信息具有较强流动性以及不可消除的特性，易加大公民个人信息与隐私泄露的风险，进而引发群体性损害。比如，进入元宇宙社会需要安装传感器，此时每个人都有机会在他人浏览虚拟世界或者与其他用户互动时进行监视。而随着针对不同感官的传感器数量的增多，不法分子闯入元宇宙社会，监视并窃取用户个人信息与隐私的途径在不断扩大。元宇宙运营方利用传感器来收集用户的生物特征信息（指纹、笔迹样本、照片和视频图像、基因组信息等）、语言习惯和社会行为等以实现用户分析、精准广告投放的利用性数据收集。此类针对传感器的利用，将会提供对人类生物过程和心理过程前所未有的实时洞察。以新冠疫情期间的居家办公为例，据《福布斯》报道，Horizon Workrooms 可能对员工隐私构成重大威胁，在企业利用元宇宙沉浸式混合现实的工作场所进行会议和协作时，传感器可能会被导致员工泄露更多的个人信息。如果这些数据没有得到适当的保护，员工数据可能会以前所未有的方式暴露出来。此外，具有较强敏感性的公司核心数据也可能会受到恶意第三方的攻击与破坏。

概括而言，诸如眼镜、摄像头、麦克风和传感器等连接设备系统作为元宇宙的底层依托设备，均可能成为犯罪分子收集公民个人信息与隐私的真空"地下监控"。此类设备的访问权限较低，极易被持续操控并监视以收集、储存信息片段。以儿童智能手表为例，2022 年央视 3·15 晚会的 3·15 信息安全实验室对多款低配版儿童智能手表进行了测试并曝光，此类智能手表无需任何用户授权即可自行开启多种敏感权限，不仅可以轻易获取实时位置信息与行踪轨迹，还能提取佩戴者的人脸图像、实时通话录音等敏感个人信息与隐私，已然成为具有严重安全隐患与信息、隐私泄露的"行走的偷窥器"。事实上，元宇宙社会中每一个具有联网功能的智能硬件都存在信息泄露的刑事安全风险，针对海量元宇宙用户信息被非法收集、利用的刑事风险宜界定为侵犯公民个人信息罪，若进而利用非法获取的信息数据催生出电信诈骗、人身侵害等违法犯罪行为，构成数罪的，应当依法予以并罚。同时，将公民的个人信息权属性回归到刑法运行的轨道上，通过对侵犯公民个人信息罪的个人信息的数量、内容以及犯罪施行方式等情节进一步类型化处理来降低元宇

宙社会中的信息泄露风险，防范各类设备技术在信息收集、流转或数据分析处理中对用户的侵害行为。此外，最新出台的《个人信息保护法》首次提出了个人信息的可携带权，以及对生物识别等敏感信息的保护、规范互联网平台的数据垄断行为等，也为元宇宙社会的信息泄露危机提供了可行的立法思路。

在元宇宙场景下，由于传导技术的运用，可识别的个人生物信息很容易被抓取并记录，当个人的生物标识作为识别个人身份的标准被广泛运用时，特殊的刑事风险也将产生。所谓"生物标识"（Biometric Identifier），是指视网膜或虹膜扫描、指纹、声纹、或手或脸的几何扫描。相对于其他个人信息而言，生物标识信息在个人信息中有着其独立的法益属性：第一，生物标识信息身份识别的精确性与可复制性。生物标识信息与其他个人信息的差异在于其生物属性的不可改变，例如财产信息、行踪轨迹甚至是带有社会属性的其他信息都可以在一定时间、空间内进行修改，以实现信息隐私的重塑，但是生物标识信息具有独特的生理特征，无法通过其他方式进行修改，同时由于生物属性的唯一性，其可以使得该信息精准定位到每个人，这类信息的泄露将会导致个人法益陷入高度的刑事风险之下。第二，生物标识信息法益侵害的不可逆性。由于个人生物标识信息属于敏感信息，在元宇宙的开放场景之下，其非法泄露和滥用会给信息主体造成不可逆转和难以消除的侵害。正由于此种特性，国外立法和司法判例中往往不苛求生物信息人遭到现实的损害才可寻求法律救济，而是将可能发生的危险作为认定侵权或犯罪的条件。由于生物信息固有的独特性和持久性的特点，可以假定在应用中生物特征不可变，他们的攻击可以对个体产生永久性的后果。[1] 而且，当生物标识信息进入元宇宙场景之后，信息主体的身份特征将会被永久记载，同时也可能被不确定的人群作为信息私自获取，且这种获取一旦进入私人获取的物理状态，这种数据的掌控将无法消除，且随时可能被重新用作犯罪手段来使用。因此，当个人生物标识信息被作为刑法法益进行评价时，不能仅仅将实害结果作为判断刑事可罚性的基础，而是应当将个人生物信息的刑事可罚性与生物信息泄露的刑事风险结合来考量。从这个角度上看，个人信息犯罪应当将具有唯一识别性的生物标识信息作为独立法益来确立，将其划定为风险归罪的范畴，

---

〔1〕 吴小帅："大数据背景下个人生物识别信息安全的法律规制"，载《法学论坛》2021 年第 2 期。

也就是说，只要存在对个人生物标识信息的侵害，就需要将风险作为其入罪的标准，且入罪标准应当低于一般的个人信息法益。

元宇宙场景落地面临许多与底层虚拟现实技术（VR）、增强现实技术（AR）、拓展现实技术（XR）等相关的挑战，[1]此类技术的应用使得用户在元宇宙社会中的完整认知需要调动全身的感官系统，而非将触觉体验与视觉体验完全分离仅运用大脑得到融合一体的真实体验感。随着此类技术的持续迭代更新与不断深化的互联互通，其逐渐向人类展现出构建与现实物理世界平行的全息数字世界——"元宇宙"的可能性，但其沉浸性、交互性与自主性的特性又在一定程度上存在影响用户认知、情绪和行为的安全风险。[2]其中，从人体健康与安全层面出发，VR／AR技术设备自身重量与质量不达标或者运营方无时间限制地允许使用，可能导致用户头晕、恶心、心率加快、丧失身体平衡甚至是短期丧失听觉、视觉。此类症状易引发晕动症、赛博病（身体所接收的信号与预期不匹配，身体调节遇到冲突，所带来的眩晕、身体疲劳、皮肤苍白、心率加快）与平衡障碍（使用VR后，部分人会明显出现平衡障碍、手眼不协调和短时间内辨声障碍）等身体疾病。[3]从心理健康与安全层面出发，信息过载与高保真VR环境和暴力表现可能会给用户造成极大的心理挑战，引发创伤性心理伤害。主要是由虚拟世界和现实物理世界之间的定位与相处问题的认知障碍引发的精神类疾病。例如，用户对虚拟空间中的身份认知与现实世界存在差异，造成内在与外在的身份认同危机。同时，由于用户长期沉浸式虚拟体验而对自我的感知或行为产生超脱的不真实感，使得与"增强"范围之外的现实脱轨，[4]易导致丧失自我能动性进而生成幻觉的人格解体等精神类疾病。

除此之外，作为元宇宙的核心技术——数字孪生（Digital Twins）技术，其可借助各类记录型媒介生成一个与现实世界相对应的数字版本，并在现实物理世界与元宇宙虚拟世界之间实现互通操作（interoperability）。在现实物理

---

[1] Arzu Çöltekin et al. , *Extended reality in spatial sciences*: *A review of research challenges and future directions*, 2020.

[2] R. Chwarz, W. Steptoe, "The Ethics of Realism in Virtual and Augmented Reality, Front", *Virtual Real*, 2020.

[3] 沈阳团队联合清华大学新闻与传播学院新媒体研究中心：《元宇宙发展研究报告2.0版》2022年。

[4] 沈湘平："元宇宙：人类存在状况的最新症候"，载《阅江学刊》2022年第1期。

世界中若是对公民人身实施不法侵害可以通过刑事立法予以规制，但如果这类伤害发生在元宇宙的虚拟世界，即用户有一个"化身"（Avatar）作为完全意义上物理自我的数字表示，[1]一位用户的化身对另一位用户的化身的伤害或者清算是否可以完全不受刑事处罚？

当用户借由连接设备进入元宇宙后，其会通过自我化身进行各种完全沉浸式的交互、感知活动，此时用户的身体已然被"第二身份"即化身所取代[2]，不仅真实世界被头戴式显示器（HMD）所覆盖使得虚拟现实系统环绕着用户的视野，而且将从触觉、味觉等全方位感官系统将用户置于元宇宙的第一视角之中。"化身"作为用户在元宇宙虚拟世界中的通行身体，使得用户在物理层面能够做到极致的幻觉体验，例如在社交、游戏、娱乐场合，用户可以有效使用化身来进行交流，从传统的"在线"进阶为"在场"。同时，相关研究表明，化身可以帮助用户沉浸在元宇宙的虚拟现实系统中，从而对记忆与认知处理产生积极影响。[3]尽管如此，基于化身的存在而形成的复杂多变的幻觉对用户的感知系统与现实行为也会存在诱导性错觉，进而对用户的精神状态与身体健康造成负面影响，甚至会成为法律风险。在日本，一名游戏玩家通过互动式网络游戏"Maple Story"以纯数字方式结识并"嫁给"了一名男性。后因男方提出"离婚"，为了泄愤，她通过侵入其在线账户、删除用户资料的方式消除其化身。后来，这名女子因涉嫌非法使用该男子的登录名和密码在游戏中窃取其 ID 并删除其角色而被日本警方逮捕。此外，2022 年一位名为秋空的玩家发文表示，她在一款名为"VRchat"的表达自由度极高的在线 VR 角色扮演游戏中戴着头戴式显示器进入游戏的 VR 睡眠时遭遇"被性侵"的经历。

从犯罪构成要件的该当性维度出发，诚然虚拟现实技术的不断深入发展对此类感官的描述会无限趋近于真实感官体验，但社交、游戏用户化身并非生理上可以界定为会受到伤害的物理层面的人类，对化身进行言语威胁还未达到刑法法益所保护的程度；伤害、杀害用户的元宇宙虚拟形象既不构成故

---

〔1〕　Jan Allbeck, Norman Badler, *Avatars á la Snow Crash*, 1998.

〔2〕　Suh, Kil-Soo, Hongki Kim and Eung Kyo Suh, What if your avatar looks like you? Dual-congruity perspectives for avatar use, 2011.

〔3〕　A. Steed, Y. Pan, F. Zisch and W. Steptoe, "The impact of a self-avatar on cognitive load in immersive virtual reality", *Virtual Reality*, 2016.

意伤害罪也不成立过失致人死亡；虚拟强奸也不符合强奸罪的构成要件，因为此时的化身仅是用户在元宇宙中扮演的虚拟角色的数字表示，它仅涉及对身体伤害或强奸的视觉、触觉的感觉描述，这种侵害行为更符合类似网络暴力的精神类的性侵害。因此，为了使其具有现实世界的法律意义，必须从现实世界角度对化身的具体行为予以评估，即一个真实的人甚至群体是否由于元宇宙社会化身的故意行为而受到具有实际价值的人身伤害或者财产损害。以利用化身拍卖人口头像为例，此时虽然拍卖头像并非非法拘禁或者贩卖人口，但基于化身与化身之间的行为已然与现实世界产生犯罪联系，此时由化身所引发的安全风险与不利结果必然需要通过刑事法律予以解决。

当然，这些侵害很难与现实侵害相提并论，且需要"被害人"的自愿进入，但是当元宇宙场景成为一种生活常态或者说元宇宙场景并未对各种可能发生的人身损害以及精神损害进行预警时，尤其是当"被害人"在元宇宙场景中有着可识别的身份，且侵害行为可能引发广泛的社会关注时，"被害人"的精神损害是否可以被纳入刑法视角进行考量都是值得思考的问题。尽管元宇宙对人们生活的影响尚未达到与现实世界完全一致的状态，但是不可否认的是，随着人类与元宇宙场景的进一步深入融合，当每个人都有了元宇宙场景的主体身份之后，尤其当场景身份被获取时，元宇宙这一虚拟世界中存在的侵害行为依然会对信息主体产生无法估量的影响。

从刑法层面来看，由元宇宙依托技术以及运营方所导致的用户生理层面与心理层面的伤害风险可以根据不同情况进行刑事规制：第一，明确行为主体，由于元宇宙场景存在的不确定风险，无法将所有的伤害与危险都归责于特定的对象。因此，需要明确是否存在可预见的身体损害与精神伤害，由于元宇宙环境与一般网络环境的技术性差异，不能完全将所有的认知责任均强加于"被害人"，因为这种技术往往是"被害人"难以把握和预测的。因此平台的提供者、产品生产者与运营者都需要根据其分工对风险存在的程度与方式进行预警。第二，明确损害与元宇宙场景的联系，用户在履行注意义务之后，基于进入特定场景而在不知情而非故意或过失情况下，由于使用设备导致丧失意识或身体控制，无法辨认或控制自己行为而造成危害结果时，对其所实施的危害行为不负刑事责任。当然这需要进一步的刑法判断。

除上文所述刑事风险之外，由于"黑客"等不法分子对元宇宙海量用户登录、连接设备等系统进行大规模侵入、非法控制或损坏等恶意攻击，对元宇宙用户的登录、连接设备系统功能进行删除、修正、增加、干扰，造成系统性损害或故意制作、传播破坏性程序，影响登录设备系统正常运行的危害行为，可以通过将元宇宙虚拟世界的登录、连接设备系统纳入计算机系统，扩大传统计算机系统的刑事处罚范围，将此类犯罪行为界定为提供侵入、非法控制计算机信息系统程序、工具罪以及破坏计算机信息系统罪、非法获取计算机信息系统数据罪、非法控制计算机信息系统罪等计算机网络犯罪。事实上，互联网空间就是一个与现实空间相对独立的虚拟空间，这种将元宇宙的虚拟世界纳入互联网空间的刑法的扩张性解释具有合理性。

三、元宇宙场景下"身份盗窃"的刑事风险及其规制

人类社会的发展与技术的加速变革正在形成以算法为中心的智能社会法律秩序，[1]而元宇宙所具备的人工智能算法和深度学习技术可用于创造一种更为严重的与用户相关的人际犯罪形式，这种伤害超出了对设备以及 ID 化身所造成的伤害，即"身份盗窃"（Identity-theft）[2]。人工智能算法滥用与深度学习的具体应用所引发的"深度伪造"（Deepfake）[3]，所涉及的信息并不局限于元宇宙用户的姓名、身份证号等常规性可单一或组合后直接区别于其他人的身份信息，还包括指纹、虹膜等借助技术性手段才能确认或识别特定人的个人生物识别信息。[4]ID 盗窃作为身份犯罪的类型化形态之一，区别于现实世界可通过自身物品保管不当所引发的身份盗窃。

在元宇宙场景中，任何用户的数字自我表现和个人数据、信息的控制权都可能成为犯罪者身份盗窃的目标。美国国会于 1998 年通过的《身份盗窃假设和威慑法案》将身份盗窃犯罪定义为在缺失合法授权的情况下，故意转移或使用任何姓名、号码等关联身份信息，这些姓名或号码可单独或与任何其他信息结合使用，以识别特定个人的犯罪意图，或帮助或教唆，任何构成违反联邦法律或根据任何适用的州或地方法律构成重罪的非法活动。换言之，身份盗窃一般不单独作为犯罪，犯罪分子通常直接利用盗窃信息或与其他信息

---

[1] 张文显："构建智能社会的法律秩序"，载《东方法学》2020 年第 5 期。
[2] Graeme R. Newman, Megan M. McNally, *Identity Theft Literature Review*, 2005, p. 3.
[3] 深度伪造，是利用深度学习算法实现音视频的模拟和伪造。
[4] 李怀胜："滥用个人生物识别信息的刑事制裁思路——以人工智能'深度伪造'为例"，载《政法论坛》2020 年第 4 期。

相关联来实施危害他人人身或财产安全的犯罪。根据徐明教授的观点，身份盗窃从本质上讲不包括传统理论中对身份信息的侵犯，"身份盗窃"并非对"身份信息"的盗窃，而是表现为使用他人身份信息实施它种犯罪的行为。[1]

犯罪人只在极小概率下仅实施身份盗窃这一罪，通常来说，"身份盗窃"往往会成为其他犯罪的"上游行为"，但在司法实践中，很少将身份盗窃作为单独的犯罪处理。当然，"身份盗窃"通常会催生出一系列侵犯公民权利、破坏社会主义市场经济秩序、社会秩序的关联犯罪。比如，借助从元宇宙虚拟空间中盗窃来的用户银行账户非法转移资金、以用户身份 ID 在元宇宙虚拟空间从事非法活动等。以诈骗为例，犯罪分子可以突破元宇宙的某些薄弱技术以及信息系统的弱点，利用各种技术从受害者个人的元宇宙信息数据库窃取其所有身份信息，访问、获取并使用他们的信用卡。身份盗窃不仅可以作为盗窃、欺诈等犯罪的动机，也会极大地助长其他犯罪的实施，包括但不限于借助用户身份来伪造文件、避免逮捕、实施勒索等。除此之外，从事"身份盗窃"的犯罪者通常会反复使用其盗窃来的用户身份，直到该 ID 在金钱或其他方面的犯罪机会被消耗殆尽，即导致受害人重复受害。

概括而言，身份盗窃不局限于元宇宙所打造的虚拟世界内，同时也与现实世界紧密关联，并且在虚拟空间与现实世界的融合范围内，为相关刑事犯罪的判断、界定和预防带来了巨大挑战。一方面，作为公民个人信息的重要组成部分——个人生物识别信息——的非法采集数量与流转频次将在元宇宙落地时会达到前所未有的高度。当个人生物识别信息呈现规模化和永久性泄露时，可能导致的是个人信息体系的混乱以及社会秩序的高度风险，而对这种风险的防控显然不是民事与行政归责所能够应对的。从法益角度来理解，不可恢复的法益相较于可恢复的法益在刑事归责模式上应当具有一定的区别。不可恢复的法益无论是从整体社会价值还是从个体法益价值来看，其保护模式都应当更加严密和超前。因此，对这部分法益侵害适当地实现刑法前置性保护是必要的。另一方面，身份盗窃作为金融犯罪、互联网诈骗、非法买卖个人信息等上游犯罪的源头性犯罪行为，应当被尽快归入刑事立法体系，通过身份盗窃入罪化来填补现有的刑法评价空白，加强对公民个人信息的保护力度，进而重点管控此类不法行为，鼓励公安机关接收身份盗窃受害者的举

---

[1] 徐明："大数据时代的隐私危机及其侵权法应对"，载《中国法学》2017 年第 1 期。

报，采取更为积极的行动来记录、调查案发全过程，尽快确定犯罪人的身份并进行追踪，有效阻断后续犯罪的发生。

四、元宇宙场景中的财产属性界定不明引发刑事风险及其规制

元宇宙虚拟世界的技术构建中拥有一套包括 DeFi（decentralized financ）[1]、IPFS、NFT 等数字金融成果在内的独立的经济系统和货币流通体系，而针对虚拟物品的盗窃、诈骗、抢劫等作为一种只有在虚拟世界中才能发生的新型犯罪，在元宇宙的规则构建过程中显然不能将抢劫、盗窃等此类以非法占有为目的的行为设置为合法的通行适用规则，因此其在元宇宙社会的潜在风险会进一步凸显，我们需要基于对虚拟财产的认定来实现对侵犯虚拟财产类案件的定罪量刑与资源的合理利用。

第一，应当明确的是作为犯罪对象的元宇宙社会中的虚拟财产并非传统刑法意义上可供物理转移的物体，而是虚拟对象，是存储在远程源系统上的持久性计算机代码，即数字化的非物质像素，它们只能通过权利授予来进行程序性操作，进而实现对计算机代码的控制。[2]这种虚拟"盗窃""诈骗"等行为，只有在用户可以拥有财产的虚拟世界中才有可能。在这方面，元宇宙带来了新的犯罪行为模式。虽然这种行为可以表现为针对计算机系统进行未经权利人授权同意的操作，但如果将之认定为非法侵入、非法控制计算机信息系统罪或非法获取计算机信息系统数据罪等计算机犯罪则具有明显的局限性。原因在于：其一，如果否认虚拟财产的财产属性，那么，虚拟财产的价值认定将难以准确把握，对非法获利的数额将无法估值。其二，针对虚拟财产方面的犯罪不局限于计算机系统，元宇宙用户可以在现实世界对其他用户采取暴力胁迫、伤害等方法来控制其转移虚拟财产，此时由于犯罪行为人并未侵入受害人的元宇宙信息系统，当然不成立相关计算机犯罪，但受害人虚拟财产的损失却又无法修复。其三，以此定罪量刑无法实现罪刑相适应。

---

〔1〕 DeFi 直译是"去中心化金融"，或称之为分布式金融、开放金融，目前还不存在完全的"去中心化"金融，大多数都是不同程度的中心化和去中心化的结合。不过 DeFi 已经约定俗成，更适合传播。

〔2〕 Charles Blazer, "The Five Indicia of Virtual Property", *The University of New Hampshire Law Review*, 2009.

根据张明楷教授的观点，[1]若犯罪人甲在现实物理世界盗窃受害人用以在元宇宙中购买虚拟物品的50万元现金。与此同时，犯罪人乙将元宇宙用户立即支付50万元现金购买的虚拟物品通过非法侵入元宇宙信息系统的方式偷走，按照前文未支持观点，应当将甲认定为盗窃罪，适用"十年以上有期徒刑或者无期徒刑"的法定刑，对乙应认定为非法获取计算机信息系统数据罪，适用"三年以下有期徒刑或者拘役"的法定刑。

第二，除却计算机犯罪本身的局限性，美国学者乔舒亚·费尔菲尔德（Joshua Fairfield）首次通过总结虚拟财产与现实物理世界财产之间的共同特性——竞争性（rivalrousness）、持久性（persistence）、相互关联性（interconnectivity）[2]——来表明虚拟财产是一种新型财产方式。而虚拟财产的这部分特性也将其与知识产权区别开来，赋予了财产属性的法律合理性。①虚拟财产具有与现实物理层面财产相同的竞争性。虽然代码在产生之初旨在充当纯粹的非竞争资源，是互联网产生与web3.0革命的独特之处，但尚存在与现实物理世界财产保护相同的保护所有者权利而排斥他人非法使用的竞争性代码。作为元宇宙概念中最先有可能实现落地的NFT，其自身所具备的不可替代的特性意味着它可以用来代表独一无二的东西。而知识产权却仅是无形的，同时是非竞争性的。比如，电影作品的观众并不会影响彼此的观赏能力。②虚拟财产虽然是无形的，但其同样具备持久性特征，且持久性越高，财产利益就越大。虚拟财产的代码不会因为元宇宙用户处于未登录状态而丧失。③虚拟财产与物理财产均存在相互关联性。和传统法律意义上的财产一样，对同一虚拟财产仅存在一个绝对的排他性所有权，但代码之间的互联互通使得其他元宇宙用户可以对此代码进行使、体验，进而促使虚拟财产实现增值。

由于元宇宙中的虚拟财产是稳定的且可以具备不同类型的价值，其在财产犯罪方面存在巨大的冲突潜力，虽然在元宇宙中仅表现为某些非物质的程序性变化，但从受害人角度与维护社会经济秩序目的来看，如果不在事前对虚拟财产的法律地位加以明确，将会面临更加复杂的法律风险。综合来讲，将在元宇宙社会中非法获取用户虚拟财产的行为认定为财产类犯罪具备理论支撑，符合财产界定在我国刑事立法中的演变过程。此外，元宇宙中虚拟财

---

〔1〕 参见张明楷："非法获取虚拟财产的行为性质"，载《法学》2015年第3期。

〔2〕 Fairfield Joshua, *Virtual Property*, 2005.

产纠纷由于自身的难以预测性和技术混合性可能涉及财产类型、数额认定等多种复杂情况，之后还需要对虚拟财产概念等作出进一步的细化规定，避免刑罚漏洞。

结　语

人类漫长发展史中的每一次机遇都必然伴随着风险与挑战，[1]而每次处遇都不可能完全依赖原有的思维模式，面对传统经济结构和制度无法创造新价值的困境，作为一项以满足人和社会良性发展为初衷的具有技术支持的新选择——元宇宙——应运而生。元宇宙时代的成功到来，或许会成为具有同地理大发现、工业革命时代等具有同样历史意义的新时代。全球多个国家与企业在未来数十年针对元宇宙落地的技术战略部署会实现跳跃性发展，以星链 Starlink 计划为例，Starlink 计划推出提供覆盖全球的高速互联网接入服务。

元宇宙，作为一个面向未来的概念，意味着我们将创造出超越当前存在的多元世界。作为典型的技术集成品，不仅需要融合多种数字金融成果，依赖信息革命、互联网革命、人工智能革命以及数字孪生、区块链与虚拟现实、增强现实、混合现实技术等关键技术支撑，更需要元宇宙相关技术理论、制度标准、法律方案等方面的创新与突破。事实上，"元宇宙"一旦真实落地，其应用场景会涉及方方面面，无论是文旅、教育、医疗、军事，抑或是工业、农业等。从数字孪生到虚拟原生再到虚实共生的实现，以及去中心化的本质、虚拟世界与现实世界的交互代入，元宇宙的落地不仅会为互联网犯罪带来数量增加的风险，同时也可以为刑事犯罪打开新的立法与司法维度。由此可知元宇宙所带来的刑事风险是无法预料完全的，元宇宙不是法外之地，其自身运作的独立规则也难以实现与现实世界的交叉互动，这意味着元宇宙社会仍然存在刑事立法的可干预点。刑事立法本身趋于稳定，且存在滞后，而技术是有"生命力的"，它不仅使人类文明得以演进，更是开辟了具有法律风险的新型领域，"元宇宙"的真正落地所带来的法律风险是具有前所未有时代特性的现实法律风险，传统刑法的立法后置很难及时应对这类元宇宙产业风险所产生的犯罪，实现周全、严密的刑法保护。多种类的集成尖端科技无法准确判断、规划发展路径，其内涵的刑事法律风险本身就存在不可控与难以预

---

〔1〕　〔德〕乌尔里希·贝克：《风险社会》，何博闻译，译林出版社 2003 年版。

知的特性，对于此类刑事风险所可能产生的危害结果，只有当此类技术真正落地得以运用，且可能或实际造成一定程度或次数的损害结果时，才有可能被纳入刑事立法的规制范围。

此外，尽管本文集中探讨的是元宇宙世界可能存在的刑法风险，但笔者认为元宇宙所引发的绝大部分风险还是应依靠元宇宙自身的"宇宙"规则来统一定性，通过"自治"调整"宇宙"秩序，以"软法"手段为主要调整方式，而非是将元宇宙的全部安全风险均界定为法律风险，依赖"法治"恢复法律秩序。[1]换言之，这是基于增强现实、虚拟现实、混合现实技术所构造的三维生态空间与现实世界的交互混同所得出的必然导向——自治、法治与协同治理混合的三位一体的制度构造。从更彻底的角度来看，元宇宙作为独立于现实世界的多元虚拟社会，现有的刑事立法很难被完全应用于元宇宙场景，用户也可能通过某些价值观体验向现实世界反馈某些元宇宙社会特有的产业影响，这个课题仍然需要从可持续性刑法立法发展维度进一步提出新型法律思维、法律逻辑和法律模式。

综上，元宇宙的刑法风险制度构建需要通过多层次、全方位的风险评估指标体系予以实现。从宏观方面来讲，要面向元宇宙产业对其服务功能、稳定性、公平性等进行风险评估；从中观层面来讲，要面向元宇宙企业进行经营风险、市场风险等多方面的评估；从微观产品层面来讲，对产品的内容风险、技术风险、舆论风险、用户风险以及隐私保护、授权机制等配套机制风险进行评估。元宇宙的法律制度构建目前不具备一个统一、确定性标准，为应对元宇宙刑事风险所需要采取的必要措施，不仅应当遵循"技术中立"的原则，不对某种特定技术的发展路径予以刑事打压或者激励，进而干预技术发展方向；还应当对技术发展进行合法引导，避免由技术决策、资本导向导致的技术风险，主张以及时预判的形式来调整刑事立法，对技术更新所带来的刑事风险提前规制、加以预防。通过现实世界的刚性刑事立法积极预测、预防，引导"科技向善"，在刑事立法的及时规制中不断推动演进，为元宇宙的落地提供切实的刑法保障。

---

〔1〕 孙益武："论元宇宙与智能社会法律秩序调整"，载《法治研究》2022年第2期。

新型权利犯罪问题（二）：
自动驾驶车辆犯罪的罪刑问题

交通肇事视角下 L3 自动
驾驶生产者的刑事责任归属

汪恭政　薛怡晴 *

摘　要： L3 等级自动驾驶汽车的自动驾驶是在特定条件下的自动驾驶，当 L3 级别的自动驾驶汽车发生交通事故时，生产者需对交通事故承担刑事责任。就目前的刑法框架来说，若生产者在生产自动驾驶汽车时故意制造不符合安全标准的产品，可以对其以生产、销售不符合安全标准的产品罪定罪。但如果生产者是过失犯罪，则首先需要界定其注意义务，只有违反了注意义务才有可能承担过失责任。同时，考虑到人工智能目前正处于发展之中，不能用过于严苛的义务限制技术的发展，因此提出被允许的风险理论，以此来合理界定生产者注意义务的范围。当生产者过失犯罪时，考虑到在自动驾驶汽车交通肇事场合，生产者不可能对某一具体的肇事行为及肇事结果具有预见和避免的可能性，不可能对此产生预见和避免义务，因此生产者不应构成交通肇事罪。由于在目前的刑法框架内有关产品罪名的主观方面为故意，因此生产、销售不符合安全标准的产品罪无法包含生产者的过失犯罪，因此可以考虑通过修改该罪的构成要件，使其在人工智能这一方面的产品犯罪时，行为人过失也可以构成该罪。

关键词： 自动驾驶；刑事责任归属；注意义务；严格责任

---

* 汪恭政，浙江工商大学法学院特聘副教授、硕士生导师；薛怡晴，浙江工商大学法学院硕士研究生。

一、问题的提出

自动驾驶汽车（Autonomous Vehicles）又称智能网联汽车，这种汽车在可以被联网的自动驾驶系统所控制，从而减轻驾驶者的驾驶负担。L3 等级自动驾驶汽车的自动驾驶是有条件的自动驾驶，即在某些特定环境下，人工智能驾驶系统可以接管驾驶者的驾驶职能，但驾驶者仍需要在系统提示帮忙的时候进行接管以应对可能出现的人工智能无法应付的情况。毫无疑问的是，自动驾驶汽车在反应能力上高于人工，可以避免一些人类无法应对的情况，但对于现实生活中复杂的交通情况，即使是人工智能也无法做到杜绝风险。因此，由自动驾驶行为导致的交通肇事是难以避免的。由于生产者对自动驾驶汽车的功能起着决定性的作用，因此当 L3 自动驾驶汽车在应用当中发生交通肇事时，生产者是否需要为肇事结果承担责任是本文研究的重点所在。

二、现有回应

L3 等级自动驾驶是自动驾驶汽车中的一个过渡性阶段，虽然在这个等级中，自动驾驶系统可以完整地控制车辆的大多数活动，但并不是全部路况都可以处理，驾驶者仍需要在自动驾驶系统发出介入请求时对车辆进行接管，以避免事故的发生。针对 L3 需要驾驶者介入的情况，目前学界一致认为，在发生交通肇事时生产者无法完全不承担责任。

目前的理论争议在于，部分学者认为生产者应该承担产品责任：如果生产者明知该系统存在质量缺陷或不符合国家、行业标准仍然进行研发、生产，使产品造成严重交通事故的，可以依据生产、销售不符合安全标准的产品罪或者生产、销售伪劣产品罪追究其刑事责任。[1] 在自动驾驶汽车交通事故中，自动驾驶汽车生产者应承担产品责任。生产者过失和产品质量缺陷是自动驾驶模式下事故发生的主要诱因。[2] 同时，也有学者提出，对于生产者、销售者所可能承担的产品责任，应以当时科学技术水平能够预见到的产品缺陷

---

〔1〕 参见康兰平、王紫菡："自动驾驶汽车交通犯罪中刑法规制研究"，载《东南法学》2021 年第 1 期。

〔2〕 参见张明诚、吴勃："交通事故中自动驾驶汽车制造商刑事责任再审视——以增设产品过失犯罪为切入"，载《东北农业大学学报（社会科学版）》2020 年第 1 期。

为限。[1]部分学者也阐述了生产者无法承担交通肇事责任的理由：虽然自动驾驶汽车的整车、零部件或程序的设计者、生产者、销售者可能因为生产、销售不符合安全标准的产品而承担产品责任或刑事责任，但由于他们对具体的驾驶违章行为所致具体肇事结果不可能预见和避免，无法对具体肇事结果产生注意义务，因而不能构成交通肇事罪。[2]

部分学者认为生产者应该承担交通肇事责任：将自动驾驶汽车的生产者界定为交通肇事责任的优势风险承担者，有助于实现受害人的损害救济、风险的合理化分配以及社会研发成本的最小化。[3]

三、生产者在交通肇事时的刑事责任归属

本文的观点是：在过失犯罪中，当自动驾驶汽车发生交通肇事时，生产者若违反了注意义务即可认定其存在罪过——犯罪过失。因此认定生产者的注意义务范围对生产者是否承担过失责任具有决定性的作用。生产者的注意义务主要来源于三个方面：法律法规、相关行业规范和生产者对自动驾驶汽车的承诺，其中法律法规具有最高的优先级。同时，为了不限制自动驾驶汽车的发展，反对对生产者适用严格责任，因为技术发展自然存在风险，考虑到其发展是为了便利人类生活，那么人类也应该允许生产者不承担科技无法避免的极小概率的风险。基于此观念，应引入被允许的风险理论来合理界定生产者的注意义务的范围。生产者无法承担交通肇事责任，而应该承担产品责任。同时，由于我国刑法规定产品责任的主观方面为故意，过失无法构成该类罪名，因此可以考虑增加立法解释，针对人工智能产品，在符合一定条件的情况下使得过失可以构成生产、销售不符合安全标准的产品罪或生产、销售伪劣产品罪，使刑法能规制生产者过失犯罪的行为。

（一）生产者的注意义务

《刑法》第 15 条第 1 款规定："应当预见自己的行为可能发生危害社会的结果，因为疏忽大意而没有预见，或者已经预见而轻信能够避免，以致发生

---

[1] 参见付玉明："自动驾驶汽车事故的刑事归责与教义展开"，载《法学》2020 年第 9 期。

[2] 参见周铭川："论自动驾驶汽车交通肇事的刑事责任"，载《上海交通大学学报（哲学社会科学版）》2019 年第 1 期。

[3] 参见陈禹衡："算法优化语境下自动驾驶汽车交通肇事的困境纾解"，载《苏州大学学报（法学版）》2021 年第 3 期。

这种结果的，是过失犯罪。"在法学理论中，前者被称为"无认识的过失"，后者被称为"有认识的过失"。[1] 在无认识的过失中，行为主体应该预见自己的行为有可能造成侵害法益的结果，为了避免这种结果的发生而采取对应的措施，这是无认识的过失中的注意义务。而在有认识的过失中，行为主体则是预见了可能发生侵害法益的后果，为此采取措施避免这种结果的发生，这是有认识的过失中的注意义务。因此，过失犯罪的原因就是，责任主体都违反了自己的注意义务，从而导致法益被危害行为侵害。因此，要认定生产者应该为自动驾驶汽车交通肇事承担责任的前提是其违反了注意义务。自动驾驶汽车交通肇事会对社会公众的心理产生较大影响，使人们怀疑新技术的安全性，也会破坏公共安全。因此，关于生产者的注意义务范围切不可随意制定。

生产者的注意义务主要来源有以下三种：

第一个来源是法律法规。法律法规毫无疑问是生产者注意义务的来源，法律作为一种最基本的行为规范平等地约束每一个对象。如果有相关的法律法规对自动驾驶行业提出了一定的义务要求，那么自然应该是生产者的注意义务，而且由法律法规带来的注意义务是生产者的注意义务中的重要组成部分。2021 年 8 月，工业和信息化部编制了《关于加强智能网联汽车生产企业及产品准入管理的意见》，为自动驾驶汽车设定了具体的义务。例如，该意见第 7 条第 1 款规定：智能网联汽车产品"应能自动识别自动驾驶系统失效以及是否持续满足设计运行条件，并能采取风险减缓措施以达到最小风险状态"。

第二个来源是行业规范。人工智能领域具有极高的专业技术性，该领域的行业规范则可以针对一些技术性高、相关法律无规定的细节方面作出规定。自动驾驶汽车作为交通领域的高科技产品，具有精确、细致的产品标准，因此只有与之相对应的行业规范才能严谨地规定自动驾驶汽车应承担的义务。专业的行业规范是对上述第一个来源的补充与解释，将其作为生产者的注意义务是非常有必要的。

第三个来源是生产者在销售自动驾驶汽车时对消费者的承诺。生产者的承诺可以表明其对自己生产的汽车可能造成的对法益侵害结果的预见能力。

---

〔1〕 刘宪权主编：《刑法学》，上海人民出版社 2016 年版，第 159～160 页。

正如上文所说，生产者存在过失的前提是生产者需要承担注意义务，进一步而言，生产者需要承担注意义务是建立在其能够预见生产的自动驾驶汽车有损害法益的可能的基础上的。如果在当时的科技水平下，生产者不可能有预见法益被侵害的能力，那么自然不可以苛责生产者，让其对交通肇事承担刑事责任。

有学者对注意义务的来源持疑问态度，认为行业规范和生产者的承诺不应属于生产者的注意义务。因为行业规范和生产者的承诺不具有官方性，是机构或企业自己制定的，有时甚至有可能与规范的法律法规产生冲突。因此行业规范和生产者的承诺不应该成为注意义务的来源。

首先，将行业规范排除在生产者注意义务的来源之外是不合适的。考虑到自动驾驶汽车的专业性与复杂性，若只有法律法规对其进行约束，难免会有疏漏之处，这样就有可能减少生产者的注意义务。而自动驾驶汽车作为密切参与公共生活的产品，一旦对其放松约束，便会陷入将公共安全置于险境的地步，这是不能被容忍的。虽然行业规范并非权力机构制定，但是它可以更充分地表示生产者对自己的行为有无危害社会可能性的预见。因此，仅仅基于制定主体的身份并不能完全否认行业规范作为注意义务的来源。在涉及公众人身安全的问题上，严谨一些不是坏事。

其次，将生产者对自动驾驶汽车的承诺排除在生产者注意义务的来源之外同样是不合适的。生产者的承诺应当严于法律法规和相关行业规范所确立的义务。根据上文所说的"无认识的过失"和"有认识的过失"，注意义务中的法律法规和行业规范针对的是"无认识的过失"的情况，也即本来可以预见危害行为可能造成的危害结果，却因为疏忽大意而没有预见，导致危害结果的发生，而生产者的承诺作为注意义务来源的一部分主要针对的是"有认识的过失"，也即能够预见自己的行为会发生损害法益的后果，却轻信自己能够避免。因此，承诺作为判断生产者是否是"有认识的过失"的依据具有重要作用，不可去除。

(二) 平衡自动驾驶技术风险与注意义务：被允许的风险理论

虽然上文中提到对于涉及公共安全的自动驾驶应严格确定其注意义务，但这并不意味着生产者无条件地承担义务，这自然是不合理的。在考虑生产者的刑事责任时，行业的发展现状是必须考虑的要素之一。如果一个问题在生产自动驾驶汽车时，以当时的科学技术水平是难以被预见的，是人工智能系统基于真实路况学习而引发的风险，进而导致了一定交通事故的发生，那么要求自动驾驶的生产者承担责任就是不合理的。人工智能之所以被称为"智能"就是因为其具有学习的能力，作为人工智能代表的自动驾驶系统也是如此，具有自主性是其区别于普通软件的最本质的地方。普通软件是由编程人员写好程序，软件运行的时候会按照编程人员写好的程序运行，在这个过程中软件不具有自己进步的能力，而自动驾驶系统会通过推理、统计并与概率论公式相结合方式进行分析从而改善自己的算法和逻辑。在这种情况下，自动驾驶系统的成长具有随机性，无法被生产者完全掌握。同时，只要是程序就必然会存在错误。例如，在车辆经过十字路口时，一个自动驾驶系统在一次又一次的判断之中都会选择避开突然冲出的行人而撞上路边的树桩，但在某一次时，有突然冲出的行人，而在另一边也有行人，在两边都有行人且没有其他躲避方法的情况下，系统会如何抉择，又是否会进入"死循环"是不得而知的，系统的抉择很可能跟之前发生的每一次具体情况都有关系。面对如此复杂的概率计算问题，生产者对于此过程很可能也是一知半解，因此预见面对疑难问题自动驾驶系统所作出的结论是有难度的。当发生这种难以全部排除的偶然性结论时，要求生产者承担注意义务是不合理的。只要自动驾驶系统的代码符合上文所述的法律法规、行业规范所要求的技术安全标准，生产者就不该为极低概率的情况承担刑事责任。

法律作为国家公权力制定的规范也是存在漏洞的，因此作为技术人员研发的自动驾驶系统无法规避所有风险是合乎情理的事情，法律法规能够做的就是把风险控制在合理的范围内。因此，引入德国学者提倡的"被允许的风险理论"[1]可以平衡科技发展带来的风险与法益保护之间的关系。自动驾驶汽车的生产者不应该承担无限度的注意义务。基于此观念，运用该理论来合理界定生产者的注意义务的范围是有必要的。在极端情况下非常小概率的技术风险应该被刑法所允许，如果如此小概率的风险都不被允许，可能会导致生产者由于害怕受到惩罚从而导致技术囿于原地无法进步。因此，对于这种小概率的风险的边界如何限定有待于认真研讨，需要在发展自动驾驶技术的过程中摸索行业的稳定性技术标准，将其作为被允许的风险的依据。

---

〔1〕 熊波："论人工智能刑事风险的体系定位与立法属性"，载《重庆大学学报（社会科学版）》2019 年第 3 期。

（三）生产者注意义务的违反与过失责任的认定

经过上文的讨论可以认定的是，生产者违反了注意义务才有可能承担刑事责任，在违反注意义务后是否承担交通肇事责任，学界也有不同的观点。

一部分学者持否定说：注意义务不是抽象的义务，不能因为自动驾驶汽车存在发生交通事故的可能性就要求生产者承担过失犯罪的责任，不然就等同于承认严格责任。所谓严格责任是指行为主体在客观上实施了刑法所禁止的行为，对法益施加了刑法所不允许的危险，法律此时就假设相关主体主观上具有过错，如果相关主体无法作出相反的证明，就要承担相应的刑事责任。[1]自动驾驶汽车一旦制造完毕投放市场，生产者即会丧失对它的控制，其不可能预见所有的意外情况，因此一旦发生交通肇事，便不应该莽撞地断定生产者对于事故的发生该或不该承担刑事责任。只有当生产者违反了上文所述的注意义务时，才有承担责任的可能，否则，生产者主观上就不存在过失。[2]

一部分学者持肯定说：考虑到自动驾驶系统的自主性，且在 L3 等级中的大部分情况下由系统控制汽车，驾驶者并不是时刻控制汽车，因此该类犯罪的注意义务必定有其特点。L0 等级自动驾驶汽车（也即传统汽车）发生交通肇事时，驾驶者具有防止危害结果发生的义务，不存在生产者承担义务的情形，对于身处肇事现场的驾驶者来说，他的注意义务是一种直观的注意义务。但在自动驾驶的情况下，由于该系统的生产者不在现场，无法直接采取行动减轻或避免危害结果，因此生产者的注意义务应具有前瞻性，相较于传统汽车中的直接注意义务，生产者的注意义务是一种间接的注意义务。因此，传统的过失理论不能满足自动驾驶系统的特殊情况。毫无疑问的是，保障汽车安全行驶的注意义务是对生产者的最基本要求。但是，生产者的注意义务在某些情况下可能会被"被允许的危险"理论所排除。[3]

本文采取否定说的观点。注意义务，即行为人对于某一具体行为所导致的具体结果具有预见和避免义务。刑法理论中的故意或过失，指的是行为人主观上对于某一具体行为所可能导致的具体结果是否明知或者是否具有预见可能性和避免可能性，而不是对于抽象结果的注意义务。显然，L3 等级自动

---

[1] 参见崔化河："刑法中严格责任原则的法律内涵及适用"，载《山西省政法管理干部学院学报》2014 年第 3 期。
[2] 参见江溯："自动驾驶汽车对法律的挑战"，载《中国法律评论》2018 年第 2 期。
[3] 参见彭文华："自动驾驶车辆犯罪的注意义务"，载《政治与法律》2018 年第 5 期。

驾驶汽车的生产者对其生产的自动驾驶汽车可能会导致的某一具体的交通事故行为不具有预见可能性，当然也不具有结果避免性。例如，行为人买农药对他人进行投毒，生产农药的厂商在售卖时显然无法预见该农药会被用于行凶，那么自然也不能因为这份农药造成他人的死亡而让农药的制造者承担刑事责任。对于自动驾驶汽车的生产者亦是相同的道理。若用严格责任追究自动驾驶汽车生产者的交通肇事责任，这会让生产者因害怕日后的某一天突然因为所生产的汽车发生交通事故而承担交通肇事责任而不敢研发自动驾驶技术。考虑到 L3 等级自动驾驶汽车在特定情况下需要驾驶者的接管动态驾驶任务，因此其并不是完全的人工智能，仍属于"产品"，若生产者要对自动驾驶汽车交通肇事承担刑事责任并不合适，生产者应对不符合产品质量标准的自动驾驶汽车承担产品责任，如生产、销售不符合安全标准产品罪。又因为在目前的刑法体系中，产品类罪名的主观方面为故意，因此应考虑修改该罪的构成要件，使人工智能这一类的产品犯罪在生产者是过失犯罪时也可以承担责任。

结　论

生产者虽然不直接驾驶 L3 等级的自动驾驶汽车，但考虑到其内置的智能系统由生产者开发，且 L3 属于半自动等级，生产者无法完全避免刑责。合理确定生产者的注意义务是判断其是否违反注意义务的前提，生产者的注意义务应来自法律法规、行业规范和生产者对消费者的承诺。同时，为了防止生产者因过于严苛的要求从而阻碍自动驾驶技术的进步，应引入被允许的风险理论，即当事先难以完全排除人工智能算法的偶然性结论时，不能要求生产者负担注意义务。同时，由于生产者对于具体的车祸发生并无预见可能性，对他们适用严格责任追究其交通肇事责任是不合理的。考虑到半自动驾驶的 L3 等级汽车仍属于"产品"范畴，自动驾驶汽车的生产者应对其承担产品责任，如生产、销售不符合安全标准产品罪等。由于产品责任的主观方面需为故意，按照目前的刑法体系生产者的过失犯罪，无法归于生产、销售不符合安全标准的产品罪，因此可以考虑通过修改该罪的构成要件，使其在涉及人工智能这一方面的产品犯罪时，行为人过失也可以构成该罪。

论半自动驾驶车辆交通事故的刑事责任分析

焦孟顿 [*]

摘　要： 进入自动驾驶车辆的时代后，刑法规范势必会受到重大挑战。但在此之前，已经投入市场的半自动驾驶车辆所衍生的刑事归责成了亟待解决的问题。本文尝试找出半自动驾驶车辆与全自动驾驶车辆的差异，界定出半自动驾驶汽车运行中人机合作的注意义务分配界限以论证其中各主体应承担的风险比例。通过分析发现半自动驾驶技术在犯罪主体地位、刑事责任分配模式等方面对传统刑法的冲击。同时，从全球化视角厘清作为半自动驾驶责任主体的驾驶人、制造商的行为承担的刑事责任为何。结合注意义务、结果预见可能性、因果关系以及被容许的风险等要素讨论过失犯罪的成立标准。因自动驾驶汽车的研发制造涉及的企业与人员众多，无法将产品研发制造上的瑕疵归责于特定人的过失，因此在面对自动驾驶汽车交通事故涉及的因果关系证明难题时，本文除了尝试赋予自动驾驶汽车研发制造者特定行为义务外，亦一并提出追究法人刑事责任的论点，以及讨论承认过失共同责任的可行性。

关键词： 半自动驾驶车辆；交通肇事；刑事归责；共同过失犯罪

一、背景介绍

(一) 问题提出

随着自动驾驶汽车正式投入使用后，社会各领域将面临新形态的行动生

---

　　* 焦孟顿，中国政法大学刑事司法学院博士研究生。本文已发表于《法学》2022 年第 9 期，发表时题为《半自动驾驶车辆交通事故的刑事责任》。

活，传统的刑法规范自然也会面临挑战。虽然关于自动驾驶汽车交通事故责任的讨论已成为当前的趋势，但不可讳言的是，在全自动驾驶车辆正式商业化量产之前，道路交通已出现不少配备不同程度的半自动驾驶辅助系统的车辆，然而对于其刑事责任的研究尚付之阙如。

半自动驾驶车辆（下文简称"半自驾车"）需要驾驶人和系统共同负责动态驾驶任务的执行，驾驶人并不能完全依赖系统的运作。是以，此阶段容易发生驾驶人过度信赖自动驾驶系统，从而注意力降低或从事其他非驾驶行为的情形，反而提高了车祸发生的风险。[1] 例如，日本曾于 2018 年发生一起 Tesla Model X 车祸死亡事故，起因于驾驶人在开启自动辅助驾驶功能后打瞌睡，导致当车辆加速撞上一名路人时，驾驶人无法及时刹车以避免车祸。值得深思的是，这些案件中驾驶人、自动驾驶车辆（下文简称"自驾车"）制造商以及自动驾驶系统（下文简称"自驾系统"）是否需要承担刑事责任？若需要，其刑事责任应如何认定？其处罚的刑法规定依据为何？现行的法规范是否足够用来解决半自驾车所引起的交通事故责任认定？以上问题都是本文期望讨论解决的。

（二）半自驾车运作机制

对于不同级别的自驾车，必须有一致性的定义，以便自动驾驶技术的规范与发展。2018 年 6 月，国际汽车工程师学会发布 SAE-J3016 分级标准的修正版详细规定了驾驶自动化的功能，以及相关术语和定义。[2] 其不仅清楚定义了系统与驾驶人所扮演的角色，亦采用了车辆动态的横向与纵向操作、物体与事件的侦测反应、动态驾驶任务支援和操作设计领域等 4 种主要驾驶功能，作为判断不同自动化程度的标准。为方便刑事责任的讨论，根据 SAE 的六个标准，按照驾驶人注意程度的高低将自动驾驶分为以下三个层次，即人类驾驶主导的辅助驾驶模式（L0~L2）、有条件的自动驾驶（L3）、完全自动驾驶（L4~L5）。相应地，我国国家制造强国建设战略咨询委员会将自驾车的

---

〔1〕 参见付玉明："自动驾驶汽车事故的刑事归责与教义展开"，载《法学》2020 年第 9 期。

〔2〕 "Taxonomy and Definitions for Terms Related to Driving Automation Systems for On-Road Motor Vehicles", SAE International, 19, av 人工智能, https://saemobilus.sae.org/download/? saetkn = 7Ab97uLiFw& method = downloadDocument&contentType = pdf&prodCode = J3016_ 201806&cid = 1000408663，访问日期：2021 年 12 月 3 日。

等级划分为 DA、PA、HA、FA 四个等级。[1]在辅助驾驶三个等级中，驾驶人需要履行完全的注意义务，时刻处于驾驶状态；有条件的自动驾驶模式下，驾驶人履行有条件的注意义务，当系统请求时，必须接管并驾驶汽车；完全自动驾驶模式时，驾驶人无需驾驶汽车，也无需接管汽车。

　　本文所使用的"半自动驾驶"（以下简称"半自驾"）定义，是指车辆本身已经有配备一定的自动驾驶辅助系统，但驾驶人仍需承担主要驾驶工作，或在特定系统要求下接手驾驶工作的情形。本文主要讨论在驾驶人与辅助驾驶系统相互配合下，车辆行驶过程中发生意外或事故的风险分配与刑事责任认定难题，因而从以上定义可得出本文所讨论的半自驾系统主要包括 L1~3。从刑事归责的角度出发，这三个等级车辆所带来的潜在风险来自在车辆行进过程中人类驾驶与系统共同参与决策的复杂模式，此种以机器决策与人类决策的分工合作模式，尽管还没有达到在全自驾车中以"机器决策"取代"人类决策"的模式，但已经足以对刑法教义学的基础概念造成冲击，更进一步说，其中风险分配与转移流动将成为厘清刑事责任归属的重要问题。

　　在第 1~3 级的半自驾汽车行驶中，由于辅助驾驶系统的介入而减轻了驾驶人的操作任务，系统在特定模式下甚至可以独立完成所有动态驾驶任务。然而，通过分析目前发生的半自驾汽车造成的交通事故，排除驾驶人未尽到传统驾驶模式时的注意义务外，往往是因为半自驾汽车上配备的辅助功能致使驾驶人过度依赖辅助功能，而没有尽到自己应尽的注意义务。尽管目前世界最大的电动车制造商特斯拉在其车主手册中明确警告车主切勿完全依赖半自驾系统行驶车辆，[2]这种"自动化过度依赖"（automation complacency）仍然成了半自驾汽车行驶时最大的危险来源。然而，若是需要驾驶人尽到与传统驾驶模式同等甚至更高的注意义务，这就违背了自动驾驶汽车的设计初衷。因此，立足于现实角度，研究半自驾模式下各主体间的注意义务为何更具有意义。

---

　　[1]　参见国家制造强国建设战略咨询委员会、中国工程院战略咨询中心编著：《〈中国制造 2025〉重点领域技术创新绿皮书——技术路线图》，电子工业出版社 2016 年版，第 144 页。

　　[2]　"特斯拉 MODEL S 车主手册"，载 https://www.tesla.cn/ownersmanual/models/zh_cn_us，访问日期：2022 年 4 月 20 日。

二、半自驾车道路交通犯罪的认定对传统法律的挑战

（一）半自驾车犯罪主体地位之争

随着车辆自动化程度的提升，驾驶人对于车辆的操控逐渐弱化，当其不再负责执行驾驶任务时，则意味着传统意义上人类驾驶作为归责主体的思维需重新思考与定义。由于本文讨论的半自驾模式下实际车辆控制者仍然是人类驾驶人，并且自驾系统也不在本文讨论的归责主体范围内，因此符合《道路交通安全法》第 19 条、第 90 条规定的适用主体。然而，无法回避的问题是人工智能能否成为犯罪主体，亦即自驾系统能否成为承担刑事责任的主体。在人格行为概念下，与半自动驾驶可能造成的交通事故相关的行为，仅有驾驶人的驾驶行为或利用驾驶系统的行为，以及自驾车制造商、设计者的各类行为。可以看出，半自驾系统或者该车辆本身都不是刑法意义上的行为人。

（二）半自驾车刑事责任分配模式之分析

着眼于半自驾车道路交通犯罪的人机合作特性时，应根据不同等级自驾车在不同阶段分类讨论主体间刑事责任分配问题。这种以不同主体为视角分配责任的模式更符合刑法的规范保护目的的要求。规范保护目的的理论可以成为部门法律的解释利器，尤其可以超越部门法的界限成为法域协调的方法论。[1]因此，有必要厘清驾驶人、半自驾系统、制造商三者之间有关半自驾车利用过程中刑民间风险分配与流转。如果车辆本来就被允许配备半自驾系统，驾驶人也被允许在合乎使用规则的情况下利用此系统，驾驶人的欠谨慎在一定程度上可能是一个法所容许的风险。如此无疑将衍生难题，即在半自驾系统开启时，驾驶人的注意程度应该如何要求或设定，除了是刑法解释学上的重要问题之外，立法者有必要在立法政策的层次上，进一步考虑是否要将驾驶人开启自驾系统以后的风险及其连带法律责任，部分分配给系统及其背后的制造商承担。

（三）半自驾车技术对现行法律的冲击

目前我国针对半自驾车技术的规定有，2021 年 4 月，修正的《道路交通安全法》，在内容上新增了关于自驾车运营的规定，涉及自动驾驶上路合法性、自动驾驶的安全性等问题，内容包括道路测试、通行号牌的要求、行驶

---

〔1〕 于改之："法域协调视角下规范保护目的理论之重构"，载《中国法学》2021 年第 2 期。

数据记录、驾驶员状态、肇事责任认定、功能检测等。[1]2018 年工业和信息化部、公安部、交通运输部《智能网联汽车道路测试管理规范（试行）》（已失效）第 25 条规定："在测试期间发生交通事故，应该按照道路交通安全法律法规认定当事人的责任，并依照有关法律法规及司法解释确定损害赔偿责任。构成犯罪的，依法追究刑事责任。"

关于半自驾车的故意犯罪类型，学界目前没有什么争议。例如，自驾系统设计者出于故意编写或更改有故障的汽车程序导致危险结果发生，应考虑适用以危险方法危害公共安全罪；在半自驾模式下，驾驶人实施醉驾、追逐竞驶等危险行为仍可以成立危险驾驶罪。不可否认的是，面对半自驾技术带来的道路交通犯罪的行为方式的改变，危险驾驶罪的行为方式可能也会进一步扩张。争论的焦点在于半自驾汽车导致的过失犯罪的主体和行为类型。目前，大多学者均是从交通肇事罪的角度来论述半自驾背景下的交通道路犯罪问题的，此做法明显具有局限性。在现有刑事法体系与交通肇事罪空白罪状不发生变化的前提下，交通肇事罪的行为方式仍应该在道路交通管理法规中予以明确，为适应新技术的发展，道路交通管理法规应当及时将新型道路交通违法行为纳入规制范围。[2]并且，交通肇事罪的犯罪主体和犯罪行为类型也不能完全包含所有半自驾车相关的危害行为。

我国关于自驾车的相关法律规定仍相对滞后，无法应对自动驾驶技术引发的道路交通犯罪行为的新变化。因此，本文尝试借助自动驾驶领域较为领先的德国及其修订后的《道路交通法》，从全球视角明确不同主体的注意义务标准。

三、驾驶人的刑事责任疑义

在半自驾模式下，若驾驶人出于故意而操纵车辆造成损害结果，汽车只能当作驾驶人的工具看待，直接按照犯罪行为追究驾驶人的刑事责任即可；若驾驶人出于故意，在道路上追逐竞驶，情节恶劣，或者在道路上醉酒驾驶机动车的，可按照危险驾驶罪追究其刑事责任；也可按照危害行为不同，考

---

〔1〕 彭文华："自动驾驶车辆上路，尚待立法先行"，载《检察日报》2021 年 4 月 13 日。
〔2〕 参见侯帅："自动驾驶技术背景下道路交通犯罪刑事责任认定新问题研究"，载《中国应用法学》2019 年第 4 期。

虑成立故意杀人、故意伤害或者以危险方法危害公共安全罪。

然而，若驾驶人出于过失导致交通事故，则存在特殊复杂的情况。例如，L3 阶段的驾驶人仍须适时回应系统提出的请求，故驾驶人并不因其未介入车辆的操控而免除其责任。由于此阶段的驾驶人同时具备半自驾系统使用者的身份，因此驾驶人于使用半自驾系统过程中须承担相当程度的注意义务。根据《刑法》规定，驾驶人如若成立交通肇事罪，除了符合过失犯罪构成要件外，还需要考虑注意义务、结果预见可能性、因果关系以及被允许的危险等要素。任何违反注意义务且具有因果关系的作为或不作为行为均应予以考虑。判断过失犯是否成立通常有两阶层的过失模式和一阶层的过失模式。〔1〕两阶层模式认为，应当在构成要件中，根据相应生活领域中一个认真且有洞察力的相关人员的标准来确定注意义务，在罪责阶段考察是否具体行为人当时在保持所期待的谨慎的情况下有能力认识到会导致结果发生的危险并采取合乎谨慎的举止以避免这种危险。在以目的行为论为基础的一阶层过失模式中，过失行为的所有特别性要素都放在构成要件阶层中。相对应，我国学者也提出注意义务"标准人"的设定，只能以行为人本人的能力为基础。〔2〕当行为人的能力低于一般人的注意能力时，不能科处行为人超越其个人能力的注意义务。〔3〕然而，通过比较两阶层模式和一阶层模式，可以发现如果在构成要件阶层就考虑行为人可能具有的特殊认识，那么两种模式在本质的要点上就没有任何实际意义的区别了。〔4〕因而，本文其后的论述也都同样适用于这两种模式。

（一）关于过失问题中民事标准与刑事标准的可转移性

在驾驶人因过失造成人身伤害或死亡的情况中，注意义务往往是此类案件中民事判决、刑事判决和学术讨论的共同关注主题。这一问题与制造商的责任同样相关，因此提前在此讨论。通过参考民法上的注意义务、交通安全注意义务、产品质量法中的行为类型，《道路交通安全法》中损害赔偿义务规

---

〔1〕［德］乌尔斯·金德霍伊泽尔：《刑法总论教科书》（第 6 版），蔡桂生译，北京大学出版社 2015 年版，第 343 页。

〔2〕陈璇："注意义务的规范本质与判断标准"，载《法学研究》2019 年第 1 期。

〔3〕于佳佳："过失犯中的注意义务的判断标准"，载《国家监察官学院学报》2017 年第 6 期。

〔4〕［德］乌尔斯·金德霍伊泽尔：《刑法总论教科书》（第 6 版），蔡桂生译，北京大学出版社 2015 年版，第 343 页。

定以及部分相关民事判决,[1]可以看出存在民事责任原则和刑事责任原则趋同的现象,并有可能致使刑事不法的界限模糊。因此,可以从规范保护目的角度考虑民法中关于过失部分的规定在多大程度上可以转移到刑法。与民法不同,刑法是通过维护行为规范的效力间接地实现法益保护,[2]而民法实现保护法益的手段是通过为被害人提供恢复法益或者获得赔偿的可能,[3]在过失责任层面上民刑之间存在进一步的偏差。过失刑事责任除了以客观的注意义务违反行为为形式要件外,还以主观的构成要件要素为前提,如果主观上欠缺对结果的预见可能性或欠缺结果回避可能性都不该当构成要件。但是,个人过失不具有明确的责任限制功能。如果驾驶人没有违反主观注意义务,以及不具有主观结果预见可能性,则可以追溯到更早的时间点,即驾驶人是否已经或应该已经意识到他将无法履行注意义务。最后,在确定刑事注意义务的标准时,原则上应考虑民事注意义务的标准。[4]违反民事注意义务并不一定意味着可以提出刑事指控,因为民事司法实践中公认的注意义务,绝不能"不知不觉地"转移到刑法中。[5]刑事责任与民事责任之间的转化关系只能限于由刑事责任向民事责任转化的单一性转化关系,绝不允许由民事责任转化为刑事责任。

(二)驾驶人过失犯罪中客观注意义务内容

通过上文论述,道路交通犯罪行为类型随着半自驾技术发展发生变化,相应地,注意义务的内容以及来源也应随之更新,不能囿于我国关于自动驾驶汽车法律法规的暂时滞后而止于传统道路交通犯罪。由于对注意义务与填充规范之间的关系缺乏正确认识,我国司法实践长期以来过度依赖形式上是否违反某项交通运输管理法规。然而,某一举动是否属于交通肇事罪的构成

---

〔1〕 最高人民法院《关于审理交通肇事刑事案件具体应用法律若干问题的解释》第2条第3项规定,造成公共财产或者他人财产直接损失,负事故全部或者主要责任,无能力赔偿数额在30万元以上的,为交通肇事罪的成立条件之一,即交通肇事行为发生后,即使造成了30万元以上的损失,按照我国《刑法》规定应当构成交通肇事罪,但只要其有赔偿能力并可以将损失降低到30万元以下,即可认定其行为不构成交通肇事罪。这表明民事责任与刑事责任之间相互影响,相互转化。

〔2〕 Vgl. Freund, in: MK-StGB, 3. Aufl., 2017, vor §§ 13 ff. Rn. 65 ff, 转引自陈璇:"注意义务的规范本质与判断标准",载《法学研究》2019年第1期。

〔3〕 陈璇:"注意义务的规范本质与判断标准",载《法学研究》2019年第1期。

〔4〕 Schulz, Verantwortlichkeit bei autonom agierenden Systemen, S. 197.

〔5〕 参见杨忠民:"刑事责任与民事责任不可转换——对一项司法解释的质疑",载《法学研究》2002年第4期。

要件，应当判断该行为是否通过违反交通运输管理法规削弱行为人预见与避免损害结果的能力。[1]在交通肇事领域，作为注意义务规范的交通法规的目的在于通过特定措施来防止结果的发生，这种归责的目的就是注意规范的保护目的。[2]据此，下文的研究参考了域外自驾车的相关规定，为了限制驾驶人的注意义务，将自驾车犯罪的注意义务具体归为三类：一般交通运输管理法规；有关自驾车的特别交通运输管理法规；责任主体对产品的承诺与规范。[3]

1. 一般注意义务标准

近年来，有学者批评认为，我国司法机关在认定过失犯时将行政责任与刑事责任混同。[4]在确定注意义务标准时，通常起决定性作用的是相应的生活领域中认真且有洞察力的相关人员在具体行为情况中的规范性指导形象（das normative Leitbild）。[5]在道路交通领域，道路交通参与者必须有能力按照人们所期待的具备平均能力的驾驶人那样来处理相应的交通问题。然而，由于目前还没有被社会大众普遍接受的自动驾驶汽车的注意义务标准，在道路交通中，应当将抽象一般人的注意义务标准定位为一个驾驶谨慎、头脑冷静的普通公民应尽到的义务，辅以法益衡量原则综合衡量调整。兼顾风险实现可能性的同时，不应过分扩大公民遵守的注意义务范围。如果对驾驶人科以半自驾车工作原理和技术背景方面过高的注意义务，则可能导致驾驶人囿于不可预见的风险，致使对自驾车技术的尝试度下降，这与自动驾驶汽车投入使用的初衷相违背。因此，必须结合不同阶段具体情况讨论何为适当的以预防事故为目的的注意义务。

2. 驾驶人在半自驾车中的特殊注意义务

根据汽车自动化程度和使用场所类型（例如高速公路或城市交通）的差异，驾驶人有不同的具体注意义务。然而，仅仅从上文已经确定的保证人义务中不能直接推断出具体的客观注意义务违反行为。

---

〔1〕 陈璇："注意义务的规范本质与判断标准"，载《法学研究》2019 年第 1 期。

〔2〕 于改之："法域协调视角下规范保护目的理论之重构"，载《中国法学》2021 年第 2 期。

〔3〕 参见彭文华："自动驾驶车辆犯罪的注意义务"，载《政治与法律》2018 年第 5 期。

〔4〕 参见张明楷："交通肇事的刑事责任认定"，载《人民检察》2008 年第 2 期；刘艳红："交通过失犯认定应以结果回避义务为基准"，载《法学》2010 年第 6 期。

〔5〕 ［德］乌尔斯·金德霍伊泽尔：《刑法总论教科书》（第 6 版），蔡桂生译，北京大学出版社 2015 年版，第 329～330 页。

（1）自动化级别定义中的注意义务。SAE 在其对自动化水平的描述中说明了每种情况下驾驶人的行为要求。如 L3 车辆规定由自驾系统负责车辆控制并进行环境监控，但驾驶人必须随时待命，以便遭遇紧急状况时，能及时地回复系统提出的接管要求。[1] 那么，是否可以根据自动驾驶汽车等级分类以评估刑事责任范围内的注意义务？

从这些分级定义中推导出注意义务是存在问题的，[2] 注意义务是判断是否成立过失犯罪的决定性因素，其规定主体不能由汽车工业协会、汽车工程师协会等不同机构担任，而应来自刑法规范，其本质上是能力维持规范。[3] 不排除存在国家相关部门和行业协会作出不同的定义解释，以致无法统一注意义务。因此，自动驾驶的"注意义务规则"必须由立法和司法部门制定以确保法律规定的确定性。同时，由于半自驾车事故的特殊性，具体案件的注意义务可以借助最高法院的指导判例作出示范。

（2）半自驾车在交通法规中的注意义务。违反《道路交通安全法》的规定并不必然意味着违反交通肇事罪意义上的注意义务，其具体标准的评估必须始终建立在具体事实上。因很难将具有危险性的行为积极明确地表达出来，过失的实行行为在交通事故的案例中多表述为"结果回避义务违反行为"。像交通事故这样，在确定了具体的行为标准的情形中，将该标准作为确定过失犯处罚范围的"工具"来利用是合理的。[4] 可见，过失的实行行为具有指示性，即违反注意义务的行为可以以此为依据。因此，可以将特别交通运输管理法规作为注意义务来源之一。例如，根据《道路交通安全法》第 22 条[5]

---

〔1〕 "Taxonomy and Definitions for Terms Related to Driving Automation Systems for On-Road Motor Vehicles", SAE International, 19, av 人工智能, https://saemobilus.sae.org/download/? saetkn = 7Ab97uLiFw& method = downloadDocument&contentType = pdf&prodCode = J3016_ 201806&cid = 1000408663, 2021 年 12 月 3 日访问。

〔2〕 Hilgendorf, in: Hilgendorf/Hötitzsch/Lutz, Rechtliche Aspekte automatisierter Fahrzeuge, 2015, S. 15, 26.

〔3〕 陈璇："注意义务的规范本质与判断标准"，载《法学研究》2019 年第 1 期。

〔4〕 ［日］前田雅英：《刑法总论讲义》（第 6 版），曾文科译，北京大学出版社 2017 年版，第185 页。

〔5〕 《道路交通安全法》第 22 条："机动车驾驶人应当遵守道路交通安全法律、法规的规定，按照操作规范安全驾驶、文明驾驶。饮酒、服用国家管制的精神药品或者麻醉药品，或者患有妨碍安全驾驶机动车的疾病，或者过度疲劳影响安全驾驶的，不得驾驶机动车。任何人不得强迫、指使、纵容驾驶人违反道路交通安全法律、法规和机动车安全驾驶要求驾驶机动车。"

要求驾驶人应当遵守道路交通安全法律、法规的规定，按照操作规范安全驾驶、文明驾驶。意味着要求驾驶人在道路上使用车辆时要始终保持谨慎和仔细考虑。

由于我国尚未有针对自动驾驶汽车的相关法律规定，在此方面可参考较先进的德国，其制定的《公路交通运输法》（StVG）也可能产生注意义务。其中新增加条款明确规定驾驶人具有警觉和接管义务，如果未尽相应义务则需要承担过失责任。此外，根据第 1b 条第 2 款，可以得出目前阶段半自驾车驾驶人应当履行的义务，主要包括违规操作、接管不当、未及时接管、未认识到接管必要等等。[1]鉴于目前处于半自驾车投入使用早期，考虑到自驾系统的复杂性，预计驾驶人将被要求进行高度的控制和监督，因为该技术尚未经过大量实践测试，可能会出现史料未及的瑕疵。

3. 车辆行驶前的注意义务违反行为

在界定可能违反注意义务的情况时，必须区分驾驶前和驾驶后的时间段。在开始驾驶之前，驾驶人可能发生以下违法行为：

（1）对车辆的维护和控制不足。《道路交通安全法》第 21 条规定，驾驶人驾驶机动车上道路行驶前，应当对机动车的安全技术性能进行认真检查；不得驾驶安全设施不全或者机件不符合技术标准等具有安全隐患的机动车。根据结果原因的支配理论，驾驶人作为保证人角色，支配的半自驾车是其负有监督管理义务的危险源。[2]对危险源的支配在过失犯中成了结果回避义务的主要根据。因此，作为半自驾车的保证人，理所应当实施合理的危险回避措施。使用车辆前，也应对受其监督管理的半自驾车状况负责，使用半自驾车的保证人作为义务包括定期维护和检查汽车；驾驶前充分熟悉驾驶手册中规定的系统运作规则与方法。在 L3 自动化车辆中，特定道路环境下监测不再需要驾驶人负责，而是通过特定技术由车辆上的传感器和摄像机进行。除了对传统车辆部件进行定期维护外，还需要定期检查和更新自动驾驶软件。假设驾驶人没有安装制造商开发的软件更新包，且可以证明缺失的更新与导致事故的自驾车不当操作之间存在因果关系，则可以认为驾驶人违反了注意义

---

〔1〕 Straßenverkehrsgesetz（StVG），https://www.gesetze-im-internet.de/stvg/BJNR004370909.html，访问时间：2022 年 4 月 1 日。

〔2〕 参见 [日] 山口厚：《刑法总论》（第 3 版），付立庆译，中国人民大学出版社 2018 年版，第 89~93 页。

务。然而，不能要求不具备专业知识的普通人识别安装在车辆中的每一个技术功能，因此其底线不应超过普通驾驶人对车辆控制的要求。自驾系统在车辆启动时在一定限度内检查传感器的功能，并报告发现的故障。[1]此外，当软件出现问题时，系统会发出错误警告信息。如果驾驶人在开始行驶时忽略车辆的这种涉及安全功能的警告消息，则应当肯定违反注意义务。

（2）对半自驾车的熟悉程度不够。自动化车辆提供了许多辅助功能，以减轻驾驶人的驾驶任务并提高安全性。这意味着，与只需要控制方向盘、油门踏板和制动踏板的常规车辆不同，半自驾车辆增加了许多附加的操作元件，以致驾驶人可能存在不熟悉新增功能的情况。例如，车主使用手册里规定，除了了解自驾系统的激活功能外，驾驶人还必须事先了解如何在发生故障时覆盖自驾系统（拿回控制权）。

4. 驾驶时可能发生的违反注意义务行为

（1）忽略接管请求/未在请求后接管控制。在行驶过程中，如果驾驶人不及时回复接管请求，则考虑是否属于过失行为。假设案例1：驾驶人在高速公路上使用 L3 的自驾车。由于天气条件的突然变化（雾/降雪/冰雹），传感器无法充分检测周围环境，继而系统提示接管控制权。驾驶人接收到接管请求却忽略它。由于驾驶人没有接管，车辆停在车道中间，造成追尾事故以及人身伤害。案例2：与最初的情况一样，系统要求接管。驾驶人因为心不在焉，没有注意到系统的消息，继而发生人身伤害的交通事故。

在最初的情况下，驾驶人违反了《德国道路交通法》第 1b 条第 2 款规定的接管义务[2]，如果自驾系统提出接管要求，则驾驶人有义务重新接管车辆并进行控制。在这种情况下，驾驶人主观是有意识的过失（过于自信的过失），甚至是故意的。在案例 2 中，驾驶人出于无意识的过失（疏忽大意的过失）没有注意到接管要求。然而，过失的有无意识并不影响对过失犯罪的处罚，只要驾驶人有能力控制自驾车，就有责任监管负责该车辆。[3]由于在 L3 自驾车中，允许驾驶人在特定驾驶模式下脱离驾驶活动，因此重新接管之前

[1]　"Tesla Model S 车主手册"，载 https://www.tesla.cn/ownersmanual/models/zh_cn_us，访问日期：2022 年 4 月 5 日。

[2]　Strassenverkehrsgesetz, https://www.gesetze-im-internet.de/stvg/BJNR004370909.html, 2022-4-5.

[3]　Vgl. Valerius, in: Hilgendorf (Hrsg.), Autonome Systeme und neue Mobilität, 2017, S. 9, 15.

必须有足够长的"定向阶段"（Orientierungsphase），以便驾驶人有充足的时间作出应急判断。

（2）在系统出现明显故障时没有及时接管（Übersteuerung）。如果自驾系统频繁出现错误，驾驶人不干预控制系统的行为是否被认定为过失。假设案例3：驾驶人在高速公路上使用半自驾车。由于信息传输错误，系统多次超过最大限速，但驾驶人不干预控制，造成交通事故。

反对成立过失的观点认为，驾驶人在允许的应用程序范围内正确使用该系统，并且应该能够以一种轻松于传统驾驶的方式利用自动驾驶的优势，而不必经常检查系统状态并"保持警惕"。否则，驾驶人将陷入"控制困境"。一方面可以免除驾驶任务，另一方面必须不断监控系统对驾驶任务的完成情况，并在必要时采取纠正措施，这不免有些矛盾。这只能说明自动驾驶汽车对驾驶人的便利减少，而不能以此推断出可以减轻驾驶人的注意义务。事实上，无论自动化程度如何，相关机构均可能在较长的一段时间内对驾驶人提出较高的监视和控制要求，特别是在可能导致人身伤害的情况下。因此，无论驾驶人意识到自驾系统出现故障而没有加以干预，还是出于疏忽大意的过失而没有注意到系统故障，都可能被认为存在过失行为。申言之，驾驶人在使用巡航控制系统时仍然受到监视和控制义务的约束，驾驶人不能通过警告系统故障来为自己阻却责任。[1]将其强制规定为驾驶人注意义务的理由是，半自驾车在道路交通中的出现故障具有较大的潜在危害，并且可能导致严重的交通事故。根据信赖原则，只有在较长时间内，所有半自驾系统的使用没有导致严重事故的发生，才能减少对驾驶人的注意义务要求。[2]

（三）驾驶人注意义务的限缩

1. 系统与驾驶人之间的信赖原则

过失犯中注意义务受到信赖原则的限制，经常应用于交通过失案件，这一原则对于维持道路交通高速化、效率化至关重要。根据这项规定，任何遵守义务的交通参与者都可以相信其他参与者也同样会遵守交通义务。[3]同时，

---

〔1〕 OLG Hamm, VRS 2006, 65, 66.

〔2〕 Hilgendorf, in: Hilgendorf/Hötitzsch/Lutz, Rechtliche Aspekte automatisierter Fahrzeuge, 2015, S. 15, 27.

〔3〕 ［日］前田雅英：《刑法总论讲义》（第6版），曾文科译，北京大学出版社2017年版，第187~188页。

出于交通安全的考虑，驾驶人必须"防御性地驾驶"[1]，在不违反信赖原则的前提下，采取比应有的谨慎更多的谨慎心态驾驶汽车。信赖原则主要适用于交通参与者之间的行为。体现在驾驶人将越来越多地信赖自驾系统，在汽车行驶时从事其他活动。自动驾驶技术所承诺的增加驾驶舒适度，以及允许驾驶人（有条件的）离开驾驶。这些对自动驾驶技术的"信任"都是必不可少的。

纵观社会进程，每项技术都会出现错误，即使在人类驾驶的情况下，也不会因为存在预想到的错误而排除信赖原则。由于人类驾驶人会受到身体、情绪等众多因素的影响，可以说人工智能（自驾系统）的错误率远低于人类驾驶人。因此，将信赖原则应用于部分自驾车的行为是合理的。

2. 结果预见可能性的判断标准

如果驾驶人行为不具有结果预见可能性，则不能认定其违反注意义务。不得不承认，自驾功能的使用影响着结果预见可能性的标准，简而言之，自动化程度越高，驾驶人就越难预测行为结果和相关风险。虽然理论上在行驶动作完全基于事先编程的高度自动化车辆中所有编程动作都是可预测的，但这只能用于解释程序员以及制造商的其他员工对于半自驾汽车作出决定的可预测性。考虑到道路交通场景的多样性，一般驾驶人即使通过车主手册了解相关信息和功能分析，也无法充分了解系统在特定行车环境下的具体情况。

若要科以驾驶人过失犯罪，不可避免地需要讨论驾驶人是否需要具体地预见事故的因果流程以及结果，抑或仅仅抽象地预测到即可。如果要求预见具体因果流程和伤亡结果，那么只有极少数情况才能肯定结果预见可能性，这将完全阻却驾驶人的过失责任。因此，为保护其他交通参与者的法益，应当考虑放宽因果关系的认定标准。在处理风险难以评估的技术时，不能"滥用"结果预见可能性认定标准以阻却刑事处罚，从而使民众处于弱势地位。对结果预见可能性对象的扩大解释似乎是可取的，随着自驾系统接管控制，可以抽象地预测到系统迟早会造成人身伤亡的结果。因果关系的预见可能性对于过失责任而言也不重要，从与故意相关的法定符合说立场出发，为了肯定过失，也不需要对实际上的具体因果流程的认识与预见可能性。[2]一般认

---

〔1〕 参见张军："浅谈防御性驾驶对预防道路交通事故的作用及运用"，载《中国安全生产科学技术》2010 年第 S1 期。

〔2〕 参见［日］山口厚：《刑法总论》（第 3 版），付立庆译，中国人民大学出版社 2018 年版，第 251～252 页。

为，如果认识到因果关系中的中间项，即因果流程的基本（重要）部分，那么对最终结果也就具有预见可能性。[1]反之，如果是完全超出一般生活经验的非典型因果关系，则因果流程是不可预见的。[2]

（四）容许的风险性替代举止

仅违反应有的注意义务不足以构成过失犯罪的构成要件，仍需考虑两个问题：①在假设的因果关系[3]意义上危害结果是否能够通过驾驶人遵守谨慎义务得以避免？②所造成的危害结果是否能归属于违反注意义务行为本身？[4]

要回答问题①，必须首先使用条件说来检验因果关系。假设没有驾驶人的行为或者驾驶人实施了合法行为，是否仍然不能避免危害结果发生。换言之，驾驶人合乎谨慎地实施了替代性举止，结果仍然会发生，则这个结果便因其不可避免性而无法归属给驾驶人，这种所谓的违反注意义务将被否定，即不具备必要的"义务违反性的关联"（Pflichtwidrigkeitszusammenhang）。申言之，驾驶人是否应当对所有车辆危害行为负责。如果在驾驶半自驾汽车时导致他人受伤，那么驾驶人将明显地被视为与传统车辆一样具有刑事责任。但是，如果驾驶人按照制造商的规定使用该系统，并遵守了所有的监督和控制义务，驾驶人就应被认定为尽到注意义务。在这种情况下，如果将驾驶人启动该自驾系统的行为作为违反注意义务的判断起点，相当于禁止使用自驾车。根据客观归责理论，只有存在结果回避可能性，或者说，只有当行为人具有对结果的操纵可能性时，才可能实行客观归责。[5]若实施合法行为仍不能避免结果，则结果并非禁止风险的实现。[6]例如，若驾驶人因为没有安装软件更新，违反了维护车辆的义务；发现即使使用最新软件的系统也会导致

---

[1] [日] 前田雅英：《刑法总论讲义》（第6版），曾文科译，北京大学出版社2017年版，第194~195页。

[2] [德] 乌尔斯·金德霍伊泽尔：《刑法总论教科书》（第6版），蔡桂生译，北京大学出版社2015年版，第332页。

[3] Vgl. Gropp, Strafrecht Allgemeiner Teil, 3. Aufl., 2005, §11, Rn. 71ff, 转引自孙运梁："不作为犯中客观归责理论的适用"，载《清华法学》2016年第4期。

[4] 参见 [德] 汉斯·海因里希·耶塞克、托马斯·魏根特：《德国刑法教科书》，徐久生译，中国法制出版社2017年版，第775页以下。

[5] 张明楷编著：《外国刑法纲要》（第2版），清华大学出版社2007年版，第128页。

[6] 庄劲："客观归责理论的危机与突围——风险变形、合法替代行为与假设的因果关系"，载《清华法学》2015年第3期。

事故，则不存在违反注意义务的情况。另一方面，如果通过驾驶人强制安装更新软件确实避免了事故，那么在自驾系统最终作出导致事故的决定并控制车辆的情况下，客观归责可能会受到质疑。

虽然如上所述，自驾系统的决定不应被视为刑法意义上的行为，但它是编程行为、网络活动，并是从用户操作的不当行为中学习的结果。因此，有必要考虑这是否会中断传统的归责关系。例如，如果驾驶人在行驶过程中没有谨慎驾驶，其自动化车辆出现明显故障，仍不采取行动干预，导致发生事故，则考虑归责过程可能会被打断。[1]从尽到注意义务的驾驶人的角度来看，其车辆自身的不当行为可能是一种非典型的因果关系。[2]如果结果的发生超出了所属社会生活领域中的经验，以至于没有必要合理地预见它，那么就可以被认为是一个非典型的因果关系。[3]在这种情况下，应当认为驾驶人必须否认驾驶人所造成危险的行为是实现"禁止风险"的行为。原则上，过失犯罪中的非典型因果流程已经从结果预见可能性的角度进行了审查，不应认为尽到注意义务的驾驶人对危险结果具有认识。此外，也有学者对非典型因果流程的假设提出反对意见，在自动驾驶中，人类也将继续通过启动系统来启动车辆，因此作为启动因果流程的关键环节，人类应对其自动化车辆的所有不当行为负有责任。[4]

长期以来，道路交通事故一直被认为是社会中不可避免的风险。有学者认为，不应将自动驾驶汽车造成的伤害结果归因于其驾驶人行为的因果流程被打断。结果的发生是一种"自然"事件，不受人为控制，其中只显现出一般的公共交通风险。[5]然而，高度自动化车辆尚未被视为日常生活中的正常现象，其风险仍未完全被社会接受。这一点从媒体对涉及自驾车的事故的高度关注中可见一斑。因此，自驾车不法行为可能对交通参与者造成的损害结果不能被归类为一般的可被接受的风险。人们对风险的接受程度是不断变化的，随着自驾技术的发展与完善，社会将把更多的相关危险归因于一般社会

---

〔1〕 参见［德］克劳斯·罗克辛：《德国刑法学　总论》（第1卷犯罪原理的基础构造），王世洲译，法律出版社2005年版，第240~241页。

〔2〕 Wessels/Beulke/Satzger, StrafR AT, 43. Auflage Heidelberg 2013, Rn. 196.

〔3〕 ［德］乌尔斯·金德霍伊泽尔：《刑法总论教科书》（第6版），蔡桂生译，北京大学出版社2015年版，第83~84页。

〔4〕 Vgl. Beck, in: Oppermann/Stender-Vorwachs, Autonomes Fahren, 2020, Kap. 3. 7, Rn. 38.

〔5〕 Vgl. Gless/Weigend, ZStW 2014, 561, 587.

生活风险。而就目前而言，预计短暂时间内不会有任何突破。

四、制造商的刑事责任疑义

半自驾技术引发的违法犯罪行为类型的显著变化，导致法律需要针对新的危害行为类型，重新划分行政责任、民事责任以及刑事责任的界限，这一点在明确制造商所应承担的责任方面尤为明显。有学者认为，为尽可能鼓励自驾技术的发展与完善，应尽可能减少刑法规制措施的运用，以民事责任分配作为化解事故矛盾、承担风险的主要方式。[1]根据自驾车的特性，其所具有的缺陷应当被视为自驾车自身的产品缺陷，并非制造商所提供的满足特定消费者需求的"服务"，应当由《产品质量法》予以调整和规范。[2]倘若因自驾车在生产、制造的过程中出现产品缺陷而使不安全的自驾车投放于道路，并对驾驶人、乘客或路人造成损害，制造商则需负担民事赔偿责任。因而有不少学者对于自驾车生产商、制造商是否应当承担刑事责任持否定态度。[3]

然而，对于产品"缺陷"的认定，我国《产品质量法》第 46 条采用了"不合理的危险"和"不符合国家、行业法定标准"两个标准。但这两个标准存在适用方面的矛盾以及无法自洽产品同时存在风险和效用这一现状。并且，当高度自动化车辆内已无驾驶人配置，事故原因亦明确指向产品制造上的瑕疵问题，却因欲找寻何人的过失行为造成半自驾车引发他人伤亡的结果有其困难，反而使制造商无须承担刑事责任，仅需负民事损害赔偿责任，如此将无益于自驾技术的安全发展。虽然目前为止只有少量事故是由于车辆的重大技术缺陷造成的，但自驾技术的出现可能会大大改变这种情况。自驾系统以及车辆不再仅仅是驾驶人的被动工具，而是在一段时间内独立地参与道路交通。无法对自驾系统追责，致使制造商对危险产品的制造和投放市场的责任变得越来越重要。

与民法不同的是，产品责任在刑法中以具有主观过错为条件。有学者认

---

〔1〕 "Taxonomy and Definitions for Terms Related to Driving Automation Systems for On-Road Motor Vehicles", SAE International, 19, av 人工智能, https://saemobilus.sae.org/download/? saetkn = 7Ab97uLiFw& method = downloadDocument&contentType = pdf&prodCode = J3016_ 201806&cid = 1000408663, 访问日期: 2021 年 12 月 3 日。

〔2〕 参见王乐兵: "自动驾驶汽车的缺陷及其产品责任", 载《清华法学》2020 年第 2 期。

〔3〕 〔日〕前田雅英:《刑法总论讲义》（第 6 版）, 曾文科译, 北京大学出版社 2017 年版, 第 186 页。

为，对于生产者、销售者将没有完全消除对人身安全隐患的车辆强行推入市场或者没召回其存在技术缺陷的车辆的行为，应根据我国《刑法》第 146 条生产、销售不符合安全标准的产品罪或第 140 条生产、销售伪劣产品罪追究刑事责任。[1]然而，我国刑法中现有的产品犯罪是否能契合所有半自驾车产品缺陷导致道路交通损害的情况是值得商榷的。不论上述两项罪名的行为模式是否适用于自驾车产品犯罪，两罪的犯罪形态均为故意，而自驾车的设计者、制造者的责任刑事既有可能为故意也可能为过失。《刑法》第 150 条明确规定了单位犯本节第 140 条至第 148 条规定之罪，对单位判处罚金，并对其直接负责的主管人员和其他直接负责人，依照各条的规定处罚。因此，对以单位为主体，故意犯罪的生产者、销售者归责并无障碍。然而，囿于目前半自驾技术的发展水平，制造商并非故意制造有缺陷的产品，而是因技术不成熟、经验不足导致的过失情况居多，过失犯罪显然无法适用《刑法》第 140 条或第 146 条。根据《关于〈中华人民共和国刑法〉第三十条的解释》，可以对组织、策划、实施该危害社会行为的人依法追究刑事责任。

因此，有必要在公司中找到违反注意义务并因此导致危害结果的个人。由于公司内部分工很强，识别最终导致结果的行为人十分困难。管理层根据企业合规计划规定分配任务，即如果所有员工都认真履行职责，则过失责任可能被排除。由于明确分配工作任务，（理想情况下）应该很容易甄别谁违反了个人职责。[2]因此，下文亦欲提出过失共同责任成立的可行性。根据刑法对产品责任的评估要分两步进行。在第一步中，审视并检查制造商公司本身的行为是否涉及作为或不作为犯罪行为、是否违反了其客观注意义务，以及是否造成了因果性法益侵害。在第二步中，询问员工个人所造成的结果是否可以归因于他在公司组织中所担负的责任。若制造商违反交通运输管理法引发交通事故，则考虑重大事故责任罪，重大责任事故罪属于业务过失类犯罪，是业务上过失致死伤犯罪。

---

〔1〕 "Taxonomy and Definitions for Terms Related to Driving Automation Systems for On-Road Motor Vehicles", SAE International, 19, av 人工智能, https://saemobilus.sae.org/download/? saetkn = 7Ab97uLiFw& method = downloadDocument&contentType = pdf&prodCode = J3016_ 201806&cid = 1000408663, 访问日期：2021 年 12 月 3 日。

〔2〕 Vgl. Schulz, Verantwortlichkeit bei autonom agierenden Systemen, S. 195.

(一) 制造商过失犯罪中客观注意义务内容

1. 一般注意义务标准

对于制造商的刑事责任，通常使用制造商在民事生产者责任背景下的注意义务。同时，需要考虑刑事上过失、因果关系、客观归责等要素。可以看出，在自动驾驶汽车制造商中，设计、制造和警示义务以及产品监督和召回义务之间有根本区别。

根据国际汽车工程师学会描述的定义，可以认为制造商所应尽的一般注意义务标准分为四类，分别是设计义务（Konstruktionspflicht）、制造义务（Fabrikationspflicht）、警示义务（Instruktionspflicht）以及产品监督和故障排除义务（Produktbeobachtungs und Fehlerbeseitigungspflicht）。[1]

如果事故显然是由车辆故障造成的，则可以认定制造商违反了应有的注意义务。考虑到软件的复杂性和车辆中所有部件之间完美交互的必要性，也可以设想，在事故重建和数据存储器评估的范围内，不能识别编程中的错误。根据"德国皮革喷雾剂案"（Lederspray‑Verfabren）和"木材保护剂案"（Holzechutzmittel‑Verfabren）的判例规则，通过反向排除，如果在对事故结果和指标事实进行总体评估后，排除所有其他可能的原因，至少可以确定车辆故障的共同原因，则即使没有科学证据，也可以肯定因果关系。没有必要科学地证明为什么车辆的状况会造成损害。[2] 为了确定产品缺陷，可以检视驾驶人是否能够通过在道路上采取必要的谨慎措施来避免具体的致害结果。此外，事故可能基于系统和驾驶人的不当行为。如果车辆出现故障，但没有提出接管请求，并且驾驶人意识到系统明显的错误行为（例如在流动的交通中多次突然制动而没有明显的原因）而不进行干预，则会是这种情况。在这种情况下，制造商和驾驶人都违反了应有的注意义务。

虽然在传统产品中，设计或制造的缺陷只有在产品投放市场时才存在，并可能与违法相关联，但在联网车辆和空中升级（over the airupdate）中，自驾系统的算法不断改进，并且可能要求制造商根据已发生的危险安装更新。因此，有观点认为相关违法行为的认定时间将转移到损坏发生当下。然而，

---

〔1〕 Vgl. Gomille, JZ 2016, 76, 77 ff.；Sandherr, NZV 2019, 1, 3；Schrader, DAR 2016, 242, 243；Schuster, DAR 2019, 6, 8.

〔2〕 Vgl. BGH, NJW 1990, 2560, 2562.

对于制造商来说，在事故发生时，车辆没有配备最安全的软件或者产品设计存在缺陷，可能被认定为过失。因此，需要判断违反注意义务时，哪个时间点是决定性的。如果认定发生产品故障的时间是成立过失犯罪的时间点，那么将对制造商提出过高的安全要求，若制造商在软件开发方面落后于竞争对手，这个制造商将始终承担责任。制造商无法预见自驾车可能出现的所有错误，因此，其几乎无法确保所有车辆始终配备最安全的软件。此外，制造商的产品监督和故障排除义务为驾驶人提供了充分的保护，这些义务在任何情况下都要求制造商在出现大量错误信息时采取适当的措施。因此，在评估是否存在设计或生产缺陷时，将产品投放市场的日期仍然是合适的。

（2）违反警示义务。从"德国康特根案"（Contergan-Verfabren）可以得出，制造商的警示错误也可能导致刑事后果。原则上，警示义务的内容和范围在一定程度上取决于风险和受威胁法益的大小，并且，制造商不能假定驾校已经教授了使用复杂辅助系统的基本知识，并以此为前提履行警示义务。

然而，我们无法确定是否对风险充分警告就会阻止事故发生，以至于无法轻易确定制造商违反警示义务的因果关系。在德国一项关于有缺陷的安全气囊责任的决定中，德国联邦最高法院确立了一个事实推定，即推定警告的接收人会观察到对现有风险的明确和合理的指示，除非案件的具体情况证明相反事实。[1]由于驾驶人在辅助系统中接收警示比在安全气囊的使用中发挥的作用更大，并且驾驶人几乎无法影响侧面安全气囊的使用，该推定应当可以不受限制地适用。因此，在高度自动化车辆中，驾驶人的应用程序错误会产生严重的后果，制造商可以通过系统相应的警示预防。

目前几乎所有车辆都配备有数字显示器，制造商应在系统启动时警告驾驶人不正确使用自动功能的危险，并在系统投入使用之前通过按下按键确认信息。为使驾驶人充分熟悉系统的工作方式，除警告潜在危险外，还需要对系统的使用提供明确的指示，其中包括系统限制和超驰程序。如果驾驶人意外地在系统指示的范围之外使用系统功能，系统必须发出明确警告。然而，随着半自驾技术的日益复杂，对制造商要求过高的警示义务可能会使驾驶手册中使用说明过于繁冗，反而导致驾驶人要么不使用驾驶系统，要么不阅读驾驶手册。总之，危险产品的制造商因此无法设计或起草"万无一失"的附

---

〔1〕 „ Airbag "-Entscheidung des BGH, NJW 2009, 2952, 2956.

随说明，因此社会也不能期望新兴科技产品完全安全。可以想见，在驾驶执照考试中，强制引入使用自驾系统的额外培训可能有助于减轻制造商的警示义务。

（3）违反产品监督和故障排除义务。在"德国皮革喷雾剂案"中，联邦最高法院明确规定，制造商在将危险产品投放市场时处于保证人的地位。在该案中，产品的制造商事前无法预见皮革喷雾剂的危险性，但判决仍然认为制造商具有产品召回义务。[1]这同时表明了制造商具有监督产品和及时消除产品安全隐患的义务。鉴于半自驾车的复杂性和不确定性，制造商的监督义务尤其重要。虽然半自驾车通过广泛的测试可以排除大部分设计、制造安全隐患，但只有通过在实际道路交通中"大量使用"半自驾车，部分安全隐患才会显现出来。即使事故原因无法明确查明，但可以认定自驾车存在对人生命和肢体的危险，制造商就应当承担责任以避免危险。其中包括，制造商有责任发出警告禁止驾驶人进一步使用有故障的系统，及在技术允许的情况下通过远程访问停用该系统并发出回调命令。如果违反以上注意义务，制造商将因未能监督产品和即使排除安全隐患而受到惩罚。

半自驾车通常是不完全由制造商生产的，而是由各供应商的许多单独部件组装而成。如果车辆使用的软件是由一家特殊的 IT 公司生产，这并不意味着制造商不必对这些第三方配件，即其他供应商使用的部件（包括灯具、轮胎、车窗玻璃等）承担刑事责任。因此，制造商对整个产品从投入市场时就有质量监督义务。[2]

在时间方面，制造商必须在意识到危险后立即采取行动，并以后续警示的形式发出警告。根据使用手册，制造商可以连续警告驾驶人禁止使用该系统，甚至可以远程禁用该系统，从而确保车辆只能在传统模式下通过人工控制使用，直到故障得到纠正。

与车辆出现硬件缺陷被制造商召回不同，软件的编程错误和安全漏洞必须通过更新来消除。制造商有义务提供软件更新，而车主有义务为维护车辆安装更新。如果制造商有义务进行"空中"（over-the-air Updates）更新，为

---

〔1〕 BGHSt37，106，135.

〔2〕 Droste，CCZ，2015，105，106，Ebers M. Autonomes Fahren：Produkt-Und Produzentenhaftung（Self-Driving Cars：Product Liability），Autonomes Fahren-Rechtsfolgen，Rechtsprobleme，technische Grundlagen（2017），2017.

避免车辆受到第三方的干扰，则要求系统在安全功能和其他功能之间进行技术分离。鉴于网络安全要求的不断提高，将安装更新软件作为"售后"义务分配给制造商似乎是合理的。[1]确保所有车辆都使用最新的、最安全的软件运行，以符合我国《产品质量法》中"符合国家、行业标准"的要求。

3. 制造商注意义务的限缩

（1）客观的结果预见可能性。在设计和制造缺陷的情况下，可根据产品投放市场时当前科学技术状况进行结果预见可能性评估。[2]进而，我们需要讨论，对于危险结果的预见可能性必须是具体的，还是仅仅抽象的可预测的。若从具体的结果预见可能性出发，当高度自动化车辆发生故障时，制造商可以主张无法预见系统的具体反应而阻却责任。这将导致高度自动化汽车的半自驾系统的"不可预测性"和相关风险转嫁给驾驶人。[3]在大多数情况下，这将排除制造商因疏忽而导致的过失责任，并导致驾驶人与系统之间的责任不当扩大。[4]也有学者认为，如果制造商决定将一种新兴产品投放市场，即使其产品后果与行为无法具体预测，他也必须考虑到"一切"。[5]相反，从法律体系合理性角度出发，驾驶人和制造商对自驾车造成损害结果具有一般预见可能性就足够了。[6]驾驶人对车辆的运行背后的技术知之甚少，其潜在危险通常应当由制造商作出一般性预测。因此，结果预见可能性标准不应成为制造商过失责任的障碍。

（2）半自驾技术是容许的风险？容许的风险是指只要在社会生活中采取必要的注意措施，遵守谨慎规范，就可以容许执行为了达成对社会有益目标所需的风险行为。[7]在这种情况下，也有观点认为在一定程度上允许对生命进行法益衡量。[8]自驾车减少了事故的发生，并且即使在发生事故的情况

---

〔1〕 Hilgendorf, ZStW 2018, 674, 700 ff.

〔2〕 Vgl. § 1 Abs. 2 Nr. 5 ProdHaftG. , https://gesetze-in-app. de/ProdHaftG/1, 2022-4-22.

〔3〕 Gless/Weigend, ZStW 2014, 561, 581.

〔4〕 Gless/Weigend, ZStW 2014, 561, 582.

〔5〕 Beck, 86 Journal for Robotics and Autonomous Systems, 138, 139（2016）.

〔6〕 Vgl. Gless/Weigend, ZStW 2014, 561, 582; Seher, in: Gless/Seelmann, Intelligente Agenten und das Recht, S. 45, 53.

〔7〕 参见井田良:「講義刑法学·総論［第 2 版］」（有斐閣 2018 年）371 頁。

〔8〕 Vgl. Hilgendorf, Autonomes Fahren in Dilemma, in: Hilgendorf（Hrsg.）, Aunotome Systeme und neueMobilität, Ausgewählte Beiträge zur 3. und 4. Würzburger Tagung zum Technikrecht Nomos Robotik und Recht 11, 2017, S. 143.

下，理论上自驾系统也会立即作出比人类更合理的选择使损害最小化，可以看出半自驾车产生的较高社会效益，符合容许的风险理论要求的背景条件。

需要讨论的是，制造商由于违反注意义务而产生的风险，是否可以认定存在被容许的风险。假设制造商遵守了所有的相关法律和行业安全标准，但一款带有故障软件的半自驾车仍然被推向市场，尽管进行了充分的测试，但负责人并未预见到这一错误。无法确保所有道路交通事件都可以预先通过程序模拟和控制。因此，在半自驾车推出的最初几年，这类软件错误将会经常发生。从 2012 年发生的"阿沙芬堡案"中可以看出，由于驾驶人患脑中风突然失去意识，导致案件因果关系的特殊性。但这恰恰表明，制造商无法预见每一种情况，车辆也无法配备所有可以想象到的危险所应对的安全措施。[1]在此案件中，驾驶人由于缺乏注意义务和明确可归责的行为而阻却犯罪，而自驾系统不能作为刑事主体承担责任。因此，制造商是否制造了不被允许的风险并必须为此承担刑事责任成为需要讨论的问题。该案检察长认为，从社会相当性原则即可得出，一个安全系统并无足以充分利用每个技术上的可能性。[2]因此，这意味着每个交通工具皆必然地必须包括所有只要是可以想象得到的安全防护可能性。然而，由于在此欠缺保护目的关联，故仅未采取措施并不会导致义务的违反。事故的风险并不会通过驾驶支援系统被提高。驾驶支援系统最多指示宿命般地转移事故地点。[3]因此，科技永远不可能是绝对安全的，在法律上不应要求制造商贯彻所有能想象到的安全防护可能性，而应将制造商生产科技产品的注意义务限缩的重要标准明确化。

关于新兴科技与现行法律规定的关系，本文认为在确定容许的风险时，应根据"行业内普遍接受的技术规则"，或者根据"最新技术"和"最新科学"的标准。针对个人危险，应以普遍接受的技术规则为标准。如果危险涉及社会大众的生命健康安全法益，则需要以"最新技术"作为安全水平标准。[4]一方面，有故障的自驾车对个人（即驾驶人）构成危险；另一方面，

---

〔1〕 参见 Eric Hilgendorf："自动驾驶与刑法——以阿莎芬堡案为例"，林信铭译，载《高大法学论丛》2019 年第 1 期。

〔2〕 参见于改之："社会相当性理论的体系地位及其在我国的适用"，载《比较法研究》2007 年第 5 期。

〔3〕 参见班堡检察长 2012 年 12 月 13 日函：AZ 5 ZS 1016/12. S. 1，转引自 Eric Hilgendorf："自动驾驶与刑法——以阿莎芬堡案为例"，林信铭译，载《高大法学论丛》2019 年第 1 期。

〔4〕 Hoyer, ZStW 2009, 860, 868 f.

除了驾驶人的危险之外，还可能有不确定数量的其他交通参与者面临危险。因此，在确定自驾技术的被允许风险的范围时，选择更严格的"最新科学和技术"，在标准上似乎是可取的。

在车辆投入生产、进入市场之前，需要经过工信部等批准和登记，然而，车辆登记机关无法对驾驶系统进行技术上有无缺陷的具体审查。因此，即使在车辆登记后，制造商的责任也不能排除。但若车辆已根据相关的法律和技术标准完成国家规定的注册程序，制造商则能够减轻其自身的注意义务。具体而言，如果与市场上同类型可用的技术方案相比，危险结果发生的概率降低，那么这就是一种降低风险的技术创新，原则上可被归类为容许的风险。[1]大多数情况需要在增加风险和技术创新带来的社会效益之间衡量。虽然从理论上看，自驾车将比传统车辆安全得多，但我们不能由此就断定自驾技术是一项降低风险的创新。随着自动化程度的提高，人为错误随之减少，但也增加了新的风险。因此，容许的危险范围应在利益-风险权衡的框架内，考虑风险实现的可能性和可能发生的损害结果的严重程度。[2]

对于具有缺陷的科技产品的刑事责任所必要的限缩不应在保护目的的考量的框架内或客观归责的范围内，而应该在与注意义务违反的关联性审查下进行。在这方面，制造商不能因为半自驾车造成的伤害是一种法律容许的风险而减轻注意义务。只有当半自驾车普及成为道路交通的一个日常组成部分，制造商的注意义务才会减少。[3]此外，如果必须将危险分配给行为人以外的主体，则第三方行为的介入可能会中断违反注意义务的关联。由于系统无法介入干预，需要考虑驾驶人是否可以中断这种义务违反性关联。如果驾驶人在发现高度自驾系统由于设计或制造错误而出现技术故障之后不遵守接管请求，随后发生事故并造成损害。此时，制造商可以指认驾驶人具有共同过失。此外，制造商若在车上装载了安全功能以识别故障并向驾驶人发出警告，这可能成为阻却责任的事由。然而，即使在这种情况下，对制造商的归责也不

---

　〔1〕　Jeschek/Weigend, Lehrbuch des Strafrechts, Allgemeiner Teil, S. 287 ff.

　〔2〕　"Taxonomy and Definitions for Terms Related to Driving Automation Systems for On-Road Motor Vehicles", SAE International, 19, av 人工智能, https://saemobilus. sae. org/download/? saetkn = 7Ab97uLiFw& method = downloadDocument&contentType = pdf&prodCode = J3016_ 201806&cid = 1000408663, 访问日期: 2021 年 12 月 3 日。

　〔3〕　Gless/Weigend, ZStW 2014, 561, 587.

会中断。因为追溯到最初，制造商在客观上违反了应有的注意义务，即将一辆有缺陷的车辆推向市场。只要产品缺陷不在被允许的危险范围内，驾驶人不干预或不接管有故障车辆的请求就不会阻却制造商的刑事责任。

4. 解决路径分析：共同过失犯罪

通过已发生的自驾车案的讨论，不难发现多重过失行为与损害结果间的因果关系，难以清楚界定因果关系，而且有时损害结果的发生，并非特定行为人的独立过失行为所导致，而是不同过失行为综合作用下造成的后果。[1]故而，无法确定行为与结果间事实上的关联性时，应依据存疑有利于被告的原则处理，抑或借由承认目前极有争议的过失共同正犯说来解决此一难题。

如上文所述，就半自驾车的研发制造上瑕疵造成他人损害的情形，有可能牵涉两个及两个以上企业组织体的共同过失行为。另外，除了追究法人作为正犯的罪责外，其组织体内部对于个别作出过失行为的成员具有选任或监督方面的过失者，如对整体组织运作具有控制支配能力，以及负责拟订标准化流程以维系公司整体运作的高阶管理人员等，亦应一并予以处罚，以此发挥刑法的预防作用。但企业组织体的运作通常采取分层授权的方式，因而有可能是由于负责不同部门的高阶管理人员共同未尽其监督义务，从而导致自驾车的设计与制造发生瑕疵。

因此，本文认为可以考虑承认过失共同正犯的概念，以处理无法确定因果关系下多数人的过失行为共同对法益侵害结果负责的问题。亦即，将个人的行为当作共同的犯罪行为，即可确定结果的发生与共同行为间具有因果关系，使多数行为人均需对法益侵害的结果承担责任。

然而，目前我国实务与学说多否定过失共同正犯的概念，认为《刑法》第 25 条共同犯罪的规定仅适用于故意犯罪，不能援引本条文规定作为令过失犯负共同责任的依据。大多数学者均认为过失犯本来就无实现犯罪的主观过错，自无共同犯罪决意可言，故就二人以上共同造成的过失犯罪，仅属同时犯，而非过失的共同正犯。从而各过失犯只需就各自的过失行为负责，无须相互承担彼此的刑责。而且根据多数学说与实务的见解，即使个别行为人的贡献并不能造成法益损害的结果，但基于过失行为并非如同故意犯必须全面

---

〔1〕 参见［日］甲斐克则："过失·危险的防止与（刑事）责任的承担"，谢佳君、刘建利译，载《刑事法评论》2020 年第 1 期。

支配损害流程，反而是顺应因果流程发展而最终导致法益损害，故具有过失的个别行为人依然得以独立负起既遂的责任。然而，在产品的生产过程中发生叠加因果关系的情况时，若仅审查单独正犯能否各自成立犯罪，即会面临难以决定应由哪些行为人就法益侵害结果负责的困境。如此将会造成个案中只要存在足以引发相同损害的第三人行为，个别行为人都可主张即使其已尽到注意义务，仍会有他人实施相同的法益侵害行为，故其欠缺回避结果可能性，就结果的发生无须负责。

为避免陷入无人可归责的泥淖，应适度承认过失犯构成共同责任的可能性。纵使多数行为人间不具有主观意思连结，但只要能证明有客观相互连带关系的社会事实，对于法益损害具有相互加工的客观行为，即可证明多数行为人的共同责任。至于如何判断多数过失行为间具有相互连带的社会共同性，可从客观层面上观察多数行为人是否存在自始形成的共同关系而有共同的行动目的，致使这些人员的行动效能可相互补充，并需在主观上对于彼此的存在有认识或至少有认识可能性，并认知到相互间会实施一个共同行为，例如参与共同制造商品的认识。

因此，在半自驾车发生的交通事故中，若同时存在产品有研发制造上的瑕疵、驾驶人分心驾驶和行人违规行为等情形，共同引发法益危害的结果，导致违规行人死亡时，将会因为欠缺明确的社会连带关联性，仅能回归单独正犯，判断个别行为人的刑责。纵使这三种过失行为共同作用而形成叠加因果关系，但该叠加因果关系非行为人自始可预期，结果是源自偶发事件，研发制造者、驾驶人和行人并不具备行动上的共同目的，彼此间的行动效能不会相互共享，故不会成立过失共同责任。

结　语

虽然目前还没有关于半自驾车的既定法律，但此类研究的核心关注点是为了推进关于刑事责任风险的讨论、现有人工智能原则的分类以及相关法律的调整。应在经济和社会意义重大的自驾车的引入与国家法律利益保护和法律确定性的任务之间取得适当的平衡。自驾技术的引入将如何发展并被社会接受还有待观察。总体而言，该技术通过将驾驶任务转移到人工智能来提高安全性，将大大减少道路上因过失而犯罪的数量。

新型权利犯罪问题（三）：大数据时代的罪刑问题

自媒体网络空间的犯罪支点与规制

张东平 *

摘　要： 自媒体网络空间的非理性传播对违法犯罪具有显见的杠杆作用。僭越底线的自媒体对受众价值观产生负面"涵化"，不仅为犯罪教习指引榜样，更被滥用为犯罪工具，使线上与线下犯罪共生贯通。数字媒介技术不只被用来"加持"传统犯罪，还为新型网络犯罪提供驱力。无良自媒体与犯罪的"齿轮"式咬合源生于信息散播，主要呈现为言论散布型犯罪和内容违禁型犯罪。造谣攻讦、新闻敲诈、暴恐教唆等媒介乱象诱发"破窗"效应，再加上信息把关的失灵以及过度的流量逻辑，致使部分社交网络沦为了涉罪传播的助推器。规制自媒介网络空间的犯罪支点有赖于构建行业自律、平台尽责、行政监管及刑事规制等协同并举的立体模式。

关键词： 自媒体；网络；犯罪支点；规制

传媒之于犯罪犹如"双刃剑"，呈现得当有利于防控犯罪，传播失当则助推犯罪。尽管传媒与犯罪并非必然相关，但不争的事实是，无良媒介足以对某些犯罪的孳生推波助澜。伴随媒介的市场化转型，大众传媒尚且不能尽皆秉持传播伦理，遑论信息把关与媒介素养双重缺失的自媒体了。草创时期的自媒介一旦"任性"起来，更易沦为诱致犯罪的无形推手。

一、"不解之缘"：自媒体与犯罪

所谓自媒体（We Media），在国外亦称为社交媒体，即指借助数字通信技

---

* 张东平，上海政法学院刑事司法学院副教授。

术向不特定或特定受众传播资讯的信息载体。微博、公众号、论坛、贴吧、博客等信息分享平台均属自媒体。在国外，脸书（Facebook）、推特（Twitter）、优兔（Youtube）、照片墙（Instagram）等社交媒介吸引全球网民入驻；在国内，新浪微博、微信公众号或朋友圈、百度贴吧、天涯社区等社交门户，组成多维复合的传播矩阵，同样聚拢了巨量用户。

（一）自媒体的传播特性

作为自主化、平民化与私人化的传播工具，自媒体为用户随时随地分享见闻提供了便捷渠道，零门槛、低成本、包容性的信息生产机制为每一网民预设了充分表达自我的契机。数字科技的创新颠覆了大众传媒的"中心广播"，媒介话语的草根赋权使普罗受众融入全网知识谱系，催生了多极点、强交互、超时空的信息社会化环境。即时性、扁平化、碎片化的节点链式传播促成了传者与受者的同一，往往蕴含几何级裂变的传播能量。"无限传递的链接方式和四通八达的传播路径，将与传播者相关的初级群体、次级群体、陌生人群体全部统合起来。"[1]全民传播的聚合与叠加效应凸显，社会交往与文化互动的通道彻底打开。文字、符号、图片、音频、影像等介质交汇成多频光谱，无时不在改变着受众的思想认知。

（二）犯罪的杠杆支点

尽管不能无视自媒介在启发民智、民主监督、弘扬正义等方面的积极功用，但其隐含的操纵舆论、炮制恐慌、助推犯罪等传播风险同样不容小觑。特定的传播构造使无良自媒体与犯罪的"齿轮"咬合尤为紧密，非理性传播对犯罪滋长具有显见的支点作用。

所谓支点，即对杠杆起支撑作用的可绕转的固定点；杠杆支点系物理学规律，意指利用杠杆举起重物会轻便省力。在生态失范的社交网络空间，支点撬动原理同样为犯罪的生成与传播提供注解。"互联网在犯罪过程中发挥了独有的杠杆作用，表现为传统犯罪的倍增效果和对集群犯罪的组织能力、动员效果。"[2]无良自媒体不仅成了传统犯罪的增殖温室，更为以信息散布为内核的犯罪提供驱力。犯罪支点效应即指信息传播的失范为犯罪孳生及其扩增提供了动机强化、工具支撑、方法传授、后果提振等强劲托举，使犯罪生成

---

〔1〕 隋岩："群体传播时代：信息生产方式的变革与影响"，载《中国社会科学》2018 年第 11 期。

〔2〕 何明升："中国网络治理的定位及现实路径"，载《中国社会科学》2016 年第 7 期。

更为便捷、犯罪目标更易得逞、犯罪危害更趋溢散。基于犯罪杠杆原理，自媒体网络空间暗合了犯罪榜样示范、犯罪对象指引、犯罪手段扩容、犯罪成本降低等"利好"条件，并为犯罪效率的提拉与犯罪效益的优化提供助力。相比于传统媒介，无良自媒介对犯罪的催化作用有过之而无不及，根植其上的犯罪支点更为典型。自媒体不仅为犯罪模仿提供范例，更可被滥用为犯罪工具。由此，社交网络与违法犯罪往往邂逅"不解之缘"，自媒介传播场域的犯罪更易诱发，且犯罪危害的波及限阈往往难以预估。

1. 价值观的负面"涵化"

作为社会教化的强大公器，传媒正深刻改变受众的认知图式。然而，自媒体的信息采编大多不具有专业性，用户发帖通常随心所欲，往往偏激多于公允、臆断多于客观。"无序的网络草根传播，在当下体现出民粹化倾向，主要表现为自由表达、自我放纵、无所顾忌、不拘形式、不守规则等。"[1]恣意越线的自媒体不仅消解了公序良俗，还会对受众特别是未成年受众的价值立场产生负面"涵化"。在一些直播平台，未成年孕子反被视为荣耀，虽收获了流量，却严重误导了婚恋观；蛊惑女性自我矮化的所谓"情感教主"以及格调低俗的"段子手"亦屡遭封禁。当受众厌倦"反常识""带节奏"等吸粉套路后，主播便开始挑战新高度，跳楼、吃玻璃碴、生吃青蛙等奇葩直播令人咋舌。而靠惊愕博出位的"网红"似乎述说只要足够吸睛便可不劳而获的哲理；一些未成年人沉迷短视频，视"网红"为人生理想，不惜盗用父母账号高额打赏。

面对转型期的社会矛盾，部分网民的认知偏见渐次郁结为私愤。有关罪因分析或阶层固化的议题，帖文总是刻意制造二元对立，无限放大强势一方的骄横及弱势一方的悲悯。一些帖子盲目跟风、鼓动不安，众声喧嚣的意见表达变得轻浮与偏执，折射出围观起哄下的"罗宾汉情结"。在很大程度上，一些社交媒介沦为部分受众焦虑情绪的宣泄场。然而，"社会焦虑引发越轨行为，加重人们不切实际的高期望值心理与短期化行为，催生某些有害的群体行为"。[2]更有一些赤裸裸的直播炫富，不但助长了拜金风气，还加剧了某些受众的攀比心理及被剥夺感。而"相对的剥夺使机会平等和容易获得财富与

---

〔1〕 陈进华、张寿强："论自媒体传播的公共性及其道德底线"，载《江海学刊》2012 年第 6 期。
〔2〕 吴忠民："社会焦虑的成因与缓解之策"，载《河北学刊》2012 年第 1 期。

丰富的生活方式这样的神话破灭，它增强了处于社会边缘的群体的受挫感和失败的经历"。[1]

2. 作为犯罪工具的网络

自媒介传播压缩了时空轴，拓展了传统犯罪的活动场域，犯罪样态经由网络技术获得极大延伸。然而，技术是无偏见的，"它不会以任何明显的方式损害人类自由，或决定人类的命运——这种强大的力量是用于善的目的，还是用于恶的目的，取决于人类"。[2]

（1）犯罪样式的扩容。随着媒介技术被滥用为犯罪工具，线上与线下犯罪实现共生贯通，以往单维的犯罪空间转换为现实与网络互动的二度空间。作为犯意联络工具，借助社交网络相约自杀及共谋犯罪者屡见不鲜。河北警方侦破了一系列跨省抢劫案，不同地域的犯罪人结识于"完美犯罪"论坛，在按约定抢劫且分赃后各自返程。[3]在一起江苏警方破获的网约绑架案中，不同省市的团伙成员互不熟悉，有的仅认识几个月，甚至彼此只知道绰号；而让他们聚集的是其中一人所发的一条"干大事、赚大钱"的帖子。[4]

一方面，在传统犯罪的网络化渗透中，"网络不过是行为人实施犯罪所借助的工具而已，如同行为人故意杀人时所使用的枪支、木棍、菜刀等工具一样"。[5]通过论坛聊天骗约线下性侵，微博策划召集群殴行动，在贴吧发起谩骂欺辱，在直播间组织淫秽表演，上传亵渎红领巾、戏谑英烈的短视频，开设迷信公众号卜算以及利用微信朋友圈赌博、散布隐私等违法犯罪早已不足为奇。类似行径并非真正的计算机犯罪，而是披上了网络媒介的外衣，"计算机和网络技术能够使这些犯罪更加容易实施"。[6]借助自媒介传播工具，传统欺诈等犯罪样式获得了极大扩充，且犯罪后果往往受众多、波及范围广。借

---

〔1〕［英］韦恩·莫里森：《理论犯罪学：从现代到后现代》，刘仁文等译，法律出版社 2004 年版，第 245 页。

〔2〕［美］理查德·斯皮内洛：《铁笼，还是乌托邦——网络空间的道德与法律》，李伦等译，北京大学出版社 2007 年版，第 8 页。

〔3〕燕妮、曹宇阳："跨省犯罪'完美落网'"，载《邯郸日报》2017 年 8 月 18 日。

〔4〕汪彦等："网发'英雄帖'要'干大事、赚大钱'，6 男子淮安涉嫌绑架罪受审"，载《扬子晚报》2016 年 3 月 25 日。

〔5〕刘宪权："网络犯罪的刑法应对新理念"，载《政治与法律》2016 年第 9 期。

〔6〕［美］理查德·斯皮内洛：《铁笼，还是乌托邦——网络空间的道德与法律》，李伦等译，北京大学出版社 2007 年版，第 183 页。

由言辞鼓动的利器,自媒体门户夸大收益、矫饰风险的骗局正向多个领域潮涌。首先,一些"大V"凭借"高人气"荐股诱导,或以投资培训为名变相牟利,使自媒体平台沦为操纵股市的推手。某节目嘉宾先行建仓,后利用APP及微博、博客等公开荐股,之后再反向卖出,被证监会定性为"以其他手段操纵证券市场";某主播通过视频授课等策略操控"水军",进而引诱客户进行大宗商品及股指交易,涉嫌非法经营罪。[1]其次,部分币圈自媒体之所以炒作ICO(首次币发行,下同)意在"分一杯羹",但却助长了非法发售代币票券、发行证券以及非法集资、金融诈骗、传销等违法犯罪。在ICO被明令禁止后,炒币"大V"及相应公众号被叫停,但仍需警惕转世号或小号回流。此外,一些无资质的保险营销号写测评文章自卖自夸或抹黑对手,并将粉丝迁移至"免费学习群"诱导投保。在银保监会通令严管后,某跨国保险公司的自查一次性清理了数百名保险代理人,缘由皆是朋友圈违规售保。

另一方面,自媒介信息技术不只被用来"加持"传统犯罪,还成了新型网络犯罪的孵化器。在国内首例骗取平台返现补助的"黑产"案中,某团伙大量注册虚假账号,批量上传视频骗取"火力值",并通过QQ群等传授该新型骗局。传统传销在改头换面后侵入微信朋友圈;某公众号在朋友圈散布二维码发展会员、收取会费,属于无实物的网络新型传销。一些"山寨"公众号沦为行骗工具,有的冒用法人执照骗取注册,有的则以"动感地带10086"等高仿命名以假乱真。有网民轻信某"银行中心办卡进度询问"公众号致使信用卡被多次骗刷,某"车辆年检"公众号同样将用户诱导至"钓鱼"网站。由于网民普遍缺乏辨识能力,很少去核实注册资料,仅靠名称难以分辨,故不少用户对贷款理财、线上购物、快递理赔等假冒公众号频频中招。无独有偶,视频直播同样扮演了犯罪媒介的角色。某主播以"慈善上有粉丝的一份爱心"为幌子,利用虚发补助的假公益视频诱骗粉丝刷礼物。[2]可见,"网络时代下,不但几乎所有的传统犯罪皆可利用信息网络实施,并且那些仅能发生于网络上的犯罪也开始出现"。[3]几乎是行业"潜规则"的刷量炒信俨然形成了庞大"黑产",不仅加剧了产业泡沫,带来"劣币驱逐良币"效

---

〔1〕 何易:"上海警方整治违法违规自媒体",载《文汇报》2019年1月11日。
〔2〕 江龙:"提现40余万,伪慈善主播获刑",载《成都商报》2017年9月8日。
〔3〕 刘宪权:"网络犯罪的刑法应对新理念",载《政治与法律》2016年第9期。

应，其背后更是往往联结着欺诈、非法经营等违法犯罪。

（2）非法交易的集市。自媒体聚集了人、物、信息等犯罪场要素，甚至沦为散发虚假广告、撮合非法交易的网络集市。微商"杀熟"、广告"软文"、贩假售假混迹朋友圈，一些公众号暗藏"钓鱼"链接，甚至有论坛、贴吧公然发布聚赌、招嫖或兜售管制刀具、麻醉剂等违禁品的广告。某短视频平台显示多条售卖走私汽车、办理假证及"黑户"贷款等非法链接。某直播间代理境外网站开设线上赌局，且将观看赌场直播实况的观众导入微信群投注。某贴吧运营引入商业合作模式，多个疾病吧的经营权依据用户数、发帖量、活跃度等测算待价而沽，致使大量的虚假医疗广告趁机而入。央视曝光某平台的虚假广告专攻三、四线城市，并企图在客户端使用"二跳"方式逃避监管。腾讯公司曾被责令清理涉嫌违规诱导交易的公众号，诸多从业者因代言虚假广告而被工商行政部门处罚。[1]尽管立法明令禁止网络搜索服务利用断开相关链接或提供含有虚假信息的搜索结果等手段牟利，但自媒介门户的虚假广告仍未令行禁止。

3. 犯罪技能的教习

无良媒介与犯罪相互为用，两者的串通共生助推犯罪模仿与增殖。俄罗斯"VK"社交网站曾流行教唆青少年自杀的"蓝鲸"游戏，被斥为"电子邪教"。《纽约时报》指责网络充斥着推销毒品或针对毒品制造、种植与消费的详尽说明；许多网站把毒品描绘得刺激诱人，却从不提及毒瘾危害。"网络缺乏有效地分辨事实与渲染、真相与谎言的调控机制，有些讨论甚至可能最终鼓励所有年龄段的美国人去从事非法的行为。"[2]可见，新闻议题的筛选与叙述样式对犯罪衍生的经纬度有重要影响，犯罪手法的精细素描足可激起犯罪传播的涟漪。

在鱼龙混杂的微空间，开锁、炸药制作、毒品合成及吸毒器具制作等秘籍分享叠出，不仅犯罪技巧的交流隐匿其中，甚至赤裸裸地传授犯罪方法。在一些直播间，仿冒名牌化妆品、奢侈品的制假培训公然播出；在被曝光后，主播通过 QQ 或微信群将用户导入地下继续传帮带教。某"网红"主播谈及

---

〔1〕 毛雷君等："2家微信公众号被罚1万多元"，载《宁波晚报》2018年4月4日。

〔2〕 ［美］理查德·斯皮内洛：《铁笼，还是乌托邦——网络空间的道德与法律》，李伦等译，北京大学出版社2007年版，第26页。

色情张口即是，甚至在直播中以说唱形式详细描述吸毒感受。因记者报道房价下跌加剧"弃房"风险，某论坛即发帖呼吁"杀第一财经日报记者"，并发起"杀、不杀、弃权"的网民投票。某公众号声称"异烟肼"对人体无害但能毒杀犬类，北京某小区随即有人效仿大面积撒播该饵料，对付流浪狗和不拴绳的宠物狗。而实际上，若人误食也可能中毒。某微博"大V"遂呼吁改用效果更好的"硝氯酚"，同时提醒因其有毒故须精确投放。类似帖文看似科普，实则煽动投毒，隐藏着毁坏财物及危害公共安全的风险。此外，国家网信办曾披露某微博平台存在恐怖分子处决人质、战争杀戮场面等暴恐视频，某贴吧存在描述杀人肢解过程的帖文，一些在线分享平台亦有宣扬邪教及血腥暴力的有害文档。

二、自媒介网络的犯罪样态

无论是传统犯罪的嫁接，还是新型犯罪的孕育，无良自媒体都在扮演"犯罪摇篮"的角色。造谣攻讦、新闻敲诈、贩卖隐私、淫秽直播、广告诈骗等乱象与自媒体的体量扩张相伴而生。传统与新型犯罪还往往缠绕交织，甚至呈现犯罪叠层，如淫秽表演、刷粉欺诈等可共存于同一直播间。事实上，自媒体与犯罪的勾连耦合源生于信息散播，大致可分为言论散布型犯罪和内容违禁型犯罪。前者主要指由不良言论本身或其衍化而来的罪行，如宣扬极端主义、编造虚假信息、泄露内幕信息、损害商业信誉以及侮辱、诽谤、欺诈等；后者则指非法利用网络媒介散布暴恐、色情、隐私、售枪、贩毒以及犯罪方法等违禁内容的罪行。

（一）言论散布型犯罪

1. 谣言发酵的"喇叭"

自媒介网络为谣言的病毒式扩散大开方便之门。很多谣言不是暗合道德绑架，就是粘附诱导张力，其所蕴含的社会风险往往经由自媒体骤然放大。"在任何情况下，我们都不能指责传闻是一场暴乱的唯一或最初的始作俑者，然而它似乎总在扮演帮凶的角色。"[1]社交媒体的电子动员足可被滥用于操纵民意，其激化矛盾的"喇叭"效应在PX等群体性事件中可见一斑。在"后真相"时代，价值偏见容易逾越客观事实。当受众的浅阅读、盲从性与意见

---

〔1〕 ［美］奥尔波特等：《谣言心理学》，刘水平等译，辽宁教育出版社2003年版，第141页。

领袖的别有用心相契合时，被虚像浸没的受众认知受制于聚合传播的拟态环境及"羊群"体验，加之造谣的违法成本低，致使谣言往往以几何级速率发酵。而利用社交媒介造谣传谣涉嫌编造、故意传播虚假信息罪以及寻衅滋事罪、诽谤罪等。

2. "黑公关"与新闻敲诈

自媒体的舆论生成存在"虹吸"效应。一些从业者雇佣"水军"屏蔽负面新闻或抹黑诬陷对手，充当操控舆论的幕后推手。不论有偿发帖、删帖，亦不论"捧场"或充当"打手"，蜕变为"黑公关"喉舌的自媒体受雇或主动搜罗散布负面消息，以达到牟利、敲诈等目的。新闻敲诈并非社交媒体的"专利"，但由于后者从业门槛低、监管相对松散，"黑公关"更易变成急功近利者的捷径。一些财经账号抓住公司上市前的敏感期，炮制不利评论敲诈敛财；还有运营门户结成矩阵联盟"组团"敲诈，因为一篇"黑文"能同时现身微博、微信朋友圈等多个平台，足以颠倒黑白。自媒体敲诈成本低、收益大，再加上手法隐蔽、取证困难，往往迫使受害者妥协。"黑公关"腐蚀了基本的社会信誉，涉嫌损害商业信誉、商品声誉罪，编造、传播虚假证券信息罪以及非法经营罪、敲诈勒索罪、受贿罪、强迫交易罪等。

3. 网络暴力的集散场

社交网络正成为羞辱文化的流行渠道，口诛笔伐的群情激愤暗藏利刃。"网络暴民的武器是键盘，话语是利剑"[1]，以他人出丑取乐的网络暴力足可杀人于无形。社交媒体信源的蜂窝性及"去中心化"烙烫了"群体极化"印记，盲动与善变的"乌合之众"极易卷入"暴力流感"。依托自媒体的网络暴力传播更快、危害更大，四川德阳女医生即被不明就里发动的集体声讨所吞噬。网络暴力通常表现为线上的隔空谩骂，且裹挟着谣言、敲诈及隐私侵犯等。然而，网络暴力是现实暴力的延伸，线上与线下的暴力欺凌可贯通转换。被取缔的"纳吧"不但大肆发表辱华帖文，甚至纠集黑恶势力对爱国青年实施线下侵害。网络欺凌的肆无忌惮与违法成本低、惩戒不力及受害者沉默等因素相关，涉嫌侮辱罪、诽谤罪、寻衅滋事罪等。

（二）内容违禁型犯罪

并非所有信息均适于呈现给受众，暴虐、淫秽及渲染血腥场景、刻画犯

---

[1] 林怡："自媒体时代下的网络暴民"，载《传播与版权》2017年第8期。

罪技巧的内容均应屏蔽。

1. 隐私信息的泄露

便捷发达的社交通信足可使任何隐私成为曝光对象，数字化时代的隐私流散犹如多米诺骨牌。"网络上的个人信息甚至变得更像商品，可以被轻易地收集、交换或重组。"[1]隐私示众借由自媒体往往会引发链式反应，瞬时充斥整个网络。一些娱乐自媒体经常按需炮制窥探明星隐私的新闻大餐。街头、校园、的士等实时直播无视周邻人群的隐私而径直拍摄入镜。社交网络的色情报复亦非简单地传播淫秽信息，而通常与隐私侵犯、敲诈、侮辱等违法犯罪纠合。几乎每桩网络暴力均伴生"人肉搜索"，且易衍生线上与线下的叠加侵害。隐私贩卖与人身攻讦的沆瀣一气成了诱致侮辱罪、诽谤罪、侵犯公民个人信息罪、传播淫秽物品罪、故意伤害罪、寻衅滋事罪等犯罪的前奏。

2. 淫秽色情的散播

传统的网络色情多见于会员制论坛。随着移动社交媒体的勃兴，淫秽色情大举向手机 App、云盘、QQ 群、微博、微信公众号或朋友圈以及短视频、直播间等空间迁移，且弥散于漫画贴吧、语音社交、文学创作等各类平台。从提供淫秽影像、小说的线上访问到色情陪聊，再到勾连线下的色情交易，"黑产"链环可谓各取所需，牟利、交友及商业营销等动机不乏其人；不仅"福利姬"软色情游离于灰色地带，在"优衣库"等系列不雅视频流传后，更有商家公然以事件女主角为营销噱头。某跨国云播平台接入百余涉黄直播站点，通过组织真人表演、播放淫秽视频牟利，直播人员达数万，每日观众逾百万。[2]在直播画面或图片嵌入微信或 QQ 号、微博 ID 等"水印"，甚至不惜把联系方式写在身上，成了色情主播导流用户的惯用伎俩。而严管之下的微空间色情比以往更隐蔽，利用稽查时间差"换马甲""阅后即焚"等伪装把戏一度盛行。色情直播还不断变换站点服务器及标识，使用境外聊天软件串联，增大了追踪难度。自媒体色情涉嫌传播淫秽物品罪、传播淫秽物品牟利罪、组织淫秽表演罪等。

---

〔1〕 ［美］理查德·斯皮内洛：《铁笼，还是乌托邦——网络空间的道德与法律》，李伦等译，北京大学出版社 2007 年版，第 133 页。

〔2〕 刘彬："'桃花岛宝盒'涉黄网络直播聚合平台被捣毁"，载《光明日报》2018 年 8 月 18 日。

3. 暴恐内容的宣扬

社交媒体为恐怖组织宣扬极端主义、招募人员、募集资金提供了便捷平台。2014 年某段时期前后 3 个月内，"伊斯兰国"控制了至少 4.6 万个推特账户。[1]《纽约时报》将波士顿恐袭案称为社交媒体时代首例全方位互动式国家悲剧，暴徒正是在脸书上接受极端思想，并按网上公布的《"圣战"战士个人行动手册》在自家厨房制作了简易爆炸装置。[2] 欧洲难民危机下的仇恨言论更是将脸书、推特、谷歌等社交媒体推向了风口浪尖，其被指沦为恐怖分子的武器。新西兰恐袭凶犯在推特发布极端言论及 74 页的"谋杀供词"，其先在极右翼论坛"8chan"扬言攻击，随后在脸书直播了长达 17 分钟的枪杀画面。[3] 在我国，通过贴吧交换、售卖暴恐视频，将暴恐音像存于网盘、QQ 空间，在微信群、朋友圈发布或转发涉恐内容等罪行亦时常可见。"东突"组织同样利用社交网络联络鼓动，"通过翻墙软件或者其他途径观看和获取境外'东突'恐怖势力的各种信息"。[4] 新疆阿克苏某涉恐人员多次组织观看、复制境外暴恐音频、视频，并将其上传微博供他人浏览。[5] 利用自媒介网络散布暴恐内容，可能触犯非法持有宣扬恐怖主义、极端主义物品罪以及宣扬恐怖主义、极端主义、煽动实施恐怖活动罪等罪名。

三、自媒体与犯罪的嵌合成因

网络空间的虚拟化消融了规则意识，滋生了法不责众的侥幸心理，再加上信息把关的缺失及过度的商业逻辑，致使无良自媒体游走在法律边缘，充当撬动违法犯罪的杠杆。

（一）"把关人"的失灵

大众传媒并非"有闻必录"，而是存在去伪存真的信息把关，它决定了哪些信息能最终进入受众视野。这种把关虽有事后纠错，但多为严格、审慎的

---

〔1〕 廖政军等："欧美国家强化互联网监管措施　防控恐怖主义及极端思想传播"，载《人民日报》2016 年 1 月 11 日。

〔2〕 赵晨："网络空间已成国际反恐新阵地"，载《光明日报》2017 年 6 月 14 日。

〔3〕 陈沁涵、黄钟方辰："新西兰枪击案致 49 死 48 伤"，载《新京报》2019 年 3 月 16 日。

〔4〕 古丽阿扎提·吐尔逊："'东突'恐怖势力个体特征及其发展趋势评析"，载《现代国际关系》2014 年第 1 期。

〔5〕 潘从武："新疆处理多起煽动民族仇恨传播宗教极端思想案"，载《法制日报》2013 年 6 月 21 日。

前置过滤；虽延滞了信息发布，却通常有效。相比之下，自媒体的信息生产主要依靠运营门户、网民的自我把关以及平台的后置剔除。自媒体从业者及网民的媒介素质参差不齐，大多未受过专业训练，信息遴选往往取决于认知立场乃至个人好恶，难免断章取义甚至任意妄言。云南导游"骂客"、上海某国际小学"霉番茄"、寒门大学生偷外卖等舆论反转即是明证。基于信息的海量性及实时分享需求，亦难有充足人力确保实质的事前审查，而是更多地表现为在自行发现或接到举报后对违禁信息进行事后处置。可见，自媒体把关往往具有随意性及不确定性，尤其是利润驱使下的把关理性常常流于形式。自媒体信息流转的高效以把关机制的减效、低效甚至无效为代价，自控机制的失灵加上外力监管的薄弱为"平民记者"的随心所欲提供了契机。

（二）流量逐利的失控

"整个产业环境和传播模式都以用户（消费者）的需求为主导，用户的访问量成为传播链条中至关重要的环节。"[1]"高人气"必受广告商与投资者的青睐，流量俨然成了利润的代名词。然而，"以几何倍数增长的传播者及其生产的庞杂信息所面对的，仍是数量已经基本固定的受众及其有限的注意力"。[2]信息过剩但注意力资源稀缺迫使从业者为博取点击率而煞费心机。一味取悦用户的自媒体剑走偏锋，将粉丝经济追逐到极致。"受众喜欢什么就投喂什么，利用人心理的阴暗面赚流量，各种阴谋论、夸张表达、标题党泛滥，换来的是节节攀升的转发和点击。"[3]类似"女主播夜宿故宫"的直播造假无非是"以谣生利"的吸睛营销。在"流量为王"的理念下，自媒介网络难以独善其身，所衍生的违法犯罪在很大程度上是"流量拜物教"的产物。"当一家企业发现了增加利润的方式时，其他企业会对此进行关注并采用这种方式，如果企业之间是同一市场的竞争者的话，比起他们不是竞争者来，这一过程或许会更为迅速和普遍。"[4]这种逐利模仿机制对"黑公关"、刷量刷评、造谣诽谤、淫秽直播、隐私吸粉等行径普遍奏效。

---

〔1〕 隋岩："群体传播时代：信息生产方式的变革与影响"，载《中国社会科学》2018年第11期。

〔2〕 汤景泰、王楠："议题博弈与话语竞争：自媒体传播中的风险放大机制"，载《陕西师范大学学报（哲学社会科学版）》2019年第1期。

〔3〕 王化："自媒体'不小了'，该立规矩赶快立起来"，载《新华每日电讯》2018年10月26日。

〔4〕 ［美］E.H.萨瑟兰：《白领犯罪》，赵宝成等译，中国大百科全书出版社2007年版，第302页。

（三）乱象中的"破窗"效应

作为新兴媒介，自媒体在野蛮生长期伴随各种乱象。僭越底线的从业者处心积虑夺人眼球，血和性、惨剧和罪行等叙事无所不用其极，更不乏"震惊"体炮制虚实参半的所谓"爆点"。"饭圈""耽改"等泛娱之风使戏谑元素无孔不入，更是衍生出了欺诈消费、引诱集资、控评刷量等非法行为。种种迹象表明，喧嚣嘈杂的无序传播足以诱发"破窗"效应，带来示范性的违法暗示。虚拟空间的"去身份化"及责任虚置使部分门户及网民消解了自我约束的规则意识，混淆了言论发布的公私边界，将公共话语权滥用为私人发泄阀；一旦道德与法律的控制力弱化，言辞煽惑即变得无所顾忌，极易沦为助推犯罪的喉舌。显然，"犯罪是无秩序状态的最后统一体"。[1]道德失范、监管失责与惩戒乏力扩增了犯罪"暗数"、滋养了投机冒险心态，被乱象丛生衬托的涉罪传播由此便有了生存土壤。事实上，道德失范与违法犯罪之间并不存在鸿沟。相反，自媒介网络的失序乱象恰是诱致违法犯罪的前奏，"这种不道德迟早会以犯罪的某种形式表现出来"。[2]缺失道德规诫的媒介行为会轻易触犯法纲，而情节较重的违法传播则通常已构成犯罪。

四、犯罪支点的立体规制

"自由和自由表达是最基本的人权，但是，这些权利和其他权利只有在相互尊重、共同接受某些道德规范的情况下才能合理地行使。这些共同接受的道德规范就是公共道德。"[3]互联网并非法外之地，对利用自媒体鼓吹极端思想、教唆犯罪、实施人身攻击与欺诈、散布谣言与色情、兜售非法物品等行为必须摒除。

（一）媒介传播的行业自律

"犯罪是道德性的严重错失"，[4]道德信条是极重要的犯罪控制力量。"网

---

〔1〕〔英〕韦恩·莫里森：《理论犯罪学：从现代到后现代》，刘仁文等译，法律出版社 2004 年版，第 245 页。

〔2〕〔意〕加罗法洛：《犯罪学》，耿伟、王新译，中国大百科全书出版社 1996 年版，第 151 页。

〔3〕〔美〕理查德·斯皮内洛：《铁笼，还是乌托邦——网络空间的道德与法律》，李伦等译，北京大学出版社 2007 年版，第 63 页。

〔4〕严存生："犯罪是特殊情况下人的道德的严重错失——犯罪原因的人性分析"，载《江汉论坛》2014 年第 6 期。

络空间的终极管理者是道德价值而不是工程师的代码。"〔1〕自媒体失范是社会功利与道德滑坡的缩影，公序良俗对规制自媒体有较大的应力场。"制定社会道德原则，就是为了约束群体间的过分行为、减少掠夺性行为和违背良心的行为。"〔2〕由此，自媒体应加强规则意识与行业自律，秉持客观审慎的传播立场。因自媒体的公信力远不及大众传媒，故后者应在新旧媒体的融合互补中彰显引领匡正作用，比如利用自身优势辟谣、以正视听。自媒体还应破除"唯流量论"，依托第三方独立机构监测用户构成、数据分布等，创设公正、透明的媒介运营绩效评价机制，而非仅以粉丝量作为投资评判标尺。由于众媒时代的媒介素养已是全民必修课，行业协会应引导从业者及网民尊重事实、理性传播，并为受害维权提供支持。同时，还应厘定行规戒律，发挥规劝督饬作用，既扶持优良门户，亦对违规从业者施以失信曝光等惩戒。

（二）不良信息的平台责任

因直播平台与主播的流量增益相互烘托，一些平台即对无底线地吸粉视而不见，这种放纵无异于饮鸩止渴。"犯罪机会与是否存在合适的犯罪目标以及称职的监管人相关。"〔3〕作为信息流通的关键隘口，自媒介平台是阻断犯罪支点的首责主体。平台具有其他机构无法比拟的监管优势，拥有最大限度地消弭涉罪风险的资源。在我国，几乎所有的网络立法均强调平台履责，刑法甚至增设"拒不履行网络安全管理义务罪"以对抗其渎职。所以，平台对监测与清除有害信息义不容辞，且用户保有量越大，社会责任就越重。然而，自媒体信息是海量的，全凭人工甄别并不现实，而依托算法的智能过滤往往事倍功半，况且信息溯源、身份辨识、证据固定等亦需技术支撑。可以说，创新精准识别技术是未来网络空间治理的方向。不过，基于敏感词库等代码识别存在局限，故人工审查仍是必要的补充。

"规训处罚所特有的一个惩罚理由是不规范，即不符合准则，偏离准则。"〔4〕

---

〔1〕 ［美］理查德·斯皮内洛：《铁笼，还是乌托邦——网络空间的道德与法律》，李伦等译，北京大学出版社 2007 年版，第 44 页。

〔2〕 ［美］E. 博登海默：《法理学：法律哲学与法律方法》，邓正来译，中国政法大学出版社 2004 年版，第 391~392 页。

〔3〕 ［澳］亚当·苏通等：《犯罪预防：原理、观点与实践》，赵赤译，中国政法大学出版社 2012 年版，第 76 页。

〔4〕 ［法］米歇尔·福柯：《规训与惩罚》，刘北成、杨远婴译，生活·读书·新知三联书店 2007 年版，第 202 页。

为增加违法成本，平台应加强注册审核，做到"既管号、又管人"，对不法门户施以限制权限、永久封禁等措施。同时，还应强化征信监管及"黑名单"公示，对有前科的从业者限制再准入资格。作为信息消费者，由受众监测不良内容可谓独具优势。网民举报参与比例越大、程度越高，涉罪传播的"暗数"就越少。根据情景预防原理，作为防控策略的受众监视有助于提高犯罪曝光率、增强越轨者的风险感知。鉴于目前网民举报的积极性不足，平台应采取激励措施提升公众参与度及投诉反馈效率。

（三）网络失序的行政监管

"政府是治理网络言论失范的中坚力量。"[1]阻截涉罪传播仅靠自我进化并不"受用"，有必要勒紧行政管制的准绳。系列网络立法的因应出台使行政监管有法可依，不过"法律惩罚效果不大的一个重要原因就是行为人想象有许多逃脱的机会"。[2]为此，网信部门应对自媒体强化分级分类、属地及全流程管理，敦促平台严惩不法账号、提供维权支持，对渎职运营商采取约谈、限期整改、临时歇业直至强制退市等措施。网信、公安、工商等部门还应加强联动及专项整治，对涉罪活动重拳出击、违法必究，尽可能地减少网络空间的罪行"黑数"。媒介传播隶属公共场域，不良信息的散播扰乱了网络秩序、损害了公共利益，因而可视情形予以拘留等治安处罚。尽管匿名制助长了网络言论的民粹化与情绪化，但完全实名制亦不足取。"匿名性的丧失将会大大削弱在网络空间引起强烈共鸣之声音的力量。"[3]匿名抑或实名的抉择应在规训秩序与保障自由之间寻求平衡。立法确认的"后台实名、前台自愿"模式在本质上属于实名制。为避免"寒蝉效应"，公安、网信等部门应主导逐步以身份可查验制替代实名认证，即为每一网民发放唯一的网络身份识别码，既最大限度地保持匿名，又为保护隐私、追查犯罪留有余地。

（四）涉罪行为的刑事规制

刑事规制对信息传播的正本清源不可或缺，能在一定程度上对不法之徒以儆效尤。"因犯罪而处于悲惨境地的犯人的存在会给予民众的心灵以有益的

---

[1] 许玉镇、肖成俊："网络言论失范及其多中心治理"，载《当代法学》2016年第3期。

[2] ［意］恩里科·菲利：《犯罪社会学》，郭建安译，中国人民公安大学出版社2004年版，第187页。

[3] ［美］理查德·斯皮内洛：《铁笼，还是乌托邦——网络空间的道德与法律》，李伦等译，北京大学出版社2007年版，第69页。

教训。"[1]由于网络传播的影响尤甚于现实的人际互动，更可能对公共秩序构成威胁，故应对社交网络的信息发布附加更高的注意义务。根据法律规定，利用媒介网络实施诈骗、销售违禁品、发布非法广告、传授犯罪方法、散布涉罪信息等行为，或为上述行为提供技术支持的，除触犯传统罪名外，还可能涉嫌非法利用信息网络罪、帮助信息网络犯罪活动罪等。不过，破解自媒体对违法犯罪的支点效应是刑事手段无法单独完成的任务，也即对自媒介网络涉罪乱象不宜一味采取重刑主义。刑事裁处需准确把握言论的罪刑边界，否则即可能对舆论监督构成"误伤"。事实上，未着手化解诱发社交媒体涉罪传播的深层动因，而仅强调严苛的刑事打击，未必能收到治本之效。所以，刑事治理仅是迫不得已的最后手段，"刑法在应对网络空间中的问题上应当保持谦抑的态度"。[2]

可以预见，未来几年媒介创新与致罪风险并存的新常态仍将持续。作为对新型传播构造的回应，立法规制力求处于保护创新与降低风险的张力之间。一些违法犯罪经集中治理后，虽一度收敛直至沉寂，但仍须警惕死灰复燃，对可能出现的犯罪"变种"更需提防。一言以蔽之，对自媒体网络空间犯罪支点的治理有赖于构建行业自律、平台尽责、行政监管及刑事规制等协同并举的立体模式。

---

〔1〕 ［法］米歇尔·福柯：《规训与惩罚》，刘北成、杨远婴译，生活·读书·新知三联书店2007年版，第126页。

〔2〕 苏青："网络谣言的刑法规制：基于《刑法修正案（九）》的解读"，载《当代法学》2017年第1期。

数字时代规避著作权技术措施的刑法扩张及其限缩

邓小俊 *

　　摘　要：技术措施已经成为数字环境下著作权保护的重要技术手段，《刑法修正案（十一）》首次将未经许可故意规避著作权技术措施的行为视为侵犯著作权罪。然而，单纯规避技术措施的行为并没有造成作品著作权的直接损害，不是侵害著作权的实行行为，一律将规避技术措施行为入罪会导致刑事处罚的扩大化，应当对规避技术措施行为进行限缩解释，只有在技术措施的规避行为导致受保护作品著作权面临紧迫法益侵害风险时才能入罪。应当权衡著作权人利益与社会公众的合法权益设计合理的"出罪机制"，为某些正当的规避行为设置特定的犯罪排除事由。

　　关键词：技术措施；规避行为；侵犯著作权罪；著作权

引　言

　　著作权技术措施[1]的出现是为了解决数字作品的版权保护，"当数字技术出现后，数字作品的形态不同于以往任何作品形态的革新，技术的问题需由技术本身来解决，于是各种形式的数字版权保护技术措施便应运而生"。[2]

---

　　* 邓小俊，上海立信会计金融学院法学院副教授、法学博士、英国牛津大学访问学者。

　　[1]　2020年新修订的《著作权法》第49条第3款对技术措施的定义是"用于防止、限制未经权利人许可浏览、欣赏作品、表演、录音录像制品或者通过信息网络向公众提供作品、表演、录音录像制品的有效技术、装置或者部件"，包括控制接触作品的技术措施和控制利用作品的技术措施两类。

　　[2]　张立等编著：《数字版权保护技术与应用》，电子工业出版社2013年版，第4页。

技术措施是著作权人为应对数字时代著作权保护危机而采取的预防性手段，它是一种控制终端用户行为的著作权保护模式，用户对数字作品的接触和使用行为受到著作权人技术措施的严密控制。[1]自著作权技术保护措施诞生以来，对技术措施的非法规避一直如影相随，规避行为使得技术措施的保护目的落空，也给著作权人带来了新的损失。对技术措施如何进行法律保护乃至刑法保护成了各国著作权法适应数字时代变革的重要立法问题。从立法上禁止规避著作权技术措施最早源于国际公约，1996 年缔结的《世界知识产权组织著作权条约》（The World Intellectual Property Organization Copyright Treaty，WCT）和《世界知识产权组织表演及录音制品条约》（The World Intellectual Property Organization Performances and Phonograms Treaty，WPPT）首次将著作权保护范围扩展到技术措施，要求缔约方为规避技术措施的行为提供适当的法律保护和有效的法律救济，以防止对技术措施的侵害。[2]我国传统著作权刑法保护体系主要由 1997 年《刑法》第 217 条"侵犯著作权罪"[3]和第 218

---

〔1〕 姚鹤徽、王太平："著作权技术保护措施之批判、反思与正确定位"，载《知识产权》2009 年第 6 期。

〔2〕 详见《世界知识产权组织著作权条约》（WCT）第 11 条、《世界知识产权组织表演及录音制品条约》（WPPT）第 18 条规定。WCT 第 11 条规定："缔约各方应有适当的法律保障及有效的法律救济规定，以对抗规避著作权人所使用于行使本条约或伯恩公约所定权利或用于制止未经著作权人授权或法律所允许对其著作所为行为的有效技术措施（Contracting Parties shall provide adequate legal protection and effective legal remedies against the circumvention of effective technological measures that are used by authors in connection with the exercise of their rights under this Treaty or the Berne Convention and that restrict acts, in respect of their works, which are not authorized by the authors concerned or permitted by law. ）。"WPPT 第 18 条规定："缔约各方应有适当的法律保障和有效的法律救济规定，以对抗规避表演人或录音录像制作人所使用于行使本条约所定权利，或用于制止未经表演人或录音录像制作人授权或法律所允许而对其表演或录音录像制品所为行为的有效技术措施（Contracting Parties shall provide adequate legal protection and effective legal remedies against the circumvention of effective technological measures that are used by performers or producers of phonograms in connection with the exercise of their rights under this Treaty and that restrict acts, in respect of their performances or phonograms, which are not authorized by the performers or the producers of phonograms concerned or permitted by law）。"

〔3〕 1997 年《刑法》第 217 条规定："以营利为目的，有下列侵犯著作权情形之一，违法所得数额较大或者有其他严重情节的，处三年以下有期徒刑或者拘役，并处或者单处罚金；违法所得数额巨大或者有其他特别严重情节的，处三年以上七年以下有期徒刑，并处罚金：（一）未经著作权人许可，复制发行其文字作品、音乐、电影、电视、录像作品、计算机软件及其他作品的；（二）出版他人享有专有出版权的图书的；（三）未经录音录像制作者许可，复制发行其制作的录音录像的；（四）制作、出售假冒他人署名的美术作品的。"

条"销售侵权复制品罪"〔1〕构成，尚未涉及对技术措施的刑法保护。2020年12月26日通过的《刑法修正案（十一）》首次对《刑法》第217条侵犯著作权罪进行修改，增加规定"未经著作权人或者与著作权有关的权利人许可，故意避开或者破坏权利人为其作品、录音录像制品等采取的保护著作权或者与著作权有关的权利的技术措施"（以下简称"规避技术措施行为"）构成侵犯著作权罪，〔2〕将著作权刑法保护范围扩展至技术措施。传统著作权刑法规制的是对作品的非法复制、发行等著作权直接侵害行为，侵害技术措施的行为针对的是用于保护作品著作权的技术措施，行为人对技术措施的非法规避并非意味着对作品著作权的直接侵害，对规避技术措施的行为以侵犯著作权罪进行刑事归责的正当化事由何在？技术措施入刑会带来著作权刑法保护的前置化导致刑罚权的扩张，犯罪圈的扩大会产生不当入刑的风险，如何对规避著作权技术措施进行合理解释以防止刑事处罚的扩大化？本文拟结合《刑法修正案（十一）》和《著作权法》〔3〕的最新修改动向，理清著作权技术措施的刑法规制目的和范围。

一、规避技术措施行为不是侵犯著作权的实行行为

修订后的《刑法》第217条侵犯著作权罪共规定了6项侵犯著作权或者与著作权有关的权利的犯罪行为，然而，第6项规避技术措施的行为与前五项犯罪行为不同，将其认定为侵犯著作权的实行行为存在疑问。著作权具有排他性，遵循著作权法定原则，我国《著作权法》第10条共列举了署名权、复制权、发行权、信息网络传播权等17种法定著作权权能，同时《著作权法》第四章"与著作权有关的权利"则囊括了图书出版者权、表演者权、录

---

〔1〕 1997年《刑法》第218条规定："以营利为目的，销售明知是本法第二百一十七条规定的侵权复制品，违法所得数额巨大的，处三年以下有期徒刑或者拘役，并处或者单处罚金。"

〔2〕 《刑法修正案（十一）》将《刑法》第217条修改为："以营利为目的，有下列侵犯著作权或者与著作权有关的权利的情形之一，……（六）未经著作权人或者与著作权有关的权利人许可，故意避开或者破坏权利人为其作品、录音录像制品等采取的保护著作权或者与著作权有关的权利的技术措施的。"

〔3〕 《著作权法》于2020年11月11日迎来了第三次修正，本次修正的亮点之一是完善了对技术措施的法律保护，与技术措施相关的条款包括第49条、第50条和第53条。其中第49条增加规定了技术措施的概念；第50条增加规定了规避技术措施的例外情形；第53条增加规定了提供规避技术措施工具和为他人提供规避技术措施服务的法律责任。

音录像制作者权等与著作权有关的权利，这些著作权和与著作权有关的权利具有专有性，第三人如果未经著作权人和与著作权有关的权利人许可，实施受著作权和与著作权有关的权利控制的行为则构成著作权侵权。以此观之，我国《刑法》第 217 条侵犯著作权罪中的 6 项行为：其中第 1 项未经著作权人许可实施复制发行、通过信息网络传播其作品和第 5 项制作、出售假冒他人署名的美术作品的行为侵犯了著作权中的复制权、发行权、信息网络传播权、署名权等，构成侵害著作权的实行行为；第 2 项出版他人享有专有出版权的图书、第 3 项未经录音录像者许可复制发行其录音录像和第 4 项未经表演者许可复制发行其表演的行为则分别侵犯了出版者权、录音录像制作者权、表演者权（即与著作权有关的权利），构成侵害与著作权有关权利的实行行为。但是，第 6 项未经权利人许可规避技术措施的行为针对的是技术措施，本身并不涉及对作品著作权或者与著作权有关权利的直接侵犯。

第一，著作权人对技术措施的权利（或者控制他人接触或利用其作品的权利）不是传统著作权或者与著作权有关的权利类型之一。如前所述，我国《著作权法》第 10 条著作权权能不包括"技术措施权"，《著作权法》只在"第五章著作权和与著作权有关的权利的保护"中规定为保护著作权和与著作权有关的权利，权利人可以采取技术措施（《著作权法》第 49 条），明确技术措施是权利人为保护作品著作权而采取的一种预防性的自力救济手段。著作权法对技术措施的保护是基于对作品著作权保护的需要，技术措施本身并不具有权利独立性，权利人在作品中设置技术措施，并不是基于"技术措施权"，而是基于通过自力手段保护自己在版权法中正当利益的自由。[1]对著作权的保护措施可分为著作权人自我保护（私力救济）和国家强制力保护（公力救济）两种形式，而技术措施的性质就属于权利人的自我保护形式，是防止作品著作权遭受侵害而采取的事发前预防性保护。[2]有观点认为，应当给著作权人创设一个新兴的权利"接触权"（即控制接触其作品的权利），[3]将规避技术措施侵害的法益视为作品的接触权。如果按照"接触权"理论，规避技术措施行为构成侵害了著作权人对作品的接触权，可以视为直接侵害著

---

〔1〕 王迁："论禁止规避技术措施的范围"，载《法学家》2016 年第 6 期。
〔2〕 谷川："法理学视域下技术措施法律保护研究"，载《河北法学》2014 年第 3 期。
〔3〕 熊琦："论'接触权'——著作财产权类型化的不足与克服"，载《法律科学（西北政法大学学报）》2008 年第 5 期。

作权的行为，但是"接触权"是否应当成为著作权人的一项新的专有权利本身存在无法克服的理论障碍，"接触权"的地位模糊不清，[1]至今仍没有任何一个国家的著作权法明确将接触权作为一项单独的著作权权能，我国《著作权法》也没有承认"接触权"。这绝非各国立法者的疏漏，而是因为著作权法不可能承认这项权利。著作权法不可能创设一个专门用于限制公众接触数字化作品的专有权利——接触权，只有规避技术措施的行为与著作权侵权之间存在合理联系，也即会协助著作权侵权时，才能导致法律责任。[2]

第二，从行为类型分析，规避技术措施侵犯的是著作权人为保护作品著作权所采取的技术手段，后果是使技术措施失去效用，使受保护作品恢复到未采取技术措施保护的初始状态，此时尚未使作品著作权遭受直接损害，只有行为人后续对作品实施复制、发行等受著作权专有权利控制的行为才构成著作权直接侵权。因此，对技术措施的侵害并不等同于对作品著作权的侵权，正因如此，很多国家著作权法还对规避技术措施提起的民事诉讼和侵犯著作权之诉进行了诉讼程序区分，规避技术措施之诉无需遵循著作权侵权之诉的相关规定。例如，美国法院区分"侵犯版权之诉"和"规避技术措施之诉"；澳大利亚《著作权法》以不同条款规定"著作权侵权之诉"和"规避技术措施之诉"。[3]我国司法实务部门学者也建议最高人民法院在《民事案件案由规定》中将故意规避技术措施的行为与著作权侵权之诉予以区分，作为独立的案由予以规定。[4]

第三，将规避技术措施行为视为侵犯著作权的犯罪行为之一，以侵犯著作权罪定罪处罚还会导致量刑不均衡。其一，如果行为人实施规避技术措施行为之后继而实施非法复制、传播作品等侵害著作权的实行行为，根据实行行为吸收规避预备行为原则，应当以侵犯著作权罪（实行犯吸收预备犯）一罪处罚，而单纯的直接规避技术措施行为根据《刑法修正案（十一）》就构成侵犯著作权罪，这会导致规避技术措施行为与后续是否实施侵害著作权实行行为无法进行量刑区分。其二，规避技术措施是侵害著作权的预备行为，

---

〔1〕 王迁："对技术措施立法保护的比较研究"，载《知识产权》2003 年第 2 期。

〔2〕 王迁："版权法保护技术措施的正当性"，载《法学研究》2011 年第 4 期。

〔3〕 王迁："论提供规避技术措施手段的法律性质"，载《法学》2014 年第 10 期。

〔4〕 祝建军："对我国技术保护措施立法的反思——以文泰刻绘软件著作权案一审判决为例"，载《电子知识产权》2010 年第 6 期。

预备犯的刑事责任应当轻于实行犯。从其他国家和地区立法例也可以看出，多数是将非法规避技术措施行为单独犯罪化，与侵犯著作权罪进行区分，设置独立的罪名例如"非法规避技术措施罪"，而且对非法规避技术措施行为的法定刑设置上也轻于侵犯著作权的实行犯。例如，《德国版权与邻接权法》第106条，未经著作权人许可对作品进行复制、传播等侵犯著作权的行为（未经许可使用著作权罪），其基本刑期是3年以下监禁或者罚金，而第108b条则规定，行为人意图使自己或他人获得或使用受本法保护的作品而实施规避有效技术保护措施的行为（非法规避技术措施罪）时，处1年以下有期徒刑或者罚金。《法国知识产权法典》第L335-2条规定对盗版犯罪处3年以下监禁和30万欧元罚金，第335-3-1条规定对非以研究为目的非法避开、删除或破坏保护作品技术措施行为则处以3750欧元罚金，对向他人提供用以规避有效技术措施的工具，则处6个月监禁和3万欧元罚金。[1]

二、规避技术措施的保护法益应当是预防著作权侵害风险

从行为逻辑分析，直接规避技术措施行为应当是侵害著作权的预备行为。对于采取技术措施保护的作品而言，技术措施依附于作品，与作品著作权具有密切联系，是著作权人为保护作品著作权不受侵害的技术手段。然而，技术措施相对于作品著作权而言应当具有独立性，单独的技术措施规避行为只是使得受保护作品恢复至未设置技术措施的初始状态，尚未造成作品著作权侵害，只有在实施规避技术措施之后，接续实施的非法复制、传播等利用作品行为才会造成著作权的直接侵害。因此，规避技术措施实质上是侵害作品著作权的"前行为"，技术措施规避行为侵害的法益不是作品的著作权，而是使受控作品面临紧迫的著作权侵害风险。

在网络数字时代，刑法对规避技术措施行为的提前介入应当是为了预防著作权侵害风险，《刑法修正案（十一）》将规避技术措施的行为犯罪化正是体现了著作权刑法保护的前置化思维，具有预防性刑法的特色。不过，《刑法修正案（十一）》将技术措施规避行为视为侵害著作权罪存在立法技术上的疑问。正如有学者所言：对技术措施的规避行为都不能也不宜被视为一种

---

[1] 戴锦澍："规避著作权技术措施行为的刑法规制"，载《汕头大学学报（人文社会科学版）》2019年第8期。

独立的著作权侵权形态，至少必须强调其与防止或抑制著作权侵害这一目的之间的紧密关联性。而且也超出了我国加入的著作权国际条约的保护范围，《世界知识产权组织著作权条约》强调对技术措施法律保护的根本目的是为版权提供保护，规避技术措施构成独立版权侵权高于国际条约明确要求的保护水平，可能导致赋予著作权人某种垄断权和超出预期的额外利益。[1]"直接规避技术措施行为侵犯的法益并非传统著作权，将直接规避行为纳入侵犯著作权罪行为范畴是不合适的，为其设立独立罪名才是犯罪化的合理思路。"[2]笔者认为可以考虑将来在刑事立法技术上进行更加精细化的规定，将规避技术措施行为从《刑法》第 217 条侵犯著作权罪中分离出来，设立独立的罪刑条款规定规避技术措施的犯罪构成要件和刑罚范围更加合理。

三、规避技术措施行为入罪的适用限制

《刑法修正案（十一）》将未经著作权人许可，单纯地直接规避著作权技术措施的行为视为侵犯著作权罪，并不考虑行为人事后是否真正实施侵害著作权的实行行为，这实际上大幅扩张了著作权人的权利保护范围，特别是"技术措施的私力救济性使得它完全站在著作权人的立场，没有考虑到著作权保护涉及的公共利益问题"，[3]存在刑法保护过度的风险疑问。刑法作为最严厉的制裁手段，对规避技术措施行为的介入应当谨慎，技术措施刑法保护应当兼顾防控著作权侵害风险和平衡社会公众利益两个基本维度。

第一，技术措施的主体是著作权人和与著作权有关的权利人。我国著作权法规定的著作权人是完成创作，对创作成果有贡献的人。对作品而言，作者是著作权人，对录音录像制品而言，录音录像制作者是与著作权有关的权利人。只有著作权人或者与著作权有关的权利人采取的技术措施才受著作权刑法保护，这与著作权国际条约和其他国家著作权法规定具有一致性。例如，《世界知识产权组织著作权条约》第 11 条明确规定技术措施的主体是著作权

---

[1] 董慧娟："对技术措施直接规避行为构成独立的版权侵权的质疑"，载《知识产权》2015 年第 7 期。

[2] 杨彩霞："规避著作权技术措施行为刑法规制的比较与思考"，载《政治与法律》2012 年第 12 期。

[3] 姚鹤徽、王太平："著作权技术保护措施之批判、反思与正确定位"，载《知识产权》2009 年第 6 期。

人，美国 1998 年《数字千禧年著作权法案》第 1201 条也作了同样的规定，欧盟 2001 年《信息社会著作权指令》第 6 条也规定技术措施的主体是著作权人，《日本著作权法》第 2 条第 20 款也作了相同的立法规定。从文义观之，技术措施的主体并不包括著作权被许可人，那么对实践中出现的规避著作权被许可方采取的技术措施是否构成本罪？比如，网络视频平台得到影视作品版权人的授权在平台提供影视作品点播服务，其采取技术措施要求观看者注册会员或者付费观看，对此类技术措施的非法规避行为应当如何处理？笔者认为，不宜对技术措施的主体做扩大解释包括著作权被许可人，作品的著作权人具有特定性和排他性，而被许可人特别是非专有著作权被许可人具有不特定性和广泛性，将著作权被许可人作为著作权刑法保护主体存在法益主体的不确定性，而且也违背了著作权刑法以保护著作权人利益为目的的初衷。对实务中出现的规避其他非著作权人采取的技术措施行为，如果符合侵害计算机信息系统类犯罪的犯罪构成要件，可以按《刑法》第 285 条规定的非法侵入计算机信息系统罪等罪名处罚。例如，在"毛某某非法获取计算机信息系统数据案"中，[1] 被告人毛某某通过技术手段绕过某雷公司的技术措施，使用某雷公司带宽非法提供云点播业务的影视、加速等服务，从而免费共享云点播资源，法院审理认为被告人毛某某违反国家规定，侵入计算机信息系统，获取其他公司计算机信息系统中存储的数据，其行为构成非法获取计算机信息系统数据罪。

第二，技术措施的对象限于受著作权法保护的作品和其他法定客体。只有受著作权法保护的作品、录音录像制品等特定客体遭受非法侵害，才会产生著作权侵害风险。因此，如果技术措施阻止他人接触或者利用的对象是不受著作权法保护的作品（例如超过著作权保护期限）或者其他信息，因规避此类技术措施并不会造成著作权侵害风险，所以对此类技术措施的规避行为不构成本罪。例如，在全国首例技术措施诉讼案——"北京精雕科技有限公司诉上海奈凯电子科技有限公司案"中，[2] 原告精雕公司开发了精雕 CNC 雕刻系统，通过运行 JDPaint 软件生成 Eng 格式数据文件，控制机械来完成加

---

〔1〕 参见广东省深圳市南山区人民法院［2014］深南法刑初字第 692 号刑事判决书。

〔2〕 案件详情参见上海市第一中级人民法院［2006］沪一中民（知）初字第 134 号民事判决书，上海市高级人民法院［2006］沪高民三（知）终字第 110 号民事判决书。该案例还被最高人民法院列入指导性案例第 48 号，在 2015 年 4 月 15 日作为第十批指导案例发布。

工，精雕公司对 Eng 格式文件采取了加密技术措施，被告奈凯公司开发的数控系统非法破解了原告精雕公司 JDPaint 软件输出的 Eng 格式数据文件。法院最终判决精雕公司败诉，理由是精雕公司采取技术措施保护的 Eng 格式数据文件是软件作品输出的结果，这些输出数据不符合著作权法保护的作品类型，不是著作权客体。奈凯公司针对 Eng 格式文件的破解行为不构成规避为保护软件作品而采取的技术措施。[1]对实践中出现的非法规避保护非著作权客体的技术措施，如果符合刑法侵害计算机信息系统类犯罪的构成要件，完全可以破坏计算机信息系统罪、非法侵入计算机信息系统罪等罪名处罚。

第三，技术措施的目的是防止侵害著作权和与著作权有关的权利。我国著作权法赋予技术措施的正当性是为了保护著作权和与著作权有关的权利，而不是单纯的保护技术措施。因此，著作权人设置技术措施的目的应当是保护作品而非技术措施本身，受著作权刑法保护的技术措施应当与防止著作权侵害密切相关。首先，对于控制利用作品的技术措施，其本身就是著作权人采取的阻止他人未经许可以复制、发行、网络传播等侵权方式使用受保护作品，具有直接保护著作权的功能，对其实施规避行为自然会导致著作权侵害风险。因此，将控制利用作品的技术措施纳入著作权刑法保护不存在争议。其次，对于控制接触作品的技术措施，控制接触作品的技术措施被规避后，后续接触作品的行为并不构成传统著作权法的侵权行为，如在未经许可接触作品的行为中，阅读、欣赏盗版作品在任何国家都不是著作权侵权行为。[2]有观点认为规避"控制接触"的技术措施不产生著作权侵害风险，应当被排除在外。[3]笔者认为不能一概而论，对于实践中防止他人未经许可观看电影、阅读电子图书等接触作品的技术措施，如果行为人是为了个人欣赏作品而规避该技术措施，后续只有单纯的接触作品行为，不构成著作权侵权，可以免除行为人规避的刑事责任。但是，有些控制接触的技术措施本身也包含了对作品权利的保护，规避之后就能非法使用作品，会给权利人带来侵权损害风

---

〔1〕 丁文联、石磊："《北京精雕科技有限公司诉上海奈凯电子科技有限公司侵害计算机软件著作权纠纷案》的理解与参照——计算机软件运行输出的数据文件格式不属于著作权法规定的技术保护措施"，载《人民司法》2016 年第 26 期。

〔2〕 朱晓睿："数字时代技术措施的保护及其限制"，载《华南理工大学学报（社会科学版）》2019 年第 3 期。

〔3〕 孟磊、单芳："规避版权技术措施行为的刑法规制"，载《科技与出版》2016 年第 3 期。

险。例如，计算机软件的"序列号"是典型的"控制接触"的技术措施，可以阻止他人未经许可运行计算机软件。由于商业使用盗版在我国被认定为侵犯著作权行为，[1]"序列号"也可以间接起到防止侵害软件著作权的作用。如果未经许可故意破解软件"序列号"，在符合其他犯罪构成要件的情况下，应当追究规避人的刑事责任。[2]如在"田某某侵犯著作权罪案"中，[3]被告人田某某破解了广联达公司土方量工程计算软件的加密锁，并通过互联网销售软件加密锁破解驱动程序。广联达公司对其享有著作权的计算软件进行了加密保护，如果没有加密锁，软件不能运行。该加密锁系广联达公司采取的防止他人未经许可运行软件的控制接触技术措施，被告人田某某出售的破解驱动程序能直接避开广联达公司的加密锁，使得购买人未经许可就可以运行广联达公司的计算软件。法院审理认为，被告人田某某以营利为目的，未经著作权人许可，发行他人享有著作权的计算机软件，其行为构成侵犯著作权罪。笔者认为，法院判决理由将田某某出售软件破解程序的行为扩大解释为侵犯著作权的"发行"行为值得商榷，本案中田某某只是破解了该计算机软件的技术措施并出售破解程序，并没有对广联达公司享有著作权的计算机软件进行非法发行。[4]在"软件免费下载+销售序列号"已成为软件权利人普遍采用的商业模式下，出售软件序列号和破解程序虽然能使购买者不经软件著作权人许可运行软件，但该行为并不涉及对软件本身的复制或发行，无论是软件序列号还是破解程序都并不包含软件的实质性内容，因此向公众出售非法获取的软件序列号或破解程序难以构成侵犯著作权罪中的"发行"行为。[5]本案的判决理由可以解释为田某某以营利为目的，未经著作权人许可，故意破解权利人对软件作品采取的技术措施，并向他人提供规避技术措施工具，构成侵犯著作权的规避技术措施犯罪。

第四，权利人非法采取的技术措施不受保护。无论是"微软黑屏事件"

---

[1] 最高人民法院《关于审理著作权民事纠纷案件适用法律若干问题的解释》第21条规定："计算机软件用户未经许可或者超过许可范围商业使用计算机软件的，依据著作权法第四十八条第（一）项、《计算机软件保护条例》第二十四条第（一）项的规定承担民事责任。"
[2] 王迁："论禁止规避技术措施的范围"，载《法学家》2016年第6期。
[3] 案件详情参见北京市第一中级人民法院［2019］京01刑终173号刑事判决书。
[4] 如果田某某在破解了加密锁之后，制作了破解版的计算软件版本，并予以销售，其行为才构成侵犯著作权罪中的"非法发行"行为。
[5] 王迁："论出售软件序列号和破解程序的行为定性"，载《法学》2019年第5期。

还是"江民逻辑锁事件",均曾引发广泛讨论。有观点认为,如果用户破解微软正版验证程序的技术措施而使得盗版软件正常使用,则属于非法规避著作权技术措施的行为。[1]笔者对此并不赞同,著作权人采取技术措施的正当性在于实现防止他人侵害作品著作权的防御性目的,而不能滥用技术措施损害使用者的合法权益。"既然技术措施是为了限制他人非法接触、使用作品,它应该是防御性的,而不能具有进攻性,不能给他人合法权益造成损害。"[2]以"微软黑屏事件"为例,微软公司的技术措施不是为了抑制软件盗版,而是对盗版软件的使用者进行惩罚,使盗版用户遭受损失。这种惩罚性技术措施本身具有非法性,因此不应受到著作权法的保护。随着技术措施的运用范围越来越广泛,有些技术措施存在滥用现象,演变为著作权人牟取利益的工具。有些权利人采取技术措施并非为了保护作品著作权,而是实现与著作权保护无关的商业目的,比如捆绑销售、垄断市场,这种滥用技术措施的行为目的是限制或者排除竞争对手,从而攫取垄断利润,潜在地破坏了市场秩序,导致消费者利益受损,已脱离保护著作权人正当利益的初衷,此类技术措施应不属于技术措施刑法保护范围。

四、基于合理事由的技术措施规避行为阻却刑事违法性

规避技术措施的行为多种多样,目的也不同,对于得到著作权人授权和许可的规避行为具有合法性。然而,并不是所有未经著作权人许可实施的规避技术措施行为均构成犯罪,有些规避行为虽然未得到著作权人许可,但具有正当化事由,应当阻却刑事违法性。我国刑法没有规定规避技术措施犯罪排除事由,对这些正当化事由的判断需要借助于前置法《著作权法》中的相关规定,为了适当抑制著作权人通过技术措施对作品的控制,满足公共利益和著作权人利益之间的平衡,很多国家包括我国著作权法均对规避行为予以区分,在特定情形下实施的规避行为可以阻却违法性。

(一)基于法定例外情形实施的技术措施规避行为不构成犯罪

并不是所有的技术措施规避行为都是违法的,有些规避行为是为了公共安全等重要的合法目的所必需的。例如,很多正当的计算机科学研究必然涉

---

〔1〕 孟磊、单芳:"规避版权技术措施行为的刑法规制",载《科技与出版》2016年第3期。

〔2〕 吴汉东主编:《中国知识产权制度评价与立法建议》,知识产权出版社2008年版,第102页。

及规避行为，大多数国家著作权法都允许反向工程、计算机安全测试的规避例外。我国 2020 年《著作权法》在第 50 条也增加规定了五种法定规避例外情形，包括：①为学校课堂教学或者科学研究，提供少量已经发表的作品，供教学或者科研人员使用，而该作品无法通过正常途径获取；②不以营利为目的，以阅读障碍者能够感知的无障碍方式向其提供已经发表的作品，而该作品无法通过正常途径获取；③国家机关依照行政、监察、司法程序执行公务；④对计算机及其系统或者网络的安全性能进行测试；⑤进行加密研究或者计算机软件反向工程研究。符合《著作权法》规定的例外情形而实施的破解、破坏技术措施行为具有合法性，基于法秩序一致性原理，应当阻却其刑事违法性。与域外国家相比，我国《著作权法》第 50 条规定的例外情形相对有限，数量上相对较少，且缺乏概括性条款规定，适用范围过窄。以美国为例，美国 1998 年《数字千禧年著作权法案》第 1201 条规定了 7 种例外情形，[1]同时还授权美国国会图书馆每三年根据美国版权局的建议公布新的例外情形，保证例外情形能随着技术的变化而及时调整。[2]从 2000 年至 2018 年，美国国会图书馆根据美国版权局的建议，已经先后 6 次公布了针对规避技术措施的例外情形。[3]"立法者所列举的例外情形仅为立法当时的价值判断，没有完全涵盖各类实务中在法律评价上有列为例外必要的各类规避行为"，[4]我国应当根据实践需求及时作出增补，以将更多正当规避行为排除在外。对规避行为正当性的判断包括三个因素：一是规避行为是为了达到一个合法目的；二是规避行为是为了达到该目的所需须的；三是规避行为没有对著作权人造成损害。[5]

---

〔1〕 美国《数字千禧年著作权法案》（DMCA）第 1201 条（d）-（j）款规定：①非营利性图书馆、档案收藏与教育机构，善意接供商业利用目的的受技术措施保护著作，以决定是否取得；②法律执行、情报收集与其他政府活动；③整合电脑程式相容性目的所进行的还原工程；④加密技术研究；⑤安全性测试；⑥个人隐私保护；⑦保护未成年子女。

〔2〕 张燕龙："非法规避版权保护技术措施类行为的刑法应对——以美国法为对象的比较研究"，载《电子知识产权》2019 年第 3 期。

〔3〕 王迁："论版权法对滥用技术措施行为的规制"，载《现代法学》2018 年第 4 期。

〔4〕 沈宗伦："论科技保护措施之保护于著作权法下的定性及其合理解释适用"，载《台大法学论丛》2009 年第 2 期。

〔5〕 罗莉："作为社会规范的技术与法律的协调——中国反技术规避规则检讨"，载《中国社会科学》2006 年第 1 期。

(二)"合理使用"对技术措施规避行为的限制

著作权从来就不是一项绝对权利，它受到各种各样的限制，其中最重要的限制就是合理使用制度。我国著作权法也规定了对作品的合理使用制度，[1]在符合法律规定的条件下，未经著作权人许可时使用权利人作品的行为不构成著作权侵权，允许在特定情形下使用著作权人作品而不必征得著作权人同意，也不必向著作权人支付报酬。"合理使用"在前数字时代作为对著作权的限制在平衡著作权人和社会公众利益上发挥着重要作用，不至于使著作权人的独占权过强而伤及知识的传承和创新。在数字时代，技术措施的运用严重挤压了对作品的合理使用空间。"由于技术措施无法分辨哪些利用作品的行为属于理使用，只能根据预先设定阻止所有未经许可接触和利用作品的行为，因此合理使用也会不可避免地受到限制。"[2]为此，有些国家的著作权法明文规定基于合理使用目的而实施的规避著作权技术措施行为不构成犯罪，例如，《德国版权与邻接权法》第 108b 条将"单纯为行为人或与其有私人关系之人合理使用"而实施的规避技术措施排除刑罚适用，《日本著作权法》第 30 条第 1 项第 2 款将个人合理使用规定为规避技术措施的例外情形，不构成违法。[3]技术措施刑法保护的目的是预防著作权侵害风险，既然行为人规避技术措施的目的是合理使用，规避后使用作品的行为也构成合理使用，因合理使用本来在法律评价下不构成著作权侵权，则先前的规避技术措施行为并未造成著作权侵害风险，应当免除违法责任。虽然我国 2020 年《著作权法》修改时没有明确将合理使用作为规避技术措施的合法化事由，但是在涉及规避技术措施违法性构成要件的判断上，应当将基于合理使用所实施的规避技术措施行为排除在外。

结　语

随着数字版权保护技术的不断发展，对著作权技术措施的刑法保护具有

---

〔1〕　详见 2020 年修正的《著作权法》第 24 条的规定。

〔2〕　王迁："技术措施保护与合理使用的冲突及法律对策"，载《法学》2017 年第 11 期。

〔3〕　《德国版权与邻接权法》第 108b 条规定：未经权利人许可，意图使自己或第三人规避有效的技术措施，接触或使用受本法保护的著作，而非单纯为行为人或与其有私人关系之人合理使用，应处 1 年以下自由刑或罚金。《日本著作权法》第 30 条第 1 项第 2 款规定：为个人合理使用之目的可以规避技术措施，明知技术措施已被规避，行为人不得主张个人合理使用而予以复制。

现实需求，《刑法修正案（十一）》将非法规避著作权技术措施纳入刑法规制，实现了刑法对规避著作权技术措施的精准打击，避免了司法适用脱节，使得我国著作权刑法保护体系更加完整。然而，并不是所有的技术措施规避行为都构成犯罪，尤其是在技术措施被著作权人作为保护自身利益的工具情况下，考虑到技术措施与公众利益、技术进步、隐私保护、合理使用等之间的利益关联，应当将技术措施的刑法保护范围予以严格限缩，回归技术措施保护的立法本意，只有在规避技术措施的行为导致受保护作品著作权面临严重侵害风险时才能入罪，应当权衡著作权人利益与社会公众的合法权益设计合理的"出罪机制"，为某些正当的规避行为设置特定的犯罪排除事由。总之，既要认识到数字时代对技术措施刑法保护的积极意义，也要避免刑法过度保护产生的治理缺陷，唯此才能使数字技术更好地造福于人类的知识传播。

衍生性数据"爬虫"犯罪的
三方主体责任及其刑法规制

杨　猛 *

摘　要：爬虫技术的广泛应用，使得衍生性数据保护面临更多刑事风险。一方面衍生性数据不具备身份识别性，其作为犯罪对象导致责任主体的多元异化：主要包括网络使用人、平台管理人以及爬虫研发人三方责任主体。另一方面网络爬虫技术作为犯罪工具加剧了手段行为与目的行为之间的互相渗透：主要呈现出"抓取+N"的行为模式。因此，基于衍生性数据的特殊性以及爬虫技术的升级增大了行刑立法对其保护的难度：在一般违法性不明确的前提下，现有罪名也无法针对衍生性数据犯罪解释适用。因此，在完善前置数据保护立法的基础上，应当从爬虫犯罪的具体行为模式入手，分别探究衍生性数据爬虫犯罪所涉及的三方主体之责任内容。

关键字：衍生性数据；爬虫；三方主体责任；刑法规制

一、背景与问题提出

数据是网络空间的基本单位，对网络空间的净化和保护，其根本还是在于对人类行为的规制，[1]最终仍要落脚到数据法治。网络空间治理的核心是

---

　*　杨猛，同济大学法学院助理教授、人工智能协同创新中心副研究员、刑事法研究中心执行主任，刑事法律诊所主任。

　〔1〕　数据是现实与虚拟社会连接的管道与核心，其背后仍是人类行为起着主导作用，即"无论是生存于自然界的线下社会还是存在于赛博空间的数字社会，生活于其中且起着主导甚至主宰作用的还是自然人类"。参见彭诚信："数字社会的思维转型与法治根基——以个人信息保护为中心"，载《探索与争鸣》2022年第5期。

数据治理，而数据治理的本质则是数据行为的规制。而以数据作为侵害对象的犯罪行为的犯罪手段、犯罪工具也在不断升级，使得数据犯罪行为的认定更加复杂。因此，网络爬虫衍生性数据犯罪对象的独特性与手段的科技化，使得其成为数据犯罪定性的新焦点。早期我们关注的仅是爬虫技术本身，对于其应用过中的法律风险并未过多涉及[1]，直到2018年至2109年前后开始有的关于数据爬虫的具体案例[2]也才开始有较大规模的关于爬虫技术法律规制的探讨。可以说，对于网络空间的治理，已经从过去的虚拟财产犯罪定性，层层穿透深入到更为实质的数据合规治理。从而使得目前数据治理的法律研究和适用停留在以下样态：

第一，在规范意义上，肯定了数据的物之属性，但是与物权之保护还是存在一定差异。首先，立法肯定了数据的财产价值：2020年3月30日出台的中共中央、国务院《关于构建更加完善的要素市场化配置体制机制的意见》将数据列为与土地、劳动力、资本等并列的生产要素；2020年公布的《民法典》第127条将数据财产纳入了其保护范围，而《数据安全法》《个人信息保护法》等与数据保护相关的法律也已制定出台，分别从国家安全和人格权保护的角度对数据产业进行了规制。但是，其价值又不能与传统的财物价值进行匹配，因为其融合的是算法和算力等数字生产力，其价值定性实际上依赖其类型而不同。其次，立法明确了数据的物之属性：数据在《民法典》第127条中与虚拟财产并列具有财产价值，是物的下位概念。但是数据权益保护与物权还是有不同之处，在不同场景下数据呈现不同的权利客体载体，分属于不同的法律领域，比如知识产权、反不当竞争、个人信息保护等。可以说，其物之属性也因其不同类型而呈现出不同的特征。但是，立法并没有明确数

---

[1] 2015年前后有关"爬虫"主题的研究主要集中在爬虫技术本身，如于娟、刘强："主题网络爬虫研究综述"，载《计算机工程与科学》2015年第2期。

[2] 有关爬虫犯罪的首案是2017年上海晟品网络科技有限公司的主管人员，成功破解北京字节跳动公司的防范措施，采用爬虫技术抓取北京字节跳动公司服务器中存储的视频数据，造成北京字节跳动公司损失技术服务费人民币2万元。法院以非法获取计算机信息系统数据罪对被告人予以定罪判刑。参见刘艳红："网络爬虫行为的刑事规制研究——以侵犯公民个人信息犯罪为视角"，载《政治与法律》2019年第11期。此后相关爬虫法律规制的研究成果于2018年2019年前后陆续发表，如曹阳："我国对违反'爬虫协议'行为的法律规制研究"，载《江苏社会科学》2019年第3期；苏青："网络爬虫的演变及其合法性限定"，载《比较法研究》2021年第3期等。但是截至2022年4月，有关爬虫犯罪刑法规制的研究仍然相对较少。

据的具体类型，而数据种类与其物之价值以及物之属性都有很强的关联性，不同种类的数据其身份属性、生物识别度以及应用场景完全不同，对其数据爬取行为的不法与罪责定性也不尽相同，所以对数据的分类非常重要，且数据的物之属性与传统的物之属性不可类比适用，传统的物权保护观不能完全照搬。因此，需要在明确数据类型以及区分相关概念的基础上进行针对性规制。

第二，在司法实践中，虽然其在客观上也是一种物质存在形式，可以类比电能、无线电频谱资源等赋予数据绝对权保护。对于"无形"物可以满足人类生产生活需求的资源也可以成为民事权利的客体，但是依这种传统物权观念，对财物之上的绝对排他的支配性关系，与数据共享性、共益性的基本理念存在本质差异。物权以权利人排他性使用为原则，他人的合理使用为例外，数据权利则是以他人的合理使用为原则，权利人排他性使用为例外。数据财产权的构建可以借鉴物权的相关保护理念，但不能完全照搬其保护模式。[1]尤其是涉及数据犯罪司法实践的场域，就存在较多争议性案件，比如武汉元光"车来了"案件最后定性为非法获取计算机信息系统数据罪刑事案件。[2]而淘宝公司诉美景公司的"生意参谋案"则被定性为不正当竞争案的民事案件。同时，还有声音是将这类数据犯罪案件直接定性为财物犯罪，如盗窃罪。那么以上这两个判决实际上都回避了衍生性数据是否为财物的问题，同时也回避了财产性犯罪的定性争议。

所以，结合以上论题背景的探讨，可以融合规范与实务层面提出以下互相衔接的问题：一是数据在规范层面应当如何进行科学分类；二是在类型化的基础上，现有立法能否对爬取衍生性数据的行为解释适用，如果认定为财物，那么现有的财产犯罪是否能加以适用？若不能适用，那么又应如何准确定性？本文将围绕以上问题进行探讨。

---

〔1〕 钱子瑜："论数据财产权的构建"，载《法学家》2021 年第 6 期。

〔2〕 2017 年武汉元光公司为了提升其 App"车来了"的信息查询准确度，指使员工利用网络爬虫爬取深圳谷米公司以及其他竞争对手的公交行驶信息、到站时间等实时数据，并为了顺利获取数据而采用了"变化 IP 地址""破解加密系统"等手段，后深圳市南山区人民法院认定元光公司构成非法获取计算机信息系统数据罪。

二、数据属性异化导致责任主体异化：三方主体责任的形成

（一）数据种类的异化

"数据分类分级对数据安全具有重要的法益识别和风险防范的功能。"[1]所以，在探讨数据主体责任之前必然要对数据进行类型化梳理。基于网络发展，数据技术不断升级，数据种类逐渐异化为基础性数据与衍生性数据。[2]基础性数据，即传统的数据类型，被具体定义为具有人身关联性的电磁记录，主要包括具有身份识别信息的相关数据，[3]比如私人账户、密码信息、房间号码、车牌信息等所有基础性信息。对于传统的基础性数据的法律保护，我国目前可以通过前置立法和刑事立法共同实现：前置立法包括《数据保护法》《个人信息保护法》等；刑事罪名包括侵犯公民个人信息罪以及非法获取计算机信息系统数据罪来进行保护。然而，目前人们与网络之间突破空间维度的限制实现万物互联，导致人类生活信息与网络虚拟信息，实现更深一层次的交融，在此过程中衍生性数据逐渐形成。衍生性数据即在虚拟世界现实化，现实世界虚拟化的良性互动不断推进的过程中，静态数据逐渐向动态数据转化[4]，使得某些数据即使不具备人身属性，无法生物识别，随着其在网络空间积累被不断收集分类后，也具备相应的交换价值、使用价值，这种数据类型就是衍生性数据[5]，如商品的点击率、下单量、浏览量包括浏览网页痕迹、购物记录等群体性的选择性偏好。以上积累数据通过后期加工整理，就

---

〔1〕 参见张勇："数据安全分类分级的刑法保护"，载《法治研究》2021年第3期。

〔2〕 基础性数据：目前数据保护法所涉及的数据基本属于基础性数据，即具有生物身份识别性的、从个人隐私权中引申出来的数据。衍生性数据：即没有身份识别性，而是通过上网的物理行为不断积累沉淀的数据，如用户对某个产品的浏览量、点击率、下载量等。基础性数据与衍生性数据的分类方式实际上与德国目前关于数据分类中的个人数据与一般性数据相互对应。"个人数据的刑法保护关注数据作为载体所反映出来的人格利益，而一般数据的刑法保护注重数据本身作为行为客体的支配权限。有时即使信息已经公开，也不意味着数据已被获取或失去了保护的价值"参见王华伟："数据刑法保护的比较考察与体系建构"，载《比较法研究》2021年第5期。

〔3〕 基础性数据与个人信息相关，对此个人信息一般都配置人格权益和财产权益。参见汪庆华："数据可携带权的权利结构、法律效果与中国化"，载《中国法律评论》2021年第3期。

〔4〕 于冲："数据安全犯罪的迭代异化与刑法规制路径——以刑事合规计划的引入为视角"，载《西北大学学报（哲学社会科学版）》2020年第5期。

〔5〕 也有学者将衍生性数据属性称之为数据的增值部分或数据资产。参见丁道勤："基础数据与增值数据的二元划分"，载《财经法学》2017年第2期；龙卫球："数据新型财产权构建及其体系研究"，载《政法论坛》2017年第4期。

可以形成具有使用价值与交换价值的衍生性数据。

以上数据种类的多元化发展趋势在《民法典》第 127 条中早有体现,即"法律对数据、网络虚拟财产的保护有规定的,依照其规定"。这一条款虽然具有概括性与宣示性,但是已经明确对数据与虚拟财产作出明确区分处理,作为法律层面独立的权利客体,推进了数据权利保护,为数据权利法律保护的刑民衔接提供基础与前提。可以说,数据权利的确证依据,已经从原本的人格属性、人身依附性向权利人的自决性[1]逐渐发展。只要数据是基于人们在网络中的物理行为产生,且具备一定的使用价值和交换价值,即使不具备人身属性,也应当值得认定和保护。所以,数据的种类已经从基础性数据逐渐向衍生性数据过渡,进而形成了更为独立、更为广泛的数据种类。因此,我们对数据权利的认知经历了以下不断探讨与发展的历程:从对虚拟物种类归属的争议[2],到其物权属性的确定[3],再到当今对数据权利的探索[4],法律适用也随之发生着相应的更新与发展:对于虚拟财产犯罪来说,可以适用传统的财产犯罪罪名[5];对于具有身份识别性的基础性数据犯罪来说,可以适用侵犯公民个人信息罪以及非法获取计算机信息系统数据罪等数据犯罪罪名;对于不具有人身识别性的衍生性数据犯罪来说,对其定性目前集中在民事法领域。[6]但是,从衍生性数据的价值属性以及爬取衍生性数据的社会危害性角度来看,其当然有可能发展为刑事犯罪。[7]那么,对于衍生性数据的刑法保护,从行刑衔接角度来看,前置立法中我们目前主要是通过《反不

---

〔1〕 王华伟:"数据刑法保护的比较考察与体系建构",载《比较法研究》2021 年第 5 期。

〔2〕 张明楷:"非法获取虚拟财产的行为性质",载《法学》2015 年第 3 期;刘明祥:"窃取网络虚拟财产行为定性探究",载《法学》2016 年第 1 期等。

〔3〕 陈兴良:"虚拟财产的刑法属性及其保护路径",载《中国法学》2017 年第 2 期;杨猛:"APP 虚拟财产犯罪新解 ——以占有为解释视角",载《华东政法大学学报》2019 年第 4 期等。

〔4〕 程啸:"论大数据时代的个人数据权利",载《中国社会科学》2018 年第 3 期;汪庆华:"数据可携带权的权利结构、法律效果与中国化",载《中国法律评论》2021 年第 3 期;钱子瑜:"论数据财产权的构建",载《法学家》2021 年第 6 期等。

〔5〕 参见 2006 年第 11 期最高人民法院公报案例:上海市黄浦区人民检察院诉孟动、何立康网络盗窃案。本案认为秘密窃取网络环境中的虚拟财产构成盗窃罪,且应当按该虚拟财产在现实生活中对应的实际财产遭受损失的数额确定盗窃数额。虚拟财产在现实生活中对应的财产数额,可以通过该虚拟财产在现实生活中的实际交易价格来确定。

〔6〕 在民事法领域一般将衍生性数据作为知识产权的客体,通过反不当竞争法加以保护。

〔7〕 以上案件的焦点对象都是基于衍生性数据集成后所具有的商业价值,从可量化的实质社会危害性角度来看已经满足入罪要求。

正当竞争法》来加以保护，所以不具有数据保护的针对性，而具有数据保护针对性的《数据安全法》以及《个人信息保护法》并没有针对衍生性数据这类信息进行明确、专门的保护。另外，在刑法角度，由于衍生性数据不具有人身识别性，所以侵犯公民个人信息罪不能适用，我们主要是依托于非法获取计算机信息系统数据罪进行保护，但是该罪的构成要件较为简略，存在一定的构成性缺陷，[1]需要针对性重构；衍生性数据与侵犯商业秘密罪中的商业秘密虽然存在一定的交叉，但还是存在一定差异[2]，需要具化到具体场景才能加以适用。所以，可以说目前没有明确将衍生性数据类型融入构成犯罪的该当要素之中，还需进一步地细化解释。

（二）数据种类异化导致数据权利主体异化

衍生性数据特质导致其对人身的依附性降低，对平台的依附性增强。从其产生过程来看，离不开个人网络行为，但其又依附于网络。而对衍生性数据权利属性的认定，则会影响到最终责任类型的认定。所以只有明确衍生数据的权利属性、权利归属才能进一步对侵害数据权利的行为进行违法性判断。由于用户和平台在一定范围内都享有衍生性数据权利，但同时双方都有一定的限制。对于用户而言，其衍生性数据的权利基础来自"自决权、携带权等数据权利"[3]，但这两项权利的实现依赖于平台提供技术支持。对于网络平台，其衍生性数据权利基础来自对数据的集合加工再创造，对衍生性数据在合理范围内享有一定的占有与使用权，但同时对其也负有尽职保管之义务。

虽然从衍生性数据的产生过程来看，正是由于用户使用网络，才会产生衍生性数据，即使衍生性数据减少了可识别的人身依附性，但毕竟其是基于用户网络使用行为所产生，所以基于自决权以及可携权的观点，网络用户自身当然应当是衍生性数据的权利人。但是由于网络用户自决权以及可携权相

---

〔1〕 本罪的犯罪客体是计算机信息系统的安全，犯罪对象仅限于使用中的计算机信息系统中存储、处理、传输的数据，脱离计算机信息系统存放的计算机数据，如光盘、U盘中的计算机数据不是本罪的保护对象。

〔2〕 在本罪的犯罪构成中商业秘密是不为公众所知悉、仅限于一定范围内的人知悉的事项。而衍生性数据加工集成后，一般可以通过交易出售向民众展示，知悉的范围明显大于商业秘密，且从其本质属性角度而言，衍生性数据是技术作用的对象，而商业秘密是对公司发展利好或利空的重要信息，二者虽有交叉但是仍存在本质区别。

〔3〕 王华伟："数据刑法保护的比较考察与体系建构"，载《比较法研究》2021年第5期；汪庆华："数据可携带权的权利结构、法律效果与中国化"，载《中国法律评论》2021年第3期。

对于基础性数据已经发生了实质变化，所以衍生性的用户权利主体也受到了一定程度的削弱。

（1）用户主体自决权的不完整性。首先，虽然从法理层面或者从宪法层面来看，赋予个人绝对的自决权，使衍生性数据权利主体绑定人身属性，具备一定的法理和宪法性基础。有的学者认为，不论是一般性数据还是衍生性数据的权利保护都只应当从个人法益角度考量而非从社会公共秩序角度考虑。[1]但是将衍生性数据权利仅赋予个人，可能会造成衍生性数据权利使用的泛化，将导致整体数据使用和保护的混乱。如果对衍生性数据权利侵害的认定仅仅是以个人的自决权是否被侵害为标准，那么就会造成民事不法和刑事不法之间的混淆，造成大量司法资源的浪费。其次，实际上衍生性数据权利本身，不仅具有个人属性，也有一定的社会属性。[2]正是基于其社会属性，应结合数据的存在形态、样本数量、与其他信息数据的结合程度进行大致分类，采用不同等级的保护标准。其中，"样本数量"就在一定程度上反映出了数据的社会属性，尤其是对于不具备身份识别属性的衍生性数据，只有具备一定量化的侵害，才有一定的社会危害性，也才会有刑法规制之必要。所以，只有在个人自决权的基础之上，融合社会公共秩序法益侵害的量化考量，对达到一定量化的衍生性数据权利侵害的结果，才能认定为刑事不法，如此针对衍生性数据的权利保护才更为有效。这种量化的社会性标准早在《个人信息保护法》中就有所体现，即 2017 年最高人民法院、最高人民检察院《关于办理侵犯公民个人信息刑事案件适用法律若干问题的解释》第 5 条对侵犯公民个人信息罪"情节严重"的认定设置了一定的数量标准，如非法获取财产等信息应达到 50 条以上，非法获取住宿等信息应达到 500 条以上等。

（2）用户主体可携权受限。赋予衍生性数据可携带权，并基于此认为个人是衍生性数据的唯一主体易造成数据保护的不周延。在我国《个人信息保

---

〔1〕 王华伟："数据刑法保护的比较考察与体系建构"，载《比较法研究》2021 年第 5 期。

〔2〕 正是基于其社会属性，才"不能将反映个人网络行为轨迹的信息数据都笼统地纳入公民个人信息的法律保护范围，而应结合个人行为轨迹信息的存在形态、样本数量、与其他信息数据的结合程度进行大致分类，采用不同等级的保护标准。"参见张勇："数据安全分类分级的刑法保护"，载《法治研究》2021 年第 3 期。可见，其中"样本数量"就在一定程度上反映出数据的社会属性，尤其是对于不具备身份识别属性的衍生性数据，只有具备一定量化的侵害，才有一定的社会危害性，也才会有刑法规制之必要。

护法》当中，可携带权针对的数据还是具有人身依附性的数据。[1]所以，可携带权所指向的数据对象并不包含衍生性数据。[2]也就是说，可携带权在数据本体上是一般性数据与衍生性数据之间的区别。所以，可携带权不能作为个人享有衍生性数据权利的依据。退一步讲，即使认为基于可携带权可以产生个人的衍生性数据权利，但是基于衍生性数据本身的属性也很难实现该项权利：其一，可携带权的主体应当实现数据的跨平台转移，但是对衍生性数据无法实现从一个平台转移至第三方平台，至少目前无法通过技术加以转移。这也是由于衍生性数据在根本上不具备人身依附性所决定的。换言之，衍生性数据虽然不具有人身识别属性，但是其对平台的高度依赖性，需要平台后台对数据进行抓取、筛选、集成后才能使用，导致数据很难被多平台兼容，也就无法实现数据的交换与流通。因此，很难通过个人实现衍生性数据的全平台转移、嵌入以及再使用。其二，衍生性数据本身是留痕式数据，它对个人没有身份识别性（比如网页浏览信息），对于单独个体而言其携带这样的信息，从隐私权的角度以刑法规制的方式对其加以保护，实际意义不大（民事保护即可）。

但是，对于企业平台来说，比如大量浏览信息的汇集，通过后台数据抓取、分析、整合最后形成一定的数据模块，那么就会具有商业价值，会对企业之间的竞争产生很大影响，因此就不仅涉及民事领域的商业秘密保护，达到一定程度还可能构成刑事不法。所以对于衍生性数据，其真实价值不在于个人隐私，而是在于企业平台通过观测、抓取，对个人衍生性数据的再利用、

---

〔1〕 我国于2021年新出台的信息数据保护法中对可携带权进行了明确规定，但是其对象目前来看不是衍生型数据，而依然具有人身依附性。

〔2〕 数据可以被分为原生数据和衍生数据。原生数据是指不依赖于现有数据而产生的数据；衍生数据是指原生数据被记录、存储后，经过算法加工、计算、聚合而成的系统、可读取、有使用价值的数据，例如购物偏好数据、信用记录数据等。能够成为知识产权客体的数据是衍生数据。衍生数据的性质属于智力成果，与一般数据不同。在数据市场交易和需要民法规制的数据是衍生数据。以衍生数据为客体建立的权利是数据专有权。数据专有权是一种财产权，性质属于一种新型的知识产权。数据专有权与传统的知识产权有明显不同，在权利的主体、客体以及保护等方面，都存在明显的差别。作为数据权利客体的衍生数据，业务实践中并不要求具备这些门槛。数据专有权具备传统知识产权无形性、专有性、可复制性的特点，但不具备传统知识产权的地域性、时间性特点，因此是一个新型的权利类型。参见 https://baijiahao.baidu.com/s? id = 1686987168734649351&wfr = spider&for = pc&searchword =，访问时间：2022年7月4日。

再加工，从而使衍生性数据具备聚集性的大数据分析价值。[1]这些使用价值体现在"突破反爬机制后，爬虫所取得的数据有可能大规模侵犯商业秘密、非法侵入内网获取政府工作秘密，或者逃避支付、利用网站资源的对价，还可能利用未经同意而爬取的数据进行不正当竞争"。因此，企业平台通过后台抓取这些数据，进行模式化的处理后，还负有对衍生性数据加以保护之义务。综上，从有利于数据保护、保证良性的法治网络环境角度来讲，应当弱化用户对于衍生性数据的权利主体地位，肯定平台或者企业对衍生性数据的权利主体地位，同时也应强调平台企业对这些数据的合规管理之义务。

基于数据种类及其权利异化形成数据责任的三方主体。

（1）爬虫软件应用环境的平台管理人员，应对平台数据安全承担监管责任。比如，网络平台管理员，基于上文所述衍生性数据权利具有双重属性，一方面网站平台合法累积的数据资源，属于网站平台再加工再集成的数据资源，即属于虚拟空间管理者自身生产端可以控制的数据资产，平台管理人员当然可以在合理范围内占有使用。同时，用户基于网络物理行为产生数据痕迹，其是衍生性数据的制造者，当然对其享有所有权，但是该权利依赖网络平台得以实现，所以网络用户对衍生性数据的所有权并不完整，其实际上是将一部分衍生性数据权利让渡给网络平台，平台享有数据占有与合理范围使用权的同时，也应当对衍生性数据给予管理与保护，因此网络平台的尽职作为义务基于此而产生。那么，如果平台管理人员未尽此义务导致严重损害后果，即未对爬取行为加以预警阻止或未设置反爬措施导致积累集合的衍生性数据被爬取，不仅平台自身的商业利益会受到侵害，同时用户让渡给平台的部分所有权也会受到侵害，超过一定界限，平台管理人员应当对其承担相应的刑事责任。

（2）爬虫软件使用人的合理使用义务，涉及民事责任与刑事责任的区分。也就是说，利用爬虫软件搜索网络信息，一般不具备违法性，比如利用爬虫App软件浏览网页，往往是网络平台进行推广的一个应用工具，也是用户进行网络体验必不可少的，此时爬虫软件体现的是工具性，所以爬虫软件用户

---

〔1〕 这些使用价值体现在"突破反爬机制后，爬虫所取得的数据有可能大规模侵犯商业秘密、非法侵入内网获取政府工作秘密，或者逃避支付利用网站资源的对价，还可能利用未经同意而爬取的数据进行不正当竞争。"参见苏宇："网络爬虫的行政法规制"，载《政法论坛》2021年第6期。

一般具有日常生活使用的中立性。但是，如果爬取数据是基于非法目的，将爬虫软件作为进行非法活动的工具，那么利用爬虫软件就可能构成一般民事违法，如果程度较为严重，则可能涉及刑事违法。所以，应当以量化标准加以区分其违法性。首先，利用爬虫软件无权收集衍生性数据或超出其权限收集，若未造成严重后果，那么仅构成一般民事违法，应当承担相应的民事责任。比如爬取一般用户需要付费才能看到的图片文字，但是这些信息可能无差别或者被特定爬取下来，经过释放处理后，无需付费就可以直接使用或转卖给其他平台使用以吸引更多用户，这就是很典型的不正当竞争行为。另外，比如利用爬虫软件爬取大量价格信息、用户点击浏览数据等可能构成对商业秘密的侵害。其次，以上民事不法积累到一定程度可能构成刑事不法。例如在 2017 年最高人民法院、最高人民检察院《关于办理侵犯公民个人信息刑事案件适用法律若干问题的解释》第 5 条对侵犯公民个人信息罪的"情节严重"设定了数量标准，对于财产性信息应达到 50 条以上；非法获取住宿信息应达到 500 条以上。当然，上述量化的信息还停留在身份依赖性的隐私性信息方面，实际上对于衍生性数据的保护也理应遵循以上定性逻辑。因此，对于利用爬虫软件非法爬取数据信息的行为定性，应在量化的基础上区分民事不法与刑事违法。

（3）爬虫软件的研发人员，应当对研发爬虫软件的正当性负有审查义务。爬虫软件的研发人员作为爬虫技术的提供方，本应遵守与技术中立性相关的法律规定，保证其职业行为的中立性。但是，如果其具有盗取或窃取数据的犯罪目的，从而进行爬虫数据研发，那么其便应当承担相应的刑事责任。但问题在于，如果研发人员并不具备主观犯罪故意，仅仅是对技术接受方的违法犯罪行为具备一定的特别认知，而研发人员仍然提供爬虫技术的研发服务，那么其是否构成相应犯罪的共犯？这就涉及本具有中立性的研发行为，在具备特别认知的情况下，是否应当承担刑事责任的问题。特别认知是否能成为归责依据与认知对象以及认知程度有紧密联系，通过对爬虫技术研发人员认知对象的类型以及认知程度的分析，可以对研发行为是否具有共犯属性进行定性。所以，一方面，对于爬虫软件研发人员，若基于犯罪故意，则应当承担相应的刑事责任；另一方面，若基于一定的特别认知，则可能承担相应的刑事责任，这在下文中笔者将进一步分析。

三、网络爬虫刑法规制的必要性以及三方主体责任的规范设定模式借鉴

我国前置立法无法给予衍生性数据权利保护。其一，没有明确衍生性数据这一数据类型，导致权利保护模糊。具体来说，《网络安全法》《个人信息保护法》《数据安全法》并没有明确衍生性数据这一数据类型，整体上还是倾向于围绕具有识别性的个人信息数据作为保护对象。例如，《网络安全法》各章对数据主体数据责任进行了详细规定，仅仅是在最后附则中的第 76 条才对相关网络数据以及个人信息的概念进行笼统阐释，没有明确具体类型和保护内容。[1]实际上，对于数据保护在该法规中还是围绕着具有身份识别性的数据加以展开的，因此就会导致对于衍生性数据属性的争议，进而导致其适用财产犯罪还是适用数据犯罪的分野。比如，有的学者认为衍生性数据可以形成数据服务，具备财产性利益应当属于"物"，由财产犯罪规定加以保护。其二，对于行业规则利用不充分。有关网络爬虫的行业规范是否能成为前置立法法源，应当在前置法中加以明确，将行业规则细化，可以成为附属刑法的前置法法源。目前来看，对于恶意爬虫的行为前置法规范主要有以下几个：2016 年的《网络安全法》、2017 年的《信息安全技术个人信息安全规范》（2020 年修改）、2013 年的《电信和互联网用户个人信息保护规定》、2012 年的《关于加强网络信息保护的决定》。最为重要的前置立法当属《网络安全法》和《个人信息保护法》，但是以上立法中没有明确指出行业规则的规范地位，所以就存在一个问题，即爬虫协议能否成为前置违法性法源。根据《网络安全法》第 11 条，即网络相关行业组织按照章程，加强行业自律，制定网络安全行为规范，指导会员加强网络安全保护，提高网络安全保护水平，促进行业健康发展。据此，爬虫协议（Robots 协议）在刑事违法性判断中应当可以被作为违法性判断依据，原因在于：

第一，Robots 协议虽不具有一般意义上的规范性，但是《网络安全法》以及网络行业协会赋予网站服务商拟定 Robots 协议的权利，该协议属于格式条款，具有相对的约束性。爬虫协议是网站或 App 平台针对不同用户制定的个别化网站内容限制使用条款，以限定爬虫技术使用者的应用范围，用户应

---

[1] 网络数据，是指通过网络收集、存储、传输、处理和产生的各种电子数据。个人信息，是指以电子或者其他方式记录的能够单独或者与其他信息结合识别自然人个人身份的各种信息等。

当在协议范围内使用爬虫技术。比如，淘宝对百度限制的爬虫格式条款下，某些数据是不能抓取的，但是对于谷歌就没有这样的限制。所以爬虫协议虽不具有强制性，[1]强调的是意思自治，但却是行业规则中的君子协议，这是爬取数据的游戏规则。就像邀请客人来家中做客一样、哪个东西能用，哪个东西不能用，虽然主人不必一一对房内物品做出提示，但是客人与主人之间应当存在着默认的契约，即主人关着的房门客人是不应当擅自进入的。那么爬虫协议就像这道关闭的房门一样，虽然不具有强制性，相对人可以遵守，也可以不遵守，但在不遵守的情况下，那就违反协定即构成一般民事违法，因此爬虫协议可以成为一般违法性的判断依据。

第二，爬虫协议的作用是对数据属性进行宣示性的界定，明确哪些数据具有私密性，哪些数据可以自由获取，即明确哪些数据是值得保护的。依此可以将违反爬虫协议强行获取被保护数据的行为定性为不法。数据值得保护是一般违法性的前提，爬虫协议赋予了数据保护的必要性。能否达到刑事违法还要进一步考察有没有违反《网络安全法》和《个人信息保护法》，如果法益侵害比较严重那么便可能构成刑事违法，可以看到在以上违法评价的逻辑链条中爬虫协议是该评价逻辑的开端和基础。爬虫协议的真正作用在于其界定数据属性，就像我们早期对网络空间法治问题的探索一样，首先要对虚拟财产定性，即哪些虚拟财产具备物的属性、哪些不具备，然后才去考察具体的行为模式。对于数据法治也是一样的逻辑。只不过爬虫协议对数据属性的界定是具有相对性的，比如某些数据受到爬虫协议保护，对企业内部员工却是开放的，那么员工仅仅是自己获取大量公司的衍生性数据，不应构成犯罪。但是如果员工将这些数据提供或者售卖给公司以外的人员，那么就可能构成刑事不法。可以说，"在激烈的'反爬—反反爬'对抗中，反爬机制已经发展为一个庞大的工具集"[2]，而爬虫协议作为其中之一，其工具属性被弱化，目前爬虫协议仅停留在协议层面，没有明确其规范性，因此也弱化了其

---

〔1〕 "最简单的反爬机制是在网站的 robots. txt 文件（即所谓"爬虫协议"）对爬虫的部分或全部操作设为"不允许"（Disallow），但此种设置无论从法律效力还是实际防御作用而言均较弱。"参见杨华权："论爬虫协议对互联网竞争关系的影响"，载《知识产权》2014 年第 1 期；丁晓东："数据到底属于谁？——从网络爬虫看平台数据权属与数据保护"，载《华东政法大学学报》2019 年第 5 期，转引自苏宇："网络爬虫的行政法规制"，载《政法论坛》2021 年第 6 期。

〔2〕 参见苏宇："网络爬虫的行政法规制"，载《政法论坛》2021 年第 6 期。

前置法属性。

我国刑法目前针对衍生性数据犯罪的解释规则存在一定困境。目前涉及基础性数据的犯罪可以适用的罪名有：侵犯公民个人信息罪、非法获取计算机信息系统数据罪、侵犯商业秘密罪。但是由于适用对象与规制行为方式的局限性，目前来看都会影响到爬取衍生性数据的责任认定。

第一，从适用对象上来看，以上罪名都不针对衍生性数据，甚至将衍生性数据排除在外。比如，侵害公民个人信息罪是由非法获取个人信息罪修订而来，是指以窃取或者其他方法非法获取国家机关或者金融、电信、交通、教育、医疗等单位在履行职责或者提供服务过程中获得的公民个人信息，出售或者非法提供给他人，情节严重的行为。根据《刑法》规定，犯本罪的，处 3 年以下有期徒刑或者拘役，并处或者单处罚金。具体法条中涉及个人身份信息的部分包括：①出售或者提供行踪轨迹信息，被他人用于犯罪的；②知道或者应当知道他人利用公民个人信息实施犯罪，向其出售或者提供的；③非法获取、出售或者提供行踪轨迹信息、通信内容、征信信息、财产信息 50 条以上的；④非法获取、出售或者提供住宿信息、通信记录、健康生理信息、交易信息等其他可能影响人身、财产安全的公民个人信息 500 条以上的。可以看出，以上身份信息仅是指具有身份识别性的信息，不包括衍生性数据。另外，根据我国《刑法》第 285 条的规定，非法获取计算机信息系统数据罪，是指违反国家规定，侵入国家事务、国防建设、尖端科学技术领域以外的计算机信息系统或者采用其他技术手段，获取该计算机信息系统中存储、处理或者传输的数据，情节严重的行为。根据相关司法解释，情节严重是指具有下列情形之一的，应当认定为《刑法》第 285 条第 2 款规定的"情节严重"：①获取支付结算、证券交易、期货交易等网络金融服务的身份认证信息 10 组以上的；②获取第 1 项以外的身份认证信息 500 组以上的；③非法控制计算机信息系统 20 台以上的；④违法所得 5000 元以上或者造成经济损失 1 万元以上的，等等。可见，对于该罪中的数据实际上也是与身份识别信息有高度的关联性，且不包括衍生性数据。另外，对于侵犯商业秘密罪，商业秘密虽然与数据会产生交叉性关联，可以在某些场景下适用，但是二者在本质属性上还是存在较大差异，也就无法将衍生性数据直接作为商业秘密加以直接保护。

第二，针对爬虫这种新的行为类型也无法解释到以上罪名当中。[1]一是行为的客观违法要素不同：对于非法获取计算机信息系统数据罪，我们可以看到，其行为的环境是在计算机信息系统内部，而爬取衍生性数据的方式有很多种类，有的可以在 U 盘移动硬盘中完成，甚至可以通过手机完成对衍生性数据的侵害。这就对爬取衍生性数据的定性造成了一定困难；二是行为的主观违法要素不同：比如网络平台管理人员不作为的数据违法性认定问题以及爬虫软件研发人员的过失犯违法性认定问题。侵害公民个人信息罪与非法获取计算机信息系统数据罪是典型的作为犯与故意犯，对于故意利用爬虫软件爬取数据信息的行为可以适用。但是网络平台管理人员对于平台上违法行为监管的放任等不作为从而导致数据犯罪，以及由于爬虫软件研发人员没有尽到注意义务过失的导致技术应用的刑事风险，以上行为在客观上对数据犯罪的生成起到不可或缺的加功作用，在主观上也存在罪过，但是目前有关数据犯罪的罪名无法兼容以上新的犯罪行为类型。

应将衍生性数据纳入刑法保护范围，形成附属刑法保护模式。

目前现有附属刑法中，由于前置立法的数据范围不包括衍生性数据，刑事立法现有罪名也未明确保护衍生性数据，所以依然存在附而不属的情况。比如《网络安全法》《个人信息数据保护法》中有关附属刑法的部分是相对概括的。《网络安全法》第 74 条规定："违反本法规定，给他人造成损害的，依法承担民事责任。违反本法规定，构成违反治安管理行为的，依法给予治安管理处罚；构成犯罪的，依法追究刑事责任。"《个人信息保护法》第 71 条规定，违反本法规定："构成违反治安管理行为的，依法给予治安管理处罚；构成犯罪的，依法追究刑事责任。"所以，以上衍生性数据以及所涉及的三方主体责任并没有明确地包含在附属刑法之中。

相比之下，德国有关数据保护的立法值得借鉴。在德国，数据保护分为两种类型：一种是个人数据；另一种是一般性数据。个人数据保护以《德国联邦数据保护法》中的附属刑法方式建立起来。而一般数据的保护，则由《德国刑法典》创设的专属罪名加以保护。一般性数据无需具有与公民个人以

---

[1] 立法机关对于侵害公民个人信息罪与非法获取计算机信息系统数据罪中的行为方式即侵害和获取明确解释为盗窃和诈骗，指出：获取包括从他人计算机信息系统中窃取，如直接侵入他人计算机信息系统，秘密复制他人存储的信息；也包括骗取，如设立假冒网站，在受骗用户登录时，要求用户输入账号、密码等信息。

及人格的关联性，一般性的数据犯罪主要是指针对数据的私密性、完整性、可用性的犯罪。[1]所以，可以说，一般性数据是不具备人身属性、无可识别性的电磁记录，也就是本文所涉及的衍生性数据。反观我国现在立法现状，也存在着附属刑法和刑法典的双向立法模式，但与德国立法不同的是在我国附属刑法的前置法中已经体现出数据种类保护的多元性趋势，比如《反不正当竞争法》《个人信息保护法》《网络安全法》等已经把多种类数据融入保护范围，对于衍生性数据融入前置立法是大势所趋，所以就无需以附属法与核心刑法典对数据犯罪进行分别处理，只需结合衍生性数据的犯罪特点以附属刑法的模式针对我国刑法典中现有的传统罪名进行解释适用即可。

四、网络爬虫犯罪三方主体刑事责任认定逻辑的具体展开

通过上文论述可知，网络爬虫三方主体责任包括以下三类：一是爬虫软件使用人责任；二是网络平台管理人责任；三是爬虫研发人责任。以上三者责任的认定需在《网络安全法》《数据安全法》中对衍生性数据予以明确保护的基础上，对三方责任主体的行为类型以及所涉及的罪名进行具体分析：

（一）大前提是要明确数据类型，顺应基本法治逻辑

1. 前置行政法规中明确数据类型

第一，区分数据与信息。国际标准化组织 ISO 认为，数据是以一种适合沟通、解释或处理的形式化方式，是对信息的可解释性呈现。我国新近出台的《信息安全技术信息安全事件分类分级指南（征求意见稿）》第 3.5 条规定，数据是指"关于可感知或可想象到的任何事物的事实"；同时第 3.6 条规定，信息即"有意义的数据"。由此可看出，数据和信息可谓是"一体两面"，数据是信息的形式和载体，信息则是数据可以表达的内容。[2]所以数据的范围要多于信息，信息是有一定价值的数据，二者有所交叉。从衍生性数据来看，经过后期加工，会形成数据分析模型，如果其具备商业秘密性质，那么就与商业秘密相互重叠；如果其融合了相关知识产权，具有一定独创性，那么就与知识产权信息又有一定重合。然而衍生性数据模型，不具备人身属

---

〔1〕 王华伟："数据刑法保护的比较考察与体系建构"，载《比较法研究》2021 年第 5 期。

〔2〕 参见张勇："数据安全分类分级的刑法保护"，载《法治研究》2021 年第 3 期。

性，所以它与个人身份信息是没有交叉和重合的。因此，对于衍生性数据来说，其可能涉及的犯罪类型主要集中在商业秘密犯罪、知识产权犯罪以及单纯的数据犯罪领域。

第二，数据多元分类。一是从数据的表现形式来看，传统计算机时代，数据仅包括特定类型的结构化数据和静态的数据库。而在信息时代，不仅数据的存储和处理设备发生了根本性变革，数据在各种终端中都有呈现，所以数据的表现形式有很多，比如技术型数据、服务型数据、隐私型数据、公共型数据、单一数据、集成数据等，不同分类角度，会有多种数据类型。二是从数据的实质价值来看，数据所承载的信息的内容也发生了根本变化，无论是单个数据，还是经过数据技术处理而生成的数据，数据本身就具有价值属性。所以根据其价值属性不同又可以分为知识产权型数据、商业秘密型数据、生物识别数据、虚拟财产数据等。可见，网络空间里的数据由计算机信息系统的技术传输对象逐渐变成了现实的载体，也就是说数据已经从技术中立价值无涉的状态，或者说对信息系统技术性无重要意义的状态，转化成大数据时代法律所要重点关注的对象，因而数据法益具有独立的技术属性与法律地位，并成了法益保护的对象和主要内容。

综上，可以在《数据安全法》中将数据类型进行细化分类。首先，基础性数据，即传统的数据类型。主要包括三种：一是算法或算力直接作用生成的数据，是数据劳动的产物，比如应用程序、区块链等中的数据；二是被具体定义为具有人身关联性数据的电磁记录，主要包括具有身份识别信息的相关数据，比如人脸信息、私人账户、密码信息、房间号码、车牌信息等所有基础性信息数据，也就是个人信息的数据化；三是网页等网络环境中用户端的公共数据资源，比如微博中呈现的数据。其次，衍生性数据，即静态数据逐渐向动态数据转化过程中，使得某些数据即使不具备人身属性，无法进行生物识别的数据，随着其在网络空间积累被不断收集分类后，也具备相应的交换价值使用价值，这种数据类型就是衍生性数据，也有学者将衍生性数据属性称为数据的增值部分或数据资产。所以，衍生性数据可以被分为两种：一是衍生性数据中的基础数据，比如商品的点击率、下单量、浏览网页痕迹、购物记录等群体性的选择性偏好等散状沉淀分布于平台当中的衍生性数据；二是由基础的衍生性数据加工集成再次衍生出来的数据，比如以上平台中积累沉淀的数据通过后期加工整理，就可以形成具有使用价值与交换价值的衍生性数据模型，如商业预测分析模型等。该分类方式与目前数据发展与研究趋势相吻合，即不论在事实层面还是规范层面或者说研究的重点发展趋势是从具有自决性、人身属性的基础性数据过渡到沉淀式、非人身属性的衍生性数据。

2. 顺应基本法治逻辑

第一，要符合数据法治的发展规律。对于数据研究，或者说对于网络或者虚拟世界探究，其实一直是有一定的逻辑脉络的。梳理后我们可以发现，在 2015 年前后对于虚拟世界的探究还是停留在表面上，即集中在与我们现实世界当中能够对应到财物的虚拟财产如何定性的问题上，最初在民法、刑法领域会有一些争议，最后达成共识是把虚拟货币或者虚拟装备等能够跟现实世界基本对应上的且在一般用户认知范围内的虚拟财产，都将之归纳为财物。虽然，这些虚拟财产的背后还是有数据在支撑，由数据作为最基本的构成单元，但是我们从理论和实务认知或者从共识的角度，一般是把这些类型的虚拟财产作为财物来对待，侵犯到这些类型的财物，一般也都认定为财产类犯罪。随着时间的推移，2018 年、2019 年前后，我们对于网络虚拟世界的研究，就已经层层穿透到了虚拟财产背后最为基本的底层逻辑之中，虚拟世界的构成元素即数据，我们现在甚至更为深入研究到了数字算力算法领域，我们的研究动向是一直向前推进的，一直在做的努力是透彻研究数据的运行逻辑以及算力操控，从而才能将责任类型化。所以说，整体上，我们的研究是越来越细化的。与之相应，相关立法也从对虚拟财产性质的界定逐渐推移到对数据数字的法律保护层面，因此在 2016 年之后，相继推出了《网络安全法》《数据安全法》《个人信息保护法》等一系列的数据相关立法。而且在刑事罪名上，也更新出台了治理数据犯罪的新罪名。所以整体上数据法治的逻辑是清晰且往前推进的，即数据就是数据、财产就是财产，泾渭分明。

目前来看，对于衍生性数据这种更加细化的数据类型，虽然其可能涉及数据服务领域，具有财产性利益，具有交换价值，但是既然我们对虚拟世界的认知规律已经到了新的逻辑阶段，已经深入数据范畴，且有多种数据下位概念细化的类型，也有相关数据犯罪罪名跟进，司法上也取得了实际的应用效果，那么在这样的大背景下就不能也不应当将数据犯罪又倒回财产犯罪的认定中去，这样不符合我们对事物认知的规律，也不符合我们法治发展的逻辑。〔1〕所以对于衍生性数据也好，基础性数据也罢，还是应当从数据犯罪这些现有的罪名当中去寻找法律治理依据和路径。

第二，要凸显数据犯罪治理的规范保护目的。衍生性数据虽然有经济价值，但其本质仍是数据，在数据犯罪罪名的规范保护目的的范围之内。衍生性数据加工集成后的数据模型虽然有交换与使用价值，但是跟传统意义上的虚拟财产相比，还是有明显的区别，即其在现实当中无法对应到我们直观可以认知的"物"。更为重要的是，衍生性数据往往是作为一种数据模型的数据服务，呈现在商业环境当中。也就是说，其往往是以一种可以对价的纯粹的劳务形式存在，那么劳务的对象是数据，使数据产生价值的是劳务即算法算力。所以说数据只是算法算力的载体，因此爬取衍生性数据爬取的是算法算力所作用的数据，而非算法算力本身。算法和算力只是数据价值的评估标准。那么，如果爬取的是算法算力应用的脚本或者应用的程序，可能涉及知识产权以及商业秘密犯罪问题。如果仅爬取衍生性数据模型，那么还是应当落脚到数据犯罪领域即可。

衍生性数据模型应用场景的商业环境居多，数据与商业秘密交织，往往会形成侵犯商业秘密与数据之间的竞合。整体上还应回归数据犯罪的规范保护目的，即凸显对数据法益的保护，所以在此意义上也要谨慎适用侵犯商业秘密罪。衍生性数据与商业秘密二者存在一定的交叉，但不重合，商业秘密是利好或利空的仅有少数人知晓的信息，而衍生性数据则可能是向大众公开的所有数据，故二者有本质区别，需要对衍生性数据是否为商业秘密加以具体认定。在具体场景下，比如具有商业预测性质的衍生性数据构成的数据模型，可能涉及商业秘密，再结合其主观目的可以在数据犯罪与商业秘密犯罪中择一适用。即便如此，笔者认为还是应尽量在数据犯罪的罪名中解决数据犯罪本身的问题是比较妥当的，也能充分发挥数据犯罪针对性预控的规范保护目的。

第三，要符合罪责刑相适应原则。也就是说，结合爬取衍生性数据的社

〔1〕 我们对虚拟世界的探究动因，主要就在于虚拟环境当中的某些元素，包括数据或者虚拟财产，具有交换价值与使用价值，因此我们才要去探讨其与现实世界中财产的区别，所以才会推动我们去进行深入研究，进而推动出台有别于传统法律的分门别类的专属立法。所以，我们现在不能因为衍生性数据具有财产性价值或者财产性利益，就又将其归属到财产犯罪中去，这是法治的"返祖"，在逻辑上也有倒果为因之嫌。

会危害性,从罪责刑相适应角度,适用数据犯罪也更为合理。数据类犯罪,尤其是衍生性数据犯罪的社会危害性,对于具有人身属性的基础性数据来说是相对较弱的,那么直接定性为财产犯罪过于严厉,不能实现罪责刑相适应。在很多情况下,交易主体是基于研发合同利用沉淀在网络的衍生性数据制作衍生数据模型进行商业分析、预测或提供某种服务,一般是双方都完成了对价,已经各取所需,再爬取衍生数据模型基本上对于被害方的损害是相对较弱的,那么这时再认定为财产犯罪便过于严厉。另外,如果双方基于研发合同没有完成对价,正在研发过程中或研发完成之后没有交付就被爬取了,这时只要研发数据的算法脚本程序没有被破坏,还是可以再循环生成衍生性数据模型。也就是说,此种情况比盗取有数据脚本的电脑的社会危害性相对较小,所以也谈不上实质的严重的社会危害性,直接适用财产犯罪也不适宜。第三个就是爬取数据同时应用脚本也被爬取,最后低价转卖,破坏了竞争秩序。这些情况就可能涉及侵犯商业秘密、涉及不正当竞争、还有侵犯知识产权等,这些问题一方面如果涉案金额过大应当在侵犯商业秘密罪、侵犯知识产权罪等专属罪名中解决,因为爬取数据仅作为犯罪手段还要结合其实际犯罪的目的行为加以定性;另一方面,如果涉案金额较小则完全可以在民事领域解决,就能起到很好的预防和恢复效果。所以,典型数据犯罪就应当在数据犯罪领域解决,违法性认定和责任定性较轻者可以在民事法领域解决。对于数据犯罪而言,刑法一般就是威慑性的预防性立法,宜轻不宜重,不必再过渡到盗窃罪、诈骗罪等财产犯罪领域施加更为严厉的刑罚,否则将有违罪责刑相适应原则。

(二) 三方主体责任的具体展开

1. 爬虫软件使用人责任

要拓展细化非法获取计算机信息系统数据罪的行为方式。目前该罪名设置的行为类型较为概括,仅局限于计算机电脑内部,而爬虫软件并不局限于电脑端,任何网络互联设备的数据都可能成为爬虫软件攻击的对象,且其行为方式也很混杂,需要结合衍生性数据的特征进行细化梳理。爬虫软件爬取数据犯罪是典型的法定犯,由手段行为与目的行为竞合而成,应以法律拟制的方式对手段行为和目的行为加以定性。我们可以把爬虫犯罪行为分为两大块,抓取行为和使用行为,而使用行为具有多样性,所以可以将爬虫犯罪行为概括为 "抓取+N" 的行为模式,具体可以大致分为抓取+使用、抓取+展示、抓取+售卖、抓取+帮助。抓取行为即手段行为，使用、展示、售卖等行为即目的行为。爬虫犯罪行为的定性应当在手段行为的基础上，结合目的行为在主客观相统一的范围内进行评价：

首先，利用爬虫软件抓取数据的手段行为实际上是以欺骗的方式盗取数据。其行为模式主要有以下几种：第一种是伪造设备，通过虚假注册、虚拟设备、改机、刷机，伪造用户和用户端数据来访问爬取数据；第二种通过协议破解，直接侵犯被爬网站的通信协议和加密算法，进而盗取数据；第三种是利用爬虫软件伪装成真人用户，控制一些僵尸机或者真的机器来访问网站，让被访网站信任是真人用户骗取设备端的信任从而盗取数据。可见，利用爬虫软件的犯罪手段并不需要高端技术，基本都是基于伪装和破解技术骗取目标网站信任从而盗取数据。然而，以上手段具有较强的隐蔽性和攻击性，倒逼互联网企业不得不采取攻防措施，最终结果就是造成企业资源浪费，同时也会使社会效率降低，具有社会危害性。

其次，利用盗取的数据进行特定目的的犯罪，即目的行为是定性爬虫犯罪的关键。如果将手段行为与目的行为相结合，可以将爬虫犯罪行为分为以下几种模型：抓取+使用（涉及侵犯著作权、商业秘密以及非法获取计算机信息系统数据）、抓取+展示（涉及传播淫秽物品）、抓取+售卖（涉及侵犯个人信息、传播淫秽物品以及侵犯商业秘密）、抓取+帮助（涉及电信诈骗、人身犯罪、财产犯罪等多种犯罪共犯）。而对于衍生性数据而言，由于其不具有人身属性，所以衍生性数据犯罪类型仅涉及抓取+使用和抓取+帮助，具体涉及的罪名包括侵犯商业秘密罪、非法获取计算机信息系统数据罪以及部分共同犯罪。在现实的案件里，爬虫软件成了实现犯罪目的的犯罪工具。比如，非法获取企业的用户商品浏览信息、消费者购买倾向性数据信息等商业秘密，获取以后，自己参考使用或出售牟利；利用爬虫软件破坏相关的计算机信息系统，非法侵入特定领域的计算机信息系统非法获取个人信息以外的计算机内的衍生性信息和数据；利用爬虫软件爬取衍生性数据作为帮助手段，去实现其他的犯罪目的，可能涉及罪数与竞合的问题，比如非法获得数据信息之后，明知他人利用该数据实施诈骗或其他犯罪，仍提供给他人，那就要在构成共犯的基础上进行数罪并罚。

2. 平台管理人责任

网络平台引发责任主要集中在五个领域：①色情信息的传播；②侵犯个

人信息或隐私；③网络诽谤或侮辱；④侵犯知识产权；⑤违反监管义务或规定。对于衍生性数据而言，平台责任主要集中在第五个方面即违反监管义务或规定，也就是说网络平台刑事责任产生的前提是要具备一般违法性：其一，平台内部监管义务。衍生性数据在平台积累产生，平台在享有有限权利的同时应当承担相应管理义务。同时，爬虫协议没有强制力，不能有效预控爬虫违法犯罪行为，也需强化平台的监管义务。首先，平台 App 自身应当创建爬虫协议对衍生性数据加以保护，如果没有爬虫协议实际上就丧失了数据的可保护性，数据犯罪风险成了可接受风险，等于默认许可了衍生性数据被他人下载、复制、获取的可能。概言之，如果没有协议，被害人就当然不能主张数据权利的唯一性。其次，即使有爬虫协议也不能完全保证衍生性数据的安全性。对于平台管理人来说，有了爬虫协议仅是平台监管的一部分，还应加强对网站的管理和维护。比如，得物这样的 App 平台或者百度这样的大平台，需要主动去规范用户的行为方式，当存在非法爬取衍生性数据的情况时，要有及时的反爬虫预警机制或阻止程序。同时，要定期对整个平台运行环境进行重新清理，提醒用户修改密码，建立防火墙，以上都是 App 平台自身应当承担的监管义务。其二，平台外部监管规定。根据《网络安全法》《数据安全法》《个人信息保护法》以及相关行业规则与指引，平台公司应当建立数据合规体系，在整体公司合规的框架内构建自上而下的合规治理结构。同时，根据外部监管要求，还应建立数据合规自查机制与数据信息历史台账，及时配合监管机关、司法机关的司法活动，以上配合义务可进一步划分为积极义务与消极义务：一是积极义务，即为配合司法机关的调查需求，平台积极采取相关的数据措施，如为司法机关保存数据、解密数据、分析数据与传递数据等，其中当然包括衍生性数据；二是消极义务，即为确保司法机关法律运行的公正性与高效性，网络平台禁止或不得实施某些特定行为，如不得出售转卖敏感信息数据、在特定案件中禁止向司法机关以外的涉案对象提供数据源等。以上都构成了网络平台一般违法性评价的前置义务来源。

在明确以上一般违法性的前提下，在拒不履行信息网络安全义务罪项下应当明确网络平台刑事违法的具体内容：其一，平台对爬取数据的行为明知或推定明知的情况下，且没有及时处理，如超出服务运营合理期限仍存储衍生性数据，为爬虫犯罪提供便利条件等；其二，为爬取衍生性数据的活动实施了正常运营所需之措施以外的附加行为，如故意对信息进行筛选或修改等；

其三，在外部监管机关已经发布数据风险预警的情况下，或者已经针对平台的违规行为进行提示催促整改的情况下，仍不履行数据合规义务；其四，在司法机关进行司法查询时，拒绝配合，不履行相应义务。总体而言，平台主体刑事责任的立法规制应在于提升强化网络平台数据合规的自主性，严格控制刑事责任的启动，从而保证正常有序的网络服务。

3. 爬虫技术研发人责任

技术升级发展必然带来技术风险，在实践中技术赋能和技术赋权的两面呈现出"一显一隐"及"一强一弱"的非均衡性困境，技术赋能愈发彰显，技术赋权尤甚薄弱，科技企业与个人之间的"数字鸿沟"日趋拉大。[1]因此，数据技术的不当运用必然会导致相应的刑事风险：若明知技术使用人或购买人的犯罪行为仍向其提供技术支持，则可能涉及相关犯罪共犯；若对技术使用人的犯罪行为有特别认知或存在认知可能性并放任，则涉及构成提供侵入、非法控制计算机信息系统程序、工具罪。具体而言：其一，爬虫技术研发人员为了获取非法利益，根据行为人爬取商业秘密需要，研发编写爬虫软件，供他人实施犯罪使用，若有确切证据证明技术研发人与犯罪行为人提前沟通，明知技术应用的违法用途，仍协助犯罪行为人提供爬虫技术支持，那么技术研发人与行为人在主观上形成合意，应当认定为共犯。也就是说，技术研发人员客观上共同参与，主观上有意思联络，与相对人有构成相关犯罪共犯的可能。其二，爬虫技术研发人员在很多情况下对于潜在犯罪只是存在较高程度的认知可能性，或基于行业特征惯例对特定情况存在特别认知却仍然为他人提供技术支持、放任他人利用爬虫技术实施犯罪，虽然没有意思联络无法形成共犯，但仍可能成立提供侵入、非法控制计算机信息系统程序、工具罪（间接故意）。在签订技术开发合同之前应当做好尽职调查，如果在有特别认知的情况下，即开发软件目的不明或应用领域涉及违法犯罪的情况，却仍提供研发服务那就有归责可能，即构成提供网络犯罪工具罪。其三，另一种情形是专门研究提供有助于实施爬虫犯罪技术的研发人员。即使没有与行为人沟通，也没有参与他人实施相关犯罪的行为，但是技术本身在通常情况下主要是用于违法犯罪活动，即研发人员研究出售技术，客观上就是有利于或者

---

〔1〕 单勇："犯罪之技术治理的价值权衡：以数据正义为视角"，载《法制与社会发展》2020年第5期。

用于实施犯罪的，具备常业性，这时不应与相对人一起认定为共犯，如果情节严重，可以考虑以帮助信息网络犯罪活动罪或者提供侵入计算机信息系统程序工具犯罪加以认定。因为技术的研发目的就是有助于实施违法犯罪，研发人员提供出售技术本身就具有一定的社会危害性，尽管没有与相对人有犯意沟通，也没有参与具体的犯罪行为，但是对于提供技术这个帮助行为本身，就可以正犯化地认定为帮助信息网络犯罪活动罪或者提供侵入计算机信息系统程序工具犯罪。其四，在通常情况下，技术人员通过研发爬虫软件获取正常费用，主观上没有犯罪故意，客观上正常使用该技术的行为也不会危害国家利益、社会利益以及他人的合法权益，也就是说技术本身的应用具有正当性，不应受到刑法规制。作为一项中立技术，爬虫软件是一把"双刃剑"，面对大数据、大客流、大物流时代，爬虫技术对于信息的收集、风险的预警以及司法机关定向抓取数据破获案件都有重要意义。可以说："依托精细化的技术治理可以实现有效提升治理效率并规制和防范风险。"[1]因此，对于技术研发人员不能因为有可能为爬虫犯罪提供工具，就对其苛责过多义务，这不利于科技、社会发展。当然，如果研发人员深度参与数据犯罪之中，那么就有成立犯罪的可能。

结　论

衍生性数据虽然不具有人身识别属性，但是其所具备的商业价值已经使其成为数据犯罪重点保护的对象。虽然我国对于衍生性数据的保护还处于较为初级的阶段，但是随着网络技术不断发展，对此领域的立法完善也必将随之更加深入。目前来看，我国应在现有前置立法如《数据安全法》《网络安全法》的基础之上，明确衍生性数据种类、数据属性，同时从行业规则角度出发充分发挥前置行政法的规制作用，进而在现有的数据犯罪罪名体系中细化衍生性数据责任主体，如此才能明确网络使用人、平台管理人以及爬虫研发人三方主体责任内容，同时也能更好地保障以上三方主体的数据权利。

---

〔1〕　参见季卫东："数据、隐私以及人工智能时代的宪法创新"，载《南大法学》2020 年第 1 期。

大数据时代合法获取型侵犯公民
个人信息罪之认定及从重处罚根据研究

吴超莹 *

摘　要：在合法获取型侵犯公民个人信息罪的适用过程中，"履行职责"和"提供服务"的认定存在困境。这一问题与本罪从重处罚的根据直接相关，因此可通过对从重处罚根据的探究来解决此问题。本罪从重处罚的根据可分为形式根据和实质根据。形式根据之一可从法条本身得出，即该行为之法益侵害性的复合；形式根据之二可从《个人信息保护法》中得出，即个人信息处理者在个人信息保护中具有特殊地位。实质根据则分别是（准）公权力的滥用和合同保密义务的违反。因此，国家机关或公共职能部门的工作人员通过（准）公权力的运转获得个人信息的，可被认定为"履行职责"过程中获得；其他服务提供者的工作人员，若具有服务合同保密义务，而出售或向他人提供合同相关个人信息的，可被认定为"提供服务"过程中获得该信息。

关键词：合法获取型侵犯公民个人信息罪；从重处罚根据；（准）公权力；合同保密义务

自 2021 年 11 月 1 日起，《个人信息保护法》正式施行，这标志着我国在个人信息保护方面又前进了一大步。在《个人信息保护法》生效之后，公民个人信息保护问题在学界也成了热点话题。从《刑法修正案（七）》增设第 253 条之一到《刑法修正案（九）》对该条的修改，侵犯公民个人信息罪的构成要件也发生了一系列变化。目前，本罪构成要件的描述主要集中在本条

---

* 吴超莹，北京师范大学法学院 2022 级博士研究生。

第 1 款和第 2 款，其中第 1 款规定了非法向他人出售或者提供公民个人信息之行为的刑罚后果，可称之为非法利用型侵犯公民个人信息罪；第 2 款则是规定了合法获取公民个人信息后非法出售或者提供给他人之行为的刑罚后果，可称之为合法获取型侵犯公民个人信息罪。[1]在同等条件下，后者的刑罚后果依照前者规定从重处罚，由此可以看出其法益侵害性应当是高于前者的。根据法条可以看出，二者之间的差别主要在于其非法利用的公民个人信息来源不同。那么，在实践中应当如何区分这两种行为方式，又应当如何理解其刑罚差异呢？

一、问题之缘起

案例一：被告人许某系某银行个人客户经理，主要负责个人和企业贷款等业务。许某在工作过程中有权通过公司系统获取个人的房产相关信息；后其结识钱某某，以微信拍照方式将其查询到的 1700 余条个人产权信息出售给钱某某。法院认为，被告人许某作为银行工作人员，违反国家有关规定，将在提供服务过程中获得的公民个人信息，出售给他人，情节特别严重，其行为已构成侵犯公民个人信息罪，依法从重处罚。[2]

案例二：被告人金某、张某某、陈某根据被告人李某某需求，利用自己在贵州省织金县从事辅警工作的身份，使用交通警察大队正式民警的数字证书登录"公安内网的公安交通管理综合应用平台"，将查询对应的身份证信息、车牌信息、车辆担保、抵押等公民个人信息使用手机拍照后，通过微信将所获得的公民个人信息出售给被告人李某林。三被告人分别出售公民个人信息 1100 余条、1456 条、1450 条。分别非法获利人民币 11 915 元、14 565 元、14 540 元。法院认为，被告人金某、张某某、陈某违反国家有关规定，在履职过程中收集公民个人信息，予以出售牟利，构成侵犯公民个人信息罪，依法应追究刑事责任且从重处罚。[3]

---

〔1〕 也有学者称之为渎职型侵犯公民个人信息罪，但笔者认为这一称呼容易导致读者误解，故使用"合法获取型侵犯公民个人信息罪"为宜。参见张乾、刘青哲："渎职型侵犯公民个人信息犯罪的刑事规制研究"，载《东南大学学报（哲学社会科学版）》2021 年第 S1 期。

〔2〕 张超超、孙娟："侵犯公民个人信息案司法适用疑难问题分析——许某侵犯公民个人信息案"，载《上海法学研究》集刊 2020 年第 23 卷总第 47 卷。

〔3〕 贵州省赤水市人民法院判决〔2019〕黔 0381 刑初 151 号。

案例三：某高速交警支队辅警被告人李某某、宋某、王某经介绍与被告人张某某认识，张某某向其介绍了购买车档信息的被告人孟某和吕某某。被告人在值班期间趁领导不在，利用任某0845××账户登录交警"六合一"平台，对发送车牌号对应车的车档信息进行查询，并将查询的有效车档信息通过微信发送给被告人孟某。法院认为，被告人李某某、宋某、王某非法获取公民个人信息后予以出售，构成侵犯公民个人信息罪。[1]

上述案例一、案例二的法律依据都是《刑法》第253条之一第2款的规定，即这两个案件最终定性都是合法获取型侵犯公民个人信息罪。但案例三的法条依据是《刑法》第253条之一第1款，即案件最终定性是非法获取型侵犯公民个人信息罪。

从上文案例来看，这里至少有两个问题值得讨论：其一，本罪涉及"履行职责或提供服务"的过程，那么这里的行为主体应当有何种范围限制？上文两案中行为人的主体身份是否适格？其二，在主体身份适格的前提下，行为人获取公民个人信息的过程是否必须处于其职权范围内？

对于第一个问题，从法院判决来看，案例一、二行为人的主体身份都得到了肯定，即两行为人都是在履行职责或提供服务的过程中获得了公民个人信息，后出售或者提供给他人。案例一被告人许某系银行的工作人员，其获取公民个人信息的过程包含于其为公民个人提供金融相关服务的过程，且这里许某为公民提供的服务在性质上属于公共服务类型。所以，许某获得公民个人信息的途径确实是合法的。案例二中，三被告人的身份是辅警而非正式民警，其完成辅警工作任务的过程是否属于"履行职责"呢？这里所说的"履行职责"应当是指实现公权力正常运转的过程。一般来说，"履行职责"的人是国家机关的工作人员，但是就我国目前的国情而言，在编民警的数量远远不能满足现实需要，因此我国辅警人数十分庞大。所以，从现实来说，庞大的辅警队伍应当属于我国公安机关工作人员的行列。所以，尽管辅警没有编制，但其实际上也参与公权力的运转过程，因此在性质上应当将其认定为国家机关工作人员。辅警的履职过程也应当属于本罪"履行职责"的范畴。案例三中的判决书并未说明法院对三被告人的身份认定，但从判决书来看，三人的身份都是辅警，也都是在值班期间获取了公民个人信息，因此应当初

---

[1] 德州市德城区人民法院判决［2017］鲁1423刑初20号。

步认定三人是在履行职责过程中获得了公民个人信息。

对于第二个问题，案例一被告人许某是在其职权范围之内获取了公民个人信息，而案例二、三被告人都是在履行辅警职责的过程中利用正式民警的账户登录信息管理平台从而获得公民个人信息。从判决结果来看，案例二中被告人被认定系在履行职责的过程中收集公民个人信息，案例三被告人则被认定系非法获取公民个人信息。两案得到的抽象事实区别不大，但这里出现了司法认定上的问题，即行为人获取公民个人信息的过程是否必须处于其职权范围内。案例二中司法者没有严格按照职权范围和职务行为来认定被告人的行为是否属于在履职过程中，案例三则考虑到了职权范围对"履行职务"的认定之影响。所以，"履行职务"是否必须处于行为人职权范围之内这一问题需要得到明确。

要明确这一问题，需要先弄清楚合法获取型侵犯公民个人信息罪从重处罚的根据。通过对本罪从重处罚根据的分析，有助于我们弄清楚本款规定的处罚与《刑法》第 253 条之一第 1、3 款之处罚对象的区别，进而回答上述问题。

二、本罪从重处罚根据之来源分析

合法获取型侵犯公民个人信息罪的从重处罚根据不仅可以在刑法范畴内找到，也可以在刑法之外获得理论支撑。因此，为了更准确地说明本罪刑罚设置的合理性，笔者将从不同方面分析本罪从重处罚的根据。经过研究，笔者尝试从形式和实质两方面解答此问题。

（一）形式根据之一：法益侵害性的复合

刑法规定了此种行为方式，所以我们首先可以在刑法内部寻找本罪从重处罚的根据。在刑法范畴内寻找本罪从重处罚的根据应当从法益侵害性出发，进而应当讨论本罪的保护法益。关于本罪保护法益，学界众说纷纭。最初的争论主要是个人法益与超个人法益之争，但随着讨论的深入，也有学者逐渐选择折中立场，提出第三种、第四种观点。尽管有学者将这些学说梳理为五种不同观点[1]，但笔者认为这些分类对讨论本文问题没有较大影响，因此笔

---

[1] 姜涛："新罪之保护法益的证成规则——以侵犯公民个人信息罪的保护法益论证为例"，载《中国刑事法杂志》2021 年第 3 期。

者还是从个人法益说、超个人法益说和其他学说这三种观点来展开讨论。个人法益说认为本罪法益是与个人相关的权利，有学者强调法益内容是个人信息权[1]，也有学者主张其内容是公民人格尊严与个人自由[2]，还有学者将其认定为个人法益中的公法法益[3]；超个人法益说认为本罪法益是指非专属于特定个人的法益[4]，有观点认为其是具备实质权利内涵的集体法益，具体为信息专有权[5]，也有观点认为其是公共信息安全[6]，还有将其定义为个人信息安全的社会信赖[7]；其他学说有网络隐私权说等。[8]

无论观点多样性如何，探究侵犯公民个人信息罪的保护法益还是应当回到法条本身。首先，笔者研究发现，本罪保护法益必然包含了个人法益。这一结论有以下论据予以支撑：其一，该法条的体系位置体现其法益。本罪法条是《刑法》第253条之一，位于《刑法》分则第四章的侵犯公民人身权利、民主权利罪之中。纵观刑法分则各章节的内容可知，体系位置大体上决定了罪名的保护法益。因此本罪的保护法益应当以个人法益为基础或其主要法益属于个人法益。[9]其二，该罪名经常与诈骗等个人权利相关的犯罪相关联。个人信息经常被用于实施网络诈骗，所以二者之间经常是上下游犯罪的关系，因此打击侵犯个人信息犯罪其实是打击网络犯罪的先举之措。[10]另外，公民个人信息泄露也可能导致一些人身犯罪的实施，例如，有些行为人为了实施

---

〔1〕 刘艳红：“侵犯公民个人信息罪法益：个人法益及新型权利之确证——以《个人信息保护法（草案）》为视角之分析”，载《中国刑事法杂志》2019年第5期。

〔2〕 高富平、王文祥：“出售或提供公民个人信息入罪的边界——以侵犯公民个人信息罪所保护的法益为视角”，载《政治与法律》2017年第2期。

〔3〕 欧阳本祺：“侵犯公民个人信息罪的法益重构：从私法权利回归公法权利”，载《比较法研究》2021年第3期。

〔4〕 贾健：“人类图像与刑法中的超个人法益——以自由主义和社群主义为视角”，载《法制与社会发展》2015年第6期。

〔5〕 敬力嘉：“大数据环境下侵犯公民个人信息罪法益的应然转向”，载《法学评论》2018年第2期。

〔6〕 王肃之：“被害人教义学核心原则的发展——基于侵犯公民个人信息罪法益的反思”，载《政治与法律》2017年第10期。

〔7〕 江海洋：“侵犯公民个人信息罪超个人法益之提倡”，载《交大法学》2018年第3期。

〔8〕 徐翕明：“‘网络隐私权’刑法规制的应然选择——从‘侵犯公民个人信息罪’切入”，载《东方法学》2018年第5期。

〔9〕 高富平、王文祥：“出售或提供公民个人信息入罪的边界——以侵犯公民个人信息罪所保护的法益为视角”，载《政治与法律》2017年第2期。

〔10〕 江海洋：“侵犯公民个人信息罪超个人法益之提倡”，载《交大法学》2018年第3期。

故意杀人行为而非法获取被害人的住址信息等情形。所以，本罪保护个人信息是手段，进一步保护公民的财产及人身利益，因此其法益自然涉及个人法益。其三，该罪名的"情节严重"要件能体现其法益是个人法益。《刑法》第253条之一第1款的前半句"违反国家有关规定，向他人出售或者提供公民个人信息"覆盖本法条的全部，是对行为质的要求，而"情节严重"的规定则是量的要求。在侵犯公民个人信息行为的过程中，量的判断有两个可能的维度：一是行为涉及的人数多少；二是行为涉及的每条信息的内容。也就是说，认定情节严重有两种可能性：一种是行为人出售或提供1万条信息之行为的法益侵害性大于出售或提供1000条信息之行为，另一种是行为人出售相同的信息数量，其中出售信息含量丰富之行为的法益侵害性大于出售信息含量贫瘠之行为。前者的法益侵害性判断逻辑是，行为侵害的个人数量较多者，法益侵害性较大；后者则是，行为侵害个人的程度更深者，法益侵害性较大。无论是哪种"情节严重"，最终的落脚点都是在个人法益上。不过，从裁判文书网上公布的判决书来看，这里情节严重的衡量一般是行为涉及的人数也就是信息总数的多少。那么这里判断情节严重的逻辑就应当是：信息涉及的人数越多，罪行便越严重。由此也可以看出，本罪法益仍然落在了个人法益上。

此外，笔者认为，《刑法》第253条之一第2款的法益除个人法益外，还应当包括某种其他类型的法益。第2款的构成要件与第1款不同的地方有二：一是对行为对象的要求不同；二是在构成要件上少了对"情节严重"的要求。首先，由于本款的行为方式没有改变，因此行为直接侵害的法益至少应当与第1款相同，即本款保护的法益至少包括了个人法益。但是，本款对行为对象作出了特殊规定，这也直接说明本款的保护法益与第1款存在差别。其次，本款既然不要求"情节严重"这一量的要求，这就直接说明本款的行为类型较第1款的法益侵害性更高。而原因就出在行为对象的变化上。本罪的行为对象仅限于"在履行职责或者提供服务过程中获得的公民个人信息"。虽然法条规定的是特殊的行为对象，但事实上是规定了特殊的行为主体。因为只有具备某种特定职务或者为客户提供相关服务的人才能在"履行职责或者提供服务过程中"获得公民的个人信息。其他不具备这两种地位的人实施这些行为只能构成第1款所述的行为类型。由此可见，行为主体的特殊性就是本款从重处罚的根据所在。那么，从法益角度来说，行为主体的特殊性会给本款法益带来哪些影响呢？笔者认为，本款行为主体的特殊性在于其较普通人更容易接触到大量的公民个人信息，并且此类主体一般具有处理信息的权力或权利。所以，笔者认为，这类特殊主体属于公民个人信息秩序的维护者。由此，此类特殊主体若在其履行职责或者提供服务过程中获得公民个人信息并通过某种途径泄露于外，则直接破坏了公民个人信息的管理秩序。所以，本款除了保护个人法益之外，应当还保护一种与公民个人信息相关的秩序法益，这种秩序是公民个人信息不受无端披露、受到应有保护的制度。

由此可以看出，《刑法》第 253 条之一第 2 款所保护的法益相比于第 1 款的内容要多，即本款还保护与公民个人信息相关的秩序法益。由于本款法益内容更丰富，所以实施符合本款所述类型之行为的法益侵害性更高，应当承受更重的刑罚处罚。综上，从刑法的法益来说，合法获取型侵犯公民个人信息罪侵犯了更为丰富的法益内容，因此应当从重处罚。

（二）形式根据之二：个人信息处理者的特殊地位

自 2021 年 11 月《个人信息保护法》实施，我国对公民个人信息的保护又有了新路径、新根据。《个人信息保护法》对个人信息处理者的义务作出了规定，并且规定了相应的法律责任。《个人信息保护法》第 13 条规定了信息处理者处理个人信息的一般规定，其中第 1 款第 2 项的"为订立、履行个人作为一方当事人的合同所必需"和第 3 项的"为履行法定职责或者法定义务所必需"，基本上对应了"履行职责"和"提供服务"的两个过程。而根据第 13 条第 2 款规定，这两种情况下信息处理者处理公民个人信息时不需取得公民个人的同意。由此可以看出，该法赋予了这类信息处理者一种特殊的地位。那么这种特殊地位是何种性质，这里值得研究。这种地位由《个人信息保护法》赋予，由此我们应当先认清该法的法律定位。

目前，关于《个人信息保护法》的地位，学界观点不一。有学者将其看作"作为领域基本法及与民法、刑法等基本法并立的法律"[1]；也有观点认为"其所包含的个人信息的私法规则与《民法典》构成特别法与一般法的关系"[2]。

---

[1] 龙卫球："《个人信息保护法》的基本法定位与保护功能——基于新法体系形成及其展开的分析"，载《现代法学》2021 年第 5 期。

[2] 王利明："论《个人信息保护法》与《民法典》的适用关系"，载《湖湘法学评论》2021 年第 1 期；石佳友："个人信息保护的私法维度——兼论《民法典》与《个人信息保护法》的关系"，载《比较法研究》2021 年第 5 期。

在争议之外，也有学者采取了折中的观点，认为《个人信息保护法》具有混合法性质。[1]回答这一问题还应当回到法条本身，法条的内涵是该法性质的直接体现。笔者经研究发现，该法具备一些民法规范的内容，但更多的还是偏向行政法规范。

第一，从本法的法条内容中可以找到民法规范的痕迹。其一，从第二章第一节关于处理个人信息的规定可以看出，这里规制的内容包括两个平等主体之间关于个人信息使用的法律关系。该法第13条第2款明确规定了在一般情况下信息处理者在处理公民个人信息时应当取得个人同意，第14条规定这种同意应当在个人在充分知情的前提下自愿、明确作出，这直接体现出了民法中的自愿原则。而取得同意的必要性也体现出公民个人和信息处理者之间的关系是平等的。其二，从该法第七章第69条规定的法律责任部分可看出，这里个人信息处理者应当承担的法律责任包括民事法律责任。本条第1款规定了个人信息处理者的侵权责任，这直接对应了《民法典》侵权责任编的内容，且责任形式也是诸如承担损害赔偿之类的民事责任形式。第2款赔偿责任的确定即赔偿数额的计算也是沿袭民法中责任承担的规则。由此可以看出，本法在个人信息保护的过程中，存在将公民个人和个人信息处理者作为平等主体对待的情况，规定此类内容的法条具备民法规范性质。

第二，本法中包含着大量行政法规范的内容。其一，本法对公民个人和个人信息处理者的权利义务规定体现了其保护的倾向性，间接体现出了行政管理的性质。该法第四章规定了个人在个人信息处理活动中的权利，第五章规定了个人信息处理者的义务。这里可以看出该法主要保护的是公民个人，与个人信息处理者相关的规定基本上都是对其行为的限制。因此，可以看出，该法在调整主体之间的关系时具有行政管理的倾向。其二，该法还特别规定了履行个人信息保护职责的部门，直接体现其行政管理的性质。该法第六章规定了履行个人信息保护职责的部门的范围、职责、工作内容等。这也是基于行政管理需求的法律规范。其三，本法的法律责任部分大体是行政责任方式。例如，该法第66条中个人信息处理者承担责任的方式有警告、没收违法所得、罚款、吊销营业执照等。这些都是行政处罚的责任形式。另外，该法

---

[1] 唐瑞芳："个人信息保护的立法基础、规范意涵与体系构造——以我国《个人信息保护法》立法依据条款为考察中心"，载《湖南社会科学》2022年第5期。

第 68 条规定了国家机关违反该法的责任形式，这里的"责令改正"和"给予处分"都是内部行政行为，也属于行政管理的一种。由此可以看出，该法中大部分规定都是基于行政管理的必要性而制定，因此该法具备行政法规范性质。

所以，总的来看，该法是民法规范与行政法规范的综合体，但其中行政法规范的占比远大于民法规范。因此，笔者认为，该法是以行政法规范为主，在必要的部分例外地规定了民法规范的法律部门。而关于国家机关和服务提供者的地位，该法是以行政法的形式予以规定的。因此，《个人信息保护法》赋予了国家机关和服务提供者一种行政法上的特殊地位。

那么，这种特殊地位的意义在哪里呢？首先需要明确的是，国家机关和服务提供者在获取公民个人信息方面具有得天独厚的优势。国家机关出于行政管理的必要，必须掌握公民的个人信息才能正常开展工作。而国家机关与公民个人之间并非平等的法律关系，且在此过程中国家机关的行为系职权行为，个人负有配合义务。[1]所以，国家机关获取公民个人信息是非常容易的。服务提供者在于个人订立相关合同时，往往会主动获取用户的授权来获取用户的个人信息，以便提供个性化服务。甚至有许多服务提供者强势违规收集个人信息，否则将无法获得相应的服务。[2]因此服务提供者在收集用户信息时也具有优势地位。在此前提下，《个人信息保护法》在订立个人信息处理的一般规定时，特别地将这二者列为无需同意即可处理个人信息的主体。对于容易获取公民个人信息的个人信息处理者，该法不但没有限制其处理信息，反而给予其更多的便利。这是出于社会运转的需要，由于这类主体在工作过程中必须涉及个人信息的处理，为了其高效运转所以特别规定其无需获得个人同意。这一做法实质上是给予二者在个人信息管理上的一种便利，也变相赋予了其对个人信息的处理权。

从这个意义上来说，国家机关和服务提供者在个人信息处理上与其他主体有实质性差别。二者在收集公民个人信息时处于优势地位，在处理公民个人信息时也不受公民同意的限制。由于这两类主体具有特殊性，其违反国家规定处理个人信息的行为对个人信息管理秩序造成的危害也更大。故从行政

---

〔1〕 王锡锌："国家保护视野中的个人信息权利束"，载《中国社会科学》2021 年第 11 期。

〔2〕 "App'不同意授权就不能用'将成历史"，载 http://it.people.com.cn/n1/2019/0531/c1009-31112531.html，2022 年 10 月 26 日访问。

管理的角度来看，国家机关和服务提供者具有行政法上的特殊地位，也应当受到更多的制约。因此，当国家机关和服务提供者的工作人员构成侵犯公民个人信息罪时应当从重处罚。

（三）实质根据

2009 年，《刑法修正案（七）》增加了侵犯公民个人信息罪。当时《刑法》第 253 条之一第 1 款只规定了国家机关或者金融、电信、交通、教育、医疗等单位的工作人员违法处理公民个人信息的情况。2015 年，《刑法修正案（九）》对该罪进行了修改，增加了一般主体违反国家规定处理公民个人信息的行为，并将特殊主体违反国家规定处理个人信息的情形单列为第 2 款，作为从重处罚的情形。对比该罪修改前后的构成要件可以发现，合法获取型侵犯公民个人信息罪的主体发生了变化。《刑法修正案（七）》列举了国家机关和一些特殊单位的工作人员，并用"等"字兜底。根据论理解释规则，对"等"字的解释应当与前面列举的内容具有同质性。金融、电信、交通、教育、医疗单位在我国属于承担一部分公共职能的单位，而这些部门当时确实掌握了大量公民个人信息，因此对这些单位有规制的必要。[1]据此，在修改前，本罪的主体只能是国家机关和这些特殊单位的工作人员，原因在于这些主体在当时具备了获取公民个人信息的便利条件，更容易掌握独立公民个人信息。但是，随着大数据时代的到来，各类服务业网络化的进程也随之加快，越来越多的服务商或个人也可以轻易地收集公民个人信息。[2]因此，《刑法修正案（九）》直接规定了一般主体侵犯公民个人信息的构成要件，但同时对违反国家规定出售或提供"在履行职责或者提供服务过程中获得的公民个人信息"的行为从重处罚。这里对"服务过程"没有作出特殊规定，由此可以认定所有的服务从业者都属于这里的服务提供者。为了便于分析，笔者认为，由于国家机关与公共职能部门的工作人员的行为性质具有一定类似性，所以这里可以根据刑法修正案前后修改的内容将服务提供者分为公共职能部门和其他服务提供者，并将公共职能部门与国家机关看作统一整体。那么这两类主体作为特殊主体从重处罚的实质依据在哪里呢？下文笔者将分别论述。

---

〔1〕 徐翕明："'网络隐私权'刑法规制的应然选择——从'侵犯公民个人信息罪'切入"，载《东方法学》2018 年第 5 期。

〔2〕 胡林果、毛鑫："谁让你的个人信息在'裸奔'——部分 App'过分'收集用户信息调查"，载 https://www.chinacourt.org/article/detail/2019/05/id/3955440.shtml，访问日期：2022 年 10 月 26 日。

1. 对国家机关与公共职能部门的工作人员从重处罚的实质根据

国家机关和公共职能部门在性质上存在相似之处，但也存在差异。国家机关工作人员在履行职责的过程中实现了国家公权力的运转，因此其在履行职责过程中获取的公民个人信息属于国家公权力运转的产物，但是公共职能部门并没有获得国家公权力的授权，所以这里还需再讨论。

第一，国家机关工作人员履行职责的过程是行使国家公权力的过程。当国家机关工作人员不当行使国家公权力时，其行为直接侵害的内容就是这里对其从重处罚的实质依据。事实上，《刑法》分则第九章渎职罪就是对国家机关工作人员不当行使国家公权力的刑法规制。因此国家机关工作人员履行职责过程中侵犯公民个人信息的行为与渎职罪具有类似的特征，即侵犯了国家机关公务的合法、公正、有效执行以及国民对此的信赖。[1]因此，国家机关工作人员在合法获取型侵犯公民个人信息罪中从重处罚的实质根据是其行为侵犯了公务行为的正常执行，破坏了国民对公务行为的信赖性。

第二，公共职能部门工作人员提供服务的过程没有公权力的参与，但这些部门也拥有一种准公权力，即社会公权力。社会公权力在人类社会经历了起伏，从最初人类共同体形成时即存在，后被国家公权力逐步吞噬，近年来随着国家治理的需要又重新出现；这种社会公权力为社会成员提供"准公共产品"，实现社会利益。[2]根据社会公权力的定义，公共职能部门就是《刑法修正案（七）》设立侵犯公民个人信息罪时包含的金融、电信、交通、教育、医疗单位等。由于这些单位性质的特殊性，其工作人员在提供服务过程中侵犯公民个人信息的，就破坏了社会公权力的正常运转。

总的来说，国家机关与公共职能部门的工作人员在其履行职责或提供服务的过程中，都有公权力的参与。内容虽然存在差别，但是二者的性质具有相似性。对社会成员来说，公权力具有很高的可信赖性，而合法获取型侵犯公民个人信息的行为直接破坏了国民对公权力的这种信赖，因此对这类行为应当从重处罚。

2. 对其他服务提供者工作人员从重处罚的实质根据

目前，随着大数据时代的到来，越来越多的服务提供者具备了提供线上

---

〔1〕 张明楷：《刑法学》（下），法律出版社 2016 年版，第 1238 页。

〔2〕 徐靖："论法律视域下社会公权力的内涵、构成及价值"，载《中国法学》2014 年第 1 期。

服务的条件，因此也出现了更多服务商收集个人信息的情况。而服务商收集个人信息的途径大多是通过 App 或小程序来实现，这里就以 App 服务协议为例来予以说明。一般来说，在用户下载 App 之后，首次登录时需要同意《用户服务协议》，而用户勾选该协议之后，才可以使用 App。当用户与服务提供者之间签订了《用户服务协议》之后，二者之间就形成了一个服务合同。这种合同不是《民法典》明文规定的类型的服务合同，因此属于非典型服务合同。[1]这类合同的履行应当遵守《民法典》合同编通则的规定。《民法典》第 501 条规定了合同当事人对商业秘密和其他信息的保密义务。这里就有一个问题，即公民个人信息是否属于这里的其他信息。有学者认为，公民个人信息已有侵权责任编保护，且其可保护性程度未达到商业秘密的程度，因此这里无需将公民个人信息纳入"其他信息"的范围。[2]笔者不同意该观点，原因在于，在服务合同之下侵犯公民个人信息和直接侵犯公民个人信息的性质有差别。如果某一主体直接窃取了公民个人信息，这一行为只是对公民个人信息权的侵犯。但如果某一主体在与公民签订了服务协议并合法获得了公民个人信息之后，又实施了侵犯公民个人信息的行为，那么此时该主体不仅侵犯了公民个人信息，还违反了与公民个人签订的服务协议。

从上述分析可以看出，除公共职能部门之外的其他服务提供者获取公民个人信息一般都是通过这种服务协议实现的，这些其他服务提供者与使用服务的公民之间具有合同关系。而这些服务提供者对服务过程中获取的信息具有保密义务，所以其工作人员在服务过程中获取公民个人信息后出售或提供给他人的行为违反了合同保密义务。

综上所述，除公共职能部门之外的其他服务提供者在通过服务的过程中一般都与公民个人签订了服务合同，所以这些服务提供者对公民个人信息具有保密义务。因此，其泄露公民个人信息的行为违反了该保密义务，应当对其从重处罚。

三、根据从重处罚根据对本罪行为主体的再认定

合法获取型侵犯公民个人信息罪从重处罚的根据恰恰是认定本罪的标准。

---

〔1〕 杨小强："非典型合同论"，载《中山大学学报（社会科学版）》1997 年第 S1 期。

〔2〕 尚连杰："《民法典》第 501 条（合同缔结人的保密义务）评注"，载《法学家》2021 年第 2 期。

在认定行为人侵犯公民个人信息的行为是否符合从重条款规定时，便应当根据本罪从重处罚的根据得出结论。前文对本罪从重处罚的根据作出分析，从形式根据和实质根据两个方面分别展开论述。而在此处，对本罪行为主体的认定这一问题上，笔者认为形式根据虽然也能予以参考，但是只能起到一些指导作用而没有实际的认定标准。原因在于，形式根据不能给出直接的指标用以判断本罪行为主体是否适格。因此这里笔者就通过本罪从重处罚的实质根据来认定本罪的行为主体。

（一）"履行职责"的认定标准

当行为人在履行职责过程中获取了公民个人信息后予以出售或提供给他人，其行为就构成合法获取型侵犯公民个人信息罪。那么行为人履行职责的过程该如何认定就是本罪的重点。前文案例二和案例三的被告人都是利用他人的账户登录相关平台，查询公民个人信息并予以出售。这些被告人都是辅警，没有正式编制所以也没有平台账户。但是，其行为似乎也是在其"履行职责"的过程中发生的。从两案的司法判决差异可知这里存在对"履行职责"的认定难题。笔者认为，该问题可凭借本罪从重处罚的实质根据予以解决，即"履行职责"的认定标准是（准）公权力的行使。在此，笔者将对实践中可能出现的情况作出解释。

其一，当国家机关或公共职能部门的工作人员在其职权范围内获取到公民个人信息，我们可以认定该工作人员是在"履行职责"的过程中获取公民个人信息。这些单位的工作人员在承担其工作任务时，当然行使了（准）公权力。所以，只要是在职权范围内出现的工作任务，都是这些行为主体行使（准）公权力的对象。所以，行为人的工作内容中出现的公民个人信息都属于其在"履行职责"过程中获取的信息。其二，当这些单位的工作人员在工作过程中但在职权范围外偶然获得了公民个人信息，我们不能认定该获取行为系在"履行职责"的过程中发生。这里的"偶然获得"可能有多种情况，行为人可能只是无意中拿到了承载公民个人信息的文件，也可以是如前述案例被告人一般故意从他人处获取信息，或者他人借用行为人的办公设备在行为人处留下数据痕迹等。在这类情况下，虽然行为人获取公民个人信息的过程发生在其工作过程中，但此时也不能认定行为人是在"履行职责"过程中获取公民个人信息。原因在于，"工作"过程与"履行职责"过程并非一个等同的概念。在国家机关和公共职能部门内部，"履行职责"是对自己责任范围内的（准）公权力的行使过程，而"工作"过程则也可能涉及他人责任范围的内容。因此，这里认定"履行职责"还是应当从本罪从重处罚的根据出发，当行为人在（准）公权力的正常运转过程中获取了公民个人信息时，应当认定行为人在"履行职责"的过程中获得了该信息，故应当对其从重处罚；当行为人没有滥用（准）公权力而是采取其他诸如偷拍、登录别人账户的手段获得公民个人信息，则不能认定其是在"履行职责"过程中获得该信息，因此不能对其从重处罚。

（二）"提供服务"的认定标准

除公共职能部门外，其他服务提供者的工作人员在"提供服务"过程中获取公民个人信息的，也构成合法获取型侵犯公民个人信息罪。这里对工作人员提供服务的过程也需要有适当的认定标准。根据前文可知，在提供服务过程中获取公民个人信息后出售或提供给他人之行为从重处罚的根据在于行为人违反了服务合同的保密义务。因此，判断行为人获取公民个人信息的过程是否属于"提供服务"的过程，应当参考前述从重处罚的根据。

前文谈到，其他服务提供者与公民个人之间签订了服务协议。所以，这些服务提供者的工作人员的行为都代表服务提供者这一主体。但是并非所有的工作人员都对公民个人信息具有保密义务。对这类情况，我们可根据行为人在服务合同中承担的角色来对其进行分类：第一是服务合同的直接责任人，第二是其他人。合同的直接责任人在其为客户提供服务的过程中必然会获取客户的相关个人信息，而其他人由于其工作环境也有可能接触到责任范围之外的公民个人信息，例如保洁人员可能通过废弃纸张接触到一些公民个人信息。从合同出发，服务协议的双方是服务提供者与公民个人，所以服务提供者的任何一个工作人员违反服务协议都属于合同违约。但是，服务合同的直接负责人与其他人的行为性质是有差别的。对于一个服务合同，服务提供者和该合同的直接责任人对合同涉及的公民个人信息具有保密义务，其他人则不具有这种保密义务。原因在于，其他人有自己的工作内容，只要不涉及该服务合同，就与这一合同无关，因此不对该合同承担任何义务。当然，有些服务提供者会要求其工作人员对该罪所涉的所有信息保密，此时其工作人员泄露其工作内容之外的信息，只是工作人员与公司之间关于劳动合同义务违反的问题，与服务合同无关。所以对服务合同具有保密义务的主体只有服务提供者和其直接责任人。

据此,我们可明确"提供服务"的认定标准。其一,针对某一服务合同,如果该合同的直接责任人在其工作过程中获取了公民个人信息,由于其违反了对该服务合同的保密义务,所以认定其系在"提供服务"过程中获取公民个人信息,因此应当对其从重处罚。其二,针对某一服务合同,当服务提供者的其他工作人员在工作过程中由于种种原因接触到了公民个人信息并予以泄露,由于这类主体不具有对该合同的保密义务,因此不能认定其是在"提供服务"过程中获得该信息,所以其行为不具备从重处罚的特征。

结 语

合法获取型侵犯公民个人信息罪从重处罚的根据可以从多方面来展开讨论,刑法、行政法的相关规定是本罪从重处罚的形式根据,(准)公权力的滥用和合同保密义务的违反则是本罪从重处罚的实质根据。形式根据对本罪认定起到指导作用,实质根据则可用于寻找本罪认定的可操作标准。从本罪从重处罚的实质根据可知,国家机关或公共职能部门的工作人员通过(准)公权力的运转获得个人信息的,可被认定为"履行职责"过程中获得。其他服务提供者的工作人员,若具有服务合同保密义务而出售或向他人提供合同相关个人信息的,可被认定为在"提供服务"过程中获得该信息。

个人信息数据安全刑事合规体系研究

魏　铭 *

摘　要：互联网发展的社会背景下，个人信息数据成了新时代的生产要素新兴的网络企业和传统的线下企业都在积极地利用网络技术和数据技术，企业存在侵犯公民个人信息自决权和滥用信息风险，非法售卖、泄露用户个人信息风险。有效的企业合规具有预防企业犯罪、完善企业管理的基本功能和提高企业整体价值的社会功能。"侵犯公民个人信息罪"强化对单位犯罪的刑事制裁，"拒不履行安全管理义务罪"将企业的管理上升到刑事义务的层面。建议企业加强对信息收集的合规化建设，建立用户权益保障制度及隐私保护制度，尽职调查第三方，防范违法犯罪风险，建立"技术+合规"的工作体系，加强对员工的合规教育，通过企业合规实现企业的长久发展。

关键词：个人信息保护；刑事合规；侵犯公民个人信息罪；合规化管理

一、问题的提出

数据商业利用与个人信息保护之间的对立，无疑是互联网时代发展过程中遇到的最大矛盾。互联网企业日常运营需要不断收集和使用个人信息。这些信息涉及用户的个人隐私，一旦企业管理信息不当，造成信息泄露或是将信息非法售卖给第三方，会对用户的人身安全和财产安全造成不可估量的影响，企业可能受到巨额的罚金，影响企业的声誉，企业可能因此丧失一些领域的投标资质和市场准入的条件。企业需遵守信息保护类法律，如"侵犯公

---

* 魏铭，天津大学法学院刑法学硕士研究生。

民个人信息罪""拒不履行信息网络安全管理义务罪""帮助信息网络犯罪活动罪"等禁止性规范，否则会导致企业自身面临行政处罚、刑事处罚的法律风险。随着大数据技术的广泛运用，企业容易侵犯公民个人信息，也容易成为被侵犯的对象。企业有数据被盗用、被攻击的技术安全风险以及日常管理的风险。企业刑事合规具有降低企业风险的基本功能，能促进企业管理的现代化、法治化。使企业更好地承担社会责任，实现社会价值。企业需根据自身特点建立个人信息数据合规体系，保证企业合理收集、使用、管理所收集的用户个人信息，平衡数据商业利用与个人信息保护之间的关系。

本文拟从个人信息安全领域的企业刑事合规体系建构的视角出发，探讨以下三大问题：其一，企业面临的个人信息数据安全风险；其二，个人信息数据安全刑事合规的功能；其三，企业如何加强对用户信息的合规化管理。

二、企业面临的个人信息数据安全风险

防范刑事风险是企业数据管理合规中的筑底部分内容。处理个人信息应遵循合法、正当、必要原则。企业刑事合规风险包括触犯了各种刑事法律法规的滥用类风险和基于技术、管理原因形成的安全类风险。

（一）滥用类风险

网络平台是信息技术的产物，因为行为的开放性和虚拟性使安全风险倍增。基于风险发生场景维度的不同，滥用类风险可被分为数据获取风险和数据提供风险。

1. 数据获取风险

数据的获取是数据的源头，企业非法获取公民信息的形式有：内部人员窃取、通过业务合作进行交换、通过 QQ 群购买、跟踪偷拍、黑客攻击、使用木马病毒获取、通过伪基站非法获取。非法获取和买卖个人信息达到一定数量就会构成侵犯公民个人信息罪，而不以有损害后果为前提，非法获取后用于合法经营也可构成犯罪。通过黑客攻击、使用木马病毒攻击获取个人信息，可构成非法获取计算机系统数据罪或非法侵入计算机系统罪。

侵犯公民个人信息成了企业数据管理的重要风险。2018 年 7 月，公安部、最高人民检察院督办的特大侵犯个人信息专案顺利破获，数据堂公司牵涉其中，多名数据堂股东被调查，最终包括首席运营官、平台资源部总监等在内的 6 名员工被诉。数据堂公司本身虽然尚未被诉，但所调查出的证据表明数

据堂公司是否涉嫌单位犯罪仍存争议，该公司自 2017 年 8 月 14 日起已经停牌，至今仍未复牌，公司的产品营销线和金融征信线已被关停。

该案中，涉案信息的源头为联通一家合作商的两名"内鬼"员工，将涉及全国 15 个省份联通机主的上网数据和偏好，包括手机号、姓名、上网数据、浏览网址等出售给济南北商经贸有限公司，数据堂人员再从济南北商经贸有限公司购入涉案数据。此后，数据堂公司有关人员将经过清洗和处理的数据卖给扬州金时公司（主要内容为手机号、地区和偏好），扬州金时公司再转手将数据卖给上海驭欣公司。扬州金时公司、济南北商经贸有限公司违反《刑法》第 253 条之一，构成向他人出售或者提供公民个人信息罪。

2. 数据提供风险

"告知–同意"是信息保护法规定的处理规则，处理个人信息应当遵循公开、透明原则。非法提供形式主要是利用 QQ 群等网络社发布公开，非法公开发布个人信息也是提供的一种，部分企业为了节省成本，实现最大程度的获利，会在不经用户同意的情况下私自将数据共享给第三方，未尽到对数据的安全保障义务、不调查合作伙伴收集信息的用途。滥用权利私自授权共享给其他用户会提高数据泄露隐患。非法提供个人信息可能构成侵犯公民个人信息罪或者帮助网络信息犯罪等新型犯罪，如果对第三方运用数据实施的传统犯罪知情，还可能构成相关犯罪的共犯。第三方利用网络平台传播淫秽视频和图片的，网络平台可构成传播淫秽物品牟利罪。在"快播案"中，快播公司提供给用户下载和上传淫秽视频的平台，并给用户提供缓存服务，由于快播公司放任淫秽视频在平台上大量传播，因此构成传播淫秽物品牟利罪。

（二）安全类风险

大数据的发展对企业的技术和管理提出了更高的要求，企业既要防止触犯法律的风险，也要防止自身受到犯罪行为的侵害。数据安全类风险存在信息的获取、存储、使用、提供，公开等每一个环节。安全类风险包括信息技术安全风险和信息管理风险。

1. 信息技术安全风险

互联网企业的发展促进了信息数据的经济价值和社会价值，但企业在处理海量数据的同时，也面临着自身技术、用户违法、外界网络攻击等风险。在信息技术安全领域，企业面临的刑事合规风险有非法利用信息网络罪、非法帮助信息网络罪、非法侵入计算机系统罪等。新浪微博用户资料数据库曾于 2020 年遭黑客入侵，超 5.38 亿微博用户的个人信息数据被盗取并摆在暗网上公开销售。新浪微博安全总监罗诗尧回应称，这些手机号是 2019 年通过通信录上传接口被暴力匹配的，新浪一经发现数据被泄露后就立即报警。此次数据泄露事件能反映出新浪微博数据库安全性存在隐患，可能会给用户造成财产风险和人身风险。新浪微博作为网络平台应当承担对用户数据的妥善存储及保护义务，故工信部要求其按照《网络安全法》等法律法规进一步采取有效措施，消除数据安全隐患。

2. 信息管理安全类风险

我国允许网络企业采集、使用、存储个人信息，信息数据是企业发展的依托。但权利与义务是相对应的，《刑法》第 286 条之一规定了拒不履行信息网络安全管理义务罪，通过刑法的强制力，将企业的数据安全管理义务上升到刑事义务的层面，对企业数据安全管理提出了更高的要求。企业控制管理安全风险需要落实信息网络安全管理制度和安全保护技术措施，及时发现和处置违法信息。数据安全保护程度影响企业存亡，以"快播案"为例，快播公司直接负责人员在明知快播公司擅自从事互联网视听节目服务、视听节目包含有色情等内容的情况下，未履行监管职责，放任淫秽视频在快播公司控制和管理的缓存服务器内被储存并下载，导致大量淫秽视频在网上传播。很显然，若"快播案"发生在拒不履行安全管理义务罪实施之后，则理所当然构成本罪。

三、个人信息数据安全刑事合规的功能

企业建立完善的个人信息数据安全刑事合规体系，事前合规有利于提高企业的风险防控能力，通过事后合规可以换取不被起诉、减免刑罚，有效的合规计划能激励企业完善内部治理结构，提升企业的整体价值。

（一）有利于风险防控

刑事合规改变了以往"企业犯罪，国家担责"的治理模式，通过使公权力积极参与企业治理，帮助企业诊断风险，量身制定符合法律规定的制度和规则。这些制度和规则位于刑事实体法的前置领域，确保风险不会变成现实。即刑事合规通过事先采取积极的预防策略，降低企业触犯法律的危险。企业合规通过正向激励赋予企业压力和动力，引导企业积极履行合规义务，承担安全管理责任。在发生不可控的危害安全的犯罪行为时，因企业积极履行了刑事合规责任而得到刑事减责或免责，成了企业合法的出罪事由。

（二）以合规换取减免刑罚

企业是市场经营的主体，一旦受到法律制裁，企业在经济和声誉上便会受到损失，市场业务的开展也会受到限制，甚至面临倒闭、破产的风险。治理企业信息类犯罪最根本的目的不是惩罚，而是依法追究企业的违法犯罪行为并予以矫治，使企业可以进行整改、合规经营，更好地承担社会责任。法院在对涉嫌犯罪的企业进行定罪后，可以考察企业对于合规计划的执行情况，如果企业履行合规计划较好，可以减轻对该企业的处罚，以激励更多企业履行合规计划。这种以合规换取减轻刑罚的做法。在"雀巢公司员工侵犯公民个人信息案"中，雀巢公司即通过合规制度实现了单位责任与员工个人责任的有效切割。雀巢公司将其建立的数据保护合规体系作为无罪抗辩事由，切割了雀巢公司与高管、员工和第三方的责任。企业不当收集或泄露用户个人信息将受到刑罚时，如果企业能够提交一份有效的针对用户个人信息保护的合规计划并落实了合规计划，公司合规委员会或监督委员会已经妥当履行其工作职责，就可以减轻或免除对企业的刑罚。国家放弃部分刑罚权，激励企业通过合规预防犯罪换取宽大处理。这不仅有利于企业自身的发展，也有利于我国市场经济的发展。[1]

（三）实现单位责任和员工责任的分离

一旦企业被认定构成单位犯罪，绝非仅是罚金损失，还可能丧失一些领域的投标资质和市场准入条件，进而直接影响到经营状况。从定罪论角度来看，我国现在对单位犯罪实行双罚制，在一般情况下，责任人的刑事责任与单位的刑事责任是一体的，但实际上单位责任与个人责任在某些情况下是可以且应当分离的。如上文所举案例，数据堂单位人员、济南北商经贸有限公司、扬州金时公司均构成侵犯公民个人信息罪，面临刑事风险。不同的是，数据堂公司可以通过建立并落实合规计划实现单位责任和"内鬼"员工责任的分离，追究"内鬼"员工的刑事责任，避免公司受到影响被关停。

在"雀巢公司员工侵犯公民个人信息案"中，雀巢公司即通过合规制度实现了单位责任与员工个人责任的有效切割。[2]企业不当收集或泄露用户个

---

〔1〕 王颖："企业刑事合规的理论证成及其制度边界"，载《中国检察官》2021年第23期。

〔2〕 兰州市城关区人民法院［2016］甘102刑初605号刑事判决书：雀巢公司无罪抗辩案中雀巢公司区域经理等人，授意手下员工采取物质贿赂等方式从医务人员处获取孕妇等公众的相关个人信息，进而推销雀巢产品。庭审期间，被告人及其辩护人认为实施违法行为是为了完成公司的任务，本案

人信息将受到刑罚时，如果企业能够提交一份有效的针对用户个人信息保护的计划并落实了合规计划，公司合规委员会或监督委员会已经妥当履行其工作职责，就可以减轻或免除对企业的刑罚。[1]国家放弃部分刑罚权，激励企业通过合规预防犯罪换取宽大处理。这不仅有利于企业自身的发展，也有利于我国市场经济的发展。[2]

（四）激励企业完善内部治理结构

为提升企业信息数据安全法益保护的积极性，推动技术研发主体与使用主体建立内部治理结构，笔者认为可以探索尝试激励诱导模式。例如，对内部治理结构完善的企业可以通过降低检查频率，给与政策支持等方式予以鼓励。对于注重用户个人信息保护企业，可以通过减免税收、资金扶持等激励政策使得更多的企业愿意拿出一部分资金完善内部的合规制度。一些中小企业不愿意制定合规计划的原因就是制定合规计划的费用较高，由于企业本身为了追求效益，短期内合规计划无法展现优势，所以企业制定合规计划的动力不足。故可以通过一些合规激励机制促进企业主动制定用户信息保护的合规计划，加大对个人信息保护力度较大的企业的宣传力度。[3]

（五）提升企业的整体价值

从社会价值的角度考量，企业作为社会活动参与主体的价值主要体现在两个层面：一方面体现为生产商品、为消费者提供服务，促进社会主义市场经济的发展，带动就业；另一方面是履行企业经营范围内的社会管理职责，促进社会整体秩序稳定。在信息数据安全问题日益受到广泛关注的现代社会，企业建立并落实合规计划首先有利于保护用户的信息数据安全，防止数据泄露

（接上页）应被认定为单位犯罪。但公诉机关通过两类证据推翻了被告人及其辩护人的上述观点。首先，公诉机关通过雀巢公司培训教材、情况说明、《雀巢指示》等相关文件证实了雀巢公司明令禁止员工采取不正当手段或者在没有经过公司批准的情况下获得公民的个人信息。其次，公诉机关另行提交了被告人的测试卷、测试成绩等证据，证明被告人曾经参与过此类的培训与测试，对雀巢公司的相关规定明知且熟悉。综合上述证据，一审法院认为本案并不属于单位犯罪，因为被告人的犯罪行为并不是雀巢公司的单位意志体现。

〔1〕 李本灿："我国企业合规研究的阶段性梳理与反思"，载《华东政法大学学报》2021年第4期。

〔2〕 李本灿："刑事合规制度的法理根基"，载《东方法学》2022年第5期。

〔3〕 邓根保等："涉案企业合规第三方监督评估机制的建立与运行"，载《人民检察》2021年第20期。

或被窃取，进而减少产生数据犯罪风险造成的损害，增强用户对企业的信赖，提高企业自身竞争力，吸引大量投资者投资，促进企业的长远发展。其次，有效的合规计划能够强化企业的信息数据保护意识，提升企业的经营能力和抗风险能力，增强企业对数据保护的社会责任感。

四、个人信息数据企业刑事合规方案

作为企业，应当意识到，在立法的引导下，社会对于个人信息保护开始普遍觉醒，虽然尚在觉醒时代初期，但是对企业来说恰逢其会。应抓住时机，尽早采取合规措施去满足监管的要求，满足用户对于信息安全的需求，避免因信息安全监管问题面临刑事风险。

（一）企业信息收集的刑事合规建设

网络平台等企业需结合自身情况制定个人信息合规建设方案，严格按照合规方案收集与使用个人信息。[1]企业在收集、处理用户的个人信息前，我们建议企业依据最小必要原则，应谨慎且全面地评估信息收集是否充分、必要。只有在评估结果为必要时才加以采集，否则将面临较高的合规风险。尤其是涉及需要收集用户的面部信息、指纹、医疗健康、金融账户、行踪轨迹等敏感个人信息，由于此类信息具有不可更改性，需要更为审慎，如非必要采集人脸信息，可以采取其他替代方式进行验证的，可以优先采用其他方式。[2]如必须收集上述个人信息，需采取必要的、与处理活动风险相适宜的数据保护及信息安全措施来处理个人信息，以防止发生个人信息安全事件。建立内部信息安全管理体系和制度流程，任命网络、数据安全和个人信息保护的专门负责人员。在发现数据安全缺陷、漏洞等风险时，立即采取补救措施，消除安全隐患，避免发生数据安全事件，或者一旦发生数据安全事件即及时采取处置措施防止危害扩大，从源头保障数据安全。

（二）建立用户权益保障制度及隐私保护制度

在现实生活中，企业一般居于优势地位，企业管理者认为向网络用户提供服务而收集使用信息是一种交易行为，合规意识淡薄。企业需依照合法程序收集个人信息，尊重用户对于个人信息享有的各项权利，如知情权、更正

---

〔1〕 李会彬：“刑事合规制度与我国刑法的衔接问题研究”，载《北方法学》2022年第1期。
〔2〕 李勇：“检察视角下中国刑事合规之构建”，载《国家检察官学院学报》2020年第4期。

权、删除权等。企业必须尊重用户享有的权益，完善用户权益保障机制，在内部建立完善的隐私保护制度，对日常工作中能接触到用户信息的人员进行背景调查，在隐私政策中充分说明生物识别信息的收集、使用、存储、共享等实践，并在收集和使用用户个人信息之前应当明确告知用户收集、使用个人信息的具体范围与目的、用途。企业还应针对个人信息泄露、毁损、丢失，以及系统漏洞、计算机病毒、网络攻击、网络侵入等引发的网络安全事件，制定内部调查细则、违规责任人处理办法、合规体系和技术漏洞修复措施，在违规事件发生后立即实施预案，启动调查、处置和补救措施，弥补因制度和管理漏洞导致个人信息泄露，从而降低用户信息安全风险。尊重用户的删除权，当用户想要删除信息时，彻底删除保留的用户个人信息。企业还应当设定个人信息存储的时间并且在超出期限后进行定期删除或匿名化处理。对于因平台失误造成的个人信息被泄露、篡改、丢失等情形，及时采取补救措施，给予用户更多的维权保障方式，最大限度地保障被侵权人的利益。

（三）建立第三方调查制度

企业在收集用户个人信息前就必须确保程序正常运转下所能收集的最大范围的个人信息，严格规定在数据使用完毕后会被进行何种处理。在开展合作之前，需要开展针对第三方的尽职调查，发现和甄别潜在的风险。只有在第三方能够保障用户个人信息安全，且用户同意将个人信息给第三方使用的情况下，企业才可将收集的用户个人信息共享给第三方。若用户不同意将信息授权给第三方使用，企业需要尊重用户个人意愿，将信息做匿名化、去标识化处理。如果企业不认真尽职调查第三方，任意将信息转售给第三方，企业要重视与数据供应商的协议，要求数据供应商做出如下承诺与保证：①供应商保证其采集数据或者获得数据的行为合法；②供应商保证已经获得了所有必要的个人授权；③供应商保证其已对数据进行了数据脱敏处理，通过信息无法识别到特定个人且不能复原。

（四）"技术+合规"的工作体系

网络安全与信息数据合规要求企业通过技术手段加强对用户信息的管理，如通过招募网络相关技术人才对数据加密、数据分级储存，进行物理或逻辑隔离存储、访问权限管控、网络监测、病毒防范等方面进一步加强。

在数据传输方面，重点关注分布在云端、本地服务器上同步、异步数据发生高密度数据交换时的安全保障措施，确保数据传输安全，降低泄露风险，采用身份认证、进程监控、日志分析和安全审计等技术手段，对数据存取情况进行监测记录。在数据共享方面，特别需要关注全部或者部分委托第三方进行数据处理时的安全和合规问题，减少非必要的信息共享。

实践中不能仅仅通过技术手段促进信息合规化管理，技术也不是使任何合规计划"有效"的万灵药。尽管技术可以实现对信息的实时监管、复杂分析，但如果输入、分析、监管数据的人员未受到充分培训，公司未形成良好的企业文化，员工合规意识淡薄，都会影响合规计划的落实。因此，不仅要推动技术本身向合规化方向发展，还要加强对技术服务对象、技术从业人员、行业行政主管部门的管理。

（五）培育企业合规文化和合规意识

企业在数字化转型过程中，要提高合规风险控制意识，建立全员合规行为规范和文化理念，避免信息类违规事件的发生。首先，培育企业合规文化并制定全员合规行为规范，建立信息安全工作奖励机制，对认真执行合规行为规范的员工进行奖励，并健全合规审查机制，对涉及公共信息的重要事项进行严格的合规审查。其次，落实合规管理制度的实施与合规文化建设，设立企业专门的合规管理和审查，确保严格落实合规计划。最后，健全企业内部违规行为问责和处罚机制，明确数字化业务流程中的责任范围，对企业管理层和员工出现的违法、违规、违纪等不合规行为，严格按照规定进行问责和处罚，并畅通违规行为举报通道，针对反映的问题和线索及时开展调查和问责，避免外部处罚使企业遭受的声誉风险。与企业内部的刚性制度相比，培育企业合规文化更有利于促进企业进行合规化管理。通过培育企业文化，提高员工信息合规意识，当面临合规计划中未明确规定的合规问题时，依然能够根据合规常识正确处理用户的个人信息。良好的合规文化能够大大减轻合规制度的落地成本，并提高合规制度的执行效果。

（六）建立合规体系避免承担因管理失职导致的责任问题

企业要按照《网络安全法》《数据安全法》《个人信息保护法》《刑法》等相关法律法规的要求，建立一套较为完整的个人信息保护合规政策，履行信息网络安全管理义务，履行合规管理计划。如果企业能够履行却拒不履行信息网络安全管理义务，则应依法承担相应的不作为责任，如公司经监管部门责令采取改正措施而拒不改正，最终致使用户信息泄露，造成严重后果，依《刑法》第 286 条之一构成"拒不履行信息网络安全管理义务罪"。[1]若企业未落实合规计划,信息管理出现漏洞,在监管部门对企业提出整改要求后,企业必须进行整改,必要时可以在内部建立合规小组,以发现管理漏洞,找出责任人,惩罚责任人。堵塞制度漏洞,避免公民个人信息再次被非法收集、出售或者提供。并建立预防机制,避免员工或者子公司泄露个人信息行为再次发生,要建立专门的预防机制、强化违规追责机制,企业需严肃对待违规责任追究工作,即发挥合规管理的事后监督功能。[2]

结　语

个人信息是智慧社会中的关键资源并已然成为其发展的核心动力,但信息仍面临被不当获取、非法利用的危险。除了技术层面的技术保障外,在法律实务层面上,关于个人信息合规治理,企业可以以相关法律、法规、政策、标准、指南等为具体规范依据,在实践中加以拓展,形成具体的合规指引,体现数据合规的重要性,把握合规要点。通过在刑事法律制度体系中引入信息合规计划,将其作为认定企业刑事责任的核心要素,赋予企业结合自身具体情况,制定以预防、发现和处理企业犯罪行为为目的的系统性合规机制和措施的义务,并确立与之相对应的激励措施,以此激发企业自主构建信息类犯罪风险内控机制、提高预防信息类犯罪的动力。企业通过建立并实施合规计划,以降低被调查或被制裁的风险,并在企业刑事犯罪发生后能够减轻或免除责任甚至出罪,这不仅有利于提升企业发展的安定性和促进犯罪企业的自我改良,也有助于节约国家的司法成本,提高预防犯罪的质效。

---

〔1〕 毛逸潇:"数据保护合规体系研究",载《国家检察官学院学报》2022 年第 2 期。
〔2〕 徐梦瑶:"大数据中的隐私流动与个人信息保护研究",载《东南大学学报(哲学社会科学版)》2022 年第 S1 期。

帮助信息网络犯罪活动罪的限缩

桑　宇 *

摘　要： 帮助信息网络犯罪活动罪的适用呈激增态势，招致对立法的批评，但在网络诈骗泛滥的时下，此罪的增设有其正当性。此罪过度扩张的问题不在立法而在司法，造成帮助行为正犯化立法不当的表象，故要谦抑认定构成要件符合性。对共犯正犯化的支持即对行为无价值的支持，行为无价值有利于解决极端客观、实质解释倾向。不必囿于理论纠缠，应充分尊重政策考量。预防刑法仍以法益为中心而非风险，应审慎认定间接帮助行为的直接化。前端行为入罪是机能刑法预防观的征表，对此罪的立法限缩，要厘清机能刑法预防主义的含义，进行目的性限缩解释。在司法端要坚持"严而不厉"，在起诉阶段与量刑阶段对立法扩张进行调和，缓和社会防卫与自由保障的矛盾。

关键词： 网络诈骗；司法谦抑；主观推定；共犯正犯化；明知

一、问题的提出：帮信罪激增的应对

作为网络犯罪的应对，《刑法修正案（九）》增设了"帮助信息网络犯罪活动罪"（本文以下简称"帮信罪"），但该罪有明显的不当扩张趋势，据最高人民检察院 2021 年前三季度全国检察机关主要办案数据，有 79 307 人被以

---

　*　桑宇，河南财经政法大学硕士研究生。基金项目：最高人民检察院检察理论研究课题"正当防卫的刑事政策与法律适用研究"（项目编号：GJ2020C35）、河南省哲学社会科学规划项目"网络诈骗犯罪的刑法规制研究"（项目编号：2021BFX008）。

帮信罪起诉，位列第四，同比上升 21.3 倍。[1]无论是绝对数量，抑或是相对增长，均有违背刑法谦抑性之嫌。风险刑法因其过度扩张而饱受诟病，而帮信罪即是其征表。帮信罪的扩张源自机能刑法观下对网络诈骗的预防主义，有其合理性，但扩大预防面并不意味着可以无度扩张，不可因法益保护而有损国民自由。由于法条对"帮助"的界定采开放式表述而缺乏定型化，使得帮信罪或因刑罚的"溢出效应"对相关业务行为造成"寒蝉效应"。本文将主要以如下五个问题为主线展开，帮信罪激增的问题所在是立法还是司法？单一制与区分制、独立性与从属性之争能否否认帮信罪的设置？中立帮助行为应否入罪？帮信活动是否为中立帮助行为？帮信罪的司法认定应如何展开？

二、帮信罪司法现状：适用激增的立法、司法背景

（一）帮信罪呈增长趋势

笔者以"帮信罪为判决结果"与"判决书""刑事案由""刑事案件"为筛选条件，将时间限定在 2022 年 1 月 9 日前，在中国裁判文书网进行检索，得到相关数据，如图 1，自 2015 年 11 月 1 日帮信罪生效至 2019 年，以网络诈骗为正犯的帮信罪的判决量较少且无明显增长势头，但 2019 年最高人民法院、最高人民检察院《关于办理非法利用信息网络、帮助信息网络犯罪活动等刑事案件适用法律若干问题的解释》（本文以下简称《帮信罪解释》）使该罪的认定更明确，加之 2020 年国务院开展断卡行动，使此罪在近两年有巨幅增长。

图 1　2015-2021 帮信罪判决量

---

〔1〕　最高人民检察院："2021 年前三季度全国检察机关主要办案数据"，载 https://www.spp.gov.cn/spp/xwfbh/wsfbt/202110/t20211018_ 532387. shtml#2，访问日期：2022 年 1 月 9 日。

（二）帮信罪扩张的原因

1. 网络诈骗泛滥倒逼立法

网络诈骗是帮信罪的主要帮助对象，其扩大是帮信罪增长的主要原因。笔者以"网络诈骗""诈骗罪为判决结果""判决书"与"刑事案由"为筛选条件，将时间限定在 2022 年 1 月 9 日前，在中国裁判文书网进行检索，得到相关数据，如图 2。其一，诈骗罪是我国最多发的犯罪之一，而其网络化——网络诈骗，大有取代传统诈骗手法的势头，这使得立法机关不得不作出回应，网络诈骗是技术手段，对诈骗罪的改造无甚意义，对网络诈骗的立法限制要从其技术源头展开；其二，网络犯罪的跨地域性和链条化特征，使网络犯罪帮助行为在实质上成了一种相对独立的行为；其三，网络犯罪帮助行为通常是发散性帮助，而成为不法所得最多的一环；其四，在网络语境的共同犯罪中，严格意义上的双向意思联络常常难以确认，申言之，犯罪参与结构正在变革，网络犯罪参与主体之间的配合建立在产业分工机制上，客观关联和主观意思联络都在弱化甚至消失，但此行为共同体的法益侵害性却不减反增。[1] 如有学者指出："网络犯罪的组织结构从具备严格等级制度的传统金字塔形和辐辏形，演变到网络空间里的网状形、聚合射线形和链条形的结构类型。"[2] 使侦查机关的证据搜查工作难以展开。

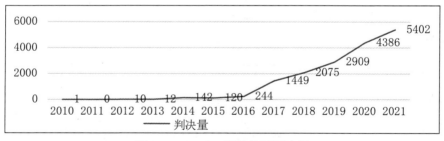

图 2   2010-2021 网络诈骗判决量

2. 司法认定、主观推定过度

帮信罪非行为犯，帮信行为也非中立帮助行为，而要求行为人对下游犯

---

[1]   参见王华伟："网络语境中帮助行为正犯化的批判解读"，载《法学评论》2019 年第 4 期。

[2]   栗向霞："论有组织犯罪的信息化和网络犯罪的有组织化"，载《河南社会科学》2016 年第 11 期。

罪有帮助意识，即单纯为网络诈骗者安装通信设备的行为不构成帮信罪，但实务中往往采极端客观主义而忽视主观心态，故主观方面的认定成了此罪关键。笔者认为，应采客观行为与帮助意识有相当性因果关系的标准，或以直接的共谋证据认定帮助意识，而实务中存在大量无意识帮助而司法端过度主观推定的情况，以出让两卡被判处帮信罪为例，办案机关以行为人的牟利动机推断其对下游犯罪的明知，是将认识可能性扩大到明知必然性的逻辑不当。牟利心态是一般国民的正常心态，出让两卡即可获得收益，无法期待一般人性予以拒绝，且出让两卡无直接危害，即与犯罪并无直接关联，故难以认定出让人的犯罪故意与帮助意识，进而无法构成帮信罪。

三、帮信罪激增并非立法不当

（一）对共犯正犯化的支持

共犯正犯化的争议实际上是共犯独立说与共犯从属说的矛盾，对共犯独立说的支持即是对共犯正犯化的支持。共犯独立说采行为人刑法主义，以主观主义中的犯罪征表说和因果关系理论中的条件说为理论基础，主张应受罚的是人而非行为，处罚的根据为危险的反社会性格。行为无非是彰显犯罪人危险性格的标志而已，本身并无意义。[1]共犯行为本身为犯罪的完成注入了因果力，已经具备了完整的违法性、犯罪性和可罚性，无需从属于正犯的实行，正犯的实行行为充其量是共犯的因果关系历程和处罚条件而已。[2]而共犯从属说则采行为刑法主义，以客观主义为基准，认为共犯行为非具构成要件该当性的实行行为，仅基于是潜在的抽象危险，于法益的侵害尚有距离，仅此不能直接认定为犯罪。[3]笔者认同前者并反对后者，前述观点的对峙实际上是行为无价值和结果无价值的问题，对行为无价值的支持即是对共犯独立性的支持，而对行为无价值的支持离不开对三点批评的回应：其一，行为无价值是主观主义甚至有主观归罪倾向；其二，行为无价值重伦理而轻法益；其三，行为无价值夸大了危险状态。

其一，行为无价值强调反社会性格，并不意味着其改变了客观主义的立

---

〔1〕 参见陈子平：《刑法总论》，元照出版公司2015年版，第504页。
〔2〕 参见郑泽善：《刑法总论争议问题研究》，北京大学出版社2013年版，第393页。
〔3〕 参见钱叶六：《共犯论的基础及其展开》，中国政法大学出版社2014年版，第157页。

场而转向主观主义，因为其对反社会性格的反对是通过反对行为实现的，而非主观定罪，即行为无价值反对的是反社会行为而非单纯心态。此外，刑法主观主义提出：刑法不应只看到行为，还应看到人，尤其是危险个体。虽然进一步说明了其对反社会性格的反对，但对刑法关注的人与危险个体的界定仍通过行为完成。换言之，行为是无需强调的关注重点，因为我们无法直接探知个体的主观方面与性格，即便不强调行为而仅强调性格，也不能说明对行为的忽视，而是强调突出性格要素。比之客观要素，犯罪人的主观决意往往是行为危险性的决定因素。如柏浪涛教授认为："故意、过失等主观要件不仅是责任要素，还是不法要素，能够决定危险的有无与程度。"[1]故要打破重视主观要件等于主观归罪的偏见，主观的认定离不开客观，即主观仍然是客观的，且主观内容虽不具有客观实在性，但并不影响其客观存在的地位，而客观却可以独立于主观，即纯行为定罪的风险甚于主观归罪。在阶层说的构成要件该当性中，仍以主观不法作为不法依据，而非仅作为出罪事由，不可简单归纳为客观不法、主观有责的二分体系。

其二，现行的行为无价值二元论采新规范违反说和行为的法益侵害导向性说为其规范伦理，已逐渐脱离道德伦理评价，而在行为与危害有较大的盖然性与罪刑法定的空间内评价行为是否无价值。质言之，行为无价值在处罚范围上做了让步，仅处罚刑事不法行为及与危害结果为因果接续关系的行为，可以认为是行为无价值与结果无价值的调和，在学派之争中，行为无价值汲取了结果无价值对错案预防的优势。

其三，危险也是犯罪结果，结果无价值认为刑法的目的在于法益保护，但却要以牺牲法益来实现法益保护，显然说不通，只有预防才是即时的保护，而法益受到侵害后的惩罚仅对之后的法益保护有意义。反之，行为无价值的提前介入，能更好地保护法益。并非行为无价值夸大了危险状态，而是结果无价值过于轻视危险，而过于重视实害，不利于长久预防，加重逃避处罚的侥幸心理，轻视主观恶性对行为的支配，过于重视出罪，是拒绝将主观要素放到违法性判断中而否认行为无价值与结果无价值的互补关系，有极端的客观主义倾向。反之，在行为无价值中，采目的行为论的学者们将主观要素作为判断基础，承认人格不法论，并在此基础上承认结果无价值的评价意义和

---

[1] 柏浪涛："未遂的认定与故意行为危险"，载《中外法学》2018年第4期。

独立作用。又如劳东燕教授所言："鉴于极端的客观不法论难以满足法益保护的需要，在不法的问题上，持一种折中的主观论较为稳妥；故意与过失均应作为主观不法要素而存在，它们与法益侵害共同决定不法的成立。"[1]其不能犯（如错把糖当砒霜作杀人工具）也违背未遂的规定：已经着手实行犯罪，由于犯罪分子意志以外的原因而未得逞的，是犯罪未遂。而其意志以外的原因应当包含不能犯的情形。如周光权教授所言，行为人在恶意的支配下实施了恶行，已具备了主客观构成要件，仅因客观上无法预见的原因无法侵害法益，而以无法益侵害性为由出罪，[2]显然违背法条的形式要求。实质解释并不意味着随意解释，若任意扩大将有违刑法的安定性，实质解释也不得对主观恶意的外化行为进行出罪，而仅对部分好意造成的恶果出罪。

（二）帮信行为非中立帮助行为

狭义的中立帮助行为之中立即无意识的行为促成了犯罪行为，显然是因主观缺失而无法成立犯罪的，故真正的中立帮助行为不构成犯罪，学界将具有间接故意的犯罪行为如卖给斗殴一方菜刀等，认为是中立帮助行为，并以此来反对中立帮助行为入罪，显然是未厘清"中立"的含义。中立帮助行为的构成要件为外观上的日常性、主观目的合法性与客观上对法益侵害结果的促进性。[3]但构成犯罪的帮信行为显然不具备日常性与目的合法性。即不可以中立帮助行为不该入罪否定帮信行为入罪，更不可以广义的生活帮助反对狭义的刑法帮助。

广义的中立帮助行为指日常的对犯罪具有促进作用的行为，存在故意可能，即使认为帮信行为为中立帮助行为，也不可一概否认中立的帮助行为的可罚性而反对帮信行为入罪，而是要承认部分中立的帮助行为的可罚性并限制其处罚范围，无论是基于"故意的二分法理论"而来的从帮助犯对正犯者犯罪意图的认知情形进行主观责任考察的观点，抑或是基于社会相当性说、客观归责理论而来的客观不法层面的视角，其意均在限制中立的帮助行为的可罚范围，而非一概否定其可罚性。

---

〔1〕 劳东燕："论实行的着手与不法的成立根据"，载《中外法学》2011年第6期。

〔2〕 参见周光权：《刑法学习定律》，北京大学出版社2019年版，第213页。

〔3〕 参见刘艳红："网络中立帮助行为可罚性的流变及批判——以德日的理论和实务为比较基准"，载《法学评论》2016年第5期。

四、帮信罪限缩的理论及方法论准备

（一）机能刑法预防观匡谬

积极的一般预防理论是风险社会的刑法应对，预防性刑法将刑法介入重心由后置惩戒转向前端预防，强调打早、打小，避免实害，与消极的一般预防理论对应，积极的一般预防理论认为刑罚指向的是忠诚于法的市民，而不是潜在的犯罪群体，刑罚适用的目的是唤起并强化公民对刑法规范的忠诚。[1]质言之，积极的一般预防理论追求公众对规范的信赖，面对被犯罪动摇规范信赖的情况，刑罚必须时刻对犯罪作出回应，以安抚公众。[2]即采行为无价值的规范违反说但这并不意味着打击面可以无度延伸，预防仍要坚持罪刑法定，缺乏危险的行为不可被纳入预防圈。即惩戒前置化是出于对前行为危害的再认识而非机械前置，其针对的是行为的危害而非前行为本身。

（二）帮信罪的相对正犯化性

帮助犯的正犯化有三类，分别为绝对正犯化、相对正犯化、帮助犯的量刑规则。帮助犯的绝对正犯化，指帮助犯已经被刑法完全独立地规定为正犯，与其他正犯无异，其定罪不再受他罪影响。相对正犯化，即部分正犯化，是否独立定罪要看其规定。帮助犯的量刑规则，指帮助犯的属性未变，只是其具有独立的法定刑，不再适用总则对从犯比照主犯与其罪名"从轻、减轻处罚或者免除处罚"的规定。

显然，帮信罪不属于绝对正犯化，争论主要在相对正犯化与帮助犯的量刑规则间。笔者支持前者并反对后者。对前者的支持在于：其一，司法解释规定了帮信罪独立定罪的情形。如《帮信罪解释》第11条列举了推定主观明知的6项具体情形与1项兜底条款。经监管部门告知后仍然实施有关行为的；接到举报后不履行法定管理职责的；交易价格或者方式明显异常的；提供专门用于违法犯罪的程序、工具或者其他技术支持、帮助的；频繁采用隐蔽上网、加密通信、销毁数据等措施或者使用虚假身份，逃避监管或者规避调查的；为他人逃避监管或者规避调查提供技术支持、帮助的；其他足以认定行

---

〔1〕 参见［德］格吕恩特·雅科布斯：《行为 责任 刑法——机能性描述》，冯军译，中国政法大学出版社1997年版，第105页。

〔2〕 参见陈金林：《积极一般预防理论研究》，武汉大学出版社2013年版，第100页。

为人明知的情形。再如，《关于办理电信网络诈骗等刑事案件适用法律若干问题的意见（二）》（以下简称《电诈意见二》）结合"两卡"犯罪，对《帮信罪解释》第 11 条第 7 项的兜底条款规定了两种可直接认定"明知"的情形：一是行为人收购、出售、出租单位银行结算卡。二是电信、银行、网络支付等行业的从业人员，如果其利用履行职责或提供服务的便利，非法开办出手机卡、信用卡后出售、出租的。其二，法条与司法解释规定了帮信罪依附于下游犯罪定罪的情形。如《刑法》第 287 条之二第 2 款规定了帮助者对下游犯罪需明知方可构罪。再如《帮信罪解释》第 12 条第 6 项规定"被帮助对象实施的犯罪造成严重后果的"方可构罪。综上，帮信罪的成立与否时而独立，时而依附于下游犯罪，故帮信罪属帮助犯的相对正犯化，要遵守相对正犯化的规则。

对后者的反对在于：其一，量刑规则说出于结果无价值的出罪精神，反对正犯化后的独立入罪，因而明显有悖于积极打击网络犯罪的立法目的与刑事政策；其二，会淡化刑法分则的罪名设置功能而只突出其刑罚设置功能；其三，刑法总则设立的犯罪一般原理会被刑法分则架空。[1]

（三）不必自陷理论纠葛

学界存在以理论不通否定帮助犯正犯化的情形。

其一，以"从犯主犯化"否认"共犯正犯化"。有观点认为："作为'共犯正犯化'的理论前提是共犯体系的'区分共犯制'。"而我国采单一制，以从犯主犯为体系，故帮信罪应为"从犯主犯化"。[2]笔者不赞成这种观点：一是我国实质上采区分制而非单一制，最有力的理由为我国刑法规定的主犯、从犯、教唆犯、胁从犯均在不法层面即有区别，而非单一制认为的所有个别之加功行为均具有等价的不法内涵，而仅在刑罚裁量时依加功之程度作差别评价。[3]二是我国刑法虽未在形式上明确规定正犯与共犯，而是采单一制之主犯从犯的名称，但通过对主犯与从犯的规范化理解，或通过对正犯与共犯的实质化理解，可将主犯与正犯、从犯与帮助犯转化，即可满足区分制的形

---

〔1〕 参见刘艳红："网络犯罪帮助行为正犯化之批判"，载《法商研究》2016 年第 3 期。

〔2〕 参见张勇、王杰："帮助信息网络犯罪活动罪的'从犯主犯化'及共犯责任"，载《上海政法学院学报（法治论丛）》2017 年第 1 期。

〔3〕 参见何庆仁："归责视野下共同犯罪的区分制与单一制"，载《法学研究》2016 年第 3 期。

式要求。[1]换言之，我国现行规定与区分制仅有形式上的不同，故以形式不同与自然语义否认实质同一与规范概念存在方法论上的错误。三是以《刑法》第 29 条第 2 款规定的共犯独立性否认我国为区分制。传统观点认为，区分制对应共犯从属性，单一制对应共犯独立性，但现行观点反对此关联，例如限缩的单一行为人体系即为单一制下的共犯从属性体现，在客观主义对于法益保护的亲融性之下，单一制并不排斥共犯从属性的出罪机能。共犯从属性也未必为区分制的基本组成，传统观点认为，共犯因正犯的不法和罪责承担责任，即仅正犯具有固有的不法和罪责。这等于否定了共犯本身所固有的犯罪性，而这显然背离了现代刑法的个人责任原则。[2]且区分制的根本在于在定罪阶段就使罪量较少的行为得到较低的不利评价，这并不需要从属性来完成。质言之，区分制虽强调限制正犯，以解决单一制加重次要犯罪人不利评价的弊端，但并不意味着次要犯罪人可以得到包庇。需要说明的是，共犯从属性仅是可作为说理工具的概念，而非原理，不能以其限制共犯的认定。如日本学者西田典之所言，共犯从属性本身只是"证明的对象"而非"证明的根据"。[3]因对共犯从属性的坚持而使部分犯罪行为不合理地出罪，有违严密法网的要求。

其二，以形式客观说反对帮助行为正犯化。形式客观说是共犯类型区分的传统学说，但其仅以参与者的行为类型作为区隔标准，将导致参与者与其在共同犯罪实现中的作用不对应，从而引发罪刑失衡，故正犯概念的实质化思维就不可避免，无论是当下在德日刑法中占通说地位的行为支配论还是重要作用说，均改将参与者在共同犯罪中的作用或者地位作为正犯与共犯之区别标准。因此，参与者的行为样态与正犯、共犯的区分与确定便无对应关系，同理，帮助行为与帮助犯亦无对应关系，当其在共同犯罪中发挥重要作用抑或处于核心地位时，自应被视为正犯。[4]

我国刑法学界强调理论体系的通贯，任何立法行为均需符合理论建构，

[1] 参见杨金彪："分工分类与作用分类的同一——重新划分共犯类型的尝试"，载《环球法律评论》2010 年第 4 期。

[2] 参见江溯："区分制共犯体系的整体性批判"，载《法学论坛》2011 年第 6 期。

[3] [日] 西田典之：《共犯与身份》，成文堂 2003 年版，第 143 页。

[4] 参见阎二鹏："帮助信息网络犯罪活动罪：不作为视角下的教义学证成"，载《社会科学战线》2018 年第 6 期。

而基于此，导致立法进程的迟滞与对立法的批评，而英美刑法则采实用主义，以政策性规定解决繁杂问题，无需理论建构。刑事政策以严密法网为根本追求，以其规定刑法的特殊应对，是应对风险与立法滞后性的最佳选取，如帮信罪的问题，可直接依据刑事政策，不再受制于理论，如共犯理论模型、不法依据基础等的要求。此外，理论体系也并不排斥例外性规定，将刑事政策及其精神纳入刑法体系，并不有违于理论体系的建构。

五、帮信罪的限缩进路：由观念到方法

（一）应采缓和的主观不法论基础上的结合论

对行为不法的认定素有主观不法论与客观不法论之分野。

主观不法论强调诸如动机、目的、态度、明知、蓄意等主观要素，晚近虽然强调了客观行为，但客观方面仅为表明主观要素的证据。但主观论并没有类型化各要素，未回应何种心态（蓄意、明知及轻率）可作为主观定罪标准与何种行为与何种心态结合可以成立帮助犯的问题。

客观不法论从行为的客观要素来限定表面中立帮助行为的处罚范围。依客观论的原教旨，当且仅当行为制造了一个法益侵害的事实或威胁时才可能受到刑罚处罚。对于帮助犯，当且仅当帮助行为制造了额外的法益侵害或额外的威胁时才能受到刑罚处罚，即纯中立行为不为罪。

前述两种观点各有不足：一是，前者采行为人刑法主义，过于重视行为人的主观恶性，其一经行为显露即成立犯罪，即使尚无法益侵害性，即将刑法介入点提前，这无疑扩大了入罪面。二是，后者采行为刑法，过于强调法益保护而忽视守法秩序，即以结果为不法要素，而主观心态仅为犯罪完成形态要素，偏向惩罚而忽视预防的规制取向不利于的网络犯罪处置。故应采折中的立场，出于对行为无价值之秩序正义的支持，笔者采主观不法论为基本立场，并针对其过于重视主观要素的问题进行修正，因产生了缓和的效果，故为缓和的主观不法论，但缓和后也不能拜托主观论处罚范围过大的弊端，还需结合客观不法论进行限定，故曰缓和的主观不法论基础上的结合论，[1]即修正主观不法论的再修正，以修正的主观不法论为认定犯罪的基础，加以

---

[1] 参见李长兵："网络中立帮助行为刑事处罚的边界新论——以帮助信息网络犯罪活动罪为视角"，载《法学杂志》2020 年第 4 期。

客观不法论为限缩。

（二）谦抑推定主观明知

1. 仍需认定明知

根据罪状，帮信罪非行为犯，帮信行为也非中立帮助行为，故仍要查明行为人对下游犯罪的明知。帮信罪的独立仅意味着无需查明意思联络，而意思联络仅是帮助故意的一部分，对它的舍弃并不意味着帮信罪无需帮助故意，故仍需重视对"明知"的认定。

2. 明知仅为确知

狭义的"明知"仅包含确实知道，而广义的"明知"另包含应当知道。为减轻证明压力，亦防止犯罪人脱罪，学界一般采后者为观点，但这并不意味着对"明知"的扩大，因为广义概念实际上仍是遵守狭义概念底线的。申言之，"应知"指可通过客观手段推定明知，而非指过失及确实不知的情形。[1]因为"应知"的潜在含义为不知，应知而未知的即为过失，若认为明知包含应知，则将把过失纳入帮信罪的主观方面，有违过失犯需具体规定的要求。[2]

3. 明知的认定标准

实务中，在网络帮助行为的认定上，对"明知"的把握较为混乱。征表于双向意思联络与单向明知的选取；对下游犯罪的具体明知与违法明知；是否有牟利与牟利须否明显异常。[3]笔者认为：其一，单向明知即可认定明知，帮信罪的独立即是为了解决双向意思联络难以认定的问题，若仍纠缠于此，有违立法原意。对单项明知即可构罪的担忧实际是担忧罪量不足的行为构罪，这显然是多余的，因为帮信罪对其帮助行为有情节严重的要求，不是说离开下游犯罪就等于本罪罪量不足也可构罪。其二，违法明知即可，具体明知与否不影响行为，亦不影响法益侵害性，主观方面要件亦仅要求明知的内容为危害，且要求具体明知将加大认定难度，应采法定符合说的精神。但若以为轻罪而实为重罪，则可作为量刑情节考虑。其三，无需牟利，牟利与否无关于法益保护，也并非犯罪唯一动机，故不宜作为定罪情节。且牟利未必具有

---

[1] 参见刘宪权："论信息网络技术滥用行为的刑事责任——以《刑法修正案（九）》相关条款的理解与适用"，载《政法论坛》2015年第6期。

[2] 参见孙运梁："帮助信息网络犯罪活动罪的核心问题研究"，载《政法论坛》2019年第2期。

[3] 参见邓矜婷："网络空间中犯罪帮助行为的类型化——来自司法判决的启发"，载《法学研究》2019年第5期。

即时性，执着于此将增大侦查难度。

《帮信罪解释》第 11 条规定了部分"明知"的情形，但因其尽是入罪事由，而对限缩适用仅具有参考意义，且其所列情形均有明显的犯罪外观，而仅为提示性条文，并不能解决疑难问题。直接可认定为犯罪的情形具有强烈的共犯属性与独立违法性，缺乏中立性，而争议在于中立的帮助行为如何出罪，且实务中不应被认定为犯罪的情形缺乏列举性说明，如对为网络犯罪行为人办理网络业务的无意识帮助应如何证明其故意缺失？现有司法解释提供了一般指导意见，如《电诈意见二》第 8 条第 1 款规定，在认定行为人对他人利用信息网络实施犯罪具有主观明知时，根据行为人收购、出售、出租信用卡、手机卡的次数、张数、个数，结合其认知能力、既往经历、交易对象、与实施网络犯罪行为人的关系、提供支持或帮助的时间和方式、获利情况等因素，综合分析认定。此规定具有指导意义，但仍缺乏具体规定，建议细化认定根据，给定数值区间，如明确前半部的"两卡"数量。至于后半部，笔者认为，不能简单地根据前述条件认定：其一，认知条件不意味着故意可能，即认知水平不能成为入罪理由；其二，出卖方对交易对方并无审查义务，单纯出卖本人"两卡"的，应触犯妨害信用卡管理罪而非帮信罪；其三，既往经历或前科与实施网络犯罪行为人的关系只能是侦查方向，作为综合认定的普通一环。

4. 建立"明知"的辩论程序

推定方法是经验的，即使具有高度的盖然性，从根本上讲也仍是或然的，故应允许行为人对推定结果进行反驳，如果确有合理解释可推翻认定结果，应当采纳。[1]即推定的救济方法是当事人提出反证，以相反证据推翻此前的推定。[2]此外，客观归责方法论下的结果避免义务也可成为抗辩事由，帮助信息网络犯罪活动者只要能够证明自己不具履行注意义务的可能性，或者自己已经尽到了合理范围内的注意义务，就应推定其无故意。即通过判断行为人能否实际履行结果回避义务，来推定其是否明知。[3]但在符合信赖原则的

---

〔1〕 参见刘科："帮助信息网络犯罪活动罪探析——以为网络知识产权犯罪活动提供帮助的犯罪行为为视角"，载《知识产权》2015 年第 12 期。

〔2〕 参见李冠煜："论巨额财产来源不明罪的证明责任"，载《湖北大学学报（哲学社会科学版）》2010 年第 4 期。

〔3〕 参见李冠煜、吕明利："帮助信息网络犯罪活动罪司法适用问题研究——以客观归责方法论为视角"，载《河南财经政法大学学报》2017 年第 2 期。

情况下，行为人无结果回避义务，也就无需以证明其能否实际履行结果回避义务来抗辩。信赖原则，指在复数人参与的事务中，参与者信赖其他人采取遵守规则的适当行动是相当的场合，若其他人违反规则实施了不适当的行动，即使与参与者的行动结合发生了符合构成要件的结果，参与者也不会被追究该结果的过失责任。[1]质言之，无论谁都可以信赖他人不会故意地实施犯罪行为。参与者只具有未必的故意时，可以信赖他人不会将这种援助行为作为犯罪的条件加以利用，是被允许的危险因而无责。[2]

辩论程序对无法精确量化的规则具有矫正意义，如自由裁量辩论，可极大地避免人为性，调和人权保障与法治秩序的冲突。

（三）帮助的"犯罪"应以行为不法为标准

帮信罪的成立要求行为人明知他人利用信息网络实施"犯罪"，但基于对三阶层与四要件的不同选取，会得出行为不法标准与有责标准，前者认为只要被帮行为符合构成要件该当性即为"犯罪"，即仅要求不法无需考虑责任要素，而后者要求行为符合其全部构成要件，即既要求不法也要求有责。笔者认同前者：其一，不法层面是社会面向的，而责任层面仅为个人面向，因个人考量而否认其社会意义，在逻辑上是说不通的，四要件体系的无责即无罪理念是为充分保护无责任者而产生的，但在涉及它罪、他主体的认定时，如帮助行为或共犯的认定，则显得保护力不足。对行为人来讲，无责确实意味着无罪，但对社会来讲，其行为足以被称为罪，因对无责者的保护而放纵对社会的危险是不恰当的，无益与法网的严密性亦无益于对无责者的保护。质言之，在这个问题上，四要件体系是个人层面的，无法面对社会层面的风险，阶层说正是基于此，对不法和有责做了划分。其二，基于体系化解释与当然解释，既然掩饰、隐瞒犯罪所得、犯罪所得收益罪的上游犯罪不囿于有责性，那么同样出于规制相关犯罪（罪量更甚的网络犯罪）的考量，帮信罪的帮助对象亦无需满足有责性。

（四）严格按照"情节严重"标准

情节严重是构成帮信罪的罪量要素，具体如《刑法》规定，为三个以上对象提供帮助的，为情节严重。又如《帮信罪解释》规定，被帮助对象实施

---

〔1〕 ［日］大谷实：《刑法讲义总论》（第 4 版），成文堂 2012 年版，第 191 页。

〔2〕 参见陈洪兵："中立的帮助行为论"，载《中外法学》2008 年第 6 期。

的犯罪造成严重后果的，为情节严重。一来再次说明帮信罪非绝对正犯化；二来说明帮信行为的非中立性。严格按照"情节严重"标准，具有出罪与错案预防的机能。其一，对情节的要求可使中立帮助行为在审查阶段即终结审查，甚至做不立案处理；其二，即便立法与司法均审慎运行，也无法消除错案可能，法官可依自由裁量权，以情节认定为依据，降低行为人的刑事责任来调和因主、客观要求较低而构罪的影响。

（五）审慎认定间接帮助行为的直接化

帮助犯正犯化后，其帮助行为即间接帮助行为也随之成了直接帮助行为，入罪风险加大，即帮助行为正犯化并非仅是一个帮助行为的入罪，其使得一整个因果链条上的所有行为全部向构罪靠近了一个阶段。对帮助犯正犯化前的间接乃至再间接帮助行为的认定，除对犯罪的主观明知与对行为危险的不当增加外，要注意帮助对象的特定性与明知性要求。在"Winny 软件案"中，被告人向不特定人提供 Winny 软件，虽然此后该软件成为犯罪工具，但由于被告对正犯没有认知且帮助对象非特定人而无罪，故帮助行为的对象必须是特定的，且对于正犯必须认知，仅有帮助故意是不成立犯罪的。如日本学者大谷实所言："帮助的对方也就是被帮助者，需要是特定化的人。"[1]反之，若认定对不特定人的帮助构成犯罪，那么必然面向不特定人的网络服务将遭遇打击，且从故意的推定与因果关系来看，将针对不特定人的帮助行为一律正犯化既难以从其行为得出犯罪故意，也不符合刑法因果关系的直接性而偏向哲学因果关系的无限回溯。

六、余论：社会防卫与自由保障的调和

网络风险是风险社会的伴生物，网络罪名的增设，如拒不履行信息网络安全管理义务罪、非法利用信息网络罪等，既表明犯罪的扩大化，又表明预防的前置化，二者共同印证了网络犯罪的危险性，因其一旦有实害结果发生，即具相对的不可挽回性，使得网络犯罪的规制不得不将重点置于预防而非惩罚，故其增设新罪的观念有其正当性，也是对过往司法解释的一种确认。[2]反对者认为，预防刑法是将不法认定的依据由法益侵害变更为无法类型化的

---

〔1〕 ［日〕大谷实：《刑法讲义总论》（第 3 版），成文堂 2009 年版，第 447 页。
〔2〕 赵秉志："中国刑法的最新修正"，载《法治研究》2015 年第 6 期。

法益侵害风险，是以风险为中心而非以法益为中心，且法益侵害社会化产生的不确定性，对行为不法这一刑事责任个别化基准的确定性提出了挑战。[1]笔者难以认同这种观点。其一，如前所述，如果认为以已发生的不法为不法依据的后置刑法是以法益为中心，那么以刑法提前介入进行干预以阻断法益侵害流程的预防刑法，更是以法益为中心；其二，否认风险的阻断价值，是割裂风险与抽象危险，甚至是忽视抽象危险而仅注重实害的，抽象危险同样是"结果"，而风险即是抽象危险的一种表述，当然可以成为规制对象，且其量刑往往低于实害，并非立法过重；其三，风险社会化，更多指犯罪对于法益的危害由单对单扩大至社会面，其次才指向法益保护面的扩大导致构罪可能的加大，但其不确定性仅是立法的不确定，与行为不法的确定性无涉，因为行为成为不法已经立法确定，即在罪刑法定之下，一类行为若未经立法确定化，即使具有风险也无法被定罪；其四，所谓法益侵害社会化产生的不确定性，实质是立法更新频繁的情况下法律认识滞后的问题，这并不能构成对立法预防化的否认，因为一行业从业人员对其领域内可能构成的犯罪有法律认识更新义务，若确实无法律认识可能性的，也可直接以此出罪，并无甚错案风险。即便认为刑法的安定性受到了立法频繁的挑战，与风险扩大相比，也是可接受的。质言之，风险刑法并非不保护自由，相反，其是以个别自由为代价，保护了更多的自由。但即便如此，过度牺牲个别自由以保护法益也是不恰当的，即便出于政策目的，也不得使罪过缺失、罪量明显不足的行为入罪。行为无价值有利于通过积极的公权力建立社会的法治国家，但这并不意味着其与结果无价值的人权保障的目标相对置，因为前者同样关系人权，后者的累积也能完成社会秩序的建构，故行为无价值与结果无价值的分歧实际在于采何种进路完成法治的终极目标，前者从整体出发，以牺牲个别为代价，后者从个体出发，以迟滞进程为代价，孰对孰错无法比较，但二者走向同一，故其矛盾是浅表的而非根本的。对于此两种法治进程的选取要根据国家观进行，而国家观取决于发展进程，对于发展中国家来讲，选取行为无价值，优先完成社会习惯的养成再进行细致的个人权利保障是恰当的，发展中国家快速发达化的有效途径即为先粗放、后细化，适度以小利益的延缓取得

---

〔1〕 敬力嘉："网络参与行为刑事归责的'风险犯'模式及其反思"，载《政治与法律》2018年第6期。

换取大利益的较快获得，而后再对小利益进行弥补，既满足整体实力提升的迫切要求，又并未放弃个人利益，也符合我国"集中资源办大事"的政策倾向。且行为无价值也并非以牺牲个人利益为代价，其入罪化的思路虽有错案可能，但也可能将危险分子提前隔绝，对多数国民负责。

我国刑法制裁体系问题研究

单位犯罪的刑事制裁体系

张　勇　王丽珂 *

摘　要： 目前我国单位犯罪的刑事制裁结构单一化的局面无法满足和适应日益复杂的单位犯罪情形，应构建以资格刑、罚金刑，附随性制裁措施并轨的多元化单位犯罪刑事制裁体系。资格刑作为对资格利益予以剥夺或限制的处罚方法，对单位犯罪的惩戒和预防意义重大，要形成单位犯罪中行政处罚措施与刑罚的有效衔接；对单位犯罪中主要责任人员施加附随性制裁措施须确立刑事一体化理念，发挥其在刑行衔接方面的体系功能；除罚金刑之外其他的财产性制裁措施亦应被纳入单位犯罪的刑事制裁措施内，保证刑事制裁措施的完整性。

关键词： 单位犯罪；资格刑；罚金刑；附随性制裁措施

　　单位犯罪是风险社会的产物，如何惩治和预防单位犯罪，是刑法应对社会风险、参与社会治理的重要命题。目前对单位犯罪的理论研究多是基于自然人犯罪的传统认识而发展出的理论，基于此而产生的单位犯罪刑罚制裁同样难以发挥对单位犯罪的惩戒与预防功能。随着社会经济的不断发展，单位犯罪情势日趋复杂，我国刑罚体系中针对单位设置的单罚制和双罚制已无法满足单位犯罪的治理需求。为解决单位犯罪与自然人犯罪的刑罚制裁平衡问题，适应日益复杂的单位犯罪情形，应当在单位犯罪的归责根据和刑事制裁理念基础上突破单位犯罪的单一化的刑罚制裁模式，构建多元化的刑事制裁

---

　　* 张勇，华东政法大学刑事法学院教授，博士生导师。王丽珂，华东政法大学刑法学博士研究生。

体系。本文对此略作研讨。

一、单位犯罪刑事制裁结构的单一化

本文所指的"刑事制裁体系"并不等同于我们通常所说的刑罚体系，而是指由刑事法律确立的对犯罪和其他相关危害社会行为进行制裁的方法和制度有机组合而成的统一体。[1]其虽然仍是以刑事法律为依据所实施的制裁，但是其范围却远大于刑罚。相较于其他国家，我国构建的是一元化的刑事制裁体系，虽然随着刑法修正案的出台和刑事诉讼法的修改，社区矫正、强制医疗以及从业禁止、禁止令等非刑罚处罚措施的出现，简单的"刑罚"已经无法全面涵盖刑事制裁措施对犯罪的回应方式，附随性制裁措施不断拓宽刑事制裁措施的领域，刑事制裁制度的体系结构也在发生改变。刑事制裁体系的范围不仅涵盖刑罚，其他一些无法被纳入刑事处罚的非刑罚处罚方法也应被包含在内，这些刑事制裁措施以何种形式构成一个完整体系决定着刑事制裁的效果和功能。

（一）我国刑事制裁结构单一化现状及问题

我国单位犯罪的刑罚采取的是双罚制和单罚制并轨的模式，但是从刑法条文来看，采取双罚制的适用罪名比例占据单位犯罪的95%以上。这种单位犯罪的制裁模式是与我国目前的刑事制裁体系一脉相承的，我国现行刑事制裁体系的构建以惩戒自然人犯罪为核心，形成了以自由刑为中心，注重刑罚的惩罚与威慑功能的刑罚体系。对于单位犯罪中的单位而言，刑事制裁的方式有且仅有罚金刑这一种，单一化特点明显，单位犯罪的刑事制裁体系尚未得到体系化构建。具体来说，我国的单位犯罪主要存在以下问题：①刑事制裁体系结构的单一化，导致刑罚惩治与预防的功能无法完全发挥，难以适应现代犯罪治理的需要。以资格刑为例，我国刑法中对剥夺政治权利情形的规定具有鲜明的时代特征，而现如今随着单位犯罪圈的不断扩张，目前的资格刑设置仍是以对自然人犯罪的惩治为核心，难以胜任当前形式下惩罚犯罪的需要。单位犯罪刑事制裁措施单一化致使刑事惩罚的力度与行政处罚产生背离。从违法程度以及惩罚力度来看，单位违法的行政处罚种类远比刑事处罚丰富，不仅有罚款，还有对其生产经营资格的限制，如责令停产停业和吊销

---

[1] 敦宁："后劳教时代的刑事制裁体系新探"，载《法商研究》2015年第2期。

营业执照。刑法中对单位犯罪的惩罚仅有罚金刑一种，而罚金刑面临着在刑罚体系中定位不明的问题，直接影响其功能的发挥。如刑法条文中对罚金刑的数额或适用比例缺乏体系性和系统性的界定，造成了罚金的判处与实际犯罪行为的社会危害性不成比例，从而使得判处罚金在部分案件中畸高或畸低，最终影响了罚金刑的功能和作用的发挥。②单一化刑事制裁体系结构具有封闭性，无法接纳其他制裁措施的融入。"禁止令"和"从业禁止"作为新增的制裁措施，姑且不论两种制裁措施的性质如何，从我国相对封闭的刑事制裁体系结构来看，新增的刑事制裁措施难以进入刑罚制裁体系。禁止令和从业禁止的性质虽然存在资格刑与保安处分两种观点，但是从目前的司法以及立法机关出台的文件来看，二者的本质区别是一种执行监管措施和一种预防性措施，两者均非"新刑种"。从两者的性质来看，似乎更符合非刑罚处罚方法的定位，但我国的非刑罚处罚方法的适用对象为判处免于刑事处罚的犯罪分子，而从业禁止的适用范围显然并不囿于此。[1]但无论两者的性质如何，基于我国现行相对封闭的刑罚制裁体系，都很难对二者进行准确的定位。③不同刑事制裁措施之间衔接协调性不足。我国刑法相对封闭和固化的刑罚制裁体系无法在不同刑罚之间形成易科，且非刑罚制裁措施由于并未被纳入我国现行的刑罚制裁体系，亦无法与刑罚形成有效衔接。对于刑事制裁体系而言，要使得刑罚功能实现最大化地发挥就必须将其重心从惩罚转至权益保护以及制裁效果上，并将此作为刑事制裁的出发点和归宿，完成工具主义制裁观向目的主义制裁观的转变。[2]

（二）单位犯罪双罚制与刑事制裁措施多样化

在我国，学界对采取单罚制的单位犯罪能否属于真正意义的单位犯罪尚有争议。黎宏教授认为，我国刑法中事实上不存在被科处单罚制的单位犯罪，[3]本文亦持观点。传统的单位犯罪理论将单位内部自然人的行为视为构成单位犯罪的基础。然而，单位犯罪作为特殊的犯罪类型，惩罚单位的基础应当是体现单位意志和利益的行为，这些行为确实是通过自然人的行为表现出来的，但是这些行为之所以能够成为惩治单位犯罪的正当化事由，主要是由于单位

---

〔1〕 戎静："我国刑事制裁体系结构反思与调整"，《湘潭大学学报（哲学社会科学版）》2019年第5期。

〔2〕 彭文华："我国刑法制裁体系的反思与完善"，载《中国法学》2022年第2期。

〔3〕 潘璐："我国刑事合规视域下单位犯罪制度的重塑"，载《青少年犯罪问题》2021年第3期。

内成员的行为和意志是为了实现单位利益，从而上升成了单位的意志和行为。因此，从单位犯罪的归责角度来论，单位犯罪都适用双罚制更符合罪责相适应原则。单位犯罪中适格的单位与单位直接责任人员缺一不可，否则就不可能构成单位犯罪。因此，单位犯罪的制裁基础应当是单位的意志和行为，单位当然应当为其所谋之利、所实施的行为承担相应的责任。

然而，我国单位犯罪刑罚制裁措施显然无法满足双罚制下单位犯罪制裁的现实需求。①从罚金刑的设置角度分析，现有的罚金刑配置存在不均衡之处。在单位犯罪的刑罚制裁体系中，对于单位主体通常是仅有罚金作为刑罚方式，而对单位直接责任人员通常存在自由刑、罚金刑两种刑罚方式组合处罚的情形。同时，在现行刑法规定的双罚制单位犯罪中，存在两个仅对单位采用单罚金而未对直接责任人员适用罚金刑的罪名，这种刑罚设置明显轻于自然人犯同罪的处罚。相较于自然人犯罪，仅对单位判处罚金而不对直接责任人员适用罚金，显然无法对单位成员起到惩戒作用。单位犯罪行为的本质是单位的行为和单位中自然人的行为相结合。[1]既然法人与自然人同属于法律意义上的人，两者的地位就应当是平等的，都是法律地位相同的犯罪主体，应都承担基本相同的刑事责任。因此，对单位犯罪中的直接责任人配置罚金刑很有必要，可以提高其实施犯罪的经济成本，抑制其犯罪动机，有利于控制和预防此类犯罪的发生。[2]②单位犯罪中单位与单位内部人员承担责任的方式并未在刑罚设计中有所体现。实践中，单位与单位内部自然人承担责任的方式存在多种情况，不仅包括典型的单位犯罪模式，即以单位名义、为单位利益而实施的犯罪，还包括单位成员为单位利益实施了犯罪行为，而单位疏于履行监管职责而构成犯罪。这两种情形都不仅应当对单位进行处罚，同样也要对主要责任人员和直接责任人员进行惩罚。此外，还存在单位整体实施了犯罪行为的情况，如私分国有资产罪，但仅处罚直接负责的主管人员和主要责任人员，是无法体现出单位与单位内部人员在责任分担上的区别的。因此，我国单位犯罪制裁体系过于简单的设计无法体现出单位与单位内部人员在责任承担方式上的区别，不利于单位犯罪中单位与自然人入罪和量刑标准的统一。③我国单位犯罪规定的单罚制和双罚制无法与日益扩大范围的单

---

〔1〕 聂立泽：《单位犯罪新论》，法律出版社2018年版，第185页。
〔2〕 王琼：《罚金刑实证研究》，法律出版社2009年版，第103页。

位犯罪形成配适，而越来越多的国家和地区开始探索除罚金刑之外对于单位犯罪的刑罚制裁方式，如通过资格刑的剥夺或者其他限制性措施来达到对单位犯罪的惩戒与预防。仅对单位主体适用罚金刑，其惩戒和震慑的效力是有限的。如果单位涉嫌行政违法，则其可能受到吊销执照、取消经营资格、罚款等行政处罚，但其如被判处刑罚，对其制裁手段有且仅有罚金刑一种，没有对单位予以其他制裁或者限制的可能性，对单位的震慑或者惩戒的力度显然都会有所影响。要真正使单位犯罪的刑罚惩罚功能发挥充分，达到报应和预防的功效，就应当建立单位犯罪多元化的刑事制裁体系。

二、单位犯罪资格刑设置及体系定位

在转型时期的中国社会，民众安全感的获得与国家对社会治理的重视应当是同时进行的，作为社会治理重要手段的刑法必须积极回应风险应对以及安全维护的重任。近年来，刑法不断的修正调整也正是不断发挥刑法的保护机能的体现，刑事立法在不断回应犯罪预防的过程中，不断调整着犯罪圈的划定和刑罚结构的构建，刑罚的功能从惩戒更多地向预防转变，而对于刑罚制裁体系的调整必须能够适应中国刑事司法的实践需求。刑罚预防功能的发挥就必须通过构建妥善的刑罚的制裁体系予以呈现，当前轻刑化理念和刑罚结构优化已经成为共识，无论是从刑事司法还是刑事立法的角度，体现轻刑化的非刑罚制裁措施得到普遍认可。资格刑作为资格利益的剥夺或限制方法，摒弃了生命刑、长期自由刑的重刑弊端，与轻刑化理念不谋而合，成为各国刑罚体系中不可或缺的重要组成部分。[1]

（一）单位犯罪的资格刑设置的必要性

目前世界各国对资格刑的法律地位、法律适用和模式都渐成体系化，但我国对刑法中的资格刑却缺乏基础知识的体系性考量，这势必影响资格刑的构建以及功能发挥。资格刑的体系化构建是与刑罚轻缓化的推进历程相契合的。在市场经济不断发展的今天，资格利益的内涵更加丰富，其所承载的价值也愈重，运用范围也愈广。如何构建我国的资格刑体系，配置与我国刑罚制裁体系相适应的资格刑内容、惩戒方式都是目前摆在我国刑罚制裁体系构

---

[1] 陈伟、郑自飞："预防刑视域下的资格刑审视：价值、困境与出路"，载《法治论坛》2019年第3期。

建面前的问题。但毫无疑问，构建完善确有成效的资格刑体系是顺应轻刑化趋势的，也是刑事制裁体系多元化的必然追求。我国目前对单位犯罪的刑罚处罚方法仅有罚金刑，忽视了单位的"人格性"特征，没有从单位所拟制的人格权利角度为单位设置刑罚。如具备一定的资格是单位成立和运行的必然要求，因此，资格刑的设置对单位犯罪的惩戒和预防意义重大。然而，单位作为刑法中明确的犯罪主体，现有的刑罚制裁体系并未从单位的主体特征角度出发制定制裁措施。要形成更有威慑力和预防价值的制裁措施必须考量单位的主体资格，而这本身即是单位存在和成立的前提，对资格的剥夺和限制对单位犯罪的惩戒和预防功效更甚。因此，资格刑对于单位犯罪的意义不仅在于对单位资格的剥夺和限制，更重要的是所设置的资格刑应当与犯罪主体单位所实施的罪行紧密相连，即所剥夺或限制的资格应当与单位所实施的犯罪性质、犯罪危害程度以及剥夺资格相关联。

（二）单位犯罪资格刑设置的合理性

资格刑作为对犯罪人资格利益的剥夺或限制的一种刑罚裁量方式，其设计也应契合刑事制裁体系的规范，符合轻刑化刑事处罚的趋势。单位犯罪的资格刑设置应当与自然人资格刑的剥夺进行区分，目前我国的资格刑体系并不完善，典型的资格刑是剥夺政治权利，而该资格刑在适用过程中也面临着诸多问题：①现行资格刑设置不科学。对于自然人适用的资格刑最为典型的是 1979 年《刑法》确定的剥夺政治权利，我国刑法中规定的剥夺政治权利规定的内容较为宽泛，主要针对的是基本政治权利的剥夺，但也包括对宪法规定的基本权利的剥夺。从剥夺政治权利的内容来看，现有对政治权利剥夺的内容是宽泛的，但是这种宽泛的剥夺内容无法与具体的罪行相契合，仅能部分地实现对罪行的特殊预防功能，无法真正发挥剥夺政治权利该刑罚措施的惩戒和预防功能。②"从业禁止""禁止令"性质不明。资格刑的本质应当是具有惩罚性的，但是其更重要的是刑罚的预防功能。但是目前刑法中规定的"从业禁止""禁止令"从属性上不属于资格刑，但是其同样具有剥夺或限制犯罪人一定条件或资格的性质，而刑法中未给其资格刑的名义，从而使上述两种刑罚裁量措施游离于刑罚制裁措施之外，无法明确该措施真正的适用资格、适用范围和适用标准，这种情形很容易使"从业禁止"和"禁止令"的适用正当性和合理性造成质疑，并存在滥用或不正当适用的风险。③资格刑的执行制度不完善。我国大多数的刑罚方式在执行过程中存在减缓制度，比如自由刑存在减刑或假释制度，就连罚金刑也存在特殊事由可以予以减少或免除的情形，但是资格刑剥夺政治权利并不存在执行减缓的相关规定。这种执行过程中的减缓制度的欠缺更进一步反映出我国资格刑制度的不健全，作为与人身危险性密切相关的资格刑，其行刑过程应当是围绕犯罪者人身危险性的变化而动的行刑体制。

资格刑应当以犯罪特殊预防为价值取向，但是目前资格刑的刑罚体系性地位缺失，作为唯一认定资格刑刑种的剥夺政治权利也存在内容设置不科学，行刑配套不完整等问题。要构建匹配我国单位犯罪实际需要的资格刑制度，不仅要与我国现有的资格刑规定形成衔接，更要注重其与行政处罚直接的关联和衔接。①科学设置资格刑的内容才能发挥资格刑在惩戒与预防犯罪方面的作用。资格刑的设计应当从种类、适用比例和幅度作出细化，这不仅关乎资格刑在整个刑罚制裁体系中的强度和规模，还要与其他刑事制裁措施形成合理的体系框架，不仅能丰富我国的刑罚种类，更能促进刑罚结构的合理化。在设计单位犯罪的资格刑内容时，可以针对单位的业务活动进行制裁和限制，主要是对业务资格的剥夺和限制。包括吊销营业执照、登记证书以及吊销经营许可证。吊销营业执照、停业整顿和强制解散已经被纳入行政法的处罚范畴，但是这三种处罚措施对于单位犯罪的严厉性并不亚于罚金刑，对单位资格的剥夺在犯罪预防方面的功效更优于单处罚金刑。因此，可以将吊销营业执照、停业整顿和强制解散上升为单位犯罪的刑罚措施，即设置为犯罪单位的新刑种。除此之外，类似国外的限制从事某项业务员、关闭内设机构和禁止公开募集资金等措施也可考虑设置为犯罪单位的新刑种。[1]②关于资格刑与行政处罚的关系，已经纳入行政处罚的责令停产停业、暂扣或者吊销营业执照和许可证等行政处罚措施，是否有必要上升为刑罚，进而造成国家公权力对市场经济运行的过分干预。对此观点，笔者并不赞同，要以行刑衔接的视角来看待行政处罚与刑罚，厘清行政权与司法权的关系。行政处罚与刑罚都是公权力的强制性手段，但是二者的性质和功能相差较大。要实现行政处罚和刑罚的并行适用，并且在各自的性质和功能范围内实现对犯罪的惩戒与预防，就必须在尊重二者区别的基础上来看待二者的衔接适用问题。如将相

---

〔1〕 王能武、马荣春："论单位犯罪的刑种完善与增设"，载《江西警察学院学报》2014 年第 6 期。

对严厉的行政处罚升格为刑罚制裁，丰富单位犯罪的刑事责任实现方式，扩充单位犯罪的刑事制裁体系。另外，单位犯罪刑罚的多元化特别是资格刑的增设，是由单位自身的内在结构决定的。立足于单位的"人""物"和"业务活动"三元结构，我国刑事立法应当增设针对单位犯罪的资格刑，把某些严厉的行政制裁措施提升为刑罚方法。在此基础上，发挥罚金刑和资格刑各自对单位的惩治作用，尤其要以此完善行政处罚措施与刑罚的有效对接，这才是解决单位犯罪的理性选择。[1]

三、附随性制裁措施与资格刑的协调

附随性制裁措施，或称犯罪（刑罚）附随后果，是指基于法律法规规定，在刑罚执行完毕或赦免后，针对犯罪人或其亲属所创设的限制权利行使或增加义务负担的不利后果。关于我国，附随性刑事制裁措施设置比较广泛，具体内容包括：因为曾经受过刑事处罚等，不得从事具有资格限制的多种职业，以及从事某些民事行为将受限制等。[2]我国对于受过刑事处罚人员的从业限制、资格限制广泛地分布于其他法律、行政法规、部门规章、行业规定、部门管理性规范文件。但这些从业限制、资格限制的内容分散、层次杂乱，设置标准不明确。有学者主张，我国刑事立法应当把附随性刑事制裁措施整合提升为刑罚。具体做法为"在我国的刑罚体系中增设禁止从事特定职业或活动为内容的资格刑。在刑法分则中，在行为人利用特定职业实施犯罪的具体条款中增设可附加或独立适应禁止从事特定职业或活动"[3]。附随性刑事制裁措施本质上属于保安处分措施。保安处分的处置措施的确立应当以人身危险性为基础，通过剥夺或限制自由的手段达到降低或消灭行为人实施违法犯罪行为的现实可能性。因此，施加附随性刑事制裁措施必须以行为人利用职务或者职业便利实施上述犯罪，否则将丧失对行为人附加附随性制裁措施的基础。而唯有以此实质化的标准来判断是否应当对其适用附随性制裁措施，

---

〔1〕 袁彬、杨喆："单位结构视域下单位资格刑及其构建——以单位三元结构为中心"，载《刑法论丛》2018年第4期。

〔2〕 李若愚、孟令星："法定犯时代背景下犯罪附随后果的解构和重建"，载《湖北警官学院学报》2021年第1期。

〔3〕 徐久生、师晓东："犯罪化背景下犯罪附随后果的重构"，载《中南大学学报（社会科学版）》2019年第6期。

才能真正罚当其罪，发挥附随性制裁措施的效能。与单位犯罪的资格刑相似，犯罪附随后果的内容主要是职业资格的剥夺与限制。对于单位犯罪而言，不仅可以通过对单位本身资格的剥夺来完善单位的刑事制裁体系，也可以通过对单位犯罪中的自然人施加附随性的制裁措施来丰富单位犯罪的惩治力度，更好地发挥非刑罚措施对单位犯罪的预防功效。

附随性刑事制裁措施所具有的多元性，决定了其与刑罚（资格刑）、行政处罚、社会制裁等制裁措施之间衔接协调的必要性。因此，对单位适用附随性制裁措施，须确立刑事一体化理念，发挥其在刑行衔接方面的体系功能。要确立合理适当的犯罪附随性制裁体系，就必须重视附随性后果的负面效应，明确其正当化依据，重构附随性制裁措施。对单位犯罪中设置附随性制裁措施可以参考我国相关法律中规定的职业禁止措施，从以下几个方面作出区分：①轻微罪附随性刑事制裁措施的限制适用。附随性刑事制裁措施确实可以在某些特定领域中实现社会控制，但是其适用必须有边界，不能超过合理的设置限度。在实践中，如果对单位犯罪中的自然人适用附随性的刑事制裁措施，必须考量比例适用的问题，避免出现轻微罪的附随性刑事制裁措施之惩罚性重于被判处的刑罚的情况。比如"因犯罪受刑事处罚的，给予开除公职处分"的规定，在某种程度上是限制和剥夺了这部分人重新回归社会的可能性。如单位过失犯罪中的公职人员，如被刑事处罚后，其在刑期届满后亦无法被重新录用为公职人员。设置附随性的刑事制裁必须考虑适度与合理，要防止该制裁措施的滥用。因为虽然是该制裁措施作为刑事处罚的附随性后果，但是不能单纯地从刑罚处罚的角度去判断是否罚当其罪，更要考虑其后续所承受的"社会性制裁"是否已经超出了其刑事犯罪所应当负担的责任限度和范畴。②对故意犯罪和过失犯罪作出区分。如对从事法律职业的禁止，法律职业作为我国法律共同体中的重要组成部分，其对主体的要求当然高于其他职业，不同的法律法规中对于禁止从事法律职业的范围和情形作出了区别。行为人故意犯罪的，不得担任律师、拍卖师等法律职业，而从事公证、司法鉴定等职业的，故意犯罪或过失犯罪均不得担任。因此，在设置单位犯罪中的附随性制裁措施时应当区分故意犯罪和过失犯罪，与之对应的禁业范围应当有所不同。③禁止从事与实施单位犯罪密切相关的职务。比如在《公司法》中，明令禁止因相关业务犯罪而被判处刑罚的人员再次从事公司或企业的管理职务。对单位中的管理层人员，如果其因利用职务便利或者职务行为而形成的条件实施犯罪行为而被判处刑罚，应当对其附加禁止再次从事管理职务的职业禁止。对于附随性制裁措施的适用条件和期限应当尽量细化和限制，根据罪行的特点有针对性地适用附随性制裁措施，不仅从惩治与预防角度去考虑制裁措施的必要性，更要从缓和社会矛盾，实现回归社会的角度去考量。④设置附随性制裁措施的恢复期。附随性后果的设置应当充分考虑被处罚人的人权保障和社会回归，必须对附随性制裁措施设置合理的期限，并应当在单位犯罪中对附随性制裁措施根据不同的罪名、刑罚，设置相应的资格恢复期。对于某些轻微犯罪或者过失犯罪，如果一刀切地采用终身职业禁止，对于犯罪人而言不利于其回归社会，也与我国轻缓化的刑事处罚理念相背离，因此，可以根据不同的犯罪情节、犯罪后果以及刑罚处罚轻重，设置不同的资格恢复期。同时对于职业禁止的限制应当有明确的期间，可以根据犯罪行为的情节、刑罚的轻重以及再犯可能性等因素来评估禁止期限，防止禁止期间的随意性以及期间过长。不过，鉴于公共职务的特殊性，可以从设置终身性的禁止期限作为例外。

四、财产性制裁措施与罚金刑的衔接

对于单位犯罪的本身性质来说，对单位适用罚金刑就是最为合适的选择。罚金刑对单位犯罪而言具有特殊且重要的意义。首先，从单位犯罪的性质来看，单位虽然被拟制为"人"，但因其具有法人人格的社会属性，除罚金之外的其他刑罚种类几乎无适用空间。单位不像自然人一般具备生物属性，无法适用死刑、自由刑。其次，从惩戒与预防角度来看，单位犯罪多数为牟取暴利、非法利益的贪利性犯罪，通过对单位施加高于其犯罪所得的罚金，对单位犯罪可以起到惩戒和震慑的功能。罚金刑对单位经济利益的减损，更能从根本上剥夺单位再次犯罪的可能性。最后，罚金刑的设置和比例都与单位犯罪所实施的行为以及犯罪后果相关联。虽然罚金刑的判处不完全受犯罪个人名下财产状况的限制，但是单位作为特殊法人，其在民事上是以其名下的全部财产状况独立承担民事责任，但在刑罚处罚方面，对单位判处罚金如超过单位名下的财产限额，是否由单位的法定代理人同样承担未能负担部分的罚金缴纳，司法实践上存在争议。本文认为，从剥夺单位犯罪的再犯能力角度出发，对单位判处超过其经济承受能力的罚金具有一定的合理性，但是罚金刑金额的认定还是要契合单位犯罪所实施罪刑的本身，对于单位的财产承受

能力可以兼顾考量。

关于单位罚金刑的完善，须注意以下几点：①扩大单位犯罪罚金刑适用的主体范围。与上文观点一致，本文认为，在单位犯罪中，仅对单位中直接责任人员或主要责任人员判处罚金，而不对单位适用罚金的情形，是不符合单位犯罪刑责理论的。因此，应当扩大单位犯罪中适用罚金刑的主体范围，摒弃单罚制的单位犯罪，统一改为双罚制。在单位犯罪中，直接主管人员、直接责任人员实施的行为必须通过单位的意志来体现，其亦是为单位牟取利益，单位作为刑事犯罪中的适格主体，应当对体现单位意志的刑事犯罪承担相应的责任，对单位判处罚金罚当其罪。②平衡好单位犯罪中单位主体与直接责任人员、主管人员的罚金刑比例设置。目前，我国单位犯罪中部分罪名中对于单位的直接责任人员、主管人员在刑罚上并未设置罚金刑，使得该部门单位犯罪中的直接责任人员、主管人员的刑罚明显轻于同罪名的自然人犯罪。单位犯罪中的直接责任人员、主管人员其虽然是为单位牟取利益而实施犯罪，但其同样是出于贪利动机实施，也应当承受相应的刑罚处罚，对其适用罚金刑更能最大程度地提高其犯罪成本，减少其再犯罪的可能性，抑制其犯罪动机。③完善单位犯罪罚金刑的执行保障机制。2021 年最高人民法院《关于适用〈中华人民共和国刑事诉讼法〉的解释》中，规定了罚金可以分期缴纳，但是并未详细规定分期缴纳的具体适用条件以及方式。对于单位犯罪而言，适用分期缴纳，很难保证单位是否在刑事犯罪之后仍有存续的可能性，即容易致使罚金刑的执行落空，不利于刑罚的稳定性和惩戒效果的实现。因此，针对单位犯罪的特征可以确定相应的保障措施，在查明单位财产状况的基础上，根据单位犯罪的社会危害性、犯罪后果，可对单位的财产或部分生产设施进行先行扣押。对生产设施进行扣押后，限制其出售或交易，但是该生产设施仍可以继续由单位合理使用，不影响单位的正常生产经营。④做好单位犯罪的行刑衔接问题。在行刑衔接问题中，不仅可以对于单位涉嫌刑事犯罪之前的行政处罚罚金部分做合理的折抵，更可以在刑事处罚后续的执行过程中，与相关职能部门形成信息互通，对涉案单位的生产经营、单位资金流向进行一定的监控，防止其变卖或减损公司资产以逃避、拖延罚金缴纳。同时可以通过征信管理部门对单位法人信用体系进行挂钩和跟踪，确保法人征信与罚金刑的缴纳形成关联，保证罚金刑的执行到位。

除罚金刑外，对单位犯罪施加其他财产性制裁措施亦有一定的合理性。

这主要是基于此财产性制裁措施的功能对单位犯罪所施加的影响，主要有以下几个方面：①财产性制裁措施具有剥夺和补偿功能。我国的其他财产性制裁措施包括没收财产和没收违法所得，且在刑事判决中对于收缴的违法所得属于被害人的部分予以返还，这种剥夺和补偿的功能通过这两种财产性制裁措施予以实现，且这种剥夺和补偿功能是单靠判处罚金刑是无法实现的。②财产性制裁措施具有预防和震慑功能。刑罚裁量基础是责任与预防，通说认为，责任刑对宣告刑具有决定作用，而预防刑对其仅能起到调节功能。但是责任刑的刑罚目的是惩戒，而预防刑的目的是预防和震慑，确定财产性制裁措施的不仅要考虑犯罪所应当承担的责任范畴，更要考虑财产性制裁措施对于单位犯罪的预防和震慑功能，即财产性制裁措施的施加不仅要与刑罚的责任刑成正比，更要兼顾预防和震慑犯罪的必要性。③财产性制裁措施更符合制裁措施的经济性要求。对单位犯罪施加财产性制裁措施更符合司法成本的经济性原则，对单位财产以及财产性利益的剥夺，仅是对单位所拥有的财产数量减损，但是对于整个社会的经济总量而言，并不存在减损或灭失；且对单位施加财产性制裁措施的司法运行成本要远低于自由刑的执行成本。对单位处罚没、收缴的财产，不仅能弥补国家在社会治理领域、追究单位犯罪的司法运行成本方面的支出，另一方面也能对被害人、被害单位的损失进行补偿。

除对单位适用罚金刑以及没收财产等刑罚处罚措施外，也可以借鉴域外的没收和追征制度来扩大单位犯罪财产性制裁措施的范围。例如韩国的财产刑除规定罚金刑之外，还有没收。韩国刑法中的没收是指为防止犯罪的反复或阻止从犯罪中获得利益，剥夺与犯行相关的财产并将其归于国库的财产刑。[1]韩国中没收兼具刑罚和保安处分两方面性质的，适用范围上，没收包括犯罪使用物品、犯罪行为所产生的物品和以上述物品为代价取得的物品，即没收的实质是对物的保安处分。在适用制度上，没收原则上只能附加适用，但即使行为人不被判决有罪，只要具备没收的要件也可以例外地单独宣告没收。而在原物无法被没收之后，随之而来的追征制度，可以作为剥夺其替代价值利益的措施。我国《刑法》第 64 条规定的犯罪所得之物、所用之物的处理与韩国的没收、追征制度有异曲同工之处，但是我国对犯罪所得以及所用之物

---

〔1〕 ［韩］金日秀、徐辅鹤：《韩国刑法总论》，郑军男译，武汉大学出版社 2008 年版，第 715 页。

的处理，并非作为一种刑事制裁措施，其行使和决定的主体并非仅有法院，在侦查、审查起诉等刑事司法任何一个阶段，如果作出终局性的决定，都可以使用《刑法》第64条对涉案财物进行没收和追缴。本文认为，对涉案财物的追缴和没收也应当被纳入财产性制裁措施之内，丰富单位犯罪的刑事制裁体系。采取以下措施设计符合我国单位犯罪特征的财产性制裁措施：①设置特别没收财产、追缴制度丰富我国财产性制裁措施体系。我国《刑法》第64条规定的对涉案财物处理的特别没收、追缴制度，应当被赋予有别于刑罚的财产性制裁措施的法律地位，将其作为单位犯罪罚金刑等刑罚的补充财产性制裁措施，其虽不同于罚金刑具有对犯罪行为彻底的否定性评价的性质，但是也属于对犯罪所得的非法利益的剥夺，是对单位犯罪所处的不法状态的取缔。对其不赋予刑罚的法律地位，可以尽可能地保证对违法所得的一切财物、违禁品以及供犯罪所用财物的剥夺和追缴，而不受单位犯罪必须被判有罪的限制。②明确没收、追缴的范围。我国单位犯罪中，单位作为市场主体，不仅拥有独立的法人人格，通常还有独立的法人财产。在单位犯罪中，如出现单位犯罪利用其他单位的生产设备实施违法犯罪活动，而该生产设备如并非犯罪单位所有，是否能够对其进行没收，这种没收范围是否影响其他正常经营主体的权益；假如无法没收到涉案的财产或者原物，本文认为可以追缴与其相当价额的钱款，作为对犯罪所用之物的追缴。同时当基于正当的事由或原因，诸如遗失、毁损等原因或者善意取得等因素造成所要没收的对象无法没收，或者因其性质和特征出现无法没收或不适宜没收的情况，亦可以通过追缴与其相当价值的钱款进行惩戒。③设置辅助程序防止公司资产的非法转移。单位拥有独立的法人财产，但是很多时候在对单位执行财产刑时，也是以单位的全部资产对判处的刑罚进行履行，要使得单位犯罪的财产刑能够起到惩戒的效能，防止犯罪单位转移或者隐藏资产等行为，可以设置相应的防止非法资产转移和隐藏的没收保全等辅助制度。

对刑罚修订的效果量化分析与反思

刘崇亮 *

摘　要：为了检验 11 个刑法修正案对刑罚的修订是趋于轻缓还是严厉，对新增犯罪的配刑、个罪法定刑的修改、总则中刑罚结构的调整进行模型构建与量化分析。结果发现，刑罚修订呈现出结构性的趋重。刑罚修订的效果应在刑罚的效益实现中得以检验。刑罚修订使得狱内刑期结构与人口监禁率进一步趋重。若要改变结构性趋重的刑罚修订现状，就必须明确"综合刑主义"的刑罚修订目标。若要消解刑罚总量趋重的负面效果，就必须建立完善的刑罚权运行机制。

关键词：刑法修正案；刑罚修订；结构性趋重；刑罚效益

自 1997 年《刑法》生效以来，我国已经进入刑法立法活跃化时代。到目前为止，20 多年的时间里相继颁布实施了 11 个刑法修正案及一个单行刑法。[1] 为了应对社会风险的挑战，刑法立法的犯罪化扩张趋势明显。刑事立法活跃化意味着积极的刑法观在中国的确立，但学者们意见并不统一。人们对刑法修正的基础观念更多聚焦于犯罪化是否合理的分析，方法论上亦多采用法哲学或者教义学上的分析。问题是，仅从立法论或者解释论的角度来分析何种刑法观适合当前中国刑事法治构建之图景，很难得出一个令人信服的

---

　*　刘崇亮，男，汉族，江西南昌人，法学博士，上海政法学院教授、佘山学者。本文主要部分发表在《政法论丛》2022 年第 5 期。

　〔1〕　自 1997 年《刑法》实施以来，我国仅于 1998 年颁布了一个单行刑法，即《关于惩治骗购外汇、逃汇和非法买卖外汇犯罪的决定》，下文为了论述的方便，涉及刑法修正或修正案的表述均包括此单行刑法。

结论。刑法修正应该坚持何种刑法观，既应该在文本之内，更应该在文本之外进行分析与反思。刑法的修正势必会引起刑罚的修订，而刑罚修订的效果如何实难以从文本之内被发现。所以真正成为问题的是，应该对当前的刑罚修订效果进行量化及实证分析，从而证明何种刑法观适用于我国的刑法修正。基于有限的经验观察与对刑事一体化基础理论的理解，刑罚修订的效果如何，可以分为两个层次进行探讨。

第一，过往的 11 个刑法修正案对刑罚的修订到底是轻缓还是趋重，这是分析刑罚修订实际效果的前提。以前有研究很好地分析了某个修正案中个罪的罪刑关系的本体，即在刑罚的配置中是否在应然意义上实现了罪刑均衡，[1]但对所有修正案中刑罚调整后的刑罚总量是轻缓还是趋重当前并没有研究，并且研究中缺乏定量分析方法。修正案中刑罚修订是趋轻还是趋重，只有经过科学检测才能得出准确结论。

第二，在分析刑罚修订是轻缓还是趋重的基础上，分析刑罚修订对刑罚效益实现的效果。刑罚的创制（配制与调整）系主观能动的结果，历年来的刑法修正案中的刑罚修订是否会直接影响刑罚效益指标的变化，值得研究。

基于此，本文把所有刑法修正案中的刑罚修订作为研究对象，把 SPSS22.0 作为量化分析的工具，设置相关模型，尝试对上述问题进行研究，以期对未来的刑法修正有所裨益。

一、对修正案中刑罚修订的轻重趋势之量化分析

修正案中的刑罚修订主要包括三种类别：一是因具体罪名的增减而使得相应的刑罚得以配置；二是直接调整个罪的法定刑，以加重或者减轻其刑罚配置；三是在总则中对刑罚制度进行修订，使得刑罚结构发生体系性的变化。到目前为止，大多学者认为刑罚调整趋于轻缓为表征。[2]但是，从全样本出发，修正案对刑罚修订总体呈现是轻缓还是趋重需要科学检测。鉴于此，下

〔1〕 如刘宪权教授对《刑法修正案（十一）》中法定刑的调整是否合理进行了教义学上的分析。具体参见刘宪权："刑法修正案（十一）中法定刑的调整与适用"，载《比较法研究》2021 年第 2 期。

〔2〕 持此种观点的学者们认为，自《刑法修正案（八）》开始，我国轻重失衡的重刑结构得到了进一步的调整，特别是死刑开始被废除，刑罚结构朝着轻缓化迈进。如陈兴良："犯罪范围的扩张与刑罚结构的调整——《刑法修正案（九）》述评"，载《法律科学（西北政法大学学报）》2016 年第 4 期；陈炜、孙亚珍："从《刑法修正案（八）》探析我国刑罚结构改革"，载《求索》2011 年第 6 期。

文将对修正案中三种类别的刑罚修订情况进行分析。

（一）对新增犯罪配刑的轻重趋势检测

对修正案所有新增的 72 个犯罪的刑量与罪量按照一定的原理赋值，进行线性相关分析，以便对新增犯罪配刑的轻重趋势进行检测。

（1）对新增的 72 个犯罪的刑量进行赋值。考虑到附加刑与主刑的异质性，恐出现换算的异化，且忽略附加刑对分析刑罚配置的均衡也无太大妨碍，故仅对主刑的配置均衡进行分析。修正案中新增罪名的主刑包括管制、拘役、有期徒刑，因此必须对这三个刑种换算以便进行统一赋值。①关于管制的换算。根据《刑法》第 41 条的规定及管制的刑罚强度，可将管制 1 个月换算有期徒刑 0.25 个月。②关于拘役的换算。根据《刑法》第 44 条的规定及拘役的刑罚强度，可将拘役 1 个月等换徒刑 1 个月。

根据基准刑原理，实质的基准刑只反映基本犯罪构成事实的刑罚量，另据笔者新近的一份研究表明，法定刑中线基本接近基准刑，故法定刑中线完全可以作为该罪的基础刑量。[1]有的犯罪包括基本刑、加重刑及特别加重刑等多个层次的刑量，亦应该对相应层次幅度的法定刑取值中线来作为该罪的基础刑量。根据此项规则，修正案增加 72 个犯罪后，因大部分的罪名都具有两个或两个以上的修正犯罪构成，即两个或者两个以上的罪量，故实际上这72 个犯罪相对应有 120 个罪刑关系。

（2）对新增的 72 个犯罪的罪量进行赋值。犯罪的实体是违法与责任，从实质的观点考察，只有具备发生违法事实和能够就违法事实对行为人进行非难才能认定为犯罪。[2]故从教义学的角度看，犯罪的轻重应当从违法性与有责性中探索。因此，本文把罪量的模型建构为：罪量指数＝违法的构成事实罪量×0.6+有责性罪量×0.4。然后对这两个构成因素再进一步进行分解，具体分析指标为：罪量指数＝（法益类型+犯罪主体类型+犯罪被害关系类型+危害行为方式类型+危害地位类型+危害结果类型+犯罪情节严重程度+模仿难度类型）×0.6+（罪过类型+反规范态度）×0.4。

对上述罪量指数模型中的 10 个分解指标进一步赋权。①该模型中法益类

---

〔1〕 参见刘崇亮："量刑机制的分层量化实证研究——以防卫过当案件为例"，载《政治与法律》2021 年第 9 期。

〔2〕 张明楷："责任主义与量刑原理——以点的理论为中心"，载《法学研究》2010 年第 5 期。

型可划分为涉安全法益（国家安全、公共安全与人身安全）、涉秩序及个人法益（市场经济、社会秩序与其他秩序、人身安全外个人法益），分别赋值为0.65与0.35；②犯罪主体类型可划分为特殊身份主体、一般主体，分别赋值为0.6、0.4；③犯罪被害对象类型可划分为被迫害对象、缺席被迫害对象及交易被害对象，分别赋值为0.5、0.3、0.2；④危害行为方式类型可划分为暴力方式、偷盗方式及欺诈方式，分别赋值为0.5、0.3、0.2；⑤危害地位类型可划分为强势危害地位与一般危害地位，可赋值为0.6、0.4；⑥危害结果类型可划分为复合实害结果[1]、实害结果及危险状态，可分别赋值为0.45、0.4、0.15；⑦模仿难度类型可划分为易模仿难度、高度模仿难度，可分别赋值为0.7、0.3；⑧犯罪情节程度可划分为严重程度与一般程度，可分别赋值为0.7、0.3；⑨罪过类型可划分为故意与过失，分别赋值为0.7、0.3；⑩反规范态度可划分为强反规范态度、一般反规范态度，可分别赋值0.7、0.3。[2]

（3）检验结果及发现。按照上述罪量与刑量的赋值标准，以刑量与罪量为双变量对样本进行简单线性相关检验，检验结果如表1。从表1中可以看出，P值为0.000，Pearson系数为0.704，意味着在0.01水平上，刑量与罪量具有显著的相关性。在人文社会科学中，Pearson系数达到0.704非常难得，这也证明了本文所建构罪量模型的成立。此即表明在刑法修正案中，基本实现了罪刑均衡原则，即罪量越大刑量则越大，罪量越小刑量则越小。但是我们也应注意到，若从完美的罪刑均衡原则出发，罪量与刑量应当是完全正相关，即Pearson系数应该为1。[3]

---

〔1〕 复合实害结果指的是诸如放火罪，不但会造成对人的死亡结果，还可能会造成财产的损失。

〔2〕 本文分解的10个罪量考核指标的具体赋值是否科学，这就涉及人文社会科学中相关概念量化的技术性问题。因为本文是做简单相关性分析，因此只要不在权重的主次性方向出现错误，并不会影响重要数值的意义。

〔3〕 相关系数是+1的时候表明一个完美的正相关，意味着一个变量的变化能够完全精确的预测另一个变量的变化，但这在人文社会科学中基本上是不可能出现的。具体参见 [加拿大]达伦·乔治、保罗·马勒里：《心理学专业SPSS14.0步步通》（第7版），商佳音、胡月琴译，世界图书出版公司2009年版，第138页。

表 1　修正案中犯罪之刑量与罪量简单相关性

		刑量	罪量
刑量	Pearson 相关性	1	0.704**
	显著性（双侧）		0.000
	N	120	120
罪量	Pearson 相关性	0.704**	1
	显著性（双侧）	0.000	
	N	120	120

＊＊在 0.01 水平（双侧）上显著相关。

从"完美均衡原则"的角度考量，修正案中新增犯罪的罪刑关系还存在着不均衡之情形，故仍具有进一步分析的余地。鉴于此，对上述罪刑关系进行定序分组，即罪量与刑量都相应分为 5 级，然后根据罪量等级与刑量等级是否一致进行统计，统计结果如表 2。从表 2 我们可以看出，本次检测证明了修正案新增犯罪虽然大部分实现了罪刑均衡，但仍然存在不均衡之情形。具体来说，120 个罪刑关系中，共有 68 个，即 56.7 的罪刑关系完全均衡。配刑过轻的罪刑关系占比为 5.0%，配刑偏轻的占比为 22.5%，另外，配刑过重的仅占比 0.8%，配刑偏重的占比 15.0%。

表 2　罪量与刑量之均衡值

		频率	百分比	累积百分比
有效	-2	6	5.0	5.0
	-1	27	22.5	27.5
	0	68	56.7	84.2
	1	18	15.0	99.2
	2	1	0.8	100.0
	合计	120	100.0	

注：本文中均衡值是指罪级减去刑级的指数，"0"代表均衡，"-1"代表偏轻，"-2"代表过轻，"1"代表偏重，"2"代表过重。

从上述的检验结果我们可以看出，1997 年《刑法》颁布实施以来，刑法修正案对刑罚的配置总体实现了均衡及轻缓化——120 个罪刑关系的均衡及轻缓化率达到了 84.2%。但也不可否认的是，配刑偏重的情况仍然存在。对这 72 个犯罪的配刑进行仔细梳理，我们会发现，一方面，立法者对刑法前置化轻罪的刑罚进行配置时基本保持了相当程度的克制。根据本文设置的罪量与刑量的模型计算，帮助犯正犯化、预备犯实行犯化等犯罪的刑罚配置都趋向于轻缓化。另一方面，针对危及国家安全的暴恐类犯罪、具有引起新冠疫情传播风险的犯罪及涉及其他安全类的犯罪，立法者对基本构成的刑量配置亦保持了克制，但对加重构成的刑量配置趋于偏重甚至过重。譬如根据模型的计算，准备实施恐怖活动罪与宣扬恐怖主义、极端主义、煽动实施恐怖活动罪，这两个罪的基本构成的罪量与刑量符合均衡原则，但两个罪的加重构成罪量为 4 级，而相应的配刑等级则为 6 级，罪刑关系检测的结果趋向于过重。表明立法者对这几类严重危及安全的犯罪，"使入罪的标准在客观后果之外增加了难以把握的严重情节，扩大了刑法的打击面"。[1]总的来说，新增犯罪的配刑总体实现了轻缓犯，但又体现了结构性的重刑主义。

（二）对个罪法定刑调整的轻重趋势检测

刑法修正案对个罪法定刑的调整从总体上看到底是趋重还趋轻呢？为此，下文将所有刑法修正案中被调整的个罪法定刑作为研究对象，把调整前的刑量和调整后的刑量作为双变量[2]，然后进行配对样本 T 检验，以便发现两者的最终差异。

（1）对个罪法定刑调整前后之刑量进行赋值。考虑到修正案对个罪法定刑的调整包括所有主刑刑种，因此在上述对管制、拘役、有期徒刑三个刑种之间换算的基础之上，还必须对无期徒刑、死刑两个刑种进行换算。①关于无期徒刑的换算。根据 2016 年最高人民法院《关于办理减刑、假释案件具体应用法律的规定》，被判处无期徒刑的罪犯在刑罚执行期间，执行 2 年以上符合其他减刑条件的可以减为 22 年，考虑到无期徒刑判决之前的羁押期并不折

〔1〕 刘艳红："积极预防性刑法观的中国实践发展——以《刑法修正案（十一）》为视角的分析"，载《比较法研究》2021 年第 1 期。
〔2〕 与前文一致，此处的法定刑仍然只以主刑为分析对象。

抵，将无期徒刑换算成 28 年即 336 个月是合理的。[1] ②关于死刑的换算。死刑是最为严厉的刑种，从教义学的角度看似乎无法换算，毕竟犯罪人犯有两个应判处无期徒刑之罪最终之刑并不能上升为死刑。但从罪量与刑量的对应关系来看，对罪量先行进行赋值，那么相对应的刑量则可以进行换算。以法定最高刑为死刑的故意杀人罪为例，按照本文的罪量模型，罪量赋值为 3.26，而法定最高刑为无期徒刑的诈骗罪，按照罪量模型，罪量赋值为 2.12，故意杀人罪的罪量约为诈骗罪罪量的 1.5 倍。按照罪量决定刑量的罪刑均衡原则，故意杀人罪的刑量亦应该是诈骗罪刑量的 1.5 倍。因此，本文拟以此例为换算规则，将死刑换算为 1.5 个无期徒刑，即为 504 个月。赋值的具体规则仍然按照前述的基准刑确定办法，即不管是提高还是减轻犯罪构成相应的法定刑，都按照每个犯罪构成的法定刑的中间值来作为该罪的基础刑量。

（2）检验结果及发现。按照上述换算规则，对所有个罪调整前后的法定刑进行赋值，对调整前后的法定刑作为双变量进行配对样本 T 检验，具体检验结果见表 3。

第一，从形式意义上看，自 1997 年《刑法》修订以来，对个罪法定刑的修订总体体现了轻缓化。如表 3 所示，所有个罪的法定刑调整涉及 83 个罪刑关系，在这 83 个罪刑关系中，调整前的刑量均值为 168.361，调整后的刑量均值为 131.518，初步说明在个罪的刑罚总量上实现了轻缓化。本次配对样本 T 检验中，调整前刑量的标准差为 167.4487，调整后刑量的标准差为 89.6018，P 值为 0.001，前后数值的标准差差距大致近两倍，这表明个罪的法定刑调整前后的刑量总体上在 P<0.05 水平上存在着显著差异。标准差的大幅度缩小意味着个罪的罪刑关系的离散程度更为趋中。罪刑关系离散程度更为集中，意味着法定刑的幅度得以缩小，更有利于罪刑均衡原则的贯彻与量刑公正的实现。那么，是否就能够得出刑法修正案中个罪法定刑的调整就在实质意义上趋缓了呢？为此还需进行进一步检验。

---

[1] 也有学者认为因为数罪并罚时有期徒刑的最高刑期为 25 年，故把无期徒刑换算成 300 个月。具体参见高通："故意伤害案件中赔偿影响量刑的机制"，载《法学研究》2020 年第 1 期。但是把无期徒刑的刑罚强度等于数罪并罚条件下最高有期徒刑，可能会明显降低无期徒刑的刑罚强度，因为根据《刑法》第 78 条的规定，毕竟原判处有期徒刑 25 年的通过减刑后实际执行期不能少于二分之一，即 12.5 年，但无期徒刑的实际执行至少 15 年，故把无期徒刑换算成 25 年存在不对等的问题。

表 3　个罪法定刑调整前后配对样本 T 检验统计量

		均值	N	标准差	均值的标准误	Sig.（双侧）	相关系数
对 1	调整前刑量	168.361	83	167.4487	17.3339	0.001	0.912
	调整后刑量	131.518	83	89.6018	10.2527		

第二，仅对涉及自由刑进行调整的样本进行配对样本 T 检验，从实质意义上看，个罪的罪刑关系趋重。从经验法则出发，表 3 中前后样本的标准差差距巨大，系与死刑大幅度削减有关。自 1997 年《刑法》修订以来，《刑法》中的 68 个死刑罪名共有 22 个被废除，故赋值最高的法定刑被剔除，显然使得自由刑幅度总体趋中。为了验证此观点，在该数据库中删除这 22 个被废除的死刑罪名，仅对涉及自由刑调整的刑量进行配对样本 T 检验，检验具体结果见表 4。

表 4　个罪自由刑调整前后配对样本 T 检验统计量

		均值	N	标准差	均值的标准误	Sig.（双侧）	相关系数
对 1	调整前刑量	77.016	61	74.6690	9.5604	0.004	0.858
	调整后刑量	91.410	61	65.5620	8.3943		

如表 4 所示，刑法修正案中不涉及死刑废除的罪刑关系（暨删除 22 个死刑罪名样本数据后）共有 61 个得以调整，检验结果与表 3 所显示的结果完全相反。在这仅涉及自由刑调整的 61 个样本数据中，调整前刑量的均值为 77.016，调整后刑量的均值则达到了 91.410，P 值为 .004，表明两者在 $P < 0.05$ 水平上存在统计学意义上的显著差别。同时表明调整后的个罪法定刑结构趋重，且加重的均值刑量在 14 个月以上。进一步分析，个罪的自由刑调整总量中，罪刑关系减轻的共 20 个，占总量中的 32.8%，而罪刑加重的则达到 41 个，占比为 67.2%，加重的罪刑关系为减轻的罪刑关系 2 倍之多。刑量均值加重表明，在涉及 61 个自由刑调整的罪刑关系结构中，刑罚总量上趋于偏重，体现出结构性的重刑主义观念。

（三）对总则中刑罚结构调整后的轻重趋势检测

不同的刑罚结构决定了互有差异的刑罚功能，从而出现不同的刑罚效益。[1]一直到《刑法修正案（八）》颁布实施前，修正案并未对《刑法》总则中刑罚结构进行过调整。彼时两种观点代表了对当时的刑罚结构是否合理性的评价。一种认为，我国刑罚结构合理，宽严相济，衔接紧凑。[2]另一种观点认为，从我国刑罚实际运作的状况来看，我国刑罚体系存在着结构性缺陷，即死刑过重，生刑过轻，一死一生，轻重悬殊，极大地妨碍了刑罚功能的发挥。[3]《刑法修正案（八）》基本体现了第二种观点，首次对刑罚结构进行调整。具体调整内容包括：一是严格限制被判处死缓罪犯的减刑；二是延长被判处死缓、无期徒刑罪犯减刑后的最低实际服刑期；三是延长无期徒刑假释最低实际服刑期；四是提高数罪并罚时的法定最高刑。就调整后的刑罚结构而言，整体趋重毋庸置疑，但调整后趋重到何种程度，则需要设置模型进行相关检测。

（1）刑罚结构调整模型构建及赋值。为了使得刑罚结构调整前后具有可比性，将刑罚结构中的三个要素，即刑种、刑期及刑罚执行变更，按照一定的规则来构建模型。本文对刑罚结构调整模型构建如下：刑罚结构调整指数＝死缓重大立功减刑后刑期＋无期徒刑减刑最低执行期＋死缓减刑最低执行期＋无期徒刑假释最低执行期＋数罪并罚法定最高刑。需要指出的是，《刑法修正案（八）》之前，《刑法》第50条规定死缓犯如果确有重大立功表现，2年期满以后，减为15年以上20年以下有期徒刑，而《刑法修正案（八）》则规定直接减为25年。此处为了比较，可对"减为十五年以上二十年以下有期徒刑"取中间值，其他的则直接给予赋值。

（2）检验结果及发现。根据建构的刑罚结构调整模型，把相对应的数值代入到模型之中。结果显示，调整前的模型指数为834，调整后的模型指数为1236，调整后刑罚结构指数增加了48.2%，意味着刑罚结构调整显著性趋重。若不设置模型进行量化分析，刑罚结构调整从直观上判断就可以得出趋重的

---

[1] 储槐植：《刑事一体化论要》，北京大学出版社2007年版，第170页。

[2] 具体参见高铭暄、马克昌主编：《刑法学》，北京大学出版社、高等教育出版社2000年版，第239~240页。

[3] 陈兴良："犯罪范围的扩张与刑罚结构的调整——《刑法修正案（九）》述评"，载《法律科学（西北政法大学学报）》2016年第4期。

结论，但设置模型量化分析后，我们就可以发现修正案中有关刑罚结构调整指数增加了近五成。从形式意义上看，《刑法修正案（八）》的确改变了"生刑过轻"的刑罚结构，"解决了生刑偏轻的刑罚结构缺陷"[1]，但问题是，刑罚结构中"生刑偏轻"的判断并不一定正确。就自由刑的刑罚结构而言，法定刑结构及执行变更期限在何种限度是合理的，关键还是在于适合我国自身的控制犯罪与综合治理的需要。在一些已经废除死刑的国家，因为死刑的废除，出于对罪量与刑量的均衡原则的坚持，监禁刑通常较重。而在我们国家死刑罪名较多的情况下，仍然加重监禁刑的刑期结构，使得刑罚结构整体趋重。这种刑罚结构的整体趋重是因为加重无期、死缓及数罪并罚的相关刑度，故体现出"重者更重"之刑罚修订理念。

二、结构性趋重的刑罚修订对刑罚效益的负面效应

刑事立法者面临比以往更为复杂且困难的局面。一方面，立法者需要完善刑事法网，弥补刑法典漏洞，以回应社会的重大关切。另一方面如何将立法产生的负面问题减少到最小，是未来的刑事立法与司法将面临的新的挑战。[2]如上所述，到目前为止，刑法修正案中的刑罚修订总体呈现出结构性趋重之特征，这种刑罚修订的失衡会对刑罚效益的实现产生哪些负面的效果就值得深入研究。刑罚效益是属于社会效益中的子系统，亦应当遵循效益的一般性概念，即指成本与收益的比较，改刑罚效益是指刑罚资源的投入与刑罚适用表现的实际比较。

本文把刑罚效益检验的核心指标分解为狱内刑期结构和人口监禁率，刑罚资源（包括刑事立法与司法）投入的最终收益都将体现在这两个具体指标上。这两个指标互相影响，又具有明确的界限。人口监禁率是指一个国家特定时点每10万人口中在监禁设施内羁押人员的比率，不仅反映犯罪规模总量，也反映刑罚结构在刑事司法实践的具体运用及其效果。[3]人口监禁率越高意味着刑罚效益实现得越差。一个国家在特定时期，犯罪规模即人口监禁

---

〔1〕 梁根林："刑法修正：维度、策略、评价与反思"，载《法学研究》2017年第1期。

〔2〕 曲新久："《刑法修正案（十一）》若干要点的解析及评论"，载《上海政法学院学报（法治论丛）》2021年第5期。

〔3〕 Roger Mathews, *Doing Time: An Introduction to the Sociology of Imprisonment*, Stmartins Press, 1999, p. 98.

率不仅决定于治安现状，还决定于刑法对犯罪圈规定的大小，所以犯罪圈的变化会引起犯罪规模的变化。同时，狱内刑期结构的轻重也会显著影响人口监禁率。狱内刑期结构是指现实中监狱关押罪犯的各个自由刑的具体比例，包括死缓、无期以及轻重徒刑所占的比例。[1]刑罚结构的变化自然会引起狱内刑期结构的变化。在自由刑占支配地位的刑罚结构的现状下，通过对狱内刑期结构与人口监禁率的考察，进而回溯到对刑罚结构的调整是否符合刑罚目的，具有反推的理性。[2]

（一）罪刑关系的增加及配刑的结构性趋重推高人口监禁率

人口监禁率的增长可归因于两种因素，一种是犯罪本身增长，另一种是因为刑法的修改而使犯罪额外增加。白建军教授对1988年至2007年的犯罪率进行了考察。根据统计，1988年的犯罪率为105.8/100 000，2007年的犯罪率为443.2/100 000，年增长为16.9%，其中增长最快的时段为1997年以后，特别是1997-1998年度，增长了38/100 000。[3]我们进一步研究就可发现，我国犯罪率大幅上升趋势的拐点是1997年—1998年，这表明虽然有可能其他社会因素推动了犯罪率的上升，而1997年《刑法》的修改导致罪刑关系的大幅度增加与监禁人口规模增加存在着高度相关性。那么，随着犯罪圈的扩大，配刑的增加及结构性的趋重新刑法时代将会对人口监禁率产生何种程度的影响值得分析。

（1）罪刑关系的增加直接推高人口监禁率。根据《中国统计年鉴》《中国法律年鉴》及《中国检察年鉴》推算表明，1998年我国的人口监禁率为161/100 000，2000年为169/100 000，2002年为179/100 000，2004年为184/100 000，2006年为188/100 000，2008年为195/100 000，2010年为193/100 000，2012年为195/100 000，2014年为196/100 000。2015年及以后因为《中国统计年鉴》不再发布在押服刑人员总数，故未能准确推算当年我国的人口监禁率。但是根据《中国法律年鉴》公布的全国法院审理刑事案件被告人判决生效情况，2014年的生效判决人数为1 184 562人，2015年则为1 232 695人，表明

---

〔1〕　参见樊文：“犯罪控制的惩罚主义及其效果”，载《法学研究》2011年第3期。

〔2〕　参见刘崇亮：“'重重'刑罚观对监狱行刑的效果——以刑法修正案（八）对刑罚结构的调整为分析视角”，载《法制与社会发展》2013年第6期。

〔3〕　白建军：“从中国犯罪率数据看罪因、罪行与刑罚的关系”，载《中国社会科学》2010年第2期。

判决人数增长十分明显。由此可以推算，若在刑罚执行变更制度没有大的变化的情况下，[1]当年的人口监禁率将进一步增高。此处在不考虑其他人口监禁率增长因素的条件下，以 1998 年至 2014 年人口监禁率为因变量，以 1998 年至 2014 年刑法罪刑关系的数量为自变量，对两者进行简单线性相关分析，结果发现 $r=0.586$，$p=0.001$，表明两者具有较强的相关性，即近年来因为修正案中罪刑关系的显著增加，在不考虑其他因素的情形下，人口监禁率因此明显提高。

（2）罪刑关系结构性趋重显著推高人口监禁率。在 19 个配刑偏重及过重的罪刑关系中，涉及的具体罪名包括：危险驾驶罪，资助恐怖活动罪，投放虚假危险物质罪，走私废物罪，执行判决、裁定失职罪，执行判决、裁定滥用职权罪，对外国公职人员、国际公共组织官员行贿罪，持有伪造的发票罪，食品药品监管渎职罪，准备实施恐怖活动罪，宣扬恐怖主义、极端主义、煽动实施恐怖活动罪，非法猎捕、收购、运输、出售陆生野生动物罪。上述增设的新罪名中，除了危险驾驶罪，持有伪造的发票罪，非法猎捕、收购、运输、出售陆生野生动物罪等为常见类的犯罪，其他或为刑法前置化下的犯罪，或为极其罕见的犯罪，[2]象征性立法明显。即便这些呈现象征性立法的犯罪罪刑关系趋重，对现实中的人口监禁率影响或并不明显，仅徒增整个刑法分则中的刑罚总量，从而造成刑事立法资源的浪费。而常见犯罪的配刑趋重则会显著推高人口监禁率。

此处以危险驾驶罪为例。根据罪刑关系模型的计算，危险驾驶罪的罪量为 1 级，而相应的配刑等级则为 2 级，罪刑关系检测结果趋向偏重。《刑法修正案（八）》出台之前，醉酒驾车仅为行政处罚，但酒驾入刑后，根据《刑法》第 133 条之一的规定，危险驾驶罪的法定刑为拘役，意味着酒驾可判处 1 至 6 个月的监禁刑。该罪的法定刑虽为拘役，即该罪为微罪，只有基本犯罪构成与一个量刑档次，但最高刑为最低刑的 6 倍，配刑幅度差异较为明显。根据《中国法律年鉴》统计，2010 年全国法院审理危害公共安全刑事案件为

---

[1] 实际上，近年来相关的司法解释表明，人民法院对减刑、假释政策采取的是紧束政策，减刑率及假释率较低。
[2] 张明楷教授认为，极其罕见的行为因为缺乏一般预防的刑罚目的，故没有必要规定为犯罪。具体参见张明楷："增设新罪的原则——对《刑法修正案十一（草案）》的修改意见"，载《政法论丛》2020 年第 6 期。

88 950 件，而 2011 年该类案件的收案为 119 659 件，2012 年猛然上升为 175 439 件，表明危害公共安全罪的立案数三年间急剧上升。根据相关工作报告，这三年间治安的状况整体并没有较大变化，而 2011 年《刑法修正案（八）》增设的危险驾驶罪则能够给予说明。根据 2015 年最高人民法院公布的数据，危险驾驶罪在 2014 年刑事一审收案排在第三位，仅次于盗窃罪与伤害罪。[1] 近年来的数据也表明，危险驾驶罪人民法院的审理案件总数都维持在 100 000 件以上。在整体犯因性因素没有发生较大变化的背景下，"酒驾入刑"使得危害公共安全罪的立案数急剧上升应该是支配性因素。而且危险驾驶罪配刑的偏重，在如此庞大的立案总数的情形下，会显著推高我国的人口监禁率。

（二）个罪法定刑修改后结构性趋重推高狱内刑期结构

我国的狱内刑期结构在"重典"刑事司法实务的背景下，长期以来呈现重刑结构。譬如有调查对 2010 年浙江省监狱的服刑人员抽样数据显示，11 000 个样本中，32% 的罪犯被判处 10 年以上有期徒刑，12% 的罪犯被判处无期徒刑，被判处 5 年有期徒刑以上的罪犯比例则占到了 78.1%。[2] 随着修正案对个罪法定刑修改的结构性趋重，这种重刑的狱内刑期结构将更为严重。

（1）个罪自由刑修改后总量趋重推高狱内刑期结构。如前所分析，在涉及 61 个自由刑的罪刑关系的修改中，个罪法定自由刑调整前的刑量均值为 77.016，调整后则达到了 91.410，罪刑加重的达到 67.2%。表明经过 11 个刑法修正案的调整后，个罪的刑罚总量急剧增长。另外，笔者研究又发现，在经过修改后，刑罚的离散程度更为趋中，表明这 61 个自由刑经过修正案的调整后，刑罚幅度更小。自由刑幅度缩小有利于控制法官的自由裁量权，但是，根据量刑基准确定的基本原理，相对应犯罪构成的基本刑量实质上趋重。譬如集资诈骗罪的基本犯的法定刑被《刑法修正案（十一）》修正前为"处五年以下有期徒刑或者拘役"，修正后法定刑则为"三年以上七年以下有期徒刑"。虽然修正后基本犯的量刑幅度更小，但量刑基准则明显提高，使得符合该罪的基本犯罪构成的刑量趋重。若实践中犯罪本身不发生较大变化的话，上述涉及 61 个自由刑调整的 41 个犯罪的刑罚量在司法实践中都将加重，从

---

〔1〕 具体参见袁春湘："依法惩治刑事犯罪 守护国家法治生态——2014 年全国法院审理刑事案件情况分析"，载《人民法院报》2015 年 5 月 7 日。

〔2〕 参见樊文："犯罪控制的惩罚主义及其效果"，载《法学研究》2011 年第 3 期。

而实际上推高狱内刑期结构。笔者对 2018 年 J 省唯一的女子监狱进行服刑人员的刑期结构进行调研。原判 5 年有期徒刑及以上的占该监狱女犯的 80.6%，其中 5 年有期徒刑到 10 年有期徒刑的占 48.6%，10 年以上有期徒刑的占 15.2%。[1]显示出该省女子监狱中罪犯的刑期结构为典型的重刑结构。

（2）死刑废除后死刑替代措施不明确的情形下将推高狱内刑期结构。修正案对死刑的废除是采取"直接废除法"，即在该罪的法定刑中直接废除死刑。死刑废除后对适用该罪中最为严重的犯罪行为如何处罚则不无疑问。废除死刑的个罪意味着该罪不能适用死刑，根据罪量与刑量等值均衡的原则，是该罪从实然与应然的角度看都不应该配有死刑，故原来应该判处死刑的情形仅能适用于无期徒刑，而原来应该适用无期徒刑的情形则相应降低适用刑罚？还是原来应该判处死刑和无期徒刑的情形都适用无期徒刑？王志祥教授认为，死刑替代措施在我国刑事立法中并不存在"生刑过轻"的问题，死刑替代措施在我国刑事立法中并无存在的根基。[2]笔者认同此观点。按照罪刑关系的基本原则，废除死刑后并不存在符合死刑替代措施的法理，罪减轻后，刑亦减轻，即原先应该适用无期徒刑的情形应当降格适用刑罚。但在刑事司法实践中明显成为问题的是，当前的司法解释没有明确应该如何处理，法官对原来应该适用无期徒刑的情形在死刑废除后仍然适用无期徒刑成为当然之选择。在此情况下，无期徒刑判决的增加，狱内刑期结构进一步趋重就不可避免。

（三）"重者更重"的刑罚结构调整推高狱内刑期结构

刑法修订一如既往地坚持了刑罚的工具理性，《刑法修正案（八）》中的刑罚结构调整"重重"刑罚观彰明较著，刑罚结构进一步趋重。[3]这种"重者更重"的刑罚结构调整并不符合"重重、轻轻"之世界刑罚潮流。"重重"刑罚观是指对性质严重的犯罪及主观恶性深重的累犯适用更为严厉的刑事责任，加大对重罪罪犯的处遇力度。[4]"重重"刑罚观是新刑罚理论的产

〔1〕 据笔者调研，该省女子监狱的押犯规模较十年前增长近 25%。这一方面与犯罪本身的增长有关，一方面也与狱内刑期结构偏重导致的罪犯数量羁押有关。
〔2〕 王志祥："死刑替代措施：一个需要警惕的刑法概念"，载《中国法学》2015 年第 1 期。
〔3〕 刘崇亮："'重重'刑罚观对监狱行刑的效果——以刑法修正案（八）对刑罚结构的调整为分析视角"，载《法制与社会发展》2013 年第 6 期。
〔4〕 参见梁根林：《刑事制裁：方式与选择》，法律出版社 2006 年版，第 47 页以下。

物。新刑罚理论强调对极端危险的罪犯给予高成本的最高监禁，对那些低风险的罪犯提供最低成本的监督。[1]但是在我们国家的实践中，刑事立法与刑事司法实践中几乎把"犯罪严重与否"等同于"刑期长短"，这就难免造成"重者更重"的刑罚结构，并最终导致日益膨胀的狱内刑期结构。

（1）死缓、无期的刑罚执行变更趋重致使狱内刑期结构显著趋重。首先关于提高死缓犯两年期满后减刑的刑期。《刑法修正案（八）》对具有重大立功表现2年期满后减为15年到20年提高到25年，并且规定累犯和因故意杀人、强奸、抢劫、绑架、放火、爆炸、投放危险物质或有组织的暴力性犯罪被判处死缓的罪犯人民法院可以决定对其限制减刑。此条的修改在实践中到底在何种程度上可能会影响狱内的刑罚结构呢？笔者长期的监狱工作经验表明，因重大立功表现两年期满后的减刑在实践中的情形较为罕见。提高死缓犯两年期满的减刑刑期及限制性减刑规定，会对狱内的实际刑期结构产生显著影响。笔者曾对上海市重刑犯T监狱及J省女子监狱进行死缓犯在押情况进行调研。[2]上海市T监狱2018年4月，死缓犯占到在押犯数的38%左右；J省女子监狱死缓犯占在押犯总数的10.6%。对上海市T监狱769名的死缓犯进一步调查，发现暴力性犯罪占到39%。另外上海市T监狱死缓犯中除了规定的八类限制减刑的犯罪类型外，累犯其中又占到了10%左右，也就是说死缓犯中符合限制减刑的大概占到了48%，J省女子监狱的情况也大致如此。其次关于提高死缓、无期徒刑的减刑后最低执行期。《刑法修正案（八）》对减刑制度也作出了重大调整，涉及对两部分的修改：一是判处无期徒刑的减刑后实际执行刑期不得少于10年现调整为13年；二是死缓原来并没有规定最低的实际执行期，现规定缓期执行期满后减为无期徒刑的，不能少于25年，减为25年的，不能少于20年。在上海市T监狱，被判处无期徒刑的罪犯占押犯总数的27%；J省女子监狱被判处无期徒刑的罪犯占全部押犯的12.4%。这部分无期徒刑罪犯实际最低执行期较刑法修正前要延长3年。另外，上述两个监狱的死缓犯实际最低服刑期将大为延长。最后关于提高无期徒刑假释最低执行期，《刑法修正案（八）》把被判处无期徒刑的犯罪分子

---

〔1〕 Malcolm M. Feeley & Honathan Simoh, *The New Penology: Notes on the Emerging Strategy of Correction and Its Implications*, Berkeley Law Scholarship Repository, 1992, p. 453.

〔2〕 此次调研数据由上海监狱局T监狱狱政管理科及J省女子监狱2018年5月提供。

实际执行 10 年以上才能给予假释修改为 13 年。上海市 T 监狱原判为无期徒刑和死缓的罪犯中，除去无法假释的罪犯，如果假释则将有占到全监 25% 的罪犯最低执行期为 13 年。

（2）数罪并罚最高期限的调整使得狱内刑期结构趋重。《刑法修正案（八）》将旧法中规定数罪并罚的最高刑期不能超过 20 年修改为两种情况，即数罪有期徒刑总和不满 35 年的，最高不能超过 20 年，数罪有期徒刑总和 35 年以上的，最高不能超过 25 年。对上海市重刑犯 T 监狱及 J 省女子监狱 2018 年 4 月押犯数罪并罚情况进行调研。发现在 J 省女子监狱，数罪有期徒刑总和超过 35 年的，仅为 4 名在押犯，故该情形的修改对该监狱的狱内刑期结构的影响并不太大。但在上海市 T 监狱中，共有 38 名罪犯数罪并罚被判处 20 年以上。若按照旧法，这 38 名罪犯的宣告刑不能超过 20 年。并且随着 11 个修正案对个罪法定刑总体的提高，将会使得数罪并罚总和刑期超过 35 年的情形增加，进一步使得重刑犯监狱的狱内刑期结构趋重。

三、确立"综合刑主义"的修订目标以改变刑罚的结构性趋重

虽然刑罚效益的最终承担者并非个体——社会在各个层面都将承受刑罚适用的后果，但犯罪人对刑罚的感受将直接决定刑罚效益的实现。所以如果从社会效用角度看，刑法的运用对于社会及个人造成的损害和刑罚产生的预防效果不具有可比性，立法应当放弃对相关行为的惩罚，即只有在有责性基础上对某一法益造成足够严重的侵害，才值得诉诸刑罚。[1]因此，只有确定了某类行为的有害性才可能确立某些制裁措施。[2]立法者运用刑罚的合法性在于对一般预防的追求，在此过程中应当遵循犯罪人再教育原则及针对有责性侵害的法益保护比例性、补充性原则所提出的各项限制。[3]但是，到目前为止，刑罚的修订从刑罚目的论看侧重于刑罚报应刑机能的发挥，而忽略了报应与矫正综合刑主义的发挥，以致造成刑罚修订的结构性趋重。因此，未来立法机关在罪刑关系的增加、调整及总则刑罚结构的调整中，只有把综合

〔1〕 周光权："法典化时代的刑法典修订"，载《中国法学》2021 年第 5 期。

〔2〕 张明楷："盗伐、滥伐林木罪的重要问题"，载《上海政法学院学报（法治论丛）》2021 年第 5 期。

〔3〕 参见［意］艾米利·多切尼："意大利法律制度中的犯罪：概念及其体系论"，吴沈括译，载《清华法学》2016 年第 1 期。

刑主义作为目标，才可能从根本上改变刑罚结构性趋重的状况。

（1）轻罪刑罚体系的构建应注重综合刑机能的发挥。对此类犯罪的罪量与刑量的均衡分析结果所示，这部分犯罪的配刑的确实现了罪刑均衡甚至轻缓化，毕竟较之于刑法法典编纂之初就入刑的自然犯，此类犯罪通常情况下属于轻罪。但问题是，这些轻罪刑罚的配置缺乏体系性的矫正功能。自刑法修正以来，所有增设的轻罪大都设置了拘役或者半监禁刑（管制刑），相关轻罪的设置似乎实现了当初修法的初衷，但对犯罪人增添的刑罚困境又导致了刑罚功能的失常。以危险驾驶罪为例，醉驾入刑后因醉驾判刑的案件已经成为近年来排名前几位的犯罪，这种数量剧增意味着该类型的犯罪已经成为高发型犯罪。危险驾驶通常被认为是轻罪甚至是微罪，在法律后果上由之前的行政处罚转向刑罚处罚后，一方面刑罚惩罚的威慑后果并没有发挥，使得该类犯罪事实上在量上被泛化，使得犯罪人身份认同普遍不高。[1] 另一方面，相较于行政处罚，刑罚处罚附随性后果的严重性，使得犯罪人在犯罪标签化后在社会工作、生活和学习方面增添了诸多的阻碍性因素。造成这种困境的主要原因就在于轻罪的修订可能关注了报应的轻缓化，但忽略了矫正功能的发挥。即使因醉驾判处缓刑而未受到监禁，免受了监禁刑带来的负面后果，但职业资格或者其他方面因为刑罚处罚带来的改变，可能比刑罚本身更为严厉。鉴于上述轻罪配刑仅注重刑罚报应的缺点，在日后刑罚修订中应注意轻罪刑罚配套制度的完善，注重发挥刑罚报应与矫正功能的发挥，以应对刑罚修订的负面效应。

第一，修订轻罪免罚制度。《刑法》第 37 条规定了免予刑事处罚制度，但司法机关在适用"对犯罪情节轻微不需要判处刑罚的，可以免予刑事处罚"时，显然面临着"何种情形下是犯罪情节轻微"及"何种情形下不需要判处刑罚"之适用困境。《刑法》修订以来所有增设的轻罪，虽然在法益侵害的属性上看属于较轻，但"犯罪情节轻微"系基本构成事实之下的"犯罪情节轻微"，此即意味着危险驾驶罪中的基本犯通常不属于"犯罪情节轻微"而不能够免予刑事处罚。因此可考虑对《刑法》第 37 条进行修订："对符合轻罪条件且危害性不大、情节轻微的，应当免予刑事处罚。"

第二，建构轻罪体系下的前科消灭制度。我国刑法虽然规定了前科报告

---

[1] 梁云宝："积极刑法观视野下微罪扩张的后果及应对"，载《政治与法律》2021 年第 7 期。

制度及未成年人免除前科报告义务制度，但并没有建立真正意义上的前科消灭制度，这对于轻罪刑罚体系构建十分不利，使得重罪与轻罪刑罚体系的界限仅在于刑罚量的大小，难使得轻罪刑罚最大限度发挥综合刑主义的机能。正如有学者指出，前科消灭制度通过注销犯罪人的犯罪记录能彻底"撕去"犯罪人被贴上的犯罪标签，这无疑能解决高发型微罪领域内现存的附随性负面后果的泛化问题。[1]因此，建立完善的前科消灭制度对于实现实质意义上的刑罚轻缓化具有重要价值。

（2）法定刑修改及刑罚结构的调整应注重综合刑机能的发挥。如前所分析，刑罚修订以来，监禁人口将较大规模增加，这仅是刑罚趋重的负面影响之一。刑罚的加重通常还会涉及重新犯罪问题的衍生。问题之一：刑罚的轻重与再犯罪风险并不一致。笔者曾经对上海市某监狱罪犯的再犯罪风险等级进行调研，但调研结果表明，在所有无期与死缓犯的样本中，低度风险为样本总数中的6.3%，中度风险为样本总数中的3.0%，而高度风险仅为样本总数中的0.4%。刑期10年到15年徒刑罪犯低度风险总数比为15.4%，远大于中度风险的6.8%和高度风险的0.3%。[2]问题之二：重刑本身的威慑力并不明显。笔者曾经对江西某监狱罪犯对刑罚惩罚的感受力进行调研。调查结果的数据表明，轻刑犯中51.4%的罪犯害怕惩罚，即刑罚对这部分罪犯最为有效，而重刑犯中只有29.2%的罪犯表示因害怕惩罚不敢犯罪，这就意味着一部分重刑犯较轻刑犯感受刑罚的威慑力要轻。[3]正因为刑罚的加重并不能有效阻止重新犯罪规模的增加，故在今后的刑罚修订中，刑罚的修订应当遵循以下原则：

第一，一般情形下不宜加重个罪的法定刑。这是因为刑法法条对量刑基准的规定，通常被认为是与常态犯罪所对应的刑罚量，即基本犯罪构成事实的刑罚量。[4]在常态犯罪的罪量与刑罚量已经确定的情形下，再提高法定刑，显然对罪量的评估产生了根本性的加重，这一方面与刑罚的轻缓化趋势背道

---

〔1〕 梁云宝："积极刑法观视野下微罪扩张的后果及应对"，载《政治与法律》2021年第7期。

〔2〕 刘崇亮："新刑罚理论与中国监禁刑改革的新目标"，载《浙江学刊》2021年第1期。

〔3〕 刘崇亮："'重重'刑罚观对监狱行刑的效果——以刑法修正案（八）对刑罚结构的调整为分析视角"，载《法制与社会发展》2013年第6期。

〔4〕 刘崇亮："量刑机制的分层量化实证研究——以防卫过当案件为例"，载《政治与法律》2021年第9期。

而驰，另一方面对适用修正后刑罚的犯罪人显失公平。所以，除非罪量与刑量存在着显著的不均衡，一般情形下不宜加重个罪的法定刑。

第二，构建刑罚结构平衡机制。刑罚结构的趋重使得报应刑表征凸显，特别是"重者更重"刑罚结构的修订推高狱内刑期结构与人口监禁率，短期内又无法对总则中已经修订的刑罚结构进行调整的现状下，应该构建刑罚结构的平衡机制。譬如可借鉴英美等国的"强制假释制度"。假释是救济长期监禁刑弊端下的产物，假释的哲学基础是矫正刑主义。[1]西方较多国家在刑罚制度中明确规定罪犯只要符合相关的规定就必须假释。如加拿大规定了强制假释（mandatory release），即只要罪犯服完法律规定的刑期——原判刑期的2/3，如果没有其他对罪犯不利情况的话，就必须从监狱释放。[2]我们国家的假释是裁定性假释，且随着修正案对死缓、无期徒刑假释适用条件的修改，假释制度几乎难以体现矫正刑的功能。为此，可考虑设立"强制假释制度"，以平衡"重者更重"刑罚结构，发挥刑罚结构的综合刑的机能。

四、构建完善的刑罚权运行机制以消解刑罚修订的负面效应

制度规范、机制体制的法律化为法治提供了前提预设。[3]当前积极刑法观主导下的制刑权在整个刑罚权的运行过程中，显然过于扩张并可能损害刑罚权的其他环节的运作。笔者把当前刑罚修订模式界定为"瞻前不顾后"的模式。若要从根本上改变这种"瞻前不顾后"的刑罚修订模式，须充分注意刑罚权的整个运行机制的畅通。既关照刑罚权前端机制的制刑权的合理需要，从而实现"法网严密"的理想状态，又要注意刑罚权中端机制的司法权的合理运用，从而实现司法权对制刑权的规制，更要发挥刑罚权中末端机制的行刑权的主动性，管控狱内"进出口"通道。

（1）司法权对制刑权的合理反制。积极刑法观导致的犯罪化规模若过于膨胀，则刑罚制裁本身的负面清单就不得不防。在英美，犯罪的过度扩张已

---

〔1〕 Dean J. Champion, *Corrections in the United States*: *A Contemporary Perspective*, Prentice Hall 1998, p. 374.

〔2〕 Noman A. Carlson, *Corrections in the 21th Century*: *A Practical Approach*, Wadsworth, p. 261.

〔3〕 参见陈金钊："法律自主性的境遇"，载《上海政法学院学报（法治论丛）》2021年第4期。

经导致法院与监狱的过度拥挤，使得刑罚的谴责功能大大退化。[1]显而易见的是，刑法的机能发挥与刑罚的效益实现则会产生难以避免的冲突。未来较长时间，严密法网、增设新罪仍然不可避免。[2]但即便未来犯罪化不可避免，若要实现刑罚对犯罪的控制就必须考虑刑罚效益实现边际，而司法权的合理运用是对制刑权的盲目扩张进行限制的首要路径。鉴于日益趋重的刑罚总量，法官应该严格遵循刑法的解释原则，主动对新罪及新增的加重犯罪构成进行限制解释，实现"瞻前"的刑罚权运行机制以消解刑罚结构趋重的负面效果。

第一，法官对新罪的解释须严格遵循实质的解释论。立法与司法互动经验表明，立法者解决了一件事，往往意味着司法会产生更多的问题。[3]新罪大多原本不是犯罪行为，刑法前置化条件下的新罪法益在没有被刑法保护之前，大都对自由与权利没有实质的侵害。修正案主要通过降低入罪门槛和扩大个罪涵摄范围来扩张犯罪圈。强调法益具有被侵害的危险时就具有可罚性基础，旨在使刑法成为尽量减少风险的主要预防性工具，犯罪设定不再由传统的罪责所主导，而由风险以及未来的预防和安全所左右。[4]问题是，刑法对社会风险的控制若背离古典刑法时代所创设的立法原则，传统的罪责原则、罪刑原则、法益保护原则都有可能受到挑战甚至破坏。只有根据刑法规范背后代表的实质正义来解释刑法，以及从实质意义上来解释犯罪构成所保护的法益，才能真正使严重危害社会的行为受到刑罚处罚。[5]因此，法官对那些仅对法益造成危险状态的新罪必须要采用实质解释论，使适用刑罚真正成为法益保护的最后手段，从而把犯罪圈的扩张效果通过司法权控制在合理的范围。

第二，法官对新增加的加重犯罪构成须进行严格的限制解释。刑法修正案对个罪的刑罚加重有的是直接提高法定最高刑，有的则是通过增加加重犯罪构成来提高法定刑。通过增加加重犯罪构成来提高法定刑是通过增加更重一档法定刑幅度来实现，这种类型的法定刑加重幅度可能更大。以国有公司、

〔1〕 何荣功："社会治理'过度刑法化'的法哲学批判"，载《中外法学》2015年第2期。
〔2〕 周光权："法典化时代的刑法典修订"，载《中国法学》2021年第5期。
〔3〕 曲新久："《刑法修正案（十一）》若干要点的解析及评论"，载《上海政法学院学报（法治论丛）》2021年第5期。
〔4〕 姜涛："社会风险的刑法调控及其模式改造"，载《中国社会科学》2019年第7期。
〔5〕 刘艳红："象征性立法对刑法功能的损害——二十年来中国刑事立法总评"，载《政治与法律》2017年第3期。

企业、事业单位人员失职罪为例，该罪的法定刑被《刑法修正案（一）》所修订。该条原来规定："国有公司、企业直接负责的主管人员，徇私舞弊，造成国有公司、企业破产或者严重亏损，致使国家利益遭受重大损失的，处三年以下有期徒刑或者拘役。"《刑法修正案（一）》第2条在基本犯的基础上，增加了加重的犯罪构成，规定"致使国家利益遭受特别重大损失的，处三年以上七年以下有期徒刑"。通过对构成要件要素进行适当限缩，尽量减少法官在该种情形下的自由裁量空间，是对新增加重犯罪构成谨慎适用的前提。如何界定"致使国家利益遭受特别重大损失"就显得尤其重要。2010年最高人民检察院、公安部颁布实施的《关于公安机关管辖的刑事案件立案追诉标准的规定（二）》仅对修正前的"致使国家利益遭受重大损失"的情形进行了解释，而修正案增加加重的犯罪构成后，并没有对什么时候是"特别重大损失"作司法解释。在法定刑提高一倍的情况下，按照罪量决定刑量的基本配刑原理，意味着新法规定下的加重犯罪构成的罪量也应该是旧法规定的基本罪的罪量的一倍以上，因此，法官在界定"特别重大损失"的时候就应该坚持严格解释原则，而非把原本属于旧法的适用情形来适用新法处罚。对新增加的加重犯罪构成须进行严格的限制解释，既有利于实现实质公平，也有利于消解刑罚结构性趋重的负面影响。

（2）行刑权对制刑权的合理反制。美国人口监禁率由1972年的93/100 000上升到2010年的536/100 000。另外还有近70万人被关押在郡立看守所，其中超过三分之二的等候审判。但是，美国的监狱人口规模并不是和犯罪人口规模同步上升的，一直到2010年前，虽然监狱人口规模总体一直处于上升状态，但同期犯罪率一直处于下降状况。[1] 通常情况下，只要一个国家的刑罚及刑事政策没有较大的改变，一个国家的犯罪率基本与同期的人口监禁率大致相当，而美国在20世纪90年代以后，两者出现了相反的情况。这就使得人们不得不从刑事政策对刑事司法系统的影响去寻找原因。学者们普遍认为，正是在保守主义刑罚观的影响下，美国在长期的刑罚改革方向上偏向紧束政策，是人口监禁率猛增的根本原因。[2] 刑罚惩罚在某种程度上决定着犯罪，

---

〔1〕 John F. Pfaff, *Locked in - The True Causes of Mass Incarceration and How to Achieve Real Reform*, Basic Books, 2017, pp. 3~4.

〔2〕 D. A. Andrews & James Bonta, *Rehabilitating Criminal Justice Policy and Practice*, Psychology, Public Policy and Law, Vol. 16, p. 39（2010）.

意味着惩罚越多，犯罪越多。[1]美国近三十年的刑事司法政策为当前中国的刑法修正提供了警醒的范本，频繁地增加罪刑关系及从绝对意义上增加刑罚总量，必须考虑到监禁机构对犯罪人口的承载量。要实现这一点，就必须运用行刑权来主动控制人口监禁的"入口"通道及扩大"出口"通道，这是利用"顾后"的刑罚权运行机制消解刑罚结构趋重的负面效果。

第一，严格控制人口监禁的"入口"通道。立法者通过《刑法修正案（八）》对刑罚结构进行了较大程度的调整，毋庸置疑，就纵向比较的角度来看，调整后的刑罚结构更为严厉，其现实的目的无非就在于充分发挥刑罚的惩罚功能。但如前所述，加重的刑罚对于犯罪并没有足够的威慑力。在"重者更重"的刑罚结构修订已成事实以及由此造成监禁人口日益膨胀的情况下，必须严格控制监狱的"入口通道"，从而实现"轻者更轻"，真正意义上体现宽严相济的刑事政策。所谓"轻者更轻"，就是对符合适用缓刑的，在不违背现有刑事责任基本原则的前提下，运用风险评估技术，鉴别出风险程度高与风险程度低的罪犯，最终决定是否判处实刑，从而实现风险分流。在人口监禁的"入口通道"就进行严格把关，是一体化的刑罚权运行机制的重要环节，从而在源头上控制人口监禁规模。

第二，积极扩大监禁人口的"出口通道"。据美国司法部统计局公布的数据，2010年到2015年间，美国假释罪犯由826 100人增加到870 500人，增长率为5.37%，而同期监狱在押人口由2007年的2 296 400人下降到2015年的2 173 800人，意味着美国不断加大假释人口规模。[2]美国量刑委员会和假释委员会都认为只有高风险与低风险的罪犯进行准确评估，才能切实让那些低风险的罪犯在社区服刑。[3]正是由于得益于评估技术的进步，在新刑罚理论的整体风险防范的观念指导下，美国近年来的假释人口规模得以剧增。我们国家的假释率长期控制在3%以下，这与世界上大部分国家动辄50%以上的假释率相差悬殊。为此，应该改变行刑权在制刑权面前长期处于被动的境遇，

---

〔1〕 William J. Stuntz, *The Collapse of American Criminal Justice*, Harvard University Press, 2011, p. 245.

〔2〕 数据来自美国司法部统计局官网公布的报表"Probation and Parole in the United States"。具体参见 www. bjs. gov/index. cfm？ ty＝pbdetail&iid，访问日期：2022年5月17日。

〔3〕 Richard S. Frase, *Just Sentencing*: *Principles and Procedures for a Workable System*, Oxford University Press, p. 35.

根据狱内刑期结构及人口监禁率的实际情况，增加监狱在假释环节中的主动权，科学鉴别低风险罪犯，扩大假释适用率，有效消解刑罚修订导致的结构性趋重带来的负面效应。

五、结语

何种刑法观适合当前中国的刑事法治之图景，并不能仅囿于刑法教义学上的探讨，还必须经过刑事司法效应的检验。刑罚如两刃之剑，若用之不当，国家与个人则两受其害。如何应对社会风险及犯罪，刑罚应该当仁不让，但问题是，过重的刑罚干预会使效果适得其反，刑罚完全工具化值得警惕。犯罪圈的扩张导致刑罚总量的膨胀，刑法修正过程中配刑、个罪法定刑的修订、刑罚结构的调整导致的刑罚结构性趋重，总体上反映出"监禁刑中心主义"的观念贯穿于整个刑罚修订的全过程。

对狱内刑期结构与人口监禁率这两个反映刑罚修订效果检验的重要指标分析表明，当前刑罚结构性趋重的负面效应彰明较著。因此，积极刑法观的积极倡导者面对刑罚修订的负面效应应该保持克制，狱内刑期结构与人口监禁率的趋重须引起修法者的高度谨慎。报应是刑罚的天然属性，但矫正是对报应的负面效应的必要补充，刑罚修订应该既要体现报应主义也应该体现矫正主义。刑罚修订过程中制刑权过于刚性与封闭，须受到司法权与行刑权的反制。只有充分考虑到刑事司法与刑事执行的一体化运行机制，刑罚的修订才可能会更加理性。

刑事制裁体系的预防性转向研究

曹　波　周　宇 *

摘　要：刑事治理现代化是治理现代化的应有之义，刑事治理现代化指在破除刑法（刑罚）万能主义迷思基础上，若其他社会治理手段对犯罪人的适用能同时满足惩治犯罪、保障人权和保护社会需求，应在充分考量适用必要性和谦抑原则的基础上，选择其他治理手段。并且，刑法（刑罚）的适用不单单是惩罚犯罪、保护社会，犯罪人的社会生活主体身份也应受到尊重。刑事制裁作为刑法参与社会治理的途径之一，刑事治理现代化理念将影响刑事制裁体系自身改革。当前我国刑事制裁体系的刑罚结构、刑罚种类等方面表现出强烈的报应刑倾向。报应刑刑事制裁体系立足于有罪必罚理念，只关注过去，追求形式正义，僵固且消极，背离刑事治理现代化基本要求，有必要进行预防性转向。财产刑和资格刑具有较强的预防刑效应，可助推预防刑刑事制裁体系的建构，具体可从以下几个方面着手：一是极端刑罚的控制适用；二是对自由刑刑罚进行扬弃；三是扩大预防刑刑罚方法的适用。

关键词：报应刑刑事制裁体系；刑事治理现代化；预防刑刑事制裁体系

---

* 基金项目：贵州大学文科研究一般项目资助"刑事责任年龄最新修正的教义诠释与规范适用研究"（项目编号：GDYB2021005）；中国博士后科学基金第 67 批面上资助项目"刑事治理现代化内在逻辑与推进路径研究"（项目编号：2020M673298）。作者简介：曹波，贵州大学法学院副教授，贵州基层社会治理创新高端智库研究员，法学博士，中国社会科学院法学所暨贵州省社会科学院联合培养博士后，硕士生导师，bcao@ gzu. edu. cn；周宇，贵州大学法学院硕士研究生。

一、报应刑刑事制裁体系现状

我国刑事制裁体系指依据刑事法律对刑事不法行为给予当事人额外痛苦和负担的刑罚方法体系，由刑罚体系和非刑罚处罚措施两部分组成。我国当前刑事制裁体系带有典型的报应刑特征：刑事制裁体系以单一刑罚为中心，自由刑占据刑罚体系中心，死刑占比大、覆盖面广，立法设置永久限制人身自由的终身监禁等。报应刑刑事制裁体系体现着对朴素正义的追求，但只关注过去，引发对刑罚适用正当性的质疑。在有罪必罚刑罚观之下，追求形式公平，丧失个罪正义。并且，报应刑刑罚观僵固且消极，既不注重刑罚效果的正面效用，也不符合刑事政策的目的性追求。

（一）报应刑基础理论

报应刑的理论渊源可追溯至同害报复原则，认为刑罚乃作为一种报应而存在。刑罚的本质在于"报应"犯罪人对他人所带来的恶害，或者说，刑罚之所以存在，就是为了以刑罚的痛苦，来平衡犯罪所带给他人的痛苦。[1]又可称之为对恶行的恶报，本质上是一种害恶或痛苦。[2]其立足于过去，着眼于已经发生的事实，属于一种回顾性刑罚观，认为刑罚的行使，只能为了报应。其强调有犯罪就有刑罚，通过与"以眼还眼、以牙还牙"这种同态复仇原理相结合，又具有引入刑罚的量应当与犯罪的程度相适应这种罪刑均衡原则即比例原则的余地。

报应刑体现着朴素正义观，追求有罪必罚、刑罚积极。其本质在于惩罚犯罪人，给犯罪人带来痛苦，通过这种方式满足社会大众的报复情感和修复社会关系的需求。而对犯罪人施加等价报复的方式以恢复正义就是刑罚的目的。

（二）刑事制裁体系的报应刑表征

对我国现行刑事制裁体系的实然规定进行总结发现，我国当前刑事制裁体系整体上属于以刑罚为中心的单一刑事制裁体系，自由刑占据刑罚体系中心。并且，死刑占比大、覆盖面广，加之终身监禁的设置，进一步加重了监禁刑刑罚的适用比例。财产刑和资格刑占比低、效用弱等特征，表现出极强

---

〔1〕 王皇玉：《刑罚与社会规训——台湾刑事制裁新旧思维的冲突与转变》，元照出版公司 2009 年版，第 4 页。

〔2〕 ［日］西田典之：《日本刑法总论》，王昭武、刘明祥译，法律出版社 2013 年版，第 13 页。

的报应刑效应。

1. 刑事制裁体系内涵界定

刑事制裁体系主要存在广义说、狭义说和折中说三种观点。刑事制裁体系的广义界定是包涵刑罚体系、刑事制裁方法体系和相关刑事制裁程序在内的一个综合性范畴。[1]将刑事制裁体系笼统地等同于刑事制裁的方法体系或刑罚体系的做法，属于刑事制裁体系的狭义界定。[2]折中说则认为刑事制裁体系是由诸如刑罚、保安处分、非刑罚处罚方法等刑事制裁方法组成的，根据刑事法律对刑事不法行为予以制裁的方法体系。[3]一方面，敦宁教授界定的刑事制裁体系是为满足劳教制度废止后的形势需要，内容涵括刑事入罪、刑事程序和刑事处罚三个方面，其外延超出了"制裁"这一概念的核心——"承担法律的负担"。另一方面，随着世界范围内对人权保护观念的强调和刑罚理念的进化，刑事制裁呈现出多元化的趋势，不再仅仅局限于强制性的刑罚措施，刑事制裁也不再等同于刑罚，采狭义说会在一定程度上造成刑事制裁体系等同于刑罚体系的不当观感。此外，我国多数学者在使用刑事制裁体系这一概念时，其范围也多限定为刑罚措施、具有保安处分性质的措施和非刑罚处罚措施三类。[4]因而，本文认为刑事制裁体采折中说更为合适，即刑事制裁体系是由刑罚、保安处分、非刑罚处罚方法等刑事制裁方法组成的，根据刑事法律对刑事不法行为予以制裁的方法体系。

2. 刑事制裁体系基本内容

首先，以刑罚为中心的单一刑事制裁体系。保安处分制度是为达到刑事政策上预期之功能，着眼于人身危险性，针对具有反复从事犯罪危险性的行为人，基于社会防卫思想采取的特殊预防措施。[5]刑罚与保安处分双轨并行的制裁模式，是当今刑事政策背景下，大多数大陆法系国家采取的刑事制裁

---

〔1〕 敦宁：《刑事制裁体系变革论》，法律出版社 2018 年版，第 7 页。

〔2〕 参见葛磊："刑事制裁体系近现代史纲"，北京大学 2007 年博士学位论文，第 112～125、139～146 页。

〔3〕 戎静："我国刑事制裁体系结构反思与调整"，载《湘潭大学学报（哲学社会科学版）》2019 年第 5 期。

〔4〕 李岚林："刑法典新增预防性措施之立法定位与规范建构"，载《刑法论丛》2019 年第 1 期；曹波："语境理论视阈下刑事职业禁止法律性质辨析"，载《江西社会科学》2019 年第 11 期。

〔5〕 ［日］田中成明：《法的空间——强制·合意·狭间》，东京大学出版会 1993 年版，第 251、255 页。

方式。[1]我国有学者立足于劳动教养制度废止的大背景，主张在我国有必要建构保安处分制度对原属劳教制裁范围内的违法行为进行充分惩戒。[2]也有部分学者认为我国刑事制裁体系属于隐形双轨制，刑法中类似收容教养、强制医疗、收容教育等属于"隐形保安处分措施"[3]。尽管我国现行法律体系中存在一些具有保安处分功能的预防性处罚措施，如强制戒毒治疗、限制或禁止执业等，但其具体法律性质不明确，并且目前我国刑法中的这些预防性措施与国外的保安处分制度在目的、前提、量定、性质、关系、内容、程序等各方面均有较大不同，很难将其与"保安处分"等同视之。加之我国刑法也没有明文规定保安处分制度，由此，我国现行刑法体系并无严格意义上的保安处分措施，仍是以刑罚为中心的单一化刑事制裁体系。

刑罚作为对于犯罪所为之非难，面向过去，以犯罪的存在为必要条件，始终离不开"应报"的本质，并以其犯罪的轻重作为科刑之标准。换言之，刑罚注重对犯罪人罪行的打击和惩罚，以公正应报为基础，预防仅是其附随效果。可见，我国当前以刑罚为中心的单一化刑事制裁体系，整体上受"应报"观念指导，注重对已然犯罪的惩治和补救，预防性措施虽有但仍受"应报"理念的制约。

其次，刑罚以自由刑为中心。依据储槐植教授划分的四种刑罚体系，有学者主张我国当前的刑罚体系属于以生命刑和自由刑为中心的重刑结构。[4]也有学者认为以监禁替代措施（非监禁刑）为主导刑罚发展为第五种刑罚体系，随着刑罚轻缓化的推进，我国当前已经属于以自由刑为中心的刑罚体系。[5]其实，上述见解具有相同的论证基础，即都是通过刑罚种类、具体刑罚的分布抑或刑罚配置总结概括而得，不同的是生命刑的占比及其在当前刑罚体系中的重要程度。就我国当前主刑刑罚配置来看：一方面，在主刑刑罚体系中，除死刑外，其余均为自由刑，自由刑的占比大。另一方面，在具体刑罚配置上，我国总十类犯罪中，自由刑的配置率高达100%，在刑法个罪条

---

〔1〕 张小虎："论我国保安处分制度的建构"，载《政治与法律》2010年第10期。

〔2〕 陆诗忠："对我国刑罚目的的再追问"，载《甘肃政法大学学报》2021年第4期。

〔3〕 参见时延安："隐性双轨制：刑法中保安处分的教义学阐释"，载《法学研究》2013年第3期。

〔4〕 陆诗忠："对我国刑罚目的的再追问"，载《甘肃政法大学学报》2021年第4期。

〔5〕 时延安："劳动教养制度的终止与保安处分的法治化"，载《中国法学》2013年第1期。

文规定中总有相应自由刑与之对应，我国全部犯罪都配置有剥夺自由刑。加之，受世界死刑废除趋势影响及改变当前我国"死刑过重、生刑过轻"刑罚结构的要求下，无期徒刑作为死刑的一种替换方式较为广泛地分布在我国刑法规范中。正是基于自由刑的具体配置及司法适用实践，梁根林教授也认为我国当前的刑罚体系结构以自由刑为中心。[1]

在以自由刑为中心的刑罚体系中，无期徒刑带有典型的报应效应。不考虑具体刑罚执行过程中存在的减刑、假释可能性大小的基础之下，仅关注刑法条文中刑罚配置的静态规定，无期徒刑将罪犯终身监禁，使罪犯不具有重新回归社会的可能性，因而其所具有的报应效应也是显而易见的。[2]由表1可知，配置有无期徒刑的罪名约占罪名总数的1/5，在具体类罪的分配中，除渎职罪中的具体罪名没有规定无期徒刑外，其他九大类犯罪中均有配置无期徒刑的罪名存在。可见，无期徒刑的分布面广。同时，《刑法修正案（八）》通过延长无期徒刑的实际执行期限的方式加重生刑，将无期徒刑的实际执行最低刑期由10年提高到13年，无疑加剧了无期徒刑的严厉性，反映出较强的报应刑倾向。（详见表1　无期徒刑的刑罚配置情况）

表1　无期徒刑的刑罚配置情况

各类罪	罪名总数	含无期徒刑罪名数	所占比例
危害国家安全罪	12	7	58.3%
危害公共安全罪	35	8	22.9%
破坏社会主义市场经济秩序罪	101	37	36.6%
侵犯公民人身权利、民主权利罪	37	12	32.4%
侵犯财产罪	15	8	53.3%
妨害社会管理秩序罪	99	15	15.2%
危害国防利益罪	14	3	21.4%
贪污贿赂罪	17	6	35.3%
渎职罪	25	0	0

[1]　参见梁根林：《刑罚结构论》，北京大学出版社1998年版，第152页。

[2]　李淑兰："报应抑或预防：国际刑罚目的反思"，载《甘肃社会科学》2017年第1期。

各类罪	罪名总数	含无期徒刑罪名数	所占比例
军人违反职责罪	32	12	37.5%
总十类罪	387	108	27.9%

此外，终身监禁的设立加重自由刑的报应刑效应。其剥夺犯罪人终身自由，从性质上看，与我国自由刑中的无期徒刑较为接近。不同的是，我国无期徒刑的具体执行方式中可依据犯罪人的刑期表现存在减刑、假释的可能，而终身监禁的"终身"则表明其对犯罪人人身自由的剥夺是一直存在的，贯穿犯罪人刑期始终，带有执行的绝对性。从这一点看，终身监禁相较于无期徒刑更为全面和严厉，报应性更强。正如有学者曾指出，报应理念作为终身监禁设立的依据之一，通过将犯罪人与社会永久隔离，进而使其不能实施任何犯罪，纯粹注重对犯罪人的打击与惩治，忽视教育、改造理念。[1]

最后，死刑占比大、覆盖面广。死刑是以剥夺犯罪人生命为内容的刑罚处罚方法，存在于主刑之中。死刑是最严厉的犯罪制裁手段，一旦被判处死刑，就意味着当事人的一切权利统归于无。具体来说，死刑作为一种最为悠久的刑罚种类，自国家设置刑罚开始就被纳入刑罚处罚方法之中。[2]死刑的始源可追溯到同态复仇的绝对刑罚观，在同态复仇的绝对刑罚观下，处以死刑是杀害他人的应然刑罚代价，这不仅被认为符合正义的刑罚目的，也契合社会大众朴素正义的情感要求，带有典型的报应刑特征。

虽然我国学界较为一致地认为应当废除死刑。[3]但实然层面，我国现行刑罚体系中，死刑仍作为主刑存在。尽管《刑法修正案（八）》和《刑法修正案（九）》取消了 22 个罪名的死刑配置，但死刑在整体刑罚体系中的占比仍然较大，覆盖面也较为广泛。目前，我国仍有 46 个罪名配置了死刑。在刑法分则规定的十章犯罪中，除渎职罪一章外，其余九章犯罪中都存在死刑罪

---

〔1〕 See Catherine Appleton, "Bent Grover, The Pros and Cons of Life Without Parole", *The British Journal of Criminology*, （2007） Vol. 47, p. 603.

〔2〕 张文等：《十问死刑——以中国死刑文化为背景》，北京大学出版社 2006 年版，第 1 页。

〔3〕 赵秉志："中国逐步废止死刑论纲"，载《法学》2005 年第 1 期；陈兴良："减少死刑的立法路线图"，载《政治与法律》2015 年第 7 期；参见曾赛刚：《死刑比较研究》，吉林大学出版社 2012 年版，第 33 页。

名。具体统计如下表（表 2 死刑分布情况）。

表 2 死刑分布情况

各类罪	条文总数	含死刑条文数	所占比例
危害国家安全罪	12	7	58.3%
危害公共安全罪	35	5	14.3%
破坏社会主义市场经济秩序罪	101	10	9.9%
侵犯公民人身权利、民主权利罪	37	11	29.7%
侵犯财产罪	15	4	26.7%
妨害社会管理秩序罪	99	6	6.1%
危害国防利益罪	14	2	14.3%
贪污贿赂罪	17	3	17.6%
渎职罪	25	0	0
军人违反职责罪	32	9	28.1%
总十类罪	387	57	14.7%

3. 小结

偏重惩罚、应报的刑罚目的是从整个刑事制裁体系的刑罚种类和刑罚配置量总结概括而得。首先，死刑的存在本身就带有极强的报应属性，加之死刑在当前刑事制裁体系中的占比大，覆盖面广，进一步强化着刑事制裁体系的报应目的。其次，终身监禁的设置也是刑事制裁体系呈现惩罚性、应报性的一个方面。其通过将犯罪人与社会永久隔离，使犯罪人无法实施其他犯罪，使得其刑罚效果甚于无期徒刑，也意味着被判处终身监禁的当事人无法通过教育、改造复归社会。最后，当前刑事制裁体系中较多惩罚性刑种的配置，愈加凸显刑罚的报应性。

（三）报应刑刑事制裁体系的负面价值

报应刑刑事制裁体系关注社会报复情感、朴素正义观念。但刑事制裁体系作为犯罪的直接回应，正义不应是其唯一追求。正如有学者曾说："刑罚的正当性不在于使守法者被伤害的感情得到维护，也不在于采取报复行动（道德上是不适当的），而仅仅是要恢复社会的道义平衡。因此，刑罚的正当性不应以危害后果的出现、社会大众的关注度为标准。"[1]加之，有学者通过神经科学实验性研究和质疑大脑与行为之间的推定联系，指出大多数犯罪的发生受主观意识之外的潜意识过程引起或驱动，与当事人自由意志关系不大。[2]该研究结果使得报应刑的立论基础受到动摇，其正当性基础被进一步削弱。因而，当前关注实现正义的报应刑刑事制裁体系在刑罚正当性根据层面尚存不足。具体表现如下：

（1）报应刑只关注过去的犯罪，侧重对过去犯罪的打击与惩罚，属于典型的以恶制恶，引发对报应刑刑罚正当性的质疑。如果刑罚只是为了让犯罪人感受恶的报应，那么公权力下的恶与个人之间的恶有何本质不同。加之，因强调有罪必罚，个罪具体刑罚适用极易出现弊大于利的不利情况。

（2）报应刑刑事制裁体系背后的思想基础是有犯罪就有刑罚，主张动用刑罚压制一切的"反动"，只考量已然发生的犯罪，极易在各犯罪人之间出现相对的重刑主义倾向。对于已发生的同一犯罪，不考虑行为人犯罪情节、犯罪原因以及再犯危险等情状，一律适用相同的应报刑罚，只注重追求形式上的对等公正，关注形式公平，忽视实质正义，使得个罪罪刑失衡，出现轻罪重罚、重罪轻罚。同时，因犯罪黑数的存在，许多已发生的犯罪行为，并没有受到处罚，报应刑刑事制裁体系所追求的形式公正也大打折扣。

（3）报应刑理论认为刑罚的行使仅仅是为了平衡罪责，恢复正义。这样的刑罚思想理论只关注过去，刑罚的适用属于以恶制恶，僵固且消极，既不注重刑罚效果的正面效用，也不符合刑事政策的目的性追求。

二、刑事制裁体系预防性转向的必要性

刑事治理现代化是在澄清刑法（刑罚）万能主义的前提下，注重刑法（刑罚）自身的价值，关注刑法（刑罚）适用本身的正义性、合目的性。当前我国报应刑刑事制裁体系中刑罚的适用多通过暂时或永久地剥夺犯罪人的再犯能力，使犯罪人与原有社群隔离，降低其复归社会的概率，带有强烈排斥性，与刑事治理现代化要求不符。在刑事治理现代化要求的多元、综合、

---

[1]　[英]威廉姆·威尔逊：《刑法理论的核心问题》，谢望原、罗灿、王波译，中国人民大学出版社2015年版，第62页。

[2]　[英]马克·福德卡罗："报应刑的死亡：寻求正义中的行为和神经科学研究"，孙平译，载赵秉志主编：《当代刑罚制度改革研究》，清华大学出版社2015年版，第83页。

系统治理理念下，刑事制裁体系有必要进行预防性转向。

（一）刑事治理现代化内涵厘定

十八届三中全会提出的国家治理体系和治理能力现代化是今后的发展目标，刑法作为国家治理体系的组成部分，刑事治理现代化是治理现代化的应有之义。刑事治理现代化强调刑法价值理性，注重刑法自身的目的性，弱化其工具、手段功能。同时，不以打击、惩罚犯罪作为唯一追求，更加关切惩罚、打击犯罪过程中的人权保障。并且，在探求犯罪原因的基础上，适用多元治理、源头治理、综合治理手段，追求系统完备、科学规范、运行有效的治理制度体系。

1. 刑法工具理性到价值理性的转变

在我国传统社会治理模式中，刑法往往成为维护统治阶级利益、维护社会秩序的优选手段，统治阶级多凭借刑罚打击的严厉性维护权益，刑法（刑罚）工具主义思想在我国影响深远。在治理现代化概念提出之前，整体社会运行模式更加关注正式控制主体的行政管控和管理，刑法（刑罚）凭借其惩罚的严厉性、保障法地位，成为维护社会秩序的主要手段。

然而，随着刑罚理论和犯罪原因理论的发展，需要破除重刑是抑制犯罪的有效手段和刑罚万能主义迷思。犯罪作为一种社会现象，在保持犯罪量动态平衡的基础上，犯罪的存在是不可避免的。同时，刑罚效应的有效发挥不仅在于刑罚的严厉性，逮捕及时性、刑罚明确性也至关重要。[1]基于治理现代化的基本要求，偏重刑法工具功能的做法不可取，刑法（刑罚）的适用不仅在于维护社会秩序，更在于刑法（刑罚）适用本身具有正义性和合目的性。正如有学者曾言，在社会治理模式转变的当下，一味强调刑法工具主义的倾向不具有可取性，更应注重刑法（刑罚）自身的价值，追求刑罚措施自身的合目的性。[2]

2. 治理理念上，由侧重惩罚犯罪向人权保障与社会保护转变

在治理现代化的当下，相较于"控制"和"管理"而言，社会治理有了更多积极追求。具体到刑事领域，即强调刑法（刑罚）不仅是惩罚犯罪、保

---

〔1〕 Burtt, Harold Ernes: Harold Ernest Burtt, Legal Psychology 375（1931）Chapter Ⅺ, p. 387.

〔2〕 姚万勤："国家治理现代化视域下刑法治理问题研究——以理念转换与模式建构为视角"，载《晋阳学刊》2016 年第 1 期。

护社会的工具，更注重刑罚调解、修复社会矛盾、纠纷，缓和犯罪给被害人带来的负面影响，同时也致力于在惩罚犯罪、保护社会的过程中保障人权不被不当甚至非法减损或侵害。[1]总的来说，即指刑事治理理念应在惩罚犯罪的同时注重人权保障，刑事制裁措施的配置和适用也要体现人权保障要求。同时，若采取其他刑事治理手段能实现犯罪打击与人权保障均衡时，就不应局限于刑事制裁手段的适用，应关注刑事治理手段之间的协同互补。

3. 治理方式上，主张多元治理、系统治理、综合治理

刑事治理现代化作为治理现代化的内在要求，在治理方式上也注重正式手段与非正式手段的协同、合作共治。具体到刑事治理现代化层面，即要求综合运用包括刑法在内的国家正式治理手段和民间社会自发形成的各种非正式治理手段，协同共治。但因两种手段强制性不同，也应适当区分正式治理手段与非正式治理手段参与的场域。同时，强调刑法在社会治理及刑事治理中的保障法作用，允许非正式手段现行处理纠纷，刑法（刑罚）治理手段的介入须满足必要性和最后性要求。同时，在刑事治理手段内部，防止刚性的刑罚措施适用"一家独大"，根据实践需要借鉴域外国家或地区被证实具有良好惩罚与预防犯罪的各种非刑罚方法和措施，均衡、协调好正式手段与非正式手段、刑罚措施与非刑罚处罚措施之间的功能，在保障秩序的前提下，实现效率最优化。[2]

（二）排斥性刑事制裁体系不符合治理现代化要求

依据刑罚理论中的社群主义观点，社群中常包含"包容"和"排除"两方面（社群"包容"其成员，也"排除"非成员）。当前主要存在政治性、物质性、规范性和语言性四种包容性社群和排斥性社群范式。[3]若当事人被社群所排斥，其政治、经济权利受限，个人自由、隐私会受侵犯，被排斥者无法拥有与社群其他成员的平等地位。而当下较易使当事人陷入被排斥状态的举措就是报应刑刑事制裁措施的适用。

---

〔1〕 高铭暄、曹波："新中国刑事治理能力现代化之路——致敬中华人民共和国七十华诞"，载《法治研究》2019 年第 6 期。

〔2〕 陈明明、任勇主编：《国家治理现代化：理念、制度与实践》，中央编译出版社 2016 年版，第 78、79 页。

〔3〕 ［英］安东尼·达夫：《刑罚·沟通与社群》，王志远、柳冠名、姜盼盼译，中国政法大学出版社 2018 年版，第 115 页。

我国现行的刑法制度体系中的刑罚实践，在以上四个方面，都经常表现出排斥性——要么它正在排斥那些被惩罚者，或者正在形成这种排斥；要么那些正在承受刑罚的人反映着这种排斥。具体表现在以下几个方面：首先，从刑罚发展史来看，刑罚的适用本身就带有排斥性。有学者通过对原始社会刑罚的考察，认为在不存在外界干涉时，原始社会惩罚性的做法以及报复和惩罚的想法是不存在的。但犯罪者会受到族群的冷漠对待、被族群排斥或遣散，若犯罪者又实施违反规则的事，加剧其不受欢迎程度，最终会被社会抛弃。[1]后来随着国家正式机关的建立，封建社会时期的刑罚作为维护国家统治的重要手段，带有极强的打击、报复性，犯罪人不仅受到精神上的冷漠对待，还需要承受生命剥夺、自由限制抑或身体伤害等实质性惩罚。尽管犯罪原因论、刑罚目的论、刑事政策论后来取得了较大的发展、进步，但刑罚的排斥性并未消失，各个刑罚措施或多或少地都反映出上述四种排斥范式的一面或几面。其次，我国当前刑事制裁体系中具有暂时或终生地消除犯罪人的再犯能力的制裁举措，如死刑、自由刑和终身监禁制度等都体现出强烈的排斥性。一旦行为人基于自己的选择实施犯罪，社群基于其共同的价值诉求，选择对犯罪人施行上述制裁举措，社群就不再视之为应包容的成员，也不再努力呼吁犯罪人对规范性要求的认同，法律的适用也不再追求指引他们未来行为向善，转而寻求暴力压制。死刑、自由刑等制裁举措，实际上就是将其与社群隔离，完全将其排除于社群之外。最后，报应刑刑罚种类带有偏重刑罚量配置，欲借此实现对潜在犯罪人威吓的做法也体现出强烈的排斥性。为威吓潜在犯罪人而诉诸较重的刑罚量配置，对试图威慑对象的此种表达，不是基于意在保护的共享的价值，并未实现对潜在犯罪对象的尊重，只是单纯将其视为社群自我保护的手段，排斥潜在犯罪对象的社群身份，对社群成员未实现同等看待，实则是社群整体在排斥潜在犯罪人。

报应刑刑事制裁体系下的刑种配置具有极强排斥性，其将犯罪人与社会相隔离，阻塞其复归社会的途径、剥夺其政治、经济、生存发展权利，不能实现对当事人平等人格的尊重，与刑事治理现代化的要求不符。

（三）包容性刑罚观的转向

刑事治理现代化立基于人类社会多样性，不强求个人核心价值观的一致

---

[1] Walter C. Reckless, *The Crime Problem* (3rd ed.), 565 (1961), Part Ⅵ: Trends in Punishment: Section 27, p. 571.

性，不强行入侵当事人的思想领域，尊重个人私人领域自治，在治理理念和治理方式选择上也承认多样性。包容性刑罚观适应治理现代化要求，承认犯罪人人权应受保障，刑罚的适用不能只是为了保护社会而将犯罪人置之不理，犯罪人作为社群的适格成员，刑罚配置应为其复归社会提供恰当的方式。具体到当前我国刑事制裁措施，除了刚性刑罚方法外，可根据实践需要借鉴域外国家或地区被证实具有良好惩罚与预防犯罪的各种非刑罚处罚措施，为犯罪人复归社会提供恰当的选择。

在包容性刑罚观下，刑罚模式更加注重调解、沟通与交流。将调解纳入刑罚模式，包括被害人与犯罪人之间就犯罪本质和影响所展开的沟通，让犯罪人直面其犯罪行为，对犯罪人施加责难。在这样的沟通、交流过程中，实现对犯罪人的报应、报复，通过施加犯罪人应得的责难，以及沟通其应受责难的相关理由，使其认知罪行并承担社群及被害人的报复性情感。同时，借由调解、沟通与交流，刑罚的适用也带有面向未来的效应。经由被害人与犯罪人就犯罪的沟通，对犯罪人施加责难，促使犯罪人意识到其行为的侵害性，进而通过犯罪人的忏悔与道歉，平复当事人伤害，达致两者之间的和解。这样的沟通、协调过程，能让犯罪人产生对其罪行的悔恨，让其认识到承担责任的需要，也能使其意识到不应当在未来再实行这样的行为以及相关的理由。

三、预防刑刑事制裁体系的建构

在刑罚目的和刑法目的预防性转向要求下，应适当加重预防性制裁要素占比、削减惩罚性制裁要素占比，增加刑事制裁体系的开放性，使死刑、自由刑、财产刑、资格刑形成轻重不等、彼此衔接、功能互补的预防性刑事制裁结构。尽管财产刑和资格刑对当事人财物抑或资格予以永久或短暂剥夺，但其人身自由及生命安全不受威胁，有改过自新的机会。财产刑和资格刑给予当事人矫正、改善及治疗的机会，带有明显的刑罚预防倾向。为推动预防刑刑事制裁体系的建构，可从以下方面着手：控制极端刑罚的适用，调整自由刑处罚范围和的预防刑刑罚方法。

（一）极端刑罚的控制适用

由于历史、文化、社会政治背景因素，我国不可能在短期内完全废止死刑，但死刑作为报应刑刑罚理论的典型产物，与刑事治理现代化的要求不相符合。因而，限制或减少死刑的适用范围是预防刑刑事制裁体系的建构途径之一。综合学界的各种意见，主张非暴力性犯罪的死刑先于暴力犯罪废止，是一种主流见解。[1]但经由各个刑法修正案中死刑调整内容对比，《刑法修正案（九）》废止了强迫卖淫罪和阻碍执行军事职务罪的死刑，贪污罪和受贿罪的死刑仍保留，似乎我国废止死刑的立法进程与所期待路径存在一定偏离。因而，在理论支持和司法实践矛盾双重交织下，削减死刑配置可以从非暴力性犯罪着手。

在普遍认同非暴力性死刑削减必要性的前提下，学界主要有以下三种不同的削减非暴力性死刑做法。有学者主张遵从前瞻性与妥协性理念对部分非暴力性犯罪死刑罪名进行削减。同时对死刑罪名进行技术性削减和清理绝对确定死刑。[2]而有的学者是直接列举短期内可削减的死刑罪名。[3]此外，也有学者主张非暴力或非人身犯罪范围内，部分或全部取消死刑罪名。[4]可见，非暴力性死刑罪名的削减有其存在的理由，仍需考量必要的社会秩序维护，不能一次性地对非暴力性犯罪中的死刑进行全部削减。但财产类、经济类、职务类犯罪中侵害的法益价值完全不足以和生命价值相比较，死刑配置有悖基本的罪刑相当原则，应在短期内对上述犯罪进行死刑削减获得了普遍认同。因而，削减财产类、经济类、职务类犯罪中的死刑配置有助于我国预防刑刑事制裁体系的建构。

（二）自由刑刑罚体系的扬弃

当前我国无期徒刑、终身监禁制度、拘役刑和管制刑的配置与预防刑刑事制裁体系的要求仍有不适之处，需要通过削减无期徒刑在非严重性犯罪中的配置率，废止终身监禁制度，增加拘役刑、管制刑在轻罪中的配置率予以调整、完善。

1. 削减无期徒刑在非严重性犯罪中的配置率

从表1可知，无期徒刑占总十类罪的27.9%，除渎职罪中的具体罪名没有规定无期徒刑以外，其他九类罪中均有涵盖着无期徒刑的罪名存在。无期

---

[1] 赵秉志："中国逐步废止死刑论纲"，载《法学》2005年第1期；陈兴良："减少死刑的立法路线图"，载《政治与法律》2015年第7期。

[2] 袁彬、徐永伟："我国现阶段死刑制度改革之立法前瞻——对《刑法修正案（十一）》死刑修正的设想"，载《学术界》2020年第4期。

[3] 陆诗忠："对我国刑罚目的再追问"，载《甘肃政法大学学报》2021年第4期。

[4] 时延安："劳动教养制度的终止与保安处分的法治化"，载《中国法学》2013年第1期。

徒刑以 36.6% 和 53.3% 的高比例配置于经济类和财产类等非暴力性犯罪中，单纯凸显刑罚的惩罚、打击作用，徒增刑罚的严厉性，也与罪刑均衡的基本要求不符。因而，削减非暴力性、非严重性犯罪中无期徒刑的配置率，契合预防刑刑事制裁体系建构要求。

2. 终身监禁制度的再探讨

终身监禁制度的罪名配置具有不适性，凸显报应刑理念，加剧刑罚适用的排斥性。终身监禁制度的严厉性实际上远远超出无期徒刑，但却配置于非暴力犯罪中。并且，职务犯罪与特定身份或职业相关联，犯罪资格丧失后，终身监禁所欲达到的永久剥夺再犯机会实无用武之地。可见该刑罚制度受典型的报应刑刑罚理论主导，制度设置本身注重将犯罪人永久隔离于社会的特殊性，使其永不可能在实施犯罪。其完全否定犯罪人教育和改造的可能性，与预防刑刑罚理念相背离。因而，终身监禁制度的设置无益于预防刑刑事制裁体系的建构。

3. 增加拘役刑、管制刑在轻罪中的配置率

作为短期自由刑的管制与拘役，尽管学界多认为其存在交叉感染、犯罪标签、给行刑实务造成负担等弊端，[1] 但其具有较好预防作用。限制或剥夺犯罪人人身自由的期限越短，相对而言，其复归社会也将更容易，不至于被社会边缘化，助力于刑罚未来效应的发挥。

拘役刑配置的应然状态是与其刑罚属性相对应的类罪，否则会造成罪刑不均、刑罚幅度过大以及刑罚效用难以发挥的后果。典型的如在危害国家安全罪中超过半数的拘役刑配置，这显然使得某些罪名出现从拘役刑到死刑的大跨度选择性刑罚规定。因此，从充分发挥刑罚预防目的和罪刑均衡的角度来看，拘役刑作为较轻的自由刑刑罚，应增加其配置于社会危害性较低、情节较为轻微和结果不太严重的故意犯罪以及过失犯罪中的概率，既有利于刑罚配置的合理性，也有利于发挥拘役刑的刑罚效用。

同理，管制刑作为轻刑，大范围地分布在危害国家安全罪等重罪中，使得法定刑跨度范围过大，也降低了管制刑的预防效用。因而，扩大管制刑在较轻犯罪中的罪名分布和提高其配置比例，是预防刑刑事制裁体系的应有之

---

〔1〕 卢建平："短期自由刑的改革与完善"，载赵秉志主编：《刑罚体系结构的改革与完善》，北京师范大学出版社 2012 年版，第 104 页。

义。并且，考虑到管制刑和拘役刑都是针对相对较轻犯罪设置的刑罚，因而加大管制刑的配置可以通过与现有拘役刑的配置范围协同一致而实现。换言之，在配置拘役刑的罪名中可将管制刑设置为选择性刑种，此种方式在我国现行刑法条文中的规定已存在，具有继续拓展的可行性。

（三）扩大预防刑刑罚方法的适用

1. 罚金刑主刑化

我国当前罚金刑的附加刑地位限制了刑罚预防功能的有效行使。尽管主刑和附加刑作为刑罚种类下的类别应当平等，但国内外往往都对主刑更加注重，附加刑至多起到补充作用。在我国附加刑既能单独适用也能附加适用，给予了罚金刑单科的适用空间，但在其司法适用中却难以起到主要作用，即罚金刑单独适用的情形较主刑而言还是很少的。具体到罚金刑的适用，其刑罚惩罚效力大多在同主刑一并适用时被主刑的较大威慑力所掩盖，导致其不易于被犯罪人所感知，自然难以做到特殊预防，进而对社会公众也无法产生一般预防的效果。可见，罚金刑作为附加刑的补充属性难以避免，我国罚金刑刑种地位低，并不利于发挥罚金刑的积极效用。此外，罚金刑在非贪利性犯罪中配置是发挥其预防效用的途径，虽近几年有一定的修改趋势，但力度较小。

在刑事制裁体系预防型转向需求下，为罚金刑预防功用的有效发挥，罚金刑主刑化具有现实必要性。一是顺应刑罚轻缓化的国际趋势和我国刑罚结构改良的国内趋势。为适应域外轻重罪分层治理的刑事制裁结构，罚金刑分别作为主刑、附加刑规定于重罪和轻罪制裁结构中。[1]当前我国轻重罪分层治理的结构虽未完全建立，但初具雏形，在刑罚介入社会生活前置化及轻罪入刑的前提下，为有效降低刑罚给犯罪人生活带来的不利影响，有必要建构罚金刑的主刑地位，实现对轻罪的刑罚规制。二是纠正重刑主义的不良倾向，缓和罪与刑之间的比例关系，协调整体刑罚体系中报应刑与预防刑的占比关系。经济、社会的发展使得罚金刑的惩治与预防功能日益彰显，提高罚金刑

---

〔1〕 法国按照犯罪的严重程度将全部犯罪划分为重罪、轻罪与违警罪，在主刑和附加刑中都规定了罚金刑。参见《法国新刑法典》，罗结珍译，中国法制出版社 2003 年版，第 11～17、219～243 页。德国刑法将全部犯罪划分为重罪、轻罪和违警罪三类，刑事制裁方法属于由刑罚方法和保安处分措施建构的"双轨制"模式，罚金刑被规定于刑罚方法中。参见《德国刑法典》，徐久生、庄敬华译，中国法制出版社 2000 年版，第 53～56 页。

在刑罚体系中的地位有了现实诉求。罚金刑主刑化，也有利于我国刑罚体系向轻缓化、人道化方向发展，而其与自由刑之间的同等地位，也使我国刑罚体系结构更科学。罚金刑作为主刑，可充分发挥其抗制轻罪的优势，符合刑罚制定和适用的宽容与人道主义倾向。

并且，罚金刑拥有成为主刑的必备要素。当前学界大多从罚金刑能有效减少短期自由刑的负面影响、域外国家的罚金刑主刑规定等方面来论证罚金刑主刑地位的必要性，即从罚金刑自身的作用、功能方面来论证罚金刑的主刑地位。[1]但这样的论证是将罚金刑看作一种手段，未注重罚金刑自身的价值理性。正如有学者认为，因对罚金刑价值及其在整个刑罚体系中的定位不明确，才催生了罚金刑实践困境。[2]而从罚金刑自身的价值着手，论证其是否拥有成为主刑的条件，注重罚金刑自身具有的独特刑罚价值，更加适合当前的理论构建。有学者通过考察主刑设置的实质与形式标准，认为罚金刑实质上可以通过财产实现间接身体控制。在形式上，随着我国经济社会的快速发展，经济状况和人们身体活动范围日益紧密，其认为在分则广泛设置罚金刑会成为必要，将罚金刑上升为主刑完全可行和必要。[3]也有学者通过考察社会发展过程中财产权和人身自由权两者之间的权利流变，认为随着我国当前财产权宪法基本权利地位的上升、财产权地位的提升，财产刑的刑罚体系地位必然得到提升。[4]可见，基于罚金刑自身价值，罚金刑主刑化也存在理论支持。无论是依据罚金刑的积极意义抑或罚金刑自身的价值理性，罚金刑因其对犯罪人财产的限制或剥夺，既能实现对财产犯罪的报应，又能对犯罪前期准备条件进行制约，产生相应的预防效能。罚金刑主刑地位的建构都具有必要性，能促进刑罚体系的预防性转向。

2. 没收财产刑的取舍

没收乃是指在法律上剥夺与犯罪具有密切关系之特定物的所有权以及在

---

[1] 陆诗忠："对我国刑罚目的的再追问"，载《甘肃政法大学学报》2021年第4期。

[2] 王衍松、吴优："罚金刑适用研究——高适用率与低实执率之二律背反"，载《中国刑事法杂志》2013年第6期。

[3] 王烁："通过财产实现身体控制：罚金刑的主刑化"，载《中南大学学报（社会科学版）》2019年第5期。

[4] 王君、李慧织："罚金的主刑地位新探——以财产权和人身自由权的关系流变为视角"，载陈泽宪等主编：《刑法理论与实务热点聚焦》（上卷），中国人民公安大学出版社2010年版，第414~423页。

现实上剥夺其占有、使用、收益、处分之可能性的法律效果。[1]没收依其范围，可分为一般没收与特别没收，前者是指将犯人全部财产悉行剥夺，后者系仅剥夺与犯罪有密切关系之特定物。一般没收属于剥夺犯罪人全部财产，刑罚十分严厉，违背刑止一身的原则观念，故为域外国家刑罚制度所不采。[2]

在我国，没收财产刑即为一般没收。从立法动向来看，我国刑法一直在扩大没收财产刑的适用。相较于特别没收的明确性，没收财产刑自身存在刑罚正当性争议，有学者就曾指出没收财产刑缺乏范围和尺度限制，有悖刑法的公平、谦抑。[3]加之不断扩张的打击范围带来的刑罚严厉性威胁，对于没收财产刑的取舍，当下主要存在"废除论"[4]和"改造论"[5]两大主流观点：两者都建立在承认司法适用中没收财产刑缺乏明确性基础上，前者认为司法实践中没收财产刑的适用率低，与罚金刑功能效用上的可易性，废除没收财产刑具有充分理由。后者则认为重罪中没收财产刑的适用率高，并未出现空判。并且，对于类似危害国家安全犯罪等重罪而言，罚金刑功能有限。因此，应通过制度构建完善没收财产刑的缺漏。可见，兼顾刑事理论和司法实践，"废除论"和"改造论"各有其理由，没收财产刑的去留仍有待考量。刑罚方法的正当性与刑法（刑罚）自身定位息息相关，刑法（刑罚）自身的性质、保护范围界定会为刑罚方法的正当性提供一定的理论支撑。在刑法（刑罚）愈发强调个人保护，在私有财产保护理念日益加强的当下，没收财产刑对犯罪人合法财产的剥夺无疑面临正当性争议。反之，社会保护占据刑法（刑罚）适用的首要前提时，没收财产刑对于危害国家安全犯罪、恐怖主义犯罪、有组织犯罪的特殊预防作用就是其正当性基础。

在预防刑刑罚目的理论建构和刑事制裁体系预防性转向要求下，没收财产刑采废除论更为适合。刑事制裁体系的预防刑转向是指刑罚的适用不能偏

---

〔1〕 黄荣坚：《基础刑法学》（上册），自印 2006 年版，第 101 页。

〔2〕 戎静："我国刑事制裁体系结构反思与调整"，载《湘潭大学学报（哲学社会科学版）》2019 年第 5 期。

〔3〕 阮齐林："再论财产刑的正当理由及其改革"，载《法学家》2006 年第 1 期。

〔4〕 陈泽宪、向燕："没收财产刑问题的实证分析"，载赵秉志主编：《刑罚体系结构的改革与完善》，北京师范大学出版社 2012 年版，第 161~171 页。

〔5〕 何显兵："论没收财产刑的改革与完善——以绵阳市最近三年司法统计数据为例"，载《中国刑事法杂志》2011 年第 1 期。

重打击，令犯罪人被社会抛弃，而没收财产制度设计本身就带有剥夺犯罪人全部合法财产的机会，使之失去社会生存的物质基础，加快其与社会脱节的进程，并不利于犯罪人复归社会，与预防刑的要求不相符合。加之没收财产刑司法适用中具有随意性、不明确性，更加重了上述情况发生的概率。再者，司法实践中没收部分财产的高比例适用，没收部分财产与罚金刑功能效用的趋同性，使得没收财产刑作为刑罚方法之一的独特性缺失，正当性存疑。如此，在刑罚预防目的和刑事制裁体系预防性转向要求下，没收财产刑的废除是较为恰当的选择。

3. 资格刑的扩充

资格刑符合刑事治理现代化的基本要求，其适用能较好地权衡刑罚打击犯罪与保障人权之间的关系，未对犯罪人复归社会设定僵固限制，契合预防刑要求。其预防作用显著地表现在通过对犯罪人现实适用和执行资格刑，剥夺罪犯从事某项活动的资格，减损其名誉，借由剥夺犯罪者的特定资格，减少其犯罪机会，以达到预防犯罪的目的。在我国当前由报应刑刑事制裁体系向预防刑刑事制裁体系转变的过程中，主张资格刑刑罚预防目的的有效发挥无疑是较好选择。

考察我国刑事制裁体系中的资格刑配置发现，虽然当前我国普遍对资格刑具有的刑罚预防目的予以认同，但我国资格刑发展突出表现为资格刑种类单一化、适用条件限制化、设定机械化的问题。

《刑法修正案（九）》新增"从业禁止"制度。因该制度的适用主体、限制权利和适用条件与资格刑有一定的契合性。大多数学者认为从业禁止制度在未来应被纳入资格刑体系内，并且认为将从业禁止纳入资格刑，能实现预防性措施的规范性建构。[1]陈兴良教授也认为从业禁止是预防再犯的有效手段，从业禁止制度的出现刚好属于资格刑扩充的内容。[2]但当前我国"从业禁止"在刑法典体系中的地位严重制约其资格刑预防作用的发挥。"从业禁止"被规定在《刑法》第37条之一，列于非刑罚处罚措施之下，其体系位置极易给人造成其与非刑罚处罚措施等同的不当观感，可其适用前提、适用对

---

〔1〕 谢川豫：《危害社会行为的制裁体系研究》，法律出版社2013年版，第196页；韩宝庆："资格刑预防再犯功能的审视——基于从业禁止入刑立法考量为视角的展开"，载《东北师大学报（哲学社会科学版）》2021年第5期。

〔2〕 陈兴良："资格刑比较研究"，载《法学研究》1990年第6期。

象及适用依据与非刑罚处罚措施之间存在实质区别。加之其体系位置、适用
场域及适用前提也意在揭示其不是刑罚。因而,从业禁止因其独立于刑罚和
非刑罚处罚措施,导致传统由刑罚和非刑罚处罚措施构建的刑事制裁体系失
衡,在一定程度上影响着刑事制裁体系的宏观结构。[1]因而,通过从业禁止
制度实现资格刑扩充有恰当的理论支撑,即除了政治权利外,职业资格也是
一项重要的资格属性,在社会发展的当下,资格限制会直接影响社会财富的
积累,间接地制约个人自由,带有较强的人格附属性,资格刑的判处在实现
刑罚惩罚的同时也极好地发挥了预防再犯功效。同时,将从业禁止纳入资格
刑体系内,既解决了传统刑事制裁体系失衡矛盾,又加重刑事制裁体系中的
预防刑分量,为刑罚人道化、理性化贡献智慧,顺应刑事治理现代化的基本
要求。此外,也有利于强化行刑衔接,实现行政制裁手段与刑事制裁手段之
间的协调与沟通。现行行政治理手段中明确规定有针对职业资格的暂扣或者
吊销许可证、营业执照等制裁方法,但刑法中却只有针对政治权利的资格刑
规定。依据罪刑法定原则,对于社会危害性程度远远超过行政管理限度,满
足犯罪要求的背离职业义务(或要求)的违法行为,却只能适用行政制裁手
段,难免造成罪刑不均衡、打击不到位的后果。将从业禁止纳入资格刑体系
内,衔接行政和刑事手段在职业资格违法行为方面的治理体系,实现行为人
罪责自洽,落实层次性制裁在职业资格违法行为方面的治理体系,实现行为
人罪责自洽和层次性制裁。

---

[1] 袁彬:"从业禁止制度的结构性矛盾及其改革",载《北京师范大学学报(社会科学版)》
2017年第3期。

操纵证券、期货市场罪的逆"非犯罪化"探讨
——以"行刑衔接"为视角

宋立宵 *

摘　要：目前操纵证券、期货市场罪的司法适用率不高，操纵市场行为受到行政追责的数量明显高于刑事追责。虽然刑法整体上呈"非犯罪化"趋势，但由于我国市场经济的特殊背景以及经济刑法发展的特殊性，提倡操纵证券、期货市场罪的逆"非犯罪化"更具有合理性，治理操纵市场行为应在犯罪化和非犯罪化交替出现中平稳运行。界分行政违法与刑事犯罪应采用"法益区别说"，即对个人法益采用质的区别，对集体法益采用量的区别。操纵证券、期货市场罪的保护法益——证券、期货市场管理秩序属于抽象的集体法益，故操纵市场行政违法与刑事犯罪属于"量的区别"，具体体现为"情节严重"这一罪量要素。破解操纵证券、期货市场罪司法适用困境，一是要确立操纵证券、期货市场罪"双重兜底条款"的适用规则，即严格遵循同质性解释规则，为其保留一定的适用空间；二是以法益性质为原点构建行刑二元规制体系，即通过证监会对操纵市场行为的行政违法性确认和司法机关对"情节严重"的全方位考量实现对抽象集体法益的双重保护。

关键词：操纵证券、期货市场罪；操纵市场行为；行政违法；刑事犯罪

一、引言

操纵证券、期货市场是金融领域一种较为复杂、认定难度较大的违法犯

---

* 宋立宵，山东大学法学院博士研究生，主要研究方向为刑法学。

罪行为，通常表现为交易型操纵和信息型操纵两种，前者通过非正当的交易行为操纵，后者通过操控金融市场相关信息操纵，[1]二者都会导致投资者做出错误决策，影响市场交易价格或交易量。操纵市场行为与资本市场相伴而生，是资本市场发展过程中难以避免的经济现象，随着我国金融交易产品愈加丰富，交易技术日益进步，操纵证券、期货市场行为的表现形式也更加新颖多样。资本市场要实现整个社会资源配置的优化，离不开公平、公正、公开的运行环境。[2]近年来，操纵市场行为不仅是监管部门重点查处的违法类型，也是刑事领域重点打击的对象。2008 年"汪某中抢帽子案"将对操纵证券、期货市场罪的讨论推向了顶峰，在此期间，学者们讨论和关注的焦点主要集中在抢帽子交易是否属于《刑法》第 182 条第 1 款第 4 项的"以其他方法操纵证券、期货市场"。一是"肯定说"，例如刘宪权教授认为，抢帽子交易完全符合资本操纵原理，具备操纵证券、期货市场的犯罪实质，应当归入"兜底条款"归责。[3]汪某中的抢帽子行为与操纵证券市场罪的例示条款具有同质性，按照"兜底条款"定罪不违反罪刑法定原则。[4]二是"否定说"，例如何荣功教授则认为，在《刑法》《证券法》等法律法规都没有明确规定抢帽子交易的背景下，不易将其认定为操纵证券市场罪，否则将导致《刑法》本就不明确的兜底条款的适用变得更加不明确。[5]直到 2019 年最高人民法院、最高人民检察院《关于办理操纵证券、期货市场刑事案件适用法律若干问题的解释》（本文以下简称《司法解释》）出台，《司法解释》第 1 条明确了包括抢帽子交易在内的"以其他方法操纵证券、期货市场"的七种行为方式，2020 年《刑法修正案（十一）》将"幌骗交易操纵""蛊惑交易操纵"

---

〔1〕 此处的"信息"是指任何与证券、期货交易相关的信息，既包括内幕消息，也包括还未公开但已事先知悉的信息；既包括重大信息，也包括其他一般信息；既包括真实的信息，甚至还包括虚假的信息等。参见刘宪权、谢杰：《证券期货犯罪刑法理论与实务》，上海人民出版社 2012 年版，第 366~368 页。

〔2〕 参见郭文龙："操纵证券、期货市场犯罪罪名探析——从中观的规制对象和微观的判断要素切入"，载《政法论坛》2010 年第 6 期。

〔3〕 参见刘宪权："操纵证券、期货市场罪'兜底条款'解释规则的建构与应用——抢帽子交易刑法属性辨正"，载《中外法学》2013 年第 6 期。

〔4〕 参见王崇青："'抢帽子'交易的刑法性质探析——以汪建中操纵证券市场案为视角"，载《政治与法律》2011 年第 1 期。

〔5〕 参见何荣功："刑法'兜底条款'的适用与'抢帽子交易'的定性"，载《法学》2011 年第 6 期。

"抢帽子交易"三种行为方式在立法上正式确立下来，并在法条表述上将原本每项例示条文中都含有的"影响交易价格或交易量"这一表述提炼出来作为该法条的整体性特征放在开头。学界围绕着操纵证券、期货市场罪的保护法益以及刑法与行政法衔接关系的讨论逐渐增多。本文旨在通过梳理和归纳操纵证券、期货市场的司法适用现状，在对操纵证券、期货市场罪的保护法益进行深入分析的基础上，进一步明确操纵市场行政违法行为与操纵市场刑事犯罪行为的界限，探究操纵证券、期货市场罪司法适用问题的解决思路，以期更科学地治理操纵市场违法犯罪，维护金融管理秩序，促进资本市场的持续稳定发展。

二、操纵证券、期货市场罪的司法适用现状及原因

以"操纵证券、期货市场罪"为关键词，笔者在裁判文书网上总共检索到 10 份操纵市场案件的刑事判决书，其中，操纵证券市场罪 8 件、操纵期货市场罪 2 件，共 16 名被告人被追究刑事责任。据统计，2010 年至 2020 年，中国证监会对操纵市场行为处以行政处罚的案件共计 157 件，约占十年间中国证监会各类行政处罚案件总量的 10%，[1] 操纵市场行政处罚案件成为居于内幕交易、披露虚假信息之后的第三大资本市场违法行为，是监督管理部门着力打击的对象。通过对 2010 年至 2020 年操纵市场受到行政处罚和刑事处罚案件的分析比较（见图 1），近十年来，操纵市场行为受到行政追责的数量明显高于刑事追责，94% 的操纵证券、期货市场案件仅被视作违反《证券法》的行政违法行为，而没有被认定为触犯《刑法》第 182 条的犯罪行为，操纵证券、期货市场罪在司法实践中的适用率极低。

---

〔1〕 "证券犯罪系列之二：操纵市场十年观察（上）"，载 http://www.junhe.com/legal-updates/1036；"证监会：2020 年共 22 起操纵市场案，交易金额超 10 亿"，载 https://baijiahao.baidu.com/s？id=1690865330438610381&wfr=spider&for=pc，访问日期：2023 年 1 月 2 日；"证监会连续第四年通报，操纵市场案例频出，应完善 A 股做空机制"，载 https://baijiahao.baidu.com/s？id=1666623302252541889&wfr=spider&for=pc，访问日期：2023 年 1 月 2 日。

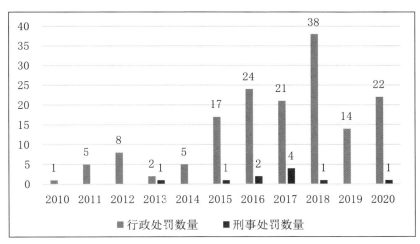

图1　操纵市场案件行政处罚与刑事处罚数量对比

　　根据《刑法》第182条规定，构成操纵证券、期货市场罪的，基本刑为5年以下有期徒刑或拘役，并处或单处罚金；加重刑为5年以上10年以下有期徒刑，并处罚金。在本文所列举的10起操纵证券、期货市场罪案件中，有8起案件属于"情节严重"的基本刑量刑档次，有2起属于"情节特别严重"的加重刑量刑档次。[1]在16名被追究刑事责任的被告人中，罚金刑小于100万元的有5人，罚金刑在100万元至1000万元之间的有7人，罚金刑大于1000万元的有3人。

表1　操纵市场刑事案件基本情况

序号	刑事一审判决书	被告人数	获利金额	自由刑	缓刑	罚金
1	［2017］沪01刑初86号	3	未实际获利	3年	4年	400万
				2年6个月	3年	300万
				1年6个月	2年	200万

---

　　〔1〕　众所周知，2008年我国"操纵证券市场第一案"——"汪某中抢帽子案"累计净获利约1.25亿元，判处7年有期徒刑，罚金1.2亿余元，属于《刑法》第182条加重刑量刑档次。由于该判决书未在裁判文书网上公开，故没有将其纳入本文的统计范围。

续表

序号	刑事一审判决书	被告人数	获利金额	自由刑	缓刑	罚金
2	［2017］沪 01 刑初 49 号	1	75 万元	11 个月		76 万元
3	［2018］沪 01 刑初 23 号	2	判决书 未显示	6 年		3000 万元
				3 年		300 万元
4	［2019］沪 01 刑初 19 号	3	1794 万元	3 年 6 个月		2450 万元
				1 年 8 个月		150 万元
				1 年	1 年	10 万元
5	［2013］鄂中刑初字第 00036 号	1	98.61 亿元	2 年 6 个月	3 年	
6	［2016］鲁 15 刑初 5 号	1	1036 万元	1 年	1 年 6 个月	100 万元
7	［2017］苏 01 刑初 31 号	1	460 万元			2760 万元
8	［2015］鄂中刑初字第 00123 号	2	84 万元	拘役 6 个月	1 年	15 万元
			7.5 万元			10 万元
9	［2016］川 01 刑初 100 号	1	亏损 7945 万元	2 年 6 个月		100 万元
10	［2017］鄂 0102 刑初 629 号	1	22.6 万元	拘役 5 个月	6 个月	3 万元

　　在证监会予以行政处罚的 157 件操纵市场案中，80%以上的案件最终都实现了非法获利，且获利金额较高，平均获利金额高达 5684 万元。相应地，随着高额获利案件的频繁发生，证监会及其派出机构对操纵市场案件的处罚力度也随之加大。根据《证券法》第 192 条规定，操纵证券市场的，行政处罚方式是没收违法所得并罚款。在 157 件操纵市场行政处罚案件中，笔者选取了罚没款总额最高的 10 件典型案例。通过对比操纵市场行政案件中的罚没款金额与操纵市场刑事案件中的罚金刑数额（见表 1、表 2），刑事判决对行为人经济方面的惩罚力度远不及行政案件。

表 2   操纵市场行政案件基本情况

序　号	行政处罚决定书	获利金额	罚没款合计金额
1	证监会〔2017〕29 号	5.78 亿元	34.69 亿元
2	证监会〔2018〕27 号	4.66 亿元	28 亿元
3	证监会〔2018〕29 号	3.39 亿元	20.35 亿元
4	证监会〔2018〕47 号	8.97 亿元	17.94 亿元
5	证监会〔2018〕104 号	3.46 亿元	13.84 亿元
6	证监会〔2016〕41 号	3.2 亿元	11.09 亿元
7	证监会〔2017〕20 号	2.46 亿元	9.84 亿元
8	证监会〔2018〕28 号	1.38 亿元	8.31 亿元
9	证监会〔2016〕61 号	3.24 亿元	6.48 亿元
10	证监会〔2017〕39 号	2.67 亿元	5.34 亿元

虽然操纵证券、期货市场罪在司法实践中的适用率不高，但刑事立法和司法解释对该罪的修订和补充却十分频繁。1999 年《刑法修正案（一）》将"期货交易价格"纳入该罪；2006 年《刑法修正案（六）》将该罪名变更为"操纵证券、期货市场罪"，行为方式由"操纵交易价格"扩展为"操纵交易价格或交易量"，并且删除了"获取不正当利益或者转嫁风险"的主观目的要素；2019 年《司法解释》对《刑法》第 182 条中的"其他方法""情节严重""情节特别严重"等内容予以细化，明确规定蛊惑交易、"抢帽子"交易、重大事项操纵、控制信息操纵、虚假申报、跨期现货市场操纵等都属于操纵证券、期货市场罪的行为方式，达到一定持仓数、成交量、成交比例、违法所得的操纵市场行为，就可能构成刑事犯罪；2020 年《刑法修正案（十一）》将"幌骗交易操纵""蛊惑交易操纵""抢帽子交易"三种行为方式在立法上正式确立下来。虽然经济犯罪的频繁补充修订一定程度上反映出立法者对相关犯罪的预见性不够，[1]但笔者认为，操纵证券、期货市场罪的频繁修订补充是近年来我国资本市场日益繁荣的必然结果，新型的操纵证券、期货市场行为不断丰富，各种评价要素都在不断发展和变化，与时俱进地完善

---

〔1〕 参见郎胜："我国刑法的新发展"，载《中国法学》2017 年第 5 期。

相关法律法规为该罪的司法适用提供了坚实的法律依据。面对众多新型操纵证券、期货市场行为的挑战，在立法上需要不断严密惩治操纵市场行为的刑事法网，但立法修订也不能过于理想化以致脱离客观现实，而应立足于司法实践现状做出相应调整，并需进一步提高对资本市场发展规律、操纵市场行为的产生原因、惩治对策的把握能力，避免象征性立法。虽然在司法实务中被判处操纵证券、期货市场罪的案件数量至今只有 10 余件，但这并不代表该罪的设立是一个摆设，该罪没有得到广泛适用的原因主要在于操纵证券、期货市场行为与经济法、行政法等非刑法规范密切相关，很多操纵证券、期货市场行为受到了行政处罚，但未被确定为刑事犯罪。从 2010 年至 2020 年 157 件操纵市场行政案件的基本情况来看，不少案件在持仓数、成交量、成交比例、违法所得等方面已经达到了《司法解释》所规定的成立操纵证券、期货市场罪的标准，但最终只作为行政违法案件被处以行政处罚。

综上，与操纵市场行政案件相比，无论是在案件数量还是经济惩罚力度方面，操纵市场刑事案件都更为有限，操纵证券、期货市场罪的司法适用率不高，对操纵市场行为的规制出现了以行政处罚代替刑事处罚的情况。造成这一现象的根本原因在于行政法与刑法两大实体法的界限模糊，操纵证券、期货市场罪作为行政犯在司法实践中的适用空间被压缩，无法得到有效适用。

三、操纵证券、期货市场罪的保护法益

传统理论认为，操纵证券、期货市场罪保护的法益具有双重性，既保护证券、期货市场的管理秩序，又保护投资者个人的合法权益。[1]操纵证券、期货市场罪的保护法益与操纵证券、期货市场行为的本质特征是同一问题的两个方面。关于操纵市场行为的本质特性，学界主要存在"欺诈说""价量操纵说"和"市场操纵说"。一般来说，持"欺诈说"的学者认为，操纵证券、期货市场罪的保护法益包括投资者的个人法益；持"价量操纵说"和"市场操纵说"的学者则认为，该罪保护法益不包括投资者的个人法益。[2]笔者不

---

〔1〕 参见高铭暄、马克昌主编：《刑法学》（第 9 版），北京大学出版社、高等教育出版社 2019 年版，第 407 页。

〔2〕 但也存在特殊情况，例如有学者虽然持"价量操纵说"，但同时认为市场操纵犯罪侵犯的法益包括整体法益与个人利益，即市场价格形成机制与投资人利益，前者是核心法益，后者是次要法益。参见王新："证券市场操纵犯罪的刑法属性及推定规则"，载《河南财经政法大学学报》2017 年第 5 期。

赞同"欺诈说",肯定"市场操纵说"和"价量操纵说"都承认投资者的个人法益不是该罪保护法益的合理之处,但相比之下,更赞同"价量操纵说"。

(一)"投资者的个人法益"之否定

"欺诈说"认为操纵证券、期货市场行为的本质是对其他投资者的欺诈,该行为指向其他投资者,故该罪的保护法益包括投资者的个人法益。[1]笔者不赞同该观点,理由在于:

第一,行为手段不能决定某种犯罪行为的本质特征。操纵证券、期货市场行为虽然具有一定的欺诈性,即行为人通过制造市场假象,欺骗误导其他投资者做出错误的投资决定,但对于所有的经济犯罪来说,欺诈是它们的手段共性,"欺诈性"并不是操纵证券、期货市场罪独有的个性或本质特征,仅通过"欺诈性"无法将该罪与其他经济犯罪区分开来。[2]行为人虽然使用了欺骗的手段,但其行为最终是通过证券、期货市场的波动变化来获得非法利益,而不是直接指向其他投资者的个人财产。

第二,本罪的客体是证券、期货市场的正常管理秩序,行为人只可能对金融市场管理秩序实施"操纵"而不能实施"欺诈"。操纵证券、期货市场行为的法益侵害性直接表现为对金融市场正常交易机制和正常资本配置的干扰,对市场其他投资者权益的损害只是其间接效果,行为人的操纵行为与市场管理秩序被破坏之间是直接因果关系,与投资人遭受损失之间是间接因果关系,而行为的本质特征只可能从具有直接因果关系的事物上来把握。

第三,兜底条款能够揭示出某个犯罪的本质特征,《证券法》第55条的兜底条款表述为"操纵证券市场的其他手段",《刑法》第182条兜底条款表述为"以其他方法操纵证券、期货市场的",《司法解释》第1条兜底条款表述为"以其他方法操纵证券、期货市场的",都没有表述为"以其他方法或手段欺诈投资者",这正是说明了该罪指向的是对金融管理秩序集体法益的破坏,而不是对投资人个人法益的损害。

---

〔1〕参见王崇青:"'抢帽子'交易的刑法性质探析——以汪建中操纵证券市场案为视角",载《政治与法律》2011年第1期;陈晨:"操纵证券市场犯罪要素认定的司法观察",载黄红元、卢文道主编:《证券法苑》(第21卷),法律出版社2017年版,第208~228页;张保华:"操纵市场行为的几个基本问题",载《安徽大学学报(哲学社会科学版)》2005年第2期;汤欣、高海涛:"证券市场操纵行为认定研究——行政处罚案例的视角",载《当代法学》2016年第4期。

〔2〕参见田宏杰:"操纵证券市场行为的本质及其构成要素",载《国家行政学院学报》2013年第3期。

第四，操纵证券、期货市场罪位于《刑法》分则第三章破坏社会主义市场经济秩序罪第四节破坏金融管理秩序罪之中。一般认为刑法分则的各章节是按照法益侵害种类的不同所进行的划分，如果认为操纵证券、期货市场罪的本质是对其他投资者的欺诈，那么该罪的位置应该是像诈骗罪一样位于《刑法》分则第五章侵犯财产罪之中，而不是位于第三章破坏社会主义市场经济秩序罪之中，该罪的体系定位也能够说明该罪的本质不可能是对投资者的欺诈。

第五，如果认为"操纵市场行为是广义的诈骗行为，完全符合诈骗罪的犯罪构成要件"，[1]那么凡是操纵市场犯罪行为都构成操纵证券、期货市场罪与诈骗罪的想象竞合，按从一重的处断原则，显然最终是以诈骗罪论处，这样一来将会导致操纵证券、期货市场罪的规定被闲置，永远无法派上用场。

第六，其他投资者遭受损失属于事后民事赔偿的问题，而不是构成刑事犯罪的必要条件。信赖、损失因果关系和损害是私人索赔诉讼中的要件，[2]不是证监会进行行政处罚的必要要件，当然也不是构成操纵证券、期货市场罪的必要条件。从司法实践中来看，许多操纵证券、期货市场行为因异常变动最终未能实际获利，甚至出现了亏损，但司法机关仍将它们以操作证券、期货市场罪论处。[3]这正是说明使其他投资者遭受损失并不是构成该罪的必要条件，不能将投资者权益作为该罪的保护法益。换言之，该行为的本质并不是对投资者的欺诈，只要操纵市场行为破坏了金融市场的正常秩序，即可能构成操纵证券、期货市场罪，而不一定要求行为人实际获利或者使投资者遭受一定损失，虽未实际获取利益但破坏了金融市场正常秩序的，也成立犯罪。因此，操纵证券、期货市场行为的本质不是对其他投资者的欺诈，投资者的个人法益不是该罪的保护法益。

（二）"抽象的集体法益"之肯定

个人法益注重保护特定人的自由发展，集体法益注重保护所有人自由发

---

〔1〕 参见陈文昊、郭自力："从操纵证券、期货市场罪看兜底罪名的价值"，载《铁道警察学院学报》2016 年第 4 期。

〔2〕 钟维："欺诈理论与期货市场操纵二元规制体系"，载《清华法学》2021 年第 3 期。

〔3〕 例如 [2017] 沪 01 刑初 86 号、[2016] 川 01 刑初 100 号刑事一审判决书。

展的外部条件。[1]法益二元论者认为,虽然集体法益最终服务于特定个人的自由,但集体法益仍具有与个人法益相并列的独立地位,并不隶属于个人法益。[2]操纵证券、期货市场罪作为金融刑法领域的罪名之一,其保护的不是证券、期货市场的特定人自由发展本身,而是保护在证券、期货市场范围内实现所有人自由发展的外部条件。只有承认集体法益的独立地位,才能最大程度地实现所有市场主体在市场经济范围内的个人自由。"价量操纵说"和"市场操纵说"都认为操纵市场行为虽然具有一定的欺诈性,但在本质上该行为指向的是金融市场,而不是其他投资者,故该罪的保护法益只有证券、期货市场的管理秩序,不包括投资者的个人法益。二者的区别在于,前者落脚于法条开头总括性的"影响证券、期货交易价格或交易量",认为该行为的本质是人为干扰市场正常的价量形成机制;[3]后者落脚于兜底条款中"以其他方法操纵证券、期货市场的",认为该行为的本质是滥用优势非法操纵市场。[4]在"价量操纵说"和"市场操纵说"共同承认投资者的个人法益不是该罪保护法益的基础上,笔者更赞同"价量操纵说",理由如下:

第一,如果认为操纵证券、期货市场罪的本质是市场操纵,这似乎是在用定义解释定义,不能直观地把握该罪与其他金融市场犯罪的区别。刑法分则第三章第四节中很多罪名属于市场操纵的行为类型,"市场操纵说"无法体现操纵、期货、证券、市场罪的独有特性,例如内幕交易,编造并传播证券、期货交易虚假信息等行为在广义上都可以被认为是通过各种手段实现对金融市场的操纵,但要求"影响交易价格和交易量"的只有操纵证券、期货市场罪,因此将价量操纵作为该罪的本质特征更为妥当。

第二,采"市场操纵说"的学者认为,市场操纵类型不仅包括价量操纵,还包括资本操纵,前者是指代表金融商品要素的证券期货交易价格与交易量,后者是指代表资本要素的投资者行为。连续交易、约定交易、自我交易属于

---

〔1〕 Vgl. Frister, Strafrecht Allgemeiner Teil, 5. Aufl., 2011, §3, Rn. 21, 转引自马春晓:"中国经济刑法法益:认知、反思与建构",载《政治与法律》2020年第3期。

〔2〕 参见马春晓:"现代刑法的法益观:法益二元论的提倡",载《环球法律评论》2019年第6期;孙国祥:"集体法益的刑法保护及其边界",载《法学研究》2018年第6期。

〔3〕 参见谢杰:"市场操纵犯罪司法解释的反思与解构",载《法学》2020年第1期;王新:"操纵证券市场犯罪之主观故意的认定",载《中国刑事法杂志》2016年第6期。

〔4〕 参见刘宪权、林雨佳:"新型市场操纵行为的刑法认定",载黄红元、卢文道主编:《证券法苑》(第21卷),法律出版社2017年版,第448~449页。

价量操纵，而"抢帽子交易"属于资本操纵。[1]笔者认为，对市场操纵行为没有进行这种分类的必要，因为在金融市场中，很难清晰地划定商品要素和资本要素的边界，连续交易、约定交易、自我交易行为，有时不仅能够反映出对证券、期货市场价量的干扰，同时也能反映出资本的异常流动和配置，因此，价量操纵和资本操纵是密不可分的一个整体，无法将各种市场操纵行为具体划分出是影响到交易价量，还是影响到资本的流动和配置。另外，该论者认为"抢帽子交易"属于资本操纵，而 2019 年《司法解释》对"抢帽子交易"规定的明确表述是"影响证券、期货交易价格或者证券、期货交易量"，"抢帽子交易"显然属于价量操纵而不是资本操纵，该论者的结论并不符合当前法律规定。

第三，《刑法修正案（十一）》对操纵证券、期货市场罪的法条表述进行了改动，将原本每项例示条文中都含有的"影响交易价格或交易量"表述，提炼出来作为该法条的整体性特征放在开头。这种法条表述上的改动一是体现出立法的简洁性，避免了法条表述的繁琐；二是说明了"影响交易价格或交易量"在认定操纵证券、期货市场罪中的重要性得到提升，根据经济学规律，供求关系影响交易价格，市场操纵行为先通过误导投资者来影响交易量，进而影响交易价格。[2]价量操纵是判断某个行为是否构成操纵证券、期货市场罪的重要因素，而不能仅仅根据某行为属于"市场操纵"就认定其构成该罪。虽然从兜底条款中也可以揭示出某个犯罪的主要特征，但更准确的方式是从法条开头的总体性表述中去提炼，法条开头的总体性表述的覆盖面往往比仅一项兜底条款的表述更全面，因此提炼操纵证券、期货市场罪的本质特征落脚于《刑法》第 182 条第 1 款开头的"影响交易价格或交易量"总括性表述，比落脚于第 182 条第 1 款第 7 项兜底条款中"以其他方法操纵证券、期货市场的"更为合理，也即将操纵证券、期货市场罪的本质特征理解为"价量操纵"比"市场操纵"更为合理。

综上，操纵证券、期货市场行为的本质不是对其他投资者的欺诈，而是对证券、期货市场的价量操纵，故操纵证券、期货市场罪的保护法益不是投资者的个人法益，而是证券、期货市场的管理秩序这一抽象的集体法益。

---

〔1〕 参见刘宪权："操纵证券、期货市场罪'兜底条款'解释规则的建构与应用——抢帽子交易刑法属性辨正"，载《中外法学》2013 年第 6 期。

〔2〕 参见郭文龙："证券期货市场犯罪动态梳理与立体研究"，载《证券市场导报》2010 年第 5 期。

四、操纵市场行为的行政与刑事分野

操纵证券、期货市场罪属于典型的行政犯，该罪与行政法律规范、行政处罚等有着密切的联系。了解行政违法与刑事犯罪之间的界分问题，是解决操纵证券、期货市场行为"以罚代刑"问题的必然要求，也是平衡处罚必要性与刑法谦抑性关系的根本之所在。

（一）行政违法与刑事犯罪的界分标准

关于行政违法与刑事犯罪的界分标准，目前学界主要存在以下三种观点：其一，"量的差异说"，行政违法行为与刑事犯罪行为的界分标准是社会危害性，二者在社会危害性程度上存在量的差异，后者的社会危害性程度高于前者；[1]其二，"质的差异说"，行政违法与刑事犯罪的界分标准是应受刑法处罚性，刑法与行政法在性质上存在根本区别；[2]其三，"法益区别说"，也叫"质量区别混合说"，二者的界分要根据法益的不同性质来判断究竟是质的差异还是量的差异。[3]德国学者罗克辛认为，"刑法具有核心区域和边缘区域之分，行政违法行为和刑法核心区域的犯罪行为的界分属于'质的差异'，如杀人、强奸、绑架等传统犯罪，属于只能依靠刑事法律进行规制的犯罪行为，当然不属于行政违法行为；而行政违法行为和刑法边缘区域的犯罪行为的界分属于'量的差异'，它们在不法程度层面存在高低差异，即量的区别"。[4]

笔者认为前两种观点都有各自不足之处。其一，"质的差异说"对行政违法与刑事犯罪进行了泾渭分明的划分，有利于保持刑法的独立性，防止行政处罚权的扩大，但在现代社会中随着行政犯数量的不断增加，这种区分标准割裂了行政违法与刑事犯罪的关系。其二，"量的差异说"考虑到了行政违法与刑事犯罪的违法性程度差异，但对于杀人、强奸、抢劫等犯罪行为而言，根本不可能存在与之对应的行政违法行为，在性质上就完全不同，更谈不上量的差异，"量的差异说"显然忽视了此种情形。

---

〔1〕 参见王莹："论行政不法与刑事不法的分野及对我国行政处罚法与刑事立法界限混淆的反思"，载《河北法学》2008年第10期。

〔2〕 参见杨兴培、田然："刑法介入刑民交叉案件的条件——以犯罪的二次性违法理论为切入点"，载《人民检察》2015年第15期。

〔3〕 参见孙国祥："行政犯违法性判断的从属性和独立性研究"，载《法学家》2017年第1期。

〔4〕 Roxin，AT4，§2 Rn.132；Jakobs，AT 2，3/10，转引自王莹："论行政不法与刑事不法的分野及对我国行政处罚法与刑事立法界限混淆的反思"，载《河北法学》2008年第10期。

笔者基本赞同第三种观点，"法益区别说"是对前两种观点的调和，认为应当根据法益的性质来决定行政违法与刑事犯罪的界限是"质的区别"还是"量的区别"，但应当将个人法益还是集体法益作为质、量区分的依据。罗克辛教授将自然犯还是行政犯作为质、量区分的依据，对于能够直接反映社会伦理的无价值判断的传统型犯罪行为，例如，杀人、强奸、抢劫等自然犯，它与行政违法行为的区别就是质的区别；而对于不当然具有违反伦理道德的现代型犯罪行为，例如，证券犯罪等行政犯，它与行政违法行为的区别就是量的区别。笔者认为罗克辛教授这种分情况讨论的思路值得借鉴，但将自然犯和行政犯分别对应"质的区分"和"量的区分"有待商榷。一是因为自然犯和行政犯是刑事犯罪内部的区分，而不是行政违法与刑事犯罪的区分；[1]二是因为自然犯还是行政犯不能直接揭示二者法益性质的差别，将个人法益还是集体法益作为质、量区分的依据则更加符合"法益区别说"的内涵，对个人法益采用质的区别，对集体法益采用量的区别。"量的区别"在刑法分则的罪状描述中主要体现为"数额较大""情节严重""情节恶劣"或者"后果严重"等。操纵证券、期货市场罪的保护法益是证券、期货市场管理秩序这一集体法益，操纵市场行政违法行为与操纵市场犯罪行为属于"量的区别"，具体体现为是否达到"情节严重"的标准，对"情节严重"的判断以成交量数额和违法所得数额为主要依据。根据《证券法》相关规定，持有流通股份占股本总额的 5% 以上即可认定行为人具有持股优势，而根据《司法解释》第 2 条第 1 项规定，在刑法意义上，持有流通股份占股本总额的 10% 以上才能认定行为人具有持股优势。

（二）行政违法与刑事犯罪的具体差异

行政违法与刑事犯罪的具体差异是全世界各国都重点关注的领域，考察其他国家的相关规定是解决我国行刑关系问题的有效策略。德国对行政违法与刑事犯罪的区分，主要从以下几个方面展开：[2]

---

〔1〕 参见马春晓："区分行政违法与犯罪的新视角：基于构成要件之质的区别说"，载《中国刑事法杂志》2020 年第 1 期。

〔2〕 See James Goldschmidt，Das Verw altungsstrafrech t：Eine Unt ersuchung der Grenzegebiet e zw ischen Strafrecht und Verw altungsstrafrech t auf rechtsgeschichtlicher und rechtsverglei chender Grundlage，Berlin，1902，S. 529ff，转引自王莹："论行政不法与刑事不法的分野及对我国行政处罚法与刑事立法界限混淆的反思"，载《河北法学》2008 年第 10 期。

表3 德国法关于行政违法与刑事犯罪的区分

	行政违法	刑事犯罪
目标设置	福利	公正
是否法益侵害	反抗国家或公共福利，是对国家行政意志实现的行政不顺从，不是法益侵害	反抗全体社会意志的一个意志载体对另一个意志载体的权力侵犯，是法益侵害
是否造成实际损失	没有造成实际损失，而是造成既得利益的损失，即妨碍更大福利的实现	造成实际损失
损失性质	国家或社会的损失（特殊的拟制损失，不具有实质性）	个人损失或者文化损失

　　笔者并不赞同德国法的区分理论，因为无论是刑事法领域还是行政法领域都包含了公正和福利的价值，行政违法与刑事犯罪都是具有法益侵害性的行为，行为是否造成实际损失也都是不一定的，都可能侵犯到个人法益或国家集体法益。根据马克思主义哲学的观点，个人与社会相互依存，相互制约，密不可分，对社会集体法益的侵害同样会牵涉个人利益，并不能说侵害集体法益的属于行政违法，侵害个人法益的属于刑事犯罪。例如，操纵市场行政违法与操纵市场刑事犯罪都是具有法益侵害性的行为，都会侵害金融管理秩序这一集体法益，也可能损害到投资者个人权益，无论是行政处罚还是刑事处罚，都是为了实现金融市场的公平、公正、公开，保障全体社会公众的福利，因此德国法这种区分标准欠缺合理性，不能为我国所用。笔者认为，应当立足于我国国情，从以下四个方面对行政违法与刑事犯罪进行区分：

　　第一，对损害后果的要求不同。行政法领域侧重于客观的违法行为，不重视行为造成的实际后果，而刑事法领域则更加关注行为的危害后果，大多按照结果犯形式认定构成刑事犯罪。[1]行政法领域以违反某种行政管理秩序为价值导向，而刑事法领域要求考虑行为所造成的实质性法益侵害后果。[2]证监会处罚的操纵市场案件主要看重市场操纵行为的行政违法性，只要交易

---

〔1〕 参见王新："证券市场操纵犯罪的刑法属性及推定规则"，载《河南财经政法大学学报》2017年第5期。

〔2〕 参见孙国祥："经济刑法适用中的超规范出罪事由研究"，载《南大法学》2020年第1期。

行为本身具有异常性、不合理性、操作性，就可能被认定为违反《证券法》中的禁止性规范而受到行政处罚；而被认定为刑事犯罪的操纵市场案件要求出现实际造成股价异常波动等影响交易价格或交易量的危害后果。

第二，对主观要素的要求不同。行政法领域不看重行为人的主观心态，且对主观方面的认定往往采取推定方式，即以客观行为推定主观心态，不考虑行为人在主观方面可能存在的抗辩事由；而刑事法领域则更加看重行为人的主观罪过，且对主观方面的认定更为细致严谨，要求不能仅根据客观行为的异常性推定行为人主观上具有犯罪故意，对行为人主观上是否具有合法经营目的等阻却操纵市场故意的抗辩理由也应加以明确。在操纵市场刑事犯罪案件中，判断行为人是否具有操纵市场的故意，既要看其认识因素，又要看意志因素，以避免出现结果归罪的问题。例如，法院在对"汪某中抢帽子案"行为人主观方面的认定中指出："汪某中明知自己实施的操纵证券市场行为不符合金融市场的'三公'原则，损害了金融管理秩序，仍然积极追求、放任或决意为之。其在主观上意图以推荐自己先期持有的证券的方式，诱导其他投资者按照其期待的结果进行交易，从而影响股票的价格和交易量，由此认定行为人具有操纵市场的故意。"从该表述可以看出，司法机关对操纵市场刑事犯罪案件中行为人主观方面的认定十分细致，既要求行为人具有"明知"自己行为性质的认识因素，也要求行为人具有"积极追求"或"放任"的意志因素。

第三，对因果关系的要求不同。在操纵市场行政违法案件中，行为与结果之间的因果关系可以是直接的，也可以是间接的；而在操纵市场刑事犯罪案件中，操纵证券、期货市场行为与证券、期货价量异常变动的危害后果之间的因果关系更为复杂，只有直接因果关系才可以作为认定刑事犯罪的依据，因此操纵市场行政违法案件的因果关系链条并不当然能够适用于操纵市场刑事犯罪案件。

第四，诉讼程序中的证据认定标准不同。与行政违法案件相比，刑事犯罪案件采取更高的证据认定标准，不能将行政诉讼中的证据材料直接用于刑事诉讼中。例如，在操纵市场行政违法案件中，交易短信中的碎片化信息也可以作为认定行为具有行政违法性的重要证据；而在操纵市场刑事犯罪案件中，这些材料要想成为刑事诉讼中确实充分的证据，需要经过一个由行政证据转换为刑事证据的环节，即需要对行政诉讼过程中出具的言辞证据等材料进行重新认定。由于大多数金融犯罪作为行政犯对行政机关出具的专业性认定意见具有极强的依赖性，经过从行政证据到刑事证据的转化，先前在行政诉讼中获取的证据材料可能在刑事诉讼中被重新处理或者全盘推翻。因此，行政诉讼中的证据材料并不能直接用于刑事诉讼。

综上，相比于行政违法案件，刑事犯罪案件在损害后果、主观要素、因果关系、证据认定标准方面的要求都更加严格，一定程度上导致了部分操纵市场案件因无法满足刑事案件各方面的要求，实践中对其处理无法回应以刑事手段追究操纵市场犯罪的诉求，而只能按照行政违法案件处理，这就是现阶段操纵市场案件出现"以罚代刑"现象的主要原因。

（三）行政违法与刑事犯罪的具体联系

行政违法与刑事犯罪虽然存在着多方面的差异，但二者并不是完全割裂的，而是存在紧密的联系。

第一，行政法和刑法的立法目的具有一致性。行政法和刑法作为两大部门法虽然存在着区别，但在保护社会这一目标上，二者是一致的。刑法无法对社会生活中的所有违法犯罪行为进行全部规制，而只能将其中性质最为严重的那部分作为犯罪处理，对于犯罪构成要件之外的部分，行政机关按照行政违法行为予以行政处罚。大量的行政法律法规中具有"……构成犯罪的，追究刑事责任"的表述，这正是说明了行政法与刑法在保护社会方面是紧密衔接的，这种立法规定旨在通过行政处罚和刑事处罚共同实现国家公权力制裁的全覆盖。

第二，在实体法上，行政违法的行为构成与刑事犯罪的行为构成具有重合性。二者并不是完全割裂的，而是存在大量重合部分，行政违法的行为构成是刑事犯罪的行为构成的依据和来源，刑事犯罪的行为构成是对行政违法的行为构成的升级，二者互为补充，联系密切。例如，操纵证券、期货市场行为对金融管理秩序的侵害，既可能构成行政违法行为，又可能构成刑事犯罪行为。《刑法》第 182 条操纵证券、期货市场罪与《证券法》第 55 条操纵证券、期货市场行政违法行为，对行为构成要件的描述极为相似，前者对例示条文的规定来源于后者，二者的差别仅仅在于《刑法》第 182 条要求达到"情节严重"这一罪量规定。

第三，在程序法上，行政权形成对司法机关追诉权的牵制。从目前司法实践来看，大量违反《证券法》的金融犯罪行为被行政机关调查后就按照行政处罚结案，而没有再行移送给公安机关进行刑事追诉。这是因为从我国的诉讼程序上来说，行政机关的调查权和处罚权位于公安机关、检察机关和其他司法机关之前，特别是对于经济、金融案件来说，其能否进入刑事诉讼程序很大程度上依赖于行政机关对案件的认定意见和最终移送决定，只有当违法行为的违法性程度超出了行政法所能解决的范围，才将案件转为刑事诉讼。行政权对司法机关刑事追诉权的牵制，不仅会导致诉讼资源的消耗和浪费，例如对行政诉讼中的证据需重新认定，而不能直接使用，而且会导致本应被追究刑事责任的行为人只受到了行政处罚，即所谓"以罚代刑"，制约了刑法发挥对行政犯的规制作用。

综上，按照"法益区别说"，操纵市场行政违法行为与操纵市场刑事犯罪行为的区别属于"量的区别"，即是否达到"情节严重"标准。虽然二者在损害后果、主观要素、因果关系、证据认定标准等方面存在差异，但并不是完全割裂的。二者不仅在实体上存在大量重合部分，在程序上也具有紧密的牵制关系。

五、操纵证券、期货市场罪逆"非犯罪化"之提倡

虽然"非犯罪化"是现代刑法和刑事政策的重要发展趋势，[1]但笔者认为由于我国市场经济的特殊背景以及经济刑法发展的特殊性，经济刑法具有不同于刑法发展整体趋势的逆"非犯罪化"特征。虽然经济刑法属于整体刑法中不可分割的一部分，但经济刑法本身也有其个性化的发展规律和逻辑，与刑法整体的犯罪化机制并不完全契合。[2]学者们不宜先入为主地将刑法理论所谓的"非犯罪化"趋势强加于经济刑法的发展，也不必过于忧虑近年来对经济刑法的立法修改呈现出的犯罪化、重刑化问题。[3]提倡经济刑法的逆"非犯罪化"并不是一味强调对"犯罪化"的呼求，而是主张在犯罪化和非

---

〔1〕 林山田：《刑法通论》（上册），北京大学出版社 2012 年版，第 52 页。

〔2〕 参见孙国祥："改革开放以来经济刑法基础理论述评"，载《武汉大学学报（哲学社会科学版）》2019 年第 5 期。

〔3〕 十一次刑法修正案涉及《刑法》187 个分则条文，其中关涉分则第三章破坏社会主义市场经济秩序罪的修改有 71 个条文，约占分则条文修改总数的 38%，而且经济刑法的修改内容大多是增加新罪名或者加重原罪名的刑罚，由此可见经济刑法在立法上呈现出犯罪化、重刑化的总体趋势。

犯罪化交替出现中平稳运行而不是激进前进，[1]换言之，既不能全盘否定经济刑法犯罪化的合理性，也不能任由经济刑法无限制地干预市场经济的活动自由。对操纵证券、期货市场罪逆"非犯罪化"的解读主要体现在以下两方面：

（一）操纵证券、期货市场罪犯罪化的合理性

在我国，行政法作为前置法是处理社会生活中违法行为的第一顺位法，当通过行政处罚无法达到应有的惩罚效果时，才能动用刑罚手段，故行政法的适用必然会压缩刑法的适用空间，但这并不意味着对于行政法无法调整的行为，都应当被纳入刑法的规制范围，"出他法而入刑法"的思维理念，严重割裂了行政违法与刑事犯罪之间的联系。[2]例如，有学者提出破解"以罚代刑"困境的方式是，降低刑法中犯罪数额、情节严重等罪量要素的标准，将更多的行政违法行为划入刑事犯罪的范畴中来。[3]笔者不敢苟同，此种方式企图用"以刑代罚"置换"以罚代刑"，即通过增加刑事犯罪数量来缩减行政违法数量，该做法无异于"拆东墙补西墙"，只可能导向行政犯在司法适用过程中的另一极端。合理平衡行政违法与刑事犯罪的关系，既要防止将仅违反行政法律法规的行为拔高认定为刑事犯罪，也要防止对已经达到刑事追责标准的犯罪行为仅予以行政处罚，而不能单方向地降低罪量要素的标准，扩大犯罪圈，"以罚代刑"或"以刑代罚"都是错误的极端做法。

首先，操纵证券、期货市场行为的犯罪化是市场经济转型发展的客观需要。随着市场经济的迅猛发展，新型的操纵市场行为愈发复杂多样，为保护金融市场管理秩序这一法益，经济刑法需要进一步充实相关罪名以满足市场经济的现实需求，刑法面对新的社会问题和新挑战呈现出的积极活跃态势具有合理性。[4]其次，保护法益的抽象性和集体性是操纵市场行为犯罪化的正当化根据。操纵市场行为涉及金融交易制度的运作、金融交易关系的信赖等

---

〔1〕 参见孙国祥："20 年来经济刑法犯罪化趋势回眸及思考"，载《华南师范大学学报（社会科学版）》2018 年第 1 期。

〔2〕 参见杨兴培："犯罪的二次性违法理论探究"，载本书编辑委员会编：《社会转型时期的刑事法理论》，法律出版社 2004 年版，第 417 页。

〔3〕 王莹："论行政不法与刑事不法的分野及对我国行政处罚法与刑事立法界限混淆的反思"，载《河北法学》2008 年第 10 期。

〔4〕 参见郎胜："在构建和谐社会的语境下谈我国刑法立法的积极与谨慎"，载《法学家》2007 年第 5 期。

内容，对破坏抽象集体法益行为的打击应以刑法积极预防主义为宜。刑法对抽象集体法益的积极保护，符合刑事政策所倡导的一般预防原理，与"自由给安全让路"的观念相契合。[1]最后，操纵证券市场行为的犯罪化与当今世界各国经济刑法的发展趋势和逻辑具有一致性。在经济全球化的背景下，其他国家对经济犯罪的治理方式对我国具有借鉴意义，面对经济发展所产生的各种风险问题，当今世界大多数国家都认可经济刑法犯罪化的合理性，例如，德国经济刑法的发展具有突出的犯罪化趋势，呈现出与整体刑法发展趋势不同的犯罪化态势。[2]综上，操纵证券、期货市场罪的犯罪化进程具有一定的合理性。

（二）警惕操纵证券、期货市场罪的过度犯罪化

不可否认的是，刑事处罚是一把双刃剑，在惩治和打击金融违法犯罪行为的同时，其产生的直接刑罚后果和负面附随效果不可忽视，如果任由刑法无限制地干涉市场经济的发展，则不利于金融工具和金融服务的创新，限制国民的经济活动自由，加重市场主体的刑事责任，也必将削弱刑法的谦抑性、二次性特征，刑法将取代民法、行政法调整社会关系的前置性地位，沦为社会控制的工具。因此，为保障社会主义市场经济的自由发展，应警惕操纵证券、期货市场罪的过度犯罪化。

操纵证券、期货市场罪等经济犯罪的治理离不开多元化的治理模式。除了刑罚之外，还应考虑到其他替代方式，例如，依靠企业刑事合规制度为企业规定相关刑事风险的管理义务，通过正向激励的方式避免企业突破法律底线，推动企业进行自我管理，使其遵守企业内部基本的合规义务，以预防经济犯罪的发生和风险的扩大。解决市场经济领域中的问题和矛盾根本上还是通过市场的自我调节，刑法的过度干预有悖于市场经济体制的内在逻辑。[3]换言之，刑法只是一种辅助市场经济发展、在必要时才动用的工具，其本身不能凌驾于市场之上进而制约和控制经济发展。惩治和预防操纵证券、期货市场行为，首先应考虑的是市场的自我调节，其次考虑民法、商法、行政法、经济法等手段，若此时仍无法有效调整市场经济失范行为，才能动用刑法予

---

〔1〕 参见陈璐："犯罪化如何贯彻法益侵害原则"，载《中国刑事法杂志》2014年第3期。

〔2〕 ［德］埃里克·希尔根多夫：《德国刑法学：从传统到现代》，江溯等译，北京大学出版社2015年版，第27页。

〔3〕 参见陈兴良：《走向哲学的刑法学》，法律出版社1999年版，第468页。

以犯罪化规制，即使在不得不动用刑法进行规制时，也应考虑刑罚的轻缓化，应尽可能采取财产刑、而非生命刑和自由刑。经济犯罪作为行政犯比自然犯的违法性程度低，故刑法对市场经济领域失范行为的干预应保持一定的克制和警惕，防止过度犯罪化带来的负面后果。[1]

综上，操纵证券、期货市场罪的逆"非犯罪化"，既不是"以罚代刑"的单向度非犯罪化趋势，也不是"以刑代罚"的单向度犯罪化趋势，而是应呈现出犯罪圈的扩张与紧缩相伴而生、因时而动的双向性变化。

六、破解操纵证券、期货市场罪司法适用困境之对策

针对目前对操纵证券、期货市场行为的规制出现了以行政处罚代替刑事处罚的现象，笔者提出破解"以罚代刑"困境的两种方式：一是要确立操纵证券、期货市场罪"双重兜底条款"的适用规则；二是以法益性质为原点构建行刑二元规制体系，对抽象的集体法益采取行政保护与刑事保护双轨制。

（一）确立操纵证券、期货市场罪"双重兜底条款"的适用规则

"兜底条款"是当今世界各国普遍采用的一种立法技术，是因法律条文无法穷尽所有的犯罪行为类型而导致一些立法时未被预设但又具有法益侵害性的行为逃脱刑事追责而生的概括性规定，旨在达到法条涵盖范围的最大化，实现法律稳定性与现实多变性之间的相对平衡，尤其常见于发展迅猛的经济犯罪领域。"双重兜底条款"是"兜底条款"的升级形态，是指对于一些行政犯而言，判断其是否构成犯罪，不仅要考察刑法中包含的兜底条款，也要考察经济法、行政法等前置性法律法规中包含的兜底条款。[2]《刑法》第182条第1款第7项和《证券法》第55条第1款第8项都以兜底的方式规定了操纵市场行为的其他方法和手段，属于典型的"双重兜底条款"。由此引发的问题是，"双重兜底条款"与罪刑法定原则是相冲突的，还是并行不悖的？"双重兜底条款"在司法实践中如何适用？刑法和司法解释都规定了兜底条款时，能否按照"双重兜底条款"的适用规则处理？

---

〔1〕 参见何荣功："经济自由与刑法理性：经济刑法的范围界定"，载《法律科学（西北政法大学学报）》2014年第3期。

〔2〕 参见刘宪权："操纵证券、期货市场罪司法解释的法理解读"，载《法商研究》2020年第1期。

1. "双重兜底条款"与罪刑法定原则的关系

从形式上看，"双重兜底条款"本身的模糊性与罪刑法定原则所要求的明确性似乎是矛盾和冲突的，但笔者认为，双重兜底条款与罪刑法定原则在实质上是并行不悖的，立法中双重兜底条款的存在具有必要性和合理性。理由如下：

第一，"双重兜底条款"可以有效应对新型犯罪行为类型。法律的滞后性是其天然属性，特别是在经济犯罪当中，在立法之时不可能预设到所有破坏金融管理秩序的行为方式，采取"双重兜底条款"这一立法技术，可以在保持法律稳定性的基础上防止一些新型犯罪行为成为漏网之鱼。[1]操纵证券、期货市场的行为方式，除了《证券法》和《刑法》中明确的例示条文外，当然还存在其他行为方式，而且从目前的司法实践现状来看，金融市场的繁荣创新在客观上催生了操纵市场行为方式的更新演变，采用例示条文所规定的传统手段进行操纵市场的情形逐渐弱化，更多新型市场操纵行为的出现使得兜底条款的适用率增多。如果没有双重兜底条款的设置，将会形成处罚上的漏洞，不利于打击犯罪，维护社会稳定。

第二，"双重兜底条款"虽然具有一定的模糊性，但不是完全抽象无法把控的，其本身仍具有一定的明确性。无论是刑法中的兜底条款，还是前置性法律法规中的兜底条款，立法者在设置兜底条款之前，都以例示条文的形式明确列举了两种及以上的具体行为表现形式，这些例示的具体行为表现形式具有某种共同的本质特征（即"同质性"），"同质性"是双重兜底条款在适用过程中应当严格遵循的标准（即后文所述的同质性解释规则）。当某种操纵市场行为与例示条款情形在客观行为、主观罪过、危害后果、因果关系等方面具有相似性，就可以适用"以其他方法操纵证券、期货市场"这一兜底条款。[2]各种行为方式所具有的共同本质特征可以通过兜底条款的表述反映出来，根据《刑法》第182条的兜底条款和《证券法》第55条的兜底条款可以归纳出操纵市场行为的主要特征是对金融市场的非法控制。兜底条款能够抽

---

〔1〕 参见谢杰："抢先交易刑法规制全球考察——比较法视野下市场操纵犯罪法律完善的启示"，载《海峡法学》2012年第1期。

〔2〕 参见杨军、杨雄力："以其他方法操纵证券、期货市场的行为认定"，载《中国检察官》2012年第20期。

象出某种犯罪的主要特征，具有"最大可能的明确性"，[1]而非完全模糊的，其在认定犯罪过程中发挥着重要作用。

第三，"双重兜底条款"是刑法作为正式法与行政法律法规对可罚行为的共同解读。行政犯以违反国家的行政法律法规为前提，其兜底性内容需要由刑法规范之外的行政法律法规来充实。行政犯的可罚性在于其违反了相关的行政法律法规，因此仅凭刑法作为正式法无法全面认定该可罚行为的范围，只有通过对刑法和行政法律法规的共同解读，才能全面评价某罪完整的犯罪构成要件内容。[2]判断某种操纵市场行为是否具有刑事可罚性，需要通过对《刑法》第182条和《证券法》第55条的共同解读，才能确定其是否符合操纵证券、期货市场罪的构成要件。对于保护证券、期货市场管理秩序这一抽象集体法益而言，"双重兜底条款"的设置一定程度上提高了刑法作为正式法对行政犯的规制能力和规制效率，具有一定的合理性和必要性。

综上，刑法与经济法、行政法等前置法形成的双重兜底条款，不仅可以有效规制新型犯罪行为类型，而且其本身能够揭示某种犯罪的主要特征，具有一定的明确性。因此，双重兜底条款的设立与罪刑法定原则是并行不悖的。

2. "双重兜底条款"的适用规则

当前置法没有以例示条文的形式对某种行为予以明确规定时，能否适用"双重兜底条款"将该行为认定为犯罪？换言之，在行政犯的认定过程中，行为构成犯罪是否要求前置法必须对其有明确规定？对此问题，学界主要存在两种观点：其一，如果某种行为没有被经济法、行政法等前置法明确确定为违法行为，则不能通过适用兜底条款认定为刑法上的犯罪，否则将会违背刑法作为保障法的性质，造成兜底条款被无限滥用的风险；[3]其二，对于前置

---

〔1〕 参见熊永明、徐艳君："操纵证券、期货市场罪'兜底条款'的适用研究"，载《法律适用》2016年第10期。

〔2〕 ［德］洛塔尔·库伦："罪刑法定原则与德国司法实践"，黄笑岩译，载梁根林、［德］埃里克·希尔根多夫主编：《中德刑法学者的对话——罪刑法定与刑法解释》，北京大学出版社2013年版，第129页。

〔3〕 参见何荣功："刑法'兜底条款'的适用与'抢帽子交易'的定性"，载《法学》2011年第6期。

法没有明确确定的行为，刑法也可以通过适用兜底条款认定为刑法上的犯罪，[1]在此种情况下，双重兜底条款所具有的不确定性问题应通过司法解释进行明确。[2]

笔者不赞同第一种观点，笔者认为，司法实践不能完全排除"双重兜底条款"的适用，而是需要一定的适用空间，先通过适用行政法中的兜底条款认定行为的行政违法性，再通过适用刑法中的兜底条款认定行为构成犯罪，完全符合行政犯的"二次违法性"特征。目前在金融市场出现了越来越多的新型操纵市场行为类型，它们既不在《刑法》第 182 条明确列举的六种行为方式之列，也不能被《证券法》第 55 条明确列举的七种行为方式所包含，但这些新型市场操纵行为确实干扰到证券、期货市场的正常运行，具有严重的法益侵害性，对这些行为的处罚只能通过适用"双重兜底条款"将其纳入操纵证券、期货市场罪的规制范围。《刑法》第 182 条所规定的操纵市场行为方式实际上来自作为前置法的《证券法》第 55 条，在这个层面上，刑法规定和前置法规定具有一定的重合性。《刑法》和《证券法》都属于广义的法律，凡是法律都具有滞后性，都需要设置兜底条款以应对新的犯罪行为类型，《证券法》中的兜底条款并不会对行政犯的犯罪认定造成障碍。某种操纵市场行为如果与《证券法》第 55 条所明确规定的例示条文具有共同的本质特征，那么就可以适用《证券法》的兜底条款。该行为虽然不属于《证券法》例示条文中的行为方式，但既然能够被归入《证券法》的兜底条款之中，同样能够被认定具有行政违法性。[3]众所周知，行政犯构成犯罪的前提是违反了行政法的相关规定，能够适用《证券法》兜底条款的操纵市场行为也具有行政违法性，符合行政犯认定的前提条件，然后再通过适用《刑法》中的兜底条款，就可以将该种操纵市场行为纳入操纵证券、期货市场罪的规制范围。

笔者赞同第二种观点的前半句，但不赞同"用司法解释来弥补双重兜底条款所具有的不确定性"，笔者认为只能通过同质性解释规则来尽可能缩小"双重兜底条款"的不确定性范围。司法解释的功能在于对《刑法》在司法

---

〔1〕 参见王崇青："'抢帽子'交易的刑法性质探析——以汪建中操纵证券市场案为视角"，载《政治与法律》2011 年第 1 期。

〔2〕 参见刘宪权、林雨佳："操纵证券、期货市场犯罪的本质与认定"，载《国家检察官学院学报》2018 年第 4 期。

〔3〕 参见林雨佳："操纵证券、期货市场罪中兜底条款的适用"，载《中国检察官》2019 年第 22 期。

适用过程中出现的疑难问题进行细化和明确，但从实际情况来看，司法解释有时并不能起到明确刑法规定的效果，甚至适得其反。关于操纵证券、期货市场罪的司法解释就是一个例证，该《司法解释》第1条细化了《刑法》第182条中"以其他方法操纵证券、期货市场"的具体情形，但其本身再次出现了兜底条款，这种不合理的规定背离了制定司法解释的初衷，司法解释的明确性功能似乎成了一个最不明确的概念。"双重兜底条款"的不确定性是其固有属性，在司法解释也无法实现明确性的情况下，企图通过某种方式完全弥补"双重兜底条款"的不确定性是不现实的，故只能要求法官在审理案件时按照同质性解释规则对立法时尚未预设的新型操纵市场行为作出合理判断，尽可能缩小不确定性范围。换言之，对"双重兜底条款"适用空间予以严格限制，我们需要做的是遵循同质性解释规则，而不是制定新的司法解释。

综上，司法实践中不能完全排除"双重兜底条款"的适用，对于前置法没有明确确定的行为，也可以通过适用"双重兜底条款"认定为刑法上的犯罪，既要为"双重兜底条款"保留一定的适用空间，也要遵循同质性解释规则予以严格限制，尽可能缩小不确定性范围。

3. "双重兜底条款"不同于"兜底的兜底"

一般认为，"双重兜底条款"是指刑法与经济法、行政法等前置法都规定了兜底条款的情形。另有学者认为，"双重兜底条款"分为两种，除了上述情形外，另一种情形是指刑法和司法解释都规定了兜底条款；[1]或者将后一种情形称作"兜底的兜底"，并将其与刑法和前置法形成的"双重兜底条款"进行区分。[2]笔者认为，对于刑法和司法解释都规定了兜底条款的情形，无论是称作"双重兜底条款"，还是称作"兜底的兜底"，其实质与刑法和前置法都规定了兜底条款的情形是不同的。为了更加清晰地区分两者，笔者将这两种情形分别称作刑法和前置法形成的"双重兜底条款"以及刑法和司法解释形成的"兜底的兜底"。

笔者认为，与刑法和前置法形成的"双重兜底条款"需要一定的适用空间不同，刑法和司法解释形成的"兜底的兜底"情形下的适用规则是不能适

---

〔1〕 参见刘宪权、林雨佳："操纵证券、期货市场犯罪的本质与认定"，载《国家检察官学院学报》2018年第4期。

〔2〕 参见刘宪权："操纵证券、期货市场罪司法解释的法理解读"，载《法商研究》2020年第1期。

用，即没有适用空间。理由在于，司法解释与刑法的关系不同于刑法与前置法的关系，前者是对刑法的细化和明确，服从或归属于刑法，刑法的制定机关是全国人大常委会，司法解释的制定机关是最高人民法院或最高人民检察院等司法机关，故司法解释的法律效力位阶低于刑法，司法解释本身不能创设新的法律规定，只能是按照刑法的原有规定做出进一步的明确和阐释；而经济法、行政法等前置法与刑法的法律效力位阶是等同的，他们都属于狭义的法律，制定机关是全国人大常委会，不存在"服从与被服从"的关系。如果将刑法与司法解释形成的"兜底的兜底"的适用规则等同于刑法和前置法形成的"双重兜底条款"的适用规则，那么就可能导致司法解释不再服从于刑法，而是与刑法处于平等法律位阶。如果在司法实践中为刑法与司法解释形成的"兜底的兜底"保留一定的适用空间，那么无形中就提高了司法解释的地位，扩大了司法机关的权利，这会导致法律效力等级的错乱。因此，刑法和前置法形成的"双重兜底条款"的适用规则不同于刑法和司法解释形成的"兜底的兜底"的适用规则，前者需要一定的适用空间，而后者应选择不适用司法解释。对于不属于例示条文的新型操纵证券、期货市场行为，可以通过同时适用《刑法》的兜底条款和《证券法》的兜底条款将其认定为犯罪，而不能通过同时适用《刑法》的兜底条款和《司法解释》的兜底条款将其认定为犯罪。

综上，刑法和前置法形成的"双重兜底条款"与罪刑法定原则是并行不悖的，在司法实践中对"双重兜底条款"的适用应严格遵循同质性解释规则，为其保留一定的适用空间，但对于刑法和司法解释都规定了兜底条款的情形，司法实践应选择不适用司法解释。

（二）以法益性质为原点构建行刑二元规制体系

以法益性质为原点构建行刑二元规制体系，即通过证监会对操纵市场行为的行政违法性确认和司法机关对"情节严重"的全方位考量实现对抽象集体法益的双重保护。

1. 第一道保护：证监会对操纵市场行为的行政违法性确认

大多数金融领域的行政犯都属于保护金融管理秩序类的集体法益犯罪，具有行政和刑事双重违法性。[1]针对此类抽象集体法益的第一道保护必须通

---

[1] 参见周佑勇、刘艳红："行政刑法性质的科学定位（上）——从行政法与刑法的双重视野考察"，载《法学评论》2002 年第 2 期。

过行政法的规定来实现，各类市场主体只有严格遵循行政法的相关规定，才能进一步保证刑事立法的目的得以实现，最终达到对集体法益的双重保护。但有学者认为，认定操纵证券、期货市场行为具有行政违法性不是该行为被追究刑事责任的前置程序，符合《刑法》第 182 条的犯罪行为刑事认定要件不以行为受到《证券法》的行政规制为前提。法官在判断是否应当追究行为人的刑事责任时，只需要考虑其行为是否符合某罪的犯罪构成，而不要求其行为违反了行政法的有关规定。操纵市场行为是否符合《刑法》第 182 条的犯罪构成要件是追究行为人刑事责任的唯一根据，并不以证监会的行政违法定性认定为必经环节。[1]司法实践中法官对操纵证券、期货市场罪的认定过度依赖行政处罚决定，削弱了对市场操纵行为的打击力度。[2]

笔者不赞同这种说法，笔者认为，行政犯具有"二次违法性"，[3]行政犯构成犯罪必须以行为人违反了前置法的相关规定为前提，行为人既可以是违反前置法中例示条文的规定，也可以是违反前置法中兜底条款的规定。无论是通过适用例示条文还是兜底条款，都可以认定行为人具有行政违法性。行政违法性是行政犯罪的原始属性，行政犯是对"行政法律法规所规定的派生性生活秩序的违反"。[4]不可否认，证监会出具的某种市场操纵行为具有行政违法性的认定意见，对于法院认定该行为构成刑事犯罪并不具有决定性作用，而只具有参考价值，但如果没有该行政违法性认定意见就无法进一步判断该行为能否构成行政犯罪。换言之，行为具有行政违法性不一定构成犯罪，但构成行政犯罪的行为一定具有行政违法性，不存在没有行政违法性的行政犯。[5]在

---

〔1〕 参见王新："证券市场操纵犯罪的刑法属性及推定规则"，载《河南财经政法大学学报》2017 年第 5 期。

〔2〕 参见沈似夏："操纵证券、期货市场罪'兜底条款'的司法认定——以某抢帽子操纵证券市场案为例"，载《新金融》2018 年第 8 期。

〔3〕 有学者质疑"二次违法性"的合理性，认为"所谓的前置法的问题，只是刑法适用过程中的参酌性的因素，一次违法与二次违法之间并没有直接的关系"。（孙万怀："慎终如始的民刑推演——网络服务提供行为的传播性质"，载《政法论坛》2015 年第 1 期。）笔者对此观点不能苟同，虽然前置法对于最终的犯罪认定不具有决定性意义，但若因此就忽视前置法对行为的第一次违法性评价作用，就完全割裂了刑法与前置法的关系，也不符合"行政犯"一词的含义。

〔4〕 黄明儒："也论行政犯的性质及其对行政刑法定位的影响"，载《现代法学》2004 年第 5 期。

〔5〕 参见廖北海、邹晓晗："刑法第 182 条之立法变迁及评析"，载《安徽警官职业学院学报》2008 年第 3 期。

"朱某明案"中，司法机关要求证监会出具关于朱某明的行为是否构成"公开荐股""操纵证券市场"的行政违法性认定意见，经过公安机关的两次补充取证后，根据行政机关的违法性认定意见，确定朱某明的行为违反了《证券法》的规定，然后进一步认定其行为符合操纵证券、期货市场罪的犯罪构成，破坏了金融市场管理秩序，法院最终认定朱某明构成操纵证券、期货市场罪，判处有期徒刑 11 个月，罚金 76 万元。[1]因此，违反前置法是认定行政犯构成刑事犯罪的必经程序，如果连前置法都没有违反，更不可能构成刑事犯罪，也就称不上是行政犯。操纵证券、期货市场行为只有首先违背了《证券法》的相关义务性规定，被认定具有行政违法性后，才能进一步追究其触犯操纵证券、期货市场罪的刑事责任。

2. 第二道保护：司法机关对"情节严重"的全方位考量

如前文所述，按照"法益区别说"，操纵证券、期货市场罪的保护法益——证券、期货市场管理秩序属于集体法益，操纵市场行政违法行为与操纵市场犯罪行为是"量的区别"，具体体现为"情节严重"这一罪量要素。"情节严重"是构成操纵证券、期货市场罪的要素之一，行政违法和刑事犯罪在客观上都表现为连续交易、自我交易、约定交易等操纵行为，但只有符合"情节严重"的才属于刑事犯罪。对"情节严重"这一罪量要素的判断是一个多角度全方位的考量过程，司法机关应当从法益性质、客观行为方式、行为人主观罪过等角度对"情节"进行综合性判断。[2]笔者认为，对操纵证券、期货市场罪"情节严重"的认定，除了要以成交量数额和违法所得数额为主要依据，还要全面考虑其他影响情节判断的限制条件，例如，免责事由、行为人的故意内容、目的要素等。具体分析如下：

第一，以成交量数额和违法所得数额为主要依据。《司法解释》第 2 条针对《刑法》第 182 条第 1 款和《司法解释》第 1 条规定的共 12 项操纵证券、期货市场例示条文，明确了认定"情节严重"的 7 种标准，《司法解释》第 3 条又规定了"情节严重"的 7 种"数额+情节"情形，这些规定为"情节严重"的判断提供了明确的法律依据。《司法解释》第 4 条明确了认定"情节特别严重"的 6 种标准以及 7 种"数额+情节"情形。"情节严重"与否决定了

---

[1] 参见 [2017] 沪 01 刑初 49 号刑事一审判决书。
[2] 参见张明楷：《刑法分则的解释原理》，中国人民大学出版社 2004 年版，第 230 页。

操纵市场行为构成行政违法还是刑事犯罪,"情节特别严重"与否决定了构成刑事犯罪的行为适用哪种法定刑档次。成交量和违法所得数额统称为"犯罪数额",犯罪数额是对违法性有无和违法性程度的评价要素,其中,操纵市场行为所达到的成交量属于行为数额,行为人最终获得的违法所得属于结果数额。成交量作为行为数额,一定程度上能够反映操纵市场行为可能产生的社会危害,是应然状态;违法所得作为结果数额,直接反映了操纵市场行为实际产生的社会危害,是实然状态,前者一般高于后者。一般认为对"情节严重"的判断应以实然状态为准,但由于证券、期货市场本身存在诸多不确定或不相关因素,司法机关在计算违法所得数额的过程中存在无法克服的困难,比如有些行为人操纵市场的技术比较隐蔽,即使在没有超过成交量标准情况下,也可以获得明显异常的违法所得收益。因此,将成交量和违法所得数额共同作为判断"情节严重"的考量因素,可以更加准确地把握操纵证券、期货市场行为的法益侵害性程度。

第二,以事先披露利益冲突为免责事由。该免责事由主要适用于"抢帽子交易操纵",如果行为人在对股票等交易标的公开地作出评价、预测和投资建议之前,主动向社会公众说明其本人正在或将要实施的证券、期货市场交易情况,以及自己已经或将来可能从这些建议、预测、分析对其他投资者和整个金融市场造成的影响中获利的情况,那么就不用承担操纵市场的刑事责任。[1]换言之,行为人只有在违规不披露自己正在或将要实施的相关交易信息的情况下向社会公众进行评价、预测和建议的,才应当承担操纵市场的刑事责任。例如,事先向社会公示利空研究报告等信息,全面详实地披露自己实施的市场交易情况,且有证据证明其利用市场波动获取利益不以损害其他投资者为代价,那么就可以免除自己与其他信息接收者之间的利益冲突的刑事责任,该行为就不能被认定为具有破不金融市场秩序的法益侵害性。在司法实践中,通过发布公开研究报告做空相关金融交易品种的市场投机行为不断增多,如果对这些利用公开研究报告获取做空利润的行为人一律追究刑事责任,将会严重打压证券、期货市场的创新。目前我国关于操纵证券、期货市场罪的法律文件并未规定具体的免责事由,但从该罪的保护法益出发,如果信息发布者对自己和信息接受者之间的利益冲突进行了事先披露,就不存

---

[1] 参见谢杰:"市场操纵犯罪司法解释的反思与解构",载《法学》2020年第1期。

在对证券、期货市场秩序的破坏。《刑法》和《司法解释》共规定了 12 项操纵证券、期货市场的具体行为方式，如果行为人客观上符合上述行为要件，但通过向社会公众事先披露本人的交易情况，消除了自己与其他投资者之间的利益冲突，也就消除了操纵市场行为的法益侵害性，司法机关就不应追究其刑事责任。该行为即使在客观上达到了成交量或违法所得的标准，但由于是在严格遵守信息披露制度的情况下进行的市场交易，也不能被认定为操纵证券、期货市场罪。

第三，行为人对"情节严重"达到明知的认识程度。认定行为人构成刑事犯罪，不仅要求其客观上达到了一定的成交量和违法所得数额，主观上也要求行为人对"情节严重"必须是明知的。有学者将"情节严重"作为客观的超过要素，认为成立操纵证券、期货市场罪，只需在客观上达到"情节严重"的标准，并不要求行为人在主观上具有与之对应的故意，即不要求行为人认识到自己的行为属于"情节严重"。[1]笔者认为，客观的超过要素理论属于张明楷教授创设的新观点，尚未得到学界的普遍认同，对主客观相一致的传统刑法理论也有所突破，因此，将"情节严重"作为区分罪与非罪的可罚性条件更具合理性，即应要求行为人对自己的行为属于"情节严重"必须是明知的。要求行为人对"情节严重"达到明知的认识程度，也与非市场化价量变动的"人为性"特征相契合。[2]尤其是在洗售操纵中，单一主体通过自己实际控制的多个账户之间互相交易人为干扰市场正常的价量形成机制，[3]对单一行为主体主观故意的认定是证明行为人实施洗售犯罪的关键。操纵证券、期货市场罪是故意犯罪，行为人明知自己实施的操纵证券、期货市场行为违背了金融市场的"三公"原则，仍然希望或放任具有"严重情节"的结果发生。对行为人"情节严重"的明知要求具体包括认识到操作市场行为的具体内容、该行为的社会意义以及侵害法益的后果。[4]从司法实践来看，能够利用优势影响市场价量形成机制的主体，一般都深谙证券、期货

---

〔1〕 参见黎旸："操纵证券市场罪的认定——以汪建中案为中心"，载《法学杂志》2012 年第 4 期。

〔2〕 参见陈煜："证券期货市场交易型操纵行为主观认定问题探讨——以非市场化交易手段为视角"，载《证券市场导报》2017 年第 8 期。

〔3〕 参见谢杰：《操纵资本市场犯罪刑法规制研究》，上海人民出版社 2013 年版，第 189 页。

〔4〕 参见王新："操纵证券市场犯罪之主观故意的认定"，载《中国刑事法杂志》2016 年第 6 期。

市场的交易规则，具有一定的交易经验，在证券、期货行业具有一定的地位和影响力，属于证券、期货市场中的强势投资者。[1]虽然该罪的主体不要求是 "证券公司、证券咨询机构、专业中介机构及其工作人员" 等特殊主体，但司法机关也应结合行为人的身份、职业、地位来判断他们是否明知自己的行为可能造成破坏市场价量形成机制的严重后果。除了从成交量和违法所得数额等客观的量化要素来把握市场操纵行为的 "情节严重"，还要综合考虑行为人是否具有可归责的主观认识。[2]如果实施非正常交易的行为人根本不可能认识到自己的行为将导致其他投资者对市场行情产生误解并影响到市场的价量形成机制，那么即使对证券、期货市场管理秩序的损害在客观上达到了 "情节严重" 的要求，该行为人也不具有刑事可罚性。

第四，合法经营目的不足以阻却故意。操纵证券、期货市场罪要求行为人在主观上具有故意，此点不存在争议，但对于目的要素是不是构成该罪的必要条件，学界存在不同观点。"目的要素必要说" 认为，操纵证券、期货市场罪是目的犯，只有行为人在主观上具有犯罪目的，才能追究其刑事责任，"合法经营目的" 可以成为其抗辩理由。例如，《日本金融商品交易法》第159条要求行为人应具有 "使他人误认交易正热烈进行或者使他人对该有价证券之交易情况产生误认" 的目的，我国有学者认为行为人应具有 "操纵市场行情的目的"。[3]笔者不赞同上述 "必要说"。笔者认为，构成操纵证券、期货市场犯罪不需要行为人具有特定的犯罪目的，理由在于：其一，《刑法修正案（六）》删除了 "获取不正当利益或者转嫁风险" 的表述，这就意味着立法者认为目的要素不再是构成该罪的必要条件。其二，若将目的要素作为必要条件，会不当缩小刑法对市场操纵行为的打击范围。在司法实践中，行为人往往以 "参与或取得企业经营权、经营创新、投资理性、避免股权回售、避税" 等合法经营目的作为抗辩理由，以证明自己没有操纵市场的故意，企图逃脱刑事责任。[4]这些行为具有干扰市场正常价量形成机制的本质，对证

---

〔1〕 参见郑佳宁："操纵证券市场行为法律认定标准的实证研究与再审视"，载《政法论丛》2016 年第 5 期。

〔2〕 参见汤欣、高海涛："证券市场操纵行为认定研究——行政处罚案例的视角"，载《当代法学》2016 年第 4 期。

〔3〕 参见田洪杰："操纵证券市场罪：行为本质及其司法认定"，载《中国人民大学学报》2014 年 4 期；刘宪权：《证券期货犯罪理论与实务》，商务印书馆 2005 年版，第 462 页。

〔4〕 例如，中国证监会行政处罚决定书［2015］58 号、中国证监会行政处罚决定书［2014］35 号。

券、期货市场秩序造成了严重的法益侵害，若法院采纳了"合法经营目的"的抗辩理由，不追究行为人操纵市场的刑事责任，将会使得很多操纵市场行为成为漏网之鱼，越来越多的市场主体将会以此为借口继续实施市场操纵，刑事规制的效果也将大打折扣。其三，目的要素是行为人的内心意思，司法机关对行为人内心意思的考察一般只能通过其客观行为表现予以推定，但我国尚不存在操纵市场犯罪认定的推定规制，[1]如果执意要将目的要素作为构成要件要素，对司法实践来说具有一定的困难。其四，虽然在占有型财产犯罪中"非法占有目的"是不需明示的构成要件，但这并不等于对于金融犯罪来说，犯罪目的也是不需明示的犯罪构成要件，因为财产犯罪和金融犯罪具有本质上的不同，前者是针对特定对象的欺诈行为，而后者是针对整个金融市场的操纵行为，后者不需要像财产犯罪一样具有"非法占有目的"，也就不需要具有"引诱投资者误判"的目的要素。因此，行为人只要具有操纵市场的故意，客观上操纵市场行为达到"情节严重"的标准，就满足了操纵证券、期货市场罪的主客观要素要求，而不需要特定的犯罪目的。以合法经营为目的作为抗辩理由不足以阻却操纵市场的故意，并不能免除刑事责任的承担。

综上，破解操纵证券、期货市场罪司法适用困境的方式，一是要确立操纵证券、期货市场罪"双重兜底条款"的适用规则，即严格遵循同质性解释规则，为其保留一定的适用空间。二是以法益性质为原点构建行刑二元规制体系，证监会对操纵市场行为的行政违法性确认，是对抽象集体法益的第一道保护，也是司法机关认定行政犯构成刑事犯罪的必经前置环节；在全方位考量"情节严重"这一罪量要素后，对达到"情节严重"标准的操纵市场行为依法追究行为人操纵证券、期货市场罪的刑事责任，是对抽象集体法益的第二道保护。

七、结语

我国证券、期货市场目前正处于刚刚起步阶段，司法机关对相关案件的处理经验还不够丰富，操纵市场行为虽然在日常生活中越来越常见，但最终被认定为刑事犯罪的案件却少之又少，对操纵市场行为的规制出现了"以罚代刑"的现象。究其原因在于行政和刑事的界限模糊，具体来说由于刑事犯

---

[1] 参见王新："操纵证券市场犯罪之主观故意的认定"，载《中国刑事法杂志》2016年第6期。

罪在各方面的要求都比行政违法更加严格，再加上在诉讼程序上行政权前置于司法机关的追诉权，由此导致操纵证券、期货市场罪在司法实践中无法得到有效适用。界分行政违法与刑事犯罪应采用"法益区别说"，操纵证券、期货市场罪的本质特征在于价量操纵，而不是对其他投资者的欺诈，换言之，该罪的保护法益是证券、期货市场管理秩序，而不是投资者的个人法益，该罪的法益性质属于抽象的集体法益，故操纵市场行政违法行为与操纵市场刑事犯罪行为属于"量的区别"，具体体现为"情节严重"这一罪量要素。破解操纵证券、期货市场罪司法适用困境的方式：一是要确立操纵证券、期货市场罪"双重兜底条款"的适用规则，即严格遵循同质性解释规则，为其保留一定的适用空间；二是以法益性质为原点构建行刑二元规制体系，对抽象的集体法益采取行政保护与刑事保护双轨制，证监会对操纵市场行为的行政违法性确认，是对抽象集体法益的第一道保护，司法机关在全方位考量"情节严重"后的刑事定罪是对抽象集体法益的第二道保护。根据 2021 年中央经济工作会议定调"稳"字当头的会议精神，我国未来经济刑法的发展，应坚持在犯罪化和非犯罪化交替出现中平稳运行而不是激进前进。[1] 对于操纵证券、期货市场罪的司法适用，既不是"以罚代刑"的单向度非犯罪化趋势，也不是"以刑代罚"的单向度犯罪化趋势，而是应呈现出犯罪圈的扩张与紧缩相伴而生、因时而动的双向性变化。

〔1〕 参见孙国祥："20 年来经济刑法犯罪化趋势回眸及思考"，载《华南师范大学学报（社会科学版）》2018 年第 1 期。

《刑法修正案（九）》颁行以来保安性条款检视

王子安 *

摘　要： 保安处分有深厚的历史传统和经验，随着劳动教养的废止和积极刑法立法观的确立，其在我国有了更加深远的意义，有必要对现行措施进行系统性的整理和检视。依照适用对象客观上实施了刑事不法，主观上有再犯危险的条件，对其适用个别预防性、强相关性、实体性人身权益限制的标准，《刑法修正案（九）》颁行以来的保安性条款共有 7 类 26 项，或多或少存在着一些不足，尚有研究和改善的空间。未来可考虑在合目的的前提下增设更多保安处分，行政保安处分也能继续发挥作用。

关键词： 保安处分；特殊预防；双轨制；从业禁止；行刑衔接

一、引言：转型时期需要保安处分研究的复苏

自 1930 年《意大利刑法》首次将保安处分作为一种正规、系统的制度在正式的刑法典中确立以来，[1]近现代意义上的保安处分已在人类刑事法制史上走过了近百年的历程。尽管以社会防卫论为理论基础的保安处分曾被德、日、意等法西斯国家以"保卫国家利益"与"强化民族精神"等名义滥用，但"二战"以后，保安处分制度非但没有因这不光彩的一页作古，反而被绝大多数大陆法系国家的刑法典所规定，甚至苏联、罗马尼亚、南斯拉夫等社

---

　* 王子安，北京邮电大学互联网治理与法律研究中心研究助理。本文系教育部人文社会科学研究一般项目"网络服务提供者刑事责任的类型化研究"（项目编号：22YJA820019）的阶段性研究成果。
　〔1〕 陈兴良：《刑法哲学》（第 6 版），中国人民大学出版社 2017 年版，第 586 页。

会主义国家也有所规定。当然，鉴于其被法西斯主义滥用的惨痛教训，二战后的保安处分制度趋向法治化，其适用条件和期限、执行方式等趋向细致缜密，对尚未实施犯罪行为的"虞犯"实施剥夺自由的保安监置受到了严格控制；其功能趋向改善化，更加注重使有危险的行为人回归社会；部分国家刻意避免使用"刑罚""刑法"等术语，代之以"制裁措施""保护法"等措辞，更多地显示出一元化倾向；其适用的重点转移到社会内处遇的非剥夺自由保安处分之上。[1]时至今日，保安处分在许多国家的刑事法中稳定地据有一席之地，其以事前积极预防的保安措施与因人施治的刑事政策弥补了刑罚事后补救、对社会安全和个人矫治的局限。[2]历史雄辩地证明了："在与犯罪作斗争中，刑罚既非唯一的，也非最安全的措施。对刑罚效能必须批判性地进行评估。出于这一原因，除刑罚制度外，还需建立一套保安处分制度。"[3]

我国也不例外。在我国社会主义法治恢复、建设、发展的各个时期，作为人类法治文明成果的保安处分从未从我国法学家的视野中消失，且有一些彼此独立、不相统属并具有不同程度保安性质的条款星星点点地散布在不同法律、决定和行政法规中。不过我国成文法中并未明确规定有保安处分制度，没有被立法者用一根红线一以贯穿，这反映出我国法学学术和实务界没有就保安处分形成一致看法。理论上的认识不一使立法上对保安处分的制度设计失去了指导思想，导致了立法上的盲目和随意，而立法上的盲目和随意又助长了理论上的认识混乱。[4]我国刑法学界上一个讨论保安处分的高潮出现在2013 年劳动教养制度废止前后，如刘仁文研究员旗帜鲜明地指出，劳动教养制度的改革方向是保安处分，从社会治理的角度看，刑罚和保安处分只有互相配合，才能实现最佳效益。[5]不过，随着劳动教养、收容教育等行政性限制人身自由措施的相继废止，我国刑法学界对保安处分的讨论有所消退。有学者指出，我国保安处分研究者主要关注在中国刑法中引入保安处分规定的

---

〔1〕 参见葛磊：《犯罪控制策略研究——以刑罚变革为背景》，法律出版社 2020 年版，第 47~48 页。

〔2〕 屈学武："保安处分与中国刑法改革"，载《法学研究》1996 年第 5 期。

〔3〕 ［德］弗兰茨·冯·李斯特：《李斯特德国刑法教科书》，徐久生译，北京大学出版社 2021 年版，§4 III 7。

〔4〕 参见张兆凯、冷必元："保安处分：在行政法和刑法夹缝艰难生存"，中国人民大学刑事法律科学研究中心"犯罪与行政违法行为的界限及惩罚机制的协调研讨会"会议论文，2008 年 6 月 21 日于北京。

〔5〕 刘仁文："劳教制度的改革方向应为保安处分"，载《法学》2013 年第 2 期。

可能性，以及按照保安处分对劳动教养等处罚进行修改和整合的可行性，有所功利与片面。[1]这一评价是有一定道理的，但也应注意到，如果将刑事立法事项依据是否重要、是否紧急两个维度分为四类，[2]劳动教养的废止毫无疑问属于重要且紧急的事项；而保安处分制度的建立固然重要，毕竟没有那么紧急，因此在一个相对长的时间尺度上不那么"功利"地逐步推进，也是可取的。

当我们今天再次讨论保安处分时，对一以贯之的"红线"的探求固然存续，但着力点已不限于废止或取代一两项广受诟病的旧制度，而有了更加深远的意义。积极刑法立法观在我国确立以来，刑法已不再是传统意义上制裁脱轨行为的最后手段，而是以更加"能动、理性、多元"的面貌积极参与社会治理，因而迫切需要更加多元且灵活的应对手段。如周光权教授主张应增加保安处分措施，针对行为人未来再犯罪的危险性适用，形成刑罚与保安处分的刑事制裁"双轨制"；建构以刑法典为核心，以轻犯罪法为辅助，刑罚和保安处分措施并行的成文刑法体系。[3]即使是对"刑法积极参与社会治理"有所保留乃至持批判态度的学者，也往往不否认当前这一"网络时代、信息时代、风险时代、社会治理时代并存的转型期"需要治理手段的更新与发展。[4]提倡不以报应而以预防为立场的保安处分，尤其是承认特定情况下行政保安处分的价值，有望在积极刑法观的支持与反对立场中形成一个折中方案。彭文华教授认为，在刑法中针对特定对象设置类型化的非刑罚制裁措施，实行双层次、二元化的制裁方法体系具有重要的现实意义。[5]

"周虽旧邦，其命维新"，保安处分"用语虽旧，其义已新"，随着《刑法》的几次修正和许多新法的颁行，现存的保安处分措施与 2013 年相比已悄然发生了很大变化，保安处分研究需要观念与素材的更新。王泽鉴教授认为，法释义学（法教义学）的第一个功能即为体系化功能——"有系统地整理分析现行法的概念体系，了解法律内部的价值体系，并在整体上把握具体规范间的关联，便于讲授、学习及传播"。[6]反之亦然，只有完成了现行法的概念

---

〔1〕 赵冠男：《德国保安处分制度研究》，湖南师范大学出版社 2021 年版，第 5 页。

〔2〕 参见李立众编：《刑法一本通：中华人民共和国刑法总成》（第 15 版），法律出版社 2021 年版，第十五版前言。

〔3〕 周光权："转型时期刑法立法的思路与方法"，载《中国社会科学》2016 年第 3 期。

〔4〕 冀洋："我国轻罪化社会治理模式的立法反思与批评"，载《东方法学》2021 年第 3 期。

〔5〕 彭文华："我国刑法制裁体系的反思与完善"，载《中国法学》2022 年第 2 期。

〔6〕 王泽鉴：《人格权法：法释义学、比较法、案例研究》，北京大学出版社 2013 年版，第 10 页。

体系整理工作，才有可能提升相应问题的法教义学研究水平。因此，有必要对现行的保安处分措施进行系统性的整理、汇纂与检视，这是本文致力完成的任务。

二、《刑法修正案（九）》颁行以来保安性条款概览

之所以将《刑法修正案（九）》（下文简称《刑九》，其他修正案类推简化）作为整理的时间起点，并非因为早前的立法中不存在类似措施，主要是因为《刑九》增设了作为《刑法》第 37 条之一的从业禁止规定。这一规定"是刑法从预防再犯罪的角度针对已被定罪判刑的人规定的一种预防性措施，不是新增加的刑罚种类"，[1]距离保安处分的正式提出只差"临门一脚"。如果说《刑八》增设的禁止令是保安处分的试金石，[2]那么《刑九》增设的从业禁止可以说是我国刑法迈向"刑罚与保安处分"双轨制刑事制裁体系的关键步骤，[3]使得我国刑法在注重用刑罚治理犯罪的同时，也注重刑罚方法与非刑罚方法的衔接，由此增强了刑罚结构的开放性，更加注重刑罚的社会效果。[4]其后的立法应当更能在社会治理、犯罪控制策略以及立法技术等方面反映最新动向，表征未来趋势。

明确"保安处分"概念的指涉范围，特别是划清其与刑罚及行政手段间的界限是困难的。张明楷教授在由广至狭归纳了 4 种常见定义的基础上，将其定义为"着眼于行为人所具有的危险性格，为了保持社会治安，同时以改善行为人为目的，而施行的一种国家处分"，[5]这是一个容纳性相当强的定义。时延安教授在梳理归纳大陆法系代表性国家和地区的立法例及学说的基础上，提出了识别保安处分的实质标准：如果能够证明现行刑法中某一刑法规范的假定部分兼具客观条件（即适用对象实施了犯罪或者已具有刑事不法行为）与主观条件（即行为人具有再次实施犯罪或刑事不法行为的危险性），

〔1〕 王爱立主编：《中华人民共和国刑法修正案（九）（十）解读》，中国法制出版社 2018 年版，第 2 页。

〔2〕 参见张勇："禁止令：保安处分刑法化的试金石"，载《湖南师范大学社会科学学报》2011 年第 6 期。

〔3〕 童策："刑法中从业禁止的性质及其适用"，载《华东政法大学学报》2016 年第 4 期。

〔4〕 苏永生："变动中的刑罚结构——由《刑法修正案（九）》引发的思考"，载《法学论坛》2015 年第 5 期。

〔5〕 参见张明楷：《刑法学》（第 6 版·上册），法律出版社 2021 年版，第 818~819 页。

且不考虑适用对象的罪责，其法律后果的内容是实体性的、对个人权益的限制与剥夺，就可以表明这是一个保安处分规范。[1]

纳入本文考察视野的"保安性条款"对张明楷教授的定义有所收紧，而对时延安教授的标准有"两放宽、三坚持、两收紧"：第一个放宽是删去了前述"现行刑法""刑法规范"中的"刑"字，即只要是现行法均纳入考察范围（多数是行政法）。这是考虑到：随着积极刑法观的确立，刑法与行政法的界限日益模糊，与其千方百计"划清界限"抵制这种趋势，倒不如承认其既成事实；行政法与刑法犬牙交错、重叠竞合的交织地带不胜枚举，[2]典型的如《刑九》增设的从业禁止与《行政处罚法》2021 年修订时增设的限制从业罚已经形成竞合，由此产生了复杂的理解与适用问题；在法秩序统一的大视野下，两大部门法间提倡的应当是交流与融汇，而不是封闭与隔离。第二个放宽是不苛求有关措施完全不考虑适用对象的罪责，主要是因为：我国现行刑法实际上采取了报应刑与预防刑的并合主义立场，[3]非但传统的制刑、求刑、量刑过程讲求"罪责刑相适应"，即使是基本公认为保安处分措施的从业禁止也要"根据犯罪情况"宣告，未能实现与罪责的脱钩，当前立法实践中明确不考虑罪责的规范太少；因此，只要是明确反映出特殊预防目的的条款，即便兼具一定程度的惩罚性质，本文也将其作为"保安性条款"一视同仁；淡化其"报应"意味（如果存在的话），在矫正与预防的意义上审视这些措施，对社会与当事人而言也绝非坏事。三个坚持分别是坚持客观条件、主观条件和法律后果，其意义在于：刑事因素的存在为刑法方法的介入提供合理性，避免过度侵蚀传统上行政法的规范领域；关注终局性、实体性后果而非过程性、临时性强制措施，避免侵蚀传统上程序法的规范领域。第一个收紧是要求假定与后果之间具有强关联性，处分应是为了保护受到犯罪威胁的、相对于适用对象的自由更高的公共利益所必需的，其目的仅是为了避免适用对象继续实施犯罪行为，而不是为了追求其道德的"改善"或其他目的。[4]

---

　　〔1〕　时延安："隐性双轨制：刑法中保安处分的教义学阐释"，载《法学研究》2013 年第 3 期。

　　〔2〕　参见王勇："法秩序统一视野下行政法对刑法适用的制约"，载《中国刑事法杂志》2022 年第 1 期。

　　〔3〕　张明楷：《责任刑与预防刑》，北京大学出版社 2015 年版，第 77~79 页。

　　〔4〕　参见［德］汉斯·海因里希·耶赛克、托马斯·魏根特：《德国刑法教科书》（下册），徐久生译，中国法制出版社 2017 年版，第 1084 页。

其意义在于：我国现行《法官法》《检察官法》《公务员法》等许多法律规定"曾因犯罪受过刑事处罚的"不得担任相应职业，这种规定似乎更多是出于维护职业尊崇性等目的设置的，至于行为人有无利用相应资格或身份从事犯罪，及行为人是否还有继续利用该资格实施再犯的危险性，皆在所不论，这种设定缺乏针对性和因果相关性，[1]故本文不纳入考察范围。第二个收紧则纯出于行文简洁的考虑：广义的保安处分措施可分为对人的和对物的，虽然我国的对物保安处分立法近年取得很大突破，特别是《反有组织犯罪法》的颁行有望使刑事特别没收成为独立于刑罚和保安处分的"第三轨"，[2]但囿于篇幅，本文仍聚焦于直接加诸行为人人身的措施。

综上，如果《刑九》通过以后颁布或修改的现行法中某一规范的假定部分兼具客观条件（即适用对象实施了犯罪或者已具有刑事不法行为）与主观条件（即行为人具有再次实施犯罪或刑事不法行为的危险性），以对适用对象的个别矫正、改善与预防为主要目的，其法律后果的内容是与犯行具有强关联性的、实体性的、对个人人身权益的限制与剥夺，就属于本文所称的"保安性条款"。依据上述标准，现有散布于 21 部法律的 26 项措施，可分为 7 类，整理如下：

法律	颁/修时间	条文序号	核心内容	类别
预防未成年人犯罪法	2020 年 12 月 26 日	第 45 条第 1 款	未成年人实施刑法规定的行为、因不满法定刑事责任年龄不予刑事处罚的，经专门教育指导委员会评估同意，教育行政部门会同公安机关可以决定对其进行专门矫治教育。	配套制度
刑事诉讼法	2018 年 10 月 26 日	第 302～307 条	实施暴力行为，危害公共安全或者严重危害公民人身安全，经法定程序鉴定依法不负刑事责任的精神病人，有继续危害社会可能的，人民法院可以决定予以强制医疗。	

---

〔1〕 付强："论犯罪行为的刑罚附随后果"，载《法学杂志》2015 年第 7 期。

〔2〕 参见屈舒阳："'三轨制'刑事制裁体系的可行性研究——基于特别没收的独立法律效果"，载《法学杂志》2021 年第 9 期；万志鹏："论《反有组织犯罪法》中的刑事特别没收"，载《江西社会科学》2022 年第 2 期。

续表

法律	颁/修时间	条文序号	核心内容	类别
道路交通安全法	2021 年 4 月 29 日	第 91 条第 5 款	饮酒后或者醉酒驾驶机动车发生重大交通事故，构成犯罪的，依法追究刑事责任，并由公安机关交通管理部门吊销机动车驾驶证，终生不得重新取得机动车驾驶证。	吊销驾照
反电信网络诈骗法	2022 年 9 月 2 日	第 31 条第 2 款	对设区的市级以上公安机关认定的对电诈行为提供帮助的单位、个人和组织者，及因从事电诈活动或关联犯罪受过刑事处罚的人员，可以按照国家有关规定记入信用记录，采取限制功能、暂停新业务、限制入网等措施。具体办法及申诉救济制度由公安部会同有关主管部门规定。	保安监督
		第 36 条第 2 款	因从事电诈活动受过刑事处罚的人员，市级以上公安机关可以根据犯罪情况和预防再犯罪的需要，决定自处罚完毕之日起 6 个月至 3 年内不准其出境，并通知移民管理机构执行。	
反有组织犯罪法	2021 年 12 月 24 日	第 19 条	对因组织、领导黑社会性质组织被判处刑罚的人员，设区的市级以上公安机关可以决定其自刑罚执行完毕之日起，按照国家有关规定向公安机关报告个人财产及日常活动。报告期限不超过五年。	
		第 20 条	曾被判处刑罚的黑社会性质组织的组织者、领导者或者恶势力组织的首要分子开办企业或者在企业中担任高级管理人员的，相关行业主管部门应当依法审查，对其经营活动加强监督管理。	
反恐怖主义法	2018 年 4 月 27 日	第 30 条	执行机关应当在被判处徒刑以上刑罚的恐怖活动、极端主义罪犯刑满释放前对其进行社会危险性评估。罪犯服刑地中院对于确有社会危险性的，应当在罪犯刑满释放前作出责令其在刑满释放后接受安置教育的决定。被决定安置教育的人员对决定不服的，可以向上一级人民法院申请复议。安置教育由省级人民政府组织实施。	

法律	颁/修时间	条文序号	核心内容	类别
			安置教育机构应当每年对被安置教育人员进行评估，对于确有悔改表现，不到再危害社会的，应当及时提出解除安置教育的意见，报决定安置教育的中级人民法院作出决定。被安置教育人员有权申请解除安置教育。	
反有组织犯罪法	2021年12月24日	第18条	监狱、看守所、社区矫正机构对有组织犯罪的罪犯，应当采取有针对性的监管、教育、矫正措施。有组织犯罪的罪犯刑满释放后，司法行政机关应当会同有关部门落实安置帮教等必要措施，促进其顺利融入社会。	
反恐怖主义法	2018年4月27日	第29条第2款	监狱、看守所、社区矫正机构应当加强对服刑的恐怖活动罪犯和极端主义罪犯的管理、教育、矫正等工作。监狱、看守所对恐怖活动罪犯和极端主义罪犯，根据教育改造和维护监管秩序的需要，可以与普通刑事罪犯混合关押，也可以个别关押。	
农产品质量安全法	2022年9月2日	第65条第2款	因农产品质量安全违法行为受到刑事处罚或者因出具虚假检测报告导致发生重大农产品质量安全事故的检测人员，终身不得从事农产品质量安全检测工作。	从业禁止（安全类）
种子法	2021年12月24日	第74条第2款、第75条第2款	因生产经营假、劣种子犯罪被判处有期徒刑以上刑罚的，种子企业或者其他单位的法定代表人、直接负责的主管人员自刑罚执行完毕之日起五年内不得担任种子企业的法定代表人、高级管理人员。	
安全生产法	2021年6月10日	第94条	生产经营单位的主要负责人未履行法定安全生产管理职责，导致发生生产安全事故的，给予撤职处分；构成犯罪的，依刑法追究刑事责任。自刑罚执行完毕或者受处分之日起，五年内不得担任任何生产经营单位的主要负责人；对重大、特别重大生产安全事故负有责任的，终身不得担任本行业生产经营单位的主要负责人。	

续表

法律	颁/修时间	条文序号	核心内容	类别
食品安全法	2021年4月29日	第135条第2款	因食品安全犯罪被判处有期徒刑以上刑罚的，终身不得从事食品生产经营管理工作，也不得担任食品生产经营企业食品安全管理人员。	
动物防疫法	2021年1月22日	第97条第2款	屠宰、经营、运输动物或者生产、经营、加工、贮藏、运输动物产品的违法行为人及其法定代表人（负责人）、直接负责的主管人员和其他直接责任人员，构成犯罪的，终身不得从事相关活动。	
出口管制法	2020年10月17日	第39条第1款	因出口管制违法行为受到刑事处罚的直接负责主管人员和其他直接责任人员，终身不得从事有关出口经营活动。	
对外贸易法	2022年12月30日	第60~62条	因三类对外贸易违法行为构成犯罪被追究刑事责任的，自刑事处罚判决生效之日起，国务院对外贸易主管部门或国务院其他有关部门可以禁止违法行为人在1年以上3年以下的期限内从事有关对外贸易经营活动。	
网络安全法	2016年11月7日	第63条第3款	因从事危害网络安全的活动，提供危害网络安全活动的程序、工具，为危害网络安全的活动提供帮助受到刑事处罚的人员，终身不得从事网络安全管理和网络运营关键岗位的工作。	
食品安全法	2021年4月29日	第138条第2款	因食品安全违法行为受到刑事处罚或者因出具虚假检验报告导致发生重大食品安全事故受到开除处分的食品检验机构人员，终身不得从事食品检验工作。	从业禁止（中介类）
环境影响评价法	2018年12月29日	第32条第3款	接受委托编制建设项目环境影响报告书（表）的技术单位违反国家有关评价标准和技术规范等规定，致使其编制的报告书（表）存在严重质量问题，构成犯罪的，编制主持人和主要编制人员终身禁止从事环境影响报告书（表）编制工作。	

法律	颁/修时间	条文序号	核心内容	类别
土壤污染防治法	2018年8月31日	第90条	受委托从事土壤污染状况调查和土壤污染风险评估、风险管控效果评估、修复效果评估活动的单位出具虚假报告，直接负责的主管人员和其他直接责任人员构成犯罪的，终身禁止从事前款规定的评估业务。	
会计法	2017年11月4日	第40条	因有提供虚假财务会计报告，做假账，隐匿或者故意销毁会计凭证、会计账簿、财务会计报告，贪污，挪用公款，职务侵占等与会计职务有关的违法行为被依法追究刑事责任的人员，不得再从事会计工作。	
资产评估法	2016年7月2日	第45条	评估专业人员违反本法规定，签署虚假评估报告构成犯罪的，依法追究刑事责任，终身不得从事评估业务。	
证券法	2019年12月28日	第12条第1款	发行人及其控股股东、实际控制人最近三年不存在贪污、贿赂、侵占财产、挪用财产或者破坏社会主义市场经济秩序的刑事犯罪，否则不得首次公开发行新股	
公司法	2018年10月26日	第146条第1款	因贪污、贿赂、侵占财产、挪用财产或者破坏社会主义市场经济秩序，被判处刑罚，执行期满未逾五年，或者因犯罪被剥夺政治权利，执行期满未逾五年的，不得担任公司的董事、监事、高级管理人员。	从业禁止（商事类）
商业银行法	2015年8月29日	第27条	因犯有贪污、贿赂、侵占财产、挪用财产罪或者破坏社会经济秩序罪，被判处刑罚，或者因犯罪被剥夺政治权利的，不得担任商业银行的董事、高级管理人员。	

三、分类依据及现存问题

（一）配套制度类

《预防未成年人犯罪法》第45条规定的专门矫治教育（及其前身收容教养）及《刑事诉讼法》第五编第五章规定的强制医疗，是我国很早就被视为保安处分措施的两项制度,[1]分别与现行《刑法》第 17 条第 5 款及第 18 条第 1 款相衔接,应属《刑法》的配套制度。遗憾的是,这两项制度在《刑法》中长期只有原则性规定,可操作性不强。2012 年《刑事诉讼法》修正时增设的"依法不负刑事责任的精神病人的强制医疗程序"一章基本解决了强制医疗适用条件,但如何提起、决定程序和执行机构以及在执行过程中治疗效果的评估等依然没有明确规定,以致各地强制医疗执法标准出现不统一的问题,[2]类似问题在专门矫治教育方面仍然存在。《预防未成年人犯罪法》就不同罪错的未成年人主体规定了管理教育、矫治教育、专门教育与专门矫治教育 4 种保护处分措施,体现了分级预防的理念,但当基层检察机关就专门教育和专门矫治教育间的具体区别与配套规定向最高检察机关咨询时,后者的答复明显"力不从心"。[3]具体而言,专门教育指导委员会的设立与运行、专门矫治教育程序的设置、接受专门矫治教育的罪错未成年人的权利保障、先议权的增设、专门学校的人员配置、专门矫治教育效果的评估标准等一系列问题都有待进一步研究。[4]毫不夸张地说,完善作为刑法配套制度的专门矫治教育的配套制度,是刑法与教育法两个领域都十分重要且紧急的任务。

(二) 吊销机动车驾驶证

自我国《道路交通安全法》于 2004 年 5 月 1 日实施起,吊销机动车驾驶证一直是公安机关交通管理部门的专属权力。不过,从德国的立法例来看,其《刑法典》第 69 条规定作为保安处分措施的吊销驾驶证由法庭判决。本文认为,这一制度有一定合理性,如果我国未来在刑法典中增设"保安处分"一节,宜将"禁止驾驶机动车"定为一项独立的措施,并由法庭宣告,此时行政机关仅需依法庭判决完成吊销驾驶证这一行政管理手段,理由简述如下:

首先,驾驶机动车的权利涉及人权。我国《宪法》第 33 条第 3 款庄严宣告:"国家尊重和保障人权。"我国参加和批准的国际人权公约将享受科学进

---

[1] 参见喻伟:"保安处分刑事立法化——我国刑法改革上的重大议题",载《法学评论》1996 年第 5 期。

[2] 参见黄太云:"刑事诉讼法修改释义",载《人民检察》2012 年第 8 期。

[3] 参见"检答网集萃丨专门教育和专门矫治教育如何区别适用",载 https://www.spp.gov.cn/spp/zdgz/202207/t20220718_ 564708. shtml,访问日期:2022 年 10 月 27 日。

[4] 肖姗姗:"国家责任理论指导下专门矫治教育制度的基本构思——以《刑法》与《预防未成年人犯罪法》的修订为基础",载《湖南师范大学社会科学学报》2022 年第 4 期。

步及其应用所产生的利益定为一项权利（right）。[1]当前，驾驶机动车对于新一代公民而言几乎是一项必备技能，即便认为其尚不足以成为从《宪法》规定中推导出来的一项派生性基本权利，其至少也是由基本人权自然发展而来的，而不是行政机关"恩赐"而来的，对行政机关就驾驶资格的管理和控制应当在维护公共安全和利益所必要的范畴内理解。因此，剥夺公民的一项"科学福利权"应当审慎，尤其是终身剥夺时，更应经历一个公正中立的审判程序。

其次，由法庭宣告可以产生更重的第二性义务，有利于特殊预防的实现。一般意义上的义务又称第一性义务，即人们通常所说的法律义务，包括法定和合法约定的作为或不作为的义务；法律责任是由特定法律事实引起的对损害予以补偿、强制履行或接受惩罚的特殊义务，亦即由于违反第一性义务而引起的第二性义务。[2]在这个意义上，"禁止驾驶机动车"与"吊销机动车驾驶证"有着不同的含义，前者如由法院决定，违反这一决定情节严重的，可能构成拒不执行判决、裁定罪；但如果仅违反由行政机关决定的后者，仍在行政违法和处罚的范畴中解决问题，可能会出现特殊预防失效时法律责任畸轻的问题。如在一起案件中，因犯交通肇事罪被吊销机动车驾驶证且终生不得重新取得的行为人冒用其兄的身份信息骗领机动车驾驶证，又在驾驶过程中犯下新的交通肇事罪，基层司法机关出于司法解释无明文规定等办案风险疑虑，不敢轻易适用"有其他特别恶劣情节"的加重刑，最终判决的两年有期徒刑不足以体现特殊预防失效时的报应。[3]

（三）保安监督类

我国《反恐怖主义法》首次确立了基于恐怖活动和极端主义罪犯"社会危险性"的刑后安置教育制度。这不仅是我国惩治恐怖主义犯罪的创举，也标志着我国保安处分体系的初步建立，意味着我国刑法向安全刑法、预防刑法的转变迈出了实质性步伐。[4]虽然时常有敌视我国的投机政客抹黑这项制

---

〔1〕《世界人权宣言》第 27 条第 1 款规定："人人有权自由参加社会的文化生活，享受艺术，并分享科学进步及其产生的福利。"《经济、社会及文化权利国际公约》第 15 条第 1 款规定："本盟约缔约国确认人人有权：……享受科学进步及应用之惠……"习惯上将这一权利简称为"科学福利权"或"科学惠益权"，参见杨学科："揭开人权灰姑娘的面纱：科学权之科学福利权"，载《山东科技大学学报（社会科学版）》2020 年第 3 期。

〔2〕 张文显主编：《法理学》（第 5 版），高等教育出版社 2018 年版，第 165~166 页。

〔3〕 河南省新乡市红旗区人民法院刑事附带民事判决书［2019］豫 0702 刑初 628 号。

〔4〕 徐持："《反恐怖主义法》中安置教育的性质辨析与制度构建"，载《法学杂志》2017 年第 2 期。

度，但我国主要以教培中心为载体实施的安置教育不完全限制学员的人身自由，有充足的国内法依据，不违反我国加入的国际条约，符合国际人权标准。近年来我国新疆社会环境发生了明显变化，正气上升，邪气下降，公民法律意识明显增强，追求现代科学技术知识和文明生活方式成为社会风尚，宗教极端思想传播受到自觉抵制，各民族交往交流交融更为紧密，人民群众的获得感、幸福感、安全感显著提升。[1]事实证明了安置教育制度的必要性和有效性。

其后，《反有组织犯罪法》和《反电信网络诈骗法》针对不同类型的犯罪人，相继增设了少量不直接限制人身自由的保安监督类措施。可以说，现存的几种保安监督措施依据是否限制人身自由，分别由人民法院和行政机关依法决定的分工整体上是可行的，唯配套制度欠缺及程序权利、辩护权利保障不足的问题尚有改善空间。

（四）行刑处遇类

习惯上，我国刑法学界将强迫罪犯参加劳动，接受教育和改造作为徒刑的一个基本属性或执行方法，以达到特殊预防的刑罚目的。[2]时延安教授则从劳动权作为一项独立基本权利的角度出发，主张应在解释论上将其从徒刑中独立出来，视作单独的保安处分措施。[3]日本刑法对惩役刑与禁锢刑的区分，以及西方学者对"自由刑纯化论"的倡导均支持这一观点。[4]我国主要在《监狱法》及配套规范中规定设施内处遇，在《社区矫正法》及配套规范中规定社会内处遇，在《反有组织犯罪法》和《反恐怖主义法》分别进行了宣示性的强调。

（五）从业禁止类

《刑九》颁行以来各领域单行法中规定了大量"因……构成犯罪/受刑事处罚的人员，终身不得……"类型的条款，视其规范目的（保护法益）的不同，可进一步细分为：安全类，为维护特定领域国家安全或社会公共安全而设置；中介类，基本是为《刑法》第229条规定的"承担资产评估、验资、验证、会计、审计、法律服务、保荐、安全评价、环境影响评价、环境监测

---

〔1〕 中华人民共和国国务院新闻办公室：《新疆的反恐、去极端化斗争与人权保障》白皮书。

〔2〕 高铭暄、马克昌主编：《刑法学》（第10版），北京大学出版社、高等教育出版社2022年版，第233~234页。

〔3〕 时延安："隐性双轨制：刑法中保安处分的教义学阐释"，载《法学研究》2013年第3期。

〔4〕 参见杨显光主编：《劳改法学词典》，四川辞书出版社1989年版，第113页。

等职责的中介组织"及其人员设置的；商事类，为维护社会主义市场经济秩序而设置，从《公司法》的修订草案来看，其规定仍将保留，且增加"被判处缓刑的，自缓刑考验期开始之日起未逾五年"一句，更加完备。总体来看，从业禁止类条款的设置基本符合"保护受到犯罪威胁的、相对于适用对象的自由更高的公共利益所必需"的目的，手段与目的之间具有一致性。不过，诚然"法律不是嘲笑的对象，但并不意味着不能批评"，"批评不自由，则赞美无意义"。[1]应当承认，《刑法》规定的从业禁止与《行政处罚法》领衔的各领域行政单行法规定的限制从业罚，出现了比较严重的不协调。

在《刑法》一端，第37条之一第3款留下了"其他法律、行政法规对其从事相关职业另有禁止或者限制性规定的，从其规定"的接口，但这个接口非但没有理顺衔接问题，反而留下了更大的窟窿：利用职业便利实施犯罪，或者实施违背职业要求的特定义务的犯罪而被判处刑罚的行为人，其职业领域本自有行政法上的禁止或限制性规定时，"从其规定"应如何理解？目前至少有三种有影响力的说法：第一种可归纳为"刑事优先说"（修正说），即无论行为人因职务违法被诉至法院时是否已经被行政机关采取职业禁止措施，法院都应根据其他法律、行政法规规定的适用条件与期限，宣告刑事职业禁止。[2]第二种可归纳为"行政优先说"（排斥说），认为从刑法保障法、后盾法的地位来看，对于其他法律、行政法规对从事相关职业已有禁止或者限制性规定的，不应再适用从业禁止措施，而应依照有关法律、行政法规的规定由相关部门作出处理。[3]第三种可归纳为"并行适用说"（并行说），认为二者在性质认定、适用条件、适用主体、法律责任等方面存有本质区别，在能够明确区分的前提下，刑法从业禁止和行政性职业禁止具有兼容性，可以并行处置而无须相互替代或者吸收。[4]对于以上分歧，本文暂不置评，但依习惯，"面对解释者各执一词、分庭抗礼时，国外的立法者总是袖手旁观、置身事外，我国的立法者则要挺身而出、一锤定音"。[5]这个问题亟需"一锤定

〔1〕 罗翔："论买卖人口犯罪的立法修正"，载《政法论坛》2022年第3期。

〔2〕 参见张明楷：《刑法学》（第6版·上册），法律出版社2021年版，第824页；武晓雯："论《刑法修正案（九）》关于职业禁止的规定"，载《政治与法律》2016年第2期。

〔3〕 喻海松：《刑法的扩张——〈刑法修正案（九）〉及新近刑法立法解释司法适用解读》，人民法院出版社2015年版，第10~11页。

〔4〕 参见林维："刑法中从业禁止研究"，载《江西警察学院学报》2016年第1期。

〔5〕 张明楷：《刑法学》（第6版·上册），法律出版社2021年版，第5版前言。

音"，其已确实影响司法机关办案，"同案不同判"的情况已经出现。[1]

在行政法一端，对于一个长期从事特定职业的中年人来讲，禁止其继续执业，其剥夺感不亚于财产刑，[2]从业禁止不仅是保安处分措施，就其所涉公民基本权利的领域而言，属于限制职业自由权措施，不仅应符合保安处分的一般要件与基本原理，而且还需同时接受职业自由权限制的宪法审查。[3]然而，目前行政单行法上的"终身禁止""终身不得"俯拾即是，远高于《刑法》最高5年的禁业期，实际上是通过宣判行为人在某一职业领域的"死刑"来彻底消灭其再犯可能，等同于放弃了对行为人的矫正。这种"象征性立法"模式（或者说立法习惯），"重要的不是实际有效控制某种犯罪，而只是在政治或政策层面的考虑，对国民所关切的某个领域的安全问题作出必要的应急反应；它们体现的是立法者对国民渴望安全心态的安抚，以及国家与民同在的姿态"。[4]

四、未来立法应予保安处分更多关注

综上，《刑九》颁行以来的保安性条款数量已经很多，基本体现了我国立法对保安处分的选择，只不过时间尚短、基础尚浅，现有条款或多或少存在着一些不足。除前述问题有赖一一研究与澄清外，本文谨对保安处分立法的精神、理念等基本问题建言如下：

（一）在合目的的前提下，保安处分多多益善

保安处分的必要性已无需赘言。近年来刑法前置化的趋势与传统的核心刑法理论存在一定冲突，为了克制刑罚泛滥，损害民众对法律的尊重，削弱刑法的一般预防效果等问题，[5]保安处分可以形成一个有效的缓冲。试举一例，为了维护人民群众的出行安全，回应公众对于严惩妨害安全驾驶违法犯罪行为的呼声，《刑十一》增设了妨害安全驾驶罪。然而，该罪甫一登场便产

---

〔1〕 参见葫芦岛市连山区人民法院刑事附带民事判决书［2021］辽1402刑初383号；湖南省宁乡市人民法院刑事判决书［2021］湘0182刑初494号。

〔2〕 时延安："劳动教养制度的终止与保安处分的法治化"，载《中国法学》2013年第1期。

〔3〕 参见李兰英、熊亚文："刑事从业禁止制度的合宪性调控"，载《法学》2018年第10期。

〔4〕 刘艳红：《网络犯罪的法教义学研究》，中国人民大学出版社2021年版，第5页。

〔5〕 See Andrew Ashworth, "Is the Criminal Law a Lost Cause?", *Law Quarterly Review*, Vol. 116, No. 2, 2000, pp. 224~225.

生了具体危险犯、准抽象危险犯及抽象危险犯的争议，[1]司法实务仍然感到无所适从。实际上，禁止妨害安全驾驶行为人乘坐公共交通工具（禁乘）未尝不是比判处刑罚更好的手段，只是因为城市公共交通工具的非实名性（如果不考虑疫情防控期间查验"健康宝"等临时性措施）及过强的流动性导致禁乘的执行存在太大困难，才不得不动用传统的刑罚手段。可喜的是，最新立法已经体现出用更有针对性的保安处分代替刑罚的趋势。对于明知（或概括明知）他人从事电信网络诈骗活动，仍然出卖、出租、出借银行卡、电话卡为其提供帮助的行为，在"断卡行动"中多以帮助信息网络犯罪活动罪定罪处罚。为此，有代表建议增设非法买卖银行卡（账户）罪，[2]但立法机关没有采纳这一建议，而是选择在《反电信网络诈骗法》第31条设置对帮助者进行业务限制的措施，本质上是一种行政性保安处分，缓解了制裁电信网络诈骗帮助行为的立法"供给侧不足"。

（二）刑法与行政法的关系亟需理顺

刑法与行政法剑拔弩张的态势，在前述从业禁止保安处分与限制从业罚的竞合问题上已得以管窥，但对立是暂时的、偶然的，和谐是永恒的、必然的。应当注意到，行政保安处分在历史上发挥了极其重要的作用，未来也仍将持续发挥作用。[3]回顾劳动教养制度废止前"违法行为教育矫治法"的制定过程，当时将"违法行为矫治委员会"设在公安机关的设想遭到了包含行政法学者在内的参会学者一致反对。[4]但时过境迁，当前行政机关滥用权力、随意剥夺公民人身自由的社会土壤已不复存在。有学者指出，虽然适用对象的违法行为不构成犯罪或者刑事不法，为预防其实施犯罪或者实施严重刑事不法行为而设置的保安性措施应当在时机成熟时逐步增设。[5]当前或许就是

---

〔1〕 参见劳东燕主编：《刑法修正案（十一）条文要义——修正提示适用指南与案例解读》，中国法制出版社2021年版；王俊："妨害安全驾驶罪的法教义学解释——基于积极刑法观的立场"，载《比较法研究》2022年第3期；冀洋："公共安全刑事治理的教义学评析——以《刑法修正案（十一）》为例"，载《法学论坛》2021年第5期。

〔2〕 参见《全国人民代表大会宪法和法律委员会关于第十三届全国人民代表大会第四次会议主席团交付审议的代表提出的议案审议结果的报告》。

〔3〕 参见熊樟林："立法上如何安排行政没收?"，载《政法论坛》2022年第4期。

〔4〕 陈兴良语，载梁根林主编：《当代刑法思潮论坛》（第3卷·刑事政策与刑法变迁），北京大学出版社2016年版，第179页。

〔5〕 时延安、王烁、刘传稿：《〈中华人民共和国刑法修正案（九）〉解释与适用》，人民法院出版社2015年版，第46~47页。

一个不错的时机，《反电信网络诈骗法》第 31 条已经表征了这个趋势，特别是在当前刑罚附随后果过于严厉，前科消灭制度出台尚无时间表，由法院判决单处保安处分更不现实的情况下，对一些适宜进行特殊预防的越轨行为，不进入刑事程序，而由行政机关决定进行一些不直接限制人身自由的行政保安处分，只要符合处分法定、处分必要、处分均衡原则，[1]就合乎法律正义。

结语

实事求是地说，本文设问太多，而有效的回应太少，但一系列问题的解决断非一文的片瓦之见所能完成的，姑且只能算是抛砖引玉。党的二十大报告指出："规范司法权力运行，健全公安机关、检察机关、审判机关、司法行政机关各司其职、相互配合、相互制约的体制机制。"希望保安处分的精准设置与良好运行，有助于"加快建设公正高效权威的社会主义司法制度"，有助于"让人民群众在每一个司法案件中感受到公平正义"。

---

〔1〕 参见苗有水：《保安处分与中国刑法发展》，中国方正出版社 2001 年版，第 59~64 页。

犯罪附随后果研究

刑罚附随后果的解析与重构

——以犯罪圈扩张为背景的思考

王志祥　李昊天 *

摘　要：刑罚附随后果是指对曾受刑罚者的权利克减和义务添附，是一种刑罚体系外的准资格刑，其正当性根据应当是以犯罪人复归社会需求为主，预防犯罪为辅。刑罚附随后果的内容大致可以分为非规范性和规范性两类，规范性刑罚附随后果又可以具体划分为八小类。我国现有刑罚附随后果存在适用条件和刑罚附随后果之间逻辑关系较弱、制裁强度与实现目之间的比例失衡等问题。结合刑罚附随后果的正当性根据，其创设在原则上应当有利于犯罪人复归社会，以预防犯罪为目的创设的刑罚附随后果也应当与适用条件之间存在强关联性。刑罚附随后果的承担主体应当仅限于犯罪人本人，而不应当连带性地制裁无关人员。在刑罚附随后果的适用对象方面，应当引入重罪、轻罪、微罪的概念，结合已有的故意犯罪、过失犯罪和刑罚严厉程度，设置不同的区分标准，对于不同的适用对象配置不同制裁强度的刑罚附随后果和不同的宽宥制度。

关键词：刑罚附随后果；制裁；承担主体；适用对象

近年来，我国的刑事立法呈现明显的活跃化和前置化趋势。自 1997 年系统修订《刑法》至今，我国的罪名数量由最初的 413 个增至 483 个。随着罪名数量的不断增加，刑法划定的犯罪圈也逐步扩大，尤其是轻微的行政犯的

　＊　王志祥，北京师范大学刑事法律科学研究院教授、博士生导师。李昊天，北京师范大学刑事法律科学研究院博士研究生。

增设，将众多公民打上犯罪人的标签。比如，2011 年 2 月 25 日全国人大常委会通过的《刑法修正案（八）》新增的醉酒型危险驾驶罪在 2019 年上半年一跃成为"罪王"，其审结数量高居各种具体犯罪数量的榜首。据相关数据统计，2021 年第一季度，犯危险驾驶罪的人数为 74 713 人，该罪的犯案人数远高于第二名的盗窃罪（45 662 人）。[1] 而行政犯不同于自然犯，因其较少违背公民基本的道德观念，所以该类犯罪的道德谴责性较小。特别是在轻微犯罪的场合下，该类犯罪的社会危害性较小，公民的排斥感也相对较弱。根据罪刑均衡原则的要求，对犯罪人判处的刑罚应当与其犯罪行为相匹配；超越犯罪行为危害程度的制裁不仅无益于维护刑法的权威，反倒会令公众对受到不公正制裁的犯罪人产生同情心理，造成对刑法所代表的公平和正义的损害。我国《刑法》为具体犯罪配置法定刑时充分考虑了该犯罪的社会危害性，所以，从法定刑配置的角度来看，并不会出现制裁与行为危害之间的较大失衡。但由于当下刑罚附随后果的设置存在一定的乱象，对于一些轻微的行政犯罪而言，相较于刑罚措施本身的严厉程度，刑罚的附随后果更令犯罪人感受到背负沉重负担。与行为人犯罪行为严厉程度相失衡的附随后果容易导致公众产生行为人"罪不至此"的同情心理。本文拟就刑罚附随后果的解析与重构问题进行研究，就正于学界同仁。

一、刑罚附随后果概述

（一）刑罚附随后果的概念

关于刑罚附随后果的定义，理论上存在不同的理解。有学者认为，犯罪附随后果是指在刑事法律法规之外，针对犯过罪或受过刑事处罚的人所创设的一种限制性处罚后果。而创设这种处罚后果的法律规范包括法律、行政法规、部门规章、地方性法规、行政规章、司法解释等规范性文件。[2] 有学者认为，刑罚附随后果是指基于法律法规规定，在行为人终局性刑法非难结束之后，针对犯罪人或其亲属所创设的限制权利行使或增加义务负担的不利后

---

〔1〕 参见"速看！2021 年'醉驾'成'罪王'，成本惊人"，载 https://baijiahao.baidu.com/s？id＝1698399918075474613&wfr＝spider&for＝pc。

〔2〕 参见付强："论犯罪行为的刑罚附随后果"，载《法学杂志》2015 年第 7 期。

果。[1]有学者认为，由于犯罪行为并不必然会受到刑罚惩罚，而且概括性适用的附随后果不是以是否受到刑事处罚作为触发条件，而是以是否实施犯罪行为作为触发条件，所以应当采用"犯罪附随后果"一词。该学者进而主张，犯罪附随后果存在广义和狭义之分。广义的犯罪附随后果是指犯罪人负担的因犯罪行为所附随的一切不利后果，既包括社会地位降低、名誉受损等犯罪本身所附带的非规范性后果，还包括非刑事法律以及行业规章所创设的规范性后果。后一种规范性后果即为狭义的犯罪附随后果。[2]还有学者主张采用刑罚附随性制裁这一名称，认为刑罚附随后果是德国学者对刑法典中刑罚和保安处分之外的其他法律后果的称呼，而我国刑法并没有明确规定刑罚附随后果的概念，因而，宜采用相较于"后果"一词含义更为宽泛的"制裁"。而刑罚附随性制裁，是指对曾受刑罚者的权利克减和义务添附，既包括法律制裁，也包括社会性制裁，而社会性制裁又可以分为显形的制度性制裁和隐形的非制度性制裁。[3]

笔者认为，上述关于刑罚附随后果概念的观点均看到了刑罚附随后果对于行为人施加的负担，但其为刑罚附随后果划定了不同的范围。刑罚附随后果理应具备两方面的特点，一是后果的负担性，刑罚附随后果中的后果应当是一种不利后果，而这种不利性的判断应当是以一般人为标准的；二是后果与刑罚的关联性，既然将其称为刑罚附随后果，就应当强调该后果与刑罚之间的关联性，即该后果应当是伴随刑罚而产生的。相较而言，第三种观点中的广义的犯罪附随后果和第四种观点划定的范围更具有合理性。第一种观点的理解存在一定的偏差。该观点划定的刑罚附随后果的范围最窄，其认为只有刑事法律规范之外的其他规范创设的限制性处罚后果才属于刑罚附随后果。该观点实际上将刑罚进行了宽泛的理解，认为只要是刑法所规定的权利克减或者义务添附措施便均应当属于刑罚的范畴。但根据《刑法》第 32 条的规定，刑罚只包括刑法明文规定的主刑和附加刑。由此，《刑法》规定的除了主刑和附加刑之外的其他权利克减或义务添附措施均应当属于刑罚附随后果。

---

〔1〕 参见李若愚、孟令星："法定犯时代背景下犯罪附随后果的解构和重建"，载《湖北警察学院学报》2021 年第 1 期。

〔2〕 参见陈子培、冯卫亚："积极刑法观下犯罪附随性后果的路径选择"，载《铁道警察学院学报》2022 年第 3 期。

〔3〕 参见王瑞君："'刑罚附随性制裁'的功能与边界"，载《法学》2021 年第 4 期。

例如,《刑法》第 100 条规定的前科报告义务就应当属于一种刑罚附随后果。第二种观点虽然将规定刑罚附随后果的规范扩张到所有法律法规之中,但其所划定的范围同样存在问题。应当看到的是,在司法实践中,并非只有在法律法规中才存在刑罚附随后果的规定,部门规章、单位内部规章甚至社会公众的道德观念均能够对犯罪人进行权利克减和义务添附,使其无法享受与普通人相同的待遇,增加该类人员的生存成本。第三种观点中的广义的犯罪附随后果和第四种观点在刑罚附随后果概念的界定上回归到此类后果的负担性和刑罚附随性两个特点之上,其划定的刑罚附随后果的范围与实践更加吻合,所以其更具有合理性。但出于学术研究用语一致性的考虑,减少概念理解上的差异,本文仍选择采用大多数学者所使用的"刑罚附随后果"一词。

(二)刑罚附随后果的性质

理论上对于刑罚附随后果的具体定性也存在一定的争议。主张保安处分说的学者认为,保安处分的一般要件是合目的性和合理性,前者着眼于行为人的人身危险性,后者着眼于行为人实施行为的违法前提。而刑罚附随后果与保安处分在内容和价值上存在相同性,所以,刑罚附随后果应当属于保安处分。[1]主张资格刑说的学者认为,由于附随后果并未在刑法典之中加以规定,所以,附随后果的实质就是附属刑法规范所规定的资格刑。[2]主张行政资格罚说的学者认为,行政资格罚是行政处罚的一种,是限制或者剥夺行政违法者某些特定行为能力和资格的处罚。从设定方式和后果来看,其同附随后果十分相似。刑罚附随后果属于"行政资格罚",是一种行政措施,或者是犯罪前科的民法或行政法后果。[3]主张刑法体系外的准资格刑的学者通过对资格刑说和行政资格罚说这两种观点的否定得出自身观点。其从设置处罚的规范性质的角度对资格刑说进行反驳,认为资格刑仍属于刑罚的种类,当由刑法进行规定,而刑罚附随后果具有非刑事性的特点,因此刑罚附随后果不应当属于资格刑。另外,其从受处罚的相对人的角度对行政资格罚说进行反驳,认为行政处罚的相对人仅限于违反行政管理秩序的自然人、法人或者其他组织。而刑罚附随后果的相对人是犯过罪或者受过刑事处罚的人,当属于

---

〔1〕 参见李若愚、孟令星:"法定犯时代背景下犯罪附随后果的解构和重建",载《湖北警察学院学报》2021 年第 1 期。

〔2〕 参见李荣:"我国刑罚体系外资格刑的整合",载《法学论坛》2007 年第 2 期。

〔3〕 参见马克昌主编:《刑罚通论》,武汉大学出版社 1999 年版,第 710 页。

"刑事违法人"，所以，刑罚附随后果也不属于行政资格罚。而刑罚附随后果的设定方式和引发后果兼具资格刑和行政资格罚的特色。由此，刑罚附随后果是一种刑法体系外的准资格刑。[1]

相较而言，刑法体系外的准资格刑说更具有合理性，其对于资格刑说和行政资格罚说的批判十分合理，但其采用"刑法体系外"的限定缺乏准确性。如前所述，在刑法中同样存在关于刑罚附随后果的规定，所以，宜将其改称为刑罚体系外的准资格刑。就保安处分说而言，保安处分制度指为了防止犯罪的危险，保持社会治安，对一切被认为有害的特定的人或物所采取的刑事司法或行政处分，以及为了保护或者矫正行为人，而采取的改善、教育、保护措施。[2]虽然刑罚附随后果同样具有预防犯罪的功能，但二者并不相同。从适用对象上看，保安处分可以适用于一切有害的人或物，而刑罚附随后果的承担对象只能是犯罪人。从适用前提来看，保安处分是以人身危险性为基点进行考量的，而刑罚附随后果是由刑罚本身自然产生的，与人身危险性无关，即不论犯罪人是否还存在人身危险性，均需承担该不利后果。因此，刑罚附随后果并不属于保安处分。

（三）刑罚附随后果的正当性根据

刑罚附随后果作为一种负担性的不利后果，意味着权利克减或者义务添附。基于实现公平和正义的需要，这种负担性不利后果的创设均应当存在一定的正当性根据，而不能凭空设立。刑罚附随后果与刑罚存在密切联系。而刑事古典主义和实证主义对于刑罚正当性根据的理解不同。前者认为刑罚的正当性根据是报应，后者认为刑罚的正当性根据是预防。在讨论刑罚附随后果的正当性根据时，不少学者也从报应和预防的角度进行理解，认为刑罚附随后果是以预防犯罪作为正当性根据的，其目的是防止行为人再犯，以实现社会防卫，即以保护公共利益为理由，"特别牺牲"行为人的个人权利。[3]但这样的观点存在一定的问题。首先，从实践中存在的各类犯罪附随后果来看，并非所有的犯罪附随后果均是基于犯罪预防的需要而设立的。例如，实践中存在概括性适用条件的刑罚附随后果。所谓概括性适用条件的刑罚附随后果，

---

[1] 参见付强："论犯罪行为的刑罚附随后果"，载《法学杂志》2015年第7期。
[2] 参见张明楷：《刑法学》（第6版），法律出版社2021年版，第818页。
[3] 参见徐久生、师晓东："犯罪化背景下犯罪附随后果的重构"，载《法学研究》2019年第6期。

是指仅以行为人是否犯罪或者是否承担刑事责任作为适用条件的刑罚附随后果。此类刑罚附随后果并不强调适用条件与制裁之间的关联性，并不符合情景预防的通过将行为人与具有实施特殊犯罪行为便捷性的工作进行隔离的方式，防止行为人利用特殊工作的便利实施特定犯罪行为的要求。其次，如前所述，刑罚附随后果与保安处分不同。刑罚附随后果并不以行为人的人身危险性为适用条件，即不论行为人是否存在人身危险性，只要存在刑罚，就会产生相应的附随效果。而且，如果肯定刑罚附随后果的正当性根据是犯罪预防，则是认为承担完刑罚后的行为人依然普遍存在人身危险性，需要对其进行特别预防，这实际上是否定了刑罚对行为人的矫正作用。最后，正如有学者对刑罚的正当性根据是预防这一观点的诟病一样，由于受制于当下科学技术的发展水平，人类尚不存在准确测量人身危险性的手段。如果以人身危险性作为刑罚附随后果的正当性根据，就容易导致该负担性不利结果的泛化，造成对公民正当权利的不当侵害。

应当看到的是，刑罚附随后果的承担主体存在一定的特殊性，即该类人员虽然实施了犯罪行为，但已经承担完被判处的刑罚。一方面，具体个案的刑罚严厉程度，已经对行为人所实施的犯罪行为的社会危害性和人身危险性进行了评估与回应。因此，对于行为人实施的犯罪行为按理说应当"罚毕事了"，刑罚理应具有终局性的特点，[1]不应再以该犯罪行为的社会危害性和行为人的人身危险性作为在刑罚之外产生其他不利后果的普遍理由。另一方面，我国刑法采用的市民刑法理念和敌人刑法不同。敌人刑法主张对于那些持续性地、原则性地威胁或破坏社会秩序者和根本的偏离者，应把他当作一个敌人来对待。对于敌人，既可以突破比例原则施加更严厉的惩罚，还可以放弃其他刑法原则以实现对其打击和毁灭，[2]而只有当行为人的行为已经表现于外部世界时，市民刑法方才加以回应，其回应的目的在于通过刑罚对行为进行否定，将社会的规范结构予以确立。[3]在市民刑法理念的指导下，即便是实施犯罪行为的行为人，同样不会失去市民的身份，对其不应当采取摒弃或

〔1〕 参见李若愚、孟令星："法定犯时代背景下犯罪附随后果的解构和重建"，载《湖北警官学院学报》2021年第1期。

〔2〕 参见刘仁文："敌人刑法：一个初步的清理"，载《法律科学（西北政法学院学报）》2007年第6期。

〔3〕 参见罗钢："毒品犯罪刑事治理去敌人刑法化"，载《政法论丛》2018年第1期。

者毁灭的做法，而应当尽力矫正和挽救。综合而言，对于曾受刑罚的人员，相较于报应和预防，更应当重视其复归社会的需求。[1]应当让公众逐步形成这样的观念：大量的犯罪并不是严重危害社会的行为，大量的犯罪人也不是十恶不赦的坏人，而只是一些犯了稍微严重错误的能够快速回归社会并正常生活的人。[2]因此，刑罚附随后果的正当性根据应当是以犯罪人复归社会需求为主的。

但对此也存在例外情形，即需要设置刑罚附随后果的领域存在特殊性。这里的特殊性分为两类，一是需设置刑罚附随后果的领域十分重要，具有人身危险性的犯罪人一旦进入该领域，便容易造成较为严重的后果。例如，就涉及国家秘密的职业而言，其职业内容直接关涉国家重大利益。而犯罪人实施犯罪行为本身就可以反映出其对法秩序的不尊重或者漠视态度。其一旦从事此类职业，极容易造成十分严重的危害结果。二是基于情景预防原理，需设置刑罚附随后果的领域与犯罪人前科所涉及的犯罪存在密切联系。出于预防犯罪的考量，需要将犯罪人与特殊领域进行分离。综合而言，在需设置刑罚附随后果的领域存在特殊性的情形下，出于预防犯罪的考虑，可以设置合理的刑罚附随后果。因此，刑罚附随后果的正当性根据应当是以犯罪人复归社会需求为主，以预防犯罪为辅。

二、刑罚附随后果的内容

（一）学界关于刑罚附随后果内容的观点

对于刑罚附随后果进行研究的学者均对刑罚附随后果的内容进行了尝试性的整理。有学者认为，刑罚附随后果的内容包括两种，一是剥夺公权，二是剥夺从事一定职业或活动的权利。[3]有的学者认为，刑罚附随后果的内容包括三种，一是限制或者剥夺担任国家公务人员的资格，二是限制或者剥夺担任公司、企业管理人员等职务，三是限制或者剥夺从事其他职业的资格。[4]还有的学者认为，当前我国的刑罚附随后果主要有八类：一是禁止或

---

〔1〕 参见王瑞君："'刑罚附随性制裁'的功能与边界"，载《法学》2021年第4期。

〔2〕 参见周光权："积极刑法立法观在中国的确立"，载《法学研究》2016年第4期。

〔3〕 参见付强："论犯罪行为的刑罚附随后果"，载《法学杂志》2015年第7期。

〔4〕 参见舒登维："轻罪立法趋势下犯罪附随性后果的反思与限缩"，载《江西警察学院学报》2022年第3期。

限制职业的负面后果，例如，2005 年 4 月 27 日全国人大常委会通过的《公务员法》第 26 条明确规定了因犯罪受过刑事处罚的，不得录用为公务员。二是承担如实报告等特定义务的负面后果，例如，前述《刑法》第 100 条规定的曾受刑罚人员的前科报告义务。三是禁止或限制考试资质的负面后果，例如，2018 年 4 月 25 日司法部审议通过的《国家统一法律职业资格考试实施办法》第 10 条规定，对于因故意犯罪受过刑事处罚的，不得报名国家统一法律职业资格考试。四是限制户籍的负面后果，例如，广东省户籍加分政策的《广东省农民工积分制入户和融入城镇的通知》指出"曾受过刑事处罚，扣 100 分"。五是限制信誉或荣誉的负面后果，例如，《江苏省国家税务局纳税信誉等级评定管理暂行办法》第 9 条规定，纳税人在 1 年内有因在经济上存在严重违法行为而受到过刑事处罚的，信誉等级一律评定为 c 级。六是排斥社会保障的负面后果，例如，《新乡市区别低保群体不同情况逐步提高低保标准的有关规定》第 13 条规定，因犯罪受刑事处罚人员，本人不享受最低生活保障政策，七是限制有关风险性作业的负面后果，例如，《民用爆炸物品安全管理条例》第 6 条规定，曾因犯罪受过刑事处罚的人，不得从事民用爆炸物品的生产、销售、购买、运输和爆破作业。八是一定时间内不予以签发护照等其他限制，例如，2006 年 4 月 29 日全国人大常委会通过的《护照法》第 14 条规定，对于因妨害国（边）境管理受到刑事处罚的人员，护照签发机关自其刑罚执行完毕或者遣返回国之日起 6 个月至 3 年内不予签发护照。[1]

笔者认为，应当肯定上述学者所划定的刑罚附随后果内容的积极意义，但更应当看到的是，目前司法实践中存在的刑罚附随后果不仅在体系和制度层面上杂乱无章，各类刑罚附随后果的前置条件也可谓多种多样，具体后果的表现形式也可谓种类繁多。[2]而且，基于对刑罚附随后果的不同理解，可能涉及的条文数量也并不确定。有学者认为，截至 2021 年，我国有关刑罚附随后果的规定就多达五百多个；[3]有学者认为，截至 2018 年，有关刑罚附随后果的规定已经有 880 个。[4]由此可见，意图将所有刑罚附随后果进行准确

---

〔1〕 参见王瑞君：＂我国刑罚附随后果制度的完善＂，载《政治与法律》2018 年第 8 期。

〔2〕 参见王瑞君：＂我国刑罚附随后果制度的完善＂，载《政治与法律》2018 年第 8 期。

〔3〕 参见舒登维：＂轻罪立法趋势下犯罪附随性后果的反思与限缩＂，载《江西警察学院学报》2022 年第 2 期。

〔4〕 参见王瑞君：＂'刑罚附随性制裁'的功能与边界＂，载《法学》2021 年第 4 期。

梳理并归类是一项难度极大的工作。就前述三个观点而言，第三种观点划定的刑罚附随后果的内容更具合理性。前两种观点实际上还是从资格刑的角度对刑罚附随后果进行理解，其既没有看到影响犯罪人户籍、信誉等不利后果，也没有看到对该类人员义务添附的不利后果。但第三种观点也存在一定的问题。具体而言，其在划定刑罚附随后果的范围时，仅看到了规范性的附随后果，却忽略了非规范性的后果，如社会公众对存在犯罪记录的人形成的歧视和排斥。对犯罪人而言，真正影响其复归社会的不仅是来自法律法规的规范性评价，还包括来自社会公众的非规范性评价。[1]正是由于社会公众自发的非规范性评价导致了对犯罪人普遍的歧视、排斥和"敬而远之"的孤立效应，造就了对犯罪人的"标签效应"，使得犯罪人难以正常回归社会。[2]因此，更为合理和周延的刑罚附随后果的范围应当是在第三种观点的基础上，增加非规范性的刑罚附随后果的内容。

（二）当前刑罚附随后果内容存在的问题

由于我国尚未建立刑罚附随后果的规范体系，创设刑罚附随后果的活动也缺乏规范依据，所以，实践中存在的刑罚附随后果种类繁多、数量庞大，在刑罚附随后果的内容上存在以下问题：

1. 适用条件和刑罚附随后果之间的逻辑关系较弱

不少学者均看到当前刑罚附随后果存在此类问题。[3]在实践中，规定刑罚附随后果的规范性文件中对适用前提的表达并不一致，包括但不限于"受过刑事处罚""受到刑事处罚""受刑事处罚""被判处刑罚"等等。以前述列明的词语作为关键词在北大法宝上进行全文检索，包含法律、行政法规、司法解释等在内的中央法规共 1429 部，地方法规共 6261 部。笔者虽未进行精确计算，但粗略估计上述文件中至少半数文件中规定了对适用对象不加限制的概括性刑罚附随后果。例如，2021 年 8 月 20 日全国人大常委会通过的《医师法》第 17 条第 1 款第 2 项规定，对于受刑事处罚的行为人，注销注册、

---

〔1〕 参见梁云宝："积极刑法观视野下微罪扩张的后果及应对"，载《政治与法律》2021 年第 7 期。

〔2〕 参见徐旺明："醉酒驾驶入刑的反思"，载《中国检察官》2020 年第 9 期。

〔3〕 参见付强："论犯罪行为的刑罚附随后果"，载《法学杂志》2015 年第 7 期；舒登维："轻罪立法趋势下犯罪附随性后果的反思与限缩"，载《江西警察学院学报》2022 年第 2 期；王瑞君："我国刑罚附随后果制度的完善"，载《政治与法律》2018 年第 8 期。

废止医师执业证书。由此，不论是执业医师因何原因受到刑事处罚，就会被注销注册、废止医师执业证书。再如，《上海市公安机关警务辅助人员管理条例》第13条规定，对于受过刑事处罚或者涉嫌犯罪尚未查清的，不得聘用为辅警。《石家庄市人力资源和社会保障局、石家庄市审计局关于为石家庄市建设项目评审评估中心公开招聘事业单位工作人员的通告》明确规定，曾因犯罪受过刑事处罚的、曾被开除公职的人员，不在招聘范围之内。这两个规范性文件所规定的刑罚附随后果同样没有在适用条件上对适用对象进行明确区分，属于概括性刑罚附随后果。

而此类概括性刑罚附随后果的问题是其适用条件与制裁之间的逻辑关系较弱，这导致该制裁缺乏正当性根据。从犯罪人复归社会需求的角度看，此类权利克减或者义务添附的后果无法增强犯罪人的社会生活能力，不存在使犯罪人更好复归社会的效果。从预防犯罪的角度看，此类后果与犯罪人前科行为之间不存在"事理上正当且合理的相关性"。而此种缺乏相关性的刑罚附随后果，并不存在预防犯罪的效果，仅是以管理便利的立场作出的选择，是冷漠、专断、恣意和漠视人权的体现。[1]

2. 刑罚附随后果的制裁强度与实现目的之间存在比例失衡

刑罚附随后果实际上是在刑罚之外给犯罪人施加额外的惩罚，其内容均是对犯罪人权利的限制或者剥夺。这种对行为人权利的限制或剥夺，本身就是一种制裁。基于维护公平正义的需求，防止制裁措施被过度滥用，制裁措施的配置和实现目的之间理应严格遵循比例原则的要求。比例原则是检视手段与目的之间是否存在合理性的重要方式。比例原则包含着三个子原则，其分别是：①妥当性，即所采取的措施可以实现所追求的目标；②必要性，即除所采取的措施之外，没有其他给关系人或公众造成更少损害的适当措施；③相称性，即采取的必要措施与其追求的结果之间并非不成比例（狭义的比例性）。[2]在此，妥当性系描述目的与手段之间的关系，要求所选择的手段必须能够实现目的；必要性系描述手段与手段之间的关系，要求在能选择的所有可以实现目的的手段之中所选择的手段必须是具有最小侵害性质的；相称

---

[1] 参见解志勇、雷雨薇："基于'醉驾刑'的'行政罚'之正当性反思与重构"，载《比较法研究》2020年第6期。

[2] 参见［德］哈特穆特·毛雷尔：《行政法学总论》，高家伟译，法律出版社2000年版，第238页及以下。

性系描述手段结果与目的结果之间的关系，要求所选择的手段造成的结果必须与目的结果成比例，即不能因小失大。[1]应当说，当下绝大部分刑罚附随后果的创设均是以预防犯罪作为目的，而这些刑罚附随后果的创设往往违背了比例原则中必要性和相称性两个子原则。基于责任刑和预防刑的观点，宣告刑的形成是责任刑和预防刑共同作用的结果。[2]其中，预防刑就是根据犯罪人的再犯可能性所进行的考量，刑罚具有矫正的效果，在犯罪分子承担刑罚之后，即便其仍具备再犯可能性，那也应当所剩无几。而刑罚附随后果却能够使犯罪人在正常生活中被处处掣肘，大大地增加其生活成本，甚至对犯罪人的近亲属也产生不利影响。对于这样的制裁，难言其符合比例原则的必要性中损害最小的要求，也难言其符合比例原则的相称性中手段与目的成比例的要求。

3. 创设规范性刑罚附随后果的主体十分随意

通过检索发现，实践中存在的规范性刑罚附随后果不仅数量庞大，而且分布于不同层级的法律、行政法规、部门规章、司法解释等各类规范性文件之中，甚至在一些地方性法规、行业规定或者企事业单位的文件中也包含大量对曾受刑罚处罚人员的负担性规定。这主要是因为我国当下关于刑罚附随后果缺乏体系性的整体设计，创设刑罚附随后果活动缺乏上位法的依据。由此直接导致创设刑罚附随后果的权利划分不明确，各类主体均可以不受限制地创设各类刑罚附随后果。

4. 非规范性刑罚附随后果较为严重

如前所述，非规范性刑罚附随后果就是指所有因刑罚而产生的没有规范依据的不利后果。此类不利后果具有以下几方面的特点：一是产生根据为道德或不安感等非规范因素，这是非规范性刑罚附随后果最突出的特点。此类不利后果的产生不存在规范依据，而多是因社会公众出行将犯罪人视作失德人员的道德认知或者将犯罪人视作不安定因素的自我防护，而对犯罪人产生的排斥感。有学者将其称为"邻避效应"，即社会公众在宏观上不反对政府帮助犯罪人复归社会，但当犯罪人复归社会的需求可能影响其个体利益时，公众又往往抱着迟疑或反对的态度。[3]例如，人们一般不愿意与犯罪人产生联

〔1〕 参见张明楷："法益保护与比例原则"，载《中国社会科学》2017 年第 7 期。
〔2〕 参见张明楷：《刑法学》（第 6 版），法律出版社 2021 年版，第 714 页。
〔3〕 参见吴睿佳、王瑞君："刑罚附随后果与社会信用体系的耦合及其优化"，载《征信》2019年第 4 期。

系。二是具有广泛性，这具体表现为不利后果的施加者和承受者的广泛性。从不利后果施加者的角度来看，在我国，社会公众依据其道德感，对于逾越规则的公民本身就容易产生普遍的排斥感，更何况是对于严重逾越社会基本规则的犯罪者，这更使得其在正常的社会交往中难有立锥之地。从不利后果承受者的角度来看，因刑罚产生的非规范的不利后果会影响其正常生活的方方面面。由于该类不利后果是基于道德等非规范因素而产生的，不存在具体的范围限制，往往会作用于犯罪人与其他社会公众的所有交往之中。三是具有连带性。犯罪人的标签会对其亲属或其他相关人员产生污名化效果，影响相关人员正常的社会生活。例如，许多犯罪人的子女在社会交往中会受到排挤。

（三）刑罚附随后果内容的改良路径

笔者认为，在创设具体的刑罚附随后果时，应当通过对其正当性根据的考量增强合理性。如前所述，刑罚附随后果的正当性根据是以犯罪人复归社会需求为主，以预防犯罪为辅。由此，从整体上看，刑罚附随后果的创设应当遵循有利于犯罪人回归社会的要求。具体包括两方面的做法，一是立足于有利于犯罪人复归社会的立场，选择刑罚附随后果的具体表现形式。例如，参考美国中途之家制度的规定，对于承担完监禁刑的犯罪人，可以要求其参加社区服务项目，通用教育证书、职业教育与技能发展培训，生活技能培训等。[1]虽然此类规定同样属于权利克减或者义务添附的规定，但其设立是为了行为人更好地社会化，其合理性能够被肯定。二是以是否有利于犯罪人复归社会为标准，评价刑罚附随后果是否具有合理性，对于不具有合理性的刑罚附随后果应当予以废止。例如，就前述公务员、医师犯罪后的不具有针对性的职业限制类的刑罚附随后果而言，有学者从法律经济学的角度进行论证，认为部分职业的专业性要求行为人需要付出大量的成本才能达到适应职业需求和应对社会竞争的程度，而且社会培养一个专业性人才也需要投入大量的社会资源。由此，应当增强适用条件和刑罚附随后果之间的逻辑关系，减少概括性适用条件的刑罚附随后果的存在，降低刑罚附随后果对专业型人才不必要的伤害。[2]

具体而言，对于符合前述存在预防犯罪需求情形的，刑罚附随后果的创

---

〔1〕 参见翟中东："英美半监禁刑的种类、崛起原因及中国价值"，载《江西警察学院学报》2011年第5期。

〔2〕 参见李若愚、孟令星："法定犯时代背景下犯罪附随后果的解构和重建"，载《湖北警官学院学报》2021年第1期。

设可以适度突破有利于犯罪人复归社会的原则。但在基于预防犯罪需求创设刑罚附随后果时应当坚持两个观念，其一，由于刑罚附随后果的正当性根据以犯罪人复归社会需求为主，以预防犯罪为辅，以预防犯罪为目的创设的刑罚附随后果理应属于特殊情况。这里的"特殊"存在两方面的要求，一是为刑罚附随后果制定完备的法律规范体系，明确规定具有创设刑罚附随后果权利的主体范围及对应的权利范围，减少刑罚附随后果中的法律冲突。2018年3月11日全国人大修正的《宪法》第33条第2、3款规定："中华人民共和国公民在法律面前一律平等。国家尊重和保障人权。"第42条第1款规定："中华人民共和国公民有劳动的权利和义务。"2012年10月26日全国人大常委会修正的《监狱法》第38条规定："刑满释放人员依法享有与其他公民平等的权利。"2020年12月26日全国人大常委会修正的《预防未成年人犯罪法》第58条规定，依法免予刑事处罚、判处非监禁刑、判处刑法宣告缓刑、假释或者刑罚执行完毕的未成年人，在复学、升学、就业等方面与其他未成年人享有同等权利，任何单位和个人不得歧视。这些都是与刑罚附随后果创设有关的法律规定，且在我国法律体系中处于高位阶的地位。但实践中存在许多与前述规定相矛盾的、较低位阶规范所规定的刑罚附随后果。二是要求实践中以预防犯罪为目的创设的刑罚附随后果应当是少数。

其二，刑罚附随后果应当与适用条件之间存在强关联性，减少概括性刑罚附随后果的存在。有学者基于刑罚附随后果的预防功能，认为刑罚附随后果的设置应当具备强职业针对性，刑罚附随后果的配置前提必须是犯罪人从业后利用该特殊职业的便利，实施与该特殊职业相关的犯罪行为。基于犯罪人已实施的与特殊职业相关犯罪的前提，出于预防再犯的角度，方能禁止该犯罪人从事相应的某些特殊职业。[1]这样的观点是极为合理的。这不仅有利于实现预防犯罪的目的，还能对刑罚附随后果进行一定程度的限缩。实际上，《刑法》第37条之一的规定已经为职业禁止类刑罚附随后果提供了模板。该条第1款规定："因利用职业便利实施犯罪，或者实施违背职业要求的特定义务的犯罪被判处刑罚的，人民法院可以根据犯罪情况和预防再犯罪的需要，禁止其自刑罚执行完毕之日或者假释之日起从事相关职业，期限为三年至五

---

[1] 参见舒登维："轻罪立法趋势下犯罪附随性后果的反思与限缩"，载《江西警察学院学报》2022年第2期。

年。"从该条规定来看，合理的职业禁止类刑罚附随后果应当符合三方面的要求：一是在适用条件上，必须要求行为人实施的犯罪与职业之间存在密切联系；二是在制裁结果上，禁止从事的职业范围应当与适用条件中的职业之间存在相关性；三是制裁结果应当存在时间限制，不能让犯罪人终身受罚。

三、刑罚附随后果的承担主体

从刑罚附随后果的实践情况来看，现存的刑罚附随后果的承担主体包括两类人员，一是犯罪人本人；二是犯罪人的亲属（主要是近亲属）或相关人员。而且，从实践来看，以犯罪人亲属作为承担主体的刑罚附随后果既包括规范性的刑罚附随后果，也包括非规范性的刑罚附随后果。前者如公安部和中央军委联合参谋部、政治工作部联合颁发的《征兵政治审查工作规定》第8条是关于不得征集服现役情形的规定，其中第7项规定："……家庭主要成员、直接抚养人、主要社会关系成员或者对本人影响较大的其他亲属是邪教或者有害功法组织骨干分子的"；第8项规定："本人或者家庭主要成员、直接抚养人参加民族分裂、暴力恐怖、宗教极端等非法组织、带有黑社会性质犯罪团伙或者进行过活动的；主要社会关系成员或者对本人影响较大的其他亲属是上述非法组织骨干分子的"；第9项规定："家庭主要成员、直接抚养人、主要社会关系成员或者对本人影响较大的其他亲属，有被刑事处罚、开除党籍、开除公职或者有严重违法问题尚未查清，本人有包庇、报复言行的"；第10项规定："家庭主要成员有危害国家安全犯罪行为或者严重政治性问题，本人不能划清界限的。"从前述规定可以看出，犯罪人的犯罪行为会对其相关人员产生连带性的不利后果，直接影响相关人的政审活动。[1]再如，《公安机关人民警察录用办法》（已失效）第6条第5项和第6项规定，因直系血亲或者对本人有重大影响的旁系血亲从事特殊犯罪的，不得报考人民警察。后者如前述对犯罪人亲属产生的污名化效果。2018年5月8日广东省揭阳市惠来县鳌江镇开展重剑行动，对位于该镇的10户涉毒家庭的房屋喷涂"涉毒家庭"的字样，以达到警示教育效果。[2]再如，2018年5月河南省信

---

〔1〕 参见梁云宝："积极刑法观视野下微罪扩张的后果及应对"，载《政治与法律》2021年第7期。

〔2〕 参见"涉毒家庭！广东一镇10户 家庭成员均涉重特大制贩毒案 有字为证"，载 http://mt.sohu.com/20180511/n537340716.shtml，访问日期：2018年5月11日。

阳市罗山县"打击盗窃民航旅客财物犯罪专项治理行动办公室"针对当地 4 名盗窃国外航班旅客财物的犯罪嫌疑人,发布了一则劝返告知书。其中明确说明,若前述人员 7 日内不配合公安机关调查,将在电视台曝光其个人情况,必要时会将其父母、兄弟姐妹、儿子儿媳、女儿女婿一并曝光;若 10 日内不配合公安机关调查的,将其本人及父母、兄弟姐妹、子女全部拉入诚信系统,限制出行,株连三代人;若 20 日内不配合公安机关调查的,将在其家门口、村口悬挂"飞天大盗之家"的牌子等。〔1〕再如,广东省茂名市电白区仅因一户家庭中有人系电信诈骗在逃人员,即对该户家庭实施停水、停电,并在涉案人员房屋前后左右喷涂"电诈逃犯户"字样,冻结涉案人员及其直系亲属的身份证、银行卡。〔2〕实际上,现实存在的具有连带属性的非规范刑罚附随后果是十分广泛的,不仅包括上述将犯罪人及其亲属予以明确标记的显性不利后果,还包括存在于社会公众内心对犯罪人及其亲属予以排斥和歧视的隐性不利后果。基于隐性不利后果的存在,只要该社会成员被他人知晓其犯罪人亲属的身份,就会对其工作、生活、社会交往等方面产生不利影响。由此,现实生活中所有存在政审要求的工作,均会为犯罪人亲属或相关人设置不同程度的求职阻碍。

从现代法治的罪责自负的理念来看,以犯罪人本人作为承担主体的刑罚附随后果不存在什么问题,问题较大的是以犯罪人亲属及相关人作为承担主体的刑罚附随后果。以犯罪人亲属及相关人作为承担主体的刑罚附随后果实际上是一种"连坐"式的制裁。连坐制度是一种团体责任,连坐即一人犯罪株连他人的法律制度,〔3〕在古代的中西方都曾屡见不鲜,但这样的做法违背分配正义的法理要求。刑事责任是一种严格的个人责任,具有明显的人身专属性,只能由犯罪人自己承担。在社会发展后,个人的主体地位逐渐苏醒,连坐制度也因其制度本身的缺陷逐渐被罪责自负原则替代。〔4〕罪责自负原则要求因行为产生的制裁的对象只能是行为人本人,除此之外,任何亲情关系、

---

〔1〕 参见刘鹏:"河南罗山就'株连三代'公告致歉:及时撤回,吸取教训",载 http://ku. m. chinanews. com/wapApp/zaker/sh/2018/06-09/8534130. shtml,访问日期:2018 年 6 月 9 日。

〔2〕 参见魏文彪:"喷涂'电诈逃犯户'是连坐执法的变种",载《人民法治》2019 年第 5 期。

〔3〕 参见彭炳金:"论唐代官吏职务连坐法律制度",载《人文杂志》2004 年第 5 期。

〔4〕 参见郑延谱:"罪责自负原则——历史演进、理论根基与刑法贯彻",载《北京师范大学学报(社会科学版)》2014 年第 4 期。

地缘关系等因素均不能成为使个人对他人行为承担责任的理由。而在当下的部分刑罚附随后果中，连坐制度却大有死灰复燃之势。对此，有学者疾呼道："'连坐罚'是野蛮落后时代的产物，如今却借助刑罚附随后果借尸还魂、大行其道，无疑是对现代法治精神最为卑劣的背叛。"[1]此类带有连坐性质的刑罚附随后果的创设不仅毫无道理，而且严重伤害了公民的公平感和正义感，应当对其进行全部清理。基于公民公平正义观念的要求，无辜人员不得因他人行为遭受制裁，这样的理念不论基于何种理由都是完全不能被突破的。虽然公民的成长与所处环境之间存在互动关系，也有俗语道，"龙生龙，凤生凤，老鼠的孩子会打洞"，但更应当正视公民个人的成长所具有的独立性。况且，从社会公众的普遍认知和做法来看，即便是十恶不赦的罪犯也愿意给予自己子女正确的教育，不愿子女再重蹈他的覆辙。因此，以犯罪人的行为作为评判其亲属及相关的品格及人身危险性的做法是不具有合理性的。不论需创设刑罚附随后果的领域是否涉及重大利益，均不应被当作突破罪责自负原则的理由，创设带有连带属性的刑罚附随后果。

四、刑罚附随后果的适用对象

刑罚附随后果因刑罚而生，因此，刑罚附随后果的适用对象就是指不同类型的刑罚或者犯罪。刑罚附随后果作为一种制裁，同刑罚一样存在严厉程度的区别。为了实现良好的制裁效果，应当根据不同刑罚附随后果的适用对象，对不同严厉程度刑罚附随后果进行区别配置。通过对我国现有刑罚附随后果的整理可以发现，现有刑罚附随后果存在以适用对象作为区分标准的做法。这大致可以分为以下三类：一是以犯罪主观方面作为适用对象区分标准的刑罚附随后果。例如，2012 年 4 月 27 日全国人大常委会通过的《军人保险法》第 10 条规定，因实施故意犯罪死亡或者致残的军人，不享受军人伤亡保险待遇。《广东省工伤保险条例》第 11 条第 1 项规定，职工符合该条例应当认定为工伤或者视同工伤的情形，但该职工故意犯罪的，不得认定为工伤或者视同工伤。二是以刑罚严厉程度作为适用对象区分标准的刑罚附随后果。例如，2010 年 8 月 28 日全国人大常委会修正的《预备役军官法》（已失效）

---

[1] 解志勇、雷雨薇："基于'醉驾刑'的'行政罚'之正当性反思与重构"，载《比较法研究》2020 年第 6 期。

第 32 条规定："预备役军官犯罪，被依法判处剥夺政治权利或者三年以上有期徒刑的，应当剥夺其预备役军官军衔……"该法以犯罪人被判处刑期的长短作为刑罚附随后果的适用条件。三是将前述犯罪主观方面和刑罚严厉程度综合起来作为适用对象区分标准的刑罚附随后果。例如，根据 2020 年 6 月 20 日全国人大常委会通过的《公职人员政务处分法》第 14 条的规定："公职人员犯罪，有下列情形之一的，予以开除：（一）因故意犯罪被判处管制、拘役或者有期徒刑以上刑罚（含宣告缓刑）的；（二）因过失犯罪被判处有期徒刑，刑期超过三年的；（三）因犯罪被单处或者并处剥夺政治权利的。因过失犯罪被判处管制、拘役或者三年以下有期徒刑的，一般应当予以开除；案件情况特殊，予以撤职更为适当的，可以不予开除，但是应当报请上一级机关批准。公职人员因犯罪被单处罚金，或者犯罪情节轻微，人民检察院依法作出不起诉决定或者人民法院依法免予刑事处罚的，予以撤职；造成不良影响的，予以开除。"该法对于不同判决结果的犯罪人配置了予以撤职或开除两种不同的刑罚附随后果。

这样的刑罚附随后果设置方式虽然顾及以犯罪主观方面作为区分标准和以刑罚严厉程度作为区分标准两种情形，看似较为周全，但当前刑罚附随后果适用对象的区分仍存在以下的缺陷：

第一，适用对象的区分标准较为粗糙。一方面，在适用对象的区分上未引入重罪、轻罪、微罪的概念。如前所述，刑罚附随后果的正当性根据是以犯罪人复归社会需求为主，以预防犯罪为辅。前者的判断对应着犯罪人的改造难易程度，后者的判断对应着犯罪人的人身危险性程度。对于改造难易程度较高的或者人身危险性程度较高的犯罪人，理应配置更为严厉的刑罚附随后果。而以法定刑严厉程度作为区分标准的重罪、轻罪和微罪，恰好能够反映犯罪人的改造难易程度和人身危险性程度。因此，以重罪、轻罪和微罪作为适用对象区分标准配置不同严厉程度的刑罚附随后果的做法是合理的。理论上多以三年有期徒刑作为划分重罪和轻罪的标准，法定刑三年以上有期徒刑的犯罪称为重罪，法定刑三年以下有期徒刑的犯罪称为轻罪。[1] 而关于轻罪和微罪的区分标准，理论上尚存争议。有学者主张以拘役作为划分轻罪和微罪的标准，法定刑为拘役或管制的犯罪为微罪，法定刑三年以下有期徒刑

---

[1] 参见张明楷：《刑法学》（第 6 版），法律出版社 2021 年版，第 120 页。

的犯罪为轻罪。[1]有学者主张以一年有期徒刑作为划分轻罪和微罪的标准，法定刑一年以上三年以下有期徒刑的犯罪为轻罪，法定刑一年以下有期徒刑、拘役、管制的犯罪则为微罪。[2]相比较而言，后一种观点更为合理。从增设新罪法定刑配置的角度看，我国《刑法》为新增的妨害安全驾驶罪、高空抛物罪均配置了"一年以下有期徒刑、拘役或者管制，并处或者单处罚金"的法定刑。为了扩大微罪概念的适用范围，宜将轻罪和微罪的划分标准确定为一年有期徒刑。在明确重罪、轻罪、微罪概念及对应判断标准后，应当根据重罪、轻罪、微罪完善刑罚附随后果的适用条件。[3]另一方面，在适用对象的区分上未考虑刑罚的产生原因。在创设刑罚附随后果时应当排除因防卫过当或者避险过当而产生的刑罚。防卫过当和避险过当均存在维护合法权利的正当性根据。即便行为人因其行为的不相称性需要承担刑事责任，但此类行为人的主观恶性一般不大，人身危险性也相对较低，相对容易改造，所以，在其承担完毕刑罚之后，不应当再对其进行权利克减或者义务添附的制裁。

第二，仅涉及制裁严厉程度的区分，而不涉及宽宥制度适用的区分。这主要是因为我国当前的法律体系中并不存在关于前科消灭或者复权等宽宥制度的规定，所以无法对不同刑罚附随后果承担主体适用不同宽宥制度。与刑罚附随后果相关的宽宥制度主要包括前科封存制度、前科消灭制度和复权制度。我国2018年修正的《刑事诉讼法》第286条规定了前科封存制度。依据该条的规定，犯罪记录被封存的，除法律规定外，不得向任何单位和个人提供。但我国现有的前科封存制度仍存在一定的缺陷：一是现有前科封存制度的适用范围极为狭窄，只能够适用于行为人犯罪时不满十八周岁，且被判处五年以下有期徒刑的情形；二是在许多社会活动中均需要出具相对人无犯罪记录的证明，而对于犯罪记录被封存的行为人而言，虽然公安机关依法不会向他人提供犯罪记录，但同样无法出具无犯罪记录的证明。这实际上是以一种更为委婉的方式向他人公开了相对人的犯罪记录，并未达到封存的目的。

---

〔1〕 参见储槐植："解构轻刑罪案，推出'微罪'概念"，载《检察日报》2011年10月13日；刘仁文、敦宁："建议将治安拘留纳入刑法体系"，载《人民法院报》2019年7月18日。

〔2〕 参见李翔："论微罪体系的构建——以醉酒驾驶型危险驾驶罪研究为切入点"，载《政治与法律》2021年第1期，第31页；梁云宝："积极刑法观视野下微罪扩张的后果及应对"，载《政治与法律》2021年第7期。

〔3〕 参见袁彬："犯罪结构变化下轻罪的刑法区别治理"，载《人民检察》2022年第9期。

在建构刑罚附随后果的体系时，出于有利于犯罪人复归社会的目的，应当适当扩大前科封存制度的适用范围，并着手解决该制度在实际运用时无法发挥应有效果的问题。

前科消灭制度是指对曾被定罪或者判刑的人，在具备法定条件时，注销其犯罪记录的制度。[1]前科消灭的适用条件包括形式条件和实质条件，前科消灭的形式条件是指前科消灭所要经过的期间，前科消灭的实质条件是有前科者在前科消灭所要经过的期间内未实施新的犯罪。[2]我国当前绝大多数的刑罚附随后果均未规定明确的适用期限，因而，刑罚附随后果的适用多变成无期限限制的终身制裁，而这种终身制裁如果不加限制或者区分地适用于所有犯罪人，就容易违背均衡原则，对轻罪、微罪的犯罪人极不公平。正如有学者所言，我国只有前科制度，而没有前科消灭制度，这不能不说是一种制度上的缺陷。[3]因此，在构建刑罚附随后果体系时，应当针对上述适用对象的区分标准，为故意犯罪、过失犯罪、重罪、轻罪、微罪等不同的适用对象配置不同考察期限长度的前科消灭规定。就重罪、轻罪、微罪前科消灭制度的设置而言，可以考虑对犯重罪的行为人原则上应当终身保留犯罪记录，但允许在特殊情况下进行前科消灭；对于犯轻罪的行为人原则上应当设置前科消灭的规定，在刑罚执行完毕后，经过一段时间的考验期，就可以销毁其犯罪记录；[4]对于犯微罪的行为人同样应当在原则上设置前科消灭的规定，且配置相较于轻罪更短的考验期。

复权制度是指对被宣告资格刑的犯罪人，当其具备法律规定的条件时，审判机关提前恢复其被剥夺的权利或资格的制度。[5]前科消灭制度和复权制度在效果上存在一定的相似性，尤其在刑罚附随后果适用的领域，二者的效果更为相似，均为制裁的消灭。因此，有学者将二者视作同一制度。[6]但二者实际上是联系十分紧密的两种制度。不论是从二者的内容关系上，还是整

〔1〕 参见房清侠："前科消灭制度研究"，载《法学研究》2001年第4期。
〔2〕 参见刘传稿："论未成年人前科消灭制度的设立"，载《云南社会科学》2013年第5期。
〔3〕 参见敦宁："醉驾治理的司法困境及其破解之策"，载《法商研究》2021年第4期。
〔4〕 参见刘仁文："我国行政拘留纳入刑法体系构想"，载《法制与社会发展》2021年第5期。
〔5〕 参见黎宏：《日本刑法精义》（第2版），法律出版社2008年版，第30页。
〔6〕 参见刘传稿："论未成年人前科消灭制度的设立"，载《云南社会科学》2013年第5期。

体结构上，前科消灭制度均是复权制度的前提。[1]在构建刑罚附随后果体系时，有学者主张，结合我国刑罚附随后果的现状，复权可以通过创建"复权型·无犯罪记录证明"制度的方式得以实现。对于符合法定条件的犯罪人，可以向公安机关申请复权型·无犯罪记录证明，以此来保证该犯罪人不再受刑罚附随后果的制裁。此类无犯罪记录虽属于复权型·无犯罪记录，但该"复权型"标记仅存在于公安机关的内部系统之中，而不在向他人出具的文书上。[2]这样的制度设计具有合理性，能够有效缓解当下刑罚附随后果制裁过于严厉的问题。

第三，根据不同适用对象配置刑罚附随后果的做法并不常见。在我国现存的刑罚附随后果中，只有一少部分采用针对不同适用对象进行配置的做法，绝大多数刑罚附随后果仍采用概括性适用条件的规定。在构建刑罚附随后果体系时，出于有利于犯罪人复归社会的目的，应当尽力减少概括性适用条件的刑罚附随后果的存在，而多选择针对不同适用对象配置不同制裁严厉程度和宽宥程度的刑罚附随后果。

五、结语

关于刑罚附随后果问题的研究是一个极为困难但又十分必要的工作，其困难的地方在于我国刑罚附随后果的创设缺乏规范依据，从而导致各类主体创设了因刑罚产生的权利克减或者义务添附的制裁。这使得现有刑罚附随后果不仅数量十分庞大，而且处于杂乱无序的局面。其研究必要性在于我国当下的刑事立法正处在活跃期中。大量轻微犯罪的增设，扩大了刑罚适用的范围，更多的公民被纳入到刑罚圈之中打上了犯罪人的标签。大量的犯罪人深受现有刑罚附随后果缺陷的困扰，不当的刑罚附随后果使刑法的施法效果大打折扣。基于此，笔者撰写本文，拟作"抛砖引玉"之用，希望以本文粗浅的研究，引起各方对刑罚附随后果问题的重视，为曾受刑罚的人员扫平复归社会时所面临的不应存在的障碍。

---

[1] 参见程骋："前科消灭与复权制度在刑罚体系中的定位及逻辑关系解构"，载《江汉论坛》2021年第12期。

[2] 参见蔡荣："我国复权制度的定位、依据及本土化构建"，载《公安学刊（浙江警察学院学报）》2019年第1期。

"刑罚附随性制裁"的功能与边界

王瑞君 [*]

摘　要："刑罚附随性制裁"是指与犯罪人直接关联的，基于其所受的刑罚惩罚所发生的职业限制与排斥、落户积分和考试资质的限制、社会评价的减损、义务负担增加等负价值与不利益。"刑罚附随性制裁"有进一步强化刑罚的威慑效果，配合刑罚对违法犯罪等越轨行为进行规训，服务于社会管控、防范风险、维护社会秩序等功能。然而，"刑罚附随性制裁"的运用，要充分考虑国家和社会治理中法律和非法律手段在理念和价值取向上的融贯性，在实现犯罪预防的前提下，让受过刑罚惩罚的人能够顺利地回归社会。为此，需要构筑"刑罚附随性制裁"的原则性边界，理性地约束"刑罚附随性制裁"，引导其朝着合理与适度的方向运行。

关键词：刑罚附随性制裁；功能与边界

一、引言

近年来，随着我国社会治理压力的加大，与犯罪人直接关联的，基于其所受的刑罚惩罚所发生的职业限制与排斥、落户积分和考试资质的限制、社会评价的减损、义务负担增加等负价值与不利益（不妨概称为"刑罚附随性制裁"）呈明显的扩张趋势。"刑罚附随性制裁"这一概念的提出，有其学

---

[*]　王瑞君，内蒙古赤峰人，法学博士，山东大学（威海）法学院教授、博士生导师，研究方向：刑法基础理论、刑事政策学。

术渊源和理论背景。在现代汉语中，"制裁"是指"用强力管束并惩处"，[1]对应的英文词汇为"sanction"。"sanction"在我国法学译著中常被译为"惩罚""惩戒"等，日本则多取"制裁"的译法。日本学者田中成明教授将制裁定义为"针对违反社会规范的行为，以否定或者促使行为人放弃此种行为为目的而启动的反作用力，其内容是剥夺一定的价值、利益或者赋课一定的负价值或者不利益"。[2]根据这一定义，则不独法律法规，习惯、道德、宗教教义等社会规范皆可以作为制裁发动的依据和规范载体，换言之，制裁的载体和发动依据是多元的。在田中成明教授关于"制裁"定义的基础上，佐伯仁志教授在其著作《制裁论》中进一步提出："制裁可以分为以国家为主体、作为法律制度被组织化的法律制裁和除此之外的社会性制裁。"[3]参考这一分类，则"刑罚附随性制裁"中，既有法律制裁，也有"社会性制裁"；"社会性制裁"中，有显形的制度性制裁，也有隐形的非制度性制裁。

与"刑罚附随性制裁"最接近的有"刑罚附随后果""附随法律责任""刑罚体系外资格刑""犯罪附随后果"等不同的表述。这些语词的内涵和外延并不完全相同，但关注的问题方向大体一致。耶赛克、魏根特教授在《德国刑法教科书》中，将刑法典中刑罚和保安处分之外的其他法律后果，称为"附随后果"[4]，其内涵与我国学者所使用的"刑罚附随后果"较为接近。罗克辛教授在《德国刑法学总论》（第2卷）中也提出了"附随后果"一词，但对于"附随后果"的具体内涵，并未进行解释和说明。本文使用"刑罚附随性制裁"一词，主要是考虑到，不同于《德国刑法典》明确规定了刑罚"附随后果"的做法，我国并未在刑法中明确规定或提出"刑罚附随后果"的概念，而且相比"后果"这一更为宽泛的语词，"制裁"一词更能准确地揭示对于曾受刑罚者的权利克减和义务添附之实质，其内涵和外延更能准确地表述本文思考的问题。

---

〔1〕 中国社会科学院语言研究所词典编辑室编：《现代汉语词典》（第6版），商务印书馆2012年版，第1678页。

〔2〕 ［日］田中成明：《法的空间：强制与合意的缝隙之间》，东京大学出版会1993年版，第141页，转引自［日］佐伯仁志：《制裁论》，丁胜明译，北京大学出版社2018年版，第6页。

〔3〕 ［日］佐伯仁志：《制裁论》，丁胜明译，北京大学出版社2018年版，第6页。

〔4〕 参见［德］汉斯·海因里希·耶赛克、托马斯·魏根特：《德国刑法教科书》，徐久生译，中国法制出版社2017年版，第947页。

"刑罚附随性制裁"在各国的社会治理实践中普遍存在。《美国犯罪人的附带制裁和酌情取消资格法案》（Collateral Sanctions and Discretionary Disqualification of Convicted Persons），将"刑罚附随性制裁"划分为刑事附带制裁（Collateral Sanctions）和酌情取消资格（Discretionary Disqualification）。前者指的是一个人因重罪、轻罪或其他罪行被定罪后，自动被施加的法律惩罚、资格剥夺或不利条件，其不要求在判决中明确记载和具有特定名称。后者指的是被授权的民事法庭、行政机构或官员对被定罪的人施加的惩罚、资格剥夺或不利地位，其不要求一定是因为定罪的事实而被施加，但应当确保犯罪人承担的这种法律惩罚、资格剥夺或不利条件是为了促进其重返社会并减少再犯。《法国刑法典》将"刑罚附随性制裁"作为缓刑考验期内的附随性制裁手段，授权审判法院或刑罚执行法官可以特别规定被判刑人遵守包括不出入零售酒馆、不参与赌博等一项或多项特定义务。[1]《德国刑法典》在主刑和附加刑之外规定的"附随后果"，包括剥夺担任公职的资格和选举权、被选举权等内容。[2]芬兰、意大利等国也存在相关而富有特色的制度规定。我国历史上有"禁锢"（剥夺犯罪人或其亲属的任职资格）、"革胙"（剥夺犯罪人或其后代祭祀祖先的权利）、"除名"（将犯罪人从家谱、族谱中剔除，不再承认其宗族成员身份）、"押游"（宗族成员或街坊邻里将犯罪人等押上街头游行示众）等"刑罚附随性制裁"形式。[3]我国《刑法修正案（九）》设定了"禁业"规定，该规定应被视为是"刑罚附随性制裁"开始进入刑法典的一种表现。

鉴于我国"刑罚附随性制裁"日益增多的现实，对相关问题进行学理阐释，深入分析其作用于社会治理的机理和规律，对推进我国"刑罚附随性制裁"的规范化和法治化、完善我国社会治理体系、提升惩治犯罪和预防犯罪的精准性，具有重要的意义。

---

〔1〕 参见《法国刑法典》，朱琳译，法律出版社 2016 年版，第 446~448 页。

〔2〕 参见《德国刑法典》，徐久生、庄敬华译，中国方正出版社 2004 年版，第 16 页。

〔3〕 参见吴睿佳、王瑞君："传统与当下的对话——论社会性制裁的宗族法渊源"，载谢晖、陈金钊、蒋传光主编：《民间法》（第 23 卷），厦门大学出版社 2020 年版，第 17~29 页。

二、刑罚附随性制裁的广泛适用及值得研究的问题

（一）"刑罚附随性制裁"有广泛的适用空间

1. 内容及涉及事项和领域广泛

我国"刑罚附随性制裁"内容繁杂，涉及事项和领域广泛，其内容以职业禁止和职位禁止为主，但不限于职业和职位禁止。目前，我国的《公务员法》《法官法》《检察官法》《教师法》等，设立有关于职业禁止的条款；《公司法》《商业银行法》《保险法》等法律，设立有不得担任特定职位的条款。[1] 此外，"刑罚附随性制裁"还包括大量的诸如考试资格的禁止和限制、户籍变动的限制、信誉和荣誉的贬损、最低生活保障资格的剥夺、出入境护照签发的约束等内容和事项。举例而言，如《专利代理人资格考试实施办法》（已失效）规定，因故意犯罪受过刑事处罚的人员不得参加专利代理人资格考试。《新乡市区别低保群体不同情况逐步提高低保标准的有关规定》（新政办 [2003] 149 号）第 13 条规定，因犯罪受刑事处罚人员，本人不享受最低生活保障政策。再如成都市人民政府发布的《成都市婚姻介绍机构管理办法》（1998 年 11 月 20 日发布和施行）规定，婚姻介绍机构中直接从事婚姻介绍业务的工作人员应具备的条件之一是"有完全民事行为能力，未受过刑事处罚、劳动教养和被开除公职的处分"。此规定意味着，受过刑事处罚的人，无论因何种罪名，均不得在成都从事婚姻介绍工作。此外，实践中存在大量的、隐形的如就业歧视、荣誉限制、社会评价减损、义务负担增加等负价值与不利益，统计起来非常困难。

2. 数量多并呈逐年增长的趋势

仅以 2014 年到 2018 年五年的制度性规定为例，通过"北大法宝"的法律法规数据库对 2014 年至 2018 年相关规定进行检索，[2] 法律、行政法规、部门规章、行业规定有关"刑罚附随性制裁"的内容，不仅数量多并呈明显

---

〔1〕 有律师统计，受过刑事处罚的人不能从事的职业有 21 种。参见叶庚清："受过刑事处罚的人不能从事哪些职业？"，载 http://china.findlaw.cn/lawyers/article/d489134.html，访问日期：2019 年 10 月 30 日。

〔2〕 "刑罚附随性制裁"在我国的现有制度中，通常是以"受过刑事处罚""受刑事处罚""受到刑事处罚""被判处刑罚""被依法追究刑事责任"等表述为前置条件而设置的。因此，这里的检索中使用了这些词汇作为检索关键词。

的逐年扩张趋势（见表1）。

表1　2014年~2018年"刑罚附随性制裁"的数量统计

年份	检索关键词	法律	行政法规	部门规章	行业规定	共计
2014	受过刑事处罚	15	8	136	10	169
	受刑事处罚	7	4	81	14	106
	受到刑事处罚	4	4	139	51	198
	被判处刑罚	9	13	66	9	97
	被依法追究刑事责任	5	4	55	9	73
	共计	40	33	477	93	643
2015	受过刑事处罚	19	8	147	12	186
	受刑事处罚	8	4	83	14	109
	受到刑事处罚	5	5	144	60	214
	被判处刑罚	13	14	70	9	106
	被依法追究刑事责任	5	4	58	9	76
	共计	50	35	502	104	691
2016	受过刑事处罚	19	9	156	12	196
	受刑事处罚	9	4	88	16	117
	受到刑事处罚	6	6	165	69	246
	被判处刑罚	14	14	78	9	115
	被依法追究刑事责任	5	4	60	10	79
	共计	53	37	547	116	753
2017	受过刑事处罚	25	10	165	12	212
	受刑事处罚	10	5	91	16	122
	受到刑事处罚	7	7	178	86	278
	被判处刑罚	15	14	82	11	122
	被依法追究刑事责任	6	4	61	11	82
	共计	63	40	577	136	816

续表

年份	检索关键词	法律	行政法规	部门规章	行业规定	共计
2018	受过刑事处罚	27	10	174	12	223
	受刑事处罚	10	5	95	16	126
	受到刑事处罚	8	16	178	98	300
	被判处刑罚	17	15	90	21	143
	被依法追究刑事责任	7	4	66	11	88
	共计	69	50	603	158	880

从检索统计可以看出，2014 年至 2018 年，相关规定从 643 个增加到 880 个。[1]

3. 有连累适用的现象

我国现实中还出现了将"刑罚附随性制裁"延伸适用于曾受刑罚惩罚人员的子女或其他亲属的事件。如《东莞市义务教育阶段新莞人子女积分制入学积分方案》规定，近五年曾受过刑事处罚的，扣 100 分。这一规定将父母是否受过刑事处罚，作为子女入学积分的考核事项。再如，2018 年 5 月 7 日，广东省揭阳市惠来县鳌江镇的 10 户家庭的围墙或大门处，被当地政府部门工作人员喷上了"涉毒家庭"的字样，以达到警示教育的效果。[2] 还有个别地方曾发布"逃犯不归'株连三代'"的警示性告示。[3] 虽然其中一些极端行为已被及时叫停，但以上现象的存在说明，"刑罚附随性制裁"的适用延伸至曾受刑罚人员亲属的情况并非极端个例，值得关注和重视。

4. 延伸至社会信用评价之中

2014 年国务院印发的《社会信用体系建设规划纲要（2014—2020 年）》就提及，要"对违法违规等典型失信行为予以公开"。近年来陆续有些地方性法规、规章将违法、犯罪行为作为失信行为加以规定。《上海市社会信用条

---

[1] 2012 到 2013 年的统计也呈现出同样的规律，同样通过"北大法宝"，对法律、行政法规、部门规章、行业规定有关"刑罚附随性制裁"的内容进行检索，2012 年和 2013 年的检索结果总是分别是 540 个和 593 个，一年的时间，相关规定增加了 53 个。

[2] 参见史奉楚："喷漆'涉毒家庭'是变相游街示众"，载《北京青年报》2018 年 5 月 11 日。

[3] 参见"逃犯不归'株连三代'？官方道歉了"，载 https://www.oukutuan.com/kuaixun/242174.html，访问日期：2019 年 12 月 7 日。

例》（2017 年 10 月 1 日起实施）规定"社会信用信息，是指可用以识别、分析、判断信息主体守法、履约状况的客观数据和资料"。《河北省社会信用信息条例》（2018 年 1 月 1 日起实施）将"遵守法律、法规和规章，履行法定义务或者约定义务状况的客观数据和资料"纳入社会信用信息的范围。《南京市社会信用条例》（2020 年 7 月 1 日起实施）第 12 条第 4 款规定"建立司法机关与相关部门的信息互通制度，对刑事犯罪案件触发信用联合惩戒的事项，司法机关应当及时通报相关部门，推进联合惩戒有效实施"。《河南省社会信用条例》（2020 年 5 月 1 日起实施）第 33 条列举式规定的十类严重失信行为中，有很大一部分是刑法规定的犯罪类型。再如较早的《深圳市个人信用征信及信用评级管理办法》（2002 年 1 月 1 日起实施），规定"征信机构征集的个人信用信息"包括"有可能影响个人信用状况的涉及民事、刑事、行政诉讼和行政处罚的记录"。上述将犯罪信息作为重要的负面信用信息纳入社会信用评估的做法，给有刑罚前科的人员带来的负评价和负利益更严重，对于刑满后被释放的人员，会产生十分深刻的影响。

5. 负价值的严重性使得社会主体的敏感度越来越强

以轰动一时的 2018 年福建赵宇案为例。许多人关注赵宇案，包括媒体报道赵宇案，主要在乎的是赵宇究竟是正当防卫还是防卫过当的问题，而赵宇本人更关心的是自己的有罪认定会不会给自己的后代带来在未来求学、就业发展方面的障碍的问题。赵宇要的不仅仅是自己不被定罪判刑，还要以自己的清白为孩子的求学、发展等清除障碍。最初，检方认为"赵宇的行为属正当防卫，但超过必要限度，造成了被害人李某重伤的后果。鉴于赵宇有制止不法侵害的行为，为弘扬社会正气，鼓励见义勇为，综合全案事实证据，对赵宇作出不起诉决定。"赵宇不服，后来在最高人民检察院指导下，福建省人民检察院指令福州市人民检察院对该案进行了审查。经审查认为，赵宇的行为属于正当防卫，不应当被追究刑事责任。[1]2019 年 4 月 2 日，中央电视台法治在线节目记者采访时，赵宇表达了当时自己的担心，担心污点会影响自己的孩子。可见，人们对"刑罚附随性制裁"及其严重性的敏感度越来越强。

---

〔1〕 "赵宇案"，载百度百科：https://baike.sogou.com/v180241960.htm? fromTitle = 赵宇案，访问日期：2019 年 12 月 30 日。

（二）刑罚附随性制裁自身缺陷及需要研究的问题

我国的"刑罚附随性制裁"自身存在明显的缺陷，但是其适用却呈现逐年增长的趋势。其不足之处主要有：

1. 载体位阶跨度大，上位法的指引和约束作用得不到落实

我国"刑罚附随性制裁"的载体，形式多样、规范效力位阶跨度大，上到法律层面，下到用人单位的招聘通知，涵盖了从法律到行政法规、地方性法规、地方政府规章，以及企事业单位内部管理制度等各类载体。

以《教师法》为例，《教师法》第14条规定："受到剥夺政治权利或者故意犯罪受到有期徒刑以上刑事处罚的，不能取得教师资格；……"这一规定将教师资格的排除条件限定为"受到剥夺政治权利或者故意犯罪受到有期徒刑以上刑事处罚"，但许多学校的"招聘公告""招聘启事"或"招聘简章"，则多为"曾受过刑事处罚和曾被开除公职的人员不能应聘"的内容，不再区分是因为故意犯罪还是过失犯罪而受到刑事处罚，也不再区分被判处刑罚的种类，只要是受过刑事处罚的，均丧失参加招聘的资格。不仅学校招聘，在其他行业特别是事业单位的招聘文件中，对受过刑罚处罚的人的从业、职业等限制性措施向下方向层层加码，已经成为习惯性的、广为接受的做法。再以《刑法》第37条之一规定为例，应该说，该条款在理念和立法科学化方面有明显的进步，一是建立起前置条件与附随的职业禁止之间的逻辑关联性，二是设定了禁止从事相关职业的3年至5年的期限。然而，作为基本法的《刑法》的这一规定，却没有发挥其基本法对下位法应有的指引和制约作用，相反却同时认可其他法律和行政法规另有规定的有效性。《监狱法》的规定更是被空置，虽然我国《监狱法》第38条明确规定，刑满释放人员依法享有与其他公民平等的权利，但是由于"刑罚附随性制裁"的数量日益增长，导致刑满释放人员实质上与其他公民的差别越来越明显，其权利空间不断被各种低位阶规范所确定的"刑罚附随性制裁"压缩，致使《监狱法》作为上位法的法律地位没有得到充分的体现。

2. 依据和标准不清晰不统一

现阶段绝大多数的"刑罚附随性制裁"缺乏清晰的法律依据和适用标准。这主要体现为：①涉及罪错形式时，有的将适用条件限定为故意犯罪受过刑事处罚的，有的则不限定是故意还是过失。前者如《拍卖法》将不得担任拍卖师的前置条件限定为"因故意犯罪受过刑事处罚"，后者如《公务员法》

禁止曾受刑事处罚者报考公务员。②有的有期限的限制，有的没有。前者如上述《刑法》第 37 条之一的规定，再如，《注册会计师法》第 10 条规定，刑事违法人员自刑罚执行完毕之日起 5 年内，不得申请注册会计师。后者如《律师法》第 7 条规定，因故意犯罪受过刑事处罚的，不予颁发律师执业证书，并且无时间限制；《拍卖法》第 15 条第 2 款规定因故意犯罪受过刑事处罚的，不得担任拍卖师，也没有时间限制。③即便设置了期限限制，也无从知晓期限设置的依据是什么，看不出相关规定的设置规律。目前，就职业禁止的排斥性规定而言，我国的相关规定采用终身禁止、固定期限和幅度期限三种方式，采用固定期限的，有 2 年、5 年、10 年不等的规定，举例如下（见表 2）。

表 2　职业或职位禁止固定期限示例

文件名称	条文	禁止事项	禁止期限
《执业医师法》（已失效）	第 15 条	不予注册执业医师	2 年
《公司法》/《种子法》	第 146 条/第 75 条	不得担任公司的董事、监事、高级管理人员/不得担任种子企业的法定代表人、高级管理人员	5 年
《中外合作办学条例》	第 58 条	不得从事中外合作办学活动	10 年

此外，有根据不同情况，设立不同的期限的，如《天津市行政机关归集和使用企业信用信息管理办法》(已失效) 第 10 条规定，企业法定代表人、主要负责人因犯有贪污贿赂罪、侵犯财产罪或者破坏社会主义市场经济秩序罪，被判处刑罚，执行期满未逾 5 年或者因犯其他罪被判处刑罚，执行期满未逾 3 年以及因犯罪被判处剥夺政治权利，执行期满未逾 5 年的，记入警示信息系统。采用幅度方式的，除《刑法》外，再如《护照法》第 14 条规定的"申请人有下列情形之一的，护照签发机关自其刑罚执行完毕或者被遣返回国之日起六个月至三年以内不予签发护照：……"

3. 简单的类型化思维导致"前置条件"与附随制裁之间缺乏逻辑关联性

简单的类型化思维表现为要么"全部"要么"全不"的制度设计或运行模式，从我国的法律法规的规定来看，有的对前置条件中的犯罪类型加以限制，有的不进行限制。前者如《公司法》《食品安全法》《种子法》《护照法》等，均对"刑罚附随性制裁"的适用犯罪类型作了规定，以《护照法》为例,《护照法》第 14 条规定的不予签发护照的情形之一是"因妨害国（边）境管理受到刑事处罚的"。后者如《法官法》《检察官法》等,只规定"因犯罪受过刑事处罚的"作为担任法官和检察官的除外条件,不区分犯罪类型。一个值得注意的现象是,现实中,各用人单位的招聘启事、招聘公告多采用"未受过刑事处罚""无不良行为记录"等作为参加招聘的必要条件,这类要么"全部"要么"全不"的简单的类型化思维占比大,有的即便设置限制条件,也并不具有明显的针对性,导致前置条件的设置与附随性制裁后果之间缺乏合理的逻辑关联性。

4. 同类事项,各地规定和做法差异较大

近年来向下方层层加码的限制和排斥性做法使得上下位阶之间的规定不协调、不一致。加之现实中大量的"刑罚附随性制裁"以地方性法规、部门规章乃至单位招聘启事、招聘公告、各地方的政策为载体,因此,同类事项出现省际、省内不同城市与地区之间乃至同类性质的不同单位之间存在规定上的不统一、不一致的情况,就不足为奇了。以各地现行的积分落户制度为例,北京市、上海市、广州市和深圳市积分落户条件中明确将"无刑事犯罪记录"作为申请积分落户的必要条件。有的对受过刑事处罚的人员采取扣分制,如《湛江市异地务工人员积分指标分值表》中规定,近五年内曾受过刑事处罚的,扣 100 分,并注明该扣分是"省统一指标"。有的笼统规定受刑事处罚的,减 100 分的积分,无时间规定,如《成都市居住证积分管理办法实施细则》的规定。

"刑罚附随性制裁"的广泛存在及其扩张适用的趋势,于惩戒规制与复归社会的价值选择、社会治理中多元制裁措施的共存和适用等方面带来了一系列值得研究的问题。概括起来,主要有:

(1)"刑罚附随性制裁"为何存在并呈逐年扩大的趋势?"刑罚附随性制裁"在社会治理中扮演着怎样的角色,有着怎样的社会需求?"刑罚附随性制裁"的法治底线是什么?

(2) 就"刑罚附随性制裁"自身缺陷而言,"刑罚附随性制裁"上位法与下位法在理念和制度内容之间的不协调状况是否有必要解决,如何解决?针对同类事项各地的差异性做法,哪些是允许的,那些是不允许的?刑罚附随性制裁适用的对象是否需要进一步细化以增强前置条件与附随制裁后果之间的逻辑关联性?无时间限制的"刑罚附随性制裁"是否合理?

（3）"刑罚附随性制裁"关涉社会主体的重要利益，对这些否定评价或者禁止和限制性的规定及做法，是否应该有复权或者救济制度的跟进？

（4）随着将信用主体的犯罪信息被纳入社会信用信息的范畴，出现了犯罪行为与严重失信行为竞合的情况，在以刑罚为典型的法律制裁与大量的非法律制裁手段共存的情况下，相互间的关系如何统筹协调？

三、刑罚附随性制裁有其存在的现实需求和积极功能

刑罚附随性制裁给我们提出了一系列值得深入研究的问题，自身缺陷不少，却呈现逐年扩张的趋势，如何尽可能精准、妥当地对刑满释放人员进行再犯可能性和人身危险性乃至社会信用的评估，不至于"误伤"或对其基本权利的行使产生不合理的制约，实现每年百余万刑满释放人员的回归社会问题，是当前社会稳定、社会治理中的一个系统性难题，为此，一方面，客观地正视刑罚附随性制裁存在的客观性和积极功能，同时，又不能放任自流，听之任之，要合理地控制，从而实现整体法秩序的平衡。

（一）"刑罚附随性制裁"存在的现实需求

有些具有制裁性、控制性的规则、手段等，"纵使这样一些东西在政治组织社会中已不再存在，可是同行业公会、工会、社会团体和兄弟会组织，用它们的各种伦理法典、规章、行为标准或做什么和不做什么的准则，正在日益增加着对个人行为的控制，虽然都要从属于国家的法律"。[1] 在国家管控经验积累和能力不断提升的历史进程中，国家对社会的管控和治理，途径之一就是对社会个体越轨行为的制裁。在今天高度组织化的社会中，其更多地表现为以法律制裁为核心的制度性制裁，其中又以刑罚制裁为典型。但这并不意味着刑罚之外，对于犯罪者而言，不存在其他的法律制裁或者法律以外的"社会性制裁"。事实上，绝大多数犯罪者，既会受到法律规定的刑罚制裁，亦会受到刑罚以外的其他法律制裁和"社会性制裁"。这种制裁的叠加适用状况，之所以广泛存在，有其现实社会背景。其中既包括国家管控社会的需求，也有社会成员自我保护和风险规避的需求。

1. 服务于对社会成员控制和规训的需求

人类社会总体上是朝着文明的目标和方向发展的，即使对"文明"有着

---

〔1〕 ［美］罗斯科·庞德：《通过法律的社会控制》，沈宗灵译，商务印书馆2010年版，第14页。

不同的理解，但人类社会已经建立起来的文明需要得到维护，是一种不争的社会共识。维护文明和发展更高级文明的目标，离不开通过某种支配力来实现对社会的合理控制。"这种支配力是直接通过社会控制来保持的，是通过人们对每个人所施加的压力来保持的。施加这种压力是为了迫使他尽自己本分来维护文明社会，并阻止他从事反社会的行为，即不符合社会秩序假定的行为。"[1]人类社会早期的一些戒律和开除出族落等社会控制手段，在法律产生之后，逐步由国家从原始部族继承过来并加以发展和扩充，进而由政治社会有组织地行使。其中一部分以国家武力作为主要后盾，演化成了成文的刑罚或行政处罚，而另一部分则以社会力量作为执行保障，承担了社会对于越轨行为的惩戒。在社会控制和对社会成员的规训上，两种手段殊途同归。因此，不仅刑罚具有控制和规训的功能，"刑罚附随性制裁"同样有这样的功能。梳理人类历史发展的脉络，社会发展到今天，人类生活的内涵越来越丰富，对自身价值的自我评价、社会需求越来越多元化，相关的影响因素也越来越复杂。"刑罚附随性制裁"的客观存在，使得曾受刑罚者被禁止和限制的一些事项，并没有随着刑罚执行的结束而结束。职业、声誉、荣誉、对子女的影响等，构成了曾受刑罚者需要长期经历和面对的深刻教训，对于可能走向犯罪道路的人而言，也是一种警示和提醒，具有效果不逊于刑罚的规训作用。因此，"刑罚附随性制裁"的产生和适用，既是一种国家实现社会控制的必要手段，也适应了社会对于越轨行为人的规训需求。

2. 多元制裁手段衔接和互补的必然产物

基于对美国等国家的"刑罚附随性制裁"的现状反思，有学者提出了"非正式刑罚附随后果"的概念（Informal Collateral Consequences），这些"后果"并非通过明示的法律规定产生的，而是起源于非正式的，独立于特定的法律权威而产生，并且涉及定罪的负面社会，经济，医学和心理后果。[2]所谓"非正式刑罚附随后果"的出现，主要是由于，国家产生后，随着社会的不断成熟和发展，社会生活趋于复杂化，单一的法律制裁作为治理手段，满足不了社会治理中对社会主体行为指引、管理和惩罚的需要。对此，社会发

---

[1] [美] 罗斯科·庞德：《通过法律的社会控制》，沈宗灵译，商务印书馆 2010 年版，第 10～11 页。

[2] See Logan, Wayne A, "Informal Collateral Consequences", *Washington Law Review*, Vol. 88, no. 3, October 2013, pp. 1103～1118.

展过程中衍生出了多元化的制裁手段。在法治文明不够发达的时代，多元制裁手段的并科适用往往是无序的，在位阶上没有清晰的层次划分，在适用上也往往没有明确的裁判标准。在罪刑法定原则成为法治国家的共识之后，"社会性制裁"很难再以法外私刑的样态作用于社会治理，转而必须在宪法和法律的框定之下发挥作用。这种作用样态的改变，使其必然在适用位阶上不具备与刑罚正面冲突的地位，只能作为刑罚手段的补充而发挥作用。"刑罚附随性制裁"正是一种在国家刑罚权行使完毕"离场"之后，社会权力对越轨行为人的"补充惩戒"，其客观上属于一种刑罚制裁、行政制裁、"社会性制裁"等多元制裁手段并存状态下的必然产物，是国家机关以外的社会主体参与社会治理的客观结果。

3. 满足社会个体自我保护和躲避风险的需求

由于有前科之人，有一定的再犯可能性，因此，社会上用人单位和个人，对预防犯罪、防范风险方面的警惕性非常高，进而表现为逃避落实犯罪人回归社会的社会责任。对曾受刑罚者的限制有上位法依据的，相关组织在招工用工中自然将"无犯罪前科""未受过刑罚处罚"等作为必备条件，一票否决，而即使没有上位法依据的，相关组织也常常习惯性地将"无犯罪前科""未受过刑罚处罚"乃至"无违纪违法记录"作为招工用人的条件。

这种情况的出现，有着深刻的社会背景。一方面，随着社会演进的程度不断加深，社会风险逐渐复杂化、多样化。在现代风险社会中，社会个体不可预知的风险因素愈发增多，聘用曾受刑罚者即被认为是一种可能引发各类不确定风险的行为，尤其是在社会焦虑心理普遍存在的情况下，招聘曾受刑罚者所带来的商誉贬损风险和潜在诉讼风险，都使得用人单位不得不谨慎考虑招聘后果。另一方面，对于组织管理者而言，招聘决策是一种与职业风险相关联的行为，尤其是对于人事主管而言，在一般岗位的招聘上，出于稳妥的心理，并没有招聘曾受刑罚者的动力和必要性，而一旦曾受刑罚者在工作过程中出现越轨行为，很容易被归因为招聘决策失误。出于职业避险的心理，组织管理者也倾向于拒绝曾受刑罚者的应聘，于是，"刑罚附随性制裁"在一定程度上，可以理解为一种社会个体避险需求的产物。

（二）"刑罚附随性制裁"的具体功能

前文已经论述了"刑罚附随性制裁"作为一种社会控制手段的属性。但我们也应当认识到："单纯通过社会控制既不可能有效地规范人们的行为，也不可能充分保障一个复杂的民主社会能够正常维持下去。"[1]"刑罚附随性制裁"在履行社会控制这一职能的过程中，是通过作用于一系列具体的社会治理事务来实现的。

1. 提升刑罚制裁对犯罪人的威慑效果

刑罚之外附随的各种限制、剥夺和排斥性的制裁，在刑罚消灭后继续发挥着刑罚所拥有的预防再犯、威慑和教育感化以及强化规范意识的功能。此外，禁止和限制曾受刑罚惩罚之人，从事某些职业、积累落户积分、获得荣誉和信誉、享受社会保障等，无疑是对于社会个体施加了一种精神压力，让行为人在实施犯罪前，增加更多的成本考量，特别是使那些可能不怕坐几天牢房，但是惧怕失去现有工作的人，增加了更多的顾虑。因此，"刑罚附随性制裁"的威慑功能，有时并不亚于刑罚本身。加之，如果将"刑罚附随性制裁"延伸至曾受刑罚者亲属身上，刑罚的威慑和强化规则意识的效果更强。当然，这种威慑功能大体上还是传统上重刑主义思维的延续，与人权保障的现实需求不相适应，而且，其能否取得预期的预防效果，也缺乏实证研究的印证和检验。

2. 扩大刑罚制裁对生活的负面影响，增强刑罚报应效果

严厉性是刑事责任及其后果的本质属性，刑罚是最严厉的法律制裁手段。然而，刑罚的严厉是显性的，无论是生命刑、自由刑、财产刑抑或资格刑，都有明确的形式、内容和期限。裁判者可以根据个案的情况，运用自由裁量权，对犯罪分子判处与其犯罪行为、损害后果、目的动机、人身危险性等相适应的刑事制裁，且随着刑法理论和实践的进步，目前对于刑事制裁而言已经有了比较成熟的裁判标准和尺度。"刑罚附随性制裁"则尚未实现内容上的细致和逻辑上的周延，其适用条件的设立较为宽泛和笼统，许多表述为"受过刑事处罚的，不得……"或"曾因犯罪受过刑事处罚的，不得……"的模式。这种不加任何限定性词语的立法或制度设置，等于行为人只要犯了罪且受过刑事处罚，这些附随性制裁就当然发生效力。这类规定具有相当的数量，加之我国"刑罚附随性制裁"制度构建的体系性缺陷，因此在具体适用过程中，叠加适用情况的出现也在所难免。这使得"刑罚附随性制裁"大大加强了刑罚所实现的制裁程度，对于犯罪者的报应力度超出了刑法所设定的责任

---

[1] [美] 汤姆·R. 泰勒：《人们为什么遵守法律》，黄永译，中国法制出版社 2015 年版，第41页。

程度。这在一方面使得报应刑的作用得以进一步凸显，社会震慑作用和"平民愤"的治理效果更为明显；但另一方面，也使得"刑罚附随性制裁"与"罪责刑相适应"的刑法基本原则之间，不可避免地产生了冲突。

3. 维护社会秩序，保障社会安全

黎宏教授将"保安机能"列为刑罚的机能之一，并认为，保安机能指"刑罚所具有的保障社会秩序的机能。通过执行生命刑和自由刑，将犯罪人暂时或者永久性地和社会隔离，客观上就能起到保障社会安全的作用。"[1]但社会安全的保障，仅靠法律及法律制裁是远远不够的。法律只能将一部分社会控制活动纳入自己的领域，其他社会控制手段的存在应用空间也很广泛。比如，在学校组织的日常考试中作弊，当然不至于上升到违法犯罪的程度，但作弊者也往往会被校方处以警告、记过乃至开除等制裁；科研人员失信，所在单位会给予警告、记过甚至开除等处分。因此，除了以刑罚为典型的法律制裁之外，存在着大量的法外的"社会性制裁"。"社会性制裁"和法律制裁，在内涵特征上既存在共性，亦存在各自的特性，但在实现对社会安全保障的功能上却是一致的。"刑罚附随性制裁"中，既含有行政制裁等法律制裁，也有"社会性制裁"，同样发挥着保障社会安全的功能。其通过设置一定的禁止或限制条件，让曾受刑罚者远离某些行业、某些领导岗位或某些区域和活动，等于将可能的"危险源"排除于这些行业和领域之外，通过对这些领域、行业的排斥性保护，提升对整个社会秩序保障的力度。

4. 彰显特殊职业的光环和地位的宣示

我国《刑法》第37条规定了从业准入限制制度，初衷是切断职业犯罪人再次犯特定犯罪的条件，防止犯罪分子利用职业和职务之便再次犯罪。该项规定的功能在于，实现在特殊职业领域内对再次犯罪的重点预防。从业禁止的理论基础，仍然来源于对犯罪人人身危险性的预设，由法官根据犯罪的具体情节和预防再次犯罪的需要，在综合评估的基础上对于当事人决定是否适用从业准入限制。但事实上，目前绝大多数涉及从业准入限制的"刑罚附随性制裁"的设置和适用，都不是由司法判决确定的，而是通过行政机关、群众自治性组织、社会团体、企业法人等各类组织的行政决定或管理决策作出的。这些行政决定和管理决策，不可避免地将特定行业或特定职业群体的整

---

〔1〕 黎宏：《刑法学》，法律出版社2012年版，第332页。

体利益作为决策的重要立足点。尤其是对于公务员、教师、律师、会计师等社会上所谓的"体面职业",由于其执业特点对于道德伦理和职业操守的要求明显高于一般行业,因此在"职业光环"的加持下,被标签化为只有道德过关、自律严格的人士才能胜任的特定行业。对于这些行业而言,限制或禁止曾受刑罚者进入,既是对于行业整体风评的一种维护,亦是一种社会地位的宣示。因此,从管理学的角度来看,"刑罚附随性制裁"的从业限制准入效果,可以被认为有利于提升特定行业从业人员的"自我认同"和"职业获得感"。

四、刑罚附随性制裁的作用边界及完善建议

(一) 刑罚附随性制裁的作用边界

不可否认,对受过刑罚处罚的人,进行一些限制和排斥性规定,有其客观需要,毕竟对于公共利益、社群利益而言,安全和稳定是首要任务,并且,"刑罚附随性制裁"确实有助于在短期内实现特定领域或行业中的社会控制,且效果明显。但如果对其不加限制地滥用,则会人为地将深层次的矛盾和隐性问题后移。基于对有前科人员的心理戒备,不断衍生出的各种禁止或限制措施,使得犯罪人回归社会的难度进一步加大,其人权保障和特殊预防的效果难以保证,社会整体和谐的实现更为艰难。"刑罚附随性制裁"的施加,如果缺乏配套的"复权制度"或类似救济途径的补充,那么它给曾受刑罚者所带来的否定评价和惩罚就没有解除时限,对其就业、职业选择以及其他法定基本权利的行使,则会产生超出合理限度的限制。事实上,如今一些刑法学者们已经意识到,"即使某些非刑罚处罚方法轻于行政责任、民事责任的实现方式,但从实质上看,其给犯罪人在社会生活上所造成的不利影响更为严重"。[1]

任何一种法律制度和规则的背后,必然有着相应思想理念作为支撑。我国多年形成的对曾受刑罚者的禁止、限制和排斥性的规定和做法,其内在驱动仍然是实现犯罪的报应和预防。这种理念扩展至非刑罚手段,并不利于曾受刑罚者回归社会。被判过刑的人,除了适用死刑和终身监禁的,终究要回到社会中来,这是一个无法回避的社会问题。单个的用人单位可以将有违法犯罪前科之人拒之于门外,但一个社会却无法将其拒之于人类社会之外。同理,一个城市或地区可以拒绝曾受刑罚者取得本地区的户籍,但一个国家却

---

〔1〕 张明楷:《刑法学》(第 4 版),法律出版社 2011 年版,第 560 页。

不能为实现社会的"净化"把有刑罚前科的人驱逐了事。为此，需要引导"刑罚附随性制裁"向适度与合理的方向发展，为其作用设定边界，以防止其滥用。"尤其是在一种行为同时受到法律制裁和"社会性制裁"的情况下，单从法律制裁的角度看，行为人似乎'罚当其责'，但如果我们将其同时受到的'社会性制裁'考虑进去，其所承受的禁止或限制，可能就超出了其应当为其行为所负的责任限度。"[1]从这个意义上讲，"刑罚附随性制裁"与以刑罚为典型的法律制裁的统筹协调，贯彻防卫社会与接纳受过刑罚处罚的人回归社会兼顾的价值理念，为刑释人员回归社会释放合理的空间，已成为公民法益保护的题中应有之义。

1."刑罚"的期限和内容于刑罚执行期满后不应再延续

根据《宪法》和罪刑法定原则的要求，不唯人身自由限制，凡《刑法》中确定的刑种，其适用期限，均不得于期满后以任何理由继续延续。剥夺政治权利作为一种刑罚，除剥夺政治权利终身的，剥夺政治权利的期限届满时，应宣布恢复政治权利，继续享有宪法赋予的政治权利。然而，我国一些现行的法律、法规和地方性规定，存在将剥夺政治权利期限延长的嫌疑。如《公司法》第146条第1款第2项"因贪污、贿赂、侵占财产、挪用财产或者破坏社会主义市场经济秩序，被判处刑罚，执行期满未逾五年，或者因犯罪被剥夺政治权利，执行期满未逾五年"的，不得担任公司的董事、监事、高级管理人员。《天津市行政机关归集和使用企业信用信息管理办法》（已失效）第10条规定，企业法定代表人、主要负责人因犯有贪污贿赂罪、侵犯财产罪或者破坏社会主义市场经济秩序罪，被判处刑罚，执行期满未逾5年或者因犯其他罪被判处刑罚，执行期满未逾3年以及因犯罪被判处剥夺政治权利，执行期满未逾5年的，记入警示信息系统。

对照我国《刑法》的规定，我国《刑法》第54条所规定的剥夺政治权利，包括"担任国有公司、企业、事业单位和人民团体领导职务的权利。"剥夺政治权利期限届满，理论上，这一刑罚制裁已经结束，受刑人不再受剥夺政治权利的限制。上述《公司法》等的规定，使得曾被剥夺政治权利的人员在刑罚消灭后继续受到政治权利的剥夺或限制，有造成"刑罚附随性制裁"

---

[1] 参见王瑞君、吴睿佳："法外的惩戒：'社会性制裁'概念辨析及其内涵证立"，载《甘肃政法学院学报》2019年第2期。

对于罪刑法定原则底线突破的嫌疑。

2. 不应设定和适用侮辱性的"刑罚附随性制裁"

人格尊严是人之所以为人的标准，侮辱性的制裁手段是对人的人格尊严造成破坏和贬损，因此，从伦理的角度考虑，侮辱性的制裁手段即使不能一律禁用，其适用也应当是十分谨慎的。这也是游街、示众等传统上常见的刑罚手段不为现代法治文明所取的原因。德国著名马克思主义学者、实践哲学领域专家格奥尔格·罗曼（Georg Lohmann），将人的尊严视为人权的基础，"只要人的尊严是人权的基础，从形式上看，这个概念就像人权的规定那样，是普遍的、平等的、个体的和绝对的。这就是说：每个人都单独地并以相同的方式被赋予人的尊严，仅仅是因为他或她是一个人"。[1] 在我国，对于犯罪的人，最严厉的惩罚即刑罚，包括生命刑、自由刑、财产刑和资格刑，羞辱刑早已被废止，保护人格尊严的理念亦贯穿于公法和私法领域之中。最高人民法院、最高人民检察院和公安部早在 30 年前就三令五申禁止对犯罪嫌疑人、犯罪分子游街示众。因此，上文提到的社会中出现的"涉毒家庭"，以及"挂牌跪地示众""脱衣挂牌示众"等等，都是过时的、陈腐的、违法的，是偏离依法治国道路的做法。

美国心理学家亚伯拉罕·马斯洛于 1943 年在《人类激励理论》一文中所提出的马斯洛需求层次理论，将人类需求像阶梯一样从低到高按层次分为五种，其中"尊重的需要"是第四层次的需要，包括自我尊重、自我评价，以及受到他人的尊重。其基本含义是，人人都希望自己有稳定的社会地位，要求个人的能力和成就得到社会的承认。"尊重的需要"，既包括内部尊重，即指一个人希望在各种不同情境中有实力、能胜任、充满信心、能独立自主；也包括外部尊重，即指一个人希望有地位、有威信，受到别人的尊重、信赖和高度评价。马斯洛认为，"尊重的需要"得到满足，能使人对自己充满信心，对社会充满热情，体验到自己活着的用处和价值。[2] 刑满释放人员同其他人一样，也有"尊重的需要"，这一方面不仅表现为多数刑满释放人员渴望能够自食其力并承担起家庭的责任，也表现为其渴望得到社会的接纳和信任；

---

〔1〕 ［德］格奥尔格·罗曼：《论人权》，李宏昀、周爱民译，上海人民出版社 2018 年版，第 61 页。

〔2〕 参见 ［美］马斯洛：《马斯洛人本哲学》，唐译编译，吉林出版集团有限责任公司 2013 年版，第 28 页。

另一方面，人人享有尊严，也是社会文明进步的标志。

3. 不应连累制裁"不相干人员"

违法犯罪人员也罢，失信人员也罢，其子女的人身权、人格权是独立的，不能因父母是犯罪之人、受过刑罚处罚之人或者老赖，而被否定和剥夺。如果为了力保社会秩序不出问题，拿子女的前途给父母施压，让父母老老实实守法守规矩，再加上刑法和刑事政策的制定者，通常难以预见到地方行政部门在个罪附随后果上的惩戒性规定，地方行政部门在个罪附随后果的制定上又常常不会很细致地考虑刑法和刑事政策的理念和原则，双方各干各的，缺乏衔接，加上，用人单位为规避录人用人风险往往会有进一步发挥性的做法，于是，"刑罚附随性制裁"会越来越多，刑满释放人员回归社会难上加难。

对曾受刑罚人员亲属的牵连性制裁，应为法治理念和实践所摒弃。针对某一社会主体的"制裁"，要以"前提条件与制裁结果之间有逻辑关联性"为适用条件。社会主体，特别是家庭成员的财产利益存在关联，可以进行连带性剥夺。但人的人格权、名誉权是独立的，子女不能因父母的违法犯罪而失去其独立的人格权、名誉权。父母不诚信不等于子女注定是不诚信的。亲属连坐，采取摧毁个人前途的方式，既不是法律和有关"惩戒"规定的初衷，也不符合社会治理的总体要求。简而言之，如果进行牵连性制裁，进行惩罚的法外发挥和不断扩张，是对法治精神的背离和倒退。

4. 应遵循比例原则

比例原则起源于德国警察法领域，后扩展适用于至各国行政法领域，由妥当性原则（或正当性原则）、必要性原则以及相称性原则（或狭义比例原则）三个子原则构成。第二次世界大战以后，比例原则被迁移适用于宪法领域。[1]事实上，比例原则作为一种限制公权力滥用的基本约束，在刑法、民法及其他领域的立法和司法活动中，也被广为认可。

根据比例原则的要求，惩罚性的措施，不仅要合法，还要合理。惩罚的合理性包括两个层面：一方面是手段合理；另一方面是力度合理。虽然刑法遵循了罪刑相适应原则的要求，对犯罪人判处的刑罚与其罪责的大小相对等，但是目前"刑罚附随性制裁"的设置和执行，并不受刑法的约束。美国有学

---

〔1〕 参见范进学："论宪法比例原则"，载《比较法研究》2018年第5期。

者认为，在以美国为代表的一些国家，"刑罚附随性制裁"使得那些本就因为经济困顿而去犯罪的犯罪者，在刑满释放后经济状况更加恶劣，从而使其难以回归社会，不得已会再去犯罪。事实上，过于严苛的"刑罚附随性制裁"已经成了当前刑满释放人员回归社会的主要阻碍。在政府机关已经无法有效依靠行政激励手段来完成刑满释放人员的归复任务时，单方面增加"刑罚附随性制裁"的惩戒力度和惩戒范围，不仅不是合理的犯罪预防措施，反而会增加经济困顿的犯罪人"铤而走险"的风险。正如康均心教授所指出的："拥有合法的工作会降低犯罪率几乎已经成为犯罪学家们普遍认同的一个观点。"〔1〕从保持社会整体进步发展的角度来看，惩罚不是目的，惩罚是为了让受惩罚者认识错误、汲取教训、悔过自新。落实比例原则的精神，从制裁手段上讲，"刑罚附随性制裁"不应创设过多对曾受刑罚者的基本权利进行妨害和限制的制裁手段，如受教育权、劳动权等，以免使其基本人权的实现遭受不可逆的损害，演化为更进一步的自暴自弃乃至报复社会的恶果；从制裁力度上讲，"刑罚附随性制裁"不应如堵死曾受刑罚者的所有希望和出路，应当为其留有回归社会的余地。

（二）恪守"刑罚附随性制裁"边界的具体建议

就"刑罚附随性制裁"而言，对其确定制度层面的具体边界，比给出理念化的设想更难，制度的完善需要大量的实证调研和充分的理论论证。就目前已有的研究基础来说，至少应该对现有的制度进行系统梳理和原则性的约束，然后逐步实现由粗糙到细致，实现个别领域制度细节上的改变，以增强其科学性，逐步引导"刑罚附随性制裁"实践朝着合理的方向运行。

1. 细化前提的类型并建立起前提与制裁之间的逻辑关联性

（1）排除或限制对特定对象的"刑罚附随性制裁"的适用

前面提到赵宇案，赵宇经历了从防卫过当的不起诉到正当防卫的不起诉，尽管都是不起诉，然而，对赵宇及家人今后生活、工作的影响是完全不一样的。当然，赵宇最后是被认定为正当防卫，自然跟刑罚附随的负价值和不利益划清了界限，因此，这里仅以防卫过当为例。一方面，防卫过当案件，行

---

〔1〕 康均心、尹露："美国复权制度中国化思考——以'禁止询问犯罪记录'为例"，载赵秉志主编：《刑法论丛》（第 43 卷），法律出版社 2015 年版，第 369 页。

为入罪过形式较轻，行为尽管造成损害，也明显不同于一般的犯罪案件，因此，对其施加的禁止和限制性规定应与其罪责大小相适应。防卫过当致人死亡，算是防卫过当最严重的情形了，而过失致人死亡罪，是防卫过当情况下通常被判处的罪名。我国《刑法》第 233 条对过失致人死亡罪规定的法定刑是 3 年以上 7 年以下有期徒刑，情节较轻的，处 3 年以下有期徒刑。对于防卫过当，《刑法》第 20 条第 2 款规定，"正当防卫明显超过必要限度造成重大损害的，应当负刑事责任，但是应当减轻或者免除处罚"。可见，从刑法制度层面，防卫过当如果按较严重的情形来评估，定为过失致人死亡罪，那么，其法定刑最高为 7 年有期徒刑，再加上防卫过当情形的减轻或者免除处罚，实际宣告刑应该多在 7 年以下甚至更低。为了了解司法实务中对防卫过当案件的刑罚裁量情况，我们通过中国裁判文书网，以"防卫过当"为案由，对 2018 年全年的判决书进行了检索，共得到 938 个检索结果，其中最终被认定成立防卫过当的，有 123 个。123 份判决书中，无罪判决 1 份，免予刑事处罚的 10 份，处 3 年以下有期徒刑的 70 份（其中适用缓刑的 48 份）。从罪刑相适应的角度考虑，对于被认定成立防卫过当的案件，至少对最终判处较轻刑罚如 3 年以下有期徒刑的，完全可以将其从"刑罚附随性制裁"的对象中排除。另一方面，防卫过当由于其主观恶性小、可非难罪责程度较低，人身危险性和再犯可能性较小，不宜对其进行"矫枉过正"式的再犯预防。特别是为了保护国家、集体和他人利益而被认定为防卫过当的人，在其刑罚执行完毕后施以一系列的限制性制裁，终身或定期剥夺行为人的权利资格，显然是不合理的。

此外，对于避险过当者、处轻刑的未成年犯和过失犯、自诉案件特别是其中告诉才处理的案件和被害人有证据证明的轻微刑事案件中的曾被定罪判刑的人员，同样要慎用或不用"刑罚附随性制裁"。

（2）对曾受过刑罚惩罚的人进行类型化

许多人认为，"刑罚附随性制裁"的适用，可以有效降低犯罪者再犯的可能，尤其是针对一些特殊行业的犯罪者而言，禁止其再从事特定行业是有必要的。但已有学者在实证观察的基础上提出，部分职业禁止是毫无必要的。例如，禁止因向吸毒者出售处方药而被监禁的医生被许可从事医学工作可能是适当的，而禁止医生因为被判定犯有车辆过失杀人罪而被许可从事医学工作，作为预防措施可能无效。[1]多年来，我国一直沿袭"受过刑罚处罚的人""有刑罚经历人员"等粗放型概念的使用，有必要引入类型化思维方法，尽量减少"一刀切"的规定和作法，细化"刑罚附随性制裁"前置条件即适用前提的类型，然后根据每种类型的共性和基本特点，有针对性地构建对应的禁止或限制性措施，最大限度地促进刑满释放人员回归社会，实现预防和回归社会的效果的优化。[2]为此，建议借鉴和引入类型化思维并使之成为制度设计和适用的思维习惯，这是因为，与概念思维相比，类型思维更贴近社会生活的复杂性和变动性。卡尔·拉伦茨就曾指出："当抽象——一般概念及其逻辑体系不足以掌握某生活现象或意义脉络的多样表现形态时，大家首先会想到的补助思考形式是'类型'。"[3]"类型"作为一种思维形式，能够细化规范和制度构建和适用的条件，为制裁手段的设置提供较为准确的前提，增进制裁手段适用的合理性。

在我国规范的构建和适用中，"要么全部""要么全不"的简单化思维习惯和做法依然不少，类型化思维意识有待增强，特别是具体类型化的意识亟待提升。值得注意的是，2020年颁布的《公职人员政务处分法》在这方面做了一个有益的尝试，有松绑的迹象。该法第14条，改变了过去在职务犯罪和预防实务中公职人员犯罪后开除公职标准过低、比率过高的做法，明确了公职人员犯罪有下列情形之一的予以开除：①因故意犯罪被判处管制、拘役或者有期徒刑以上刑罚（含宣告缓刑）的；②因过失犯罪被判处有期徒刑，刑期超过3年的；③因犯罪被单处或者并处剥夺政治权利的。同时提出，因过失犯罪被判处管制、拘役或者3年以下有期徒刑的，一般应当予以开除；案件情况特殊，予以撤职更为适当的，可以不予开除。上述规定使得针对公职人员犯罪的"刑罚附随性制裁"，更为细化和理性，为一些案情较为特殊的个案，留出了制裁的转圜余地。

---

〔1〕 See Freisthler. Marlaina, and Mark A. Godsey, Going Home to Stay: A Review of Collateral Consequences of Conviction, Post-Incarceration Employment, and Recidivism in Ohio, University of Toledo Law Review, Vol. 36, no. 3, Spring 2005, pp. 525~544.

〔2〕 类型化，一方面是靠经验，另一方面是靠数据。我国解决这类问题的最大障碍是，再犯的统计不公开不详细，对再犯率特别是不同类型犯罪的再犯率缺乏准确的了解和掌握，对于"坏人能变好吗"这一问题，想给出判断哪怕是概率性的判断，难度非常大。

〔3〕 〔德〕卡尔·拉伦茨：《法学方法论》，陈爱娥译，商务印书馆2003年版，第337页。

（3）增强前提与后果之间的逻辑关联性

法律后果的承担，是有其逻辑前提的，前提与后果之间的逻辑关联性原理同样应适用于"刑罚附随性制裁"的适用中，这是保障"刑罚附随性制裁"公平适用的规范化要求。就我国目前"刑罚附随性制裁"的前置条件的规定而言，前置条件中的犯罪性质、情节等，与剥夺资格、职业排斥等的后果之间，有的注意到了前提的类型及与制裁措施的逻辑关联性问题，如我国《食品安全法》第135条第2款规定："因食品安全犯罪被判处有期徒刑以上刑罚的，终身不得从事食品生产经营管理工作，也不得担任食品生产经营企业食品安全管理人员。"再如《会计法》第40条规定："因有提供虚假财务会计报告，做假帐，隐匿或者故意销毁会计凭证、会计帐簿、财务会计报告，贪污，挪用公款，职务侵占等与会计职务有关的违法行为被依法追究刑事责任的人员，不得再从事会计工作。"然而，未细化类型与无明显的逻辑关联性的规定也不少，如《拍卖法》第15条规定，因故意犯罪受过刑事处罚的，不得担任拍卖师；《企业破产法》第24条规定，因故意犯罪受过刑事处罚，不得担任管理人；再比如，按照上面提到的《成都市婚姻介绍机构管理办法》的规定，那么，有醉驾前科的人、超速追逐判过刑的人等，一律排除在婚姻介绍工作的范围之外。类似做法显然是不合理的。因为从事婚介工作，要有讲究诚信，防止诈骗违法犯罪的发生，醉驾之人虽是受过刑罚处罚的人，但未必不诚信。禁止有醉驾前科的人从事婚介所工作，完全是一种"强制推定"其是"坏人"的思维运行方式，是不妥当的。

2. 修订缺乏上位法依据的内容

由于有前科之人，有一定的再犯可能性。因此，一些用人单位出于自我保护、防范风险方面的考虑，习惯性地将"无犯罪前科""未受过刑罚处罚"乃至"无违纪违法记录"作为招工用人的必备要件。一般来说，我们不能够通过强制性手段强迫用人单位接受刑满释放人员，也不适合给用人单位设立安置指标，但是，用人单位无根据地设置限制和排斥性的内容，特别是超越上位，附加增设禁止或限制性的内容，是缺乏依据的，相关内容应该予以废止或修订。如我国《立法法》第11条规定，对公民政治权利的剥夺、限制人身自由的强制措施和处罚，只能由法律规定，然而，国务院发布的《社会团体登记管理条例》，作为一部行政法规，在第13条第3项规定了"发起人、拟任负责人正在或者曾经受到剥夺政治权利的刑事处罚……"登记管理机关对该社团不予登记，这一规定有延续原剥夺政治权利效力和在行政法规中设置剥夺政治权利内容的嫌疑，与《立法法》第 11 条相悖，本着下位法服从上位法的立法原则，建议予以修订。

3. 严格控制终身类的禁止性规定，同类事项设定的期限应一致

美国有学者提出，由于"刑罚附随性制裁"是"监管性的"而不是惩罚性的，因此罪刑法定原则无法对其进行约束，这导致官方机关可以对很久以前被定罪的人施加新的"刑罚附随性制裁"。[1]犯罪成本中也包含机会成本，曾受过刑罚惩罚的人在面临各类从业禁止、户籍排斥、权利限制时，一定程度上可能在饱受社会排斥的情况下二次犯罪。特别是，对有犯罪前科的人进行不限定期限的职业禁止，等于将"犯罪人"的标签永远贴在他们身上，否定人具有弃恶从善、改过自新的可能性，这种经验性的做法缺乏依据和合理性。从鼓励和接纳曾受刑罚者回归社会的理念和姿态出发，"刑罚附随性制裁"应尽量减少终身剥夺的规定，除非是出于保护某些具有敏感性和脆弱性的权利资格的需要，才可以对犯罪情节极为恶劣的行为人进行终身剥夺。譬如某种职业代表了国家形象，一旦被滥用将有损公众对社会的信任，或者某种资格具有敏感性和脆弱性，一旦具备将成为犯罪的便利条件，极易被行为人再次利用实施犯罪行为，针对这些情况，都可以规定更为严格的禁止或限制性条件。但总体来说，除特殊情况外，应当严格执行《刑法》第 37 条之一第 1 款的规定，对职业的限制以及资格的剥夺都要有明确的期限规定。为此，可以以犯罪人所犯罪行及其刑期的长短，加上对其再犯可能性的科学评估，作为标准来确定对其进行"刑罚附随性制裁"的时间，以改变目前随意规定或者终身禁止的现状。

针对同类事项，不同地区差异性做法，哪些事项允许地方差异和不允许地方差异的要有上位法依据。对于有上位法依据而设置的禁止或限制性内容，时间应该尽量一致，以维护整体法秩序的统一性和公正性。

4. 将犯罪信息纳入公民社会信用信息要慎重

如前所述，随着我国社会信用体系建设工作的推进，出现了将犯罪信息纳入公民社会信用信息范围的做法。随着社会治理压力的增大，新的制裁手

---

〔1〕 Chin, "Gabriel J. Collateral Consequences of Criminal Conviction, Criminology, Criminal Justice", *Law & Society*, Vol. 18, no. 3, December 2017, pp. 1~17.

段被设立和启动，出现了针对一种犯罪行为的多元制裁手段并用的情况。然而，犯罪信息不同于一般的公民信息，犯罪信息也未必都与社会信用紧密关联，简单地将其社会信用化，将在治理目标、相关人利益和多元制裁手段如何合理适用方面引发新的问题，要提防"从刑罚到处罚再到各种责任追究，实践的制度设计中惩戒存在一种泛化的危险"。[1]为此，笔者建议：①在准确解读社会信用的宗旨的前提下，构建违法犯罪事项纳入公共信用信息目录清单制度。②要避免将犯罪信息不加区分地纳入公民社会信用评价的范畴，与"社会信用"不搭界、无关联的其他违法犯罪事项不得纳入社会信用名单中。③针对同一行为不断加码的多元制裁手段的适用，要同刑罚一道，接受比例原则的制约，力度要控制。

5. 明确"刑罚附随性制裁"的可诉性及其法律救济渠道

理论上，上位法律法规的禁止性规定，对于招聘和用人单位而言，属于义务性规范，是必须承担的法律义务，对于存在上位法禁止事由的人员，不得违规招录。反过来，对于从事法律法规未禁止的职业、有关作业活动，获取社会保障等，是公民的合法权利，其剥夺和限制必须有相应的法律救济渠道。我国《宪法》第 42 条规定，劳动权是我国公民的基本权利之一，而对"劳动权"做宪法解释，则可以推论出职业自由权是劳动权的基本内容之一。[2]劳动权的行使是否顺畅，直接关系到人的生存权和发展权。目前我国有显形的职业排斥，其中有的有法律依据，有的没有法律依据，还有大量隐形的职业排斥的做法。仅就有曾受刑罚者而言，排斥性的规定和做法常见，但极少见到有曾受刑罚惩罚人员因被拒绝录用和聘用而提起诉讼的案件。究其原因，一方面，可能是当事人预期这类纠纷以诉讼手段解决的难度会非常大，权衡之下主动放弃了诉权的行使；另一方面，用人单位在用工自主的前提下，给出的非真实的拒绝录用理由，使得当事人即使通过诉讼来维护自身权益，也不以曾受刑罚作为被排斥的事由进行举证。这也从侧面反映出，明确"刑罚附随性制裁"的法律救济渠道，具有现实意义。换言之，在我国，明确"刑罚附随性制裁"的可诉性，保护受"刑罚附随性制裁"者通过诉讼

---

〔1〕 傅达林："恪守惩戒的边界——新时代立法现象观察之九"，载《检察日报》2018 年 7 月 4 日。

〔2〕 参见韩大元主编：《中国宪法事例研究（一）》，法律出版社 2005 年版，第 133 页。

维护自己合法权利，寻求司法机关的介入，符合社会主体合法权利要有保护措施跟进的逻辑。尽管实现起来有一定的难度，但不论是对于制约"刑罚附随性制裁"不断扩张的现象，还是维护我国社会主体权利救济渠道的完整性和通畅性来说，都是必要的。

五、结语

根据我国目前的社会治理现状，事实上学界和实务界都已认识到，现有法治体系下的法律制裁不可能独立完成社会治理任务。尤其是在预防再犯的问题上，既需要其他社会力量提供支持，也需要改变目前以惩戒、威慑、警示为主要手段的治理方式。目前，各类正式或非正式的"刑罚附随性制裁"，虽然在当前社会治理中存在广阔的适用空间，但由于缺乏系统认识，当前"刑罚附随性制裁"的适用还存在规范化程度较低、社会治理效益不高的问题。因此，通过对"刑罚附随性制裁"的基础理论和实证研究，可以进一步为建构和完善我国以刑罚为核心的法律制裁体系以及"社会性制裁"体系的法治化建设，调动多元社会主体合理参与社会治理，科学设置"刑罚附随性制裁"服务于社会治理的目标的实现。

性侵害未成年人犯罪人员信息公开的制度局限论析

方瑞安 *

摘　要：中国版"梅根法"即性侵害未成年人犯罪人员信息公开制度自2016年在浙江省慈溪市试行以来，现已在至少三地试行。这一制度的初衷是对刑满释放的性犯罪人员进行登记和社区公告，不仅可使潜在受害人提高警惕，而且能对犯罪人员增加威慑力，进而实现犯罪预防。但犯罪登记和社区公告有可能对多个主体、多个方面产生负面影响，而我国学界对于这一话题的研究成果目前暂付阙如。总体来说"梅根法"既存在制度的内生困境，如登记、公告期限的设计缺陷、高昂制度成本和效用生发场景有限等，也有着外在负面影响，具体包括对在册性犯罪人员、社区成员和经济等主体和方面。

关键词：性侵害未成年人犯罪人员信息公开制度；制度成本；网络性犯罪；重新融入社会；安全感

2016年6月，浙江省慈溪市检察院联合当地多部门，制定了《性侵害未成年人犯罪人员信息公开实施办法（试行）》，对符合条件的实施严重性侵害未成年人行为的犯罪人员，在其刑满释放后或者假释、缓刑期间，通过各单位的门户网站、微信公众号、微博等渠道，公开其个人信息，方便公众随时查询。[1]该立法例系我国性侵害未成年人犯罪人员信息公开制度的首次立法实践，由于该制度最早发端于美国"梅根法"，亦可被称为中国版的"梅根法"。

＊ 方瑞安，上海政法学院讲师，法学博士。本文系2022年度中国青少年研究会研究课题"我国性侵害未成年人犯罪人员信息公开制度的效用研究"（2022B03）的阶段性研究成果。本文已发表于《少年儿童研究》2022年第3期。

〔1〕 史洪举："性侵未成年人罪犯信息非常有必要公开"，载《中国青年报》2016年6月21日。

性侵害未成年人犯罪人员信息公开制度的成功在某种程度上体现在其对全球各个法域的深刻影响。其中，性侵害未成年人犯罪人员信息登记制度已经至少在澳大利亚、奥地利、加拿大、法国、日本、爱尔兰、肯尼亚和韩国等施行，而性侵害未成年人犯罪人员信息公开制度没有得到太多国家的借鉴参考，仅见加拿大、英国、澳大利亚、韩国等国家。

究其原因，一个很关键的问题在于该制度对性侵害未成年人犯罪人员隐私权的戕害，并且使得这部分群体难以再社会化。尽管支持者的观点认为，基于儿童最大利益原则，儿童权利应当优位于犯罪人员的权利，即虽然可能引发对性侵罪犯隐私权侵害、性侵被害人心理二次伤害等风险，但儿童应享有最大利益。[1]但也有相当多的学者、官员乃至法域难以接受这一观念。对我国而言，我国学者在"梅根法"引入国内的问题上大多聚焦法理层面的探讨，关注预防犯罪和罪犯隐私权保护间的价值衡量，[2]但对于"梅根法"的制度内生缺憾以及衍生的外在负面影响缺少更具体的研究。

一、"梅根法"及其价值权衡困境

（一）"梅根法"的正当性基础：儿童最大利益原则

联合国 1989 年 11 月 20 日第 44 届联合国大会第 25 号决议通过了《儿童权利公约》（Convention on the Rights of the Child），这是第一部有关保障儿童权利且具有法律约束力的国际性约定，于 1990 年 9 月 2 日生效，截至目前已有 196 个缔约国。该公约规定，儿童系指 18 岁以下的任何人，除非对其适用之法律规定成年年龄低于 18 岁。该公约第 3 条第 1 款明确规定："关于儿童的一切行动，不论是由公私社会福利机构、法院、行政当局或立法机构执行，均应以儿童的最大利益为一种首要考虑。"相应的，我国《未成年人保护法》

---

〔1〕 例如，我国姚建龙教授、裴菊红检察官等都持此论。参见姚建龙、刘昊："'梅根法案'的中国实践：争议与法理——以慈溪市《性侵害未成年人犯罪人员信息公开实施办法》为分析视角"，载《青少年犯罪问题》2017 年第 2 期。另参见裴菊红、王晓青："性侵害未成年人犯罪人员信息公开制度探析"，载《青少年犯罪问题》2017 年第 2 期。

〔2〕 例如，四川大学教授王建民认为犯罪分子该受到的惩罚，法院应按照法律程序给予判决，再行信息公开属于另一种惩罚，会侵害犯罪分子的隐私以及人格尊严；北京师范大学教授宋英辉提出公开犯罪记录存在对他们家人伤害；龙敏博士认为无论是犯罪风险评估工具、相关的配套制度还是合理的实施机制均不完备，因此性侵害未成年人犯罪人员信息公开制度不宜操之过急。参见方瑞安："性侵害未成年人犯罪人员信息公开制度的效用质疑"，载《少年儿童研究》2022 年第 3 期。

第 4 条规定了保护未成年人，应当坚持最有利于未成年人的原则。处理涉及未成年人事项，应当符合下列要求：给予未成年人特殊、优先保护；尊重未成年人人格尊严；保护未成年人隐私权和个人信息；适应未成年人身心健康发展的规律和特点；听取未成年人的意见；保护与教育相结合。

性侵未成年人犯罪人员信息公开机制是儿童利益最大化原则的体现。支持者大多是从未成年人权利优位的角度去论证，即虽然可能侵害性犯罪人员的隐私权、造成性侵被害人心理二次伤害等，但儿童应享有最大利益。[1]在涉儿童案件中，该原则是解决相关权利冲突的指引性原则。在儿童权益与性犯罪人隐私权发生冲突时，基于儿童在社会中处于弱势地位的考量，应对其进行必要的倾斜保护、对性犯罪人的隐私权进行有限限制。公开机制出于保护儿童免受性侵害的目的，将危险性高的性犯罪人信息进行登记和有限公开，是以儿童最大利益作为首要的考虑。尽管将性犯罪人信息面向特定主体公开，会对其造成一定不利影响，但是出于儿童利益最大化的考量，社会的价值取向应该是将儿童利益置于社会安全之上，也置于罪犯权利之上。可以说，儿童利益最大化原则是性侵未成年人犯罪人员信息公开机制正当性最有力的辩护基础。

（二）"梅根法"对性犯罪人员的隐私权侵犯

根据我国《民法典》第四编第六章的规定，自然人享有隐私权。任何组织或者个人不得以刺探、侵扰、泄露、公开等方式侵害他人的隐私权。隐私是自然人的私人生活安宁和不愿为他人知晓的私密空间、私密活动、私密信息。国家公权力机关不论基于何种理由，只要在客观上、结果上公开了公民群体不愿为他人知晓的私密信息，某种程度都构成对隐私权的侵犯。虽然有保障公共利益作为对抗公民隐私保护的事由，但也仅代表这是一种利益权衡，不能从根本上、前提上否定此种公开行为构成对隐私权的侵犯。

但是，也有学者提出，理论界主流观点认为犯罪记录和犯罪人员的身份信息属于可以公开的公共信息，并不具有隐私性，司法实践虽然没有明确犯罪记录和犯罪人员身份信息的属性，但从我国当前司法实践来看，亦将犯罪记录和犯罪人员身份信息排除在隐私权保护范畴之外。[2]性犯罪人员的罪行

〔1〕 姚建龙教授、裘菊红检察官等都持此论。
〔2〕 王春媛、廖素敏："性侵害未成年人犯罪人员信息登记和有限公开机制研究"，载《青少年犯罪问题》2016 年第 6 期。

经法院审理后，个人信息已经处于半公开状态，之所以说是半公开，是指公众如果仔细搜集，是可以拼凑到其完整的个人信息的。[1]陈兴良教授也认为，犯罪记录本身不存在涉及隐私的问题，犯罪后除了刑罚之外自然会存在其他不利后果。这是客观存在的，甚至不包括在法律内，是犯罪人应承担的。[2]

除此之外，退一步来说，即便犯罪记录和犯罪人员的身份信息不属于隐私，其也至少构成个人信息。《民法典》第1034条指出，个人信息是以电子或者其他方式记录的能够单独或者与其他信息结合识别特定自然人的各种信息，包括自然人的姓名、出生日期、身份证件号码、生物识别信息、住址、电话号码、电子邮箱、健康信息、行踪信息等。个人信息中的私密信息，适用有关隐私权的规定；没有规定的，适用有关个人信息保护的规定。"梅根法"所涉犯罪人员的身份信息显然与此高度重合。此时基于《民法典》第1036条第3项，为维护公共利益或者该自然人合法权益，合理实施的其他行为，行为人不承担民事责任，虽然能够主张对个人信息出于维护公共利益而公开，但由于主体基本限于自然人，公权力机关仍然未必有法理上的正当性。

（三）"梅根法"对性犯罪人员的人格尊严侵犯

中国古代的刑罚以肉刑、自由刑为主，但也有相当一部分是侮辱刑。例如墨刑、黥刺、髡刑，包括汉代的"髡钳为城旦春"等，是一种对罪犯心灵上的打击。当然，侮辱刑也要伤及皮肉甚至筋骨，而且施加于身体的明显部位，无法掩饰，不仅给罪犯造成肉体的痛苦，关键是同时使罪犯蒙受巨大的精神羞辱。随着肉刑的逐步废除，改为以自由刑为主的刑罚体系，侮辱刑也随之逐渐淡出历史舞台。

然而，性侵害未成年人犯罪人员信息公开制度虽然并不指向特定刑罚，但却极有可能产生侮辱刑的效果，侵犯性犯罪人员的人格尊严。泽维茨和法卡斯（Zevitz & Farkas）、伯奇菲尔德和明戈斯（Burchfield & Mingus）、利文森和科特（Levenson & Cotter）、拉舍尔和麦格拉思（Lasher & McGrath）的研究都相似地指出，在册性犯罪人员经常受到其他居民的排斥，骚扰，乃至其

---

〔1〕 浙江省未成年人刑事司法研究会："性侵害未成年人犯罪人员信息公开制度研讨会会议综述"，载《青少年犯罪问题》2016年第6期。

〔2〕 曾祥生等："聚焦全国第一份'行贿黑名单'记录档案"，载《民主与法制时报》2003年10月14日。

家庭成员也会受到影响，〔1〕这无疑会给已然服刑完毕的性犯罪人员带来心理上的折磨。

从人权法的角度出发，作为联合国"人权宪章"的《公民权利及政治权利国际公约》明确指出，所有被剥夺自由的人应给予人道及尊重其固有的人格尊严的待遇，并且除非在社会紧急状态威胁到国家的生命并经正式宣布时不得克减，克减的程度还需以紧急情势所严格需要者为限。性侵害未成年人犯罪人员信息公开制度生发的场景显然不属于社会紧急状态，而是一种常态化的制度，这就会造成对人权的克减，违背国际人权法的基本要求。

在澳大利亚，很明显的一个倾向是，民众并不能如美国一样普遍接受儿童权利对犯罪人员权利、公民权利、隐私等的优位。2019年，内政部时任部长彼得·达顿（Peter Dutton）提议在澳大利亚建立一个类似于美国的性犯罪人员登记档案，任何人都可以根据该档案记录的数据查看已登记的性侵儿童犯罪者在获释后的居住地。但是，这一提议受到了广泛的批驳。有律师就撰文写道："彼得·达顿的提议得到了总理的支持，即为儿童性犯罪人员建立公共登记处，这是为了所谓的'社区安全'目的以及未说明的民粹主义和政治优势目的而部署残忍政策的又一个例子。维多利亚州已经存在的性犯罪人员登记处足以证明这种系统的核心是非理性的残暴行为。更进一步公开登记只会导致进一步的伤害。对社会的持久影响不会是儿童的安全，而是更多的恐惧、猜疑、社会分裂、定性和暴力，以及将无法承受的羞耻、焦虑和内疚的负担强加给不值得的人。"〔2〕这在很大程度概括了反对者对这一制度的忧虑。

〔1〕 Richard G. Zevitz and Mary Ann Farkas. "Sex Offender Community Notification: Managing High Risk Criminals or Exacting Further Vengeance?", *Behavioral Sciences & the Law* 18 2~3（2000）：375~391. Keri B. Burchfield and William Mingus. "Not in My Neighborhood", *Criminal Justice and Behavior* 35（2008）：356-374；Jill S. Levenson and Leo P. Cotter, "The Effect of Megan's Law on Sex Offender Reintegration" *Journal of Contemporary Criminal Justice* 21（2005）：49~66；Michale P. Lasher and Robert J. McGrath. "The Impact of Community Notification on Sex Offender Reintegration", *International Journal of Offender Therapy and Comparative Criminology* 56（2012）：6~28.

〔2〕 Isabelle Skaburskis, "Dutton's Proposed Public sex Offender Register – Populist and Just a Bad Idea", https://www.criminal-lawyers.com.au/sex-offences/duttons-proposed-public-sex-offender-register-populist-and-just-a-bad-idea.

二、"梅根法"的制度内生缺憾

(一) 性犯罪人员的年龄与登记、公告期限

首先，一个早已达成共识的结论是性犯罪的再犯率会随着年龄的增长而下降，[1] 这在一定程度意味着对支持"梅根法"效用的研究成果可信度的削弱。例如，塞纳·法泽尔等研究者跟踪调查了 1993 年至 1997 年间从瑞典监狱释放的所有 1303 名成年男性性罪犯，研究了四个年龄段（25 岁以下、25 岁至 39 岁、40 岁至 54 岁和 55 岁以上）的再犯罪（性犯罪和包含性犯罪在内的任何暴力犯罪）的比率。结果显示，老年人的再犯罪率明显下降：25 岁以下、25 岁至 39 岁、40 岁至 54 岁和 55 岁以上的性犯罪再犯罪率分别为 10.7%、9.4%、5.6%、6.1%；包含性犯罪在内的任何暴力犯罪再犯罪率分别为 42.7%、28.3%、15%、6.7%。关于老年性犯罪人员再犯罪率的研究结果与英国、美国和加拿大的研究结果一致，这说明，至少在西方环境中具有一定的普遍性。[2]

因此，尽管部分研究结论可能显示"梅根法"颁布后，性犯罪再犯罪率出现了下降，但如果是在一个长期的跟踪调查中，难以排除此种下降情形在多大程度上是直接由于"梅根法"的影响，而非性犯罪人员的年龄逐年增长的影响。

其次，各个法域不同版本的"梅根法"都有一个共性，即对部分存在较高再犯风险的性犯罪人员采取更长的登记和公告时限。例如，美国制定的《亚当·沃尔什法案》就试图通过延长登记和在线公告的时限要求。梅根法在联邦层面现已被更为细致广泛地规定在《亚当·沃什法案》（Adam Walsh Child Protection and Safety Act of 2006）中，也即 34 U. S. Code Part A 的《性犯罪人员登记和公告法案》（Sex Offender Registration and Notification Act）之中。性犯罪人员登记是一个用于在性犯罪人员被释放到社区后对其进行监控和跟

---

〔1〕 Seena Fazel et al. , "Risk Factors for Criminal Recidivism in Older Sexual Offenders", *Sexual Abuse: A Journal of Research and Treatment* 18 (2006): 159~167; R. Karl Hanson "Recidivism and Age: Follow-Up Data From 4, 673 Sexual Offenders", *Journal of Interpersonal Violence* 17 (2002): 1046~1062; R. Karl Hanson and Monique T. Bussière, "Predicting Relapse: a Meta-analysis of Sexual Offender Recidivism Studies", *Journal of Consulting and Clinical Psychology* 66 2 (1998): 348~362.

〔2〕 Seena Fazel et al. , "Risk Factors for Criminal Recidivism in Older Sexual Offenders" *Sexual Abuse: A Journal of Research and Treatment* 18 (2006): 159~167.

踪的系统。登记向地方和联邦当局以及公众提供有关被定罪的性犯罪人员的重要信息，例如犯罪者的姓名、当前位置和过去的罪行。原则上，完整的登记期限如下：①15 年，如果犯罪者是一级性犯罪人员；②25 年，如果犯罪者是二级性犯罪人员；③终生，如果犯罪者是三级性犯罪人员。

如果性犯罪人员在某些特定情况下没有犯罪记录而实现所谓的"清白记录"（clean record），那么登记期限也会得到相应缩减。例如，在登记期限内没有犯下可判处监禁超过 1 年的罪行；没有性犯罪；完成任何监督释放、缓刑和假释期；成功完成一项由司法管辖区或司法部长认证的性犯罪人员治疗计划。对一级性犯罪人员，其"清白记录"需保持 10 年；三级性犯罪人员，其"清白记录"需保持 25 年。具体的缩减情况是，一级性犯罪人员可缩减登记时限 5 年，三级性犯罪人员缩减登记时限可减到保持"清白记录"的期间。

但总的来说，性侵犯的再犯风险会随着年龄的增长而降低，这就在一定程度上表明《亚当·沃尔什法案》中较长的登记和公告期可能是低效的。随着性犯罪人员年龄的增长，他们对社会的威胁越来越小，终身登记和在线公告的要求可能会使公众难以识别真正的风险。

（二）"梅根法"高昂的制度成本

大量的报道已经指出，登记和社区公告制度的成本不容小觑。克里斯汀·兹戈巴（Kristen Zgoba）等人研究了新泽西州的"梅根法"实施成本，认为实施"梅根法"可能具体包括风险评估（即分级）、上门/社区通知、培训、起诉、互联网注册维护等各个方面，成本涵盖启动成本如建立网络性犯罪人员登记册、设备成本和其他杂项成本（例如，计算机软件）。还包括诸如工作人员薪金、互联网登记册维修、设备购置、维修和其他杂项费用（邮寄、打印、软件更新等）等日常成本。除此之外，新泽西州之前的预算也一并囊括了与监禁、改造和追踪性犯罪人员相关的成本。

该项研究覆盖了新泽西州共计 15 个县，在全部启动费用中，建立网络性犯罪人员登记处的费用为 186 190 美元，平均每个县为 31 032 美元；设备费用为 232 407 美元，平均每个县 19 367 美元；其他杂项费用为 136 968 美元，平均每个县 12 452 美元。此外，所有 15 个县因正在实施的"梅根法"而产生的总费用估计为每年 3 973 932 美元。在每年的总成本中，人力成本占 3 605 972 美元，每个县平均 257 569 美元；网络性犯罪人员登记维护费用 146 300 美元，每个县平均 20 900 美元；设备成本 130 483 美元，每个县平均 10 037 美元；其他杂项费用 91 177 美元，每个县平均 6 513 美元。实施"梅根法"的员工总数为 78 人，平均每个县 5.2 人。2007 年处理了 5873 例梅根法案的相关案例，每个县平均 391.5 例。此外，各县报告称，执法人员全年共对三级性犯罪人员进行了 31 次上门公告，平均每个县 3.9 次。[1]

总体来说，据估计，2006 年新泽西州"梅根法"实施的费用为 1 557 978 美元，而 2007 年的实施费用为 3 973 932 美元，开支增加了 155%。而 1994 年"新泽西州梅根法"的启动成本为 555 565 美元，至 2007 年已增加了 615%。

（三）网络性侵对"梅根法"效用的消减

"梅根法"诞生于 20 世纪末，与性侵犯罪的传统形式相伴而生，但诚如法理学家们早已指出的法律的滞后性，"梅根法"无法超越时代而匹配 21 世纪以来互联网高速发展带来的一系列新变化。

中国少年儿童文化艺术基金会女童保护基金和北京众一公益基金会共同发布的《2021 年性侵儿童案例统计及儿童防性侵教育调查报告》显示，在 223 起媒体报道的案例中，表明性侵发生场所的有 182 起，通过网络发生的有 17 起。包括线上作案和线下作案（网友约见面后实施性侵），在熟人作案中占比 10.63%，在案例总数中占比 7.62%。据部分地区法院统计，近年来审理的性侵害儿童的案件中，有近三成是被告人利用网络聊天工具结识儿童后实施。随着互联网特别是移动通讯设备的普及，通过网络性侵害儿童的现象越来越多，危害越来越大，甚至不少案例本身就是在网络空间实施猥亵。利用网络性侵案件极具隐蔽性，家长一般也不容易发现，未成年人由于有畏惧心理，即使发觉受到侵害也通常不会主动告诉家长。被发现的网络性侵儿童案例中，往往一起案例便有几十人受害。同时，新冠疫情期间，多地中小学经常出现延期开学、居家监测与隔离以及远程学习的情况，这使得包括中国在内全球的网络性侵儿童案件激增。

举例来说，典型的线上网络性侵儿童案件如"蒋某飞猥亵儿童案"，2015 年 5 月至 2016 年 11 月间，被告人蒋某飞虚构身份，谎称代表影视公司招聘童星，在 QQ 聊天软件上结识 31 名女童（年龄在 10 年至 13 岁之间），以检查身材比例和发育状况等为由，诱骗被害人在线拍摄和发送裸照；并谎称需要面

---

[1] Kristen M. Zgoba et al., "Megan's Law: Assessing the Practical and Monetary Efficacy", The Research & Evaluation Unit Office of Policy and Planning New Jersey Department of Corrections, 2008.

试，诱骗被害人通过 QQ 视频聊天裸体做出淫秽动作；对部分女童还以公开裸照相威胁，逼迫对方与其继续裸聊。蒋某飞还将被害人的裸聊视频刻录留存。

典型的线上结识、线下作案的案件如"李某林猥亵儿童案"，2018 年 3 月，被告人李某林（32 岁）通过手机同性交友软件结识被害人 C 某（男，时年 13 岁），后李某林通过网络聊天得知 C 某系未成年人、初二学生。同月 17 日下午，李某林到四川省某酒店房间登记入住，并邀约 C 某到该房间见面与其发生了同性性行为。

从上述两例典型案例出发反观"梅根法"，由于其本身的制度特点，存在非常典型的地域性，基本以性犯罪人员所居住的社区为限，即便是互联网查询这样的被动公开模式，也有显著的地域范围，就像美国联邦"德鲁·舍丁国家性犯罪人员公共网站"允许公众通过对用户设置的任何给定邮政编码或地理半径的单次查询来获取每个性犯罪人员的相关信息，超越地理半径的信息则难以获取。然而，基于互联网的性犯罪往往会超越地域性，潜在受害人与性犯罪人员极少存在于同一社区，例如"李某林猥亵儿童案"中，加害人李某林就系跨越城市实现加害目的。线上网络性侵犯罪更是基于诱骗儿童发送裸照、裸体视频、进行裸聊、做猥亵动作等，无需实际完成线下的身体接触，这对"梅根法"发挥效用产生了极大的消解作用。

其次，网络性侵犯罪往往存在身份的匿名性，这与"梅根法"的本质特征又产生了第二重碰撞。网络性侵犯罪中加害人往往先行通过非实名、远程网络交流的方式接近受害人，很多时候受害人受到性侵害后都尚不知悉加害人真实的身份及住所信息。例如在"蒋某飞猥亵儿童案"中，加害人蒋某飞就系虚构身份，谎称代表影视公司招聘童星。未成年人无法透过一个虚拟的网络名称进行个人信息检索从而排除有性犯罪前科的网友，况且监护人往往也无从知悉自己的孩子是否有网友、网友具体是谁等，因此更谈不上帮助进行排查了。

三、"梅根法"的外在负面影响

（一）"梅根法"对在册性犯罪人员的负面影响

2005 年，理查德·图克斯伯里（Richard Tewksbury）从肯塔基州性犯罪人员登记处列出的犯罪者中排除了登记中地址未知的罪犯、被监禁的罪犯和登记时间不足 6 个月的罪犯，最终筛选出将近 800 人的样本，研究了"梅根法"对登记在册性犯罪人员的负面影响。

研究结果显示超过一半的人反映，由于登记和公众对他们的性侵犯行为的了解，他们至少失去了一个朋友。此外，超过 1/3 的登记者反映，由于公众知道这些犯罪行为，他们失去了工作（42.7%），失去或被拒绝居住（45.3%），受到人身骚扰（47%），在公共场合受到粗鲁对待（39.3%），并且在小城市出现此类情形的概率明显高于大都市。

事实上，类似的研究成果还很多，基本指向了近乎相同的结论。例如泽维茨和法卡斯（Zevitz & Farkas）、伯奇菲尔德和明戈斯（Burchfield & Mingus）、利文森和科特（Levenson & Cotter）、拉舍尔和麦格拉思（Lasher & McGrath）的研究都相似地指出，在册性犯罪人员最常见的障碍是难以获得住房和就业，受到其他居民的排斥，骚扰，以及罪犯家庭的情感问题。[1] 更为严重的是，利文森和科特的研究表明，登记在案的性犯罪人员中，有 5% 到 10% 的人被殴打或受伤，18% 的人财产受损。[2] 拉舍尔和麦格拉思的研究相似地指出，8% 的参与者报告说自己受到了身体攻击或伤害，14% 的人报告说自己的财产受到了损坏，44% 的人报告说受到邻居的威胁或骚扰。除了犯罪行为，40% 至 60% 的参与者报告了消极的心理后果，如感到孤独、孤立、尴尬和绝望。[3] 因此，帕克等人（Park，Bandyopadhyay & Letourneau）在研究的最后总结认为登记制度对性犯罪人员重新融入社会的努力造成了重大伤害。[4]

---

〔1〕 Richard G. Zevitz and Mary Ann Farkas, "Sex Offender Community Notification: Managing High Risk Criminals or Exacting Further Vengeance?", *Behavioral Sciences & the Law* 18 2~3 (2000): 375~391; Keri B. Burchfield and William Mingus, "Not in My Neighborhood", *Criminal Justice and Behavior* 35 (2008): 356~374; Jill S. Levenson and Leo P. Cotter. "The Effect of Megan's Law on Sex Offender Reintegration", *Journal of Contemporary Criminal Justice* 21 (2005): 49~66; Michael P. Lasher and Robert J. McGrath, "The Impact of Community Notification on Sex Offender Reintegration", *International Journal of Offender Therapy and Comparative Criminology* 56 (2012): 6~28.

〔2〕 Jill S. Levenson and Leo P. Cotter, "The Effect of Megan's Law on Sex Offender Reintegration", *Journal of Contemporary Criminal Justice* 21 (2005): 49~66.

〔3〕 Michael P. Lasher and Robert J. McGrath, "The Impact of Community Notification on Sex Offender Reintegration", *International Journal of Offender Therapy and Comparative Criminology* 56 (2012): 6~28.

〔4〕 Jin-Hong Park Dipankar Bandyopadhyay and Elizabeth J Letourneau, "Examining Deterrence of Adult Sex Crimes: A Semi-parametric Intervention Time-series APProach", *Computational Statistics & Data Analysis* 69 (2014): 198~207.

但是，我们必须注意到，迄今为止的文献通常是基于自我报告或访谈方法，此种研究方法有一定的局限性，削弱了上述研究的可信度。

第一个局限体现在，性犯罪前科本身亦能带来难以获得住房和就业，受到其他居民的排斥、骚扰，以及罪犯家庭的情感问题等。尽管研究人员会明确地告诉性犯罪人员，登记制度的附带后果是研究的重点，但现有的研究方法无法将性犯罪前科本身和登记制度的影响完全剥离。一个明显的例子是，假释犯和服刑完毕回家的罪犯也会导致与登记、公告性犯罪人员类似的附带后果。毕竟，就像性犯罪人员一样，普通假释人员通常需要在申请就业和住房时表明自己的身份，而且会在其他许多场景被社区居民识别出存在前科。[1]

第二个局限是自我报告或访谈方法本身的局限，因为该方法既会导致选择偏差（受试者自愿同意参与），也会导致确认偏差（受试者倾向于夸大影响）。例如，许多人自愿参与调查的动因就可能是将此视为一个有助于消除登记制度的机会。再例如，调查的手段常常包括一份可能由登记制度引起的潜在问题清单，而这可能会引导受访者报告问题。

回到我国的慈溪版"梅根法"，从慈溪市发布的《性侵害未成年人犯罪人员信息公开实施办法（试行）》中我们可以得知，除了判决书中载明的信息以外，还包括犯罪人的照片、家庭住址、工作单位等其他一系列相关信息，这种不经严格程序进行申请就可以随时查询到犯罪人生活信息的方式，在网络如此发达、公众对性侵害未成年人敏感度极高的社会，着实难以避免信息查询人将性侵害未成年人犯罪人的信息扩散到更大的平台。部分微信公众号、新浪微博号为了吸引更多粉丝，获取较高的阅读量，扩大案情事实，刺激公众已经高度敏感的神经，网友在阅读公众号推文后，根据网络使用习惯，对犯罪人的生活基本信息会自发进行转发，从而扩大性侵害犯罪人信息的流通，侵害犯罪人的生活。[2]

（二）"梅根法"对社区成员的负面影响

尽管性犯罪人员登记与公告制度的本意是增强社区成员的安全感，但公

〔1〕 Joan R. Petersilia, "When Prisoners Come Home: Parole and Prisoner Reentry", Wakefield, Sara and Christopher Wildeman, "Children of the Prison Boom: Mass Incarceration and the Future of American Inequality".

〔2〕 邵旭妍："试论慈溪版'梅根法'的制度风险及化解路径"，载《预防青少年犯罪研究》2018 年第 2 期。

告清楚地传达了存在对安全的潜在威胁。因此，公告可能只会增加对受害的恐惧，而不是赋予安全感。美国的部分学者具象化、实证地对这一问题进行了研究。

一项对华盛顿州 400 名居民进行的电话调查，目的是评估登记与公告制度的有效性，结果显示，登记与公告制度可能会增加社区成员的恐惧。根据菲利普斯（Phillips）（1998 年）的研究，80% 的女性报告说，当她们得知社区里有一个被定罪的性犯罪人员时，她们会感到害怕。[1]另外一项针对威斯康星州 704 名社区居民的调查显示，38% 的受访者表示，在参加社区公告会议后，他们会更加关心性犯罪人员的情况；会议上最常听到的担忧之一是与会者害怕成为受害者。[2]

而马特森和里布（Matson & Lieb）报告了 1996 年在华盛顿州进行的一项调查的结果，该调查审查了 45 个司法管辖区执法部门在社区公告会议和骚扰事件方面的经验。马特森和里布的报告指出，在发布社区公告后，执法部门接到了“无数”来自市民的电话，他们对社区中的罪犯表示担忧，并质疑警察为保护公众所做的努力。[3]

一份更详尽的研究报告指出，与居住在同一社区但未收到通知的受访者相比，收到通知的受访者明显更害怕受到个人伤害，恐惧程度更高。因此，性犯罪人员社区公告似乎确实引起了社区的恐惧或者说恐慌。虽然被告知性犯罪人员存在附近是恐惧情绪的重要发生因素，但最能影响恐惧的因素是性别和教育程度。女性受访者和受教育程度较低的受访者明显更有可能报告较高的个人恐惧程度。此外，年轻受访者、非白人受访者、之前受到过犯罪侵害的受访者、有家庭成员曾受到犯罪侵害的受访者，以及来到社区时间不长的受访者都表现出略高的恐惧程度。[4]

当然，对于引发社区居民恐惧与否的研究结论不应孤立而应辩证地看待。

---

〔1〕 D. M. Phillips, *Community Notification as Viewed by Washington's Citizens*, Washington State Institute for Public Policy, 1998.

〔2〕 Richard G. Zevitz and Mary Ann Farkas, "Sex Offender Community Notification: Assessing the Impact in Wisconsin: (527532006-001)".

〔3〕 S. Matson, & R. Lieb, *Community Notification in Washington State: 1996 Survey of Law Enforcement*", Washington State Institute for Public Policy, 1996.

〔4〕 Victoria Simpson and Lawrence F. Travis, "Sex Offender Notification and Fear of Victimization", *Journal of Criminal Justice* 32 (2004): 455~463.

梅根法案的出发点就是通过通知家庭潜在的安全威胁来保护儿童，如果社区公告给到潜在受害人及其监护人的恐惧程度很高，那么我们有理由推断潜在受害人及其监护人就会采取相应更有力的措施保护儿童。

（三）"梅根法"对经济的负面影响

当前美国关于"梅根法"对经济影响的研究集中在"梅根法"对房产价值的影响。例如，利·林登（Leigh Linden）和乔纳·罗科夫（Jonah E. Rockoff）针对北卡罗来纳州的研究发现在性犯罪人员到达后，其附近房屋的价格大幅下降。据估计，离性犯罪人员最近的房屋平均售价下降了大约 4%（约 5500 美元）。然而，这种效应是非常局部的，并且随着距离的增加而减小。而与性犯罪人员直接相邻的房屋价值下降了 12%，但没有发现任何证据表明，在性犯罪人员所在位置超过 0.1 英里的房屋受到任何影响。[1]

这一研究还在某种程度表明，人们对与性犯罪人员生活在一起有强烈的厌恶。一名性犯罪人员的存在会使邻近房屋的价值减少约 5500 元。如果我们把所有受影响的家庭和所有罪犯的影响综合起来，会发现性犯罪人员的存在使梅克伦堡县的财产价值降低了大约 6000 万美元。这表明，家庭愿意为将性犯罪人员从他们的社区赶走的政策付出高昂的代价。

贾伦·波普（Jaren C. Pope）的研究利用佛罗里达州希尔斯堡县的性犯罪人员数据调查了同样的问题，并发现了类似的结果。研究认为性犯罪人员会导致所在 0.1 英里范围内的房屋销售价格下降 2.3%（根据该地区房屋的平均价值，相当于 3500 美元）。而且该研究有更直接的论证逻辑，因为贾伦·波普发现房屋售价的下降会在性犯罪人员离开后消失，进一步证明性犯罪人员对当地房产价值的影响是有因果关系的。[2]

四、结语

综合而言，"梅根法"即性侵害未成年人犯罪人员信息公开制度立足儿童最大利益原则，以保护未成年人免受性侵害为制度的价值立场，其出发点是好的，也受到了各国普通民众的广泛支持。但是，这一制度在一定程度上是以

---

[1] Leigh L. Linden and Jonah E. Rockoff, "Estimates of the Impact of Crime Risk on Property Values from Megan's Laws", *The American Economic Review* 98（2008）：1103～1127.

[2] Leigh L. Linden and Jonah E. Rockoff, "Estimates of the Impact of Crime Risk on Property Values from Megan's Laws", *The American Economic Review* 98（2008）：1103～1127.

牺牲性犯罪人员的隐私权和人格尊严为代价的，不利于性侵害未成年人犯罪人员重新融入社会。并且，现行性侵害未成年人犯罪人员信息公开制度有其制度内生缺憾和外在负面影响，前者就包括了登记、公告期限的设计缺陷、高昂制度成本和效用生发场景有限等，而后者则体现在既对在册性犯罪人员造成生活上的困扰，也增加了社区成员的恐惧感和不安全感，还可能对经济产生一定冲击。我国在引入"梅根法"这一制度时，需要充分认识到这一制度的弊端，在各国成熟的立法例的基础上，进行更精巧的制度设计，以期尽可能规避制度弊病，更好地发挥制度的价值。

犯罪附随后果司法化改造构想

梅传强　严　磊[*]

摘　要： 在积极刑法观的指引下，犯罪圈不断扩张引发了一系列质疑。这些质疑不仅存在于新罪的立法设置和司法适用方面，也存在于新罪引发的犯罪附随后果方面。统一设定来源、拓宽救济渠道和节约司法资源的需要决定了对犯罪附随后果进行司法化改造具有必要性。重新解读《刑法》第 37 条的规定，可以从定罪免刑条款的理念指引、非刑罚处罚措施的路径指引，以及职业禁止规定的内容指引三个方面证成犯罪附随后果司法化改造的可行性。在此基础上，可以探索犯罪附随后果司法化改造的路径，即需要采取明晰犯罪附随后果刑事责任的定位、实现刑法对于犯罪附随后果的妥当限制，以及通过刑事诉讼程序赋予犯罪人救济路径等措施予以实现。

关键词： 犯罪附随后果；《刑法》第 37 条；定罪免刑；非刑罚处罚措施；职业禁止

一、问题的提出

《刑法修正案（十一）》的公布彰显着刑法积极介入社会治理的趋向和

---

* 梅传强（1965 年–），男，四川邻水人，法学博士，西南政法大学法学院教授、博士研究生导师，中国刑法学研究会副会长，从事刑法学研究；严磊（1995 年–），男，江苏常州人，西南政法大学法学院博士研究生，研究方向为刑法学。基金项目：本文系司法部 2021 年度法治建设与法学理论研究部级科研项目"电信网络诈骗犯罪刑法治理模式完善研究"（批准号：21SFB2013）和西南政法大学法学院 2022 年度学生科研创新项目"积极刑法观下刑事责任多元承担机制研究"（批准号：FXY2022016）的阶段性研究成果。

决心，也征表了积极刑法观在刑事立法领域的主流地位。在新罪，尤其是轻罪不断增加的背景下，对犯罪圈扩张的质疑已经逐步从对触法行为的罪刑设置和定罪量刑本身，转移到了对犯罪的附随后果[1]的讨论之上。在审视犯罪圈扩张的现象时，不仅需要考察犯罪圈扩张本身对公民自由的限制，还要看到基于犯罪圈扩张行为人定罪之后对行为人及其家属所可能产生的附随后果。[2]在犯罪人已经承受过刑事处罚的前提下，在刑法之外通过适用犯罪附随后果的方式对其权利，尤其是涉及日常生活的基本权利进行限制是否合理？限制的限度如何确定？这些问题重新进入公众视野，引发广泛讨论。犯罪附随后果源于刑事法律的规定、基于行为人被认定为犯罪人的事实、近于刑事处罚的力度，但却被规定在刑事法律之外的规范性文件中，充分暴露出其来源散乱、后果严苛的问题。再者，随着网络社会、信用社会的到来，犯罪附随后果的数量呈不断增长之势，效力范围也不断扩张，有严重侵害犯罪人及其近亲属权利的风险。在现代法治社会，治理犯罪和保障人权并不是一对充斥矛盾的概念。保障人权应当成为犯罪治理领域必须考虑和恪守的原则。在此基础上，方能实现从"犯罪管控"到"犯罪治理"的转变，推动犯罪治理体系和治理能力现代化目标早日实现。基于此，无论是在刑事立法层面对犯罪圈进行扩张之时，还是在刑事司法层面对行为人定罪量刑之时，都应当考虑适用刑事手段可能给犯罪人带来的附随后果。在此基础上，加强对犯罪附随后果的关注，并对其进行合理限缩是科学处遇犯罪人的应有之义，也是通往预防犯罪目标的必经之路。与此同时，在选择合理限缩犯罪附随后果的路径时，需要考虑犯罪附随后果实体上的严苛性、程序上的缺位性，以及其与定罪量刑活动的同源性。据此，宜对犯罪附随后果进行司法化改造，进而实现合理限缩犯罪附随后果、保障犯罪人应有权益的长期目标。其中，《刑法》第37条所规定的非刑罚处罚措施、职业禁止等与犯罪附随后果息息相关。因此，对《刑法》第37条进行全面分析，可以为犯罪附随后果司法化改造提供处断依据、具体内容和适用限度的指引。质言之，以《刑法》第37条为媒介对犯罪附随后果进行司法化改造具有可行性，应引起学界重视。

---

〔1〕 犯罪附随后果从来源看可以分为规范的犯罪附随后果与非规范的犯罪附随后果两类，前者由规范性文件加以规定，且主要规定在行政法之中，规定在行政法中的犯罪附随后果是本文的主要讨论对象。

〔2〕 参见王强军："刑法干预前置化的理性反思"，载《中国法学》2021年第3期。

二、犯罪附随后果司法化改造的现实需要

当前，犯罪附随后果大多被规定在行政法律法规之中，以行政处罚的形式对犯罪人回归社会之后的权利进行限制、剥夺。虽然犯罪附随后果在性质属于行政处罚，但其已经涉及犯罪人基本的生活权利，且对犯罪人的近亲属也会造成影响，严厉程度较之部分刑罚也不遑多让，出现了处罚"倒挂"的现象。实体上的严苛性和程序上的缺位性决定了当前犯罪附随后果的设置和适用存在着诸多弊端，有不当侵犯犯罪人合法权益，阻碍犯罪人正常回归社会的负面效应。具体而言，从设定来源看，犯罪附随后果的设定来源既有包括《法官法》《检察官法》等国家法律，也有各地区、部门制定的规范性文件，显示出层级不一、相互龃龉的问题，违背了法秩序统一原则。从救济渠道看，犯罪附随后果或是随着犯罪记录的产生而自动生效，或由相关规范性文件制定部门通过行政程序自行决定。相关过程呈现出随意性较强的问题，缺乏有效的程序监督。除此之外，在犯罪附随后果的具体运行时，无论是单独惩戒模式，还是以备忘录为载体的联合惩戒模式，都没有提供通畅的救济渠道，不利于犯罪人权益的保护。从资源使用看，犯罪附随后果附随犯罪记录而出现，故其在适用之初已经使用了刑事审判消耗的司法资源。在此前提下，再将犯罪附随后果排除在刑事法治领域之外，有过度消耗法律资源之嫌。

（一）统一犯罪附随后果设定来源

随着犯罪圈的不断扩张和社会信用体系介入犯罪治理领域程度的不断加深，相较于以往，犯罪人复归社会后将会承担更多不利后果。这导致了犯罪人复归社会的困难系数显著增加。与此同时，"随着犯罪化进程的推进，此类规定产生的严重负面效应更加突显，甚至阻碍犯罪化功能的实现"。[1]从规范层面审视，犯罪附随后果实体严苛性和程序缺位性的根源便在于其设定来源的零散性。在犯罪附随后果设定来源尚未统一的前提下，其实体内容会根据不同的设定主体发生变化，难以保证规范的可预测性，不利于犯罪治理目标的实现。据学者统计，截至2018年底，法律、行政法规、部门规章、行业规定有关"刑罚附随性制裁"的内容已经达到了880个，相较于2014年，增加

---

〔1〕 徐久生、师晓东："犯罪化背景下犯罪附随后果的重构"，载《中南大学学报（社会科学版）》2019年第6期。

了 237 个。[1]而采用相同的检索方式，到 2021 年 12 月，相关规定的数量已达到了 1259 个，呈不断扩张趋势。[2]刑罚是犯罪人承担刑事责任的主要方式。因此，从刑罚附随性制裁的来源统计中，可以窥见犯罪附随后果来源的广泛性。与此同时，刑罚只是犯罪的后果之一，犯罪人的数量要多于受刑人的数量。在此意义上，"刑罚附随性制裁"与"犯罪附随后果"在内涵与外延上并不等同，后者在范围上要广于前者。再者，该检索方法难以穷尽犯罪附随后果的行文表述方式，也没有覆盖所有设定来源（如司法解释）。因此，实践中犯罪附随后果的设定来源数量较之统计结果只会更多。

表 1　2021 年"刑罚附随性制裁"的数量统计

截止时间	检索关键词	法律	行政法规	部门规章	行业规定	总计
2021 年 12 月	受过刑事处罚	52	10	256	16	334
	受刑事处罚	16	5	126	17	164
	受到刑事处罚	12	10	259	142	423
	被判处刑罚	31	22	133	35	221
	被依法追究刑事责任	10	7	89	11	117
	共计	121	54	863	221	1259

进言之，从统计数据中可以看出，犯罪附随后果的设定来源散乱，逐渐体现出多样化的趋势。从文件层级看，设定犯罪附随后果的规范性文件层级不一，既有层级较高的法律、行政法规，也有层级较低的部门规章、地方性法规；既有公权力机关制定的"硬法"规定，也有行业、团体等制定的"软法"规定。从文件适用范围看，犯罪附随后果在不同的部门、地区之间也存在较大差别。犯罪附随后果涉及犯罪人回归社会后的基本生活权利，其对犯罪人权利的限制、剥夺不亚于附加刑和部分短期自由刑。申言之，犯罪附随

---

　　[1]　该学者以"受过刑事处罚""受刑事处罚""受到刑事处罚""被判处刑罚""被依法追究刑事责任"为关键词进行了检索。参见王瑞君："'刑罚附随性制裁'的功能与边界"，载《法学》2021 年第 4 期。

　　[2]　需要说明的是，为了正确比对有关"刑罚附随性制裁"规定的数量变化情况，本文采取了与王瑞君教授相同的检索方式，且检索并未经过文件效力的筛选，但足以得出相关规定数量庞大、来源多元、不断扩张的结论。

后果设定来源的不统一，直接导致了犯罪人可能面临"层层加码"的困境。易言之，犯罪人可能因其工作领域、生活区域的不同受到差别待遇。这直接违反了比例原则和平等原则，亟需根据《宪法》与《立法法》的精神，统一犯罪附随后果的设定来源。

具体而言，一方面，应当明晰设置犯罪附随后果是出于预防犯罪的需要。基于此，犯罪附随后果是基于犯罪人的人身危险性而设置的制裁措施。对此，需要在个案中根据案件具体情况对犯罪人的人身危险性进行分析、考量，而不能忽视犯罪人的具体情况随意适用处遇措施。故此，将犯罪附随后果的设置权过度下放，既不符合现代法治精神，也难以起到预防犯罪的效果。再者，设定来源散乱的犯罪附随后果导致法律的行为规范机能降低，民众难以预测自身可能承担的法律后果。这将从整体上对犯罪治理的科学性造成冲击。另一方面，地方性法规、部门规章和行业规范等规范性文件制定程序简单且缺乏实质审查的渠道，相关内容的合理性难以得到保障。通过层级较低的规范性文件设定涉及犯罪人基本权利的犯罪附随后果，会严重影响犯罪人复归社会后的正常生活，为社会带来不稳定因素，不利于预防犯罪目标的实现。除此之外，犯罪附随后果设定来源的零散不一、效力不同，严重违背了法秩序统一原则，不利于提升法治的社会评价和公众认同。

因此，对犯罪附随后果进行司法化改造有极强的现实急迫性。一方面，对犯罪附随后果进行司法化改造有助于消解设定来源零散的弊端，提升法规范的统一性、简洁性和科学性。这可以有效避免法规范之间存在龃龉的现象，进而使得犯罪治理规范体系更加完善，符合良法善治的要求。另一方面，对犯罪附随后果进行司法化改造，有助于统一犯罪附随后果的适用根据、具体内容和具体程序。与此同时，对犯罪附随后果进行司法化改造可以让犯罪人充分知晓其可能承担不利后果的具体内容和限度，避免"因一次犯罪的事实却要遭受无休无止的、层层加码的各类负面评价"[1]。

(二) 拓宽犯罪附随后果救济渠道

在行政领域，犯罪附随后果通过两种方式进行适用。一是以强制性规定的形式对犯罪人从事某种职业的资格进行剥夺。例如，根据《法官法》的明

---

[1] 李怀胜："犯罪记录对社会信用体系的耦合嵌入与功能校正"，载《法学杂志》2021 年第 3 期。

文规定，因犯罪受过刑事处罚的，不得担任法官。这种强制性的规定一般出现在国家法律之中，是对公民从事某种职业资格直接、长期，甚至终身地剥夺，不存在可以自由裁量和救济的余地。二是以信用惩戒的形式将犯罪人列入黑名单，限制其参与某种活动的资格。诚然，犯罪人一般会被认定为严重失信对象，进而承受多方面、最严厉的信用惩戒。这在一定程度上也存在着"一刀切"的问题。但是，信用惩戒往往也会根据失信程度的不同，就具体措施和限度等方面进行调整。例如，《重庆市社会信用条例》对设列严重失信主体名单的范围进行了限制，并对失信主体的信用修复作出了规定。[1]在《社会信用法》尚未出台之前，以信用惩戒为表现形式的犯罪附随后果一般规定在各地方、部门制定的《社会信用条例》等文件之中。针对信用惩戒，犯罪人申请救济的途径从形式上看较为单一，即通过向相应的信用评定机构提出异议申请救济。然而，这一救济途径的实际效果难以保障，其与信用惩戒可能造成的法益侵害风险是不匹配的。再者，虽然学界对信用惩戒措施的性质还有争议，但是无论从惩戒决定主体还是从惩戒具体内容看，信用惩戒在性质上都应当属于行政处罚。其原因在于，"这些措施构成对失信相对人利益的剥夺和不利益的施加，具有显著的惩罚性和制裁性"。[2]因此，对错误适用的信用惩戒，相对人可以通过申请行政复议或者提起行政诉讼的方式进行救济。然而，在社会信用体系建设过程中，鲜有规范性文件对这些本应适用的救济途径进行规定，导致实践中行政救济程序缺位的问题愈加严重。这种现象不仅侵害了失信犯罪人的合法权益，也直接违背了上位法的规定，应当进行修正。

由此不难看出，针对日益严苛且泛化的犯罪附随后果，实践中不仅没有规定畅通、有效的救济措施，也没有充分发挥已有救济途径的应然功能。在此前提下，犯罪人被使用犯罪附随后果后，难以对不当加于己身的权利减损质疑，也缺乏权利恢复的渠道。这导致了犯罪人复归社会后应有的权益和正

---

〔1〕《重庆市社会信用条例》第32条第1款规定："设列严重失信主体名单，应当严格限制在下列领域：（一）严重危害自然人身体健康和生命安全的；（二）严重破坏市场公平竞争秩序和社会正常秩序的；（三）拒不履行法定义务且严重影响司法机关和行政机关公信力的；（四）拒不履行国防义务的；（五）国家规定的其他领域。"第45条规定："严重失信主体的信用修复后，应当移除其关联责任人的失信记录，终止共用相关失信信息。"

〔2〕梁尧："行政法视域下的信用惩戒若干基本理论问题——兼论我国《行政处罚法》增设'信用惩戒条款'的可行性"，载《征信》2021年第4期。

常的生活不能得到保障，不但违背了人权保障原则的应有之义，而且不利于社会稳定的实现。除此之外，犯罪附随后果来源广泛、影响深刻，采用提出异议、行政复议或行政诉讼手段进行救济均难以有效保障犯罪人复归社会后的合法权益。

而且，犯罪附随后果包含的内容"几乎涉及公民政治、经济、文化、社会生活的方方面面，难以历数"。[1]与此同时，犯罪附随后果的严厉性并不亚于管制、拘役等轻缓的刑罚，甚至有溢出个人责任的风险。换言之，犯罪附随后果虽然大多被规定在行政法之中，但其对公民权利的限制、剥夺的程度已经超出部分刑罚。在此前提下，犯罪附随后果与部分刑罚之间可能形成处罚力度"倒挂"的问题，对我国传统的二元违法处罚体系造成冲击。因此，应当在规范层面设置更为严格的适用程序并配置更具效力的救济途径予以解决。

由此不难看出，提出异议、申请行政复议或提起行政诉讼等措施均难以满足保障犯罪人合法权益的需要。一方面，提出异议和申请行政复议属于行政机关内部提供的救济措施，其中，同一系统兼具运动员和审判员的角色，难以有效保障救济效果。以行政复议为例，行政复议机关往往是上一级行政机关或者同级人民政府，与决定机关之间的关系密切。对此，犯罪附随后果涉及的行政主体颇多，相关主体之间关系也较为复杂。这意味着确定复议主体、作出复议决定等都较为困难，进而导致申请行政复议进行救济操作性不强且实用性不高。除此之外，行政权内部的救济缺乏有效的外部监督和整体考察。基于此，犯罪人可能面临权利难以保障的风险，在通过向同一单位提出异议时更是如此。因此，在犯罪附随后果涉及犯罪人诸多基本权益的前提下，应当更加注重对犯罪人权利的保障，并适当引入外部救济渠道。

另一方面，通过提起行政诉讼的方式进行救济的成本太高且保障力度依旧不强。诚然，行政诉讼引入了司法权，对行政行为进行监督并为相对人提供救济，具有客观性和有效性。然而，提起行政诉讼不但需要耗费大量司法资源，而且为犯罪人维权提升了难度。其原因在于，在行政诉讼中，犯罪人异议的对象已经不仅包括行政行为，还包含作出决定的行政机关，甚至复议

---

〔1〕 解志勇、雷雨薇："基于'醉驾刑'的'行政罚'之正当性反思与重构"，载《比较法研究》2020年第6期。

机关。鉴于犯罪人在社会上处于受排斥地位的情况，其以提起行政诉讼的方式寻求救济无疑会提高犯罪人维权的难度。与此同时，相较于刑事诉讼，行政诉讼的程序性不强，难以对犯罪人权益进行充分保护。这体现在证据规则、庭审规则，以及行为人法定权利等诸多方面。因此，从保障犯罪人权益的角度看，将犯罪附随后果进行司法化改造，进而将其纳入刑事诉讼中的做法，具有必要性和合理性。

（三）节约犯罪附随后果资源使用

在案多人少的大背景下，执法、司法资源都极为有限，需要进行合理调配，才能实现效益的最大化。犯罪附随后果是根据犯罪记录而生成的一系列不利后果。犯罪记录因法院的审判活动而产生，因此，犯罪附随后果与定罪量刑活动具有同源性。在此前提下，将犯罪附随后果进行司法化改造并其纳入刑事诉讼程序中具有可行性。这不但有助于保障犯罪人的合法权益，而且有利于节约有限的司法资源，进而优化现有的犯罪治理体系。

具体而言，一方面，法院的定罪活动决定了是否需要对行为人适用犯罪附随后果，这意味着犯罪附随后果与刑事诉讼程序具有紧密关联性。与此同时，犯罪附随后果作为刑罚之外的制裁措施，适用目的在于预防犯罪人再次犯罪。因此，犯罪附随后果具体内容、种类和期限等应当以犯罪行为的社会危害性和犯罪人的人身危险性考量为基础。其中，社会危害性和人身危险性需要根据案件具体事实进行判断。这也是量刑环节的主要任务。进言之，犯罪附随后果与定罪量刑环节联系紧密，对其进行司法化改造并纳入刑事诉讼程序并不会增加司法人员的负担，也不会在刑事诉讼中增添无关事项，是节约司法资源的有效举措。换言之，对犯罪附随后果进行司法化改造，可以在充分保障犯罪人合法权益的基础上，节约有限的司法资源，进而取得双赢的效果。

另一方面，对犯罪附随后果进行司法化改造并将其纳入刑事诉讼程序，还有着集中司法资源、提升判决科学性，以及激活非刑罚处罚措施功能等重要作用。详言之，将犯罪附随后果纳入刑事诉讼程序，可以直接由案件审判人员进行判决，避免在原有的诉讼程序之外另行指派人员进行审理可能出现的弊端。申言之，由案件审判人员对犯罪附随后果进行判决，可以省去重新查明案件事实、核对犯罪人相关情况等环节。这不仅有助于集中司法资源解决大案、要案，也有利于借助案件审判人员对具体情况的熟悉程度，提升判决的科学性和可采性，避免可能出现的偏差。此外，《刑法》第 37 条关于非刑罚处罚措施的规定为犯罪附随后果的司法化改造提供了渠道，借助刑事诉讼程序对犯罪附随后果进行限制具有较强的可行性。因此，将犯罪附随后果纳入刑事诉讼程序进行司法化改造兼具必要性和可行性。

三、犯罪附随后果司法化改造的规范媒介

从理想状态看，应当在《刑法》和《刑事诉讼法》中增设规定"犯罪附随后果"的专门条款，并清理、修正《刑法》之外的相关条款，彻底完成犯罪附随后果的司法化改造。然而，对数量如此之多的规范性文件进行修改，显然不可能在短时间内完成。这与新罪增设背景下犯罪人权益保障的急迫性之间出现了矛盾。因此，可以先通过解释的方法，找寻犯罪附随后果司法化改造的抓手，解决燃眉之急后，再逐步构建体现完备的前科消灭制度。基于此，《刑法》第 37 条中规定的定罪免刑、非刑罚处罚措施和职业禁止等与犯罪附随后果息息相关，可以作为本阶段犯罪附随后果司法化改造的媒介。在《刑法修正案（九）》出台以前，"《刑法》第 37 条的前段内容是关于酌定免刑情节的规定，而后段内容则是对非刑罚处罚措施的规定"。[1]在《刑法修正案（九）》出台之后，《刑法》第 37 条又增设了职业禁止的内容。其中，定罪免刑的规定为犯罪附随后果的司法化改造提供了理念支撑，即需要具体判断案件中体现犯罪行为社会危害性和犯罪人人身危险性的大小，从而决定是否适用刑罚处罚和适用何种刑罚。这一理念不但可以为刑罚适用提供指引，而且也应当在适用犯罪附随后果时予以贯彻。与此同时，非刑罚处罚措施为犯罪附随后果的司法化改造提供了路径支撑，即可以将属于行政处罚的犯罪附随后果改造为非刑罚处罚措施，纳入刑事诉讼程序中，由法院责令行政机关作出决定并经法庭审核后在裁判文书中一并载明。除此之外，职业禁止[2]则规定了剥夺犯罪人从业资格的具体根据、内容和期限等，可以为犯罪附随后果的司法化改造提供内容指引。

---

〔1〕 贺洪波："我国《刑法》第 37 条研究"，西南政法大学 2014 年博士学位论文，第 27 页。

〔2〕 《刑法》第 37 条主要有三个方面的规定：定罪免刑、非刑罚处罚措施、职业禁止。这三个方面的内容彼此互有联系，但是并不互为条件，即刑罚、非刑罚处罚措施、职业禁止可以同时适用，但是需要收到罪责刑相适应原则的限制。此处的非刑罚处罚措施可以将犯附随后果纳入刑事司法体系，而职业禁止除了可以直接适用外，也对附随后果的施加提供了指引与限制，下文将详述。

（一）定罪免刑条款的理念指引

《刑法》第 37 条的第一部分是关于定罪免刑的内容，深刻体现了并合主义的量刑理念。有关量刑的理念经历了刑事古典学派过于注重报应，到刑事近代学派过于注重预防的变迁。在当下社会，"现实的刑罚制度并不是用某种单一的理论就能说明的单纯的东西。刑罚的目的是要从多方面来观察的"[1]的并合主义已经得到了理论界和实务界的广泛认同。并合主义的基本观点是以责任刑为基点，根据预防犯罪的功利需要（侧重特殊预防）调整刑罚量。换言之，即使行为人存在罪责应当承担刑罚，但若是根据全案判断没有预防必要性，则可以认定"情节轻微"，进而免除刑罚处罚。申言之，"没有预防的报应是死板的和僵化的，且只是欠缺合目的性根基的刑罚应对"。[2]《刑法》第 37 条集中体现了并合主义理念，并引申出"处罚必要性"的概念。根据该条规定，应当考量犯罪行为的社会危害性和犯罪人的人身危险性，判断是否具有处罚必要性，进而决定是否对犯罪人适用刑罚或非刑罚处罚措施。因此，该条不仅指出了定罪免刑的条件和判断依据，还将并合主义理念从刑罚裁量领域延伸至了处罚裁量领域。考量处罚必要性是人权保障这一宪法原则在刑法中的具体体现，也是罪责刑相适应原则和刑法谦抑原则的基本要求。

在刑法领域引入处罚必要性的概念，不仅可以为犯罪附随后果的司法化改造提供理念支撑，也切合我国对违法犯罪的处罚模式。我国对违法行为采取的是"行政处罚—刑事处罚"的二元处罚模式。在一般情况下，当行为的社会危害性超出一般违法的程度，具备了刑事违法性和应受刑罚惩罚性时，便已成了犯罪行为，就应当适用刑事处罚的对其进行治理。反之，则应当将其认定为行政违法行为，通过行政处罚的方式进行治理。质言之，在传统的违法行为处罚模式下，行政处罚与刑事处罚之界限分明，两者一般不宜重复适用。

然而，随着犯罪附随后果的不断扩张，尤其是信用惩戒适用范围不断扩大，传统的违法处罚模式被打破。对犯罪人来说，其承担犯罪附随后果的过程就是被叠加适用两种（甚至以上）处罚的过程。在此前提下，应当站在整

---

〔1〕 李海东主编：《日本刑事法学者》（上），法律出版社、成文堂 1999 年版，第 63 页。

〔2〕 陈伟："注射刑的并合主义刑罚目的观及其层次性"，载《法制与社会发展》2021 年第 3 期。

体法秩序的视角，对犯罪人承担的所有处罚进行整体考量，避免过度处罚。应当明确，"构建合理、公正、高效的违法犯罪行为的惩罚和治理体系，是我国社会主义法治建设的一项重要内容"。[1]若是对犯罪附随后果这种"叠加"处罚的现象不加以重视，甚至有意忽视，将不利于国家治理体系和治理能力现代化的实现。以此为基础，就可以将《刑法》第37条中蕴含的处罚必要性理念适用于犯罪附随后果的司法化改造进程。具体而言，不但要在量刑阶段考虑到行为人可能承担犯罪附随后果的事实，而且在适用犯罪附随后果时，也应当考虑各种附随后果之间的关系，以及行为人已经承受了刑罚的事实，进而作出最终判断。

（二）非刑罚处罚措施的路径指引

《刑法》第37条第二部分是关于非刑罚处罚措施，或称非刑罚性处置措施的规定。倘若脱离刑法文本，单独考察非刑罚处罚措施的具体内容，会发现法律责任承担方式混同的现象。从形式上看，犯罪附随后果更接近于民事责任或者行政责任的承担方式，本应在民事诉讼领域或者行政诉讼领域中适用。但是，经过实质考量，不难发现非刑罚处罚措施应当属于刑事责任的承担方式之一，需要接受刑事诉讼规则和刑法基本原则的限制。在此前提下，在性质上属于行政处罚的犯罪附随后果可以通过《刑法》第37条中"由主管部门予以行政处罚"的规定进行适用。其原因在于，犯罪附随后果实质上是由行政主管机关通过行政行为对犯罪人的权利进行减损，应当属于行政处罚的范畴。既然如此，将犯罪附随后果视作非刑罚处罚措施的一类并不违背刑法的明文规定。当然，就非刑罚处罚措施适用本身，还存在两个问题需要解决。这也是对犯罪附随后果进行司法化改造的过程中必须克服的两大障碍。

一是刑罚与非刑罚处罚措施能否并用的问题。对于这个问题，应当认为刑罚与非刑罚处罚措施是可以同时适用的。这是根据两者的内容、功能和实践运用情况得出的结论。首先，两者在内容上互不相同。刑罚以自由刑为主，力度较之其他措施更为严厉。与此同时，非刑罚处罚措施包括了赔礼道歉、责令具结悔过和限制资格等诸多形式，具有处罚形式多样、处罚力度较小的特点。换言之，在具体内容和措施力度上，刑罚与非刑罚处罚措施具有较大差异，两者之间重合之处较少。其次，两者在功能上并不相悖。根据刑法学

---

[1] 时延安："犯罪化与惩罚体系的完善"，载《中国社会科学》2018年第10期。

理论通说，刑罚的作用主要是报应和预防，落脚点在于保护法益。而非刑罚处罚措施在内容上接近于民事手段与行政手段，其功能主要在于修复受损的社会关系、维护社会管理秩序等。因此，两者在功能上有相互补充的可能，适当结合适用更有助于犯罪治理体系和治理能力的现代化。最后，司法实践中的部分做法也佐证了两者并用的可行性。以非刑罚处罚措施中的赔礼道歉为例，在司法实践中，被害人可以通过提起刑事附带民事诉讼或者单独提起民事诉讼的方式，要求犯罪人进行赔礼道歉。而且，这种诉求一般都会得到支持。既然在民事诉讼中，可以对犯罪人再次判处赔礼道歉，那么认为赔礼道歉与刑罚不能同时适用的观点便站不住脚。除此之外，两者的合并适用还具有节约司法资源的优势。

二是《刑法》第 37 条中"由主管部门予以行政处罚"这一规定的具体操作问题。当前，刑罚与非刑罚处罚措施不能并用的错误认识导致了非刑罚处罚措施功能发挥不畅。在实践中，司法机关一般只负责宣告定罪免刑，并通知行政机关处以行政处罚。在此前提下，行政处罚是在刑事诉讼程序之外，由行政机关具体作出的。这不但导致了非刑罚处罚措施的内容、限度不受刑事法律的限制，致使犯罪人缺乏强力的救济途径，而且导致刑事责任与行政责任在承担方面出现了混同。应当认为，刑法中规定的刑事责任承担方式有四种：单纯定罪、定罪量刑、定罪免刑但处以非刑罚处罚措施，以及定罪量刑同时处以非刑罚处罚措施。因此，非刑罚处罚措施是刑事责任的承担方式之一。申言之，非刑罚处罚措施中的行政处罚，虽然从表面上看是行政责任的承担方式，但实质上已经通过刑法规定转变为了刑事责任的承担方式，应当受到刑事实体法和刑事程序法的双重限制。在此前提下，非刑罚处罚措施的适用也应当受到罪责刑相适应原则的指导。刑法基本原则的指导意义，决定其不仅发挥"适法"的作用，同时，也必然孕育出"批判"的理性精神。[1]具体而言，罪责刑相适应原则应当"包括刑法的谦抑适正内容"[2]。此处的谦抑和适正，不但指引着刑罚的设置与判处，而且限制了非刑罚处罚措施的内容和限度。进言之，将非刑罚处罚措施认定为其他法律责任的承担方式的做法，既不符合非刑罚处罚措施的性质，也违背了罪责刑相适应的基

---

〔1〕 参见高铭暄："刑法基本原则的司法实践与完善"，载《国家检察官学院学报》2019 年第 5 期。
〔2〕 阮齐林："罪责刑相适应原则对司法实践的指导"，载《中国检察官》2019 年第 13 期。

本要求，应当予以纠正。因此，通过《刑法》第 37 条对犯罪附随后果进行司法化改造后，应当根据罪责刑相适应原则的要求，由司法机关对犯罪附随后果进行判处，并通过刑事诉讼程序进行强力监督和权利救济。

（三）职业禁止规定的内容指引

《刑法修正案（九）》在《刑法》第 37 条中增加了关于职业禁止的规定，为犯罪附随后果的司法化改造提供了内容上的指引。诚然，随着社会信用体系的全面铺开，犯罪附随后果经历了"从职业禁止到生活限制"以及"从涉及公共利益到涉及私人生活"的巨大转变。但是，犯罪附随后果的内容依旧以职业禁止为主，且其适用根据也与刑法中的职业禁止措施大体相同。因此，刑法关于职业禁止的规定可以为适用犯罪附随后果提供直接参考。具体而言，从规定的内容看，《刑法》第 37 条有关职业禁止的规定与刑法之外的犯罪附随后果并无二致。换言之，《刑法修正案（九）》增设职业禁止规定就是犯罪附随后果司法化改造的一次有益尝试。"'禁止权利滥用思想'以及'利益权衡原则'是职业禁止正当化的法理根源。"[1]因此，在对犯罪人适用职业禁止时，应当充分考虑犯罪人权利滥用的情况及其对公共、他人利益的侵害情况，做出科学的判定。"禁止权利滥用思想"和"利益权衡原则"不仅指引着刑法内职业禁止措施的适用，也对犯罪附随后果的施加提出了要求。具体而言，《刑法》第 37 条的职业禁止规定对犯罪附随后果司法化改造有如下指引作用：

其一，揭示了职业禁止与犯罪行为所属领域之间的关联性。《刑法》第 37 条规定，职业禁止的适用以行为人利用职业便利或违背职业要求的特定义务为前提。刑法明文规定犯罪人禁止从事的是"相关"职业。这一规定要求法院在适用职业禁止时，需要考虑犯罪人实施的具体犯罪行为所属的职业领域。进言之，犯罪人禁止从事的职业、活动应当与犯罪行为有关联。这与行政法中的不当联结禁止原则有着相同的意蕴。由此不难发现，实践中犯罪附随后果的适用存在较大问题。在以"红黑名单"和"联合奖惩"为基础信用惩戒措施进入犯罪治理领域之后，规制强化的倾向凸显，[2]极易导致失信认

---

[1] 武晓雯："论《刑法修正案（九）》关于职业禁止的规定"，载《政治与法律》2016 年第 2 期。

[2] 参见戴昕："理解社会信用体系建设的整体视角 法治分散、德治集中与规制强化"，载《中外法学》2019 年第 6 期。

定和信用惩戒措施被滥用。在此背景下，犯罪人被禁止从事与其犯罪行为无关的职业的现象并不鲜见。除了认为禁止犯罪人从事公务员等涉及社会公共利益的职业是为了保障国家形象和群众利益之外，不断扩大职业禁止和权利限制的范围就造成了对犯罪人权利的过度减损。这种过度减损使犯罪人难以复归社会，成为新的不稳定因素，违背了职业禁止制度设置的初衷。因此，"应当反对敌人刑法观念，反对过度的风险刑法观，反对过度地限缩公民自由"。[1]对此，应当通过刑法内职业禁止规定的指引，推动犯罪附随后果轻缓化、合理化。

其二，指明了决定职业禁止措施期限需要考虑的因素。《刑法》第 37 条明文规定，应根据犯罪的具体情况和预防再犯罪的需要，决定是否对犯罪人职业禁止措施并确定职业禁止措施的限度。犯罪的具体情况，主要是指能够征表犯罪行为社会危害性的情节。此类情节是犯罪时的情节，应当根据犯罪行为方式、手段、后果、犯罪人的主观心态，以及利用职业便利或者违背特定义务的情况等进行考量，进而得出结论。与此同时，预防再犯罪的需要则主要考量体现行为人人身危险性的情节，包括犯罪动机和犯罪人的罪前、罪后表现等。相较于刑罚强烈的处罚色彩，职业禁止等规定具备"保安处分"的性质。保安处分措施适用是为了预防犯罪的需要，因此，需要根据犯罪人的具体情况，进行个别化处遇。据此，部分地方、部门不区分犯罪主观心态、犯罪情节和涉及罪名等要素，一律适用相同或相似犯罪附随后果的做法缺乏合法性和合理性。

其三，规定了对犯罪人施加职业禁止的应然限度。《刑法》第 37 条明文规定，职业禁止的期限为 3 年至 5 年。据此，可以认为长期甚至终身的犯罪附随后果不具有合法性和合理性。一方面，《刑法》作为国家的基本部门法，其规定的效力要高于行政法规、地方性法规和部门规章等规范性文件。根据法秩序统一原则的要求，下位法的规定不应当与上位法相抵触。在此前提下，诸多犯罪附随后果的合法性面临质疑。另一方面，《刑法》作为规定严重社会危害性的犯罪行为及其规制手段的法律，其中规定的处罚措施也应当最为严厉。因此，其他规范性文件中的处罚措施应当较之刑事处罚措施更加轻缓，

---

[1] 魏东："刑法总则的修改与检讨——以《刑法修正案（九）》为重点"，载《华东政法大学学报》2016 年第 2 期。

才能体现我国处罚体系的梯度性和合理性。质言之，设置长期或者终身犯罪附随后果的做法，不仅违反上位法的规定，也有悖我国现有的违法行为处罚体系。因此，"从鼓励和接纳受过刑罚人员回归社会的理念出发，刑罚附随后果应尽量减少终身剥夺的规定，除特殊情况外，对职业的限制以及资格的剥夺都要有明确的期限规定"。[1]与之相对应的，犯罪附随后果也应当设置合理期限，即除了法律明文规定的涉及社会重大公共利益的事项外，一般应当短于《刑法》所规定的职业禁止期限。

四、犯罪附随后果司法化改造的具体路径

因为犯罪人通过实施犯罪行为侵犯了法益，所以国家会对其进行处罚，以达到惩罚和预防犯罪的目的。因此，在刑罚之外对犯罪人适用犯罪附随后果的做法，在一定程度上具备合理性和可预测性。然而，在人权保障原则和预防犯罪目的的指引下，对现有的犯罪附随后果进行检视也是有必要的。当前，犯罪附随后果在实体层面和程序层面都存在诸多问题。在实体层面，问题集中体现为犯罪附随后果不与犯罪人具体情况相适应的"严苛性"。在程序层面，问题则集中体现为犯罪附随后果因犯罪记录产生而自行生效，无需经过科学程序适用的"无序性"。要想解决这两个层面的问题，需要对犯罪附随后果进行司法化改造，将其纳入同源的刑事司法领域之中。对此，可以通过犯罪治理的基本原理和特别程序对犯罪附随后果进行限制，以期达到防卫社会和保障人权之间的平衡。

（一）将犯罪附随后果定位于刑事责任的承担方式

犯罪附随后果的内容和限度与定罪量刑活动息息相关。在此意义上，"附随"一词较为生动形象。当前，犯罪附随后果被认定为是行政责任的承担方式，原因在于其主要被规定在行政法律法规之中。这种观点值得商榷，应当认为犯罪附随后果属于刑事责任的承担方式。一般认为，刑事责任"是一般性法律责任在刑事领域中的具体化，即实施犯罪行为的人应受惩罚、制裁的法律后果"。[2]因此，在此定义下，规范领域中的责任一词指的便是法律后果。根据法律后果的不同来源，可以将其分属为不同责任。进言之，犯罪附

---

〔1〕 王瑞君："我国刑罚附随后果制度的完善"，载《政治与法律》2018 年第 8 期。

〔2〕 车浩："责任理论的中国蜕变——一个学术史视角的考察"，载《政法论坛》2018 年第 3 期。

随后果虽然在形式上来源于行政法律法规，但其实质上来源于刑法所规定的犯罪，属于犯罪人应受惩罚、制裁的法律后果，应当作为刑事责任的承担方式之一。

具体而言，犯罪附随后果是犯罪人应当承担的刑事责任。这种刑事责任表现为行政处罚的形式，通过对回归社会的犯罪人进行权利限制和资格剥夺，以期达到检验刑罚效果和有效防卫社会的双重作用。此外，从《刑法》第37条的规定看，以处罚方式的文本来源来确定其责任性质的做法也是站不住脚的。《刑法》第37条规定了"由主管部门予以行政处罚或者行政处分"这一非刑罚处罚措施。诚然，刑法并未也不可能对行政处罚或行政处分的具体内容进行规定。然而，这也并不能改变"在中国刑法中，非刑罚处罚方法是与刑罚处罚措施并列的刑事责任承担方式"[1]这一基本事实。换言之，应当根据法律后果的实质来源而非形式来源确定其从属的责任领域。基于此，方能明晰犯罪附随后果的规范定位。

再者，从目的解释的角度出发，可以通过对犯罪人适用犯罪附随后果的目的来判断犯罪附随后果责任定位。诚然，学界对规范保护目的与法益之间的关系存在争议，但不可否认的是，"法益才是刑法真正要保护的东西，保护的动机、目的、范围、方法等内容可以委之于规范保护目的"。[2]在此前提下，对犯罪人适用犯罪附随后果目的具有双重性。一方面，对犯罪人适用犯罪附随后果目的在于保护公共利益和个体权利；另一方面，对犯罪人适用犯罪附随后果的目的也在于保护犯罪人的合法权益。对于前者，理论界恐无太大争议。对于后者，因为犯罪附随后果主要以行政处罚的形式作出，所以可以通过挖掘"作为非刑罚处罚措施的行政处罚"与"单纯行政处罚"之间的不同来论证。在内容和功能上，作为非刑罚处罚措施的犯罪附随后果与作为行政处罚的犯罪附随后果并无太多的差别。在内容上，两者都需要依据《行政处罚法》等相关规范性文件的明文规定。在目的上，两者都希望通过对犯罪人进行惩罚，进而起到预防犯罪的作用。但是，两者分属不同的司法领域，责任属性不同。因此，两者在具体的处罚内容和权利人保障方面存在较大的

---

〔1〕 高铭暄、张杰："中国刑法中未成年人犯罪处罚措施的完善——基于国际人权法视角的考察"，载《法学论坛》2008年第1期。

〔2〕 李波："规范保护目的：概念解构与具体适用"，载《法学》2018年第2期。

不同。详言之，作为非刑罚处罚措施的犯罪附随后果是刑事责任的承担方式。通过适用非刑罚处罚措施，可以针对不同的犯罪情况，更好地保护（至少是事后修复）犯罪侵害的法益。与此同时，非刑罚处罚措施作为刑事责任的承担方式，在刑事诉讼程序中适用，受罪责刑相适应原则和刑事诉讼规则的限制。据此，将犯罪附随后果改造为非刑罚处罚措施可以减少犯罪人权利的减损，兼顾犯罪治理效能和犯罪人权利保障。因此，从实现防卫社会和保障人权平衡出发，根据非刑罚处罚方法的设置目的来理解对犯罪人适用犯罪附随后果的目的是更为合适的。进言之，对犯罪人适用犯罪附随后果并非单纯追求加重惩罚的目的。与之相对应的，对犯罪人适用犯罪附随后果的目的应当是在保障犯罪治理效果的前提下，促使犯罪人更好复归社会，实现犯罪人处遇模式的多样化、科学化和轻缓化，进而推动犯罪治理体系和治理能力的现代化。因此，将犯罪附随后果认定为刑事责任的承担方式并进行司法化改造是较为妥当的。

（二）通过刑法妥当限制犯罪附随后果的具体适用

既然可以确定犯罪附随后果是刑事责任的承担方式，那么通过刑事实体法对犯罪附随后果进行妥当限制也是保障人权的应有之义。从宏观层面看，应当通过罪责刑相适应原则对犯罪附随后果的内容和限度进行调整。在刑事责任领域，罪责刑相适应原则有以下三个方面的含义：其一，行为人承担的刑事责任应当与犯罪事实相适应；其二，行为人承担的刑事责任应当与犯罪行为的社会危害性和犯罪人的人身危险性相当；其三，行为人承担的刑事责任内部，刑罚与非刑罚处罚措施适用应当保持均衡。

具体而言，首先，需要坚持处遇个别化的思维，根据犯罪人的具体情况对其适用犯罪附随后果。处遇个别化的理念，来源于对刑罚个别化的探讨，认为在罪责刑相适应原则和预防犯罪目的指引下，坚持并合主义思维，侧重犯罪预防，根据犯罪人具体情况确定处遇措施。对刑罚个别化的探讨贯穿了刑法的发展史，经历了从极端到理性的变迁。在现代理性的状态下，刑罚个别化作为并合主义的集中体现，已然成了"实质化罪责刑相适应等现代刑法基本原则的重要内容和外在表现"[1]。需要明确的是，个别化理念的不仅在

---

〔1〕 石经海："从极端到理性：刑罚个别化的进化及其当代意义"，载《中外法学》2010 年第 6 期。

量刑领域可以适用，在适用犯罪附随后果时也可以作为指导，甚至可以成为治理违法行为的普遍准则。

其次，罪责刑相适应原则不仅可以对犯罪附随后果进行个别化区分，也可以消解积极刑法观下犯罪圈不断扩张可能带来的问题。"风险社会下刑法的积极回应导致了轻微刑事犯罪入刑的进程，而这对刑事制裁多样化、轻缓化、监禁替代和非监禁刑的完善都提出了新的挑战和要求。"[1]以危险驾驶罪为例，醉驾入刑以来引发了诸多争议，其原因可谓是错综复杂。具体而言，醉驾相关问题的症结并不在于对犯罪人处以拘役是否过当，而在于醉驾犯罪人需要承受与重罪犯罪人相同的犯罪附随后果。轻罪附随后果的适用，"既提高了司法执法成本，也对其个人及家庭子女产生甚至可能延续终身的影响"[2]，不利于提升刑法实施的社会效果。犯罪附随后果导致的处罚"倒挂"现象引发了理论界和实务界的反思，有学者努力对醉酒型危险驾驶寻找出罪依据，[3]也有学者对醉驾入刑必要性进行了检讨。[4]应当看到，轻罪附随后果的严厉性使其"甚至超越了刑罚本身，这使得犯罪人融入社会变得更加困难"[5]。因此，想要消解醉驾型危险驾驶罪等轻罪带来的负面影响，不仅要研究轻罪的入罪标准、量刑规则，做到科学定罪、正确量刑，更要注重通过犯罪分层、前科消灭等措施消解过于严苛的犯罪附随后果，使犯罪附随后果与预防犯罪的需要相一致。

最后，刑罚与犯罪附随后果两种刑事责任的承担方式，应当做到功能互补，以达到治理犯罪的效果，实现良法善治的追求。良法善治应当是我国社会治理的目标追求，"其基本特质一是以人为本，二是依法治理，三是公共治理。"[6]据此，犯罪治理应当以刑法规定为根本依归，坚持人权保障原则和处

---

[1] 戎静："刑事制裁体系结构之调整研究——以措施多轨和轻重分层为路径"，吉林大学 2020 届博士学位论文，第 107~108 页。

[2] 叶青："'醉驾入刑'10 年，有效果也需完善"，载《环球时报》2021 年 6 月 10 日。

[3] 寻找到的出罪根据包括《关于常见犯罪的量刑指导意见（二）》、"但书"的规定、限缩抽象危险犯的处罚范围、程序法方面。参见杨柳："醉驾出罪依据论——以《关于常见犯罪的量刑指导意见（二）》为分析对象"，载《法商研究》2018 年第 1 期。

[4] 参见赵秉志、袁彬："醉驾入刑诸问题新探讨"，载《法学杂志》2012 年第 8 期；刘仁文、敦宁："醉驾入刑五年来的效果、问题与对策"，载《法学》2016 年第 12 期等。

[5] 姜瀛："我国醉驾的'严罚化'境遇及其结构性反思——兼与日本治理饮酒驾驶犯罪刑事政策相比较"，载《当代法学》2019 年第 2 期。

[6] 张文显："法治与国家治理现代化"，载《中国检察官》2014 年第 23 期。

遇多样化原则等基本原则，充分发挥各种刑事治理措施的功能，兼顾防卫社会和保障人权的平衡。刑罚的主要功能在于惩治犯罪，犯罪附随后果的功能则主要在于预防犯罪，另外还包括修复社会关系、维护管理秩序等多种具体功能。因此，将刑罚与犯罪附随后果相结合，实现刑事责任承担方式的功能互补，方是犯罪治理的应有之义。基于此，适用刑罚犯罪附随后果的目的并非单纯的惩罚，而是应当提升犯罪治理的效能。因此，应当各自发挥两种措施的独有功能，形成优势互补，而并非无序地叠加适用。

从微观层面看，应当以《刑法》第 37 条所规定的"职业禁止"为指引，对犯罪附随后果进行充分、有效的限制。在内容上，犯罪附随后果应当与犯罪侵犯的具体法益相关联。国家不能通过适用过量、无益的惩罚，无差别、笼统地对犯罪人生活的方方面面进行限制。以危险驾驶罪为例，该罪的附随后果只能限于两个领域：一是涉及重大公共利益和国家形象的领域；二是道路安全交通领域、交通运输领域等与该罪法益相关的领域。换言之，在一定期限内限制或剥夺犯罪人的驾驶资格、从事运输行业的资格等是合理的。但在此之外，对犯罪人其他领域，尤其是涉及日常生活领域中的权利进行限制或剥夺则不具备合理性。对此，需要对犯罪人的就业权与刑法明文规定的前科报告义务进行对比分析。《刑法》第 100 条规定了劳动者就业时的前科报告义务。应当认为，前科报告义务本身并不存在值得指摘之处。一方面，前科报告可以使用人单位充分了解、评估应聘者的情况，进而决定是否录用和在何岗位录用等事项，防止犯罪人对相关领域的公共利益或个人利益造成损害。另一方面，前科报告义务本身并不代表在就业领域对犯罪人的歧视，更没有具体的歧视性规定，就业歧视实质上是对前科报告义务的曲解。换言之，以存在前科报告义务为由对犯罪人就业权利进行不当损害的做法，违背了《宪法》和《劳动法》关于公民就业权利的相关规定。简言之，"用人单位不能仅以劳动者具有前科而拒绝录用，否则构成就业歧视"[1]。

犯罪附随后果的限度也应当以《刑法》第 37 条所规定的"职业禁止"为参考。一方面，犯罪附随后果的限度应当与犯罪的具体情况相适应。具体而言，需要在个案中考察犯罪的手段方式、犯罪对象和犯罪地点等客观方面的

---

[1] 叶小琴："公民就业权视域下劳动者前科报告义务的体系解释——以美国雇员案犯罪记录争议为切入"，载《法学评论》2019 年第 2 期。

因素，并考量犯罪主观心态、犯罪动机等主观方面的要素，进而对犯罪行为的社会危害性和犯罪人的人身危险性进行综合评价。在此基础上，根据综合评价结果有梯度地适用犯罪附随后果，使得犯罪附随后果的适用实现个别化、科学化。另一方面，犯罪附随后果的时限不宜超过《刑法》第 37 条所规定的"3~5 年"。其中，在处遇轻罪犯罪人时，更需要严格限制犯罪附随后果的时限。当前，"刑法制裁措施与行政制裁措施在力度上的倒挂现象越来越明显"[1]，诸多关于犯罪附随后果[2]的规定都是长期，甚至终身的。由此不难看出，部分犯罪附随后果的严厉程度已经超过了部分刑罚，进而超出了犯罪人所应承担刑事责任的界限，导致对犯罪人权利的不当减损。与此同时，"行政处罚-刑事处罚"的二元处罚体系遭到破坏，不利于犯罪治理体系和治理能力的现代化。因此，除了部分涉及重大公共利益的犯罪之外，对其他犯罪的附随后果应当根据刑法明文规定进行限制。

（三）通过刑事诉讼程序赋予犯罪人救济路径

消解犯罪附随后果可能带来的负面效应不仅需要从完善刑事实体法的角度入手，也需要以刑事一体化的思想为指导，加强程序层面的保障。刑事一体化的思想要义在于"融通学科联系，解决现实问题"[3]。其中，学科联系是指刑法学、犯罪学和刑事诉讼法学等诸多刑事法学科之间的联系，而现实问题则主要针对犯罪治理和人权保障。简言之，刑事一体化要求多学科功能联动，共同为犯罪治理和人权保障提供助力。在良法善治的前提下，治理的理念不同于管理、管制，充分蕴含了人权保障的核心思想。因此，刑事一体化的最终功能，便是推动犯罪治理体系和治理能力的现代化。在对犯罪附随后果进行限制的过程中，也应当恪守刑事一体化的思想，运用刑事诉讼程序中的规则，为犯罪人的合法权益提供保障。

犯罪附随后果经过司法化改造，以非刑罚处罚措施适用时，其便成了刑法明文规定的刑事责任承担方式。作为刑事责任的承担方式，犯罪附随后果的适用不但在实体上应遵守刑法的相关规定，而且在程序上也应符合刑事诉

---

〔1〕 袁彬："刑法制裁措施多元化的功能审视与结构完善"，载《法学评论》2018 年第 4 期。

〔2〕 脱离本文的语境，犯罪附随后果大多属于单纯的行政处罚，其严厉程度已经超过了部分刑罚。即使在本文的语境下，犯罪附随后果属于刑事责任的承担方式之一，应属于刑事处罚手段，但其在来源、内容等方面依旧具有行政处罚的性质，如若不进行合理限制，倒挂现象将会依旧存在。

〔3〕 储槐植、闾雨："刑事一体化践行"，载《中国法学》2013 年第 2 期。

讼法的相关要求。具体而言，应从信息告知、决定公开和救济渠道三个方面对犯罪附随后果的施加进行限制，将欠缺程序规制的犯罪附随后果纳入制度的牢笼，进而实现从犯罪管制到犯罪治理的转变。

在信息告知层面，应当充分保障被告人有关犯罪附随后果的知情权，尤其是在审判环节。当前，犯罪附随后果散见于各地方、部门的规范性文件，即使连法律专业人士也难以完全厘清犯罪附随后果的数量、内容。这严重影响了法律的可预测性，对民众权利保障和法律权威维护都有不利的影响。对此，最理想的做法是全面清理相关规范性文件，剔除其中的不合理内容。然而，立法层面的修改涉及行刑衔接、立法权与司法权的对接等诸多重大问题，一时难以进行。在实体上对犯罪附随后果进行司法化改造的前提下，可以通过在程序上保障行为人知情权的方式，引导行为人选择合理的辩护思路和救济途径。具体而言，检察机关在审判环节宣读起诉书时，除了宣读量刑建议外，也应当宣读犯罪附随后果建议，使被告人充分知悉其可能承担的刑事责任。

在决定公开层面，应当公开宣判犯罪附随后果并在裁判文书中载明。决定公开的意义不仅在于保障犯罪人的知情权，更在于对犯罪附随后果的适用过程和具体结果进行监督。当前，主要通过以下两种模式适用犯罪附随后果，一是直接根据法律的规定对犯罪人的相关权利进行剥夺；二是通过联合惩戒的模式，将惩戒效力范围扩大。联合惩戒的形式包括召开联席会议、签订备忘录等。由此可见，犯罪附随后果的适用呈现出内部色彩严重，外部监督缺失的问题。当前的决定公开仅限于犯罪记录、失信记录等定性结论的公开，而对具体的惩戒措施、限度则语焉不详。以失信名单的公开为例，由于失信的范围已经从传统的金融领域、司法执行领域扩大至了公共生活领域，"实现了'政府-市场-社会-司法'全方位覆盖"[1]。因此，广义的失信记录公布机制也是较为缺失的。[2]与此相比，刑事诉讼中的审判公开和裁判文书公开制度很好地弥补了犯罪附随后果适用过程中公开程度不足的缺陷。在司法公开制度下，一方面，行政机关、司法机关不会依照简单的"重刑思维"和粗

---

〔1〕 沈岿："社会信用体系建设的法治之道"，载《中国法学》2019年第5期。

〔2〕 失信记录因其兼具道德属性和规范属性，故而是否对其进行公布、如何公布等问题依旧存在争议。在笔者看来，如犯罪记录的公布以及犯罪前科报告的规定一样，其问题并不在于公布和报告本身，而是在于如何对这些记录进行保存，以及如何处遇带有记录的行为人。

暴的"叠加方式"来适用犯罪附随后果，而是会根据犯罪情节和预防再犯罪的需要进行审慎考虑。另一方面，通过引入外部监督，可以在保障犯罪人知情权的基础上，推动审判机关通过司法审查的方式对错误适用犯罪附随后果的做法进行更正，以提升我国刑事司法的科学性和可接受性。

在救济渠道层面，应当赋予犯罪人对犯罪附随后果的异议权，通过提起上诉等方式对犯罪附随后果的适用提出异议。在对犯罪附随后果进行司法化改造后，犯罪人不仅可以通过行政复议、行政诉讼等行政途径寻求救济，也可以获得更强力的司法救济。其中，犯罪人不仅可以针对定罪量刑结论提起上诉，也可以针对犯罪附随后果提起上诉，并由上诉法院进行实质审查。在此过程中，应当保障犯罪人各项程序性权利，尤其是辩护权。只有这样，才能将刑事司法救济落到实处。

五、余论

时至今日，犯罪记录兼具规范评价和道德评判的功能，由此产生的犯罪附随后果在一定程度上不可避免且有正当性。换言之，犯罪附随后果的出现有其历史渊源和现实需要。对犯罪附随后果进行全面批判的做法忽略了犯罪违背人民合意的本质，不仅损害了法的安定性、权威性，也伤害了人民朴素的法感情。但是，这也并不意味着在适用犯罪附随后果时可以违背人权保障原则和犯罪治理理念，通过行政处罚的形式对犯罪人回归社会后的权利进行过度克减。在实体上，犯罪附随后果存在定位不清、关联不明和过于严苛等问题。将犯罪附随后果与刑罚简单叠加适用，势必导致犯罪人，甚至其近亲属在社会中寸步难行。与此同时，在程序上，犯罪附随后果存在的主要问题则是缺乏严格的决定程序和有力的救济途径。基于此，在轻罪体系尚未合理建构、信用惩戒仍在不断扩张，以及重刑观念依旧有所留存的今天，通过观念层面、立法层面对犯罪附随后果进行限制尚不切实际。在此前提下，只有充分挖掘《刑法》第37条的规范内涵，将犯罪附随后果认定为非刑罚处罚措施，进而完成对犯罪附随后果的司法化改造，才是最有效且便捷的途径。据此，犯罪附随后果的适用需要遵守刑事实体法和刑事程序法的双重规定。如此方能切实帮助犯罪人正常复归社会并推动犯罪治理体系和治理能力现代化。

犯罪附随后果的合宪性调控

徐长江 *

摘　要：犯罪附随后果是行为人因犯罪或因受到刑事处罚而承担的一系列刑罚以外的制裁性措施，如职业禁止、信用惩戒、落户限制等。我国现行的犯罪附随后果制度存在一定的合宪性疑虑，有必要立足于宪法的精神和理念，从立法、司法两个方面进行合宪性调控。在立法中，应结合比例原则对犯罪附随后果作合宪性审查，减少乃至清除不合乎要求的犯罪附随后果；在司法中，应对犯罪附随后果的适用前提作限缩解释，以实现对公民基本权利的保障。最后，借助"部门法是宪法的具体化"这一命题，可以从刑法关于减刑的规定中探讨犯罪附随后果消灭制度的建构，为犯罪人提供必要的权利救济。

关键词：犯罪附随后果；合宪性调控；合宪性审查；合宪性解释

一、问题提出与论证思路

随着刑事一体化理论的兴起，刑事法领域的研究不再局限于对罪刑条文的规范考察，而是着眼于刑法以外的各项法律制度，乃至刑罚执行完毕后犯罪人的行为模式，犯罪附随后果也由此进入学者的视野。关于犯罪附随后果的概念和内涵，学界存在不一致的认识，有观点认为，犯罪附随后果是在刑事法律法规之外，针对犯过罪或受过刑事处罚的人所创设的一种限制性处罚后果。[1]也

---

* 　徐长江，中国人民大学刑事法律科学研究中心 2020 级博士研究生，主要从事刑法学研究。
〔1〕　参见付强："论犯罪行为的刑罚附随后果"，载《法学杂志》2015 年第 7 期。

有观点认为，犯罪附随后果是指行为人因实施犯罪而承担的刑事责任之外的不利后果，包括权利限制或义务的增加。[1]二者的区别在于是否肯定犯罪附随后果可以源自刑法自身。此外，在学界尚存一些与犯罪附随后果相接近的概念，其相关研究与犯罪附随后果存在内容上的重合性。例如，有学者使用的是"刑罚附随后果"的概念，认为其是行为人在刑罚之外基于受刑经历而发生的排斥或在择业、户籍等方面承受的不利后果。[2]其在之后的研究中还使用了"刑罚附随性制裁"的表述，认为刑罚附随性制裁是指与犯罪人直接关联的，基于其所受刑罚惩罚而发生的资格限制、义务承担等负价值和不利益。[3]此外，还存在"犯罪附随法律责任"[4]"刑罚体系外资格刑"[5]等不同的表述。

经比较分析，本文倾向于采用"犯罪附随后果"的概念，因为从现实考察，诸多附随后果并非只有在行为人遭受刑罚处罚后才会承受，而是只要其实施了相应的犯罪，就可能遭受此类附随后果的不利影响。[6]同时应当承认，由于现行刑法规定了职业禁止制度和前科报告义务等带有浓厚犯罪附随后果特征的内容，故犯罪附随后果的来源并不局限于刑事法律之外的规范性文件。因而可以说，"犯罪附随后果"是"刑罚附随性制裁""刑罚附随后果"等概念的上位概念，具有更为广泛的指代性和适用性。但基于研究对象的高度重合，学界对后者提出的建设性意见同样可以沿用于对犯罪附随后果的讨论。

目前，既有研究表明我国的犯罪附随后果制度存在部分制裁过于严苛、体系化不足、有连累适用迹象等诸多问题。有观点立足于新社会防卫论，认为刑罚和其他预防措施的组织应当立足于犯罪人再社会化的需求，并借此为犯罪附随后果制度的完善提出了有力见解。[7]但是本文认为，我国宪法中所

---

〔1〕 参见李若愚、孟令星："法定犯时代背景下犯罪附随后果的解构和重建"，载《湖北警官学院学报》2021年第1期。

〔2〕 参见王瑞君："我国刑罚附随后果制度的完善"，载《政治与法律》2018年第8期。

〔3〕 参见王瑞君："'刑罚附随性制裁'的功能与边界"，载《法学》2021年第4期。

〔4〕 参见徐安住："犯罪行为的附随法律责任初探"，载《求索》2008年第1期。

〔5〕 参见刘玉江："'醉驾'入罪的附随后果及制度危机化解"，载《江苏警官学院学报》2011年第3期。

〔6〕 参见梅传强、严磊："论犯罪人失信惩戒措施的适用界限"，载《学术交流》2020年第2期。

〔7〕 参见李若愚、孟令星："法定犯时代背景下犯罪附随后果的解构和重建"，载《湖北警官学院学报》2021年第1期。

蕴含的价值和理念，足以为犯罪附随后果的完善路径提供正当化依据，对相关制度进行完善的过程中不能脱离必要的合宪性审查。因而本文试图证明：其一，犯罪附随后果的正当性在于预防犯罪和保障公民基本权利之间寻求平衡，这种平衡只有通过合宪性审查才能实现；其二，当前学界对犯罪附随后果提出的建设性意见，可以经由宪法教义学和宪法原理检验，无须借助新社会防卫论；其三，通过对"部门法是宪法的具体化"这一命题进行延伸，可以借助现行刑法的有关规定来构思犯罪附随后果的救济制度，以充分保障公民的基本权利。以下本文将从犯罪附随后果的一般性考察出发，为该制度的合宪性调控提出参考性意见。

二、犯罪附随后果的类型考察与现状评析

（一）犯罪附随后果的种类与特征

犯罪附随后果种类繁多，难以穷尽列举，但总体上可以归为权利丧失型后果和义务承担型后果两种基本的类型。其中，又以权利丧失型后果中的职业禁止最为常见。

1. 权利丧失型后果

此类犯罪附随后果主要表现为对行为人权利或资质的限制和剥夺，其典型包括：（1）职业禁止，即禁止犯罪人参加或从事某种职业，或者开除其原有职位。例如，根据《公务员法》规定，因犯罪受过刑事处罚的人不得录用为公务员；《会计法》第 40 条也明确规定，因有提供虚假财务会计报告、做假账等于会计职务有关的违法行为被依法追究刑事责任的人员，不得再从事会计工作。（2）资格丧失。相关文件表明，河南省新乡市规定因犯罪受刑事处罚的人员，本人不得享受最低生活保障政策。[1]而根据《道路交通安全法》，醉酒驾驶机动车发生重大交通事故，构成犯罪的应吊销机动车驾驶证，且终生不得重新取得机动车驾驶证。

2. 义务承担型后果

此类附随后果主要表现为令犯罪人承担额外的义务，例如：（1）前科报告义务，《刑法》第 100 条规定，依法受过刑事处罚的人，在入刑、就业时应

---

〔1〕 此规定源自《新乡市区别低保群体不同情况逐步提高低保标准的有关规定》。参见李若愚、孟令星："法定犯时代背景下犯罪附随后果的解构和重建"，载《湖北警官学院学报》2021 年第 1 期。

如实向有关单位报告自己曾受到刑事处罚。（2）行为禁令，《刑法》第38条规定，行为人被判处管制刑时，法院可以根据犯罪情况，同时禁止其在执行期间从事特定活动，进入特定区域、场所和接触特定的人。由于违反此类禁止令的行为人将由公安机关依照《治安管理处罚法》的规定处罚，故禁止令并非管制刑的固有内容，应被视为刑法规定的一项犯罪附随后果。

通过对犯罪附随后果的类型和内容进行考察，可以概括其基本特征为：（1）非刑罚性。尽管有意见认为，犯罪附随后果应由刑法以外的法律法规来设置，但其理由同样是为了将此类后果与刑罚相区别。也即，犯罪附随后果不具有刑罚的属性，而是一种非刑罚处罚方式。（2）惩戒性。从各项犯罪附随后果的具体规定来看，此类措施虽不及刑罚般严厉，但同样会对犯罪人的生活产生一系列不良影响，尤其是当下逐年增加的职业禁止规定，已然成为困扰犯罪人再社会化的主要动因之一。（3）非体系性。当前我国没有关于犯罪附随后果的体系性立法，大量的附随后果分散于法律法规和各项规范性文件之中。

（二）犯罪附随后果的制度性不足及合宪性疑虑

尽管在预防犯罪、惩戒犯罪人方面，犯罪附随后果确有一定的积极意义，但总体而言存在如下几个突出问题：

1. 部分制裁过于严苛，合理性有待商榷

以笔者当前检索到的规范性文件来看，绝大部分犯罪附随后果都存在实施的期限，其中以3年和5年最为常见。[1]但是也不乏一些终身性附随后果，最为典型的就是因犯罪受过刑事处罚的人员，在我国终身不得录用为公务员，也不得担任法官和检察官。更有甚者，行为人因犯罪受到刑事处罚后，其基本生活保障等社会福利都将受到终身性影响。[2]

就职业禁止而言，设置一定的期限有其合理性，但是对所有犯罪人都"一网打尽"的做法和过长的期限在正当性上存在疑问：其一，刑事犯罪存在不法程度上的差异，行为人防卫过当和避险过当也应当负刑事责任，但其见义勇为的初衷并不为法秩序所排斥，反而为法秩序所提倡，若行为人因此在

---

〔1〕 例如《注册建筑师条例》和《注册会计师法》都将申请相应资质的禁止期限定为5年。

〔2〕 参见李若愚、孟令星："法定犯时代背景下犯罪附随后果的解构和重建"，载《湖北警官学院学报》2021年第1期。

某些领域失去永久性就业资质，和其他恶性刑事案件犯罪人不作区别对待，其所受惩戒就因过于严厉而有失实质正义。另外，现实中也有行为人因欠缺违法性认识而受到刑事处罚，对此类人而言，若其事先知晓自己的行为会违反刑法就不会去实施，本就不具有通过刑罚来实现犯罪预防的必要性，甚至在社会上加强法治宣传工作就可以实现良好的预防效果。这些行为人在主观上，乃至事后的客观行为上都没有背离对法秩序的忠诚态度，若无差别对其施加犯罪附随后果，乃至要求其承受终身职业禁止，也难谓合理。

其二，就职业禁止性后果而言，其与刑罚中的剥夺政治权利存在内容上的重合，故终身禁止性规定有刑罚不当延续的嫌疑。《刑法》第 54 条规定，剥夺政治权利包括剥夺犯罪人担任国家机关职务，以及担任国有公司、企业、事业单位和人民团体领导职务的权利。因而，部分犯罪附随后果，尤其是禁止犯罪人担任公职的规定在某种程度上"代行"了刑罚的职责，同宪法意义上的"法律保留原则"存在一定的紧张关系。与此同时，剥夺政治权利作为刑罚这一最为严厉的制裁，也存在相应的期限，若行为人剥夺政治权利期满，理当可以重新担任国家机关职务和其他国有单位职务，否则政治权利就谈不上"恢复"。但根据相关法律法规，一旦行为人实施犯罪，就相当于彻底失去了担任公职的机会，使剥夺政治权利的部分惩罚效果得以延续，而在行为人仅被判处少量年限的剥夺政治权利时，终身禁止其从事公务的规定甚至比原有刑罚更令其难以接受。

2. 连累适用有违责任自负原则

研究表明，部分犯罪附随后果存在连累适用的倾向：在实践中，政法机关招录公务员往往在政审环节审核考生的父母是否存在犯罪记录；父母若存在前科将会影响子女的择业前途。甚至还有地方将父母犯罪记录作为扣减子女入学积分的因素，[1]有违责任主义之虞。

在刑法理论中，责任自负作为责任原则的一项重要内容，是现代法治国家为抵御预防性措施而设置的保护性关卡，其要求国家对行为人所采取的各种预防性措施，都必须严格控制在行为人自身的责任范围之内。[2]而责任原则亦有宪法上的正当化根据，是宪法中人格尊严条款的自然延伸。《宪法》第

---

〔1〕 崔志伟："积极刑法立法背景下前科消灭制度之构建"，载《现代法学》2021 年第 6 期。
〔2〕 参见陈璇："责任原则、预防政策与违法性认识"，载《清华法学》2018 年第 5 期。

38条规定，公民的人格尊严不受侵犯，这就要求国家不能为实现某种目的而将人作为工具对待，不得为了预防犯罪、维护社会安定而对公民施加任何超出其责任范围的制裁。[1]因此，无论是刑罚还是犯罪附随后果，其都应止于犯罪人自身，不得牵连他人，前述具有连累性质的附随后果存在相当的合宪性疑虑。

3. 与刑罚的宪法理念存在抵牾

在刑法学的发展历史上，关于刑罚的目的存在报应刑论与目的刑论之争，但随着古典主义刑罚观在现代法治社会中式微，刑罚的预防目的在学界已几乎不存在争议，更何况，"刑罚的目的在于预防犯罪"，这是可以直接从宪法文本中推导出的结论。《宪法》第28条规定："国家维护社会秩序……惩办和改造犯罪分子。"应当认为，犯罪预防是维护社会秩序的必要手段，而改造犯罪分子，目的就在于将其教化为守法公民，降低其再犯罪的可能。此外，从《宪法》保护平等权的角度而言，还能得出如下结论：其一，公民在法律面前一律平等，意味着在法律上不得将任何公民设想成"天生的"犯罪人，故预防犯罪是必要的，也是可能的；其二，国家不得单纯以报应或报复为目的设置制裁，否则国家制裁不能获得比私人复仇更加正当的地位，因为公民作为平等主体，以报应为需求的私人救济本就是国家缺位时的最优路径。

因此，应将"预防犯罪"视为刑罚的宪法理念，为实现这一理念，就必须正视绝大部分犯罪人在处罚实施完毕后就会回归社会的事实。而若犯罪人在之后的日常生活中四处碰壁，乃至难以维持基本的生活需要，其铤而走险再次实施犯罪的可能性就会陡然上升。可见，虽然各项犯罪附随后果对犯罪人所施加的限制在表面上起到了威慑潜在犯罪人、促进刑罚一般预防功效之作用，但其事实上阻碍着犯罪人顺利回归社会，与"预防犯罪"的宪法理念是相冲突的。

除上述主要问题外，经学者概括总结，犯罪附随后果还存在诸如地方性差异较大、缺乏上位法调整、适用条件过于随意等问题。[2]但总体而言，这些缺陷都可以在宪法上找到规制依据，与公民基本权利息息相关。因此，在对犯罪附随后果进行制度完善时，势必要上升到宪法层面，借助合宪性调控

---

[1] 参见陈璇："责任原则、预防政策与违法性认识"，载《清华法学》2018年第5期。
[2] 参见王瑞君："我国刑罚附随后果制度的完善"，载《政治与法律》2018年第8期。

的方式，实现犯罪预防和人权保障的协调一致。

三、合宪性调控的必要性及其基本路径

当前学界达成的一个共识是，虽然在当下的我国并没有建立起违宪审查制度，但这并不意味着宪法不能在部门法运作的任何层面产生影响。[1]对犯罪附随后果实行合宪性控制有其必要性，并存在现实化的可能性。

（一）对犯罪附随后果进行合宪性调控的必要性

在一个宪法优先的法秩序中，确立所有法律都必须解释为与宪法一致的准则，被认为是一个合理的方法论原则，这有助于维护法秩序的统一，并可以通过避免确认法律违宪来维护立法者。[2]而对犯罪附随后果进行合宪性调控，主要也是基于维护法秩序协调性和保障公民基本权利两方面的考量，而之二者即便在传统刑法学研究领域，重要性也不言而喻。

1. 实现法秩序协调，推动刑事法治一体化

在刑法研究领域，已有学者提出了刑事一体化的理念，其对实现现代法秩序协调性具有重要意义。尽管该理论在形成之初，并没有给予犯罪附随后果过多的关注，但对犯罪附随后果实行合宪性调控，也是刑事一体化的应有之义。

概括而言，刑事一体化包含两层含义：首先其作为一种观念，旨在构建一种使刑法和刑法运作内外协调的实践刑法形态；其次，其作为一种方法，强调刑法学研究不能局限于刑法自身，也要和刑法之外的社会意识形态、政治体制、法治文化等多方面的要素融合起来。[3]而通过对犯罪附随后果进行合宪性调控，正是实现刑事一体化的有力路径：

首先，刑事一体化议题不能将宪法排斥在外，而应以宪法为基础和依托。尽管英美法系的违宪审查制度在我国并没有规范依据，宪法也并不能直接适用于个案裁判，但宪法作为国家根本大法，在法律位阶中处于无可置争的最高地位，各项法律制度的构建也必须以宪法为中心。因此，刑事一体化作为

---

〔1〕 参见张翔："两种宪法案件：从合宪性解释看宪法对司法的可能影响"，载《中国法学》2008 年第 3 期。

〔2〕 参见［德］斯特凡·科里奥特："对法律的合宪性解释：正当的解释规则抑或对立法者的不当监护？"，田伟译，载《华东政法大学学报》2016 年第 3 期。

〔3〕 参见储槐植、闫雨："刑事一体化践行"，载《中国法学》2013 年第 2 期。

刑事法制度构建和规范适用的指导性思想，不可能脱离宪法而存在。更何况，宪法作为特定社群之共同意识形态的共识，[1]理应成为刑事一体化建设的重要研究素材。

其次，犯罪附随后果本就应成为刑事一体化的重要考察内容，完整的刑事一体化工程不可能脱离对犯罪附随后果的研究。犯罪附随后果会对行为人日后行为模式产生重要影响，直接关系到刑罚在预防犯罪方面的作用，也是评估刑法罪名设置合理性的重要因素。质言之，犯罪附随后果与罪刑理论密切相关，刑事一体化理论不可能，也不应对此视而不见。

最后，对犯罪附随后果进行合理控制，在根本上要回归到宪法层面。一方面，传统刑事法理论更倾向于关注罪刑规范本身，极少对犯罪附随后果展开讨论；作为一门关于刑法解释和刑法适用的体系性学问，刑法教义学虽然关注自身知识的逻辑性与科学性，却难以为其体系之外的犯罪附随后果提出可靠意见。另一方面，犯罪附随后果作为一项法律制度，势必要受到宪法的制约，如此才能维护以宪法为根基的现代法治体系，实现法秩序的协调一致。

2. 保护基本权利，与社会治理实现有效互动

基本权利是宪法所保障的，对个人而言最为重要的一类权利，也有学者将其与"人权"的概念相等同。[2]尽管也有观点认为应从技术层面区分"人权"和"基本权利"的概念，[3]但不可否认二者有着无法割裂的密切联系。长期以来，限制公权和保障人权被视为宪法的基本功能，因此对犯罪附随后果进行合宪性调控，也是为了减少乃至杜绝公权力对基本权利的不当损害。

在刑事法领域，人权保障精神同样具有一贯的重要性。例如，刑法中最为知名的罪刑法定原则，就以人权保障为核心思想内核；[4]我国刑法于1997年废除了类推制度，这被认为是我国迈向现代法治国家的一个重要标志，也是刑法在人权保障领域取得的重要进步。但是，仅仅依靠刑法学的既有知识，

〔1〕 参见陈景辉："宪法的性质：法律总则还是法律环境？——从宪法与部门法的关系出发"，载《中外法学》2021年第2期。
〔2〕 张千帆主编：《宪法学》（第2版），法律出版社2008年版，第133页。
〔3〕 参见张翔："论人权与基本权利的关系——以德国法和一般法学理论为背景"，载《法学家》2010年第6期。
〔4〕 参见张明楷：《刑法学》（第5版），法律出版社2016年版，第46页。

尚不足以充分实现人权保障的目标：

首先，刑法所坚持的法益保护原则，尽管和人权保障也存在密切的关联，但其仅能说明刑事制裁在目的上的合理性，而无法说明手段的合理性。换言之，法益保护理论仅仅解释了刑法将某一行为规定为犯罪的理由，但其既不能说明何种程度的刑罚才能与该犯行相匹配，也无法说明为何在刑罚这一最为严厉的制裁之外，还要为犯罪人施加职业禁止等一系列不利后果。

其次，罪刑法定原则固然源于人权保障的宪法理念，但其仅关注到罪刑条文和犯罪人的对向关系，无法在刑罚体系之外发挥人权保障的功能。现行法律制度下的各项犯罪附随后果并不属于刑罚，天然地处于罪刑法定原则的约束范围之外，故有必要立足于人权保障的基本要求，从更为宏观的宪法层面加以审视。

最后，仍要说明的是，在对犯罪附随后果进行合宪性调控时，不能全盘否定该制度的作用，不宜盲目追求所谓的"人权保障"而排斥一切具有正当性的犯罪附随后果。公民的基本权利也存在一定限制，只是犯罪附随后果对此类权利的限制在何种程度内才属正当，也必须从宪法理论中寻求根据。

（二）合宪性调控的可能性：基本方法与路径选择

对法律的运作过程实施合宪性调控，主要有立法中的合宪性审查和司法中的合宪性解释两种基本路径，在我国当前的法治环境中扮演着重要角色。

1. 对立法的合宪性审查

对立法进行合宪性调控并不意味着，也不依赖于在我国建立完备的违宪审查制度。我国法治语境下的立法合宪性审查也与英美法系中的违宪审查制度并非同一用语，[1]而是通过对立法者提出一定要求，督促其将宪法的精神、理念融入立法工作之中，从而严格区分恶法与善法，提高立法技术，实现良法善治。[2]从这个意义而言，合宪性审查是指立法者对当前法律制度所作的合宪性评估。

关于我国合宪性审查制度的推进和完善，学界相关研究方兴未艾，但就本文而言，需要关注的是如下三个基本问题：其一，立法审查工作是否要遵循合宪性推定？所谓的合宪性推定是指司法机关在对立法机关进行审查的过程中，

---

〔1〕 秦前红："合宪性审查的意义、原则及推进"，载《比较法研究》2018 年第 2 期。

〔2〕 姜涛："在契约与功能之间：刑法体系的合宪性控制"，载《比较法研究》2018 年第 2 期。

首先在逻辑上推定该立法合乎宪法，除非有明确事实证明其违反宪法。[1]从其定义中可以发现，合宪性推定是为了体现司法权对立法权的尊重，故其应建立在"宪法司法化"这一基础之上。那么，对于立法机关内部的合宪性审查工作，是否还要遵循合宪性推定的必要？其二，当一个法律条文构成对基本权利的限制，如何判断这种限制的正当性？其三，当一个法律条文确实存在合宪性疑虑，在我国不存在违宪审查制度的情况下，立法机关该如何面对这种疑虑，并采取什么样的应对措施？

对于上述问题，本文认为，首先，在合宪性审查中仍有必要遵循合宪性推定，理由在于，尽管我国宪法明确规定，有权制定法律的是全国人民代表大会及其常务委员会，但从现实考察，其作为权力机关也是由不同公民组成的，也存在相应的任期和人事变动等不稳定因素。因此，合宪性推定的意义并不局限于司法机关和立法机关之关系，还体现于立法机关内部，表现为现任立法者对前任立法者的尊重。

其次，在判断法律条文对基本权利限制之正当性的问题上，各国法律实践主要形成了以美国为代表的多元审查模式和以德国为代表的比例原则审查模式，本文赞成借鉴比例原则的基本方法，完善我国的合宪性审查工作。一方面，相比于英美法系，我国当前的法律制度与大陆法系更为"亲近"，存在法理沿用和转换的基础。另一方面，从《宪法》的部分条文来看，比例原则已然有所体现。例如，《宪法》第51条规定，公民在行使权利时不得损害国家的、社会的、集体的利益和其他公民的合法的自由和权利，这就表明国家只有在基于公共利益，以及保护其他公民利益的情况下才能限制公民的基本权利，符合比例原则中的适当性要求。[2]

最后，关于立法机关对存在合宪性疑虑的法律条文该如何处理的问题，由于立法机关的自我修正并不存在权力僭越的隐忧，故其完全可以在确认法条违宪后启动相应程序修改立法。与此同时，立法机关在日后制定其他法律条文时，若该法条涉及对基本权利的限制，且该限制与先前存在合宪性争议的法律条文在适用前提、限制内容等方面存在实质性相似时，其至少应在法

---

〔1〕 参见〔德〕斯特凡·科里奥特："对法律的合宪性解释：正当的解释规则抑或对立法者的不当监护？"，田伟译，载《华东政法大学学报》2016年第3期。

〔2〕 参见陈璇："正当防卫与比例原则——刑法条文合宪性解释的尝试"，载《环球法律评论》2016年第6期。

律后果的设置上尽可能减少对基本权利的限制程度，以减少其对比例原则或其他合宪性主义的冲击。

2. 司法中的合宪性解释

司法中，借由法官对法律条文作合宪性解释，使得宪法的司法功能呈现出新的样貌。在学理上，有学者将合宪性解释概括为三个层次：其一是单纯解释规则，要求宪法相关规定对法律解释产生一定影响；其二是冲突规则，指在数种可能的法律解释中应优先选择与宪法内容相符者；其三是保全规则，指当法律有违宪疑虑而有数种解释可能时，应选择不违宪的解释。[1]

尽管合宪性解释是否包含对宪法进行解释，学界存在一定争议，但其作为一种法律解释方法，已经事实上活跃于多个部门法教义学的知识谱系。以刑法学为例，张明楷教授明确指出刑法中的法益保护原则从根本上源自宪法，法益正是依据宪法而受法保护的、客观上可能受到侵害或威胁的人的生活利益。[2]因此，对个罪的法益进行识别和判断时，必须使之与宪法规范相协调，从而使宪法的原则和精神直接对司法活动产生影响。陈璇教授也在正当防卫制度的解释中，通过对宪法的人格尊严条款进行剖析，对正当防卫的限度要件进行了扩张解释。[3]由此观之，犯罪附随后果作为一项法律制度，同样存在进行合宪性解释的可能性：一方面，职业禁止制度作为犯罪附随后果的典型已经进入了刑法典，故对刑法进行合宪性解释就必然包含对相关的犯罪附随后果进行合宪性解释；另一方面，从人权保障的基本理念出发，对犯罪附随后果进行合宪性解释，其主要手段是限制其适用范围，在尽可能避免认定现行法律违宪的情况下，减小其对公民基本权利的打击面。

四、犯罪附随后果制度的合宪性完善

（一）比例原则对犯罪附随后果的制度性调控

如前所述，本文主张以比例原则为基础审查犯罪附随后果的正当性边界。比例原则起源于德国公法领域，是限制公权力的基本原则，其又包括如下三

---

〔1〕 苏永钦：《合宪性控制的理论与实际》，月旦出版公司 1994 年版，第 84 页，转引自李海平："合宪性解释的功能"，载《法律科学（西北政法大学学报）》2021 年第 2 期。

〔2〕 参见张明楷：《刑法学》（第 5 版），法律出版社 2016 年版，第 63 页。

〔3〕 参见陈璇："正当防卫与比例原则——刑法条文合宪性解释的尝试"，载《环球法律评论》2016 年第 6 期。

方面的要求：（1）适当性要求，即国家权利行使造成公民权利的侵害时，其必须能达到某种法定目的。（2）必要性要求，即在能够实现法定目的的所有措施中，国家应选择对公民权利损害最小的措施。（3）相当性要求，指国家权力行使措施与其欲达到的目的之间必须保持相称和均衡。〔1〕通过比例原则的检验，学界提出的如下建议应当得到支持：

1. 应尽可能减少无限期的犯罪附随后果〔2〕

减少无限期的犯罪附随后果，主要是减少对犯罪行为人无限期的职业禁止。在比例原则的框架下分析，此类职业禁止在适当性、必要性和相当性三个层面都存在逻辑问题。首先，犯罪附随后果作为一项公权力制裁，其正当性在于应对犯罪预防的需要，〔3〕但是职业禁止的期限和类别与行为人是否会再次实施犯罪并不存在必然的关联。一个被终身禁止担任国家公务员的行为人仍然可能因醉酒驾驶机动车而承担刑事责任，也可能因再社会化的困难而选择实施其他犯罪。以职业禁止的长度来实现犯罪预防仅仅是一种幻想，不具有手段与目的之适当性。其次，从必要性的角度考察，无限期的职业禁止会使刑事法治体系陷入逻辑矛盾，动摇其法理基础：一方面，无限期的犯罪附随后果相当于彻底否定了刑罚固有的预防和改造效果，可既然刑罚这一最为严厉的制裁手段都无法实现预防犯罪的目的，那么犯罪附随后果作为法理上程度更轻的制裁措施，其在预防犯罪方面的作用就更值得怀疑。另一方面，若承认刑罚和终身职业禁止都可以实现对犯罪的预防，那么根据必要性原则的要求，就只需对行为人采取终身职业禁止即可，刑罚反而失去了存在的意义。最后，从相当性角度分析，终身禁止性规定可能导致事实上的处罚不均，产生"轻重倒挂"的奇怪现象。〔4〕例如，醉驾型危险驾驶罪作为轻罪，行为人被判处的刑期普遍不高，但其同样会被终身剥夺公务员任职资格，并对子女后代的择业产生消极影响。相比于较短的自由刑，长期乃至永久的资格剥夺往往更为行为人担忧，其给行为人施加的痛苦已然不亚于刑罚，与行为人的罪责不相匹配，超出了相当性原则的边界。

---

〔1〕 参见刘权："目的正当性与比例原则的重构"，载《中国法学》2014年第4期。
〔2〕 王瑞君："'刑罚附随性制裁'的功能与边界"，载《法学》2021年第4期。
〔3〕 徐久生、师晓东："犯罪化背景下犯罪附随后果的重构"，载《中南大学学报（社会科学版）》2019年第6期。
〔4〕 崔志伟："积极刑法立法背景下前科消灭制度之构建"，载《现代法学》2021年第6期。

2. 犯罪附随后果的设置应与犯罪行为存在关联性[1]

比例原则要求对犯罪人施加的附随后果必须与犯罪行为存在必要的逻辑关联，而不能"一刀切"地限制犯罪人在所有领域内的权利，其适例是禁止职务犯罪的犯罪人在一定期限内从事原职业，而不断绝其他合适的求职路径。《会计法》第 40 条的规定也是因此受到了学界的普遍认可。[2] 首先，盲目增设犯罪附随后果有违预防犯罪的逻辑起点，只有为其施加同犯罪行为的关联性才满足比例原则的适当性要求。如前所述，《宪法》规定的平等权要求法律不得将任何公民视为天生犯罪人，故在行为人实施职务犯罪时，该行为只能表明其在相关职业领域存在一定的人身危险性，而不能推定其在其他领域也存在天然的犯罪倾向。预防犯罪必须以行为人可能实施犯罪为前提，既然在规范上不能认为行为人必然实施其他犯罪，就不能以预防犯罪为由提前为其施加不必要的犯罪附随后果。其次，犯罪人的人身危险性仅仅是一种立法或司法的"预判"，其并不决定行为人是否会再次实施犯罪，因此通过一定期限的犯罪附随后果进行应对，相比于延长刑期或采取其他刑罚措施，对公民权利侵害的力度更小，满足必要性原则的要求。最后，限制犯罪附随后果的适用范围没有不当扩张犯罪人再社会化的压力，顺应了相当性原则的要求。一方面，行为人仍然受到了一定的负面影响和警示，足以督促其放弃在其他领域实施犯罪，以免再次受到类似惩罚；另一方面，行为人在刑罚执行完毕后，仍处于较为自由的再社会化环境，具有预防犯罪方面的积极作用，使犯罪附随后果的惩戒力度能同其目的相称。

3. 取消具有连坐性质的犯罪附随后果[3]

如前所述，犯罪附随后果的连累适用在根本上抵触了宪法意义上的人格平等，使公民因为自身责任以外的因素承担了消极法律后果，存在天然的合宪性疑虑。与此同时，设置此类连坐性质的犯罪附随后果也有违比例原则的基本要求。首先，在适当性层面，附随后果的连坐无法起到预防犯罪的效果。既然依据《宪法》，公民不得被识别为天生的犯罪人，那么行为人是否有实施犯罪的潜在可能性，就只能由行为人自身的行为评估而来，不能借助于他人

---

〔1〕 王瑞君："我国刑罚附随后果制度的完善"，载《政治与法律》2018 年第 8 期。
〔2〕 王瑞君："我国刑罚附随后果制度的完善"，载《政治与法律》2018 年第 8 期。
〔3〕 王瑞君："'刑罚附随性制裁'的功能与边界"，载《法学》2021 年第 4 期。

的行为。因此，行为人并不会因为其亲属实施犯罪而倾向于实施犯罪，以预防犯罪为由对其施加制裁不具有正当性。其次，部分政审文件要求行为人亲属未在服刑的原因，或许在于其担心行为人会借机徇私枉法。但该说法难以成立，一方面，由于招录程序的限制，行为人未必能够如愿进入满足条件的岗位；另一方面，既然徇私枉法行为已有刑法作事后规制，那么从必要性的角度而言，就无须事前将行为人获得职位的可能性完全抹去。

4. 应减少乃至免除轻微犯罪行为的犯罪附随后果[1]

对轻微犯罪行为施加附随后果主要是不满足必要性和相当性原则的要求。现实情况是，行为人一旦实施犯罪，其不仅要承担数量繁多的犯罪附随后果，还要被终身打上"犯罪人"的标签，受到社会的排斥，这在行为人仅仅实施轻微犯罪时是难以令人接受的结果。在此意义上，犯罪附随后果的安排没有体现出轻微刑事犯罪人和恶性刑事犯罪人之间的差别，国家在使用本应对付恶性犯罪人的严厉方法来对付轻微犯罪人，这在比例原则的必要性和相当性层面都有所欠缺。因此有学者提出，对于防卫过当和避险过当而成立的犯罪，以及过失犯罪，应当免除犯罪附随后果的适用；[2]也有学者提出，对于罪行轻微的犯罪可以不适用犯罪附随后果，或可建立相应的前科消灭制度，彻底消除此类轻微犯罪给行为人带来的负面影响。[3]但是，由于我国《刑法》没有轻罪和重罪的明确区分，故对于何种犯罪属于此处的"轻微犯罪（或言微罪）"，学界并没有给出统一的见解。应当认为，结合比较法的经验，以及当下我国刑法修正案的轻罪立法模式，将此类"轻微犯罪"界定为"法定最高刑为一年以下有期徒刑"的犯罪较为合适。[4]但是，由于现行刑法中满足此类条件的罪名仅有妨害安全驾驶罪、重大责任事故罪等少数罪名，因此该界定是否合理，还有待刑事立法的进一步推进来检验。但无论如何，免除轻微犯罪行为的犯罪附随后果在宪法层面有重要的实践意义，也与当下轻罪化的立法趋势和认罪认罚制度的顺利推行相协调。

---

[1] 参见梁云宝："积极刑法观视野下微罪扩张的后果及应对"，载《政治与法律》2021年第7期。

[2] 参见王瑞君："我国刑罚附随后果制度的完善"，载《政治与法律》2018年第8期。

[3] 参见梁云宝："积极刑法观视野下微罪扩张的后果及应对"，载《政治与法律》2021年第7期。

[4] 梁云宝："积极刑法观视野下微罪扩张的后果及应对"，载《政治与法律》2021年第7期。

（二）解释论中犯罪附随后果适用前提的合宪性限缩

鉴于犯罪附随后果在实践层面存在诸多侵犯公民基本权利的疑虑，故本文认为，坚持对犯罪附随后果相关条款的合宪性解释，其目的就在于尽可能缩小犯罪附随后果的适用前提，以减少其对宪法精神的冲击。具体而言包括如下两个方面：

1. 对犯罪附随后果的适用前提作严格的限缩解释

犯罪附随后果的法律规定往往简洁明了，其以行为人"因犯罪受到刑事处罚""被判处刑罚""被依法追究刑事责任"等为适用前提。而对这些前提作限缩解释，便能直接体现宪法保障公民基本权利之旨趣。

首先，"因犯罪受到刑事处罚"中的"刑事处罚"应仅限于行为人被判处实刑，而不包括行为人被定罪免罚、被宣告缓刑的情形。一方面，若行为人被定罪免罚，在字意上就意味着行为人因犯罪情节轻微而没有受到刑事处罚，当然不能成为犯罪附随后果的适用对象；另一方面，缓刑的法律后果是在行为人缓刑考验期满时，"原判的刑罚就不再执行"，这至少表明在行为人缓刑考验期满后，应被视为处于"未曾受到刑事处罚"的状态，故不能对其使用犯罪附随后果。当然，根据刑法，若行为人被宣告缓刑时还被判处附加刑，由于附加刑仍需执行，故对此类行为人仍然可以适用犯罪附随后果。同时，对于部分法律规定以行为人"被判处刑罚"为适用前提的附随后果，行为人是否被宣告缓刑不影响此类后果的实施。

其次，"被依法追究刑事责任"中的"刑事责任"，应当限制解释为"刑罚"，而不能按照传统刑法教义学的角度理解。传统理论的通说认为，"刑事责任"包括因实施犯罪行为而产生的刑事惩罚或单纯的否定性评价。[1]可一方面，任何违法行为都会产生否定性评价，强调刑事责任包含否定性评价并不能突出其在法律责任体系中的特殊地位；另一方面，否定性评价游离于实定法之外，甚至存在于一般公民的思想领域，对其进行调控超出了宪法的任务。因此，从宪法的角度审查"刑事责任"的内涵，应认为其仅包含"刑罚"。申言之，如果行为人实施了犯罪行为，但若该行为性质轻微，仅被判处非刑罚处罚措施，或被免予刑事处罚，都不属于此处的"被依法追究刑事责

---

〔1〕 高铭暄、马克昌主编：《刑法学》（第8版），北京大学出版社、高等教育出版社2017年版，第201页。

任"，如是可以妥当缩小犯罪附随后果的适用面，保障公民基本权利。

2. 基于宪法保护未成年人的基本原则，得从刑法、刑事诉讼法的相关条款中得出满足一定条件的未成年人不适用犯罪附随后果的结论

《刑法》第 100 条规定，犯罪时不满 18 周岁被判处 5 年有期徒刑以下刑罚的人，无须在入伍、就业时报告自己曾受刑事处罚；《刑事诉讼法》第 286 条也规定，上述未成年人的犯罪记录应当予以封存，不得向任何单位和个人提供，除非司法机关为办案需要或有关单位根据国家规定进行查询。依法进行查询的单位，应当对被封存的犯罪记录情况予以保密。如果形式地理解上述条文，就会得出如下结论：对未成年人同样适用犯罪附随后果，因为法律只是免除了其报告前科的义务，但没有彻底消灭其前科。因此，只要相关单位事实上得知未成年人存在犯罪记录时，仍然可以执行相关的犯罪附随后果。但是，倘若基于《宪法》保护未成年人权益的基本立场，就应坚决反对该机械的解释结论，而对满足条件的未成年人免除犯罪附随后果的适用：

首先，只有犯罪时不满 18 周岁被判处 5 年有期徒刑以下刑罚的未成年人，才满足免除犯罪附随后果的条件。在学界有观点力倡禁止对所有未成年人施加犯罪附随后果，[1]这在立法论上或有正当性，但在司法论中不能当然地得出这一结论。既然犯罪时已满 18 周岁被判处 5 年有期徒刑以上刑罚的未成年人也和其他成年犯罪人一样负有前科报告义务，就表明在前科问题上，二者处于相同的法律地位，法秩序容忍了对此类未成年人适用犯罪附随后果的可能性。其次，对符合条件的未成年人犯罪记录进行"保密"和"封存"，就意味着在目的论上要尽可能减少犯罪行为对未成年人所造成的不利影响。应当认为，刑罚作为调整公民行为规范的制裁措施，本就应具有公开性，刑事裁判结果只有为社会一般人知晓，才能起到相应的警示作用。因此，对未成年人犯罪记录进行封存，根本上不是为了"刑罚"本身，而是为了防止犯罪附随后果和"犯罪人"标签给未成年人的发展带来不利影响。因此，对犯罪附随后果在未成年人群中的适用范围进行限缩解释，排除对符合条件的未成年人适用犯罪附随后果，充分保护了未成年人的基本权益，更贴近宪法的旨趣，根据合宪性解释的冲突规则，应将之作为对《刑法》第 100 条和《刑事诉讼法》第 286 条的解释结论。

---

[1] 参见王瑞君："我国刑罚附随后果制度的完善"，载《政治与法律》2018 年第 8 期。

（三）犯罪附随后果消灭制度的设立构想

对犯罪附随后果建立相应的救济制度，也是既有研究达成的一个共识，但是学界尚未给出一个较为具体的方案，现有对犯罪附随后果消灭制度的讨论，也主要依附于整体前科消灭制度而进行，并以大量的比较法研究为基础，缺少立足于我国宪法的探讨。从表面来看，犯罪附随后果消灭制度的具体建构难以从比例原则和平等主义等宪法要求中直接得出，但这并不意味着其中不存在合宪性调适的空间。本文认为，围绕"部门法是宪法的具体化"这一基本命题，以及犯罪附随后果的惩戒性质，可以参考现行《刑法》中的刑罚执行制度，对犯罪附随后果的消灭机制提出建议。

1. 犯罪附随后果消灭的前提条件与流程

本文认为，刑罚作为最严厉的制裁措施，尚且具有减刑、假释的规定来减免处罚，那么犯罪附随后果作为性质更轻的非刑罚措施，也理当具有相应的消灭制度。更何况，部分关于剥夺行为人从业资格、信用资格等犯罪附随后果的规定，已然触及了资格刑的边界，[1]更有必要参考刑罚的减免机制对其加以限制。因此，本文主张参考减刑的有关规定，为犯罪附随后果消灭制度提出构想。

根据《刑法》规定，被判处管制、拘役、有期徒刑、无期徒刑的犯罪分子，在刑罚执行期间如果认真遵守监规，接受教育改造，确有悔改表现或者立功表现的，可以减刑；具有重大立功表现的应当减刑。由于犯罪附随后果是刑罚执行完毕后的消极后果，故对行为人而言不存在继续遵守监规的可能，但"立功"和"重大立功"的规定可以为犯罪附随后果消灭制度的构建提供参考依据，其情形可以成为本制度适用的前提。结合域外立法在前科消灭制度中的经验，[2]以及最高人民法院《关于办理减刑、假释案件具体应用法律的规定》（以下简称《规定》）的相关规定，可以在如下几个方面提出建议：

首先，宜将犯罪附随后果消灭的前提定为"依行为人申请"，也即当行为人存在立功、重大立功表现时，可以向有关机关提出审查申请，经有关机关

---

〔1〕 参见刘玉江："'醉驾'入罪的附随后果及制度危机化解"，载《江苏警官学院学报》2011年第3期。

〔2〕 参见崔志伟："积极刑法立法背景下前科消灭制度之构建"，载《现代法学》2021年第6期。

审查后便不再承担犯罪附随后果或减少犯罪附随后果的实施期限：（1）《规定》明确，立功和重大立功中的"其他较大贡献"及"其他重大贡献"本就需要经有权机构确认，这就暗含了"依申请"的前提；（2）犯罪附随后果是否可以免除，归根结底在于行为人人身危险性是否已被消除，故在逻辑上需要有权机构对行为人人身危险性进行综合评估，只有在确认其不具有再次实施犯罪的高度盖然性时，才能减免其犯罪附随后果，而"依申请"为该流程提供了可行性。（3）负责审查的机关宜定为作出原刑事判决的人民法院。一方面，法院作为审判机关，对行为人人身危险性的评估具有信息优势和经验优势，更能实现审查的实质正义；另一方面，从现实因素来看，由原审法院负责审查也能减少法院在调查、取证方面的难度和压力，并避免由行政机关间接否定原刑事判决合理性的情况发生。

其次，关于"立功"的认定，可以直接沿用《规定》的相关条款，在作些许修正后可列举如下：（1）阻止他人实施犯罪活动或协助司法机关抓捕其他犯罪人。由于犯罪附随后果的制度目的在于预防犯罪，因此当行为人在日后的生产生活中阻止他人实施犯罪活动，或主动协助司法机关抓捕其他犯罪人，就表明其回归了对法秩序的忠诚态度，不具有预防其犯罪的必要性，可以减轻或消灭其负担的犯罪附随后果；（2）在生产、科研中进行技术革新，成绩突出。既然生产、技术革新可以在减刑方面起到积极作用，其理当可以适用于犯罪附随后果这一性质更轻的处罚措施的消灭制度中。此外，通过扩大技术革新在刑事法领域的积极效果，可以鼓励行为人在出狱之后也积极进行科技探索，有利于其回归社会，契合了犯罪附随后果消灭制度的初衷。（3）在抗御自然灾害或者排除重大事故中表现积极。同理，行为人在抵抗自然灾害或重大事故中有积极表现，就表明其愿意为了社会共同体的团结而努力，其再次实施犯罪破坏社会安定的可能性就会大幅下降，可以作为一项理由减免其犯罪附随后果。（4）对国家和社会有其他较大贡献。此为兜底条款，由法院进行综合判断，避免因列举不周全而过度限缩行为人的救济空间。

与上述内容相对应，对"重大立功"也可作如下列举：（1）阻止他人实施重大犯罪活动或协助司法机关抓捕其他重大犯罪嫌疑人；（2）有发明创造或者重大技术革新；（3）在日常生产、生活中舍己救人；（4）在抵抗自然灾害或排除重大事故中有突出表现；（5）对国家和社会有其他重大贡献。

最后，在程序方面，应对"立功"和"重大立功"的积极效果作合理区分，鼓励行为人实施重大立功：在行为人有立功表现时，法院可以在确认立功后依行为人的人身危险性决定是否减少犯罪附随后果的实施期限；而在行为人具有重大立功表现时，法院应当作出减少其犯罪附随后果实施期限的决定。

因此，综上所述，犯罪附随后果消灭制度的具体流程可设置为：行为人在具有立功或重大立功表现后，可以向作出原刑事判决的法院提出审查申请，在法院确认行为人有立功表现时，可以结合行为人在刑罚实施完毕后的一贯表现，决定是否减少其犯罪附随后果的实施期限；而在法院确认行为人的表现属重大立功后，应当决定减少其犯罪附随后果的实施期限。

2. 犯罪附随后果消灭的期限限制

根据《规定》，对犯罪人实施减刑也存在一定的实体性限制，主要表现在限制减刑的起始时间、减刑幅度等方面。由于刑罚在法理层面是最为严厉的惩罚，故对减刑作上述限制存在正当性。但是犯罪附随后果毕竟不属于刑罚，是否需要对其作上述严格限制就存有商榷余地。本文认为，对犯罪附随后果减免的实体性限制仅需体现在减免的期限上。换言之，仅需保证犯罪人实际承受犯罪附随后果的年数达到了法定的最低期限即可，而无需对减免的起始时间、间隔时间等作出限制，以此体现犯罪附随后果和刑罚在制裁严厉性上的差异，维持我国法律制裁体系的轻重有别。

而结合《规定》对减刑后实际执行刑期的要求，可以将犯罪附随后果消灭制度的期限限制归结如下：（1）若行为人具有立功表现，法院可以根据行为人人身危险性决定减免的期限，对于非终身性的犯罪附随后果，其实际执行期限不得少于原定期限的 1/2；对于终身性的犯罪附随后果，不得减免。（2）若行为人具有重大立功表现，法院应当决定减免犯罪附随后果的实施期限，但其实际执行年限同样不得少于原定期限的 1/2；而由于无期徒刑的最低执行年限为 13 年，综合比较无期徒刑和终身性犯罪附随后果在严厉程度上的差异，本文认为可以将终身性犯罪附随后果的最低执行年限定为 10 年。

五、结论

犯罪附随后果作为一项法律制度，具有作合宪性调控的必要性和可行性。通过对宪法的精神和理念进行剖析，可以从立法合宪性审查和司法合宪性解释两个层面对犯罪附随后果作出限制。在立法层面，借助于比例原则的分析，应当坚持"减少终身性犯罪附随后果""取消连坐性犯罪附随后果"等举措；而在司法层面，可以对犯罪附随后果的适用前提作限缩解释，减少相关规定的合宪性疑虑，充分保障公民的基本权利。最后，立足于"部门法是宪法的具体化"这一基本命题，可以通过借鉴减刑的有关规定设想犯罪附随后果消灭制度，为犯罪人提供必要的权利救济。

纪检监察学与刑法学的关系

纪检监察学科的性质及其
与刑事法学的交叉抑或衔接

李晓明 *

摘　要： 纪检监察学是一个综合性的法学大门类中的一级学科，是一门综合性学科，既包括纪检也包括监察学，它是纪检学和监察学的并列、综合、融合和交叉，甚至是相互渗透的学科。其研究对象是腐败与反腐败的文化建设、党和国家监督的制度建设、纪检监察有效运行机制的建设和反腐败效能充分发挥的建设。在纪检监察学与刑事法学的实体衔接上统一于宪法融合于双方，在纪检监察学与刑事法学的程序衔接上表现为立案、留置及律师会见等的不完善，在纪检监察学与刑事法学的证据衔接上体现于证明标准、排非及其程序和证据衔接等的不完善。

关键词： 纪检监察学科；性质；刑事法学；交叉；衔接

2022 年 9 月 13 日国务院学位委员会、教育部联合发布《研究生教育学科专业目录（2022 年）》和《研究生教育学科专业目录管理办法》，其中将"纪检监察学"列入新版学科专业目录，并成为"大法学"门类下与"小法学"相并列的一级学科。而且明确规定："新版目录自 2023 年起实施"。在此前后学界围绕"纪检监察学"能否成为一个学科？以及成为一个什么样的学科？一级学科还是二级学科？独立学科还是附属学科？以及交叉学科还是边缘学科抑或与相关学科是交叉还是衔接？等等展开讨论。国务院学位办负责

＊ 李晓明，苏州大学国家监察研究院院长、刑事法研究中心主任，王建法学院教授、法学博士、博士生导师。本文是 2022 年研究阐释党的十九届六中全会精神国家社科基金重大项目《新时代党和国家监督体系的完善研究》（项目编号：22ZDA040）的阶段性成果。

人明确指出：增加"纪检监察学"为一级学科"是更好地服务国家治理体系与治理能力现代化的需要"[1]。既然如此重要，学界又争论甚大，故本文就此谈谈个人的看法，借此就教于各位同仁。

一、纪检监察学与监察学抑或监察法学的种属关系及其学科性质

如上所述，纪检监察学既然是与法学相并列的同属于"大法学"门类下的一级学科，那么纪检监察学与监察学，抑或与监察法学甚至法学又是一个怎样的关系呢？这是必须关注和首先要解决好的问题。纪检监察学显然是纪检学和监察学的合二为一，纪检学又是纪律检查学的简称，显然是指纪律检查业务的部署和开展及其理论体系。监察学也称国家监察学（以区别于过去的行政监察学），是指依法对国家工作人员实行全面监督的工作方式及其理论体系。[2]而纪检监察学是指综合研究党务和政务纪律的检查、巡视以及依法对国家公务人员实行全面监督的专门业务及其理论体系的总和。由此看来，纪检监察学与纪检学和监察学是一种种属关系，前者是后两者的上位概念，而后两者是前者的下位概念，下面进行分述。

（一）纪检监察学与纪检学和监察学的基本范畴及种属关系

纪检学的核心概念是"纪检"，其具体包含党的纪律检查和巡视检查两项业务。过去还包括行政纪律检查，自 2020 年 7 月 1 日《公职人员政务处分法》实施后，政务纪律处分变更为政务违法处分，由监察机关负责执行。党的纪律检查和巡视检查，当然地由党的各级纪律检查委员会负责执行。根据 2018 年 10 月 1 日实施的《中国共产党纪律处分条例》第 18、139、141 条的规定："由中央纪委决定或者经省（部）级纪委（不含副省级市纪委）决定并呈报中央纪委批准"；"各省、自治区、直辖市党委可以根据本条例，结合各自工作的实际情况，制定单项实施规定"；"本条例由中央纪律检查委员会负责解释"。根据 2017 年 7 月 1 日修改的《中国共产党巡视工作条例》第 2 条第 4 款、第 39 条、第 41 条的规定："开展巡视工作的党组织承担巡视工作的主体责任""各省、自治区、直辖市党委可以根据本条例，结合各自实际，制定实施办法。""本条例由中央纪委会同中央组织部解释。"

---

[1] 李海生："新版学科专业目录：新在何处，如何落实"，载《光明日报》2022 年 9 月 27 日。

[2] 李晓明、芮国强主编：《国家监察学原理》，法律出版社 2019 年版，第 5 页。

监察学的核心概念是"监察",监察理论的基础是监督学,监察工作的根据是《监察法》。在2018年《监察法》公布前,我国执行的一直是《行政监察法》,由此导致理论界存在"行政监察""国家监察"两个基本概念和范畴及其理论体系。行政监察是指国家行政机构内专门行使监督职权的机关依法对国家行政机关及其公务员行使行政权力的行为进行的监视和督察。[1]当然,也有学者认为,行政监察有广、狭两义。广义行政监察的实施主体是立法机关和行政机关内设立的专门监察机关。狭义行政监察的实施主体是国家行政机关内设立的专门监察部门。[2]由此可见,广义行政监察和狭义行政监察的主要区别在于实施行政监察的主体不同。国家监察是指由国监察委员会作为监察机关,其由全国人民代表大会产生并向其报告工作,负责对全国公务人员的全面监督监察工作,各级地方监察委员会受本级人民代表大会及其常务委员会的监督。[3]国家监察与行政监察的区别也主要体现在主体和对象上:①在监察主体性质上,行政监察主体是政府内部监督部门,受同级政府领导,对同级政府负责。而国家监察是国家层面的监督,在层级上与"一府两院"平级,成为现在的"一府一委两院",在监察主体的性质上不再隶属于人民政府,而是与人民政府同属于一个级别的专门的国家监察机关或国家监督机关。②在监察对象上,行政监察的对象主要局限于行政领域,立法机关、司法机关等领域行使公权力的公职人员没被纳入监察范围。而国家监察实现的是对国家公务人员监督的全覆盖,监察对象不再局限于行政领域,而是所有的公务人员,不放过一切行使公权力的角落。相比之下国家监察对监察的象比行政监察的更全面更立体化,甚至二者在职责、职能、职权等许多方面也有本质不同。

监察法学是监察学的分支学科,是以监察法学理论、监察法律制度和监察法律实践为研究对象,横跨多个法学二级学科而形成的综合学科。[4]实际上,监察法学是一门复合型的学科,其研究的问题大致涉及宪法学、诉讼法学、刑法学、调查学、心理学、组织学等多个学科,当然是以法学学科为主,

---

〔1〕 刘萍等主编:《行政管理学》,经济科学出版社2008年版,第201页。

〔2〕 张正钊、韩大元主编:《比较行政法》,中国人民大学出版社1998年版,第52页。

〔3〕 李晓明、芮国强主编:《国家监察学原理》,法律出版社2019年版,第9页。

〔4〕 陈东升、封利强:"开展监察法学研究,破解反腐法律难题",载 https://pf.rednet.cn/c/2018/06/15/4656029.htm,访问时间:2022年10月22日。

需要综合性、系统性的思维和跨学科、跨领域的研究。

综上所述，纪检监察学科"是关于纪检监察制度、活动及其发展规律的系统知识体系，是中国共产党纪律检查活动和中华人民共和国国家监察活动实践经验的总结和概括"。[1]由此可见，纪检监察学是一门综合性学科，既包括纪检学也包括监察学，它是纪检学和监察学的并列、综合、融合和交叉，甚至是相互渗透。因为纪检学主要是依据党内法律而建立，而监察学主要依据《监察法》而打造，无论党法还是国法都必须遵守法的基本原则和规律来运行，在这一点上二者都是相通、相融的，都具有共同的基本原理和法理依据。当然，纪检监察学与纪检学、监察学是种属关系，前者是后两者的母学科或上位学科，后两者是前者的子学科或下位学科，后两者只有紧密地有机结合或有机组成才能成为纪检监察学的总体或全部。

（二）纪检监察学的学科性质定位及其与法学一级学科的关系

关于纪检监察学的学科性质，可以说它是一门与法学（0301）并列的一级学科，专业代码为0308，归属于大法学（03）门类。如上所述，它是研究党和国家监督体系、党风廉政建设和反腐败以及纪检监察理论、制度和实践的综合性学科。纪检监察学科围绕发展和完善中国特色社会主义监督制度开展理论研究，为解决党在长期执政条件下永葆先进性和纯洁性、健全党和国家监督体系、有效监督制约公权力等重大课题提供理论支撑，有利于以高质量党内监督、国家监察促进国家制度和治理体系提质增效，充分彰显中国特色社会主义制度的优越性。[2]该学科作为我国哲学社会科学尤其是法学门类的重要研究领域，兼有"纪"和"法"的研究范畴及其基本特征，因为党法、国法都是法，都遵循着基本的法学原理及其规则运行，所以纪检监察学的法学门类的基本属性非常明显。同时，基于深厚的法学理论内涵和广泛的纪律检查、监察调查的实践基础，充分体现了马克思主义法学观、马克思主义刑法观，以及大小法学、政治学、党史党建等多学科的融合性和交叉性。在法学门类下建设纪检监察学一级学科，是构建中国特色哲学社会科学的需要，是从严治党、治国理政的需要，也是进一步深化和推动中国反腐败体系

---

〔1〕 王希鹏、罗星："纪检监察学科的发展现状、学科建构与实现路径"，载《西南政法大学学报》2020年第2期。

〔2〕 刘硕："建设纪检监察学科是中国特色开创性事业"，载 https://www.ccdi.gov.cn/yaowenn/202209/t20220915_217948.html，访问日期：2022年11月1日。

建设、能力建设的需要，更是为全球或整个人类腐败治理提供中国式方案、做出中国式贡献的需要，跟实现中华民族的伟大复兴和中国梦紧密联系在一起。

纪检监察学与法学（0301）一级学科是一种并列关系，他们都从属于大法学（03）的门类。如上所述，纪检监察学包括纪检学和监察学，纪检学科是专门研究党的纪律检查包括巡视检查监督的党纪、党规、党法及其实务的学科，相较于监察学科相对研究任务比较单一或集中，主要是党内的纪律教育、检查、监督、处置或处分。监察学也即国家监察学，其相较于纪检学科而言更为综合或复杂，甚至划分出了不同层级的三级学科或业务，尤其是许多业务内容与法学、监督学、公安学、侦查学、警务学、国际法学等存在相互交叉、融合、衔接和渗透关系的学科。

综上所述，从纪检监察学的性质看，其从属于大法学门类，与法学一样都是一级学科，具有相当的学科地位及其学科的重要性和专属性。如上所述，纪检监察学科是中国共产党纪律检查活动和国家监察活动实践经验的高度概括和总结，建立与从严治党和治国理政有关的纪检监察学科具有重大的现实意义和深远的历史意义。同时，该学科的建立是基于我党坚守长期执政和实现民族伟大复兴，以及推进自我革命的紧迫任务和实际需求，也是丰富完善中国特色社会主义理论体系的重要职责，更是推进我国纪检监察工作的规范化、科学化、法治化和现代化的重要保证和应有之义，是全面提高纪检监察队伍专业化建设的重要环节和措施。尤其要紧紧围绕《中国共产党纪律检查委员会工作条例》《监察法》《监察官法》等重要法律及相关法规，加强纪检监察学的基础理论和学科建设研究，为该学科的早日建成或成熟提供一切法律、法规和制度保障。特别是面对新时代、新形势、新要求，做实做好建设好纪检监察学科，直接关系到我党探索长期执政条件下自我监督、自我革命的有效路径，也关系到党和国家监督体制与体系的全面发展与完善，更是关系纪检监察工作"四化"的实现，是一项忧国忧民的重大战略工程，只能成功不能失败，让我们为此不懈努力和奋斗。

（三）纪检监察学的研究对象、学科体系及其分支学科划分

所谓研究对象是指该学科研究的特殊领域、目标指向或研究范围。毛泽东同志在《矛盾论》一文中指出："科学研究的区分，就是根据科学对象所具有的特殊矛盾性。因此，对于某一现象和领域所特有的某一种矛盾的研究，

就构成某一门科学的对象。"〔1〕任何学科都有自己特定的研究对象,这是建立该学科的基础,也是区别于其他学科的根本和依据。纪检监察学也是一样,应当有自己特定的研究对象,这是纪检监察学作为一门独立学科的前提和基础,更是纪检监察学区别于其他学科的主要依据以及不同于其他事物的特殊矛盾规律。这似乎是一个很简单的道理,但其也始终是刑法学界争论的最大问题。有学者认为,"纪检监察学的研究对象就是纪检监察制度与纪检监察活动,即党的纪律检查和国家监察制度及其活动"。〔2〕也有学者认为,"纪检监察学是关于纪检监察的理论体系,其研究对象是纪检监察现象,包括纪检监察工作、纪检监察制度和纪检监察文化"。〔3〕还有学者认为,"可以用纪检监察现象来概括纪检监察研究对象,纪检监察现象包括纪检监察工作、纪检监察制度、纪检监察文化三部分内容"。当然,纪检监察工作主要是指纪检监察工作的指导方针、原则和政策制定,纪检监察的各项具体业务活动,以及自上而下的纪检监察机构设置、分级管理工作,日常的纪律检查、监督、巡视、巡查,纪检监察自上而下的运行机制、规律和方法等。纪检监察制度可以划分为政策制度、党内法规和纪律制度、法律制度、伦理制度,以及古今中外反腐败及监察制度的挖掘和借鉴。纪检监察文化也即党建文化、廉洁文化、反腐败文化、监察文化、廉政文化等,以及一切与反腐败、监察、监督、清廉等相关古今中外的文化。

本文认为,纪检监察学的研究对象应该从其自身具有的特殊矛盾性或特殊矛盾规律中去寻找,其特殊矛盾性主要表现在腐败与反腐败的矛盾、监督与被监督的矛盾,其特殊矛盾规律主要表现在反腐败文化研究的不深入、制度不健全、监督不到位、效果不明显,以及从严治党、治政效能有待增强和党员领导干部自我革命不彻底等多种因素和矛盾的交织与混合。当然,这些矛盾及其规律的解决和遵守主要靠制度反腐、法治反腐、从严治党、严格执法,同时需要全党同志对信仰的忠诚和坚决,以及自我革命的决心和魄力,还有对反腐败的科学态度和科学运作控制腐败法律机制及其效能的最大发挥。在此基础上我们认为,纪检监察学的研究对象是腐败与反腐败的文化建设、

〔1〕《毛泽东选集》(第1卷),人民出版社1991年版,第309页。
〔2〕王希鹏:《纪检监察学基础》,中国方正出版社2021年版,第2页。
〔3〕褚宸舸:"论纪检监察学的研究对象和学科体系",载《新文科教育研究》2022年第2期。

党和国家监督的制度建设、纪检监察有效运行机制的建设和反腐败效能充分发挥的建设，具体包括党的纪律检查和国家监察的反腐败思想、反腐败文化、反腐败制度及其党和国家监督的有效运行和效能的充分发挥。

另外，在研究对象问题上除了研究一个学科或事物的特殊矛盾性及其规律外，还应注意不同的研究立场、视野或角度也会构成不同的学科或研究领域。比如犯罪学和刑法学都研究犯罪，虽然二者有密切联系，如刑法学的研究成果从规范的意义上为犯罪学研究方向及范围的确定提供了条件，反过来犯罪学的研究成果也相对影响着刑事立法和司法，但由于立场、视野和角度不同，两个学科也具有不同的研究对象。主要表现在：（1）二者研究的范围不同。刑法学研究的是刑法规定的法定犯罪；而犯罪学研究的是从行为性质上确定的实质性犯罪。可见，犯罪学研究的犯罪范围要比刑法学大。（2）二者研究犯罪的角度不同。刑法学研究 What（什么是犯罪）；而犯罪学研究 Why（为什么犯罪）。（3）学科的规范不同。刑法学是一门规范性的学科，即以《刑法》为依据；而犯罪学是一门事实性的学科，研究的是犯罪的原因及如何预防，以社会事实为依据。（4）学科任务不同。刑法学的直接任务是打击犯罪；犯罪学的直接任务是探讨犯罪原因，进而预防和控制犯罪。（5）研究的视野不同。刑法学研究的视野窄，眼睛只盯着法律；而犯罪学研究的视野宽，除研究法律外，眼睛还盯着社会上的犯罪现象。

纪检监察学也是这样，虽然和犯罪学一样都研究腐败犯罪，但犯罪学研究的腐败犯罪重点在研究腐败犯罪的原因，而纪检监察学研究的腐败犯罪重在治理对策和措施，通过监督、调查、处置腐败案件，打击腐败犯罪。或许犯罪学研究的腐败犯罪也谈到预防和治理，但作为犯罪学意义上世界各国和全人类腐败犯罪的预防重在通过国家权力的划分、制约来治理犯罪，设计国家政治制度。而纪检监察学治理腐败主要靠具体的制度教育、制度监督和制度惩处来进行，一般不涉及国家宏观层面的制度设计尤其是国家权力的划分与制约，这是必须弄清楚的。

所谓学科体系，是指由学科内部不同层次、相互联系的若干分支学科所构成的有机整体。[1]纪检监察学是法学大门类里的一个新兴学科，其学科体系是否合理、科学是该学科建构、打造和发展是否顺利和成熟的重要标志。

---

〔1〕 王希鹏：《纪检监察学基础》，中国方正出版社 2021 年版，第 4 页。

构建纪检监察学科体系理应以权力制约和监督机制和基本原理为基础，以习近平新时代中国特色社会主义思想，特别是习近平总书记关于全面从严治党、党风廉政建设和反腐败斗争的重要论述为指导，从学科自身特点和规律出发，既要遵循学科研究对象的内在逻辑又要体现知识体系的完整性、实践性、实用性和效能性，坚持和完善党和国家有关监督的具体制度，以纪检监察制度、纪检监察活动为核心范畴构建不同层级的二级学科和三级学科。有学者认为至少包括以下四个层次：第一个层次重点研究中国特色社会主义监督道路、党和国家监督体系、党风廉政建设和反腐败斗争等。第二个层次重点研究纪检监察的基本理论与基本制度等，包括纪检监察原理、中国共产党纪律学、监察法学、纪检监察历史等。第三个层次重点研究纪检监察的各项职责业务，包括监督检查、审查调查、审理、反腐败国际合作等。第四个层次重点研究国外监督制度，建立独具特色的比较监督学。[1]或许这些都是宏观层次上的划分，作为学科体系更应该细化或做出微观层次上的学科体系设计。根据纪检监察学科的组成，本文初步把其学科体系划分为三个层级。具体包括：

第一，纪检学（也即纪律检查学）的学科体系。纪检学是在纪检监察学一级学科下面设置的二级学科，而在纪检学二级学科下面还可以划分出纪律检查工作概论、中国共产党纪律学、纪律审查学、巡视与巡察学、党纪政务处分学等三级学科。

第二，监察学的学科体系。监察学是纪检监察学科一级学科下面设置的二级学科，而在纪检监察学二级学科下面还可以划分出监察学基础理论或国家监察学原理、监察法学、监察调查学、监察处置学、监察思维学、监察心理学、监察证据学、监察讯问学、监察询问学、监察的案件管辖与管理学、监察情报来源与线索处置学、监察调查的配合、监察案件的审理、监察案件的审查起诉与补充侦查、监察管辖的职务犯罪罪名、纪检监察的合署与衔接、监察职务犯罪预防、监察机关与权力机关的关系、监察案件的审判、国际反腐败合作等多个层面的学科划分与专项工作，甚至还有与监察学相并行的监督学等学科的交叉与渗透。

第三，纪检学和监察学是相互交叉或融合的学科。由于纪检监察学的交叉融合性，必然导致纪检学和监察学在建设中共性特征的凸显，因此也必然

---

〔1〕 王希鹏："纪检监察学科建设前瞻"，载《中国纪检监察报》2022年1月20日。

会出现一批相互交叉和融合的纪检监察学科，包括纪检监察学概论、纪检监察原理、纪检监察历史、纪律审查与监督调查、职务犯罪概论、职务犯罪心理学、反腐败学、控制腐败法律机制等。

二、纪检监察学与刑事法学的交叉抑或衔接及大法学的关系理顺

（一）纪检监察学与刑事法学的交叉抑或衔接

刑事法学当然主要是指刑法学和刑事诉讼法学，这里就有实体法的内容和程序法的内容，包括罪名的认定和案件办理的程序。当然，就程序法而言，刑事诉讼法学与纪检监察学尤其是与监察法学有一种非常微妙的关系，一方面各自行使不同的立案权、侦查权或调查权，各自由《刑事诉讼法》和《监察法》分别规定；另一个方面又最终在审查起诉、证据要求和审判程序上统一并入刑事诉讼法程序，这样的制度安排有些不可思议。

另外，针对纪检监察学，有学者提出它是一种"典型的交叉学科"[1]，也有学者认为它"体现多学科融合性"[2]。这当然是就纪检监察学自身而言的，那么纪检监察学与刑事法学又是一种什么样的关系呢？这当然要分别与刑法学和刑事诉讼法学相比较。

第一，我们来看纪检监察学与刑法学的关系。二者都在一定程度和范围上研究腐败违纪、违法和犯罪问题，刑法学的研究成果为纪检监察学研究腐败违纪、违法和犯罪提供部分罪名研究的重要支撑，而纪检监察学的研究成果也相对影响着刑法立法与司法的发展。二者的区别在于：（1）研究范围不同。纪检监察学研究腐败的范围比刑法学要宽，既包括违反党纪政纪，也包括违法和犯罪。而刑法学，只研究腐败犯罪的定罪量刑问题，准确地说《刑法》中与反腐败有关的罪名有 101 个，其他的罪名都不应由纪检监察学所关注。（2）研究腐败违纪、违法和犯罪的角度不同。刑法学只研究 101 个与腐败有关的犯罪罪名，纪检监察学除此之外还研究为什么腐败和如何监督、控制和不让公职人员腐败，以及如何发现和调查腐败违法犯罪和最终对其予以认定和处理。（3）学科的规范不同。刑法学是一门小法学中的规范学科，即

---

〔1〕 蒋安杰："'首届监察法学学科建设与发展'研讨会在京举行"，载《法治日报》2022 年 4 月 23 日。

〔2〕 王希鹏："纪检监察学科建设前瞻"，载《中国纪检监察报》2022 年 1 月 20 日。

以成文法为依据；而纪检监察学是一门事实性的调查学科和审理学科以及移送起诉学科，既研究腐败违纪、违法和犯罪的原因以及如何预防，同时也研究以证据为根据、以法律为准绳的对腐败违纪、违法和犯罪的调查。（4）学科任务不同。刑法学的任务是从实体上如何认定、处理和打击腐败犯罪；而纪检监察学的任务是既探讨腐败违纪、违法和犯罪的原因和采取的具体案件调查，也制定有效措施予以预防和控制，更要在调查的基础上予以处理和打击之。（5）研究的视野不同。刑法学研究的视野较窄，尤其是眼睛只盯着法律和如何认定犯罪本身；而纪检监察学研究的视野较宽，除研究法律外，眼睛还盯着社会上的一切腐败违纪、违法和犯罪的现象与问题，以及制定有效的社会与刑事应对策略，不仅管治标尤其管治本，不仅预防还要打击。[1]所以，二者既是一个交叉关系更是一个衔接关系，尤其是在认定罪名上的全方位衔接。

第二，我们来看纪检监察学与刑事诉讼法学的关系。二者都研究犯罪，都是犯罪的对策学科，而且在调查、起诉腐败犯罪上有共通性，一个除解决程序问题外也解决部分实体问题，如违纪违法的实体处罚；另一个只解决程序问题，而且是整个犯罪的程序问题。不同之处在：（1）法律性质不完全相同。纪检监察学除解决程序问题外，还解决腐败违纪、违法和犯罪的实体问题，即是否违纪、违法和犯罪，以及应给予什么样的调查、审查和处理；刑事诉讼法只是程序法，解决如何审判和执行等腐败犯罪的程序问题，既规定对 101 个腐败罪名的审判和执行等程序，也规定此外所有犯罪的立案、侦查、起诉、审判和执行等程序和具体运作。（2）研究对象不同。纪检监察学侧重研究的是预防、调查取证和处理，不仅具有程序性质还具有调查性质；刑事诉讼法学研究的是对 101 个腐败罪名的审判和执行，以及此外所有犯罪的立案、侦查、起诉、审判和执行等程序和具体运作，而且是全部程序。所以，二者既是一个交叉关系更是一个衔接关系，尤其是在审判程序和执行程序上全方位衔接。

（二）纪检监察学属于大法学的一级学科及其相并列的学科关系理顺

如上，纪检监察学（0308）作为法学门类的一级学科已成定论，并引起了近来学界的关注和热烈讨论。那么，作为法学门类或大法学领域还有哪些

---

〔1〕 参见李晓明、芮国强主编：《国家监察学原理》，法律出版社 2019 年版，第 29~30 页。

与纪检监察学一级学科相并列的学科，尤其是与纪检监察学相关的一级学科呢？除上面提到的法学（0301）外，还有政治学（0302）、社会学（0303）、民族学（0304）、马克思主义理论（0305）、公安学（0306）、中共党史党建学（0307）、法律（0351）、社会工作（0352）、警务＊（0353）、知识产权＊（0354）、国际事务＊（0355）。[1] 在这些学科中，很显然法学、政治学、中共党史党建学、法律、警务、国际事务等一级学科与纪检监察学具有密切关系，当然此外其他法学大门类的一级学科是否就与纪检监察学没有关系了呢？回答是否定的，比如社会学、马克思主义理论、公安学、社会工作等也是与纪检监察学有一定联系的，因为这些学科不仅与纪检监察学有一定的交叉，如腐败问题本身就是一个社会问题，马克思主义理论当然是指导中国革命实践的动力源泉，更是纪检监察学研究的理论基础和指路明灯，而且都在帮助和支撑纪检监察学科的起步、运行、丰满和完善。即便民族学也涉及刑法立法中地方民族变通的问题，知识产权更是研究纪检监察学过程中一个不可缺少的意识，一是我们在研究中不能侵犯他人的知识产权，同时也不能被他人侵犯知识产权，二是在办理案件过程中极有可能遇到与知识产权相关的案件或案情。因此，在大法学门类领域范围内，因为其都与法学有关，尤其其本身就是大法学的法学学位门类之一，所以也就必然或多或少与纪检监察学产生内在、外在、交叉或交融关系。

纪检监察学与法学的关系毋庸置疑，甚至有许多学者认为纪检监察学应并入法学（0301），包括监察法、政务处分法、监察官法等本身就是法学（0301）的分支学科，这是没有争议的。当然由于纪检监察学科的特殊性，如上所述它也与政治学有着天然的联系，甚至有的学者也提出过将纪检监察学归入政治学，还有人强调纪检监察机关就是政治机关（当然对此有争论），由于其的确处于法学（0301）与政治学的交叉领域或者称其是法学（0301）、政治学融合在一起的新型学科，故国务院学位办的专家们将其单独或独立地列为与法学（0301）、政治学相并列的一级学科是正确的。中共党史党建学、法律就不用说了，都是纪检监察学相关的基础学科，都在直接或间接地为纪检

---

[1] 参见国务院学位委员会第 37 次会议审议通过的《博士、硕士学位授予研究生教育学科专业目录》（学位办便字 20211202 号）。注：代码第三位为"5"的专业学位类别，名称后不加"＊"的可授予硕士、博士专业学位，名称后加"＊"的仅可授硕士专业学位。

监察学的学科建设增砖添瓦。警务和国际事务，一方面纪检监察的"留置"就需要警察的看管，甚至对被调查对象采取控制措施等，都需要专门的警务人员来完成，这是一项专业性很强的工作，为了犯罪嫌疑人的安全和案件调查的安全，必须由专门的警务人员来完成。另一方面《监察法》里专门有一章就是"反腐败国际合作"，如此重要的一项工作或研究，没有国际事务研究的支持是万万不可的。所以，纪检监察学与这些学科的关系都是十分紧密的，必须做好协调和衔接。

三、纪检监察学与刑事法学的实体衔接：统于宪法融合于双方

纪检监察学与刑事法学的实体衔接实际上就是与刑法的衔接，主要表现在以下方面。

（一）纪检监察学与刑法学在合宪性层面具有高度的一致性

在监察法的性质上本身就有极大的争论，有学者就认为监察法具有宪法性质，是对宪法监督职能的具体深化与现实展开。当然，大多数学者还是坚持认为，监察法是反腐败法，或者称是宪法、组织法、实体法、程序法的综合性法律或融合性法律。

而《监察法》和《刑法》都是实现宪法目标的重要的基本法，分担着打击犯罪的各自任务。一是监察法打击的是白领犯罪，也即职务犯罪，可以说这是贯彻执行宪法和刑法价值追求和立法目的的重中之重必须完成的任务，否则无法完成我党长期执政和治国理政光荣而又艰巨的任务。二是刑法打击的是全部犯罪包括白领犯罪和蓝领犯罪，因此刑法与监察法在实体法意义上是有交叉的。监察法打击的白领犯罪不仅包括在刑法之中，而且在《刑法》中几乎占有 1/4 的罪名比例，因此是非常重要的一部分，所以刑法学是监察法学，及整个纪检监察学运行的基础，没有刑法学监察法学或整个纪检监察学就没有力度和支撑。

在监察对象和职务犯罪主体的圈定上，《监察法》和《刑法》也需要一个有机的配合。可以说，监察法的监察对象在《监察法》第 15 条有明确规定，主要包括：（1）中国共产党机关、人民代表大会及其常务委员会机关、人民政府、监察委员会、人民法院、人民检察院、中国人民政治会议各级委员会机关、民主党派机关和工商业联合会机关的公务员，及参照《公务员法》管理的人员；（2）法律、法规授权或者受国家机关依法委托管理公共事务的

组织中从事公务的人员；（3）国有企业管理人员；（4）公办的教育、科研、文化、医疗卫生、体育等单位中从事管理的人员；（5）基层群众性自治组织中从事管理的人员；（6）其他依法履行公职的人员。尤其是《监察法实施条例》第38、39、40、41、42、43、44条对《监察法》第15条的内容又作了解释性规定，可以说都是对刑法中国家工作人员或准国家工作人员的补充。通过此补充，我们在今后对职务犯罪的认定上就更加明确具体，也更加准确好操作。

当然，刑法学对监察法学发挥的功效是客观的、理性的、实际的和现实的，既不能互相有优位思想，也即并不存在《刑法》优位于《监察法》或《监察法》优位于《刑法》，也不能理解为《刑法》是对《监察法》的反制或《监察法》是对刑法的反制。原因在于，《刑法》对监察主体的刑责追究是为了保证监察权的正当行使，并不是为了制约监察机关的监察权，更不是要与《监察法》比较高低并产生抵牾与碰撞。反过来监察法对刑法的执行也必须不折不扣，不能讲任何代价，更不能有超越《刑法》的想法与行动。双方是相互支撑、互相帮衬，各有分工和独立行使自身职能，离开刑法。《监察法》无法得以全面地贯彻执行，更不可能完成自己反腐败的任务，相反离开监察法，《刑法》中的101个反腐败或职务犯罪罪名也不可能执行和落实，无法完成任务。

（二）《监察法》下的职务犯罪调查需要在刑法的框架内运行

如上所述，《刑法》的101个罪名必须通过监察法才能够真正实施和贯彻执行，否则无法真正落实和适用。反过来，《监察法》在实施与运行过程中也必须贯彻执行刑法立法精神与原则。

第一，监察法的实践运行应当遵守刑法的基本原则。刑法有三个基本原则，这就是罪刑法定、罪刑相适应和适用刑法人人平等。[1]可以说，这些都是刑法的原则，尤其是罪刑法定原则不仅是刑法的首要原则，而且是资产阶级革命的重要胜利果实，它以对立和推翻封建社会的"罪刑擅断"而著称和闻名，是如今任何一个国家和民族的刑法典必须遵守的基本原则。其他两个基本原则也是不可缺少的重要原则，刑法最讲求罪责自负、罪刑相当，否则刑法无法真正体现实质公平。适用法律人人平等实际上是一个宪法原则，但

---

[1]　李晓明：《刑法学总论》，北京大学出版社2016年版，第89~115页。

到了刑法就是适用刑法人人平等，它是宪法中的法律面前人人平等原则在刑法的具体落实和运用。

第二，依据监察法查处职务犯罪需要根据刑法规范认定。如上所述，监察法是对《刑法》101个职务犯罪罪名的贯彻执行和具体落实，这就需要对刑法的基本规范不折不扣地贯彻执行和落实。也就是说，纪检监察查处和办理的每一个具体案件都必须根据刑罚的具体规定和规范予以认定，不允许法外施法或法外定罪和量刑。相对而言，刑法的规范与规定是十分恒定的，无论什么领域的犯罪都不可能超越刑法的规范，都必须严格依照刑法规定。

第三，监察委员会行使监察职权时必须受刑法的规制。从中央到地方的各级监察委员会在行使监察监督职权时必须受刑法的规制，不得随意在刑法之外定罪量刑，包括刑法的时效、管辖等都必须严格按照刑法的规定执行，不应当享有任何特权。虽然各级监察委员会机关都是国家的要害部门或重要机关，但在法律面前尤其是在刑法面前都必须依法办事、照章办事，必须接受刑法的规制和约束。[1]

综上所述，职务犯罪的立法与执行紧紧地把纪检监察学和刑法学两个学科联系在一起，可以说离开任何一方都无法完成101个罪名的贯彻执行与适用，没有刑法的规定无法追究腐败分子或职务犯罪人的刑事责任，从而完不成反腐败的任务。同样，没有监委员会通过自己的工作来推动和运行对腐败分子或职务犯罪人的审查、调查、取证和处置，刑法也同样不会得到很好的执行，最终仍然完不成反腐败和刑法打击腐败分子或职务犯罪的任务。

四、纪检监察学与刑事法学的程序衔接：立案、留置及律师会见

实事求是地讲，很难想象在同一起案件中，之前相当于侦查的调查不适用《刑事诉讼法》，而其后的审查起诉和法庭审判却以《刑事诉讼法》为准绳来审查和评价前面的调查行为，不仅在程序上而且在证据审查上都严格依据《刑事诉讼法》规定实施。从学理上讲，这不仅是一种逻辑上的紊乱，更是一种理论上的悖论，更何况"留置"时不允许律师会见无论如何都不是一种体现法治精神的规定。也只能说，这是在特定历史环境下所设计出的一种特殊制度或扭曲制度，但愿它只是一种过渡，等待在未来的不长时间内尽快

---

〔1〕 陈伟："监察法与刑法的关系梳理及其症结应对"，载《当代法学》2020年第1期。

统一白领犯罪和蓝领犯罪的侦查或调查程序和要求。如此，纪检监察学和刑事诉讼法学的衔接还是要研究的。

第一，在立案上如何让监察机关取得与刑事诉讼程序法的有效衔接。《刑事诉讼法》第 109 条规定："公安机关或者人民检察院发现犯罪事实或者犯罪嫌疑人，应当按照管辖范围，立案侦查。"显然，没有包括监察机关负责的对职务犯罪的立案。而在《监察法》第 39 条第 1 款规定："经过初步核实，对监察对象涉嫌职务违法犯罪，需要追究法律责任的，监察机关应当按照规定的权限和程序办理立案手续。"显然该条并未阐明"需要追究法律责任的"是追究违法责任还是犯罪责任，因此在监察机关内部的立案就是一种或一次立案，及开展监察调查的立案，根本没有专门的刑事犯罪立案。如此到了检察院审查起诉阶段，根据刑事诉讼法的要求，必须有刑事立案决定书，而监察机关移送案卷中并没有该份文书，故此就形成了矛盾和争议。本文建议，在监察机关内部，当调查中发现职务犯罪时就应当再行履行一次刑事立案手续，如此来同检察机关和《刑事诉讼法》予以衔接和配合，这是正常的办理刑事案件的手续，必须如此办理。

第二，被调查人被采取"留置"措施时如何与刑事诉讼法有效衔接。《监察法》第 22 条规定了"留置"措施，《监察法实施条例》第 92 条第 1 款规定："监察机关调查严重职务违法或者职务犯罪，对于符合监察法第二十二条第一款规定的，经依法审批，可以对被调查人采取留置措施。"《监察法》第 22 条第 1 款规定的严重职务违法，是指根据监察机关已经掌握的事实及证据，被调查人涉嫌的职务违法行为情节严重，可能被给予撤职以上政务处分；重要问题，是指对被调查人涉嫌的职务违法或者职务犯罪，在定性处置、定罪量刑等方面有重要影响的事实、情节及证据。同时《监察法实施条例》第 96 条第 1 款规定："对下列人员不得采取留置措施：（一）患有严重疾病、生活不能自理的；（二）怀孕或者正在哺乳自己婴儿的妇女；（三）系生活不能自理的人的唯一扶养人。"根据现行《刑事诉讼法》的规定，案件移送至检察机关后，对留置人员转为刑事拘留或者逮捕，接下来进入正式的审查起诉阶段，直至起诉至法院进行审判。

第三，被调查人在获得律师帮助权利时如何与刑事诉讼法有效衔接。目前《监察法》及其实施条例没有回应留置期间律师会见的问题，也就是说制度设计中留置期间根本不允许律师会见。一方面这样的制度设计或许是暂时的，由于监察体制转隶之后面临重大的机构设置和体制改革需要理顺，包括目前的法治环境使然，尚不具备接待律师会见的条件与能力，但根据法治原则及其办案效果和保障人权，留置期间的律师会见迟早是要解决的。另一方面根据目前《刑事诉讼法》的规定，留置人员转为拘留或逮捕后，律师即可立即会见，这是毫无疑问的。

综上所述，纪检监察学与刑事法学的程序衔接是多方面的，这里只是举出了最突出的三个问题进行了讨论，肯定是挂一漏万，以后再找机会讨论程序上的衔接问题。

五、纪检监察学与刑事法学的证据衔接：证明标准、排非及其程序和证据的有效衔接

纪检监察学与刑事法学的证据衔接问题说简单也简单，说复杂也很复杂，问题的关键是《监察法》及其实施条例所涉及的证据都必须以刑事诉讼法为标准，但监察法及其实施条例完全规定了自己的取证过程及其规则，虽然几乎与《刑事诉讼法》规定的侦查措施中调查证据获取的方式几乎如同一辙，但毕竟是各自有各自的规定，不要说在内容上是否相同，即便相同由于机关不同、办案对象不同各自的机关都会有自己的不同理解与执行习惯，故问题还是不小的。

第一，证据收集程序和审查标准如何与刑事诉讼程序衔接的问题。根据一般的证据裁判原则与标准，案件事实的最终认定必须要以证据作为根据、以法律为准绳，也即必须依照证据或以证据来说话，尤其要注重调查研究、不能轻信口供、不能主观判断或主观归罪，更不能客观归罪，也就是说对于没有证据证明的所谓案件事实不得认定。如上虽然在证据上监察法和诉讼法各自规定各自的，但《监察法》第33条第1款对何种证据能够进入刑事诉讼程序作了规定，监察机关依照监察法的规定调查收集的相关证据材料，可以在刑事诉讼中作为证据使用。而且根据该规定，证据的准入问题关乎证据能力问题，为监察机关取得的证据材料取得进入刑事诉讼活动的通行证。[1]也就是说，一方面纪检监察调查取证的标准严格按照《刑事诉讼法》的要求来

---

[1] 王月、严飞飞："从推进以审判为中心的刑事诉讼制度改革角度谈《监察法》与《刑事诉讼法》的适用衔接问题"，载 http://nxfy.scssfw.gov.cn/article/detail/2021/01/id/5780282.shtml，访问日期：2022年11月3日。

进行，因为最终是要由检察院、法院按照《刑事诉讼法》的证据要求来办案。另一方面实际上也在要求，检察院、法院对监委会调查来的证据必须基本接受，这是一个极大的现实问题。

第二，非法证据排除原则地适用如何与刑事诉讼程序衔接的问题。《监察法》第 33 条第 3 款规定："以非法方法收集的证据应当依法予以排除，不得作为案件处置的依据。"但一方面，就对外而言，监委会的案件调查谁来监督，没有外来的机制与制度监督，单凭这一条规定来排除非法证据是不现实的，难道让监委会自己排除自己的非法证据吗？这几乎是不可能的。另一方面，检察院或者法院干预排除同级监委会的非法证据吗？这也是不敢想象的，就检察院来说根本没有对监委会调查活动的进行监督职能或权力，怎么可能去排除这些非法证据呢？就法院来说，平时连一般案件的非法证据都不敢排除，怎么可能去排除同级监委会的非法证据呢？这不仅在制度上设计上有缺陷，甚至连体制、机制和司法环境都根本不具备，也真正做不到。

第三，人证出庭如何与刑事诉讼程序衔接的问题。《刑事诉讼法》第 192 条对证人、鉴定人、被害人、侦查人员出庭作证作了具体规定："公诉人、当事人或者辩护人、诉讼代理人对证人证言有异议，且该证人证言对案件定罪量刑有重大影响，人民法院认为证人有必要出庭作证的，证人应当出庭作证。人民警察就其执行职务时目击的犯罪情况作为证人出庭作证，适用前款规定。……"而规范监察机关职务犯罪调查人员的《监察法》却未规定监察人员出庭作证问题，且前文也谈到，被调查人在监察机关调查阶段没有获得律师法律帮助的权利，故在审判环节监察人员所取得的证据更加受到质疑。要实现监察人员调查取证与刑事诉讼关于证据的要求和标准的一致，正确落实非法证据排除规则，必须提高人证出庭率。我们注意到，《监察法实施条例》第 148 条第 2 款规定："监察机关对于法庭审理中依法决定鉴定人出庭作证的，应当予以协调。"第 229 条第 2 款也规定："人民法院在审判过程中就证据收集合法性问题要求有关调查人员出庭说明情况时，监察机关应当依法予以配合。"这在一定程度上弥补了监察法不完善的问题或缺陷，可以说也起到了刑事诉讼法和监察法及实施条例的有效衔接。

第四，同步录音录像与刑事诉讼程序移送衔接问题。因为同步录音录像是对监委会调查取证整个过程的最全面、最真实和最客观的信息情况及其反映，而且同步录音录像对判断整个调查及其证据提取的合法性具有非常重要的作用，因此必须予以切实的重视。《监察法实施条例》第 8 条规定："监察机关办理职务犯罪案件，应当与人民法院、人民检察院互相配合、互相制约，在案件管辖、证据审查、案件移送、涉案财物处置等方面加强沟通协调，对于人民法院、人民检察院提出的退回补充调查、排除非法证据、调取同步录音录像、要求调查人员出庭等意见依法办理。"这也正是《监察法》同步录音录像与刑事诉讼程序移送的有效衔接。

综上所述，证据是一个案件的核心和生命，没有证据整个案件一切归零。在必要的时候，一方面进行证据立法，尤其是重视和研究证明标准，无论在刑法学、刑事诉讼法学还是其他部门法学都需要深入研究和思考在证据上如何让其与监察法衔接，使其发挥更大效能。

纪检监察学学科建设的路径选择

童德华　王一冰 *

摘　要：纪检监察学是研究纪检监察思想制度及其相关活动的学科。作为一门新兴学科，纪检监察学具有浓厚的中国特色和深远的世界意义。如何探索一条有效的学科建设路径不仅是当前该学科面临的重中之重，也是推动纪检监察工作规范化、专业化、法治化的必然要求。基于纪检监察学学科内容的独特性，应当把握好纪检监察学科的属性和内容，在研究范式上要坚持建构主义与经验主义的结合，在人才培养上要实现专业素能与专业范畴的融合，在发展理念上要兼顾监察法治与监察方法，以此实现纪检监察学学科建设的持续性，推动纪检监察学学科建设向纵深发展。

关键词：纪检监察学；学科建设；路径选择；人才培养

对于我国的纪检监察工作来说，2018 年是具有里程碑意义的一年。一方面，监察委员会作为国家监察机关正式得到宪法确认，中华人民共和国国家监察委员会随之揭牌成立，中央纪委、国家监委合署办公，一体履行纪检监察两方面职责，推动了纪检监察工作的体系化和制度化。另一方面，《监察法》的出台使得纪检监察工作走上了法治化道路。纪检监察工作的新局面、新形势对纪检监察学科建设提出了新要求，对监察人才保障和智力支撑的需求也较过去任何时期都更加迫切。"开展纪检监察学科建设，是提高我国反腐

＊ 童德华，中南财经政法大学刑事司法学院教授、博士生导师。王一冰，中南财经政法大学刑事司法学院刑法学博士研究生。本文为 2018 年国家社科基金重点项目"中国刑法立法现代化的理论基础与路径选择研究"（编号：18AFX013）的阶段性成果。本文发表在《新文科教育研究》2022 年第 2 期。

倡廉建设科学化水平，建设专业化纪检监察干部队伍的重要举措"〔1〕，对健全完善具有中国特色的国家监察制度，加强纪检监察主体的专业化建设，培养高质量纪检监察人才，推进新型国家监察制度行稳致远，具有重要的现实意义和长远的战略意义。基于这种现实要求，2021 年 8 月通过的《监察官法》对监察专业、监察官业务培训和职前培训进行了规定。随后，中共中央于 2021 年 12 月发布了《中国共产党纪律检查委员会工作条例》。该条例第 47 条为纪检监察学科、专业人才培养设定了目标。为落实中央文件的要求，适应新文科建设的发展趋势，2021 年 12 月 10 日，国务院学位委员会办公室发布了《关于对〈博士、硕士学位授予和人才培养学科专业目录〉及其管理办法征求意见的函》，就纪检监察学作为一级学科纳入法学门类面向社会广泛征求意见。2021 年 12 月 10 日，教育部发布《关于公布 2021 年度普通高等学校本科专业备案和审批结果的通知》，确定在法学门类法学专业类增设纪检监察本科专业。相关文件的正式出台，不仅结束了是否应当设立纪检监察学科的争议，也拉开了探讨如何建设纪检监察学科问题的序幕。

一、中国道路与世界意义的契合

（一）纪检监察学科在探索中形成的中国特色

毫无疑问，纪检监察学这一学科是我国在中国特色社会主义建设道路上坚持自主发展的产物，它吸收了中国监察历史中的文化智慧，总结了纪检监察机关成立以来监察工作中的实践智慧，充分考虑了我国对于监察事业发展的实际需要，因此具有浓郁的中国特色和中国情怀。纪检监察工作是纪检监察学科的现实基础，纪检监察学学科的设立也将为纪检监察工作的开展赋能。

作为一门以研究纪检监察思想制度及其相关活动为主要任务的新兴学科，纪检监察学呈现出以下三个特征：其一，纪检监察学具有鲜明的中国政治特色。我国纪检监察学的发展离不开中国共产党的坚强领导。中国共产党自成立以来就注重纪检监察建设，成立专门的纪检监察机关负责全党的纪检监察工作。因此，纪检监察学科的建设也应坚持中国共产党的领导，牢牢把握纪检监察工作的政治属性，把讲政治贯穿于纪检监察工作高质量发展的始终。其二，纪检监察学具有较强的实践性。纪检监察工作始终贯穿于党和国家发

---

〔1〕 曹雪松："论纪检监察学科人才队伍建设"，载《廉政文化研究》2014 年第 6 期。

展的不同阶段，纪检监察学应当服务于党和国家纪检监察工作的实践。其三，纪检监察学具有明显的综合性。[1]纪检监察学是一门交叉学科，统摄内容丰富，涉及监察学、法学、哲学、政治学、历史学等多个学科，在理论渊源、知识体系、研究方法、实践应用等方面具有明显的综合性。

（二）纪检监察学科在发展完善中的国际示范性

民族的就是世界的。纪检监察学科虽然起步于中国，但随着全球化的发展必然影响世界其他国家和地区。其原因在于以下三方面。

首先，腐败问题是全球性顽疾，以反腐败为重要研究内容的纪检监察学科在反腐败治理上具有世界性意义。腐败是国际社会的公敌，不论处于什么时期和阶段，也不论位于哪一国家或地区，腐败问题的防范和监督机制的建设都被予以充分关注。2003 年《联合国反腐败公约》的通过不仅意味着腐败已经成为诸多国家关注的国际问题，也标志着全球反腐败治理迈上了新征程。[2]当前，关于腐败问题的治理和对公职人员的监督在理论与实践中都呈现出国际化趋势。因此，我国纪检监察学科的理论与实践价值并不局限于国内，通过中国特色纪检监察学学科建设模式的推广，可充分发挥其反腐败的世界性价值。

其次，我国监察体制改革的动向和取得的成果已经受到周边国家的重视。笔者所在的中南财经政法大学与越南的河内法律大学、法官学院有较为深入的交流合作。我们注意到，越南同行在多次学术交流中表现出对我国监察制度的浓厚兴趣。另外，在中南财经政法大学求学的老挝、蒙古国、柬埔寨等周边国家的博士留学生也在努力了解和学习我国的监察制度和文化。这是一个信号，它预示了我国监察制度和学科建设成果必然进一步扩大国际辐射力。因此，我国纪检监察学科不仅要在《联合国反腐败公约》等国际合作公约的指导下，在和其他国家监督机制的比较借鉴中，为纪检监察工作指明方向，还应当把握好我国纪检监察工作的重要特点，形成具有中国特色的国家监察学科，走出一条中国特色的反腐倡廉之路，并为其他国家尤其是发展中国家提供可借鉴的经验。

---

〔1〕 参见王冠、任建明："创建纪检监察学的意义、现状与建议"，载《北方论丛》2022 年第 2 期。

〔2〕 参见童德华、王一冰："国际合作原则与我国反腐败立法完善"，载《广西社会主义学院学报》2019 年第 3 期。

最后，凝结我国监察监督经验的纪检监察学科将随着我国国际地位的提高得到更多关注。"监督是权力正确运行的保证，是国家制度和治理体系有效运转的重要支撑。"[1]我国纪检监察学科对动态的纪检监察活动进行分析和研究，为监督机制功能的有效发挥提供充分的理论基础。随着我国国际地位的提高，极具中国特色的纪检监察体制和反腐败斗争经验将引发世界关注，我国的纪检监察学科也将被越来越多国家重视和学习。

（三）基于国际话语权明确纪检监察学学科建设的内容

纪检监察学学科的建设起点要高，要从争取国际话语权的角度出发加强学科建设。从学科内容看，监察文化学、监察史学、监察学以及国际监察合作等内容必须得到体现。从学科特性看，虽然纪检监察学学科是一门涵盖多门学科内容的交叉学科，但也应注意到这一学科自身的独特性，即较强的政治性和专业性。从学科目的看，纪检监察学学科建设要服务于中国纪检监察工作发展的现实与未来需要。一方面，要回应当前纪检监察工作的现实需求。纪检监察体系的合并促使纪检学科与监察学科一体贯通，纪检监察学学科的建设要深入总结国家监察体制改革的历史逻辑、理论逻辑与实践逻辑，加强对党和国家监督体系的研究，同时要将丰富的监察实践经验上升为监察理论，指导当前纪检监察工作。另一方面，要满足未来纪检监察工作的发展需要。社会是不断发展的，纪检监察工作也需要持续优化，这就产生了关于人才队伍建设和纪检监察体制建设的新需求。所以，既要注重并优化纪检监察人才培养模式，也要坚持以科学的理论架构和研究范式推动纪检监察工作，健全国家监督的体制机制，推动党在全面领导、长期执政下实现自我监督、自我净化的制度体系建设，[2]彰显中国的大国风范与责任担当，进而提升我国国际话语权。

二、建构主义与经验主义的结合

作为一门介于理论与实践之间的新文科门类学科，纪检监察学学科在建

---

〔1〕 十九届中央纪委四次全会工作报告语，转引自代江兵："从报告看部署｜充分发挥监督保障执行、促进完善发展作用"，载 https://www.ccdi.gov.cn/yaowen/202002/t20200224_ 212162.html，访问日期：2022 年 5 月 18 日。

〔2〕 参见吴建雄、杨立邦："论监察学学科创建的价值目标、属性定位与体系设计"，载《新疆师范大学学报（哲学社会科学版）》2022 年第 2 期。

设中应更加重视理论性与实践性的协同发展。仅凭建构主义或经验主义无法满足纪检监察学学科建设所要求的理论和实践的结合，只有将理论性和实践性结合在一起才能建设好纪检监察学科。

（一）建构主义表现及其不足

建构主义这一概念最早由瑞士的皮亚杰提出，也可称作结构主义，是学习理论中行为主义发展到认知主义以后的进一步发展，"即向与客观主义（objection）更为对立的另一方向发展"。[1]建构主义是一种强调建构首先服务的是自身的目的，主体希望能控制他所感觉到的东西，以便从其首选的目标状态中排除一切与之相背离和产生干扰的东西，控制自身需要并可加以控制的事物的模式。"但是该模式只应包括与主体的目标和行为相关的那些方面，从而有可能去适应变化了的环境。"[2]

总的来看，建构主义的观点就是通过同化与顺应这两种形式来达到与周围环境的平衡。"当现有图式不能同化新信息时，平衡即被破坏，而修改或创造新图式（即顺应）的过程就是寻找新的平衡的过程。"[3]具体到纪检监察学学科背景下，就是要求采取创造新图式的方式建设新学科。与其他学科相比，纪检监察学是一门新兴学科，2018年《监察法》的出台和国家监委的成立为纪检监察活动赋予了变革性的意义。在某种程度上说，中央关于纪检监察工作的决策应该成为建构纪检监察学科的理念逻辑，但这并不意味着纪检监察学学科建设就要采取全新的建构模式。全新的建构模式不仅不会推动纪检监察学科更好更快发展，反而会因为过于开拓，限缩该学科的外延。我们应该注意到，当前纪检监察学科的建设目标和理念存在较为明显的建构主义的痕迹。事实上，由于纪检监察工作的特殊属性，尤其是过去较长时期，纪检监察机关的运行缺乏系统健全的法律法规指引，许多内部的规范也没有对外发布，研究者对其工作内容和机制缺乏应有的认知和体会。因此，建构主义的思路显然无法为纪检监察学科的发展提供有效的根基。

---

[1]　张建伟、陈琦："从认知主义到建构主义"，载《北京师范大学学报（社会科学版）》1996年第4期。

[2]　温彭年、贾国英："建构主义理论与教学改革——建构主义学习理论综述"，载《教育理论与实践》2022年第5期。

[3]　何克抗："建构主义的教学模式、教学方法与教学设计"，载《北京师范大学学报（社会科学版）》1997年第5期。

（二）经验主义表现及其不足

经验主义者主张，在同客观事物接触的过程中通过感觉器官获得关于客观事物的现象和外部联系的认识。这是绝大多数学科建设中都存在的认知模式。我国的监察机构和监察活动伴随着中国共产党的诞生而发展，在百年发展历程中积累了一定的经验和教训。随着纪检监察体制改革逐步深入，有关纪检监察学科的理论与实践也在不断发展，纪检监察学科研究领域已逐步向纵深拓展，学科理论日益丰富和成熟。

经验来源于一定的社会环境，也需要回应一定的社会需求。这就意味着用过往经验来构建当前的纪检监察学科必然存在着不协调、不匹配的问题。这在纪检监察学科研究方法上体现得尤其明显。比如，纪检监察学科研究大多从宏观或全局的角度研究反腐倡廉问题，但一些更具实践意义的具体问题则研究得相对较少；问题研究偏重个体的静态和孤立考察，对事物的动态发展及横纵向关联研究仍显不够；注重反腐倡廉中经验问题的研究，但理性分析与创新不足。"这些问题突出表现在对纪检监察学科研究方法还缺乏深刻的认识，直接导致纪检监察学科研究方法尚不够丰富，有一定的局限性，体现出较多的主观主义和经验主义。"[1]

（三）建构主义与经验主义结合的实践探索

总体而言，不论是建构主义还是经验主义，单独来看都无法满足新时代纪检监察学学科建设的要求。这不仅影响纪检监察学学科建设的步伐，也使纪检监察学科研究滞后于党风廉政建设和反腐败斗争实践，妨碍纪检监察学科理论研究的进一步发展。纪检监察学作为"规范科学"，不是"通识"，而是一门关于解释的学问，是中国共产党构建的一门职业知识体系。历史和经验主义的研究回答实然的问题，即过去和现在的纪检监察学家事实上的"心力劳动"有什么样的学术成果，我们今后的纪检监察学科应当避免什么样的问题，当然更重要的是，为今后的纪检监察工作发展贡献新思想。建构主义则主要回答应然的问题，即在当前语境下，纪检监察学作为一门知识学科应该涵括多少思想，满足怎样的社会需求，构建怎样的理想形态。[2]只有将二

---

〔1〕 曹雪松："论纪检监察学科人才队伍建设"，载《廉政文化研究》2014 年第 6 期。

〔2〕 参见杨永庚："纪检监察学学科属性探讨——关于纪检监察学研究对象的思考"，载《陕西行政学院学报》2017 年第 2 期。

者结合，才能从过去的经验中找到来时的路，才能从建构主义中找到今后的发展方向。

在国家监察机构成立之后，中南财经政法大学就在法学院内设立了监察学院，为此专门组织相关师资研究中央政策及其蕴含的时代理念，并根据现实条件确立了先行先试的探索思路。即在纪检监察学科属性不明确的情况下，着眼于纪检监察机关在实践中提出的问题和在调研中发现的问题，充分发挥本校师资的专业优势，编写教材，开展培训，组织教学和科学研究。中南财经政法大学监察学院针对本科生开设了"中国监察文化"以及慕课"中国监察文化简史"等课程，针对法律硕士开设了"职务犯罪理论与实践"等课程，此外还创造性地建设了监察文化与法治陈列室开展廉政宣传教育活动。学科教师探索性地编写了《中国监察文化简史》《西方监察制度历史批判》《职务犯罪构成新论》《党纪处分的体系性研究》《国家监察法学》等教材。学科教师在教书育人的同时，还利用这些成果提供培训，服务纪检监察实践，并发表了《监察案件的立案转化与"法法衔接"》《国家监察体制改革语境下的若干刑诉法问题应和》《〈联合国反腐败公约〉与我国刑事诉讼制度构建》《职务犯罪案件初查的法律定位》《健全惩治和预防腐败体系　推进廉洁政治建设》等文章。这些经验性探索进一步深化了有关纪检监察工作基本目标理念的认识。

三、专业素能与专业范畴的融合

纪检监察学学科具有自身的独特性，这种独特性不仅要运用于专业人才素能的培养上，也要适用于学科内部的架构上，唯有将二者相结合才能使纪检监察学学科建设更加完整。

（一）全方位提升专业素能

纪检监察学学科建设是一个复杂的系统工程，其重点之一在于汇聚和培养人才，形成一批既有纪检监察素养，又有较高反腐倡廉理论水平的纪检监察学科人才队伍。[1]专业素能的提升不是一蹴而就的，需要从研究主体、研究载体、研究对象、研究方法等多个方面来考虑。

首先，在研究主体方面，纪检监察学学科的建设需要一支高素质、高学

---

〔1〕　参见曹雪松："论纪检监察学科人才队伍建设"，载《廉政文化研究》2014 年第 6 期。

历、高水平的科研队伍。当前，许多廉政研究机构和设置监察类学科的高校都培养和打造了一支高素质的研究队伍，造就了一批高层次领军人物型的专家学者。这些学者大多在与纪检监察相关的学科领域中具有一定的学术地位，取得了一定的研究成果，产生了良好的学术与社会效应，对于纪检监察学学科队伍的发展壮大起到了至关重要的作用。推动主体专业素能的提升，主要依托两个方面。其一，扩大学科人才队伍。纪检监察学学科内的研究人才对于纪检监察学学科体系的建设发展具有独到的见解，是当前推动纪检监察学学科研究的骨干力量。虽然纪检监察学学科建设已经有了一定成果，但仍处于初步探索阶段，与法学、政治学等关联学科相比，发展水平还有待提高，尤其是专业人才规模效应仍未充分实现。因此，要吸纳更多的交叉学科人才加入纪检监察学的学科队伍当中，充实研究力量，形成学科建设与人才发展良性互动的局面。其二，提升理论研究水平。自纪检监察学科和相关科研机构建立以来，纪检监察研究如火如荼地开展。以纪检监察为主题，研究者们已经完成多种形式的科研成果，包括但不限于基础教材、学术专著、专项课题、理论文章。比如，在教材方面，马怀德教授和秦前红教授围绕监察法内容分别主编了《监察法学》和《监察法学教程》，李晓明教授主编了《国家监察学原理》，王希鹏教授主编了《中国共产党纪律检查工作概论》。这些理论研究成果为纪检监察学科发展奠定了良好基础。多部教材的出版也再次表明有针对性的理论研究对于纪检监察学学科建设的重要性，因此应当充分挖掘纪检监察学科的可开发内容，推动纪检监察学科的持续性研究。

其次，在研究载体方面，要通过学科平台建设和专业刊物的创办促进纪检监察研究活动的开展。一方面，应注重纪检监察学学科的平台建设。目前，全国已先后成立了各类纪检监察研究机构，并为其配备相应的科研人员，初步形成了纪检监察研究网络，但同时具备信息研究和资源整合利用能力的权威机构仍然缺乏。为了助力纪检监察活动向纵深发展，应当通过纪检监察学学科创建相关研究平台，结合各自的功能定位和资源条件，会同国内外其他研究机构、社会组织和政府部门，开展一系列纪检监察理论研究与研讨活动，促进理论研究与实践探索的结合。[1]另一方面，需关注纪检监察学学科的专

---

〔1〕 参见李永忠、董瑛："对纪检监察学科建设问题的几点思考"，载《中国延安干部学院学报》2011年第5期。

业刊物和相关研究栏目的创设。当前，监察机构创设的刊物有中央纪委、国家监委主管的《中国纪检监察报》和《中国纪检监察》杂志，高校创办的刊物及栏目有中国社会科学院主办的《廉政学研究》、南通大学主办的《廉政文化研究》、广州大学主办的《广州大学学报（社会科学版）》中的"廉政论坛"栏目，报社创办的刊物有四川日报报业集团主办的《廉政瞭望》等。

再次，在研究对象方面，明确纪检监察学科的研究对象是提升专业素能的关键环节。毋庸置疑，研究对象是一门学科的基础。具有独立的研究对象，是纪检监察学作为一门独立学科的前提和基础，也是纪检监察学区别于其他学科的主要依据。当前，学界关于纪检监察学的研究对象存在争论。经过总结，大致可以发现"纪检监察工作""纪检监察规律""纪检监察理论""纪检监察机关"等几种主要观点。从学科建设角度看，纪检监察学研究对象的界定应遵循概括性原则，在内涵或外延上，存在交叉或包含关系的概念不能并列为研究对象，更不能把与纪检监察学具有同等抽象程度的概念列为研究对象。"纪检监察规律"反映的是纪检监察制度产生、发展和运行的规律，它应当是纪检监察学研究所探求的目的和结果，而不是纪检监察学的直接研究对象；"纪检监察理论"是关于纪检监察制度的知识系统，是对纪检监察制度认识成果的理性化，包含于"纪检监察制度"之中。"纪检监察机关"是纪检监察制度的具体组织载体，也包含于"纪检监察制度"之中。因此，"纪检监察规律""纪检监察理论""纪检监察机关"等内容都不适合作为纪检监察学的研究对象。综合分析，纪检监察学的研究对象应当是纪检监察制度与纪检监察活动。纪检监察制度是纪检监察学的静态研究对象，主要是对制度的解释和诠释。纪检监察活动则是纪检监察学的动态研究对象，其虽然以纪检监察制度为基础，但又不仅限于或完全依附于纪检监察制度。例如，为实现纪检监察制度规定的目的所采取的各种措施、方法和途径，都是纪检监察活动的重要内容。纪检监察学不仅以纪检监察制度为研究对象，对纪检监察制度进行相对静态的分析研究，同时还以纪检监察活动为研究对象，对动态的纪检监察活动进行分析和研究，以发现和揭示纪检监察制度和纪检监察活动产生、发展和变化的规律。

最后，在研究方法和教学方法方面，纪检监察学应当以培养学生的专业素养为切入点。相关科研机构要把教材体系建设作为课题研究和成果转化的连接点，结合各自的学科建设方向，编写、出版教材或讲义，开设选修课、必修课等课程和专题讲座，开展纪检监察方向本科生和研究生的培养工作。

（二）多角度把握专业范畴

有无科学的专业范畴是一个学科发展是否成熟的重要标志。所谓专业范畴，是指由学科内部不同层次、相互联系的若干分支学科所构成的有机整体。[1] 虽然纪检监察学是一门多元化的学科，但其主要内容是有限的和确定的。设立纪检监察机构的目的是实现对权力的监督和制约，因此，纪检监察学科的建设应当以此为切入点，确立本学科的专业范畴。如前所述，纪检监察学的研究对象是纪检监察制度与纪检监察活动，但需要明确的是，纪检与监察对应的主体并不相同，"纪检"规制的是全体党员，"监察"规制的则是全体公职人员。因此，纪检监察学科的范畴也应当有所区分，即划分为纪检学和监察学两大范畴。

第一，纪检监察学的范畴之一是纪检学。纪检学内部主要围绕党内法规学展开。原因在于，"从严治党、制度管党是建党的重要历史经验，制度集中体现为纪律，包括党纪和政纪"。[2] 为了更好地建设纪检监察学科，必须了解党纪和政纪的基本逻辑和规制目的。例如，中国社会科学院大学在其一级学科"政治学"下自主设置了目录外二级学科"党内法规学"，这种做法就是注意到了党内法规学在纪检监察学科内的重要地位。

第二，纪检监察学的另一范畴是监察学。当前，法学、政治学等纪检监察学的关联学科所涉及的内容都仅为监察制度的某一部分，而监察学这门学科则致力于国家监察制度的整体性和系统性研究。[3] 在监察学的范畴下可依托法学、政治学等学科设置监察法学、公共管理学、廉政思想教育学等学科。

首先，关于监察法学。"国家监察制度的创建是全面从严治党与全面依法治国的有机统一。"[4] 监察法学作为纪检监察学学科体系的基础性学科，一方面，其研究对象不仅不能局限于监察法本身，还应当将宪法、法制史、行政法、刑法等法学学科作为研究的基础，为监察学赋予法治的内涵。另一方面，

---

〔1〕 参见石少侠主编：《检察学新论》，中国检察出版社 2013 年版，第 16~17 页。

〔2〕 蒋熙辉："中国纪检监察学基本范畴研究"，载《中国监察》2012 年第 5 期。

〔3〕 参见吴建雄、杨立邦："论监察学学科创建的价值目标、属性定位与体系设计"，载《新疆师范大学学报（哲学社会科学版）》2022 年第 2 期。

〔4〕 参见吴建雄、杨立邦："论监察学学科创建的价值目标、属性定位与体系设计"，载《新疆师范大学学报（哲学社会科学版）》2022 年第 2 期。

要以监察法治为学术视角，综合采取监察法教义学、监察法哲学、监察法政策学的研究进路，实现定性与定量、经验事实与理论抽象研究的有机融合，科学定位国家监察制度、全面阐释国家监察制度、完整理解国家监察制度、综合研究国家监察制度。

其次，关于公共管理学。不可否认的是，纪检监察工作的主要对象是政府机关工作人员，而且我国国有企业、事业单位的管理制度与政府具有高度的同质性，考虑到行政监察学已经累积了丰富的经验和厚实的理论基础，公共管理学中的行政监察学对于纪检监察学科的建设具有不可忽视的借鉴作用。公共管理学运用政治学、管理学等多学科的理论与研究方法，将政府组织的管理活动及其规律作为主要研究内容，而"行政监察作为一个政治体系和行政体制不可或缺的重要组成部分，既是一个国家政治体系存在和维系的重要要素，又是其行政管理发展的必然产物"。[1]因此，行政监察学既要以公共管理学的基本理论内容为基础，立足于我国当前的政治制度，也要融合政治学、管理学、马克思主义理论等学科理论和方法，突破以往分门别类的方式，实现对行政监察行为问题的整合性研究，这也体现了当代科学探索的一种新范式。行政监察学应以监察国家行政机关及其工作人员的行政行为活动为主线，主要关注监察委员会代表党和国家依照法律法规对所有公职人员公权力行使情况的监督，包括对公职人员的廉政教育，对公职人员的日常谈话、任前谈话和诫勉谈话，对公职人员依法履职的合法性检查、秉公用权的廉洁性检查、道德操守的守法性检查等内容。[2]

最后，关于廉政思想教育学。廉政思想教育是加强党风廉政建设的基础性工作，是推进廉洁从政、提高党员干部拒腐防变能力的重要举措。廉政思想教育的主要目的是通过系统地开展理想信念和政治信仰教育、从政思想和从政行为教育、廉政心理教育、廉政规范教育、道德教育等多项教育内容，规范、引导从政行为，提高领导干部为政清廉的自觉性。[3]因此，为了提高廉政思想教育活动的科学性与有效性，廉政思想教育学不仅应以当前党风廉政建设的新形势与反腐败工作的现状为研究背景，还必须将人的知觉、思维、

---

〔1〕　姜国兵、赵康："行政监察学的学科构建与发展趋势"，载《高教探索》2015 年第 6 期。

〔2〕　参见吴建雄、杨立邦："论监察学学科创建的价值目标、属性定位与体系设计"，载《新疆师范大学学报（哲学社会科学版）》2022 年第 2 期。

〔3〕　参见何爱云："新时期廉政教育研究"，中共中央党校 2012 年博士学位论文。

情绪、人格、行为习惯和社会关系等心理学的研究内容纳入研究范围。

四、监察法治与监察方法联合

习近平总书记在中央全面依法治国工作会议上提出了"十一个坚持",其中包括"坚持依法治国、依法执政、依法行政共同推进,法治国家、法治政府、法治社会一体建设"。因此,在法治中国建设的宏伟蓝图下,纪检监察机关作为党内监督机关更应该在法治轨道上开展工作。正因为纪检监察机关是执纪执法机关,纪检监察实践是重要的法治行为,所以,纪检监察学学科建设也应当根据党章和党内法规、宪法和监察法的有关规定,以习近平法治思想为指导,贯通融会党规国法"两把尺子",贯彻落实纪法双施双守。依托法律、党内法规推动纪检监察学学科建设,加快纪检监察学学科建设的法治化进程。[1]

(一) 监察法治的时代性要求

1. 纪检监察学学科建设的法治目标

要实现纪检监察学学科建设的法治化发展,就需要以习近平新时代中国特色社会主义思想作为理论内核,宏观把握监察法治的发展目标。

第一,纪检监察学学科建设应当将党的领导作为根本引领。习近平总书记指出,党的领导是中国特色社会主义最本质的特征,是社会主义法治最根本的保证。坚持党的领导是社会主义法治的根本要求,是全面推进依法治国题中应有之义。[2]纪检监察学科作为一门以纪检监察制度和活动为研究对象的学科,其建设和完善更应当在党的指导下推进。根据党中央对纪检监察建设在新时代提出的新要求,纪检监察工作已经取得了突破。一方面,2018 年《监察法》出台,实现了以法治思维和法治方式推进反腐败斗争。这对加强对公职人员的监督,实现国家监察的全面覆盖,构建集中统一、权威高效的中国特色国家监察体制,规范国家监察机关与监察人员的行为,保证其依法行使职权和履行职责,保障监察对象的人权和其他合法权益均具有重要意义。[3]另一方面,国家监察委员会正式揭牌成立,中央纪委、国家监委合署办公,对于

---

〔1〕 参见王冠、任建明:"创建纪检监察学的意义、现状与建议",载《北方论丛》2022 年第 2 期。

〔2〕 参见习近平:"加快建设社会主义法治国家",载《习近平谈治国理政》(第 2 卷),外文出版社 2017 年版,第 114 页。

〔3〕 参见姜明安:《监察工作理论与实务》,中国法制出版社 2018 年版,"前言"。

深化国家监察体制改革，健全党统一领导的反腐败工作体系，完善国家法治监督体系，提升国家治理能力具有重大意义。[1]

第二，纪检监察学学科建设应当将以人民为中心的发展思想作为根本遵循。我国是人民当家作主的国家，一切权力属于人民，一切权力服务于人民，一切权力必须接受人民的监督。纪检监察机关作为党和国家的监督机构，应当以法治的方式保障和巩固人民当家作主的地位和权益。正如习近平总书记所强调："全面依法治国最广泛、最深厚的基础是人民，必须坚持为了人民、依靠人民。"[2]就监察法治来讲，"人民中心理念就是反腐败工作开展的效能指向，即自觉坚持人民主体地位，积极回应人民群众新要求新期待，系统研究谋划和解决法治领域人民群众反映强烈的突出问题，不断增强人民群众获得感、幸福感、安全感，用法治保障人民安居乐业"。[3]

第三，纪检监察学学科建设应当以中国特色社会主义作为重要基石。坚持和发展中国特色社会主义，是改革开放以来我们党全部建设和实践的鲜明主题，也是习近平新时代中国特色社会主义思想的核心要义。其中，中国特色社会主义制度是中国特色社会主义的根本制度基础，是全面推进依法治国的根本保障。中国特色社会主义理论是我国建设和发展社会主义的正确理论和经验总结，是全面推进依法治国的行动指南，而中国特色社会主义道路则是社会主义建设成就和经验的集中体现，是建设社会主义法治国家的唯一正确道路。[4]监察法治是党领导人民经过长期艰苦卓绝的反腐败斗争所总结出来的法治反腐经验模式。实践证明，只有沿着中国特色社会主义道路，监察工作才能落到实处，纪检监察学才能真正服务于我国现实。作为中国特色社会主义制度的法治延伸，监察法治要坚持在习近平法治思想的引领下坚定不移地以中国特色社会主义法治体系为依托，在中国特色社会主义法治道路上继续深化监察体制改革，在中国特色社会主义法治体系中推动完善监察法律

---

[1] 参见"如何理解纪委、监委合署办公的意义？"，载 https://www.ccdi.gov.cn/yaowen/201801/t20180104_161078.html，访问日期：2022 年 5 月 18 日。

[2] 习近平："坚定不移走中国特色社会主义法治道路 为全面建设社会主义现代化国家提供有力法治保障"，载《求是》2021 年第 5 期。

[3] 张震、廖帅凯："习近平法治思想中的监察法治思维体系论"，载《重庆大学学报（社会科学版）》2021 年第 4 期。

[4] 参见全国干部培训教材编审指导委员会组织编写：《建设社会主义法治国家》，人民出版社、党建读物出版社 2019 年版，第 13 页。

体系，推进国家治理体系和治理能力现代化。[1]

2. 纪检监察学学科建设的核心内容

纪检监察学学科建设要在中国特色社会主义法治轨道上开展，就必须紧紧围绕监察法学的研究领域进行建构。监察法学作为一门新兴学科，不仅要遵循法学研究的基本逻辑，而且要凸显纪检监察一体化的宏大背景。监察法学在研究对象上聚焦于监察法律关系，这表现出与其他部门法泾渭分明的学科旨趣。

第一，以监察法规范为中心，监察法学的研究对象和研究内容不仅包括监察法的起源、属性、渊源、原则、类型和具体规范，还包括中外监察制度和监察发展史以及监察法同政治、经济、文化等方面的关系。

第二，以监察概念为依据，监察法学的研究对象和研究内容可以分为监察组织、监察人员、监察对象、监察责任、监察权能和程序、监察效能与规律。[2]

第三，以监察现象为线索，监察法学的研究对象和研究内容可以概括为监察法律规范、监察法律制度、监察法律实践和监察基本理论等范畴。从目的导向上来说，监察法学的现有研究以构建"集中统一、权威高效"的国家监察体制为研究目标，以"监察法律关系"为研究对象，以"监察问题"为核心框定了学科研究领域。"监察法学以监察立法、监察规范的释义与完善，监察制度、监察制度的设立与完善以及监察工作实践作为切入或论题进行研究，因此大体确定了监察法律制度、监察法律规范与监察实践活动这三大研究范畴。"[3]

（二）监察方法的学科型建设

由于纪检监察学科研究内容和对象的特殊性，该学科在研究方法上也应有所区别，不应再局限于传统的历史分析、实证分析等方法。

1. 从单一学科方法转向协同学方法

协同学是一门交叉学科。哈肯作为协同学的创立者，指出协同学主要研究系统中各种不同性质的子系统之间如何合作才能产生宏观上的空间、时间

---

〔1〕 参见张震、廖帅凯："习近平法治思想中的监察法治思维体系论"，载《重庆大学学报（社会科学版）》2021年第4期。

〔2〕 参见秦前红主编：《监察法学教程》，法律出版社2019年版。

〔3〕 张红哲："论监察法学的研究论域"，载《行政法学研究》2022年第1期。

或者功能结构。[1]纪检监察学也是一门交叉学科，由法学、政治学等多种不同的学科组成，其本质是"协同治理"。"改革的成效因协同而提升"，[2]因此，关于纪检监察学科的研究，应重点通过协同学方法探究监察、纪检、检察部门等多元治理主体间的协作，分析组织间关系、部门间关系、政社间关系等。纪检监察学的协同学方法研究，就是要从理论上阐明、实践上实现纪检监察与立法监督、司法监督以及社会之间的良性协同，达到政府的善治。[3]

2. 从本学科发展视角转向体系化建设视角

美国社会学家帕森斯是结构功能主义的提出者，他认为，在社会系统中，行动者之间的关系结构形成了社会系统的基本结构，社会角色、作为角色系统的集体以及由价值观和规范构成的社会制度，是社会的结构单位。阿尔蒙德在《发展中地区的政治》一书中首次将这种研究方法运用于政治学，并将政治系统在政治过程中的功能分为系统功能、过程功能和政策功能三种。之后，结构功能主义逐渐将其应用于公共管理领域，它强调了系统各部分的协调作用，而实现系统各部分的协调，就必须采取一种体系化的视角。为使"改革的威力因系统集成而发挥"，[4]随着纪检监察体制改革的进一步深入，纪检监察学学科建设应当从本学科发展视角转向体系化建设视角，发挥纪检监察改革的"威力"，以权力制约权力、权利制约权力、程序制约权力为理念，推动法治国家和法治政府建设。[5]

〔1〕 参见［德］H. 哈肯：《高等协同学》，郭治安译，科学出版社 1989 年版，第 1 页。
〔2〕 参见黄月："抓深抓实纪检监察体制改革"，载《中国纪检监察》2021 年第 7 期。
〔3〕 参见姜国兵、赵康："行政监察学的学科构建与发展趋势"，载《高教探索》2015 年第 6 期。
〔4〕 参见黄月："抓深抓实纪检监察体制改革"，载《中国纪检监察》2021 年第 7 期。
〔5〕 参见姜国兵、赵康："行政监察学的学科构建与发展趋势"，载《高教探索》2015 年第 6 期。

《监察法》与《刑法》衔接实施的基点、问题与路径

石经海 *

摘　要：基于《监察法》的宪法性法律地位和全面依法治国方略等理论基点，《监察法》的有效实施需《刑法》与之有机衔接。然而，《刑法》在相应职务犯罪主体及相关犯罪对象、罪名体系、刑罚配置和认罪认罚从宽规定等方面，存在与《监察法》不相对接的诸多问题，使得依《监察法》意图实现的监察全覆盖等目标难以实现，并会滋生新的权力滥用风险。监察法与刑法衔接实施以上问题的有效解决，应是基于以上理论基点，通过法律解释和刑法修正的路径，完善刑法相应规定的司法适用规则和立法规范设置。

关键词：监察法；刑法；理论基点；监察全覆盖；法律解释；刑法修正

为加强对所有行使公权力的公职人员的监督，实现监察全覆盖，深入开展反腐败工作，推进国家治理体系和治理能力的现代化，第十三届全国人大第一次会议于 2018 年 3 月通过了《监察法》自此，我国进入了深化国家监察体制改革、以"零容忍"态度惩治腐败、以法治思维和法治方式开展反腐败工作的新时代。然而，作为配合《监察法》以上立法目标实现的、关系最为密切之一的《刑法》，在相应职务犯罪主体及相关犯罪对象、罪名体系、刑罚设置和认罪认罚从宽规定等方面，无法与《监察法》相对接，致使《监察法》相关规定难以落实，这不仅影响监察全覆盖等立法目标的实现，而且会滋生新的权力滥用风险，进而影响国家治理体系和治理能力现代化的整体进程和效果。

---

* 石经海，法学博士，西南政法大学教授、博士生导师。

一、监察法与刑法衔接实施的理论基点

对监察法与刑法衔接实施理论基点的梳理与讨论，是解决两法在衔接上所存在的问题和实现两法有机衔接的基础和前提。基于两法在我国法律体系中的地位以及在实现国家治理体系和国家治理能力现代化中的法治使命，这个衔接的理论基点，至少包括《监察法》的宪法性法律地位和国家治理的全面依法治国方略两大方面。

（一）《监察法》的宪法性法律地位

所谓"宪法性法律"，[1]通常是指"有关规定宪法内容、调整宪法关系的法律"。其中，在不成文宪法国家，它包括所有有关规定宪法内容、调整宪法关系的法律；在成文宪法国家，它是"除了宪法典以外，其他含有调整宪法关系之内容的法律"，包括带有宪法内容的普通法律（如选举法、国家机关组织法等）和其他带有宪法内容的某些政治性文件或国际协议（如地区性盟约等）。对于宪法性法律是否有宪法规范的表现形式即宪法效力。在理论上大体有如下两种不同观点：一是"宪法效力"说，认为宪法性法律具有宪法效力；二是"基本法效力"说，认为宪法性法律与刑法、刑事诉讼法等基本法律的效力相同。以上两种观点中，后者是多数学者的观点。[2]这意味着，我国宪法学理论上的主流观点，是不承认在宪法典外具有宪法效力的法律规范的，或者说，成文宪法国家的所谓"宪法性法律"，只不过是根据宪法制定和层级较低的普通基本法律而已。

---

[1] "宪法性法律"是宪法学上的概念。法理学上使用的概念是"宪法相关法"，是在划分"法律部门"中使用的概念。但"宪法相关法"不是一个科学的表述，因为在逻辑上有"宪法相关法"就应当存在"与宪法不相关法"，如此便与"宪法是一切法律之母法"相悖。事实上，从我国国务院新闻办公室于2011年10月27日发布的白皮书《中国特色社会主义法律体系》有关"宪法相关法"的界定看，其主要包括《民族区域自治法》《香港特别行政区基本法》《领海及毗连区法》《人民法院组织法》《澳门特别行政区基本法》《反分裂国家法》《全国人民代表大会组织法》《国务院组织法》《人民检察院组织法》《地方各级人民代表大会和地方各级人民政府组织法》《村民委员会组织法》《城市居委会组织法》《国旗法》《国徽法》《国籍法》等法律，而这些法律在本质上就是指"宪法性法律"。因此，在概念表述上，选择使用"宪法性法律"，更为妥当。（参见莫纪宏：《宪法学原理》，中国社会科学出版社2008年版，第121~122页。）

[2] 参见胡锦光、韩大元：《中国宪法》（第4版），法律出版社2018年版，第90页；王广辉：《比较宪法学》，北京大学出版社2007年版，第119~121页；周永坤：《法理学——全球视野》（第4版），法律出版社2016年版，第96页；许崇德主编：《宪法》，中国人民大学出版社2007年版，第34~35页；文正邦主编：《宪法学教程》，法律出版社2005年版，第23页。

　　然而，并不能因为以上"主流观点"而忽视或否认"宪法性法律"在基本法律位阶上的"引领"地位。其一，与普通基本法不同的是，"宪法性法律"与"宪法"一道成为国家法律体系建立的基础。"宪法性法律"虽然在形式上与刑法、民法等基本法相一致，均是对宪法的"规则化"，但因它是规定有关国家机关组织机构、国家结构形式、立法体制、公民政治权利、国家领域、国家主权、国家象征等方面的根本性法律规范，而决定了它与宪法一起成为一国整个法律体系建立的基础。也就是，这个概念的出现和存在，并不是泛指那些根据宪法或以宪法为母法制定出的所有法律，而是特指那些调整"与宪法相配套、直接保障宪法实施和国家政权运作"等"国家政治关系"方面的"宪法性"的法律，属于宪法的"贴身侍卫"。反观以上"主流观点"，显然是忽视了"宪法性法律"是为了解决那些补充调整宪法关系的法律之法律位阶问题而派生出的一个"特定概念"这一根本性的问题。其二，确立"宪法性法律"在基本法律位阶上的"引领"地位是落实全面依法治国的需要。全面依法治国需要在建设中国特色社会主义法律体系和治国理政中，充分发挥党的领导作用，更好地贯彻党的政治体制改革等根本性意志，而在全面依法治国中，这些意志及其内容，需要通过法定程序转化为法律，这个法律最主要的就是宪法及其作为宪法补充的相关法中的引领性法律。若按理论上通常的理解，如果这些"宪法性法律"规定与普通基本法律处于同一法律位阶，则不利于在全面依法治国的法律体系建设中，充分发挥这些宪法性规范的引领作用。

　　显然，《监察法》属于以上引领性"宪法性法律"。这具体可从其出台背景、制定意义和主要内容方面上得到体现。其一，《监察法》的制定是我国政治体制改革的产物和体现。具体而言，从出台背景和制定意义上看，《监察法》的制定，是贯彻落实党中央关于深化国家监察体制改革决策部署的重大举措，是坚持和加强党对反腐败工作的领导，构建集中统一、权威高效的国家监察体系的必然要求，是总结党的十八大以来反腐败实践经验，为新形势下反腐败斗争提供坚强法治保障的现实需要，是坚持党内监督与国家监察有机统一，坚持走中国特色监察道路的创制之举，是加强宪法实施，丰富和发展人民代表大会制度，推进国家治理体系和治理能力现代化的战略举措。其二，《监察法》的内容带有根本性和国家权力的重新分配性。在主要内容上，《监察法》分为9章，包括总则、监察机关及其职责、监察范围和管辖、监察权限、监察程序、反腐败国际合作、对监察机关和监察人员的监督、法律责任和附则。这些内容意味着,《监察法》是有关监察机关的性质、定位及与其他机关关系(包括国家权力在相关机关间的重新分配)等国家政治制度的宪法性法律。它在反腐败治理整个法律体系中,"处于引领性、源头性地位"。

遗憾的是,《监察法》的以上引领性宪法性法律地位与属性,在当前理论上并未受到应有重视。从当前理论上的相关讨论来看,关于《监察法》法律位阶的观点大体有两种:一是"基本法律位阶"说。这是当前理论上的主流观点,认为《监察法》与《刑事诉讼法》等国家基本法律具有相同的法律地位与法律效力。二是"低于基本法律位阶"说。这是极个别学者在阐述《监察法》与《刑事诉讼法》之间的关系时所持的观点,认为《监察法》是《刑事诉讼法》的特别法,其位阶低于《刑事诉讼法》。对于第一种观点,与前述关于"'宪法性法律'与普通基本法律的效力位阶相同"之观点的论证理由相同,在此不再赘述。对于第二种观点,显然是没有充分关注到《监察法》内容的组织性、政治关系性等宪法性属性。不可否认,在《监察法》中确实有诸多有关刑事诉讼方面的内容,如有关案件管辖、立案程序、调查措施、强制措施、证据适用等方面。但这些内容,与《刑事诉讼法》中的这些方面内容以及《刑事诉讼法》通过修订补充增删内容相比,有着根本的不同。因为,"将检察机关的职务犯罪侦查职能转隶至监察委员会,这种转隶并不是简单地转机构、转职能、转人员,而是一种完全的体制创新,体现为主体和程序的双重新设"。如此根本的不同,使得其有关刑事追诉方面的具体内容,是适用《监察法》的规定,而不是《刑事诉讼法》的规定;[1]这意味着,这些内容,是对国家相关刑事追诉权的重新分配,属于组织性和政治关系性上的内容,是政治体制改革的体现和要求。

《监察法》的以上"宪法性法律"地位,决定了《刑法》应当主动与其相关规定相衔接。虽然"宪法性法律"所具有的法律地位并没有得到立法上的确认,但其内容的宪法引领性决定了其他任何法律渊源都不能与之相抵触。具体就监察法与刑法衔接实施关系而言,在《监察法》与《刑法》内容不相一致或冲突时,只能是修改完善《刑法》的规定及其适用规则,而不是相反和听之任之。

---

〔1〕 这一点与过去将海关、监狱、军队保卫部门、国家安全机关增设为犯罪侦查主体,仅仅是主体增设和仍适用刑事诉讼法的规定,根本不同。

（二）国家治理的全面依法治国方略

自 2012 年党的十八大将法治作为"治国理政的基本方式"，我国正式开启了中国特色社会主义法治的新时代。2014 年《中共中央关于全面推进依法治国若干重大问题的决定》对全面推进依法治国作出全面的战略部署，自此中国特色社会主义法治建设进入全面化阶段。2017 年 10 月党的十九大报告又进一步将"坚持全面依法治国"作为实现"新时代中国共产党的历史使命"的基本方略国特色社会主义法治建设进入全面推进阶段。"法治"在我国治国理政中的以上新时代发展，要求我国的腐败治理体系也应随之完善。具体表现在：

其一，全面依法治国要求腐败治理立法科学化。全面推进依法治国的总目标是建设中国特色社会主义法治体系，建设社会主义法治国家，具体是要"在中国共产党领导下，坚持中国特色社会主义制度，贯彻中国特色社会主义法治理论，形成完备的法律规范体系、高效的法治实施体系、严密的法治监督体系、有力的法治保障体系，形成完善的党内法规体系"。相对于腐败治理立法而言，这个立法的科学化，主要是构建治腐的"严密的法治监督体系"和"有力的法治保障体系"。《监察法》的制定，应当说在我国已基本完善了对公权力的法治监督体系，但这不等于就形成了对公权力的腐败治理体系，还需要完善《刑法》等的相应规定，以形成"有力的法治保障体系"和"完备的法律规范体系"。这就要求，《刑法》必须贯彻《监察法》关于"深化国家监察体制改革，加强对所有行使公权力的公职人员的监督，实现国家监察全面覆盖，深入开展反腐败工作"的立法目标[1]及其相应具体规定，并据此立改废相应规定。

其二，全面依法治国要求治腐法律秩序统一。法律秩序统一，是全面依法治国对科学立法和严格执法等的基本要求。[2]它不仅要求法律规范内部规定圆融自洽，而且要求各法律规范之间相互补充、配合，无所冲突。既然《监察法》与《刑法》同属于中国特色社会主义法律体系的重要组成部分，且共同肩负着遏制腐败的职责，那么两法在相关规定上就应当遵循法秩序统

---

〔1〕 参见 2018 年《监察法》第 1 条。

〔2〕 也正基于此，我国《立法法》明确将维护法律秩序的统一规定了为了我国立法的基本原则，即《立法法》第 4 条规定的"立法应当符合宪法的规定、原则和精神，依照法定的权限和程序，从国家整体利益出发，维护社会主义法制的统一、尊严、权威。"

一原则的要求。事实上，《监察法》第66条"违反本法规定，构成犯罪的，依法追究刑事责任"中所谓"依法"追究刑事责任，首先就是依据刑事实体法追究刑事责任，即相关行为是否构成犯罪，须严格依照刑法规定的犯罪构成来判断。申言之，全面依法治国的法秩序统一要求，意味着《监察法》制定后，无论是基于《监察法》的宪法性法律地位，还是其相对于《刑法》的新法地位，[1]《刑法》中与其不相一致的规定，均需予以修订完善。

其三，全面依法治国要求依法治腐。党的十八大提出："全面推进依法治国的重点应该是保证法律严格实施。"党的十九大强调："坚持依法治国、依法执政、依法行政共同推进。"而在"依法执政"中，最关键的是"坚持运用法治思维和法治方式治国理政"。长期的反腐倡廉实践表明，那些走上腐败道路的"老虎""苍蝇"，之所以走上腐败道路，虽然原因众多和复杂，但缺乏必要的法治思维应是其中的共同特点。究其缘由，主要是这些公权力的行使者，习惯于人治思维和权力思维，在执政中存在"选择性执法、运动式执法、钓鱼式执法、寻租性执法"等人治思维和权力思维，使"依法执政"流于形式甚至走向"法治"的反面，并蜕变为"老虎"和"苍蝇"。《监察法》的制定，要求"国家监察工作坚持标本兼治、综合治理，强化监督问责，严厉惩治腐败""构建不敢腐、不能腐、不想腐的长效机制"，并将"监察机关及其工作人员"明确纳入"违反本法规定，构成犯罪的，依法追究刑事责任"之列。[2]显然，《刑法》中还是其他相关规定中，均没有以上相应规定，从而不利于依法治腐和依法防腐，并会产生新的权利滥用风险，需要在刑法修订或法律解释中，将这些内容纳入其中，以确保腐败治理的有法可依和依法治腐。

其四，全面依法治国要求治腐法律具有中国特色。理论上的考察表明，无论是全面依法治国还是据此形成的治腐法律，都要立足本国实际和服务于本国治理模式。一味模仿西方法治道路的国家和地区失败的教训表明，世界上没有普适性的法治道路，法治道路是对一般性法治原理进行创造性转化的产物，具有适应性、适宜性的基本特征，最适合的法治道路一定是立足本国实际、服务本国国家治理模式的道路。这意味着，我国的腐败治理道路，不

---

〔1〕《监察法》于2018年3月20日第十三届全国人民代表大会第一次会议通过，相较于1997年3月《刑法》全面修订及至2017年11月《刑法修正案（十）》等部分修正而言，属于新法。

〔2〕参见2018年《监察法》第6条、第65条、第66条之规定。

可简单借鉴甚至移植域外国家或地区的做法，需要立足于我国反腐倡廉的实际和服务于我国腐败治理的模式。显然，《监察法》的出台就是这个具有中国特色腐败治理模式的深刻体现。这样，在我国的腐败治理的整个法律体系中，《刑法》等相关治腐法律的内容与治腐模式，也不能简单借鉴甚至移植域外模式，而应基于我国的腐败现状，服务于"坚持标本兼治、综合治理，强化监督问责，严厉惩治腐败"，配合"构建不敢腐、不能腐、不想腐的长效机制"，从而依此治腐刑事政策逐步完善相应的罪名体系和刑罚配置。

二、监察法与刑法衔接实施的当前问题

基于《监察法》与《刑法》衔接实施的以上理论基点，我们可以发现，《刑法》在与《监察法》的衔接实施中，在职务犯罪主体、相关犯罪对象、认罪认罚从宽规定和相关犯罪的罪名体系与刑罚配置等方面都存在直接影响《监察法》有效实施的不对接问题。

（一）《刑法》与《监察法》在职务犯罪主体上的不对接

1. 《监察法》规定的职务犯罪主体范围远大于《刑法》规定的职务犯罪主体范围

为实现监察全覆盖，《监察法》将监察对象和职务犯罪主体规定为"所有行使公权力的公职人员"。"公职人员"在我国法律体系中不仅是一个全新的概念，而且也与现行《刑法》规定的职务犯罪主体即"国家（机关）工作人员"在内涵与外延上不同。根据《监察法》第15条之规定，"公职人员"除包括现行《刑法》规定的"国家（机关）工作人员"[1]外，还包括监察委员会、工商业联合会机关的公务员，以及参照《公务员法》管理的人员、受国家机关依法委托管理公共事务的组织中从事公务的人员、公办的教育、科研、文化、医疗卫生、体育等单位中从事管理的人员，并且还将原"以国家工作人员论"的村民委员会等村基层组织人员，从原来立法解释限定的"协助人民政府从事行

---

[1] 据《刑法》第93条和全国人民代表大会常务委员会《关于〈中华人民共和国刑法〉第九十三条第二款的解释》的规定，"国家工作人员"包括"国家机关中从事公务的人员"，以及"国有公司、企业、事业单位、人民团体中从事公务的人员""国家机关、国有公司、企业、事业单位委派到非国有公司、企业、事业单位、社会团体从事公务的人员"，以及"其他依照法律从事公务的人员（如村民委员会等村基层组织人员协助人民政府从事行政管理工作的人员）"。

政管理工作"的人员，扩大到"基层群众性自治组织中从事管理的人员"。[1]其中，这个立法解释规定的扩大，不仅是《监察法》将以上立法解释限定的"村基层组织"扩大到所有"基层群众性自治组织"，包括城市中的居民委员会和农村中的村民委员会，[2]而且是将以上立法解释限定的"协助人民政府从事行政管理工作"，扩大到基层群众性自治组织中的所有"管理工作"，从而将所有"基层群众性自治组织中从事管理的人员"都纳入《监察法》的"公职人员"范畴和作为《监察法》的监察对象。

2. 《刑法》与《监察法》的职务犯罪主体范围不同直接影响《监察法》的有效实施

以上两个概念的不同，必然带来《刑法》无法对接《监察法》全部监察对象实施的职务犯罪行为。也就是，虽然不同调整对象的法律在相关人员范围上可以有所不同，但《监察法》与《刑法》在职务犯罪主体的称谓、界定、范围等的不同，则会因《刑法》关于"国家（机关）工作人员"的职务犯罪主体界定限定（以下简称"原'国家工作人员'"），而使得其他"公职人员"（以下简称"原'国家工作人员'以外'公职人员'"）所实施的贪污受贿、滥用职权等职务犯罪行为得不到刑事追诉。具体表现在：

其一，监察机关和监察人员实施的职务犯罪行为得不到追诉。

实现对所有行使公权力的公职人员监察全覆盖，是出台《监察法》的重要指导思想所在。加强对监察机关和监察人员的监督，既是反腐"打铁还需自身硬"的要求，也是实现监察全覆盖的当然之义。为此，《监察法》第65条和第66条等特别将监察机关及其工作人员实施的几种特定行为，规定为相应的单位犯罪[3]

---

〔1〕 全国人民代表大会常务委员会《关于〈中华人民共和国刑法〉第九十三条第二款的解释》将村民委员会等村基层组织人员协助人民政府从事行政管理工作的人员纳入"其他依照法律从事公务的人员"的范围，限定为"救灾、抢险、防汛、优抚、扶贫、移民、救济款物的管理""社会捐助公益事业款物的管理""国有土地的经营和管理""土地征用补偿费用的管理""代征、代缴税款""有关计划生育、户籍、征兵工作"等协助人民政府从事"行政管理工作"的人员。

〔2〕 1982年《宪法》第111条规定："城市和农村按居民居住地区设立的居民委员会或者村民委员会是基层群众性自治组织。……"据此规定以及《村民委员会组织法》和《城市居民委员会组织法》的规定，基层群众性自治组织是依法由居民（村民）选举产生和实行自我管理、自我教育、自我服务的社会组织。

〔3〕 《监察法》第65条和第66条规定"监察机关及其工作人员"有法定的职务犯罪行为，"对负有责任的领导人员和直接责任人员依法给予处理"和"构成犯罪的，依法追究刑事责任"。这意味着，《监察法》把"监察人员"作为了职务犯罪的主体，同时也把"监察机关"这个"单位"作为单位犯罪主体，只不过在处罚上只处罚"对负有责任的领导人员和直接责任人员"即采用"单罚制"。

和自然人犯罪。其中，本法第 65 条要求对如下 9 种情况的行为追究"监察法律责任"：未经批准、授权处置问题线索，发现重大案情隐瞒不报，或者私自留存、处理涉案材料的；利用职权或者职务上的影响干预调查工作、以案谋私的；违法窃取、泄露调查工作信息，或者泄露举报事项、举报受理情况以及举报人信息的；对被调查人或者涉案人员逼供、诱供，或者侮辱、打骂、虐待、体罚或者变相体罚的；违反规定处置查封、扣押、冻结的财物的；违反规定发生办案安全事故，或者发生安全事故后隐瞒不报、报告失实、处置不当的；违反规定采取留置措施的；违反规定限制他人出境，或者不按规定解除出境限制的；其他滥用职权、玩忽职守、徇私舞弊的行为。在以上"监察法律责任"行为中，据本法第 66 条规定，对于其中"违反规定处置查封、扣押、冻结的财物""违反规定发生办案安全事故"等的可以成立单位犯罪，对于徇私舞弊不移交刑事案件、刑讯逼供等的可以成立自然人犯罪。

然而，我国现行《刑法》规定并不能保障《监察法》以上规定的贯彻落实。综观现行《刑法》，除单位受贿罪、私分国有资产罪等极个别罪名的"国家机关"犯罪主体可将监察机关解释进来，以及除滥用职权罪、玩忽职守罪等罪名的"国家机关工作人员"犯罪主体可将"监察人员"解释进来以外，其他罪名如徇私舞弊不移交刑事案件罪、刑讯逼供罪、暴力取证罪都不包括监察机关与监察人员。这样，监察机关或者监察人员实施相应犯罪行为时，并无法对之追诉。例如，为保障反腐败工作的有序开展，《监察法》"监察程序"一章明确规定，监察机关可依法对被调查人或涉案人员采取讯问、询问、留置等调查措施。同时，为防止监察人员滥用职权，保障被调查人与涉案人员的合法权利，《监察法》第 40 条第 2 款、第 65 条第 4 项及第 66 条又对监察人员刑讯逼供、暴力取证、虐待被调查人与涉案人员的行为作出了禁止性规定，即监察人员"对被调查人或者涉案人员逼供、诱供，或者侮辱、打骂、虐待、体罚或者变相体罚的""构成犯罪的，依法追究刑事责任"。现行《刑法》中虽有刑讯逼供罪、暴力取证罪、虐待被监管人罪与之相对应，但刑讯逼供、暴力取证罪的犯罪主体为司法工作人员、虐待被监管人罪的犯罪主体为监狱、拘留所、看守所等监管机构的监管人员，不包括监察人员。据此，监察人员实施刑讯逼供、暴力取证、虐待被调查人或涉案人员的，均无法依现行《刑法》的规定定罪处罚。现行《刑法》中如此内容的空缺，不仅虚置了《监察法》的以上规定，而且导致《刑法》规定与《监察法》相应规定的不协调，从而违背法律秩序统一原则，并不利于国家治理体系现代化的实现和《监察法》所要求的"以法治思维和法治方式开展反腐败工作"的落实，以及不利于新时代腐败标本兼治的"将权力关进制度的笼子里"原理与要求的贯彻，带来权力滥用的风险。

其二，原"国家工作人员"和监察人员以外的其他"公职人员"实施的职务犯罪行为得不到追诉。

据《监察法》第 66 条的规定："违反本法规定，构成犯罪的，依法追究刑事责任。"据此，所有"公职人员"实施违反本法规定的贪污贿赂、失职渎职等职务行为，都可以成立相应职务犯罪主体。综观现行《刑法》立法及其刑事司法实践，除了立法明确规定的"国家工作人员"构成的贪污贿赂犯罪、"国家机关工作人员"构成的渎职罪，以及立法解释和司法解释明确将那些依法依规履行国家（机关）工作人员解释为贪污贿赂犯罪和渎职罪的犯罪主体外，其他依法依规履行国家公职人员职权职责的类似于既有贪污贿赂犯罪和渎职罪等职务犯罪行为，不能以相应的职务犯罪追诉。例如，根据"两高"《关于办理商业贿赂刑事案件适用法律若干问题的意见》第 3 条之规定，对于国有公司中的非国家工作人员，即使是依法从事公务，也会因其不具有国家工作人员身份，而不能被认定为受贿罪的主体。[1]再如，根据全国人民代表大会常务委员会《关于〈中华人民共和国刑法〉第九十三条第二款的解释》，村党组织成员在实施立法解释规定的 7 项"协助人民政府从事法定行政管理工作"以外的管理工作时，并不属于《刑法》第 93 条第 2 款规定的"其他依照法律从事公务的人员"。相应地，其在依法从事相关管理工作过程中实施贪污受贿、滥用职权、玩忽职守等行为的，也都无法依照现行《刑法》规定的职务犯罪追究其刑事责任。

（二）《刑法》与《监察法》在相关犯罪对象上的不对接

为保障监察活动的顺利开展，维护《监察法》之权威，《监察法》第 62 条至第 64 条还将相关单位或者人员妨害监察活动的行为规定为了犯罪。可《刑法》的相关规定与之并不对接。具体表现在：

---

〔1〕 最高人民法院、最高人民检察院《关于办理商业贿赂刑事案件适用法律若干问题的意见》（法发〔2008〕33 号）第 3 条规定："刑法第一百六十三条、第一百六十四条规定的'公司、企业或者其他单位的工作人员'，包括国有公司、企业以及其他国有单位中的非国家工作人员。"

其一，为保障监察机关作为行使国家监察职能的专责机关的权威性，《监察法》第 62 条将有关单位拒不执行监察决定，或无正当理由拒不采纳监察建议的行为规定为了犯罪。尽管现行《刑法》规定了拒不执行判决、裁定罪，但该罪的犯罪对象不包括监察决定与监察建议。据此，有关单位拒不执行监察决定或者无正当理由拒不采纳监察建议的，并无法依照现行《刑法》的规定定罪处罚。

其二，为保证监察人员行使职权不受非法侵害，《监察法》第 64 条将被调查人报复陷害监察人员的行为规定为了犯罪。《刑法》虽规定了报复陷害罪，但该罪的犯罪对象并不包括监察人员。据此，便无法依照现行《刑法》的规定来规制报复陷害监察人员的行为。

其三，为保障监察活动的顺利开展，《监察法》赋予了监察机关查封、扣押、冻结涉案财产的权力。对于已被监察机关查封、扣押、冻结的财产，任何人不得随意处置。现行《刑法》虽规定了非法处置查封、扣押、冻结的财产罪，但该罪的犯罪对象仅为已被司法机关查封、扣押、冻结的财产。据此，行为人非法处置已被监察机关查封、扣押、冻结的财产的，不构成此罪，这显然无法为监察活动的有序进行提供《刑法》保障，有损监察全覆盖的贯彻效果。

（三）《刑法》与《监察法》在相关诉讼阶段上的不对接

为保障监察活动的顺利开展，维护《监察法》之权威，《监察法》第 63 条将提供虚假情况，掩盖事实真相；串供或者伪造、隐匿、毁灭证据；阻止他人揭发检举、提供证据等行为规定为了犯罪。尽管现行《刑法》规定了"伪证罪"和"辩护人、诉讼代理人毁灭证据、伪造证据、妨害作证罪"，但其都限定在"在刑事诉讼中"。据此，在监察活动中，"证人、鉴定人、记录人、翻译人对与案件有重要关系的情节，故意作虚假证明、鉴定、记录、翻译，意图陷害他人或者隐匿罪证的""辩护人、诉讼代理人毁灭、伪造证据，帮助当事人毁灭、伪造证据，威胁、引诱证人违背事实改变证言或者作伪证的"，均无法像《刑法》中类似行为那样，得以按犯罪处理。

（四）《刑法》与《监察法》在腐败治理目标上的不对接

主要是相关犯罪的罪名体系和刑罚配置不完善，导致《监察法》的预期目标难以实现。据《监察法》第 1 条和第 6 条的规定，该法出台的预期目标，主要是构建集中统一、权威高效的中国特色国家监察体制，实现对所有行使公权力的公职人员的监督，具体包括"加强对所有行使公权力的公职人员的监督，实现国家监察全面覆盖，深入开展反腐败工作"（第1条），以及"构建不敢腐、不能腐、不想腐的长效机制"（第6条）。显然，这些立法目的与反腐预期目标的实现，有赖于完善和体现国家治理能力现代化的相应行政法和刑法惩处体系与之对应。

然而，现行《刑法》在这个方面至少存在如下问题：

其一，贿赂犯罪罪名体系设置不当，带来罪名理解与适用上的困惑。主要包括犯罪构成要素设置不当与罪名类型化不足两个方面。其中，前者主要是，"为他人谋取利益""财物"等要素的设置，限制了贿赂犯罪的适用范围。例如，近年来，贿赂犯罪的手段不断翻新，以财物以外的财产性利益进行贿赂的情形日趋普遍。然而，现行《刑法》仍将贿赂犯罪的对象界定为"财物"。据此，行为人为谋取不正当利益，而给予国家工作人员以财物以外的财产性利益的（如提供会员服务、旅游等），则无法依照行贿罪定罪处罚。再如，根据现行《刑法》规定，受贿罪的成立需要以"为他人谋取利益"为前提。据此，行为人单纯地收受贿赂并未为他人谋取利益的，或者履职时未被请托，但事后基于该履职事由收受他人财物，均不构成受贿罪。显然，《刑法》如此之规定无法满足我国腐败犯罪治理的实际需要，这已是学界之共识。[1]后者主要是，贿赂犯罪罪名设置过于繁杂，即现行《刑法》在规定受贿罪、行贿罪的同时，又规定了单位受贿罪、对单位行贿罪、介绍贿赂罪、单位行贿罪、利用影响力受贿罪、对有影响力的人行贿罪等罪名，如此规定，非但不能有效规制贿赂犯罪，反而会因过于细化的规定而带来理解与适用上的困难。例如，对介绍贿赂行为，本可以作为行贿罪或受贿罪的共犯处理，[2]但《刑法》却又专门规定了介绍贿赂罪。如此立法，因理论上和实践中

---

[1] 相关论证可参见储槐植："完善贿赂罪立法——兼论'罪刑系列'的立法方法"，载《中国法学》1992年第5期；孙国祥："'加速费''追融费'与行贿罪的认定——以对'为谋取不正当利益'的实质解释为切入"，载《政治与法律》2017年第3期；王军明："中国行贿罪的刑事立法困境及其完善"，载《当代法学》2019年第1期。

[2] 一般而言，介绍行为在实质上属于相对应行为的共犯行为，因此，在相对应的行为构成犯罪时，《刑法》便不再为介绍行为设定新罪名，而是作为相应犯罪的共犯处理。如在私权领域中，向非国家工作人员介绍贿赂的，对介绍贿赂者便是直接按照非国家工作人员受贿或对非国家工作人员行贿罪的共犯定罪处罚的。现行《刑法》为介绍行为单独设立罪名的规定有两处：一是介绍贿赂罪，一是介绍卖淫罪。但与介绍贿赂不同的是，卖淫、嫖娼并不属于我国《刑法》规定的犯罪行为。

始终未能对哪些行为仅以介绍贿赂罪论处提出行之有效的认定标准，使得介绍贿赂行为的定性成为困扰司法实践的一大难题。[1]这不仅有损法律的严谨性与权威性，而且还会因法律适用困难而在很大程度上影响腐败治理的效果。

其二，相关犯罪的刑罚配置不当，有碍腐败的有效遏制。主要表现在：①部分犯罪资格刑缺位。为有效预防贪利型犯罪，应为其配置财产刑，以提高犯罪成本。可在我国《刑法》关于贪利型职务犯罪的规定中，如挪用公款罪、巨额财产来源不明罪和隐瞒境外存款罪，并未配置财产刑。②资格刑适用范围过窄。在职务犯罪资格刑的配置上，有观点认为，剥夺公权的处罚已为《公证法》《公务员法》等部门法所规定，因此没必要再对职务犯罪增设资格刑。尽管同为剥夺公职，但刑法意义上的宣告效果与行政法意义上的宣告效果存在很大差别，将二者相混淆，显然是对刑罚独立价值的忽视。因此，职务犯罪作为公职人员利用其享有的公权力实施的犯罪，从特殊预防的角度讲，应剥夺职务犯罪主体享有的公权力，以有利于"构建不敢腐、不能腐、不想腐的长效机制"。然而，在现行《刑法》中，剥夺公权力的资格刑仅适用于被判处无期徒刑或死刑的贪污贿赂犯罪分子，不能满足特殊预防之需要。

（五）《刑法》与《监察法》在认罪认罚从宽上的不对接

为体现惩戒与教育相结合以及宽严相济的政策精神，《监察法》第31条、第32条对《中共中央关于全面推进依法治国若干重大问题的决定》和2016年中央全面深化改革委员会关于认罪认罚从宽制度的战略决策，针对职务犯罪做了相应规定。具体包括如下几种情形之一：自动投案，真诚悔罪悔过的；积极配合调查工作，如实供述监察机关还未掌握的违法犯罪行为的；积极退赃，减少损失的；具有重大立功表现或者案件涉及国家重大利益等情形的；揭发有关被调查人职务违法犯罪行为，查证属实的，或者提供重要线索，有助于调查其他案件的。这些规定，虽然在形式上类似于《刑法》中的自首、坦白、立功、退赃等法定或者酌定量刑制度或情节，但显然《监察法》上的如此规定，肯定不能是刑法上既有法定或酌定量刑情节的重复或简单重申，否则就会使本制度的改革意义名存实亡。

---

[1]相关争议可参见：山东省滨州市中级人民法院［2018］鲁16刑终30号刑事裁定书；福建省福州市中级人民法院［2018］闽01刑终236号刑事判决书；宁夏回族自治区石嘴山市中级人民法院［2018］宁02刑终10号刑事判决书；广东省珠海市香洲区人民法院［2017］粤0402刑初1424号刑事判决书；山西省临县人民法院［2017］晋1124刑初129号刑事判决书，等等。

　　客观地说，刑法中已有包含"认罪认罚从宽"性质和功能的各种法定和酌定量刑情节。如那些出于真诚悔罪的自首、坦白、立功、积极赔偿被害人损失、取得被害人谅解等。据《刑法》第61条关于量刑根据等的规定，各种反映犯罪行为的社会危害性和行为人的人身危险性等方面的事实，都是量刑轻重的根据，只不过根据立法的具体规定情况，它们分属法定或酌定量刑情节而已。本制度的所谓"认罪认罚从宽"，在实体上应为《刑法》中各既有相关从宽定罪量刑情节的表现，无法以独立情节的形式与《刑法》中各既有相关从宽处罚量刑情节并存。否则，就无法理解和界定"认罪认罚从宽"与刑法中各相关法定和酌定从宽定罪量刑情节的关系，并必然带来适用上的混乱甚至虚化。

　　在我国已推行的"认罪认罚从宽"制度改革试点中，确实是将"认罪认罚"作为一个独立的从宽处罚量刑情节。然而，这个所谓的"情节"，实际上只是启动了认罪认罚程序并签订具结书的"纯"程序性东西，并不真正具有"量刑情节"之实，即没有反映刑法中各既有相关从宽处罚量刑情节之外的社会危害性或人身危险性大小。它的司法适用，实际上只是停留在程序意义上，并没有让被告人真正得到"从宽"实惠和给办案机关带来"从宽"便利，致使诉讼各方对启动或参与本制度的积极性并不高。一方面，法官因对认罪认罚案件"瞻前顾后"而处理上往往宁重勿轻，另一方面，控方因认罪认罚案件增加了环节和工作量而抱怨较多并使很多环节流于形式，并且，辩方因认罪认罚后没有看到"实惠"而对本制度信任不足和参与度不高。也正为此，社会各界对该制度的认同程度也不高，认为本制度试点中的做法，只是早期探索的速裁程序等程序制度的翻版，并没有多少实质意义上的"突破"，与本制度的预期改革目标相距甚远。

　　另外，理论上也有观点认为，认罪认罚从宽制度是对我国刑法中既有法定或者酌定量刑情节或制度的重述，并非制度创新。此观点同样值得商榷。理由在于，将认罪认罚从宽制度理解为刑法中现有自首、坦白、立功、退赃等法定或者酌定量刑制度或情节，是无法承载《监察法》上认罪认罚从宽制度的功能与使命的。本制度作为由党中央最高层决策并由立法机关授权试点的重大司法改革制度，有其出台的时代背景和承载的历史使命。这不仅是"提高诉讼效率、节省司法资源"，而且还是贯彻宽严相济刑事政策、促进被调查人回归社会和分化瓦解职务犯罪攻守同盟，推进社会治理能力现代化的必要措施。这就决定了，本制度在实体从宽上，肯定不是《刑法》中既有从宽制度或规定的简单重申，而应是对接《刑法》中出罪、免予刑罚处罚、减轻处罚、从轻处罚、缓刑等既有从宽定罪量刑制度，并据宽严相济刑事政策，通过立法上的必要突破，给予更大幅度的"激励性从宽"。

三、监察法与刑法衔接实施的实现路径

《监察法》与《刑法》衔接实施的理论基点及当前问题表明，我国新时期反腐败工作的深入推进和国家监察全覆盖的有效实现，需要《刑法》与《监察法》全面有机对接。鉴于二者对接中的当前问题中的不同属性，这个对接可分别采取相应的司法解释与立法完善路径予以实现。

（一）出台法律解释解决那些可解释的不对接问题

这种对接，适用于那些可以通过法律解释方式，将需要对接的可解释性内容，纳入到现行《刑法》的相应规定中。这里的法律解释方式，可以是扩大解释或者当然解释，也可以是全国人大常委会的立法解释或国家监察委员会与最高人民法院、最高人民检察院等联合作出的司法解释。这里的解释内容，根据前述两法对接的问题，主要是将留置场所、监察机关、监察人员等，解释到刑法的相应规定中。

1. 将"留置场所"解释到现行《刑法》规定的"监管机构"中

结合《监察法》第 65 条第 4 项与《刑法》第 248 条的规定可知，能否根据虐待被监管人罪来规制监察人员虐待被调查人或涉案人员的行为的关键在于，留置场所与监管机构之间关系的理解。若可将"留置场所"解释进"监管机构"中，那么，便可直接依现行《刑法》中的虐待被监管人罪定罪量刑。否则，只能修改《刑法》立法。尽管现行《刑法》没有将"留置场所"明确规定在"监管机构"中，但一方面从概念的内涵上看，"留置场所"作为依法监管被留置人的机构，其在本质上就属于"监管机构"。另一方面，从立法模式上看，现行《刑法》在"监管机构"的规定上采取的是开放式立法模式，即将"监管机构"界定为监狱、拘留所、看守所等机构，其中，"等"字的存在就为"监管机构"范围的扩张留下了空间。因此，完全可以将"留置场所"解释进"监管机构"中。如此一来，留置场所的监管人员虐待被留置人行为的规制问题也迎刃而解。

2. 将"监察机关"、"监察人员"分别解释进现行《刑法》规定的"国家机关""国家机关工作人员"范畴之中

根据 2018 年《宪法》第 123 条和第 124 条关于监察机关的性质和职权规定，监察机关属于《宪法》新增的国家机关，相应地，监察人员属于国家机关工作人员的范畴。于是，便可以通过解释路径，将"监察机关"解释进"国家机关"、将"监察人员"解释进"国家机关工作人员"，继而可直接依据现行《刑法》中以国家机关、国家机关工作人员为主体的犯罪来规制监察机关、监察人员所实施的部分职务犯罪行为。

3. 将认罪认罚从宽的规定按宽严相济刑事政策作出激励性从宽解释

为了实现认罪认罚从宽制度的关于提高诉讼效率、节省司法资源、缓解社会矛盾、提升行刑效果、转型刑罚观念等顶层设计，推进社会治理能力现代化，将《监察法》第 31 条、第 32 条规定的"自动投案，真诚悔罪悔过的""积极配合调查工作，如实供述监察机关还未掌握的违法犯罪行为的""积极退赃，减少损失的""具有重大立功表现或者案件涉及国家重大利益等情形的""揭发有关被调查人职务违法犯罪行为，查证属实的，或者提供重要线索，有助于调查其他案件的"，按宽严相济刑事政策，作出比《刑法》中的自首、坦白、立功、退赃等法定或者酌定量刑制度或情节从宽幅度更大的"激励性从宽"。具体可以是：①对于通常情况下接近出罪的案件，因认罪认罚而予以出罪。根据《刑法》第 13 条关于"情节显著轻微危害不大的，不认为是犯罪"的规定，以及 2014 年最高人民法院《关于贯彻宽严相济刑事政策的若干意见》第 14 条关于"对于有一定社会危害性，但是情节显著轻微危害不大的行为，不作为犯罪处理"的规定，在案件的"情节"被综合评价为接近"情节显著轻微危害不大"程度时，包括那些本为刑法总则和分则中规定的各法定或酌定免予刑罚处罚情形，在行为人认罪认罚情况下而予以出罪即"不认为是犯罪"。②对于通常情况下接近"免予刑罚处罚"的案件，因认罪认罚而给予免予刑罚处罚。根据《刑法》第 37 条关于"对于犯罪情节轻微不需要判处刑罚的，可以免予刑事处罚"的规定，在案件"情节"被综合评价为接近"免予刑罚处罚"程度时，包括那些本为《刑法》总则和分则中规定的各法定或酌定减轻刑罚处罚情形，在行为人认罪认罚情况下而予以免予刑罚处罚处理。③对于通常情况下接近减轻处罚的案件，因认罪认罚而给予减轻处罚。根据《刑法》第 63 条关于"犯罪分子具有本法规定的减轻处罚情节的，

应当在法定刑以下判处刑罚"的法定减轻处罚制度规定，以及关于"犯罪分子虽然不具有本法规定的减轻处罚情节，但是根据案件的特殊情况，经最高人民法院核准，也可以在法定刑以下判处刑罚"的酌定减轻处罚制度规定，在案件"情节"被综合评价为接近"减轻处罚"程度时，包括那些本为《刑法》总则和分则中规定的各法定或酌定从轻处罚情形，在行为人认罪认罚情况下而予以减轻处罚。④对于通常情况下无法定或酌定从轻处罚的案件，因认罪认罚而给予从轻处罚。根据《刑法》第 62 条关于"犯罪分子具有本法规定的……从轻处罚情节的，应当在法定刑的限度以内判处刑罚"的规定，在行为人认罪认罚情况下而予以从轻处罚。⑤对于通常情况下接近缓刑的案件，因认罪认罚而适用缓刑。根据《刑法》第 72 条关于缓刑制度的规定，在案件"情节"被综合评价为接近适用缓刑时，在行为人认罪认罚情况下而适用缓刑。

（二）启动刑法修订解决那些立法性的不对接问题

这种对接，适用于需要通过部分修改《刑法》的那些不可解释的内容，通过立法程序纳入《刑法》的相应部分。具体包括前述两法对接所存在的问题中，不适合通过法律解释予以对接的所有内容。

1. 修订《刑法》中有关"国家机关"和"国家工作人员"相应规定

为解决两法在职务犯罪主体界定上不对接的问题，对于那些依法应当追究为职务犯罪而又不宜解释为《刑法》规定的职务犯罪主体的"公职人员"，需通过立法程序纳入职务犯罪主体中，并据此重新表述这个主体的表述和重新界定其范围。具体是结合《监察法》的规定，将《刑法》中所有"国家工作人员"的规定修改表述为"国家公职人员"，并将其第 93 条关于"国家工作人员"的界定修改为："本法所称国家公职人员，是指所有行使公权力的公职人员"。这里的"国家公职人员"，自然包括了监察机关的公职工作人员即监察人员。

理论上有观点主张以解释路径将"监察人员"解释进《刑法》规定的"司法工作人员"之中，继而直接根据现行《刑法》有关司法工作人员的规定来追究监察人员的刑事责任。显然，这种观点忽视了国家监察机关在国家机关中的性质地位。据现行《宪法》规定，国家监察机关是法定的"国家机构（关）"，但不是司法机关；监察人员是"国家工作人员"（国家公职人员），但不是司法工作人员。据此，即使是以扩大解释的方式将"监察人员"

解释进《刑法》规定的"司法工作人员"之中，也因违背《宪法》对监察机关及其工作人员的定位而并不合适。"监察人员"作为犯罪主体应当通过立法程序纳入《刑法》的相关规定中。具体包括如下方面的修改：在刑讯逼供罪中增加"监察人员对被调查人及涉案人员实行刑讯逼供的"的内容；将监察人员新增为徇私枉法罪、泄露不应公开的案件信息罪的犯罪主体；在私放在押人员罪与失职致使在押人员脱逃罪中分别增加"监察人员私放被留置人"与"监察人员由于严重不负责任，致使被留置人脱逃"的内容；在徇私舞弊不移交刑事案件罪中增加"监察人员徇私舞弊不移交刑事案件"的内容，即将该条文中的"行政执法人员"修改为"监察人员、行政执法人员"。

同样，也通过法定立法程序将"监察机关"补充到《刑法》各相应规定中。具体结合《监察法》第65条、第66条的规定，修改《刑法》分则第六章、第八章与第九章的相应规定，做如下两方面的修改：一是将监察机关增加到私分罚没财物罪中。具体是将私分罚没财物罪的犯罪主体修改为"司法机关、行政执法机关、监察机关"。二是新增以监察机关为主体的单位犯罪。对于《监察法》第65条第6项至第8项规定的行为，尚不能在《刑法》中找到对应规定的问题，应通过及时增加新的罪名的方式加以解决。具体是，结合《监察法》规定，在渎职罪章中增加"违反规定发生办案安全事故""发生安全事故后隐瞒不报、报解除出境限制"行为，且采用"单罚制"单位犯罪的新罪名。

2. 修改《刑法》中有关犯罪对象的规定

结合《监察法》第62条至第64条与《刑法》相关规定可知，为解决两法在相关犯罪对象上的不对接问题，必须将"监察决定""监察建议""已被监察机关查封、扣押、冻结的财产"等补充规定为相关犯罪的犯罪对象。同时，由于"监察决定"等无法解释进相关犯罪的犯罪对象中，因此，为使两法在相关犯罪对象上相对接，需通过立法程序将"监察决定"等新增为相关犯罪的犯罪对象。具体是结合《监察法》的规定，将"监察人员"新增为报复陷害罪的犯罪对象；将"监察决定"与"监察建议"新增为拒不执行判决、裁定罪的犯罪对象；将"已被监察机关查封、扣押、冻结的财产"新增为非法处置查封、扣押、冻结的财产罪的犯罪对象。

3. 修改《刑法》中有关"刑事诉讼中"的规定

理论上有观点认为，可以通过解释路径即将"调查"解释为"侦查"，来解决两法在诉讼阶段上不相对接的问题。尽管此观点符合实质正义的要求，但却存在忽视"调查"概念与"侦查"概念之间差异的问题。根据《刑事诉讼法》与《监察法》的相关规定可知，"侦查"是指公安机关、检察院在刑事诉讼程序中所实施的追诉活动，[1]而"调查"是监察机关针对腐败违法犯罪在监察活动中作出的追诉活动，二者在内涵与外延存在一定的差异，不能将"调查"解释进"侦查"概念之中。否则，便会与《刑事诉讼法》的规定相冲突，引发刑事法秩序的不统一。换言之，主张将"调查"解释进"侦查"中以解决两法在诉讼阶段上的不对接问题的观点行不通。为使两法在诉讼阶段上相衔接，应通过立法修改程序，将伪证罪、辩护人、诉讼代理人毁灭证据、伪造证据、妨害作证罪中的"在刑事诉讼中"修改为"在监察活动、刑事诉讼中"。

4. 优化贿赂犯罪的罪状表述和精简罪名

针对现行《刑法》中贿赂犯罪罪名体系所存在的问题，应优化其罪状表述和精简罪名，以提高反腐败刑事立法质量。主要包括删除"为他人谋取利益"、介绍贿赂罪等要素与罪名，以及将"财物"修改为"财产"方面的内容。其中，为解决贿赂犯罪中"为他人谋取利益"等要素所带来的限缩贿赂犯罪适用范围的问题，以及介绍贿赂罪等犯罪所造成的贿赂犯罪罪名理解与适用上的难题，应适时删除"为他人谋取利益"、介绍贿赂罪等要素与罪名。对此，学界已有详细论证，不予赘述。[2]

为解决贿赂犯罪中"财物"要素造成的限缩贿赂犯罪对象范围的问题，2016 年最高人民法院与最高人民检察院联合发布了《关于办理贪污贿赂刑事案件适用法律若干问题的解释》，将可折算为货币的物质利益与支付货币的其他利益均解释进"财物"中，[3]以通过解释路径，将贿赂犯罪对象扩大为所

---

〔1〕《刑事诉讼法》第 108 条第 1 项规定："'侦查'是指公安机关、人民检察院对于刑事案件，依照法律进行的收集证据、查明案情的工作和有关的强制性措施。"

〔2〕 相关论证参见张智辉："受贿罪立法问题研究"，载《法学研究》2009 年第 5 期；刘仁文、黄云波："介绍贿赂罪没必要独立存在"，载《人民法院报》2016 年 7 月 13 日。

〔3〕 2016 年最高人民法院、最高人民检察院《关于办理贪污贿赂刑事案件适用法律若干问题的解释》第 12 条规定："贿赂犯罪中的'财物'，包括货币、物品和财产性利益。财产性利益包括可以折算为货币的物质利益如房屋装修、债务免除等，以及需要支付货币的其他利益如会员服务、旅游等。后者的犯罪数额，以实际支付或者应当支付的数额计算。"

有财产。[1]此解释虽在形式上回应了现实需求，但在实质上却违背罪刑法定原则。从理论上看，一般认为，"财产性利益"是指"财物"以外的财产上的利益，不能将其解释进"财物"中。否则，就会陷入将A包括在非A中的逻辑悖论中。由此，既有司法解释将"财产性利益"解释进"财物"的做法，既超越立法本身可以具有的含义，也违背全面依法治国所要求的法治精神。为将贿赂犯罪对象扩大到所有财产，以有利于实现监察全覆盖，则应通过修改立法的方式加以解决，即将贿赂犯罪中的"财物"修改为"财产"。

5. 完善职务犯罪的刑罚配置

基于现行刑法在职务犯罪刑罚配置方面存在的问题，应进行如下两个方面的修改：一是为挪用公款罪、巨额财产来源不明罪和隐瞒境外存款罪增设财产刑。对贪利型犯罪适用财产刑，可以给行为人迎头痛击，遏制贪欲，减少犯罪的滋生，有助于实现特殊预防目的。也正是基于此，《刑法修正案（九）》加大了对贪贿犯罪的财产刑处罚力度，增设了对贪污罪、受贿罪、行贿罪、单位行贿罪、介绍贿赂罪等犯罪的财产刑。从本质上说，挪用公款罪、巨额财产来源不明罪和隐瞒境外存款罪同贪污罪、贿赂罪一样，同属于贪利型犯罪，也理应为其统一配置财产刑。二是增加对职务犯罪并处剥夺政治权利的规定。基于职务犯罪多是行为人利用职务上的便利而实施这一特征，有必要立足于当前的刑事立法现状，对所有职务犯罪增设并处剥夺政治权利的规定，消除职务犯罪再犯可能性，以实现特殊预防的目的。

6. 在《刑法》相应规定中增加认罪认罚的相应激励性立法规定

鉴于监察法与刑法在量刑制度方面存在的衔接问题，为充分发挥认罪认罚从宽制度在职务犯罪案件中的价值功能，通过立法程序，应进行刑法立法上的必要突破，给予更大幅度的"激励性从宽"。具体可以是：①将"认罪认罚从宽"增设为《刑法》的基本原则。与新修订的《刑事诉讼法》将认罪认罚从宽设置为本法基本原则相对应，在《刑法》中增设"认罪认罚从宽"的刑法基本原则并给予认罪认罚的行为人予以"激励性从宽"处理，应是贯彻认罪认罚从宽的党政国策并对接《监察法》《刑事诉讼法》的必要举措。具

---

〔1〕 就"财产"、"财物"与"财产性利益"三概念之间的关系而言，"财产"的范围最为广，包含了"财物"与"财产性利益"，是"财物"概念与"财产性利益"概念的上位概念。参见张明楷：《刑法学》（下），法律出版社2016年版，第933页。黎宏："论盗窃财产性利益"，载《清华法学》2013年第6期。

体可以是"认罪认罚的，在刑法原有从宽处理的基础上给予进一步的从宽处理。认罪认罚从宽适用所有刑事案件。"在这里，"刑法原有从宽处理"包括《刑法》第 13 条关于出罪、第 37 条关于法定或酌定免予刑事处罚、第 62 条关于法定或酌定从轻处罚、第 63 条关于法定或酌定减轻处罚、第 72 条关于缓刑等的从宽处理规定。如前法律解释路径部分所述，在这些规定的基础上，在行为人"认罪认罚"时，视其体现的人身危险性大小情况，根据宽严相济刑事政策和罪刑相适应原则而具体决定激励性从宽的幅度。如对于通常情况下接近出罪的案件、接近"免予刑罚处罚"的案件、接近减轻处罚的案件、无法定或者酌定从轻处罚的案件、接近缓刑案件，因认罪认罚而予以出罪、免予刑罚处罚、减轻处罚、从轻处罚、适用缓刑。②修订和简化酌定减轻处罚的核准程序。根据《刑法》第 63 条第 2 款的规定，酌定减轻处罚情节的适用需"经最高人民法院核准"。显然，这不符合认罪认罚从宽制度的机理和目标，需要在程序上予以简化。这是保证认罪认罚从宽规定得到有效施行所做的必要修改。具体有两个可选择方案：一是对所有酌定减轻处罚情节，都改为"经高级人民法院核准"；二是仅对认罪认罚案件，将其酌定减轻处罚的程序简化为"经高级人民法院核准"。这个修订，不必担心因自由裁量权过大而对酌定减轻处罚有滥用问题。这一方面是在当前的司法环境下，高级人民法院是能够保证这个量刑情节的公正适用的，另一方面是在既有的司法实践中，其实存在比减轻处罚更宽地酌定"免予刑罚处罚"情形，并在审判前阶段被广泛适用（例如《刑事诉讼法》原第 15 条、现第 16 条的规定），也没有出现被广为诟病的不公正适用问题。

《监察法》与《刑法》的衔接协调与规范运行

陈 伟 *

摘 要：监察法的生效实施使其从静态规范转化为动态运行，在此过程中需要正视关联性法律的衔接协调问题。监察委员会行使的职务犯罪调查作为后期诉讼程序推进的基础，因其罪责追究的特定属性而与刑法关系紧密。在监察对象的明确规定上，监察法调整职务违法与职务犯罪的一体性决定了其比刑法更为宽泛，但是在内涵上仍然延续了刑法对公职犯罪的实质要求。监察法未把单位主体纳入监察范畴带来刑法适用上的空缺，单纯程序补正无法遮蔽实体规定适用上的短板。监察委员会的性质定位决定了监察主体刑责追究在部分职务犯罪主体上的非对应性，权力边界与刑法平等原则未能一体遵循，应当在恪守罪刑法定原则的基础上通过立法解释或者法律修订予以弥补。监察委员会在行使职务犯罪调查时，与刑罚适用中的时效制度、自首制度和认罪认罚从宽制度存在规范上的非一致性，由于难以排斥监察委员会调查行为与上述刑罚制度的价值契合，因而需要通过刑事实体法的调整来解决彼此之间的非协调性，从而保证监察法与刑法之间的衔接顺畅和规范运行。

关键词：监察法；刑法；衔接协调；规范运行

《监察法》已由中华人民共和国第十三届全国人民代表大会第一次会议于2018年3月20日通过，并于同日正式公布施行。经过前期较长时间的意见征

---

* 陈伟，西南政法大学法学院教授。本文系教育部哲学社会科学重大课题攻关项目"推进国家监察全覆盖研究"（项目编号：18JZD037）的阶段性研究成果。本文已发表于《中外法学》2019年第2期。

求与多方讨论，《监察法》的内在价值与积极意义已经深入人心并获得广泛认同。在《监察法》颁布生效之后，作为一部影响深远的法律，需要我们从多视角多维度地对它进行审视。笔者认为，就《监察法》当下面临的关键问题来说，已经不是前期探讨的监察委员会的合宪性依据、《监察法》的规范内容如何科学设置等此类前置性问题了，而是在《监察法》已经生效的具体规则之下如何规范性适用、如何与其他关联性法律之间的衔接实施等这类实质性问题，而且随着纪检监察工作的不断纵向推进，这些问题必然首当其冲地成为显性化的存在。基于此思考，《监察法》正式实施后与《刑法》之间有何紧密关联、对《刑法》适用会带来哪些现实影响、二者在规范层面是否能够衔接一致、如何有效化解彼此间的非协调性等，系本文需要重点探讨与解决的问题所在。

一、监察法的监察对象与刑法职务犯罪主体之间的衔接考察

（一）监察法中的监察对象宽泛于刑法明文规定的职务犯罪主体

根据《监察法》第15条的规定，"公职人员和有关人员"均要接受监察机关的监察。从《监察法》规定的监察范围来看，其适用的对象已经相当宽泛，总共包括了六大类的相关人员，囊括了公权力行使的方方面面。问题在于，既然《监察法》规定了监察委员会对职务犯罪的调查权，那么，这一监察对象的范围与《刑法》中职务犯罪对象的规定是否相一致？《监察法》列举的监察对象与刑事法律中有关职务犯罪的主体规定是否相吻合？笔者认为，这是《监察法》实施和监察全覆盖需要首先明确的前置性问题。

有关公职人员犯罪的主体规定，主要集中于刑事立法与相关司法解释的规定之中。比如《刑法》第93条[1]，对国家工作人员的范围予以界定，对典型的"国家工作人员"与"以国家工作人员论"的人员分别作出了规定。虽然刑事实体法对此已经有所规定，但是整体上的模糊性仍然客观存在，为了更好的予以司法适用，于是又通过多种解释的方式对相关从事公务的主体认定问题进行了进一步的明确与细化。比如，全国人大常委会以立法解释的

---

〔1〕《刑法》第93条规定："本法所称国家工作人员，是指国家机关中从事公务的人员。国有公司、企业、事业单位、人民团体中从事公务的人员和国家机关、国有公司、企业、事业单位委派到非国有公司、企业、事业单位、社会团体从事公务的人员，以及其他依照法律从事公务的人员，以国家工作人员论。"

方式，对"其他依照法律从事公务的人员"进行了细化〔1〕。再如，最高人民法院以座谈会纪要的方式，对国家机关工作人员、被委派从事公务的人员、其他依照法律从事公务的人员、从事公务等再次作出了明确规定。〔2〕除此之外，最高人民检察院还以答复的方式，针对已经委派但是未获取职务身份的主体进行了进一步的明确，指出行为人的职务身份并不是职务犯罪主体的必备要素，在刑事责任认定时此类情形应以国家工作人员予以对待。〔3〕

从刑法的立法表述中不难看出，职务犯罪的主体主要围绕国家公权力而设置，其中一方面是行为人所在的单位机构本身与国家公权力相关，另一方面是受国家公权力委派之后在非公权力部门行使公务者。在刑法的现有表述中，政协、民主党派、基层自治组织人员等并没有被明确纳入。"政协一直是非国家机关，它只是政治协商、民主监督和参政议政的团体，本质上不行使公权力。"〔4〕基于此，政协并不属于刑法对公权力规制的职务犯罪主体。而关于民主党派的性质归属，习近平总书记直接指出"各民主党派是同中国共产党通力合作的中国特色社会主义参政党"〔5〕。参政党的主要职责是开展参政议政、民主监督、政治协商。〔6〕因而，作为参政党的民主党派，其核心职能为参政议政和监督协商，而非直接履行法律意义上的公职权能，由此可见，由于民主党派不是典型意义上的直接行使国家公权力的主体，因此并不属于

---

〔1〕 2000 年 4 月 29 日全国人民代表大会常务委员会通过了《关于〈中华人民共和国〉第九十三条第二款的解释》，解释的具体内容为："村民委员会等村基层组织人员协助人民政府从事下列行政管理工作，属于刑法第九十三条第二款规定的'其他依照法律从事公务的人员'：（一）救灾、抢险、防汛、优抚、扶贫、移民、救济款物的管理；（二）社会捐助公益事业款物的管理；（三）国有土地的经营和管理；（四）土地征用补偿费用的管理；（五）代征、代缴税款；（六）有关计划生育、户籍、征兵工作；（七）协助人民政府从事的其他行政管理工作。村民委员会等村基层组织人员从事前款规定的公务，利用职务上的便利，非法占有公共财物、挪用公款、索取他人财物或者非法收受他人财物，构成犯罪的，适用刑法第三百八十二条和第三百八十三条贪污罪、第三百八十四条挪用公款罪、第三百八十五条和第三百八十六条受贿罪的规定。"

〔2〕 2003 年 11 月 13 日最高人民法院发布了《全国法院审理经济犯罪案件工作座谈会纪要》（〔2003〕167 号）。

〔3〕 2004 年 11 月 13 日最高人民检察院法律政策研究室颁发了《关于国家机关、国有公司、企业委派到非国有公司、企业从事公务但尚未依照规定程序获取该单位职务的人员是否适用刑法第九十三条第二款问题的答复》。

〔4〕 韩大元："论国家监察体制改革中的若干宪法问题"，载《法学评论》2017 年第 3 期。

〔5〕 张烁："习近平同党外人士共迎新春"，载《人民日报》2013 年 2 月 8 日。

〔6〕 崔珏："试论民主党派政党性质的演进"，载《中央社会主义学院学报》2016 年第 1 期。

刑事法律中关于职务犯罪的主体。[1]除此之外，工会、共青团和妇联等特殊组织中的成员，其身份也有别于典型的国家机关工作人员，然而，"其所行使的权力从本质上看属于社会公权力，且比一般的社会公权力有着更强有力的作用"[2]。基于此，虽然刑法没有明确把上述特殊组织人员规定下来，但是监察法却作为"参照公务员法管理人员"予以了明确。另外，基层自治组织是基层性群众的自我管理群体组织，由于其并不属于一级政府机构，因而也不是公权力的直接享有与行使者。但是，基于村社组织与人民政府的特殊关系与日常活动部分交集的存在，因而在全国人大常委会颁布的立法解释中将其予以限定性地纳入刑法调整范围之中。

由此可见，监察法的监察对象明显超过了刑法对职务犯罪主体的现有规定。"监察委员会对所有行使公权力的公职人员实施全覆盖的监察"[3]。这是监察法制订之初的立法宗旨所在，并在出台的监察法中予以了明确体现。从刑法与监察法规制对象存在差别的原因上来说，监察法既包括监察一般性的违纪行为，也要监察涉嫌职务犯罪的严重腐败行为，因而监察法的这一双重任务决定了与刑法规制的职务犯罪并不完全重叠。[4]监察法的目的是"对本地区所有行使公权力的公职人员依法行使监察权"[5]，其中"依法行使监察权"是其法治化的保障，是监察委员会在法治化治理背景下执法有据的关键所在。因而，基于监察委员会的职责与依法监察的法治化行事方式，监察法并不以刑法规制的所有职务犯罪为特定对象，也没有直接照搬现有刑法对公职犯罪主体的已有规定。在此前提下，监察法中的监察对象除了典型意义的直接履行国家公职权力的相关人员之外，还明确包括了党的机关、人大机关、

---

〔1〕 "与民主党派不同的是，中国共产党处于执政党的地位，行使执政权与领导权，因而本质上就是公权力的行使者。"马怀德："国家监察体制改革的重要意义和主要任务"，载《国家行政学院学报》2016年第6期。

〔2〕 蔡乐渭："国家监察机关的监察对象"，载《环球法律评论》2017年第2期。

〔3〕 陈光中："关于我国监察体制改革的几点看法"，载《环球法律评论》2017年第2期。

〔4〕 有学者指出："监察机关与党的纪律检查机关虽在一个官署办公，但在职责上仍有所分工，前者主要实施法律监督，后者主要实施纪律监督。对此，需要进一步加以研究确定。从理论上讲，党的纪律检查机关是中国共产党的机关，它实施的纪律监督应该是对中国共产党党员的监督，对民主党派党员和非党员公职人员的监督应由国家监察机关实施。"姜明安："国家监察法立法应处理的主要法律关系"，载《环球法律评论》2017年第2期。

〔5〕 全国人大常委会在2016年12月25日通过的《关于在北京市、山西省、浙江省开展国家监察体制改革试点工作的决定》的明确提法。

政协机关、民主党派中的公务员，以及参照《公务员法》管理的人员、基层群众性自治组织中从事集体事务管理的人员。

（二）监察法的监察对象是对刑法规制的职务犯罪的进一步补充

必须指出的是，监察法的对象不是对刑法职务犯罪主体的不当超越。"国家监察法是国家监督领域的基本法，属于宪法性法律。"[1]因而，需要梳理刑法与宪法性法律的内在关系，而不是与之抵牾甚至违背。从法律动态适用上来说，监察法作为监察机构改革与依法反腐的重要性法律，必然也要"处理好《国家监察法》与宪法和其他法律的关系"[2]。由于刑法颁布实施的时间在前，因而尽管刑法的明确性规定有限，监察法的监察对象在明确性层面更为宽泛，但是这应当被视为监察法对刑法的细化与补充，而不是二者之间的实质性冲突。而且，在刑法规定中仍然存在堵截性条款，即"其他依照法律从事公务的人员"仍然被兜底性地保留，这为司法解释的细化与司法适用提供了规范性保障，也为关联性法律之间的衔接适用提供了空间与可能。

需要指出的是，尽管立法解释对刑法职务犯罪主体中的"其他依照法律从事公务的人员"进行了进一步的明确与细化，但是这些解释并不具有绝对性或者排他性，即并不是说这一兜底性条款仅以立法解释所列的特定情形为限，并不意味着除了已有解释列明的情形之外，其他类型依法从事公务时都要被排除在职务犯罪之外。必须指出的是，上述立法解释只是对村委会基层组织人员可以纳入"其他依照法律从事公务的人员"的认定事宜予以细化，但是并没有以此取代或者全然否定其他情形国家工作人员的认定。与此相一致，在监察法中并没有如上述立法解释一样对基层组织人员进行细化并设定限制，而是把基层组织中的依法从事管理行为的公务人员纳入监察对象之列，这也是在刑法已有规定基础上的进一步补充之体现。

因而，可以说监察法对监察对象的合理限定，是遵循刑法罪刑法定原则基础上的合理明确化，是对刑法有关职务犯罪主体的进一步补充。就惩治和预防腐败犯罪的初衷来说，监察法与刑事法律不谋而合。尽管受监察法规制的对象既可能是一般性的行政违法，也可能是严重的刑事犯罪，因而在理论层面可能存在着监察对象不能与刑法一一对应的质疑，但是，需要指出的是，

---

〔1〕 姜明安："国家监察法立法的若干问题探讨"，载《法学杂志》2017年第3期。

〔2〕 马怀德："《国家监察法》的立法思路与立法重点"，载《环球法律评论》2017年第2期。

即使是对职务违法行为的监察，我们仍然无法据此排除其不适用刑法的结论。因为对于行政违法行为，监察法的适用对象仍然是部门公职人员，是履行形形色色公权力的相关主体，在行政违法恶化程度升级而上升为犯罪的罪刑评价模式下，一般违法性监察的对象也必然与刑法职务犯罪的对象相一致，而不能以监察对象的违法与犯罪二元处置有异，进而得出刑法只规制监察法中的部分对象这一不当结论。

（三）监察法对监察对象的限定与刑法具有内在一致性

就监察法规定的内容来看，并没有以相关人员的单纯身份来界定监察对象。在监察法规定的第一类人员中，即中国共产党的机关、人大机关、行政机关、政协机关、监察机关、审判机关、检察机关、民主党派和工商联机关的公务员及参照《公务员法》管理的人员，只陈述了相关人员的范围，没有任何其他职位与职责的规定。根据第一类的概述，实际上指的是"公务员或者参照公务员法管理的人员"，是基于自身身份的特定性；根据《监察法》第 3 条[1]的规定，监察对象是"行使公权力的公职人员"，因而需要上述人员在基本的身份之外满足"公职性"要求是其应有之义。而根据《刑法》第 93 条的规定，职务犯罪主体以事务处理具有"公务性"为必要条件。正是基于此，"公务性是刑法中职务的本质特征"。[2]作为刑法中的"公务性"，"系指依法令服务于政府、地方自治团体所属机关而具有法定职务权限，以及其他依法令从事于公共事务，而具有法定职务权限的人员"。[3]笔者认为，监察法要求的"公职性"强调的是主体履职行为的公权力特征，这一"公职性"与刑法所要求的"公务性"具有内涵层面的趋同性。否则，即使形式上属于此类人员，如果欠缺公权力为实质内容的"公职性"或"公务性"予以支撑，则仍然不能划归到监察法的对象范畴之中。

除此之外，《监察法》规定的其他几类人员中，监察法对列举的相应对象均作出了限定性的要求，即要么要求"从事公务"，要么要求"从事管理"。至于附加这些限制条件的具体理由，毫无疑问的是，同样是监察法赋予的监

---

[1]《监察法》第 3 条规定："各级监察委员会是行使国家监察职能的专责机关，依照本法对所有行使公权力的公职人员（以下称公职人员）进行监察，调查职务违法和职务犯罪，开展廉政建设和反腐败工作，维护宪法和法律的尊严。"

[2] 郭纹静：《刑法中的职务便利研究》，中国检察出版社 2017 年版，第 16 页。

[3] 林山田：《刑法各罪论》（下册），北京大学出版社 2012 年版，第 13 页。

察性质所决定的。问题在于，在《刑法》第 93 条中，并没有区分"从事公务"与"从事管理"的区别，那么，监察法中进行此种区分的意义何在呢？笔者以为，区分的原因仍然在于监察对象上的不同。比如，对国有企业中的相关人员，由于国有企业并不是严格意义上的国家机关，因而不能称之为"从事公务"的人员，而只能划归为"从事管理"国有资产的人员。再如，对教育、科研、文化、医疗卫生、体育等单位的监察对象，这些单位不是典型化的国家机构，因而相应人员并不具有典型意义上的"公务性"，而只有从事相应的管理性职责时才具有"公务性"，所以对上述人员也进行了"从事管理"层面的限定。

在此基础上，还要进一步对"从事公务"与"从事管理"有无实质性区别进行释清，对这一内涵的界定不同必然招致刑法适用中的结论迥异。那么，刑法中"从事公务"具体是何含义呢？笔者认为，刑法中的"从事公务"仍然针对的是行为人的公权力行使，是以公共管理性的对事权与对人权的结合体。"从事公务具有两方面的特征：一是具有管理性，即对公共事务进行管理；二是具有国家代表性，即这种活动是代表国家而进行的，它是一种国家管理性质的行为，而不是代表某个人、某个集体、团体的行为。"[1] 为了与职务犯罪的职务性相一致并防范处罚范围的不当扩张，需要解决的症结所在是要把"从事公务"与"从事劳务"相区分，因为尽管"从事劳务"具有特定事项处置关联中的"对事权"，但是，劳务行为仍然是普通的日常行为，由于欠缺公共管理性的实质要素，与职务犯罪所要规制的权力指向已经发生了严重偏离，所以"从事劳务"需要审慎地与"从事公务"保持相应的距离。正是基于此，一般性"劳务行为"与"公务行为"并不能同日而语。[2]

应当明确的是，"从事管理"强调的是管理人与事的权力特征，不可避免地与"从事公务"存在一定的重叠。为了对此有所区别，最高人民法院通过座谈会纪要的方式对"从事公务"予以了明确界定，指出"公务"是与职权

---

〔1〕 刘宪权、谢杰：《贿赂犯罪刑法理论与实务》，上海人民出版社 2012 年版，第 42 页。

〔2〕 "劳务行为"因其缺乏公共管理性的职权，因而在相关的司法解释中也得以明确界分"公务行为"。比如，2003 年 11 月 13 日最高人民法院《全国法院审理经济犯罪案件工作座谈会纪要》中明确指出："那些不具备职权内容的劳务活动、技术服务工作，如售货员、售票员等所从事的工作，一般不认为是公务。"

具有内在关联的监督、管理等职务活动。[1]从中可见，"从事管理"是"从事公务"的具体表现形式，而不能在此基础上进行反向理解。而且，从监察法的规定内容来看，同样没有采纳"身份论"的主体认定方式，而是以"职责论"进行主体符合性的限定，通过监察法立法表述中"从事公务""从事管理"的明确规定就可以得出如上结论。

因此，监察法出台之后对监察对象的相应规定，并不是对刑法已有规定的背离，原则上并不会对刑法中关于国家工作人员的现有规定带来实质性冲突，反而是对刑法中已经相对成熟的既有公职主体的延续与认可。总体来说，监察法对监察对象的规定与刑法对公职人员犯罪的规定仍然具有内涵上的一致性，在此范畴内，我们只要对监察法进行合理解读，在其生效后的职务犯罪主体的刑法适用，就不会带来不必要的认识困惑。

二、监察法未把单位作为监察对象造成刑法适用的缺失

在已经尘埃落定的监察法中，监察对象仅限于自然人，单位被排除在外。《监察法》第 15 条中已明确规定，即监察机关的监察范围为"公职人员和有关人员"，即以行使公权力的自然人为规制范畴，而没有涉及"公职单位"。究其原因，有学者认为这是《监察法》与《各级人民代表大会常务委员会监督法》的差异性使然，因为前者监督国家公职人员，后者监督的是国家机关。[2]或许是基于此层面的考虑，监察法并没有把单位主体明确列入监察对象之中。[3]由此带来的问题是，在监察法的这一规定情形下，与现行刑法明确规定的自然人和单位的二元犯罪主体产生了非一致性，此时监察法与刑法之间如何进行衔接实施必然又成为问题所在。

---

[1] 2003 年 11 月 13 日最高人民法院《全国法院审理经济犯罪案件工作座谈会纪要》中明确指出："从事公务，是指代表国家机关、国有公司、企业、事业单位、人民团体等履行组织、领导、监督、管理等职责。公务主要表现为与职权相联系的公共事务以及监督、管理国有财产的职务活动。"

[2] "国家监察法与《人大常委会监督法》都是监督基本法，二者调整的对象有所差别。前者调整的重点是对公职人员的监督，包括对人大常委会委员和常委会机关工作人员的监督；后者调整的重点是对国家机关工作的监督，包括对国家监察机关工作的监督。"姜明安："国家监察法立法的若干问题探讨"，载《法学杂志》2017 年第 3 期。

[3] 马怀德教授认为："虽然不提对公权力组织的监督，但实际上通过对公职人员的监督，也达到了对公权力组织监督的效果。"马怀德："国家监察体制改革的重要意义和主要任务"，载《国家行政学院学报》2016 年第 6 期。但是，笔者认为，由于单位组织与自然人在刑法中作为不同的主体而存在，因而对个人的监督与对单位的监督不能混同，这仍然属于两个不同的现实问题而分别存在。

从原有的《行政监察法》来看，第 15 条〔1〕、第 16 条〔2〕直接规定了"机关与人员"，第 21 条〔3〕规定了监察机关"查询案件涉嫌单位和涉嫌人员"，其中既包括了国家机关，也包括了国家机关之下的公务人员。由此看来，在《行政监察法》中监察的对象是单位机关与自然人的结合。另外，从《中国共产党党内监督条例》第 37 条〔4〕的规定来看，前后条款并不完全一致，因为在本条第 1 款中明确规定的是"各级党委应当支持和保证同级人大、政府、监察机关、司法机关等对国家机关及公职人员依法进行监督"，其中提及的对象是"国家机关及公职人员"，但是，本条第 2 款中又明确规定了"在纪律审查中发现党的领导干部严重违纪涉嫌违法犯罪的"，因而前款是机关与自然人的整合体，后款却仅仅限定为"党的领导干部"这一自然人主体。《中国共产党纪律处分条例》第 6 条规定："本条例适用于违犯党纪应当受到党纪责任追究的党组织和党员。"从该规定来看，除了党员自然人之外，还有党组织这一特殊对象。但是，在其后的第 27 条〔5〕、第 28

---

〔1〕《行政监察法》第 15 条规定："国务院监察机关对下列机关和人员实施监察：（一）国务院各部门及其公务员；（二）国务院及国务院各部门任命的其他人员；（三）省、自治区、直辖市人民政府及其领导人员。"

〔2〕《行政监察法》第 16 条第 1 款规定："县级以上地方各级人民政府监察机关对下列机关和人员实施监察：（一）本级人民政府各部门及其公务员；（二）本级人民政府及本级人民政府各部门任命的其他人员；（三）下一级人民政府及其领导人员。"

〔3〕《行政监察法》第 21 条规定："监察机关在调查贪污、贿赂、挪用公款等违反行政纪律的行为时，经县级以上监察机关领导人员批准，可以查询案件涉嫌单位和涉嫌人员在银行或者其他金融机构的存款；必要时，可以提请人民法院采取保全措施，依法冻结涉嫌人员在银行或者其他金融机构的存款。"

〔4〕《中国共产党党内监督条例》第 37 条规定："各级党委应当支持和保证同级人大、政府、监察机关、司法机关等对国家机关及公职人员依法进行监督，人民政协依章程进行民主监督，审计机关依法进行审计监督。有关国家机关发现党的领导干部违反党规党纪、需要党组织处理的，应当及时向有关党组织报告。审计机关发现党的领导干部涉嫌违纪的问题线索，应当向同级党组织报告，必要时向上级党组织报告，并按照规定将问题线索移送相关纪律检查机关处理。"在纪律审查中发现党的领导干部严重违纪涉嫌违法犯罪的，应当先作出党纪处分决定，再移送行政机关、司法机关处理。执法机关和司法机关依法立案查处涉及党的领导干部案件，应当向同级党委、纪委通报；该干部所在党组织应当根据有关规定，中止其相关党员权利；依法受到刑事责任追究，或者虽不构成犯罪但涉嫌违纪的，应当移送纪委依纪处理。

〔5〕《中国共产党纪律处分条例》第 27 条规定："党组织在纪律审查中发现党员有贪污贿赂、滥用职权、玩忽职守、权力寻租、利益输送、徇私舞弊、浪费国家资财等违反法律涉嫌犯罪行为的，应当给予撤销党内职务、留党察看或者开除党籍处分。"

条〔1〕中，其处分对象明确限定为"党员"主体；另外在第 98 条〔2〕中，虽然将"党和国家机关"予以了主体性限定，但是其后的处罚对象仍是"主要责任者和其他直接责任人员"。从中可见，《中国共产党纪律处分条例》所要处分的核心对象仍然是作为党员个人的自然人主体。

从一般意义上来说，监察法监察的是国家公职人员，因而只需要直接指向自然人即可。〔3〕然而，由于监察法并不是孤立性的存在，在把职务犯罪的调查纳入监察委员会的监察权限之后，防腐反腐因而成为监察法的核心重任，由于除了自然人之外的单位同样可以实施腐败行为，因而也是惩治与防范腐败的内在对象。在此情形下，如何使《监察法》与《刑法》之间进行良好对接，就是我们在主体适用上必须重点考虑的事情。毫无异议的是，《监察法》的良好实施脱离不了其他关联性法律的支撑，因为监察法并不能直接对职务犯罪人给予实体层面的处罚，因而需要从刑法规范中为其提供职务犯罪能否成立的合法性依据。具体到刑事职务犯罪的具体操作层面上，在监察机关合理运用自己的调查权搜集证据之后，仍然要进入后期的司法程序之中，因而无论是前期的调查环节还是在后期的司法程序运行中，都要围绕刑法实体法的罪刑条件进行有效对接，即从罪状构成方面搜集相关证据并根据刑罚配置情形予以程序性推动。显而易见，《监察法》适用与《刑法》承接之间的关系密切，在单位职务犯罪的情形下，监察法如何应对仍是不容忽视的现实问题。

就现有的《刑法》规定来看，单位涉及的职务犯罪主要有如下：《刑法》第 387 条的单位受贿罪、《刑法》第 391 条的对单位行贿罪、《刑法》第 393 条的单位行贿罪、《刑法》第 396 条的私分国有资产罪、私分罚没财物罪等。在单位主体构成职务犯罪在法规范层面已经十分明确的前提下，结合监察法的规定来看，必然存在一个能否与《刑法》衔接的问题。以《监察法》的现

---

〔1〕《中国共产党纪律处分条例》第 28 条："党组织在纪律审查中发现党员有刑法规定的行为，虽不构成犯罪但须追究党纪责任的，或者有其他违法行为，损害党、国家和人民利益的，应当视具体情节给予警告直至开除党籍处分。"

〔2〕《中国共产党纪律处分条例》第 98 条："党和国家机关违反有关规定经商办企业的，对直接责任者和领导责任者，给予警告或者严重警告处分；情节严重的，给予撤销党内职务处分。"

〔3〕 对此，有学者指出："在对人大机关公职人员的监察上，应遵循人民代表大会的宪法原则，不宜把对人员的监察直接扩大到对机关的监察，也不应理解为人大与监察委平起平坐，构成相互制衡的关系。"韩大元："论国家监察体制改革中的若干宪法问题"，载《法学评论》2017 年第 3 期。然而，需要指出的是，这也仅仅只是针对人大这一特定机构，并不牵涉到所有的监察对象为单位的情形。

有规定来看，监察对象限于职务违法与职务犯罪的公职人员，其监察范畴中并不包含单位主体，如果以此为限，则在适用监察法的时候就不能对相关单位进行立案与调查。然而，反过来说，如果单位被排除在监察法的调整范围之内，则又与颁布监察法及设立监察委员会的初衷难以完全协调一致，即并没有把所有的职务犯罪主体都囊括进监察机关的监察之中，在"集中高效反腐"之下仍然存在明显的缺漏。

职务犯罪的查处有其特殊之处，即多数案件都是"由事到人"地进行证据搜集，而不同于一般刑事案件上的"由人到事"。问题在于，即使如此，我们是否就可以通过公职人员的查处来先行立案并启动调查权？换言之，我们是否可以暂时撇开单位主体不论，而以单位之下的自然人来先期开展监察活动？对此，就实践操作层面而言，似乎并没有太多障碍，毕竟单位之下的主管人员与直接责任人员同样是监察法明确规定的监察对象，以此为切入点来进行调查和搜集证据仍然具有法律依据。但是，如果前期只是以自然人为对象来进行调查，则对后续的司法程序推进来说仍然会有现实障碍。原因在于，在刑法已经明确规定单位与自然人均可以作为犯罪主体之后，单位就被赋予了独立于自然人而存在的价值与意义，这一与自然人并不完全同一的主体性存在，有较之自然人更为特殊的内部构造与处罚规则。更为重要的是，就前期的证据搜集与证明标准来说，单位犯罪并不与自然人犯罪完全相吻合。如果监察委员会前期只对单位之下的自然人予以立案并展开调查，自然人主体的刑事责任能力与主客观表现将是其关注的视域所在，在此基础上进行的全部证据搜集必然是以常规化的自然人犯罪来进行的。问题是，到了后期的审查起诉与审判阶段如何转换为单位犯罪，不仅在程序上存在衔接不畅的症结，而且前期搜集的证据如何与之对应地进行关联性证明自然也是一个现实问题。

当然，从证据层面的完善而言，可以在审查起诉阶段与审判阶段予以补充，似乎可以化解前述面临的实践困扰。何况，现有《监察法》第47条第3款[1]有明确规定，赋予了后期审查起诉环节的补充调查权或者补充侦查权，此时为了解决前述存在的问题，针对前期以自然人犯罪来调查的案件，在后

---

[1] 《监察法》第47条第3款规定："人民检察院经审查，认为需要补充核实的，应当退回监察机关补充调查，必要时可以自行补充侦查。对于补充调查的案件，应当在一个月内补充调查完毕。补充调查以二次为限。"

续的程序环节，人民检察院认为有必要补充核实的案件，可以通过监察委员会退回补充调查或者检察机关自行补充侦查的方式予以弥补。但是，如果对单位职务主体的立法遗漏选择此种方式予以解决，明显是绕开现有法律规定的无奈之举或者权宜之计。尽管通过后期的程序性进而相当程度地对此问题有所缓解，但是，笔者认为，我们并不能以此证明通过程序上的弥补就能解决实体法上的现有欠缺。毕竟，之所以通过上述程序规则的迂回曲折的方式进行补救，仍然与其实体规定的不周延息息相关，在实践运行中也并不一定就十分的自然顺畅。因而，可以说，尽管从实践可操作性上可以通过事后程序予以尽力弥补，但是，此种前提未明确而通过程序回转方式进行的填补仍然欠缺法治逻辑性，难以获得逻辑思辨层面的理性检验与内心认同。

基于此，笔者认为监察法的出台只是解决了监察活动中履行监察权能的合法性问题，但是，其并没有很好地解决与实体刑法的对接问题。尽管这一问题并不影响监察机关职责权能的正常发挥，然而在后期却会影响刑事诉讼活动的正常展开，也会影响到刑法之下的定罪与量刑公正目标的实现。笔者认为，针对这一重大缺失，本身并不是监察程序法与相关解释所能解决的问题，立法层面的问题仍然有待立法予以正本清源地予以解决。从实践操作层面出发予以考虑，在监察法刚刚出台之机希冀通过修法的方式补救缺漏并不现实，因而我们前期可以通过程序回转予以弥补当下实体刑法对接上的不足，但是，在时机成熟的情形下则需要通过立法修订予以两法衔接上的更好完善。

三、监察人员涉罪刑事责任追究的刑法障碍及澄清

现行监察法中已规定监察人员如若履职不当，则需要承担法律责任。比如，《监察法》第 65 条[1]规定了监察机关的违法责任处理，而在第 66 条规定了监察机关及其工作人员构成犯罪的，应当依法承担刑事责任的规定。笔

---

[1] 《监察法》第 65 条规定："监察机关及其工作人员有下列行为之一的，对负有责任的领导人员和直接责任人员依法给予处理：（一）未经批准、授权处置问题线索，发现重大案情隐瞒不报，或者私自留存、处理涉案材料的；（二）利用职权或者职务上的影响干预调查工作、以案谋私的；（三）违法窃取、泄露调查工作信息，或者泄露举报事项、举报受理情况以及举报人信息的；（四）对被调查人逼供、诱供，或者侮辱、打骂、虐待、体罚或者变相体罚的；（五）违反规定处置查封、扣押、冻结财物的；（六）违反规定发生办案安全事故，或者发生安全事故后隐瞒不报、报告失实、处置不当的；（七）违反规定采取留置措施的；（八）违反规定限制他人出境，或者不按规定解除出境限制的；（九）其他滥用职权、玩忽职守、徇私舞弊行为的。"

者认为，就上述规定所对应的刑事责任来看，牵涉的罪名主要有如下：《刑法》第 247 条刑讯逼供罪、暴力取证罪；第 248 条虐待被监管人罪；第 308 条之一第 1 款泄露不应公开的案件信息罪；第 396 条私分罚没财物罪；第 397 条滥用职权罪、玩忽职守罪，第 399 条徇私枉法罪；第 402 条的徇私舞弊不移交刑事案件罪，等等。

对此，需要指出的有两点：其一，监察机关触犯的罪名包括但不限于上述几种。就现有监察法的规定来看，表面上监察机关在履职过程中被追究刑事责任的情形仅限于上述几类，除此之外的由于监察法没有规定而似乎难以越法追责。但是，这一理解明显属于误读。原因在于，监察法只是列举了监察机关常态性的违法犯罪情形，它既无可能也无必要把所有触犯刑事法律的犯罪情形均囊括在内。具体说来，"不可能"的原因在于，监察机关作为日常活动的开展，在监督、调查、处置活动中超越法律边界的情形难以避免，其实施的犯罪样态呈现出多样化情形，通过《监察法》第 65 条、第 66 条的规定很难对所有犯罪情形予以全面覆盖。"无必要"的原因在于，如果要追究监察人员的刑事责任，仍然必不可少地要依赖刑事实体法与刑事程序法的配合，具体涉及定罪量刑的实体认定问题，我们必然还是要回归到实体刑法中予以罪刑匹配，而不是通过监察法的散见性责任条款予以刑事责任的兑现。因此，在现有监察法中列举的监察主体触犯刑事法律的情形，并不代表监察人员只有或者只会出现上述几类犯罪行为，监察人员作为权力实施者，既可以实施与其职责有关的职务类犯罪，也可以触犯一般主体实施的普通刑事犯罪。但是，无论其属于其中哪一种犯罪类型，都不受监察法上述条款的束缚与限制。

其二，监察人员触犯的罪名必须由刑法的罪刑规范予以确定。监察法中所列举的上述情形，只是说明了监察人员"构成犯罪的，依法追究刑事责任"，即指出了监察人员的违法程度达到刑事犯罪质与量的界限标准，此时要承担的责任类型应为刑事责任。这里的"依法追究刑事责任"的"法"，在实体法层面指的就是刑法，即在判断犯罪成立与否时，仍然需要结合刑法的已有规定进行评判，而不是单凭监察法的上述规定就能够径行进行刑事责任的追究。刑法作为基础性的法律是罪刑规范的集和性存在，要追究行为人的刑事责任必然要以刑法的现有规定为基准，要以刑事违法的符合性作为责任追究的基本前提，这不仅是罪刑法定原则的基本要求，也是刑事法治的应有之义。

监察委员会成立之后，如何有效约束监察机关的不当行为成为突出性问题。有学者指出，"要从科学立法、人事任免、听取汇报、询问质询等多重维度加强人大对监察委员会的监督功能"。[1]"在层级较高的各级人民代表大会内增设对应的常设机构，对口加强对监察委员会监察工作的监督。设在相应级别人大常委会的机构应是专门委员会，可称为监察监督委员会。"[2]问题在于，上述建议仍然是基于机构制约层面的分析路径，而不是对监察委员会工作人员实施违法犯罪之后的具体责任归属层面的考量。在现有的刑法适用层面，对监察委员会及其工作人员必然会面临"依法追责"上的现实障碍。原因在于，在刑法职务犯罪的追责上，存在着特殊主体性限定的构成要件要求，具体来说，有国家工作人员、国家机关工作人员、司法人员、行政人员等多种区分。在此前提下，监察人员也只有归属于上述人员之列，刑事实体法律才有适用的空间，方能与具体罪名构成要件的明确性相对应。

这一问题的出现，与监察委员会中履职人员的性质归属息息相关。从一般意义上来说，机关的性质与机关之下的工作人员的性质遥相呼应，比如，行政机关对应的是行政执法人员，司法机关对应的是司法工作人员，立法委员会对应的是权力机关人员。在此情形下，监察委员会的性质决定了监察人员的性质归属，那么监察委员会究竟属于何种性质就是理解此问题的关键所在。一般而言，"就监察机关的自身性质而言，是国家的'监督执法机关'，而非党的机关"。[3]但是，"监督执法机关"只是监察执法机构作为主体性存在的语义重复，监察委员会究竟具体是哪一机关据此仍然语焉不详。"监察委员会作为一个集党权、行政监察权与刑事司法权于一身的'超级机关'。"[4]"监察委员会是人大之下的国家监督机关，它所拥有的是与国家行政权、军事权、审判权、检察权平行的权力——国家监督权。"[5]监察委员会的"国家监督权"与传统权力的平行性提出与界分，实则指出了彼此之间的差异性，内在指向的就是它有拥有区别于传统国家机关的特殊性质。就当下的权威性

〔1〕 秦前红："困境、改革与出路：从'三驾马车'到国家监察——我国监察体系的宪制思考"，载《中国法律评论》2017年第1期。
〔2〕 童之伟："对监察委员会自身的监督制约何以强化"，载《法学评论》2017年第1期。
〔3〕 李洪雷："论我国监察机关的名与实"，载《当代法学》2018年第1期。
〔4〕 童之伟："对监察委员会自身的监督制约何以强化"，载《法学评论》2017年第1期。
〔5〕 李红勃："现行纪检监察模式的困境及其法治化改革方向"，载《环球法律评论》2017年第2期。

界定来看，监察委员会定位于"政治机关"已经成为上层共识。[1]"监察权成为与行政权、司法权并列的一项国家权力。"[2]非常明确的是，把监察委员会定位于政治机关，从而直接否定了其是行政机关或者司法机关的性质认定。"监察委员会的设立，相当于在国家的行政机关、司法机关之外，另外设置了监察权力。"[3]从中可见，较多学者不约而同地认为，监察委员会是相异于行政机关与司法机关的特殊机构。作为党领导下的新型集中式反腐机构，监察委员会因而以共识性的"政治机关"予以性质对应。与此相一致，监察委员会之下的监察人员因而也要归属为"政治机关工作人员"，而不是一般性的"行政执法人员"或者"司法工作人员"等类别。

如此一来，对刑法中已经明确规定为"行政人员""司法工作人员"的特殊主体的罪名来说，其在涉及监察主体刑责追究的具体适用时就必然存在构成要件符合性的障碍。比如，《刑法》第247条的刑讯逼供罪、暴力取证罪的主体为"司法工作人员"；第248条虐待被监管人罪的主体为"监狱、拘留所、看守所等监管机构的监管人员"；第308条之一第1款泄露不应公开的案件信息罪的主体中包括"司法工作人员"；第399条第1款徇私枉法罪的主体为"司法工作人员"，第399条第4款规定了司法工作人员收受贿赂并有徇私枉法行为要"从一重处罚"的规定；第400条私放在押人员罪、失职致使在押人员脱逃罪的主体为"司法工作人员"；第401条徇私舞弊减刑、假释、暂予监外执行罪的主体为"司法工作人员"[4]；第402条徇私舞弊不移交刑事案件罪的主体为"行政执法人员"。在从"分散式反腐"演进到"集中权威高效"的监察委员会反腐的当下，主体性质的变化必然要影响到上述罪名的现实适用。

刑法这些特殊主体的构成要件设置是先于监察法出台而存在的，在监察

---

〔1〕 "准确把握监察委员会的定位。充分认识深化国家监察体制改革是确立中国特色监察体系的创制之举，明确监察委员会实质上就是反腐败工作机构，和纪委合署办公，代表党和国家行使监督权，是政治机关，不是行政机关、司法机关。""国家监察体制改革试点取得实效"，载《人民日报》2017年11月6日。

〔2〕 陈光中、邵俊："我国监察体制改革若干问题思考"，载《中国法学》2017年第4期。

〔3〕 乔新生："监察委的留置权是一项新的权力"，载《廉政瞭望（上半月）》2017年第1期。

〔4〕 在一般意义上，本罪与监察委员会的关系并不是特别密切，因为该罪设定的主体是刑罚执行过程中的"司法工作人员"，因而此时与监察委员会之下的人员并不具有直接对应关系。但是，就实际情形来说，由于监察委员会涉及职务犯罪的调查权，因而同样可以为行刑犯的减刑、假释、暂予监外执行提供便利，因而基于全面性的考虑，笔者仍然把该罪名放在此。

委员会这一机关成立之前，刑法的主体适用本身并没有遇到此类问题。然而，"设立国家监察委员会，中国的权力谱系增加了独立于立法权、司法权、行政权的'第四权'——监察权"。[1]随着监察委员会的成立，尤其是监察委员会这一特殊的"政治机关"的性质归属，致使刑法在针对监察机关人员的严重越轨行为予以刑事追责时，必然面临着现实问题。定位于"政治机关"的性质确立，由于监察机关人员既不属于"司法工作人员"，也不属于"监狱、拘留所、看守所等监管机构的监管人员""行政执法人员"等，因而在此界定的前提下，受制于罪刑法定原则的严格束缚，在刑法分则罪名体系中未有任何"政治机关""政治机关工作人员""监察机关""监察机关工作人员"等规定表述的情形下，上述罪名对监察委员会及其工作人员就难以符合性的予以直接对应适用。

关键问题在于，上述罪名因监察机关人员的性质认识带来适用上的非对应性，最大困扰在于刑法适用上的明显空档得以呈现，致使监察人员实施相当严重的危害行为之后，出现难以对其进行刑事追责的窘境。需要指出的是，监察机关是政治机关，具有权力合宪性与职责法定性，但是这也只是赋予其性质归属上的特殊差异，而这一差异仍然远达不到阻却刑法分则罪名适用的地步。

适用刑法人人平等作为刑法的基本原则，既要指导刑事立法的制定又要引领刑事司法的具体适用。毫无疑问的是，这一平等性要求首先是立法层面的平等。监察机关作为权力行使者在刑事立法上自然也应一视同仁，但是应当刑责追究却出现的刑法罪状上的现实障碍，这与刑法自身倡导的平等性原则存在严重抵牾。由此引发的问题是，这究竟是刑事立法层面出现的问题，还是刑事司法认定环节带来的问题？笔者认为，基于立法与司法的相互合嵌性，在彼此难以界分且相互关联的前提下，应当认为这既是一个立法问题又是一个司法问题。回到问题实质层面，当下亟待解决的是，在刑法适用致使刑法平等性基本原则遭受质疑、刑事法治正义理念岌岌可危之时，我们究竟应当何去何从才是解决问题的根本之道？

对此，笔者认为总体性的解决路径主要有两种：其一，修改刑法的现有罪名。即通过刑法修正案的方式，对《监察法》生效后可能涉及的刑法罪名

---

[1] 李森："国家监察委员会职权的立法配置与逻辑思考"，载《首都师范大学学报（社会科学版）》2017年第5期。

予以重新调整，使彼此之间能够相互匹配，避免因监察法这一新法出台而带来刑法的非适应性。"适用刑法的平等是以刑法立法上的平等为前提的，没有刑法立法的平等，则无从谈起适用刑法的平等。"〔1〕就立法修改来说，其核心要义当然是为了维护刑法平等原则。另外，非刑事法律出台对刑法必然会有现实影响，对此，在监察法出台之前的刑法修订已经有过先例。比如，在《国歌法》颁布生效实施之后，因为在该部法律中规定了侮辱国歌情节严重的，应当追究刑事责任，为了与此相适应，在《刑法修正案（十）》中增设"侮辱国歌罪"。否则，《国歌法》中对情节严重的侮辱国歌予以刑责追究的规定，就是毫无指向与实体的"象征性立法"，必将因为欠缺刑法最后法的屏障保护而无任何实质意义可言。从中可见，刑法作为调整社会关系最为宽泛且具有补充性的基础法律，必然与其他法律发生千丝万缕的联系。刑法一方面要保持自身规范的合逻辑性与周延性，另一方面也要实现与外在规范的顺畅对接，上述最新修正案也正是基于非刑事法律修订所致的刑法罪名的重新调整。"'法治'必须建立在法律制度的基础上，'法治'的现实性与合理性也取决于这些法律制度的实际运行及其之间的选择。"〔2〕与此相一致，在监察法颁行之后，由于这一特殊机构的加入而带来刑事责任追究上的非协调性问题，我们可以遵循前例通过修正案的方式，重新调整上述特殊主体的犯罪设置。申言之，通过立法主体上的并列方式，在上述主体之外，增加"监察机关工作人员"，从而合理解决监察委员会设立后带来的罪名体系非周延性的现实不足。

其二，对现有刑法罪名予以适度扩张解释。在揭示了立法存在明显问题的前提下，除了立法修补这一路径之外，另外的救济方式就是合理地解释刑法，通过此方式来延续原有刑法规定的生命，并在维持原有规范表述不变的基础上持续性地作用于司法实践。不可否认，解释本身就有弥补罪刑规定缺陷的内在价值，通过解释方式予以扩张或者限缩可以修正立法层面的部分瑕疵，并在相当程度上达到重新立法之效果。在现有上述特殊主体明显与监察委员会工作人员的性质不一致的前提下，我们可以通过解释性方式把"司法工作人员""行政执法人员"等主体进行重新界定，不以机关属性的直接衍生

〔1〕 姚龙兵：《刑法立法基本原则研究》，中国政法大学出版社 2014 年版，第 73 页。
〔2〕 ［美］尼尔·K. 考默萨：《法律的限度——法治、权利的供给与需求》，申卫星、王琦译，商务印书馆 2007 年版，第 183 页。

予以对待，而以实施者具体行使职责的情形作为主体符合性的判断依凭。[1]"解释的过程是将事实不断拉向规范，将规范不断拉向事实的双向运作过程，这种双向运作过程，要取得法律评价上的相似性，离不开价值本质性的考察。"[2]如此一来，主体身份就不是以主体属性来决定，而是根据主体的职权事项予以确定，在此前提下，无论监察委员会的机关属性是什么，对应到具体的行为事项之中，行为主体的身份就能得以相应确定，根据原有刑法中的罪名追究监察人员的刑事责任就不会有适用上的相应障碍。

并且，对比刑事立法与合理解释这两种方式，笔者认为就当前的权宜之计而言，后者明显更具有便利性与可行性。原因在于，监察法实施之后，因主体而牵涉的类似问题必然是全方位的，不可能仅仅以笔者所列举的上述为限，一旦在实践情形中又面临此类问题，要寄望通过刑事立法来全盘解决，就当下的实际运行来看仍然过于奢望。毕竟，立法修改需要繁琐的程序支撑和漫长过程，不仅涉及刑事立法的成本问题，也涉及刑事立法程序的复杂性与可行性问题。当下的刑法修正案已经较为频繁地出现，那么，以零散性的刑法修正方式来解决所有的条款缺陷，就当下来说既不是法治补救的最佳路径，又达不到效率行事的原则性遵循。基于此，通过解释方式合理地进行主体外延扩张，就实践运行的可行性来说就是较为明智的抉择。[3]当然，如果后期立法时机成熟，则需要把监察全覆盖实践运行中揭露出的问题与立法层面的问题予以汇总，一并通过立法修订予以解决。

就当下进行合理性解释来说，必须涉及司法解释还是立法解释的选择问题，在此，笔者理所当然地坚持认为立法解释更具有正当性。最为直接的依据是，这与《立法法》第45条[4]赋予的立法解释权相一致。原因在于，基

---

[1] "解释一个刑法规范的含义，不仅应该以该规范本身的文字为基础，而且应该从该规范与全部刑法规范乃至整个法律制度的关系中来把握。"陈忠林：《刑法的界限——刑法第1～12条的理解、适用与立法完善》，法律出版社2015年版，第121页。

[2] 龚振军：《刑法解释限度理论的反思性解读与认定模式探究》，法律出版社2016年版，第37页。

[3] 当然，解释在法治运行中具有必要性，这是成文法规范与案件事实之间的非直接对应性所决定的，但是这并不说明解释就不应该遵守解释的限度与边界。恰恰相反，无论是成文法之间的不协调还是司法运行中发现的客观问题，我们仍然需要界分立法与解释之间的界限，不能不分彼此地混为一谈，不能以解释方式来替代立法职责。

[4] 《立法法》第48条规定："法律解释权属于全国人民代表大会常务委员会。法律有以下情况之一的，由全国人民代表大会常务委员会解释：（一）法律的规定需要进一步明确具体含义的；（二）法律制定后出现新的情况，需要明确适用法律依据的。"

于上述问题的揭示，其症结所在仍然是监察法出台之后带来的刑法适应性不足的问题，因而此问题仍然与立法滞后性关系密切，属于《立法法》所述的"法律制定后出现新的情况"而需要进行立法解释之列。在立法存在欠缺而司法运行衔接不畅的前提下，解决问题所采用的方式仍然要以法律层面的直接对应予以有效回应。"立法解释是立法的重要形式"[1]，立法解释具有补充规范缺陷的天然优势与直接便利。[2]除此之外，考虑以司法解释方式弥补立法衔接问题欠缺妥当性，而且司法解释原则上应以立法规定存在为前提方可进行，如果是较大程度地扩充或修正立法规定的内涵与外延，则除了立法规定之外，必然要首推立法解释方式。否则，单纯以司法解释的形式来随意变更原有约定俗成的规范内涵，往往会以扩张解释为名而行立法修订之实，与司法解释本身要坚守刑事教义学的本义相违背，这也不是成文法盛行之下变通性逾越立法权的推崇之举。

而且，作为司法解释制定主体的最高人民法院与最高人民检察院，能否因为《监察法》出台而据此轻易修订上述罪名要件的内涵，此时解释主体的适格与否也是存有疑义的可探讨性问题。毕竟，《监察法》是全国人大审议通过的宪法性法律，《刑法》也是同一主体制定并颁布施行的基础部门法，此时二者之所以存在衔接不畅的问题，仍然与全国人大制定的法律没有相互紧密协调有关。为了对此有所弥补，我们必然要回溯至立法权的本源，而非简单地对现有法条的内涵予以释明。而且，监察法实施之后的监察对象包括了最高人民法院与最高人民检察院，此时在司法解释主体本身也是监察对象的框架下，最高人民法院与最高人民检察院为了保持自身的中立性也难以良好承担司法解释之职责。基于多方权衡，将解释权回归至立法机关即全国人大常委会才是可行性思路，即在坚持现有立法规定的基础上进行合理的立法解释，此方式不仅在"释法明义"的主体上不存在任何障碍，而且通过立法解释也起到了"修法补漏"的良好效果。在后期立法时机成熟的时候，立法解释主体可以便利的转化为立法主体，通过立法修订的方式一揽子解决法律衔接上的相应问题，从而真正化解监察法与刑法规范层面的内在非协调性问题。

[1] 陈丽平："立法解释是立法的重要形式"，载《法制日报》2014年4月23日。
[2] 尽管张明楷教授主张取消立法机关的立法解释权，但是，他也认为"立法解释与法律本身具有相同的效力。"张明楷："立法解释的疑问——以刑法立法解释为中心"，载《清华法学》2007年第1期。

四、监察法实施对刑罚适用带来的困惑与化解

监察法的实施不仅会对刑法分则的罪名构成与否带来现实问题，而且致使刑罚的现实适用产生客观障碍。尽管刑罚适用是犯罪认定后的结果，因而从广义上来说，前面在犯罪成立上的问题也都是刑罚适用层面的问题，但是，从狭义层面来说，刑罚适用并不包括犯罪成立层面的判定问题及其带来的后续性影响，笔者这里所指的"刑罚适用"是指刑事责任轻重层面的适用问题。在笔者看来，在监察法出台之后，对刑罚适用带来的最为直接性影响包括刑事追诉时效、自首认定与认罪认罚从宽适用等方面。

（一）监察法在刑事追诉时效上的适用障碍及厘清

刑事时效制度在刑法中共有三个条款，即《刑法》第 87 条[1]、第 88 条[2]、第 89 条[3]。刑事时效制度是刑罚有效性的直接体现，因为"对于那些不受刑罚影响者，刑罚的发动不仅对其本人是无效的，而且对于一般社会大众也是无效的。"[4]总体而言，《刑法》第 87 条的规定只是时效期限的法定性要求，本不会对监察法实施之后带来影响。但是，就现有《刑法》第 87 条第 4 项的规定来看，其设置了超过特殊追诉时效期限的最高人民检察院核准制度。然而，在监察委员会成立之后，检察机关的法律职能已经发生了重大变化，在检察机关的职侦部门被归入监察委员会之后，检察机关原有的职务犯罪侦查权不复存在。在其运行之中，由于监察委员会的职务犯罪调查并未等同于传统的刑事侦查，也不受制于《刑事诉讼法》的现有规定，因而检察机关对监察委员会的法律监督权已然不能套用传统模式予以对待，或者更直白地说，随着《监察法》的出台实施，检察机关对职务犯罪提起公诉前

---

[1] 《刑法》第 87 条规定："犯罪经过下列期限不再追诉：（一）法定最高刑为不满五年有期徒刑的，经过五年；（二）法定最高刑为五年以上不满十年有期徒刑的，经过十年；（三）法定最高刑为十年以上有期徒刑的，经过十五年；（四）法定最高刑为无期徒刑、死刑的，经过二十年。如果二十年以后认为必须追诉的，须报请最高人民检察院核准。"

[2] 《刑法》第 88 条规定："在人民检察院、公安机关、国家安全机关立案侦查或者在人民法院受理案件以后，逃避侦查或者审判的，不受追诉期限的限制。被害人在追诉期限内提出控告，人民法院、人民检察院、公安机关应当立案而不予立案的，不受追诉期限的限制。"

[3] 《刑法》第 89 条规定："追诉期限从犯罪之日起计算；犯罪行为有连续或者继续状态的，从犯罪行为终了之日起计算。在追诉期限以内又犯罪的，前罪追诉的期限从犯后罪之日起计算。"

[4] 郝英兵：《刑事责任论》，法律出版社 2016 年版，第 135 页。

的法律监督职能也已经随之烟消云散。在此前提下，针对公职人员犯罪且又超过一般追诉期限需要特别延长情形的，是否一律由最高人民检察院来行使时效延长的核准就不无疑问。

另外，监察法出台之后对时效中断制度也将带来现实影响。《刑法》第88条为不受追诉期限限制的规定，其中的"逃避侦查或者审判"限于积极、明显地逃跑或者藏匿。[1]就此条规定的立法宗旨来说，本身是为了防范行为人刻意规避时效制度而设置的时效中断制度，但是，其中牵涉的范围仅仅包括人民检察院、公安机关、国家安全机关与人民法院，并不涉及监察委员会这一特定主体。通过反腐机构的重整组合，原有的机关职能已经发生明显变化，"国家监察委员会职责中只有调查而非侦查。"[2]那么，在此前提下，在监察委员会立案之后逃避监察机关调查的，则无法适用《刑法》第88条前段的规定。与此相适应，由于监察委员会在刑法中断时效上的空缺，《刑法》第88条后段的情形也将难以符合，尽管其中的"被害人"在监察案件中并不常见，但是，并不能因此而否定所有情形。比如国家机关工作人员的打击报复行为中就有相应的被害人，此时如若被害人向监察委员会提出控告而未获立案的，则难以通过适用《刑法》第88条后段"不受追诉期限的限制"予以救济。

"不受追诉期限的限制"的时效中断规定，确系使公权力机关已涉入或者被害人已提出控告的案件，其时效时间无法再行继续顺延，从而防范可能因为时效超期而带来的阻滞刑事追诉权的启动。换言之，只要国家公权力机关已经介入到案件的正式调查，此时原则上就不能再行继续计算时效期间，那么，从犯罪之日起到公权力介入之日止，如果其间的间隔时间并没有超过时效期限，则国家公权力就可以合法启动刑事追诉权，后面的相应程序就能够合法有序的予以推进。监察委员会作为监察机关，可以依法对相关案件进行立案并行使调查权，然而如果监察委员会一旦介入，案件的时效必然因监察权力的涉入而自动结束，此时当然不能再行计算时效问题。[3]而且，从监察

〔1〕 李永升主编：《刑法总论》，法律出版社2011年版，第392页。
〔2〕 秦前红："国家监察委员会制度试点改革中的两个问题"，载《四川师范大学学报（社会科学版）》2017年第3期。
〔3〕 陈瑞华教授指出："在司法体制改革过程中，人们除了担心公安机关滥用侦查权以外，还担忧监察委员会同样会滥用侦查权，对个人的权利和自由进行任意侵犯。"陈瑞华："检察机关法律职能的重新定位"，载《中国法律评论》2017年第5期。从字里行间中，仍然不难发现，该学者仍然倾向认为监察委实际行使的仍然是侦查权。

委员会行使的合法性调查措施来看，仍然与原有的刑事侦查权存在难以割裂的基因相似性。[1]因而，在刑事诉讼的现有框架内，监察委员会对刑事案件的调查权无法摆脱刑事侦查权的实践形态。监察委员会的刑事调查权，仍与刑事侦查权存在着割舍不了的内外关联。[2]此时，"应避免'只转权力，不转权利'的片面思维"。[3]因而，基于刑事追诉职责与追诉时效设立的法理层面考察，无论监察委员会的性质被如何认定，无论刑事诉讼法是否适用于该调查阶段，监察委员会调查刑事犯罪案件的客观事实完全足以说明，此系国家监察机关对案件查处的公权力介入，监察机关必然对时效期间的正常进行带来现实影响，此时出现的时效中断理当适用于《刑法》第 88 条之规定。问题在于，虽然现有刑法在刑事时效制度上并没有明确规定监察委员会这一权力行使主体，但是监察委员却又会毫无异议地在行使案件调查权的情形下，此时如何化解刑事追诉权中的时效适用就成为一个显性问题。

笔者认为，针对监察委员会成立之后所带来的刑事时效制度的具体适用问题，我们应当通过立法修订的方式来修正当下刑法规定中的不足，以此促使刑事追诉制度的合理化运行。由于追诉时效问题前置性地涉及刑事追诉权的正当行使，以及刑事程序的顺利启动与后期受审权的程序合法性，因而这是监察法实施后必须正面面对的现实问题。只有通过立法的方式予以明确规定，我们才能既保证监察委员会正当行使调查权对案件的程序性意义，同时也才能确立该调查权对合法惩处犯罪人的实体价值。否则，如果实体刑法在追诉时效上没有回应监察调查权，那么不仅是两法衔接上的非对应性，刑事追诉时效制度的适用也必将因为其非周延性而难以获得逻辑自洽。

（二）监察法对自首制度的适用障碍及厘清

刑法总则中设置自首制度，即是为了鼓励犯罪嫌疑人通过自动归案和如

---

〔1〕 施鹏鹏教授指出："监察委员会为收集犯罪证据、查获犯罪嫌疑人可以对犯罪嫌疑人进行讯问；询问证人；勘验检查；搜查；查封、扣押物证、书证；查询、冻结存款、汇款等财产；鉴定等调查活动。由此可见，监察委员会侦查权的范围并未突破《刑事诉讼法》第二编第二章（"侦查"）的规定。"施鹏鹏："国家监察委员会的侦查权及其限制"，载《中国法律》2017 年第 4 期。施鹏鹏教授从调查措施的适用上，认为监察委员会行使的具体事项与刑事侦查具有一致性。

〔2〕 "当调查范围覆盖刑事案件的时候，这种调查权就与'刑事侦查权'有着相同的实质，只是不冠以'侦查'之名，规避了《刑事诉讼法》的约束。"张建伟："法律正当程序视野下的新监察制度"，载《环球法律评论》2017 年第 2 期。

〔3〕 陈光中、姜丹："关于《监察法（草案）》的八点修改意见"，载《比较法研究》2017 年第 6 期。

实供述的方式，在其主观恶性与人身危险性的消减状态得以实然化之时，以从宽的刑罚裁量实现对行为人惩教之间的双重兼顾。在 2009 年 3 月 12 日最高人民法院、最高人民检察院颁行的《关于办理职务犯罪案件认定自首、立功等量刑情节若干问题的意见》（本文以下简称《意见》）中，明确规定了向"办案机关"投案与如实陈述的成立自首。[1]在该解释中，针对职务犯罪的特殊性，并没有以"司法机关"作为案件的承办机关予以限定，而是以模糊性的"办案机关"进行了指称，这即是考虑到了原先职务犯罪在纪律检查委员会前期介入调查之下的客观现实。在监察委员会成立之后，在职务犯罪调查活动中，其理所应当的是"办案机关"。一如学者所言，"国家监察机关不是司法机关，但可依法行使国家司法机关的某些权限"。[2]从中可见，尽管监察机关的性质迥异于其他司法机关，但是就其对职务犯罪的调查来说，却又无法遮蔽其系"办案机关"的名与实。因而在监察委员会介入到执法调查的客观事实下，意见中上述自首规定的适用在监察法出台之后同样不存在任何障碍。

尚存疑虑的是，留置过程中行为人如实陈述自己罪行，可否认定其成立自首？"监察机关留置的对象既包括实施严重职务违法行为的被调查人，也包括可能判处不同刑期的职务犯罪案件的被调查人"。[3]在一般性自首中，如果监察委员会前期调查的是一般性违法事实，但是，后期因行为人主动交待更多事实而有涉嫌犯罪情形的，此时能否认定为自首就不得不令人深思。在上述意见中明确规定，行为人被动性到案并如实交代办案机关已经掌握的事实，此时不能作为自首予以认定。[4]就此来看，我们必须区分前期违法事实与后期犯罪事实是否已经由监察委员会掌握其线索，如果该线索不在监察委员会前期找其谈话的事由范畴之内，而纯粹是被调查人主动交待后而转为刑事犯罪调查的，此时由于犯罪事实是被调查人主动陈述而来，所以仍然应当作为自首予以认定。

---

〔1〕 意见的具体规定为："犯罪事实或者犯罪分子未被办案机关掌握，或者虽被掌握，但犯罪分子尚未受到调查谈话、讯问，或者未被宣布采取调查措施或者强制措施时，向办案机关投案的，是自动投案。在此期间如实交代自己的主要犯罪事实的，应当认定为自首。犯罪分子向所在单位等办案机关以外的单位、组织或者有关负责人员投案的，应当视为自动投案。"

〔2〕 姜明安："国家监察法立法的几个重要问题"，载《中国法律评论》2017 年第 2 期。

〔3〕 陈光中、姜丹："关于《监察法（草案）》的八点修改意见"，载《比较法研究》2017 年第 6 期。

〔4〕 意见中的完整表述为："没有自动投案，在办案机关调查谈话、讯问、采取调查措施或者强制措施期间，犯罪分子如实交代办案机关掌握的线索所针对的事实的，不能认定为自首。"

除了典型的自首认定之外，还有余罪自首的认定同样会存在规范适应上的障碍。就余罪自首的成立而言，监察法实施带来的规则适用障碍有两个方面：一个是被留置对象是否属于余罪自首中的"被采取强制措施的犯罪嫌疑人"；另一个是监察委员会是否能够被理解为余罪自首中的"司法机关"。

《刑事诉讼法》已对"强制措施"的种类予以明确，即包括了拘传、拘留、逮捕、取保候审、监视居住等，其中并没有留置措施。从监察法颁布之后的实践运行来看，监察程序与司法程序之间保持一定的距离成为现实，因而需要"另设一套法律体系以规制监察程序"。[1]监察活动与司法程序之间严格拆分的结果是，《监察法》的留置与刑事强制措施之间难以相互对应。"观察国家监察立法动态，……留置措施不受刑事诉讼法规制"[2]。由于在现有《监察法》之中并没有解决与《刑事诉讼法》的衔接问题，因而监察法中的留置现在并不属于严格意义上的《刑事诉讼法》中的强制措施。有学者认为："监察委员会的调查权不能取代检察院的侦查权，性质上也不同于侦查权。"[3]但是，另有学者却持不同意见，认为监察委员会针对腐败犯罪的特殊调查，就是职务犯罪侦查权。[4]对此，虽然2018年10月26日新修订的《刑事诉讼法》对"侦查"的内涵进行了调整，但是对二者之间的界分仍然语焉不详。尽管学界对监察委员会的留置性质的认识存在争议，加之《刑法》第67条第2款的规定也没有明确表明其仅指刑事诉讼法中的强制措施，但是作为实体法的《刑法》与程序法的《刑事诉讼法》，二者之间的相互映衬与密切关系仍然始终毋庸置疑。因而，从严格意义上的刑事诉讼角度来说，留置理所当然不属于刑法现有规范中的"强制措施"，那么，在余罪自首的具体适用时就必然因其不符合这一规范性条件而难以成立。与此相类似，余罪自首中的后一条件"司法机关"，如果要严格进行规范化判定，则同样因为监察委员会的政治机关性质而难以直接相符，在监察机关执法过程中基于现有刑法的明确规定，余罪自首的成立同样存在与规则的非契合性。

---

〔1〕 秦前红、石泽华："监察委员会留置措施研究"，载《苏州大学学报（法学版）》2017年第4期。

〔2〕 秦前红、石泽华："监察委员会留置措施研究"，载《苏州大学学报（法学版）》2017年第4期。

〔3〕 马怀德："国家监察体制改革的重要意义和主要任务"，载《国家行政学院学报》2016年第6期。

〔4〕 施鹏鹏："国家监察委员会的侦查权及其限制"，载《中国法律》2017年第4期。

问题在于，以上述两个规范性条件的不符合而排除余罪自首的认定，必然又与余罪自首的立法初衷相违背。就监察委员会采用的留置来看，从本质层面来说，留置这一措施使用不可能不属于"强制措施"，因为以剥夺调查对象人身自由的方式而进行 3 个月至 6 个月的较长期羁押，其人身自由权严重受限制之下的权益剥夺与逮捕并没有实体上的差异。正是在此层面上，有学者指出，"监察委员会所行使的对于职务犯罪的调查权实质上就是刑事侦查权"。[1]"留置措施其实就取代了职务犯罪案件中的拘留、逮捕等强制措施。"[2]否则，如果留置不属于强制措施，其就不存在监察法中所提到的在行刑期限中的折抵问题，正因为留置这一措施与拘留、逮捕强制措施的等质等量性，才决定了在后期刑罚的折抵换算中彼此之间可以顺利实现。另外，关于监察委员会的特定性质，已如前述，虽然现在定位于政治机关而不作为司法机关，但是由于其前期调查与后续检察机关、审判机关的工作展开存在接续性，要彻底剥离其与司法机关的内在关系，仍然因其"剪不断、理还断"的关系而难以清晰划定界限。"仔细分析国家监察权与检察监督权的关系便不难发现，在腐败犯罪处理上，调查权之于侦查权、留置权之于逮捕权内容重叠、性质类似"。[3]因而，单纯根据留置的形式要件不具备而排除余罪自首的适用，同样会因机械性适用法律而带来明显的逻辑悖论。

为了对其有一合理的解决，我们必须从自首设立的刑法价值立场出发，在行为人的行为具有主动归案、如实陈述，或者到案后能够主动揭示自己其他罪行的行为之时，此时主客观情形已经反映行为人主观恶性与人身危险性的消减，作为自首予以认定的理由即已充足。对此，笔者同样认为应当通过立法解释的方式化解该尴尬，既发挥刑事立法上自首的应有价值，又避免《监察法》出台之后刑法适用的非协调性问题。

（三）监察法对认罪认罚从宽制度的适用障碍及厘清

认罪认罚通过 2016 年 11 月 16 日的《关于在部分地区开展刑事案件认罪认罚从宽制度试点工作的办法》（法〔2016〕386 号，以下简称《办法》）

〔1〕 王迎龙："监察委员会权利运行机制若干问题之探讨——以《国家监察法（草案）》为分析蓝本"，载《湖北社会科学》2017 年第 12 期。

〔2〕 李张光："热议'国家监察委'"，载《民主与法制时报》2017 年 1 月 1 日。

〔3〕 刘艳红、夏伟："法治反腐视域下国家监察体制改革的新路径"，载《武汉大学学报（哲学社会科学版）》2018 年第 1 期。

以规范性文件的形式得以率先确定，2018 年 10 月 26 日新修订的《刑事诉讼法》更是以较多条款对认罪认罚作出了细致规定。认罪认罚制度贯彻实施换来的是从宽性的刑罚待遇，这一刑罚从宽的法律效果单纯依靠程序运行并不能得以实现。认罪认罚制度的重心是刑罚从宽，这一"从宽"关涉到实体刑罚的配置问题，这确系刑法规范层面的问题。[1] 虽然认罪认罚要涉及程序性适用，但是其最终的落脚点仍然是刑罚的"从宽"对待，因而在监察法实施之后的认罪认罚适用，并不仅仅局限于刑事程序的设置与构建，而是必然与刑罚之间具有密切关联。就认罪认罚的适用阶段来说，并不局限于审查起诉与法院审判环节。无论是从司法资源节约与司法效率提升层面，还是从行为人积极悔罪的表现来说，认罪认罚都应尽早实现并贯穿于整个诉讼阶段。[2] 不少学者指出，认罪认罚"适用阶段可以是刑事诉讼全过程，包括侦查阶段、起诉阶段和审判阶段"。[3] "侦查阶段作为诉讼程序的开端，在认罪认罚从宽制度的适用占据重要地位。"[4] 而且，认罪认罚在侦查阶段予以适用具有制度支持，对此，《办法》第 8 条[5] 予以了明确规定。从中不难看出，认罪认罚在诉讼侦查过程中的适用已经获得规范上的积极认可。其最大便利在于，通过审判前的案件分流而把轻微案件从常态化的诉讼程序中分离出来。[6] 问题是，监察法出台后要对公职人员的职务犯罪进行调查，在检察院的职务犯罪

---

〔1〕 从事刑事诉讼法学研究的熊秋红教授也明确指出："认罪认罚从宽本质上是一种刑法规范，'认罪认罚'指向的是犯罪人犯罪后的一种表现，'从宽'则是在定罪、量刑、行刑上的一种宽缓处置。"熊秋红："认罪认罚从宽的理论审视与制度完善"，载《法学》2016 年第 10 期。

〔2〕 "为节省司法资源和提升司法效率，应当鼓励被追诉人尽早认罪认罚。宽严相济刑事政策贯穿于事立法、刑事司法和刑罚执行的全过程，而认罪认罚从宽制度作为直接体现，存在于侦查、审查起诉、审判和执行的整个阶段。"陈光中、马康："认罪认罚从宽制度若干重要问题探讨"，载《法学》2016 年第 8 期。

〔3〕 施鹏鹏："认罪认罚从宽制度的限度"，载《中国社会科学报》2017 年 7 月 6 日。

〔4〕 王瑞剑："认罪认罚从宽制度的衔接问题探究——以侦查阶段的认罪认罚从宽为视角"，载《四川警察学院学报》2016 年第 6 期。

〔5〕《办法》第 8 条规定："在侦查过程中，侦查机关应当告知犯罪嫌疑人享有的诉讼权利和认罪认罚可能导致的法律后果，听取犯罪嫌疑人及其辩护人或者值班律师的意见，犯罪嫌疑人自愿认罪认罚的，记录在案并附卷。犯罪嫌疑人向看守所工作人员或辩护人、值班律师表示愿意认罪认罚的，有关人员应当及时书面告知办案单位。对拟移送审查起诉的案件，侦查机关应当在起诉意见中写明犯罪嫌疑人自愿认罪认罚情况。"

〔6〕 正如学者所言："在侦查阶段实施认罪认罚可以很好地将刑事案件分流处理，在解决简单轻微刑事案件通过犯罪嫌疑人认罪认罚，在保证事实清楚、证据充分的前提下快速处理，优化侦查资源配置。"张敏、全亮："论侦查阶段认罪认罚从宽制度完善"，载《四川警察学院学报》2017 年第 4 期。

侦查权并入监察委员会之后，在监察委员会的调查过程中能否对涉嫌职务犯罪的人员适用认罪认罚制度，随之成为应予关注的问题。

就现有的规定来看，《监察法》第 31 条[1]之中确实提及了"认罪认罚"，但是其混杂于自首、立功、退赃等从宽情节之中，并没有单独作为认罪认罚运行机制予以对待。另外，办法并没有把监察委员会之下的调查纳入认罪认罚制度之中，可以从如下方面得以说明：其一，办法制订出台的主体并不包括监察委员会。在现有办法的规定中，适用主体只包括了人民法院、人民检察院、公安机关、国家安全机关，其他主体并属于法律明确规定的范畴。[2]笔者认为，至于监察委员会的主体缺位，这一方面是由于当时认罪认罚制度制定之时，监察委员会的机构尚未设置，另一方面是尚未考虑到监察委员会调查对象与认罪认罚适用的对接性。其二，未认同监察委员会的前期调查属于刑事侦查活动。由于现有办法是针对刑事诉讼程序过程而进行的制度安排，而在监察委员会的调查尚未与刑事侦查对接的前提下，认罪认罚的适用自然就不可能辐射到监察委员会的职务犯罪调查之中。其三，律师帮助权与辩护权等未能在监察委员会调查中予以保障。就学者较为一致性的认识来看，认罪认罚与律师辩护权须臾不可分离，比如，不少学者提出，"辩护律师应参与控辩协商的过程"。[3]"确保被告人获得律师的有效帮助，这是保证被告人自愿认罪的基本制度保障。"[4]与此同时，《办法》第 5 条和新修正的《刑事诉讼法》中也设置了辩护人或者值班律师的有效帮助制度，以保证认罪认罚制度的客观公正地实施。但是，由于监察法对监察委员会进行的职务犯罪调查未赋予辩护人介入权与有效帮助权，因而在此情形下的认罪认罚从宽制度的现实运行必然存在现实障碍。

---

[1] 《监察法》第 31 条规定："涉嫌职务犯罪的被调查人主动认罪认罚，有下列情形之一的，监察机关经领导人员集体研究，并报上一级监察机关批准，可以在移送人民检察院时提出从宽处罚的建议：（一）自动投案，真诚悔罪悔过的；（二）积极配合调查工作，如实供述监察机关还未掌握的违法犯罪行为的；（三）积极退赃，减少损失的；（四）具有重大立功表现或者案件涉及国家重大利益等情形的。"

[2] 正是基于监察委员会之外的传统性认识，在讨论认罪认罚时虽然包括了公安机关，但是并没有监察委员会的一席之地。比如，有学者认为："从指向对象角度考察，认罪认罚应当向公安机关、检察机关、法院和刑罚执行机关作出。"汪海燕、付奇艺："认罪认罚从宽制度的理论研究"，载《人民检察》2016 年第 15 期。

[3] 陈瑞华："认罪认罚从宽制度的若干争议问题"，载《中国法学》2017 年第 1 期。

[4] 陈瑞华："'认罪认罚从宽'改革的理论反思——基于刑事速裁程序运行经验的考察"，载《当代法学》2016 年第 4 期。

但是，认罪认罚的制度确立具有价值优先性，监察委员会进行的职务犯罪调查阶段能否适用认罪认罚制度与此关系重大。"认罪认罚从宽应该是宽严相济刑事政策的直接产物。"[1]认罪认罚的合理性价值在于行为人主动通过事后的悔罪表现而获得法律评价的肯定，在行为人的人身危险性消减之时予以实体层面的从宽，这不仅大大节约了刑事诉讼成本的投入，在"程序从简"之余也给犯罪人通过犯罪后的自我努力而获得刑罚优待提供了便利。[2]"'公正为本，效率优先'应当是认罪认罚制度改革的核心价值取向。"[3]在监察法实施与推进的过程中，公正与效率价值并不因此而发生任何实质性的动摇。因而，需要确定的是，认罪认罚从宽制度作为司法配套改革的重要部分，其内在蕴藏的功能价值并不因为监察法的出台而被抛弃，而应在积极挖掘与肯定其内在价值的基础上予以彰显。

监察委员会之下的职务犯罪调查不可能废弃认罪认罚制度，认罪认罚制度内在的价值根基同样需要映射到监察履职的职务犯罪之上。"认罪的实质或核心要素是客观供述所犯罪行，认罪即认事或承认犯罪事实，除此之外，不应给认罪附加任何冗余的内容。"[4]就监察委员会行使相关犯罪的调查来说，被调查对象主动陈述自己所犯罪行的情形必然客观存在，此时认可认罪认罚的从宽处罚后果，不仅对监察委员会的职权行使极为便利，"程序从简"的诉讼效率也必然随之得以提升。[5]因而，基于认罪认罚的统筹一体化及其价值肯定，以及监察法并不排斥刑法规则适用的衔接性考虑，认罪认罚在监察法的实施过程中仍要一视同仁地予以兼顾。

在笔者看来，认罪认罚从宽制度本身是属于实体规则层面的问题，除了

---

[1] 卢建平："刑事政策视野中的认罪认罚从宽"，载《中外法学》2017年第4期。

[2] "程序从简则体现为案件从侦查、审查起诉再到审判的快捷、及时、简化。试行认罪认罚从宽制度的目的就在于推动案件繁简分流，节约司法资源。"何伟等："认罪认罚从宽制度的刑法问题"，载胡卫列主编：《认罪认罚从宽制度的理论与实践——第十三届国家高级检察官论坛论文集》，中国检察出版社2017年版，第326页。

[3] 陈卫东："认罪认罚从宽制度研究"，载《中国法学》2016年第2期。

[4] 黄京平："认罪认罚从宽制度的若干实体法问题"，载《中国法学》2017年第5期。

[5] "这样的认罪认罚，在刑事案件的侦查中，可以产生节约侦查资源的重要作用——因为犯罪嫌疑人的交待，节省了繁重而艰难的查证过程，直接获取了相关证据；而在某些刑事案件的侦查中，甚至因此成为获得重要证据从而侦破案件的关键——如果没有犯罪嫌疑人的交待，侦查机关通过自己的查证活动难以获取这些重要证据。"王敏远："认罪认罚从宽制度疑难问题研究"，载《中国法学》2017年第1期。

涉及程序性的保障与机构运行的配置外，核心本位仍然是刑罚从宽的实体问题。基于此，笔者认为，为了与此相对应，可以考虑在刑法总则中确立认罪认罚的实体性规范，从而保证认罪认罚契合罪刑法定原则的明确性要求，即只要犯罪嫌疑人或被调查人在诉讼过程中认罪认罚的，均可以与此相适应地从轻、减轻或者免除处罚。不可否认的是，认罪认罚具体运行规则方面的内容，应当通过刑事诉讼法或者解释性程序规范文件予以细化完善，从而通过实体与程序的双向维度保障认罪认罚制度的合法有序推进。其中至关重要的是，通过较为妥当的实体法修订，我们方可以全盘考虑监察委员会介入之后的整体情形，把监察委员会行使职务犯罪调查活动纳入认罪认罚的程序之中，保证认罪认罚适用的全面性，并在合法与合理的兼顾之中让认罪认罚从宽制度得以有序运行。

五、结语

监察法作为权力机关颁布的新法律，能否有效地在实践中焕发出盎然生机，需要融入原有的法律体系之中，并在与相关法律相互衔接的运行中展现自己的价值与生命力。监察法作为法律体系的一部分，不是静态化与孤零零的单一性存在，而是需要其他法律的相互接济与配合适用。尽管监察法与程序法的对接问题是操作过程中的显性化存在，但是，《监察法》与刑事实体法之间的关系同样不可小觑，在调查职务犯罪的过程中必不可少地需要刑法的辅佐，不能偏离刑事实体法而滥用监察权。基于《监察法》生效实施的视角，从刑法规范及其适用层面的全方位检视，并不是为了揭示监察法的内外弊病并加以无端嘲讽，而是在理性的反思中获得对其更加清晰化的认识，并在共识达成的基础上进行规则的合理建构，以实现监察法的条文规范设置所寄予的初心所在，解决监察全覆盖过程中的"法法衔接"问题。监察法的旨趣仍然需要从法治内涵上进行护守，其脱离不了法治内在的公平正义要求，这是监察法与刑法共同的内在追求与使命所在，是二者能够在关系衔接中找到合理解决方案的现实基础所在。

公职人员与国家工作人员关系之反思

张兆松　吴宇澄 *

摘　要：区别于刑法职务犯罪主体中的"国家工作人员"，我国《监察法》在监察对象的界定上采用了"公职人员"的表述。语义表达方式上的差异导致实践中对于二者范围、关系的认识分歧。从现行法律规范及认定要素分析，可以得出公职人员与国家工作人员在逻辑上属于交叉关系的结论。二者指涉范围的不一致造成对同一主体身份认定不一的混乱局面，使得《刑法》与《监察法》衔接不畅甚至影响《监察法》的有效实施。因此，立足于两法有效衔接的视角，应将实际行使国家公权力作为《监察法》中"公职人员"与《刑法》中"国家工作人员"的衔接基点，在该范畴内两者应保持全同关系。

关键词：公职人员；国家工作人员；监察；公务；公权力

一、问题的提出

以 2016 年《关于在北京市、山西省、浙江省开展国家监察体制改革试点工作的决定》为开端，国家监察体制改革试点工作陆续推开，2018 年《宪法》修改及《监察法》顺利出台意味着我国监察体制改革成果得到了立法层面的正式确认。《监察法》作为国家反腐败立法的重要组成部分，与《刑法》一起，共同发挥着打击职务犯罪、遏制腐败现象蔓延的作用。值得注意的是，

---

* 张兆松，浙江工业大学法学院教授。吴宇澄，浙江工业大学法学院 2020 级硕士研究生。

《监察法》在监察对象的界定上采用了"公职人员"的表述，在语义的表达方式上与《刑法》职务犯罪主体中的"国家工作人员"作了明显的区分。因《监察法》语境下的"公职人员"职务犯罪案件，最终需要严格依据《刑法》规范作出认定并追究相应刑事责任，故尽管"公职人员"与"国家工作人员"分属于《监察法》与《刑法》两个不同的话语体系，但二者之间的关系、范围上的对接却直接关系到两法的衔接问题。正确厘清"公职人员"与"国家工作人员"的关系，是正确处理两法衔接问题的前提。那么，当前"公职人员"与"国家工作人员"究竟是何种关系，是公职人员包含了国家工作人员，还是二者完全一致属于全同关系？二者关系是否符合两法衔接的本质要求？针对上述问题，本文拟从现行法律规范入手，梳理"公职人员"与"国家工作人员"范围界定，通过比较二者认定要素的异同，在厘清"公职人员"与"国家工作人员"实然关系的基础上，展开探讨与反思。

二、公职人员与国家工作人员范围界定

（一）《监察法》中的公职人员范围

我国监察法在引入"公职人员"这一概念后，并未在条文中明确给出具体的内涵定义，而是通过揭示属概念（公职人员）所包含的种概念（具体类别）的方式来明确公职人员所指向的外延定义。随后《监察法实施条例》（本文以下简称《实施条例》）则在《监察法》列举类别的基础之上对其作了补充。具体而言，与"公职人员"定义、范围相关联的规定主要集中于《监察法》第 1 条、第 3 条、第 15 条以及实施条例第 37 条至第 43 条。

首先，从《监察法》第 1 条、第 3 条以及《实施条例》第 37 条来看，二者均以"行使公权力的"对公职人员进行限定。针对"行使公权力的公职人员"表述，有学者认为该处表述事实上表明公职人员可以依据"是否行使公权力"这一规则划分为"不行使公权力的公职人员"与"行使公权力的公职人员"两个类别，而《监察法》语境下的公职人员则仅指向后者。[1]笔者认为该观点颠倒了"行使公权力"与"公职人员"的逻辑关系，公职人员作为《监察法》中的独特概念，是以"行使公权力"为前置性要件的。也就是说只有行使公权力才能被认定为公职人员，不行使公权力则无公职人员一说。

---

〔1〕 参见夏金莱："论监察全覆盖下的监察对象"，载《中国政法大学学报》2021 年第 2 期。

其次，从《监察法》第15条来看，[1]该条通过列举的方式对公职人员的外延进行了限制，表明哪些人员属于公职人员。《实施条例》第38条至第43条则对上述人员进一步细化。总的来说，《监察法》与《实施条例》所列举的六类公职人员事实上可以分为三大类：类别一，具有稳定的公职人员身份的人员，这类人员的日常工作内容就是行使公权力，其公职人员的身份与行使公权力紧密联系在一起，[2]如公务员，参公管理的人员，法律、法规授权或者受国家机关依法委托管理公共事务的组织中从事公务的人员。类别二，具有特定单位身份的人员，这类人员的工作内容往往不限于行使公权力，也就是说其身份与行使公权力存在可以分割的情形，因此需要对其活动的性质进行特别考察，只有满足"从事管理"这一条件才可以将其列入公职人员范畴，例如国有企业管理人员，公办的教育、科研、文化、医疗卫生、体育等单位中从事管理的人员以及基层群众性自治组织中从事管理的人员。类别三，其他依法履行公职的人员，该类人员虽不具备诸如上述两类人员类型的特殊身份，但其在特定情形下仍会从事与公权力相关的事宜，例如人民陪审员、虽未列入党政机关人员编制，但其是在党政机关中从事公务的人员等。

结合上述内容，可以得出《监察法》第1、3条以及《实施条例》第37条表明公职人员的本质特征在于其行使了公权力，这一"识别规则"事实上在《监察法》第15条及《实施条例》第38条至第43条的类别列举中一一得到了验证。笔者以为即便是具备稳定身份的公务员，也是因其"行使公权力"这一行为属性而被列入公职人员范围。在理解"其他依法履行公职的人员"时，也不能因其作为开放性的兜底条款而随意将被认定对象列入公职人员范围。那么，何为"行使公权力"？从严格意义上说，监察法语境下的"公权力"应包括国家公权力、社会公权力以及国际公权力。[3]因国家监察是国内法问题，公职人员涉及的实际上是与前两者相关的问题，国际公权力并不在

[1]《监察法》第15条："监察机关对下列公职人员和有关人员进行监察：（一）中国共产党机关、人民代表大会及其常务委员会机关、人民政府、监察委员会、人民法院、人民检察院、中国人民政治协商会议各级委员会机关、民主党派机关和工商业联合会机关的公务员，以及参照《中华人民共和国公务员法》管理的人员；（二）法律、法规授权或者受国家机关依法委托管理公共事务的组织中从事公务的人员；（三）国有企业管理人员；（四）公办的教育、科研、文化、医疗卫生、体育等单位中从事管理的人员；（五）基层群众性自治组织中从事管理的人员；（六）其他依法履行公职的人员。
[2]参见孙国祥："监察对象的刑法主体身份辨析"，载《法学》2019年第9期。
[3]谭宗泽："论国家监察对象的识别标准"，载《政治与法律》2019年第2期。

考虑范围之内。[1]其中，国家公权力是随着国家的产生而形成的一种公权力，是实现国家职能的途径，[2]由各类国家机关作为实际行使主体。而社会公权力则是与国家公权力密切相关，在国家公权力之外共同体为满足公共事务的需要，由共同体机关行使的公权力。[3]因此，"公职人员"作为上述公权力的行使者，主要包括：行使国家公权力的国家机关公务员、在特定条件下承担公共事务管理职能的人员以及行使社会公权力的基层群众自治组织中从事集体事务管理的人员。

（二）《刑法》中的国家工作人员范围

《刑法》第 93 条第 1 款明确定义"国家工作人员"是指在国家机关中从事公务的人员，并在第 2 款列举了三类"以国家工作人员论"的人员：①国有公司、企业、事业单位、人民团体中从事公务的人员；②国家机关、国有公司、企业、事业单位委派到非国有公司、企业、事业单位、社会团体从事公务的人员；③其他依照法律从事公务的人员。自《刑法》规定"国家工作人员"概念以来，有关其范围的争论便一直未能平息。究竟是依据是否被正式列入编制、拥有国家干部身份（"身份论"）还是不论身份仅看其是否实际从事公务（"公务论"）来判定被认定对象是否属于国家工作人员，立法、司法均尚无定论，甚至仍在"身份论"和"公务论"之间摇摆不定。[4]2002年 12 月 28 日，第九届全国人民代表大会常务委员会第三十一次会议通过《关于〈中华人民共和国刑法〉第九章渎职罪主体适用问题的解释》规定："在依照法律、法规规定行使国家行政管理职权的组织中从事公务的人员，或者在受国家机关委托代表国家机关行使职权的组织中从事公务的人员，或者虽未列入国家机关人员编制但在国家机关中从事公务的人员，在代表国家机关行使职权时，有渎职行为，构成犯罪的，依照刑法关于渎职罪的规定追究刑事责任。"该立法解释采纳了"公务论"。2003 年 11 月 13 日，最高人民法院关于《全国法院审理经济犯罪案件工作座谈会纪要》（以下简称《纪要》）明确"其他依照法律从事公务的人员"具体包括了依法履行职责的各级人民

---

[1] 蔡乐渭："论国家监察视野下公权力的内涵、类别与范围"，载《河南社会科学》2018 年第 8 期。

[2] 姜明安："公法学研究的几个基本问题"，载《法商研究》2005 年第 3 期。

[3] 蔡乐渭："国家监察机关的监察对象"，载《环球法律评论》2017 年第 2 期。

[4] 参见陈洪兵："'国家工作人员'司法认定的困境与出路"，载《东方法学》2015 年第 2 期。

代表大会代表，依法履行审判职责的人民陪审员，协助乡镇人民政府、街道办事处从事行政管理工作的村民委员会、居民委员会等农村和城市基层组织人员以及其他由法律授权从事公务的人员。很显然，从上述《刑法》条文、立法解释及司法性文件对国家工作人员的规定来看，不论是具体定义还是类别列举，都是围绕"从事公务"这一关键词展开的。《纪要》在关于"从事公务"的理解中指出，从事公务是指代表国家机关、国有公司、企业、事业单位、人民团体等履行组织、领导、监督、管理等职责。"公务"本质上与国家公共事务相关。[1]不可否认，诸如国家机关、国有公司、企事业单位以及受其委派至非国有公司、企事业单位的工作人员确实也存在一定身份或资格要求，但其仅作为形式要件存在，即便满足身份上的形式要件，但若不从事公务亦无法作出"国家工作人员"的认定。因此判断行为人是否属于国家工作人员，还需依赖"从事公务"这一本质特征。

三、公职人员与国家工作人员关系之分析

针对公职人员与国家工作人员的关系问题，有学者认为二者存在着逻辑上的包容关系且公职人员完全包含国家工作人员，[2]还有学者认为公职人员与国家工作人员在内涵和外延上完全一致，[3]属于全同关系。笔者认为从现行法律规范来看，无法得出公职人员与国家工作人员属于包容或全同关系的结论。下文，笔者将从"形式要件+实质要件"两个层面对公职人员与国家工作人员进行比对，分析两者指涉范围的异同。

（一）重合部分

（1）公务员。首先，依据《公务员范围规定》，我国的公务员是包括中国共产党、人大、行政、政协、监察、审判、检察、民主党派在内八类机关中的非工勤工作人员。[4]从形式上看，公务员系典型的国家机关中的工作人员。其次，在实质要件上，《监察法》对其提出的要求为"行使公权力"，这与《刑法》语境下判定国家工作人员所采取的"从事公务"表述有何区别，是比对两者关系不可回避的问题。作为国家机关工作人员的公务员所行使的

---

〔1〕 孙国祥："监察对象的刑法主体身份辨析"，载《法学》2019 年第 9 期。

〔2〕 王多："国家工作人员与公职人员的关系"，载《中国纪检监察报》2021 年 1 月 27 日。

〔3〕 艾萍："国家工作人员与公职人员内涵辨析"，载《人民法院报》2022 年 1 月 6 日。

〔4〕 参见《公务员范围规定》第 4 条。

"公权力"事实上就是国家公权力，指向国家公共事务管理，而《刑法》中"从事公务"同样与国家公共事务相关。可见，两者对于公务员职务活动的理解是一致的，公务员依法履职的行为属于"从事公务"，其系《刑法》意义上的国家工作人员。

（2）参照《公务员法》管理的人员以及法律、法规授权或者受国家机关依法委托管理公共事务的组织中从事公务的人员。参公管理的人员是指"法律、法规授权的具有公共事务管理职能的事业单位中除工勤人员以外的工作人员"。[1]《监察法》对于以上两项人员的表述与《纪要》相一致，二者毫无疑问属于国家工作人员。

（3）公办的教育、科研、文化、医疗卫生、体育等单位中从事管理的人员。在形式要件上，"公办"对单位的性质作出了限定。公办科教文卫体等单位是由国家、公共组织或集体出资举办的团体组织，其在公益属性、公共资产属性和权力来源为公属性上与国有事业单位具有一致性。[2]在实质要件上，该项列举在对"行使公权力"的描述上则采用了从事"管理"这一表述，且《实施条例》对于该处"管理"行为的解释与《刑法》"从事公务"之意涵毫无二致。同时，结合中央纪委、国家监委法规室编写的《〈中华人民共和国监察法〉释义》（以下简称《释义》）对公办科教文卫体等单位中从事管理工作人员的解读来看，其在列举"从事管理的人员"类别时，并未将范围局限于居于较高管理岗位的人员，除领导班子成员、中层和基层管理人员外，还包括了临时从事与职权相联系的管理事务的人员。也正是基于此，《实施条例》认定，依法组建的评标委员会、竞争性谈判采购中谈判小组、询价采购中询价小组组成人员参与有关招标、政府采购等事项的评标或采购活动时属于"行使公权力"，并将该类人员列入了公职人员范畴。可见，在判断公办科教文卫体等单位中工作人员是否属于管理人员时，"管理"所指向的身份要素在一定程度上已经被弱化，关键还是要看其是否存在从事组织、领导、监督等管理工作的行为。应该说，这与《刑法》第93条认定国家工作人员所坚持的"公务论"是一致的。故笔者认为《监察法》中公办科教文卫体等单位中

---

[1] 参见《公务员法》第112条。
[2] 参见宗婷婷："论公办教育单位监察对象的认定与范围"，载《华中师范大学学报（人文社会科学版）》2021年第6期。

从事管理的人员与《刑法》国有事业单位中从事公务的人员两者并无差别。

（二）非重合部分

1. 国有企业管理人员

《监察法》第 15 条第 3 项列举的"国有企业管理人员"实际上包含了"国有企业"与"管理人员"两个要素。首先从形式上看，国有企业的范围是比较国有企业管理人员与其他主体异同首要考虑的问题。据《释义》有关解读，《监察法》语境下的"国有企业"是指国有独资企业、国有控股企业以及国有参股企业。[1]但通过观察《实施条例》有关"国有企业管理人员"规定可以发现，上述三类企业管理人员并未得到一视同仁的"待遇"，实际上可被分成两类：一是国有独资企业管理人员，二是需满足经提名、推荐、任命、批准等前置条件的国有控股、参股公司管理人员。基于此，笔者认为不应直接将"国有企业管理人员"与《刑法》第 93 条"国有公司、企业中从事公务的人员"进行捆绑比较，而应将其按照类别分别与"以国家工作人员论"的两类国有企业工作人员进行比较。

首先，国有独资企业管理人员与《刑法》中国有公司、企业中从事公务的人员。依据最高人民法院《关于在国有资本控股、参股的股份有限公司中从事管理工作的人员利用职务便利非法占有本公司财物如何定罪问题的批复》"在国有资本控股、参股的股份有限公司中从事管理工作的人员，除受国家机关、国有公司、企业、事业单位委派从事公务的以外，不属于国家工作人员"可以推知，《刑法》语境下的"国有企业、公司"指向的即是国有独资企业。其次，国有控股、参股公司管理人员与《刑法》中经国有公司、企业委派至非国有公司、企业中从事公务的人员。《纪要》指出"委派"表现为"任命、指派、提名、批准"等形式，并明确将受委派在国有控股或者参股公司从事公务的人员列入了非国有公司、企业从事公务人员以国家工作人员论的情形。因此，笔者认为"国有企业管理人员"与《刑法》中"以国家工作人员论"的国有企业工作人员在形式要件上是一致的，能够相互匹配。

其次，"管理人员"之"管理"究竟是指代身份要素还是行为要素，《监察法》本身并未给出明确答复。结合《释义》以及《实施条例》，笔者认为

---

〔1〕 中共中央纪律检查委员会、中华人民共和国国家监察委员会法规室编写：《〈中华人民共和国监察法〉释义》，中国方正出版社 2018 年版，第 111~112 页。

以上两者兼有：一方面，《释义》对国有企业"管理人员"的列举解读指向了企业中领导班子成员和中层、基层的管理人员，[1]该类人员居于特定的领导岗位。这表明只有满足较高的岗位要求、身份级别才能被列入管理人员范畴，国有企业中一般的工作人员即被排除在外。另一方面，《实施条例》则将"管理"视为实质的行为要件，将其界定为"从事组织、领导、监督、管理等工作"。尽管该界定与《纪要》对于"从事公务"的内涵表述完全一致，但《刑法》语境下的"从事公务"为单纯的行为要素，并未对行为人的身份提出特定要求。因此，相较于《刑法》"以国家工作人员论"的国有企业工作人员，《监察法》中"国有企业管理人员"范围反而要小于前者。例如，国有企业中非管理人员在满足从事公务的条件下，属于《刑法》上国家工作人员范畴，但此时因未符合"管理人员"的身份要件，而不属于《监察法》意义上的公职人员。

2. 基层群众性自治组织中从事管理的人员

依据《实施条例》《国家监察委员会管辖规定（试行）》规定，《监察法》第15条第5项列举的基层群众性自治组织中从事管理的人员可被分为两类：一是基层群众性自治组织中从事集体事务管理的人员，二是协助人民政府从事行政管理工作的人员。[2]《纪要》则明确了"协助乡镇人民政府、街道办事处从事行政管理工作的村民委员会、居民委员会等农村和城市基层组织人员"属于《刑法》"以国家工作人员论"中"其他依照法律从事公务的人员"范畴。[3]即村委会、居委会等基层组织工作人员只有在协助人民政府从事国家行政事务的管理工作时才被认定为《刑法》意义上的国家工作人员。相比较而言，两法规定在形式上均一致指向了村民委员会、居民委员会等基层组织的工作人员，差异主要体现在对"管理"行为这一实质要件的限定上。

---

〔1〕 中共中央纪律检查委员会、中华人民共和国国家监察委员会法规室编写：《〈中华人民共和国监察法〉释义》，中国方正出版社2018年版，第112页。

〔2〕 参见《监察法实施条例》第42条、《国家监察委员会管辖规定（试行）》第4条。

〔3〕 针对"行政管理工作"内容，《全国人民代表大会常务委员会关于〈中华人民共和国刑法〉第九十三条第二款的解释》规定："村民委员会等村基层组织人员协助人民政府从事下列行政管理工作，属于刑法第九十三条第二款规定的'其他依照法律从事公务的人员'：（一）救灾、抢险、防汛、优抚、扶贫、移民、救济款物的管理；（二）社会捐助公益事业款物的管理；（三）国有土地的经营和管理；（四）土地征收、征用补偿费用的管理；（五）代征、代缴税款；（六）有关计划生育、户籍、征兵工作；（七）协助人民政府从事的其他行政管理工作。"

除国家行政事务工作外，《监察法》中基层群众性自治组织中工作人员的"从事管理"还涵盖了对集体事务的管理，其管理行为所指向的事务范围要明显宽于《刑法》对村委会等基层组织国家工作人员的规定。

除上述类别外，《监察法》第 15 条第 6 项还规定了"其他依法履行公职的人员"作为兜底条款，以弥补上述列举的不足。相对应，《刑法》第 93 条同样确立了"其他依照法律从事公务的人员，以国家工作人员论"的规定。前者识别的关键在于是否行使了公权力，而后者则是看其是否从事了公务。结合《监察法》前五项所列的情形以及《实施条例》对"其他依法履行公职的人员"的部分列举来看，《监察法》对不同主体"行使公权力"的表述是存在差异的，例如有的直接作省略处理、有的采取与《刑法》一致的"从事公务"表述，还有的则以"从事管理"作为表述，其与"从事公务"在指向上不一定完全一致。因此笔者认为两者尽管存在共通之处，但在所涵盖的范围上仍然无法直接画上等号。

综上，若将"公职人员"定义为集合 A，"国家工作人员"为集合 B，公职人员与国家工作人员的关系只能是交叉关系，即部分重合关系（如图 1）：一方面，公职人员并不等于国家工作人员，另一方面，公职人员也并非完全包含了国家工作人员。

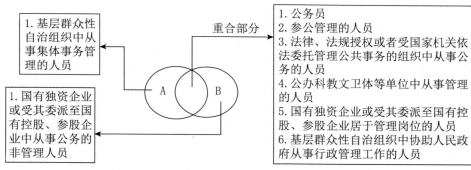

图1　"公职人员"与"国家工作人员"关系图

四、公职人员与国家工作人员范围差异所产生的问题

如上所述，因语义表达方式的差异以及认定要素的偏差，"公职人员"与"国家工作人员"二者之间存在明显的范围差异。两者范围的不同不可避免地

会带来以下问题：

第一，相关概念认定更加混乱。尽管"公职人员"与"国家工作人员"分属于《监察法》与《刑法》两个不同的话语体系，但两者均涉及对国家公共事务的管理人员范围的界定。按理说，在对国家公共事务履行组织、领导、监督、管理等职责的范畴内，对某一行为人是否属于"公职人员"与"国家工作人员"的认定应当能够得出一致的结论。但实际情况却偏离了上述预想。依现行规范，即便同属国家公权力行使者，仍完全可能出现对同一主体身份认定不一的混乱局面，这不仅在逻辑上难以自洽，更导致对行为人主体身份判定的难题。

第二，主体不协调致使《监察法》与《刑法》衔接不畅。《监察法》与《刑法》中职务犯罪内容均属反腐败立法的范畴，并共同在打击腐败犯罪、遏制腐败现象上发挥作用。而"公职人员"与"国家工作人员"作为《监察法》监察对象与《刑法》职务犯罪中重要的主体概念，二者范围上的差异直接影响两法的有效衔接。依据《监察法》第66条规定："违反本法规定，构成犯罪的，依法追究刑事责任。"此处的"依法"显然直接指向了《刑法》。《监察法》中的公职人员一旦涉及职务犯罪问题，最终需要严格依据《刑法》规范作出认定并追究相应责任。也就是说，原则上公职人员违反法律法规实施的贪污贿赂、失职渎职等职务犯罪，都可以成立相应职务犯罪主体，[1]相对应地，可以成立职务犯罪主体的相关人员亦应当在《监察法》的监督范围之内。然而，结合当前"公职人员"与"国家工作人员"两者的关系来看，其范围差异势必会导致司法实践中出现以下两种情形：其一，同样是公职人员，可能适用不同罪名。例如，在基层群众性自治组织中从事集体事务管理的人员，该人员是监察法意义上的公职人员，但无法被列入国家工作人员范畴。若其在从事管理过程中利用职务之便，实施侵吞、挪用、受贿等行为，因其不符合《刑法》所规定的贪污罪、挪用公款罪、受贿罪的主体要件，只能以职务侵占罪、挪用资金罪、非国家工作人员受贿罪追究其刑事责任。如果其滥用职权或玩忽职守，导致集体财产遭受重大损失的，按照罪刑法定原

---

[1] 参见石经海："《监察法》与《刑法》衔接实施的基点、问题与路径"，载《现代法学》2020年第1期。

则，尚无法对其定罪处罚。[1]其二，出现能够成立相应职务犯罪主体的人员未被列入监察范围的尴尬局面。例如在国有企业中从事公务的非管理人员，该人员属于《刑法》意义的国家工作人员，但未被列入《监察法》公职人员范畴。其诚然符合《刑法》职务犯罪的主体要件，但却不在《监察法》的监察范围之内，这不论是在法理上还是在逻辑上都实在令人费解。毋庸讳言，《监察法》与《刑法》无法相互脱离独立完成打击职务犯罪、惩治腐败分子的目标，两法之间的实质关联是无法切割的，而两法在主体层面的不协调毫无疑问会造成两法衔接不畅。

第三，影响《监察法》有效实施，不利于反腐败工作高效开展。自《监察法》实施以来，我国进入以"零容忍"态度惩治腐败、以法治思维和法治方式开展反腐败工作的新时代。[2]反腐败工作的不断推进以及国家监察体制改革的不断深化势必是建立在纪法贯通、法法衔接基础之上的。在这之中，《监察法》与《刑法》在相互配合打击职务犯罪上关系最为密切，两者若衔接不畅将导致《监察法》的相关规定无法落实，不利于形成反腐合力，并连带影响后续司法进程中衔接工作的开展。

五、协调"公职人员"与"国家工作人员"范围之设想

(一) 衔接基点：国家公权力行使

在寻求《监察法》中"公职人员"与《刑法》"国家工作人员"两者范围对接的路径之前，首先需要明确造成两者范围差异的原因。结合《监察法》条文列举及上文比对，笔者认为造成上述差异的原因主要有三：其一，整体上看，《监察法》意义上的"公权力"包括国家公权力、社会公权力，较之《刑法》中"公务"的意涵更为丰富，在其统辖之下的公职人员履行公职的行为范围相应更广。其二，《监察法》第 15 条在列举公职人员类别时并未依据"公权力"类型不同对其进行区分，有的公职人员行使的是国家公权力，有的公职人员则既行使国家公权力又行使社会公权力，但最终均统一于"公职人员"的概念上。面对集行使多种公权力于一身的"公职人员"，《刑法》

---

〔1〕 张兆松、李志雄、章晓民：《渎职犯罪的理论与实践》，中国检察出版社 2008 年版，第 70 页。

〔2〕 李建国："关于《中华人民共和国监察法（草案）》的说明"，载《人民日报》2018 年 3 月 14 日。

对国家工作人员的列举范围势必无法与之一一对应。其三，不论是《监察法》对公职人员的认定抑或是《刑法》相关司法解释对部分国家工作人员的界定并未能完全遵守依据行为属性进行判定的标准，这直接导致《监察法》与《刑法》中原本能够直接对接的两类人员因例外情形的存在而无法衔接。

基于上述原因，笔者认为那种直接依据《刑法》国家工作人员有关规定界定公职人员范围或依据《监察法》有关规定界定国家工作人员范围，甚至直接以公职人员表述取代国家工作人员的方式并不可行。正如有学者所言："法法衔接并不是要求不同概念的指涉完全一致，而应该是在承认不同规范目的情况下寻找共同之处进行对接。"[1]结合《监察法》《刑法》及相关司法解释等规范来看，《监察法》中的公职人员与《刑法》中的国家工作人员两者在本质上存在以下共通之处：一方面，两者均涉及国家公权力行使，指向国家公共事务管理，并着眼于对"公权力行使者"行为的规范和调整，两部法律在这个核心问题上立法初衷高度一致；[2]另一方面，两者在认定方式上都着重强调了行为这一突出属性，原则上统一以是否行使公权力、从事公务作为判定标准。这些相通之处为两者对接提供了可能。

立足于两者有效对接的视角，笔者认为可以将《监察法》语境下的公职人员区分广义与狭义，并作如下理解：一方面，位于《监察法》总则章节第1、3条所提及的"行使公权力的公职人员"为广义上的公职人员，其包含行使各种公权力的相关工作人员；另一方面，对《监察法》第15条规定的"公职人员与有关人员"中"公职人员"作狭义理解，指向行使国家公权力的相关工作人员，而行使社会公权力的相关工作人员则列入"有关人员"范畴。事实上，综合该条列举的公职人员类别可以清楚地发现行使国家公权力作为主线贯穿于始终：机关公务员是最典型的国家公权力行使者；参公管理人员以及法律、法规授权或者受国家机关依法委托管理公共事务的组织中从事公务的人员依授权行使的管理公共事务的权力也属于国家公权力；[3]国有企业、公办教育等单位中从事管理的人员也承担着一定的公共职能，本质上属于公

---

[1] 孙国祥："监察对象的刑法主体身份辨析"，载《法学》2019年第9期。

[2] 参见梁知博："职务犯罪主体视阈下'监察对象'界定的缺陷与完善——基于《监察法》与《刑法》衔接的视角"，载《理论导刊》2019年第3期。

[3] 参见茅铭晨："立法原意下的监察对象范围及界定——从法法衔接的角度"，载《温州大学学报（社会科学版）》2022年第3期。

共行政范畴,是国家公权力的延伸;[1]基层群众性自治组织协助人民政府从事行政管理工作的人员更承担着大量的国家公务。对其作狭义理解反而更契合文本的通常含义。在该基础之上,将实际行使国家公权力作为《监察法》中公职人员与《刑法》中国家工作人员的衔接基点,在该范畴内,两者在范围上应保持全同关系。

(二)具体路径:范围的适当修正

前文已就《监察法》语境下"公职人员"与《刑法》中"国家工作人员"的差异作详细阐述,此处不再赘述。针对其余非重合部分,则有必要在范围上进行适当地修正。

1. 将《监察法》第 15 条第 3 项列举的"国有企业管理人员"修改为"国有企业中从事管理的人员"。"管理人员"作为偏正结构式的表述,其强调的重点在于人员所任职的工作岗位。事实上相关权威部门编写的释义解读也是围绕这一重点展开的。诚然,"国有企业管理人员"所指向的领导班子成员、中层和基层管理人员等居于较高岗位、具有特定职位的工作人员承担了国有企业中主要的管理职能,可以囊括大多数国有企业中行使公权力的情形,将其列为公职人员无可非议。然其问题在于将"行使公权力"与"管理"岗位捆绑起来,形成国有企业中只有居于管理岗位的人员所从事的工作才是行使公权力的认定标准,而忽视了国有企业中虽未居于上述特定岗位但仍可能被赋予临时、特定管理职责的工作人员行使公权力的情形。这显然有违《释义》本身所确立的"判断一个人是不是公职人员,关键看他是否行使公权力、履行公务,而不是看他是否有公职"的判定规则。[2]因《监察法》对"管理"行为意涵的理解与《刑法》"公务"行为的规定一致,故无需要求《监察法》采用与《刑法》完全相一致的"从事公务"表述,仅将原先极易让人产生混淆的"管理人员"表述修改为"从事管理的人员"即可。此举实际上旨在对管理人员作扩大化处理。当然这并不意味着直接将公职人员范围扩张至国有企业中所有工作人员,而是依据"行使公权力"的基本标准将非管理岗位工作人员行使公权力的情形包括在内。

---

[1] 参见谭宗泽:"论国家监察对象的识别标准",载《政治与法律》2019 年第 2 期。

[2] 中共中央纪律检查委员会、中华人民共和国国家监察委员会法规室编写:《〈中华人民共和国监察法〉释义》,中国方正出版社 2018 年版,第 107 页。

2. 对《监察法》第 15 条第 5 项列举的"基层群众性自治组织中从事管理的人员"之"管理"作限定解释，仅指向协助人民政府从事行政事务的管理。基层群众性自治组织不属于国家政权组织，本质上来讲它是一种自主的、非官方的社会组织，[1]其在从事集体事务管理之余，还受法律、法规授权或人民政府委托从事国家行政事务管理工作。两者略有不同的是：前者涉及的是基层自治组织内部事务，行使的权力为社会公权力，而后者则涉及国家公务，行使国家公权力。出于公职人员与国家工作人员范围对接的要求，对该项"管理"的理解应与《刑法》法律解释的规定保持一致，限于国家公权力范畴下的国家行政事务管理。对于基层群众性自治组织中从事集体事务管理、行使社会公权力的人员，则将其列入"有关人员"范围。如此下来，村委会等基层组织中从事集体事务管理的人员也并未被排除出广义上公职人员的范畴，《监察法》仍然能够对其实现覆盖。

3. 修改《刑法》司法解释对"国家工作人员"的界定标准。从前文对《刑法》中有关国家工作人员范围的梳理可知，《刑法》在认定行为人是否属于国家工作人员这一问题上坚持的是"公务论"立场。既然如此，《刑法》有关司法解释作为对《刑法》规范意涵的阐述，在对国家工作人员范围作出补充解释时，理应与《刑法》保持一致，即应摒弃以身份认定是否属于国家工作人员的做法，围绕行为人是否实际从事了公务活动作为国家工作人员的认定标准。与《监察法》中"行使公权力与公职人员高度一致"的认识相类似，[2]只有《刑法》亦坚持"从事公务与国家工作人员高度一致"的认识，两法对于行为人是否属于公职人员或国家工作人员的认定标准才能真正达成统一，《监察法》第 15 条第 6 项"其他依法履行公职的人员"与《刑法》"其他依照法律从事公务的人员"二者无法对接的难题亦能得到真正解决。

---

[1] 王振标："论作为社会公权力的基层自治权之本源"，载《北方法学》2018 年第 6 期。

[2] 梁知博："职务犯罪主体视阈下'监察对象'界定的缺陷与完善——基于《监察法》与《刑法》衔接的视角"，载《理论导刊》2019 年第 3 期。